JN423235

[相續法]

民法論攷 V

尹眞秀

博 英 社

머 리 말

이번 「民法論攷 Ⅴ」에서는 상속법에 관하여 쓴 글들을 모았다. 이로써 필자가 2007년 상반기까지 민법에 관하여 쓴 글들의 간행 작업은 일단 마무리된 셈이다. 원래대로라면 더 빨리 책들이 나왔어야 하지만, 교정 과정에서 바로잡거나 보충하여야 할 것들이 많았을 뿐 아니라, 이런저런 일 때문에 책 발간을 후순위로 미룰 수밖에 없었다. 혹시 발간을 기다렸던 분이 있다면 필자의 게으름에 대하여 사과하고자 한다. 아울러 김선민 부장님을 비롯한 박영사 관계자 여러분들에게도 감사의 말과 미안하다는 말을 함께 전하고 싶다. 이 책이 발간되고 나면 이어서 2007년 이후에 쓴 글들을 「民法論攷 Ⅵ」으로 낼 생각이다.

상속법은 1997년에 학교로 자리를 옮기면서 맨 처음에 맡게 된 과목이었다. 그때까지 상속법에 관하여는 따로 연구한 적이 없었던 데다가, 참고할 만한 국내의 연구 성과도 많지 않았기 때문에 강의에 어려움이 있었다. 그런 만큼 상속법에 관한 글들을 한 권의 책으로 엮게 되니 감회가 새롭다. 그런데 여기에 모은 글들을 다시 보니 상속회복청구권과 채무의 상속 두 주제에 다소 편중되었다. 그렇지만 상속법의 다른 문제들에 관하여도 연구의 필요성이 크다. 특히 근래에는 유언과 유류분이 자주 문제되고 있다. 필자도 이에 관한 글들을 썼으나, 2007년 하반기 이후에 발표한 것들이어서 이 책에는 실리지 못하였다. 마침 작년부터 필자가 법무부 산하 가족법개정특별위원회의 위원장을 맡게 되면서 유언과 유류분 문제도 다루게 되었다. 앞으로 이들 문제에 대하여도 더 관심을 가지고 연구하고자 한다.

이 책을 우리나라에서 처음이자 현재로서는 유일하게 독립된 상속법 교과서를 쓰신 은사 곽윤직 교수님께 바치고자 한다. 곽 교수님이 우리나라의 민법학 발전에 크나큰 기여를 하신 점에 대하여는 더 말할 필요가 없겠지만, 상속법 교과서도 상속법학의 발전에 중요한 계기를 마련하였다. 다른 한편 필자가 곽윤직 교수님이 창립하신 민사판례연구회의 회장을 2008년에 맡게 되면서 곽 교수님의 공로를 또다시 새기게 되었다. 곽 교수님의 학은에 깊은 감사를 드린다.

2011. 5.

윤 진 수

차 례

相續制度의 憲法的 根據*

Ⅰ. 序　　論

현행 상속법의 기본 원칙으로는 私的 相續(Privaterbfolge),[1] 家族 및 親族 相續權(Familien- und Verwandtenerbrecht), 遺言의 自由(Testierfreiheit), 當然取得(Vonselbsterwerb)[2] 및 포괄적 권리승계(Gesamtrechtsnachfolge, Universalsukzession) 등을 들 수 있다.[3] 이 중 실질적으로 중요한 것은 앞의 3가지이고, 뒤의 2가지는 法技術的인 것이라고 할 수 있다.[4]

그런데 이들 원칙의 구체적 내용이 어떠한 것인가, 그리고 이들 원칙 상호간의 관계는 어떠한가 하는 점은 반드시 명확하지 않다. 특히 유언의 자유와 가

* 이 글의 초고를 읽고 비평을 하여 주신 李昌熙 교수님과 鄭宗燮 교수님께 감사의 뜻을 표한다.

1) 상속재산은 私人으로부터 私人에게로 상속되고, 국가가 상속재산을 취득하지는 않는다는 원칙.

2) 당연취득이라 함은 우리 民法 제1005조의 규정과 같이 상속이 개시되면 상속인이 바로 피상속인의 재산에 관한 포괄적인 권리와 의무를 승계하는 것을 말하며, 法定取得의 원칙(Grundsatz des ipso-iure Erwerbs)이라고도 부른다. 입법례로서는 이러한 당연취득의 원칙 외에도 英美法에 있어서처럼 相續財産 管理人과 같은 人格 代表者(personal representative)가 채무를 청산하고 나머지 재산을 상속인이 취득하게 하는 것, 오스트리아 法처럼 상속재산을 우선 법원이 관리하고, 상속인의 신청에 따라 법원이 상속인에게 상속하게 하는 것과 같이 상속인의 의사에 따라 상속이 개시되게 하는 것(Erwerb durch Antritt) 등 여러 가지가 있다. 尹眞秀, "相續債務를 뒤늦게 발견한 相續人의 保護", 서울대학교 法學 제38권 3·4호, 1997, 185면 참조.

3) Muscheler, Die erbrechtliche Universalsukzession(1. Teil), Jura 1999, S. 234 참조.

4) Muscheler(註 3), S. 234; Ebenroth, Erbrecht, 1992, Rz. 44 ff.; MünchKomm/Leipold, Einleitung vor §1922, Rdnr. 6 등 참조. 그리고 Kipp · Coing, Erbrecht, 14. Bearbeitung, 1990, §1 Ⅱ (S. 4 ff.)은 상속법의 지도적 원칙으로서 포괄승계(Universalsukzession), 유언의 자유(Testierfreiheit), 家族에 의한 상속(Familienerbfolge)의 3가지를 들면서, 포괄승계의 원칙은 법기술적인 성격을 가지는데 반하여, 다른 두 가지의 원칙은 실질적인 성격의 것이라고 한다.

족 및 친족상속권의 한 내용인 遺留分制度 사이에는 대립관계 내지 긴장관계가 존재한다. 즉 유언의 자유를 끝까지 관철한다면 유언자(被相續人)는 자신의 재산을 유언에 의하여 법정상속인 아닌 제 3 자에게 전부 유증할 수 있어야 할 것인데, 민법이 규정하고 있는 유류분제도는 이러한 유언의 자유를 제한하고 있다.

또 私的 相續의 원칙대로라면 국가가 상속재산을 취득하는 것은 있을 수 없을 것이지만, 현행의 상속세 및 증여세법은 상당히 고율의 상속세를 부과하고 있고,[5] 또 상속세를 상속재산으로 납부하는 物納이 인정되기 때문에,[6] 실제에 있어서는 국가가 상속재산의 상당부분을 취득하는 것이 된다.

그러므로 위와 같은 상속법의 기본원칙의 내용을 좀더 명확히 밝힐 필요가 있다. 그리고 이를 위하여는 위와 같은 원칙이 헌법상 어떠한 근거를 가지고 있는가 하는 점을 살펴보는 것이 한 가지 방법이 될 수 있다.

종래 우리나라에서는 상속법과 헌법의 관계에 대하여 이를 재산권 보장과 관련시켜, 현행헌법은 상속권에 관하여 언급이 없지만, 이 또한 헌법이 보장하는 재산권 중에 포함된다고 하는 정도의 설명이 있을 뿐이다.[7] 그러나 상속제도는 헌법상 재산권의 보장뿐만 아니라 다른 규정과도 관련을 맺을 수 있는 것이다.

Ⅱ. 憲法上 遺言의 自由

1. 獨逸에서의 論議

헌법에 직접 상속에 관한 규정을 두고 있는 예로서는 獨逸 정도가 눈에 뜨인다. 독일 기본법 제14조 제 1 항은, "소유권과 상속권은 보장된다. 내용과 한계는 법률에 의하여 규정된다(Das Eigentum und das Erbrecht werden gewährleistet. Inhalt und Schranken werden durch die Gesetze bestimmt)"라고 규정하고 있다.

5) 상속세의 과세표준이 50억원을 초과하면 세율이 100분의 45에까지 달한다. 상속세 및 증여세법 제26조 참조.

6) 상속세 및 증여세법 제73조.

7) 權寧星, 憲法學原論, 1998, 483면; 許營, 韓國憲法論, 新訂11版, 1999, 449면; 丁泰鎬, "民法 제1026조 제 2 호에 대한 憲法不合致決定에 대한 評釋 및 위 法律規定의 改正方向", 人權과 正義 1998. 11, 107면 등. 또한 金旭, "학원의설립·운영에관한법률 제 3 조 등의 위헌여부", 헌법판례연구 Ⅰ, 1999, 137면은, 헌법의 재산권규정은 상속의 자유를 포함하므로, 개인(고액)과외교습이 간접적으로 상속의 효과를 거둔다 하여 전면적으로 금지하는 것은 형평에 맞지 않는다고 주장한다.

이 규정에서 보더라도 상속권은 소유권과 밀접한 관계가 있음을 알 수 있다. 그렇지만 위와 같이 독일 기본법이 소유권과 상속권을 별도로 규정하고 있는 점에서, 상속권의 보장은 소유권의 보장과는 독립된 별도의 것이라고 한다.[8] 이러한 상속권의 보장에 어떤 것이 포함되는가에 관하여는 논란이 없지 않으나, 유언의 자유가 그 가운데 포함된다는 것에 대하여는 학설과 판례상 다툼이 없다.[9]

2. 우리 憲法의 解釋論

우리 헌법은 독일 헌법과는 달리 따로 상속권을 보장하는 규정이 없으므로, 상속권의 한 내용으로서의 유언의 자유는 제 1 차적으로는 재산권을 보장하고 있는 헌법 제23조 제 1 항에서 그 근거를 찾아야 할 것이다. 헌법재판소 1989. 12. 22. 선고 88헌가13 결정[10]도, 우리 헌법상의 재산권 보장은 사유재산의 처분과 그 상속을 포함하는 것으로 이해하고 있다.[11]

그렇다면 유언의 자유는 제 1 차적으로는 이러한 재산권의 한 내용인 處分의 자유에서 파생되는 것이라고 하겠다. 독일의 학설 가운데에는 이 점을 다음과 같이 설명하고 있는 것이 있다. 즉 資本과 生産手段이 사적 소유의 대상이 된다면 이러한 재화와의 책임 있는 접촉이 보장되어야 하는데, 법률이 규정하고 있는 상속권의 도식적인 적용은 그러한 재화가 항상 가장 적합한 자에게 귀속되는 것을 보장할 수 없으며, 피상속인이 재산에 대하여 자신의 사후에 처분할 수 있는 가장 적절한 사람이고, 따라서 유언의 자유의 행사는 공공의 이익에도 이바지한다는 것이다.[12]

헌법재판소 1997. 12. 24. 선고 96헌가19, 96헌바72 결정[13]의 다수의견은,

---

8) W. Leisner, Erbrecht, in: Handbuch des Staatsrechts, Bd. Ⅵ, 1989, §150 Rdnr. 2.

9) Leisner(註 8), Rdnr. 15 f.; G. Boehmer, Erbrecht, in: Neumann/Nipperdey/Scheuner(Hrsg.), Die Grundrechte, Bd. 2, 1954, S. 418 ff.; AK-GG-Rittsteig, 2. Aufl., 1989, Art. 14/15, Rz. 149; Jarass/Pieroth, Grundgesetz für die Bundesrepublik Deutschland, 1992, Art. 14 Rn. 68; J. Wieland, in: H. Dreier(Hrsg.), Grundgesetz-Kommentar, Bd. 1, 1996, Art. 14 Rn. 59; BVerfGE 67, 329, 340: 91, 346, 358; BVerfG NJW 1999, 1853 등.

10) 헌법재판소판례집 제 1 권 357면(이하 '헌판집 1, 357'과 같은 방식으로 인용한다).

11) 헌법재판소 1998. 8. 27. 선고 96헌가22, 97헌가2 · 3 · 9, 96헌바81, 98헌바24 · 25(병합) 결정(헌판집 10-2, 339)도, 상속권은 재산권의 일종이라고 하고 있다.

12) Schmoeckel, JZ 1999, 518.

13) 헌판집 9-2, 762.

"헌법 제23조 제1항이 보장하고 있는 사유재산권은 사유재산에 관한 임의적인 이용, 수익, 처분권을 본질로 하기 때문에 사유재산의 처분금지를 내용으로 하는 입법조치는 원칙으로 재산권에 관한 입법형성권의 한계를 일탈하는 것일 뿐만 아니라 조세의 부과 징수는 국민의 납세의무에 기초하는 것으로서 원칙으로 재산권의 침해가 되지 않는다고 하더라도 그로 인하여 납세의무자의 사유재산에 관한 이용, 수익, 처분권이 중대한 제한을 받게 되는 경우에는 그것도 재산권의 침해가 될 수 있는 것이다"라고 하여, 구 상속세법 제9조 제1항(1993. 12. 31. 법률 제4662호로 개정되기 전의 것)이 피상속인이 상속개시 전 5년 이내에 상속인에게 증여를 한 경우와 상속개시 전 3년 이내에 상속인 이외의 자에게 증여를 한 경우에는 증여의 효력을 실질적으로 부인하여 증여에 의한 재산처분행위가 없었던 것으로 보고 상속당시의 현황에 의하여 평가한 증여재산의 가액을 상속재산의 가액에 가산하여 상속세를 부과하도록 규정한 것은 결과적으로 피상속인의 사유재산에 관한 처분권에 대하여 중대한 제한을 하는 것으로서 위헌이라고 하였다. 위 결정 자체의 타당성 여부는 별론으로 하고, 경제적으로는 피상속인의 상속인 등에 대한 생전증여는 피상속인에 대한 遺贈과 같은 기능을 수행하는 것이므로, 피상속인의 유언에 의한 처분의 자유는 피상속인의 생전증여에 의한 처분과 마찬가지로 헌법상의 보호를 받아야 할 것이다.[14)]

다른 한편 유언은 단순한 재산권 처분의 기능 이외에도 私的 自治의 실현이라는 의미도 가진다.[15)] 이 점에서 유언의 자유는 또 다른 사적 자치의 실현수단인 계약의 자유와도 공통된 점을 가지고 있다고 할 수 있다.[16)] 그러나 유언은 원칙적으로 제3자에 대하여 권리만을 부여한다는 점에서,[17)] 상대방이나 제3자에게 미치는 영향은 상대적으로 작고, 따라서 계약의 자유보다는 더 넓은 범위에서 보호되어야 할 것이다. 가령 계약은 일단 성립한 후에는 당사자가 일방적으로 그 계약에서 벗어날 수 없지만,[18)] 유언의 자유는 유언을 할 자유뿐만 아니라 유언을 하지 않을 자유 및 일단 한 유언을 철회할 자유도 포함하므

14) Wieland(註 9), Art. 14 Rn. 59 참조.

15) MünchKomm/Leipold, Einleitung vor §1922, Rdnr. 18d는 이러한 점에서 유언의 자유가 독일 기본법 제14조뿐만 아니라 제2조 제1항에서 도출되는 일반적인 자유권에도 근거를 가지고 있다고 설명한다. 같은 취지, Baumann, FamRZ 1993, 994.

16) Kipp · Coing(註 4), §16 Ⅱ(S. 111) 참조.

17) 다만 포괄적 유증의 경우에는 유증을 받은 受遺者가 遺言者의 의무도 아울러 부담하게 되지만, 포괄적 수유자는 상속인과 마찬가지로 유증을 포기함으로써(민법 제1078조 참조) 이러한 의무를 벗어날 수 있다.

18) 계약의 청약 그 자체도 구속력을 가진다. 민법 제527조 참조.

로, 유언은 임의로 철회할 수 있는 것이다(민법 제1108조 이하 참조).[19]

이처럼 유언의 자유는 제 1 차적으로는 유언자를 보호하려는 것이지만, 유언의 자유가 침해되었을 때에는 적어도 상속 개시 후부터는 그 유언의 상대방인 受遺者와 같은 사람도 헌법소원 등의 방법에 의하여 이를 다툴 수 있다고 보아야 할 것이다. 만일 그와 같이 보지 않으면 유언의 자유의 보호는 유언자의 사망과 함께 종료되게 되어, 유언의 자유라는 것은 형해화될 수밖에 없게 되기 때문이다.[20]

우리 헌법재판소의 판례[21]는, 형사소송법 제225조 제 2 항에서 피해자가 사망한 경우 그 배우자, 직계친족 또는 형제자매에게 고소권을 인정하고 있는 취지에 비추어 볼 때, 피해자인 고소인이 고소 후에 사망한 경우 피보호법익인 재산권의 상속인은 자신들이 따로 고소를 할 것 없이 피해자 지위를 수계하여 피해자가 제기한 당해 고소사건에 관한 검사의 불기소처분에 대하여 항고·재항고도 할 수 있고 또한 헌법소원심판도 청구할 수 있다고 판시하고 있는바, 이러한 법리는 마찬가지로 재산권에 포함되는 유언의 자유에 관하여도 그대로 타당할 것이다.

물론 이러한 유언의 자유가 전혀 제한될 수 없는 것은 아니다. 유언의 자유 제한으로서 중요한 것은 유류분의 규정에 의한 것과, 민법 제103조에 의한 공서양속 위반으로 유언을 무효로 하는 것을 들 수 있고, 그 외에도 유언의 방식을 규정하고 있는 민법의 각 조항들이 유언의 자유를 침해하는 것이 아닌가 하는 점이다.

3. 遺言의 방식 규정에 의한 遺言의 自由 制限

가. 방식 규정에 의한 유언의 자유 제한의 근거

유언은 대표적인 要式行爲로서, 민법이 규정하고 있는 유언의 종류 및 방식에 부합하지 않으면 원칙적으로 효력이 생기지 않는다. 이처럼 유언을 요식행위로 하고 있는 것은 다른 나라에서도 널리 찾아볼 수 있는데, 이와 같이 유

19) AK-BGB-Däubler, Einleitung vor §1922, Rz. 13은 유언에 있어서는 動機의 錯誤(Motivirrtum)가 취소사유가 된다는 점도 유언의 자유의 한 내용으로 보고 있다. Schmoeckel, JZ 1999, 518도 같은 취지이다.

20) BVerfGE 91, 346, 360; BVerfG NJW 1999, 1853 등 참조. 뒤의 판례는 유언에 의하여 상속인으로 된 자의 상속인 또한 유언의 자유에 의하여 보호될 수 있다고 한다.

21) 헌법재판소 1993. 7. 29. 선고 92헌마234 결정(헌판집 5-2, 196).

언을 요식행위로 하는 이유는 유언이 효력을 발생하는 것은 유언자가 사망한 때이므로 유언의 존재나 내용에 관하여 다툼이 생길 여지가 많기 때문에 유언의 존재를 확실히 하고, 다른 한편으로는 유언자의 진의를 확인하며, 유언자의 신중한 태도를 촉구하기 위한 것이다.[22)]

이처럼 민법이 유언의 방식을 규정하고 있는 것은 정당한 목적을 위한 것이고, 또 헌법상의 관점에서 본다면 헌법 제23조 제 1 항에 근거하여 재산권의 한 내용인 유언의 자유의 내용과 한계를 정하는 것이라고도 볼 수 있으므로, 유언에 방식을 요구하는 것 자체가 헌법에 위반된다고 할 수는 없다.[23)] 다만 그러한 제한이 필요 이상으로 과도할 때에는 유언의 자유를 침해하는 것으로서 위헌이 될 것이다.

나. 對話能力 및 筆記能力이 없는 자의 遺言能力

우선 문제로 되는 것이, 의사능력은 있으나 대화능력과 필기능력이 모두 없는 자에게 유언능력이 있는가 하는 점이다. 현행 민법은 유언의 방식으로 自筆證書에 의한 유언(민법 제1066조), 녹음에 의한 유언(민법 제1067조), 공정증서에 의한 유언(민법 제1068조), 비밀증서에 의한 유언(민법 제1069조) 및 口授證書에 의한 遺言(민법 제1070조)의 5가지를 규정하고 있다. 그런데 이 중 자필증서에 의한 유언은 유언자의 自書를 요구하고 있고, 녹음증서에 의한 유언은 유언자의 口述을 요구하고 있으므로 대화능력과 필기능력을 모두 갖추지 못한 사람은 이를 이용할 수 없다. 그리고 공정증서에 의한 유언과 구수증서에 의한 유언은 유언자의 口授를 요구하고 있는데, 여기서 말하는 口授를 뒤에서 보는 것처럼 입으로 불러주어 상대방이 적게 하는 행위로 이해한다면, 이 또한 이용될 수 없다. 문제는 비밀증서에 의한 유언인데, 이는 민법의 규정상으로는 직접 유언자의 대화능력 및 필기능력을 요구하고 있지는 않으나,[24)] 유언자가 2인 이상의 증인에게 증서가 자기의 유언서임을 표시하여야 하므로, 이 또한 대화능력 및 필기능력이 없는 사람으로서는 불가능하다고 하지 않을 수 없다.[25)] 그렇다면 현행법상 대화능력 및 필기능력이 없는 사람은 유언을 할 수

22) 郭潤直, 相續法, 1997, 372면 등 참조. Leipold, Erbrecht, 11. Aufl., 1996. Rdnr. 218은 유언방식의 기능을 證明機能(Beweisfunktion)과 警告機能(Warnfunktion)으로 나누어 설명한다.

23) BVerfG NJW 1999, 1853, 1854 참조.

24) 일본 민법 제970조는 비밀증서의 요건으로서 유언자의 서명을 요구하고 있다.

25) 金疇洙, 親族·相續法, 第 5 全訂版, 1998, 630면은 이 점에 관하여 표시방법은 반드시 언어

없는 것인가?

이 점에 관하여 참고가 될 수 있는 독일 연방헌법재판소의 판례가 있다.[26] 독일 민법 제2232조는 공정증서 유언의 요건으로서 피상속인(유언자)이 공증인에게 자신의 유언을 구두로 진술하거나(mündlich erklärt), 또는 공증인에게 자신의 유언을 기재한 서면을 교부할 것을 요구하고, 제2233조 제 2, 3 항은 그 특례로서 피상속인이 문자를 읽을 수 없을 때에는 구두 진술에 의하여만 유언을 작성할 수 있고, 피상속인이 충분히 말을 할 수 없을 때에는 서면의 교부에 의하여만 유언을 할 수 있다고 규정하고 있다. 그런데 독일의 공증법(Beurkundungsgesetz) 제31조는, 위 독일 민법 제2233조 제 3 항에 의하여 말을 할 수 없는 사람이 서면의 교부에 의하여 공정증서유언을 할 때에는 그 교부된 서면이 자신의 유언을 포함한다는 것을 공증인의 면전에서 자필로 기재하도록 요구하고 있다. 그러므로 말할 수도 없고 필기능력도 없는 사람은 공정증서에 의한 유언은 할 수 없으며, 다른 유언방식도 허용되지 않는다.

위 사건의 피상속인은 1905년에 출생하여 1989년에 사망하였는데, 사망 7년 전에 졸도 발작을 일으킨 이래 말할 수도 없고 글을 쓸 수도 없게 되었으나, 소리를 듣거나 다른 방법으로 의사소통은 할 수 있었다. 그런데 그는 1982년에 공증인의 면전에서 자신을 간호하여 주던 피고를 상속인으로 지정한다는 공정증서에 의한 유언을 하였다. 당시 공증인 및 증인으로 참석하였던 다른 공증인과 피상속인의 친지인 의사는 다같이 피상속인이 유언능력이 있다고 확신을 하였다. 그 후 피상속인이 사망하자 피상속인의 딸이 위 유언이 무효라고 주장하여 상속인으로 지정[27]된 피고가 상속인이 아님의 확인을 구하였고, 이 주장은 제 1 심 및 제 2 심 법원에서 받아들여졌으며 그에 대한 상고허가도 받아들여지지 않았다.[28]

이러한 판례의 견해에 대하여는 비판하는 견해와 지지하는 견해가 있는데, 이를 비판하는 견해는 다음과 같이 주장한다. 즉 이러한 유언의 자유 제한은

로써 하여야 하는 것은 아니므로 언어를 사용하지 못하는 자는 글을 써서 표시하여도 상관없다고 하여, 언어능력과 필기능력 중 적어도 하나는 요구되는 것처럼 설명하고 있다.

26) 독일 연방헌법재판소 1999. 1. 19. 결정(NJW 1999, 1853).

27) 독일 민법상으로는 유언에 의하여 상속인을 지정하는 것이 인정된다.

28) 이미 이와 같은 취지의 고등법원 판례(OLG Hamm FamRZ 1994, 993 mit Anm. Baumann)가 있다. 여기서는 고개를 끄덕이거나 흔드는 것은 口頭의 표시라고 할 수 없고, 모든 추단적 의사표시가 있으면 독일 민법 제2232조 제 1 항에 의한 유언이 가능하다고 해석하지 않으면 피상속인의 기본권이 침해된다고 볼 수도 없으며, 그와 같은 취지의 헌법합치적 해석은 법률의 명문규정에 반한다고 하였다.

기본법이 보장하는 상속권의 침해일 뿐만 아니라 기본법 제2조 제1항에 근거를 둔 자유로운 인격 발현의 권리의 침해이기도 하며, 이러한 유언을 하지 못하도록 한 것은, 피상속인의 의사를 믿을 만하게 확인할 수 없다고 하는 데 있으나, 독일 공증법 제24조는 대화능력 및 필기능력이 없는 사람도 공증인에 대하여 의사표시를 할 수 있는 것으로 규정하고 있으므로, 이러한 논거는 설득력이 없다고 한다. 따라서 법원으로서는 위 조항의 헌법합치적 해석뿐만 아니라 위 조항의 합헌성 여부에 대하여까지 언급하였어야 할 것이라고 한다.[29)]

반면 위 판례를 지지하는 견해에서는 유언의 자유의 행사와, 피상속인의 실제의 의사가 믿을 수 있게 표현될 수 있는가 하는 것 사이에서 어떻게 형량할 것인가는 입법자에게 맡겨져야 한다고 주장한다.[30)]

위 제2심 판결 선고 후에 피고가 사망하자 그 상속인이 연방헌법재판소에 헌법소원을 제기하였는데, 연방헌법재판소는 위 헌법소원을 받아들여 독일 민법 제2232조, 제2233조 및 공증법 제31조는 쓸 수도 말할 수도 없지만 유언능력은 있는 사람에 대하여 유언의 작성을 막고 있는 한 헌법에 합치되지 않는다고 하였다.

재판소는 그 이유를 다음과 같이 설시하였다. 즉 입법자의 의사는 글을 쓸 수 없는 聾啞者와는 믿을 수 있을 만한 의사소통이 불가능하고 또 그는 유언의 작성을 위하여 필요한 이해력이 결여되어 있기 때문에 이러한 사람은 유언을 전혀 할 수 없다는 것이었으며, 이 점에서 이러한 법규정은 법적 안정성 및 자율적으로 결정할 수 없는 사람의 보호를 목적으로 하는 것이고, 이러한 목적은 정당한 공익에 해당한다고 한다. 그러나 글을 쓸 수 없는 聾啞者에 대하여 모든 경우에 방식을 강제하는 것이 공공의 이익이라는 목적을 달성하기 위하여 필요한 것이라고는 할 수 없는데, 왜냐하면 글을 쓸 수 없는 농아자와의 충분히 안정적인 의사소통이 불가능하거나 그가 유언의 작성을 위하여 필요한 이해력이 결여되어 있는 경우에만 이러한 유언의 배제가 타당하고, 모든 글을 쓸 수 없는 농아자에게 유언의 작성을 위하여 필요한 행동 능력과 통찰력이 결여되어 있다는 입법자의 생각은 잘못된 것이며, 이 사건의 경우에서 보듯이 필기능력 및 대화능력 없는 사람도 유언의 작성을 위하여 요구되는 지적 및 생리적 자기결정능력을 가질 수 있다고 한다. 그러므로 그러한 사람에 대한

29) Baumann, FamRZ 1993, 994(위 판례에 대한 비평임).

30) MünchKomm/Leipold, Einleitung vor §1922, Rdnr. 18e; Leipold(註 22), Rdnr. 225.

유언능력의 배제는 다른 사람에 의하여 영향을 받거나 무책임한 법률행위로부터의 보호를 위하여 필요한 것이 아니며, 공증법 제24조가 규정하는 것처럼[31)]유언자의 의사를 믿을 만하게 확인할 수 있는 그러한 공증절차가 보다 완화된 수단으로서 생각될 수 있다고 한다. 그리고 공증법 제24조에 의한 절차에 의하여 얻을 수 있는 법적 안정성은 유언에 의한 처분에 있어서는 충분하지 않다는 반론에 대하여는, 유언의 경우에는 생전의 법률행위보다 그 유언의 진정성 등에 대한 법적 안정성이 더 요구되기는 하지만, 이는 입법자가 예컨대 중립적인 증인이나 공증인 등의 선발에 관하여 별도의 요건을 요구하거나, 이러한 사람의 유언 능력 판단을 위하여 의사를 참여시키는 것을 필수적으로 요구함으로써 해결할 수 있는 문제라고 한다.[32)] 이 외에도 연방헌법재판소는 위 규정이 독일 기본법 제 3 조가 규정하고 있는 평등의 원칙에도 반한다고 하였다. 그리하여 위 규정들은 입법자에 의하여 개선되어야 하며, 그때까지는 필기능력 및 대화능력 없는 사람은 잠정적으로 공증법 제22조 내지 제26조의 규정에 따라 공증인의 도움을 받아 유언이나 상속계약과 같은 死因處分을 할 수 있다고 판시하였다.

위 독일 연방헌법재판소의 판례와 같은 문제가 우리나라에서도 쟁점으로 된 바 있다. 다만 우리나라에서는 직접 헌법적인 관점에서 문제가 된 것은 아니고, 공정증서 유언의 요건으로서 口授가 무엇을 의미하는가 하는 점이 논의된 것이다.

대법원의 판례[33)]는 반혼수상태에 있는 환자가 공증인이 묻는 말에 끄덕거린 정도로는 口授가 있었다고 볼 수 없으므로, 그러한 상태에서 작성된 공정증서유언은 무효라고 하고 있다.[34)] 그러나 이에 대하여는 그와 같이 해석하면 정신은 말짱한데 언어장애가 있는 사람은 유언을 할 방도가 막히게 되어 부당하

31) 독일 공증법 제24조는 당사자가 자신의 진술에 의하거나 또는 공증인의 확신에 의하면 충분히 듣거나 말할 수 없고 또 서면으로 의사소통을 할 수도 없을 때에는, 공증인은 이를 공증서류에 확정하고, 이를 그와 의사소통이 가능한 친지에게 송달하여야 한다고 규정하고 있다.

32) 다른 한편 연방헌법재판소는 이러한 경우에 위 각 법률조항을 헌법합치적으로 해석하여, 단순한 거동만으로도 공정증서에 의한 유언이 가능하다고 보는 것 또한 규정의 문언과 명확하게 인식할 수 있는 입법자의 의사와 모순되므로 불가능하다고 하였다.

33) 대법원 1980. 12. 23. 선고 80므18 판결(公 1981, 13583); 1993. 6. 8. 선고 92다8750 판결(公, 1993하, 1989); 1996. 4. 23. 선고 95다34514 판결(公 1996상, 1562) 등.

34) 일본의 통설 및 판례(日最判 1976. 1. 16, 家裁月報 28 · 7 · 25 등)도 이와 같다. 久貴忠彦, 新版 注釋民法(28), 1988, 100면; 稻田龍樹, 注解法律學全集 19(民法 Ⅹ), 青林書院, 1995, 487면 이하 참조.

다고 하면서, "촉탁인이 국어를 해득하지 못하는 경우 또는 농자, 아자 기타 언어를 발언하지 못하는 者로서 문자도 해득하지 못하는 경우에 공증인이 증서를 작성하기 위하여는 통역인을 사용하여야 한다"고 규정하고 있는 公證人法 제28조를 원용하여, 口授에 의하여야 한다는 취지는 촉탁은 유언자가 직접 공증인에게 하여야 하고 대리인을 시키는 것은 불가하다는 취지로 보아야 하며, 언어능력이 없는 사람은 필기문답이나 거동에 의하여 의사를 표시할 수도 있으므로 고개를 끄덕거리는 것만으로는 口授가 아니라고 할 것은 아니고, 다만 이러한 경우에 의사능력이 없다고 하여 무효라고 함은 별개의 문제라고 하는 비판이 있다.[35)]

이 문제는 쉽게 결론을 내리기 어려운 문제이나, 대법원 판례와 같은 태도를 취할 때에는 독일 연방헌법재판소가 지적하는 바와 같이 유언의 자유를 부당하게 제한하는 결과를 가져오게 된다. 따라서 일단 이른바 헌법합치적 해석에 의하여 口授라는 용어의 의미를 신체적인 거동에 의한 의사표시도 포함하는 것으로 넓게 풀이하는 것이 한 방법이 될 수 있을 것이다.[36)]

이와는 달리 필기능력 및 대화능력 없는 사람도 비밀증서에 의한 유언을 활용할 수 있게 하는 방법[37)]도 생각하여 볼 수는 있으나, 이는 공정증서에 의한 유언과 비교하여 유언자의 진의를 확실히 하기에는 불충분하다고 여겨진다.

다. 기타의 유언의 방식에 의한 유언의 자유 제한

이 외의 유언의 방식에 관한 규정도 유언의 자유와의 관계에서 문제가 될 소지가 있는 것이 있다.

우선 민법 제1066조는 자필증서에 의한 유언의 요건으로서 유언자가 그 全文과 年月日, 住所, 姓名을 自書할 것을 요구하고 있는데, 이 중 주소의 기재를 요구하고 있는 것은 외국의 입법례에서는 찾아보기 어려운 규정이다. 민법이 이처럼 주소의 기재를 요구하는 것은 유언자의 동일성 확인을 위한 것이라

---

35) 李在性, "公正證書에 의한 遺言의 方式", 李在性判例評釋集 Ⅵ, 再版, 1989, 499면 이하 참조.

36) 李在性(註 35), 509면은 이렇게 해석하면 공증인이 유언자의 의사를 좌우하고 또는 유언자의 거동의 취지를 오해하여 엉뚱한 유언을 만들어 낼 염려가 전혀 없다고는 할 수 없으나, 유언자가 선정한 증인 2인의 참여가 있는 터이므로 크게 염려할 것은 아니라고 생각되며, 그 염려보다는 유언공정증서의 촉탁은 口授에 의하여야 한다고 한정함으로써 언어장애자가 유언을 할 수 없게 되는 폐단이 더 클 것으로 생각된다고 한다.

37) 증인에게 擧動에 의하여 자신의 유언임을 표시하게 할 수 있다고 해석하면 된다.

고 보이지만, 유언자의 주소의 기재가 없어서 유언자의 동일성을 확인하기 어려운 경우라는 것은 거의 생각하기 어려우므로, 위 규정을 문자 그대로 해석하여 자필증서에 의한 유언에 주소가 누락되었다는 이유만으로 그 유언을 무효로 한다면 이는 유언의 자유 침해가 될 것이다. 그러므로 주소가 누락되었더라도 다른 유언의 내용 등에 의하여 유언자의 동일성 확인에 문제가 없는 한 이를 유효한 것으로 보아야 하지 않을까?

그러나 대법원의 판례[38]는 이러한 견해를 취하지 아니하고, 다만 유언자의 주소는 반드시 유언 전문과 동일한 지편에 기재하여야 하는 것은 아니며, 유언증서로서 一體性이 인정되는 이상 그 전문을 담은 봉투에 기재하더라도 무방하다고 완화하여 해석하고 있다.

비슷한 문제는 유언의 연월일에 관하여도 생긴다. 물론 유언의 연월일은 유언자의 주소와는 달리 여러 가지로 중요한 의미를 가진다. 가령 유언능력 유무의 판단에 있어서는 언제 유언을 하였는가가 기준이 되고, 복수의 유언서가 있는 경우에는 후의 유언에 의하여 전의 유언은 철회된 것으로 되기 때문이다. 그러나 유언을 언제 하였는가가 유언의 효력에 영향을 주지 않을 때에도 연월일의 기재가 없다는 이유만으로 자필증서의 유언을 무효로 할 것인가[39] 하는 점은 다시 생각할 문제이다.[40]

이 외에 다른 유언의 요건들도 이를 너무 엄격하게 해석하게 되면 유언의 자유를 지나치게 제한하는 결과가 되기 쉽다. 대법원의 판례[41]는, 자필증서에 의한 유언의 요건으로서의 捺印은 인장 대신에 무인에 의한 경우에도 유효하다고 하는데, 이는 이러한 관점에서 수긍할 수 있다.

---

38) 대법원 1998. 5. 29. 선고 97다38503 판결(公 1998하, 1751); 1998. 6. 12. 선고 97다38510 판결(公 1998하, 1866).

39) 서울고등법원 1999. 3. 9. 선고 97나56848, 56855 판결(법률신문 1999. 3. 25, 12면)은 자필유언에 있어서 주소와 연월일이 없으면 그 유언은 무효이고, 또 봉투의 뒷면에 1/9이라고 쓴 것만으로는 연월일의 기재가 있는 것으로 보기 어렵다고 한다.

40) 독일 민법 제2247조 제2항은 자필증서에 의한 유언의 요건으로서 유언의 연월일과 유언장소의 기재를 요구하고 있으면서도, 제5항에서는 연월일이나 장소의 기재가 누락된 유언이라도 그 때문에 유언의 효력에 의문이 발생하지 않고, 또 다른 방법에 의하여 유언의 일시와 장소를 확정할 수 있을 때에는 그 유언은 유효하다고 규정하고 있다.

41) 대법원 1998. 6. 12. 선고 97다38510 판결(公 1998하, 1866).

4. 公序良俗에 의한 遺言의 自由 制限

이처럼 유언의 자유가 헌법상 보장된다고 하더라도, 그것이 민법 제103조가 규정하는 선량한 풍속 기타 사회질서에 위반될 때까지 유효라고 할 수는 없다.[42] 문제는 어떤 경우에 유언이 선량한 풍속 기타 사회질서에 위반된다고 볼 것인가, 그 한계를 어디에 그을 것인가 하는 점이다. 그런데 이 점에 관하여는 다음의 두 가지를 고려하지 않으면 안 된다.

첫째, 유언의 자유는 단순히 민법에 의하여만 보장되는 것이 아니고, 헌법이 보장하는 기본권의 일종이므로, 유언의 자유를 제한하기 위하여는 그럴 만한 충분한 이유가 있어야 하고, 단순히 유언의 내용이 일반인이나 법관의 마음에 들지 않는다는 것만으로 이를 공서양속에 반한다고 하여서는 안 된다는 것이다.[43] 다른 한편으로 유언이 공서양속에 반한다고 하여 다투어지는 것은 법정상속인이 배제되기 때문인 경우가 많은데, 피상속인에게 주어진 유언의 자유는 이처럼 법정상속인을 배제하는 자유도 포함하고, 다만 그처럼 배제된 법정상속인에 대하여는 遺留分에 의한 보상이 주어진다는 점이다. 따라서 公序良俗을 이유로 유언을 무효로 하기 위하여는 특별히 중대한 사유가 존재하지 않으면 안 된다.[44]

유언이 공서양속에 위반되는가와 관련하여 주로 문제되었던 것은, 배우자가 있는 사람이 배우자 아닌 자와 불륜관계를 맺고, 그 상대방에게 자신의 재산을 유증하는 것이 선량한 풍속 기타 사회질서에 반하는 것인가 하는 점이다. 독일의 과거의 판례는 불륜의 상대방에 대한 유증은 원칙적으로 선량한 풍속에 반하는 것으로 보고, 그것이 유효라고 하기 위하여는 선량한 풍속에 반하지 않는다는 특별한 사정을 입증하여야 한다고 보았으나, 근래에 와서는 그 유증의 동기가 이러한 불륜의 관계를 지속하는 데 대한 보상이거나, 또는 이를 지속하기 위한 誘因을 제공하려는 것인 때에만 선량한 풍속에 반하여 무효라고

---

42) 郭潤直(註 22), 402-403면; 金疇洙(註 25), 638-639면 참조.

43) Leisner(註 8), Rdnr. 16; Husmann, Die Testierfreiheit im Lichte der Grundrechte und des Sittengesetz, NJW 1971, 404 ff. 참조. Schmoeckel, JZ 1999, 518은 (유언에 의한) 상속인의 지정에는 恣意의 요소가 내재하고 있는데, 이는 공익에 의하여 정당화될 수 있고, 이 때문에 공서양속 위반은 조심스럽게만 인정될 수 있다고 한다.

44) BGH JZ 1999, 514, 515 및 그 곳에 인용된 문헌 참조.

보고 있고, 학설도 대체로 이를 지지하고 있다.[45)]

일본의 상황도 대체로 독일의 경우와 같다. 예컨대 일본 최고재판소 1986(昭和 61). 11. 20. 판결[46)]에서는, 즉 처인 원고 X_1과 별거하고 있던 남자 A가 다른 여자인 피고 Y와 약 9년간 동거 내지 동거에 가까운 관계를 맺고 있다가 사망하였는데 그 사망하기 1년 전쯤에 자기의 재산의 각 1/3씩을 처 X_1, 딸 X_2 및 Y에게 각 유증한 경우에, 위 유증이 선량한 풍속에 반하여 무효인지 여부가 문제되었다. 최고재판소는, A와 X_1의 관계는 부부로서의 실체는 어느 정도 상실되었고, 이 사건 유언은 사망 약 1년 2개월 전에 작성되었는데, 유언의 작성 전후에 양자의 친밀도가 특별히 증감하였다고 하는 사정도 없고, 당시의 민법상의 처의 법정상속분은 1/3이었으며, 딸 X_2도 이미 출가하여 고등학교의 강사 등을 하고 있다는 등의 사실관계에서는 이 사건 유언은 불륜의 관계의 유지계속을 목적으로 하는 것은 아니고 단지 생계를 A에게 의뢰하고 있던 Y의 생활을 보전하기 위한 것이라고 하여야 하며, 위 유언의 내용이 상속인 등의 생활의 기반을 위협하는 것도 아니므로 위 유언은 무효라고 할 수는 없다고 하였고, 이는 대체로 학설의 지지를 받고 있다.[47)] 우리나라의 학설은 반드시 명백하지 않으나, 대체로 같은 취지로 보인다.[48)]

대법원의 판례 가운데에는 직접 유언과 공서양속 위반의 관계를 다룬 것은 별로 보이지 않고, 다만 불륜관계에 있는 사람에게 한 生前贈與가 공서양속 위반이 아니라고 한 것은 있다. 즉 夫妾關係를 해소하기로 하면서 남자가 첩이 그간 자기를 위하여 바친 노력과 비용 등 희생을 배상 내지 위자하고 또 장래의 생활대책을 마련해 준다고 하는 뜻에서 돈의 지급을 약정하는 것은 공서양속에 반한다고 할 수 없다고 하고,[49)] 배우자 있는 남자가 다른 여자와 동거하여 딸을 출산한 뒤 위 동거생활을 단절한 다음, 그 여자와 그 출생녀가 거주할 수 있는 아파트를 구입할 수 있도록 하기 위하여 그 아파트 구입자금의 일부로서 금 8,000,000원을 증여하기로 한 경우에 이는 무효가 아니라고

45) BGHZ 53, 369 ff.; Lange/Kuchinke, Lehrbuch des Erbrechts, 4. Aufl., 1995, §35 Ⅳ 3 a)(S. 777 f.); MünchKomm/Burkhart, §2247 Rdnr. 64 ff.; Staudinger/Otte, vor §2064 Rz. 149 ff. 등 참조.

46) 民集 40-7, 1167.

47) 泉久雄, "遺言法三題", 相續法硏究, 1991, 247 이하; 中川善之助 · 泉久雄, 相續法, 第三版, 1988, 521면 이하 등 참조.

48) 郭潤直(註 22), 403면은 全 財産의 遺贈이나 不倫關係에 있는 者에 대한 遺贈과 같은 것이 당연히 무효는 아님을 주의하여야 한다고 서술하고 있다.

49) 대법원 1980. 6. 24. 선고 80다458 판결(公 1980, 12957).

한다.[50)]

독일의 최근 판례 가운데 이러한 유언의 자유와 공서양속 위반의 문제를 유언의 자유와 平等의 原則 내지 婚姻의 自由(Eheschließungsfreiheit)[51)]의 대립이라는 관점에서 다룬 것이 있다.[52)] 이 사건에서는 독일 최후의 황제였던 빌헬름 2세의 재산을 누가 상속하는가가 다투어졌는데, 이 사건의 피상속인은 빌헬름 2세의 황태자였던 Wilhelm von Preußen 왕자이다. 그는 1938년에 자신의 두 아들과, 아버지인 빌헬름 2세의 관여 하에 상속계약[53)]을 체결하였는데, 위 계약에서 Wilhelm von Preußen 왕자는 자신의 둘째 아들인 Louis von Ferdinand를 단독의 先相續人(Vorerbe)으로 지정하면서, 그의 後相續人(Nacherbe)[54)]은 그 후손 중 남계의 연장자가 되고, 또 브란덴부르크-프로이센 家門의 家憲(Hausverfassung)에 어긋나는 혼인[55)]에서 출생하였거나 그와 같은 혼인을 하고 있는 자는 상속에서 배제된다고 된다고 규정하였다.[56)] 그 후 Wilhelm von Preußen 왕자는 1951년에 사망하여, Louis von Ferdinand가 선상속인이 되었는데, 그 또한 1994년에 사망하자 위 상속계약에 의하여 후상속인이 될 자 아닌 다른 Louis von Ferdinand의 후손(그의 장남)이, 위 상속계약상의 상속배제조항은 무효라고 다투었다. 위 상속사건을 다룬 상속법원은, 위 후상속인 지정 및 상속배제조항은 독일 민법 제138조의 선량한 풍속에 위반되므로 무효라고 하였고, 그에 대한 항고심인 지방법원은 항고를 기각하였으며, 재항고심인 쉬투트가르트 고등법원은 위 상속결격 조항을 원용하는 것은 권리남용이라고 하면서, 다른 고등법원의 판례와의 저촉을 이유로 연방대법원에 최종적인 결정을 하여 줄 것을 제청하였다. 그러나 연방대법원은 지방법원의 결정을 취소하고 사건을 지방법원에 환송하였다.

50) 대법원 1981. 7. 28. 선고 80다1295 판결(公 1981, 14198).

51) 婚姻의 自由에 관하여는 尹眞秀, "婚姻의 自由", 제 1 회 韓國法學者大會 論文集(Ⅱ), 한국법학교수회, 1998, 60면 이하 참조.

52) BGH 1998. 12. 2. 결정(JZ 1999, 514 mit Anm. Schmoeckel).

53) 독일민법 제2274조-제2302조는 相續契約(Erbvertrag)을 규정하고 있는데, 계약의 일종으로서, 임의로 철회할 수 있는 유언과는 달리, 피상속인이 일방적으로 철회할 수 없는 구속력을 가진다.

54) 독일 민법 제2100조 이하는 후상속인의 제도를 규정하고 있는데, 이에 의하면 피상속인은 일단 상속인을 지정하고, 이 상속인(先相續人)의 사망과 같이 피상속인이 지정하는 일정한 경우에는 다른 사람을 다시 相續人(後相續人)으로 지정할 수 있다. 이러한 후상속인은 선상속인의 상속인이 아니라 피상속인의 상속인이다.

55) 이는 프로이센 왕족인 Hohenzollern 왕가와 같은 신분, 즉 높은 귀족의 가문 출신이 아닌 여자와의 혼인을 의미한다.

56) 당시에 Wilhelm von Preußen 왕자의 장남은 위 가헌에 어긋나는 혼인을 하고 있었다.

연방대법원은 제1심 결정이 상속배제조항이 무효라고 한 것은 잘못이라고 하면서, 기본법 제14조 제1항에 의한 상속권의 보장에는 유언의 자유가 포함되지만 이 유언의 자유는 민법 제138조 제1항이 규정하고 있는 "선량한 풍속"에 의한 제한을 받는데, 민법 제138조는 법관에 대하여, 피상속인의 死因處分의 효력을 법관 자신의 정의관념에 비추어 평가하고 그에 따라 피상속인의 의사를 교정할 수 있는 권한을 부여하는 것은 아니며, 良俗 위반은 특별히 중대한 예외적인 사례에서만 인정될 수 있다고 하였다. 이러한 원칙에 비추어 볼 때, 위 상속계약이 연장의 남자 직계비속을 다른 직계비속보다 우대한 것은 家産을 통일체로서 유지하려고 하는 목적을 위한 것이고, 이는 유언의 자유의 표현으로서 그 한계를 넘은 것이 아니라고 하였다.[57]

그리고 혼인 배우자의 자유로운 선택도 기본법 제6조 제1항에 의하여 보호되므로 혼인 배우자의 자유로운 선택을 침해하는 것을 목적으로 하는 사인처분에 의한 이러한 자유의 중대한 침해는 死因處分의 효력에 영향을 주지만, 이 사건에서는 이러한 제한은 우선은 선상속인의 가장 연장인 아들에게만 미치고, 또 선상속인 사망 당시만을 기준으로 하므로 그러한 정도로 중대한 침해가 있다고는 할 수 없다고 하였다.[58] 그리고 위 상속배제조항이 家憲에 어긋나는 혼인에서 출생한 사람을 상속에서 배제하는 것은 평등의 원칙에 반할 수도 있지만, 이러한 평등의 원칙은 死因處分의 민사상 효력 판단에 있어서 직접 적용되는 것은 아니며, 유언의 자유도 헌법상 보장되므로 피상속인이 불평등한 사인처분을 하였더라도 그것이 유언의 자유의 범위 내라면 선량한 풍속에 반하는 것이 아니고, 단지 유언이 관계 당사자의 차별 원인이 된 특성으로 인하여 그 당사자의 존엄을 지속적으로 깎아 내리는 것과 같은 경우에만 예외적으로 유언이 무효로 될 수 있는데, 이 사건의 경우에는 그러하지 않다고 하였다.[59]

---

57) Schmoeckel, JZ 1999, 518은 높은 귀족의 가문에서는 "家門의 光輝(splendor familiae)"의 유지는 경제적으로도 진지하게 받아들여야 할 측면이라고 설명한다.

58) Schmoeckel, JZ 1999, 519는, 가장 연장의 아들에 대한 포괄적인 우대라는 이익은 가중된 혼인이라는 불이익과 복잡하게 얽혀 있으며, 이러한 맥락에서 하나의 원칙만을 제거한다는 것은 매우 어렵다고 설명한다.

59) Schmoeckel은 이 판례를 지지한다. JZ 1999, 517 ff. 참조.

Ⅲ. 헌법상 親族相續權의 原則

1. 親族相續權의 원칙과 被相續人의 推定的 意思

현행 상속법상 家族 및 親族相續權(이하 親族相續權이라고만 한다)은 두 가지 형태로 나타난다. 그 하나는 피상속인이 아무런 유언 등을 하지 않은 채로 사망하여 법률의 규정에 따라 상속이 이루어지는 法定相續 내지 이른바 無遺言相續의 경우에, 법률의 규정(민법 제1000조 내지 제1003조)에 따라 배우자 및 친족이 상속인으로 되는 것이고, 다른 하나는 피상속인이 유언에 의하여 유증을 한 경우에도 위의 친족 등은 법정상속분 중 1/2 또는 1/3과 같은 일정한 비율(민법 제1112조)을 유류분으로서 취득하고, 상속분이 그 유류분보다 부족할 때에는 그 부족한 한도 내에서 受遺者 등에 대하여 그 반환을 청구할 수 있는 유류분제도이다.

이러한 親族相續權의 근거에 관하여는 종래 이른바 상속의 근거와 관련하여 血緣代價說, 先占說, 意思說, 共有說, 死後扶養說 등 여러 가지의 견해가 주장되었으나,[60] 앞에서 설명한 유언의 자유와 연관시켜 볼 때에는 이처럼 친족이 상속인이 되는 근거는 제1차적으로는 피상속인의 의사를 추정한 것이라고 하는 설명이 있을 수 있다.[61]

이 점에 관하여 독일 연방헌법재판소는 다음과 같이 설명하고 있다. 즉 (유언과 같은) 死因處分을 행하지 않고 사망한 사람의 재산을 私的 相續의 대상으로부터 배제하는 것은 私的 相續의 보장과는 합치하지 않으므로, 입법자로서는 그러한 경우에 대비하여 입법적인 상속에 대한 규율을 규정하여야 하는데, 상속권의 보장은 제1차적으로는 피상속인의 자유영역을 보장하는 것이어야 하므로 이러한 법정상속의 규율은 피상속인의 이익(Interesse)을 지향하는 것이어야 한다는 것이다. 이때 법정상속이 피상속인의 사실상의 또는 추정적인 피상속인의 의사에 의존할 필요는 없고, 다만 객관적인 관점에서 분별있는 피상속인의 이익을 지향하면 된다고 한다.[62]

---

60) 金容旭, "現代相續法의 根據에 대한 小考", 然藍裵慶淑敎授華甲紀念 韓國民事法學의 現代的展開, 1991, 255면 이하; 郭東憲, "現代社會에 있어서 相續의 運命", 典岡 李鐘元博士古稀紀念 法과 經濟(上), 1996, 100면 이하 이하; 郭潤直(註 22), 22면 이하 등 참조.

61) 郭潤直(註 22), 22면 이하 참조.

62) BVerfGE 91, 346 = NJW 1995, 2997 = FamRZ 1994, 405 mit Anm. Bosch. 이 판례에 대하여 Leipold는, 이 결정을 내린 연방헌법재판소 제1재판부는 유언의 자유를 전면에 내세워서

이처럼 법정상속의 근거를 피상속인의 의사 내지 이익에서 찾으려는 설명이 전혀 설득력을 가지지 않는 것은 아니다. 예컨대 주택임대차보호법 제9조는 일정한 경우에는 임차인이 사망하면 원래는 상속권이 없는 사실상의 혼인관계에 있는 자도 임차인의 권리와 의무를 승계하는 것으로 규정하고 있는데, 이는 엄밀하게 말한다면 상속 그 자체는 아니지만, 이 또한 그 근거를 피상속인의 추정적 의사에서 찾을 수 있을 것이다.[63]

2. 親族相續權의 憲法的 根據

그러나 이처럼 친족상속권의 근거를 단순히 피상속인의 추정적 의사에 근거한 것으로만 설명하기는 어렵다. 즉 친족상속권의 한 발현형태인 유류분제도는 피상속인의 명시적 의사에 반하여서도 친족상속권의 원칙을 관철하려는 것이기 때문이다.[64] 그러므로 피상속인의 추정적 의사와는 별도의, 친족상속권의 헌법적 근거를 따져 볼 필요가 있다.

이 점에 관하여는 다음과 같은 3가지의 이론이 주장될 수 있다. 그 하나는 유류분제도는 유언의 자유를 침해하는 것이고, 그것이 헌법상 정당화될 수 없으므로 위헌이라고 하는 것이다. 다른 하나는 그 반대로 유류분제도를 포함하는 친족상속권의 원리는 헌법상 요청되는 것으로서, 유류분제도를 폐지하는 것은 위헌이라는 것이다. 세 번째는 그 중간적인 견해로서, 유류분제도는 헌법

법정상속을 피상속인의 의사에 의하여 뒷받침되는 상속의 결과를 모방하는 것으로 이해하고 있다고 하면서, 여기서 利益(Interesse)이라는 개념을 사용하는 것은 설득력이 없는데, 왜냐하면 제1재판부는 이를 意思(Wille)라는 개념과 동일한 의미를 가진 것으로 이해하고 있기 때문이라고 지적하고 있다. Leipold, NJW 1996, 288; Leipold(註 22), Rdnr. 54a.

63) 日本 最高裁判所 1998(平成 10). 2. 26 판결(民集 52-1, 255; 判例時報 1634호, 74면)은, "內緣의 부부가 그 공유하는 부동산을 거주 또는 공동사업을 위하여 공동으로 사용한 때에는, 특단의 사정이 없는 한 양자 사이에 있어서 그 일방이 사망한 후에는 타방이 위 부동산을 단독으로 사용한다는 뜻의 합의가 성립하였다고 추인하는 것이 상당하다. 생각건대 위와 같은 양자의 관계 및 공유부동산의 사용상황에 비추어 본다면, 일방이 사망한 경우에 남은 내연의 배우자에게 공유부동산의 전면적인 사용권을 부여하여 종전과 동일한 목적, 태양의 부동산의 무상사용을 계속하게 하는 것이 양자의 통상의 의사에 합치한다고 할 수 있기 때문이다"라고 판시하였다. 이 판결에 대하여는 吉田克己, "內緣夫婦による共有不動産の共同使用と一方死亡後の利用關係", ジュリスト No. 1167 平成10年度重要判例解說, 1999, 86면 이하 참조.

64) Leipold(註 62), 288 참조. Leipold는 법정상속권이 단지 피상속인을 위하여 그 대신으로 가능한 한 그의 이익에 부합하는 규율을 수립하는 것이라는 생각에 근거한 것이라면, 법정상속권의 부분적인 고정물인 유류분권이 피상속인의 구체적인 의사에 반하여서도 정당화될 수 있는지를 알 수 없다고 하면서, 법정상속과 유류분은 피상속인의 의사와는 구별되는 독자적인 평가에 근거하는 것이라고 주장한다.

상 요구되는 것은 아니지만, 그렇다고 하여 금지되어 있는 것도 아니며, 이 문제는 입법자의 재량에 속하는 사항이라고 하는 견해가 있을 수 있다.

이 문제에 관한 국내에서 논의는 찾아보기 어려우므로 독일에서의 논의를 살펴본다. 독일의 전통적인 견해 내지 현재의 다수설은 친족상속권 또한 유언의 자유와 마찬가지로 독일 기본법 제14조 제1항의 상속권의 보장에 근거를 두고 있다고 설명한다.[65] 그리고 친족상속권은 기본법 제14조 제1항에 근거를 가지지만, 독일 기본법 제6조 제1항의 혼인 및 가족에 대한 보호규정도 부가적인 근거가 된다는 견해도 있다.[66]

다른 한편 유류분은 그 근원이 친족법에 있으므로 피상속인의 재산에의 참여의 보호는 우선적으로 기본법 제6조 제1항에 의하여 정당화될 수 있고, 유언의 자유와 배우자 및 친족의 상속권은 상황에 따라서는 충돌될 수 있지만 양자는 독립적으로 존재하는 것으로서 서로를 배제하는 것은 아니라는 견해가 있다.[67] 마찬가지로 유류분권은 私的 相續權의 보호나 상속권의 자유 또는 유언의 자유와는 공통된 것이 없고, 헌법이 명하고 있는 婚姻과 家族의 보호가 위와 같은 요소들을 서로 긴장관계에 놓이게 하며, 따라서 완전한 유언의 자유도 배제되지만, 상속재산을 가족 내에서만 분배하는 것도 마찬가지로 배제된다고 하는 설명도 있다.[68] 獨逸 聯邦大法院은 유류분권은 社會國家의 원리 및 혼인 및 가족에 대한 보호를 규정한 기본법 제6조에 의하여 정당화된다고 본다.[69]

반면 상속권의 헌법적 보장은 私的 相續과 결부된, 처분권한을 보장하는 의미에서의 유언의 자유에 그치는 것이고, 입법자는 법정상속을 어떻게 형성할 것인가, 유류분제도를 인정할 것인가 아닌가를 자유로 결정할 수 있다고 하여 친족상속권의 헌법적 근거를 부정하는 견해도 있다.[70]

독일 연방헌법재판소는 이전에는 친족상속권의 원리가 어느 정도나 상속

---

65) G. Boehmer(註 9), S. 415 ff.; AK-GG-Rittsteig(註 9), §14/15 Rz. 134; Lange/Kuchinke(註 45), §2 Ⅳ 2 c)(S. 25); Schlüter, Erbrecht, 13. Aufl., 1996, Rdnr. 7; AK-BGB-Däubler, 1990, Einleitung zum Erbrecht, Rz. 170 등.

66) Leipold(註 22), Rdnr. 53.

67) Lange/Kuchinke(註 45), §37 Ⅲ 4(S. 820).

68) Staudinger/Murad Ferid · Michael Cieslar, 12. Aufl., 1981, Einl. zu §§2303 ff. Rz. 22. Leisner(註 8), Rdnr. 20도 같은 취지이지만, 기본법 제6조 제1항이 유류분제도를 명하는 것은 아니며, 기본법 제14조 제1항에 의하여서도 유류분제도가 요구되는 것이라는 데 대하여도 회의적이다.

69) BGH JZ 1999, 515. Soergel/Stein Einl. Rz. 4도 같은 취지이다.

70) Wieland(註 9), Rn. 59.

권의 보장에 포함되어 있는가 하는 것은 헌법재판소에 의하여 명백히 밝혀지지 않았다고 하였고,[71] 근래의 판례는 입법자가 법정상속의 형성에 있어서 어느 정도나 헌법상 필수적으로 가족 및 친족상속권을 고려하도록 요구받는지, 그러한 것들이 기본법 제 6 조 제 1 항에 의하여 요구되는지는 당해 사건에서 심사할 필요가 없다고 하였다가,[72] 그 후의 판례는 상속권의 보장에는 유언의 자유와 親族相續權의 원리가 포함되어 있다고 하였다.[73][74]

우리나라에서는 어떻게 보아야 할 것인가? 우선 앞에서 본 둘째의 견해, 즉 유류분제도는 헌법상 요구되는 것이 아니고, 그렇다고 하여 금지되어 있는 것도 아니며, 이 문제는 입법자의 재량에 속하는 사항이라고 하는 견해에 대하여는 다음과 같은 의문점이 있다. 즉 유류분제도가 유언의 자유를 제한하는 것이라면 이 문제를 단순히 입법자의 재량 내지 형성의 자유에만 맡겨 둘 수는 없는 것이다. 가령 유류분제도에 대하여 별도의 헌법상 근거가 없더라도 유족의 보호라는 공공복리의 관점에서 헌법 제37조 제 2 항에 의하여 유언의 자유 제한이 가능하다는 입론이 있을 수도 있다. 그러나 유류분제도가 유족의 최저한의 생활을 보장하는 정도에 그친다면 이를 유족에 대한 부양이라는 의미에서의 공공복리에 의한 제한이라고 파악할 수 있을지 몰라도, 현행 유류분제도는 그 이상으로 상속재산의 일정 비율을 유족에게 보장하는 것이므로 이를 공공복리를 근거로 하여 정당화하기는 어렵다고 생각된다.[75]

그렇다고 하여 유류분제도는 위헌이라고 하는 결론을 낼 수도 없다. 즉 현행 헌법이 유류분제도가 목적하고 있는 가족의 보호에 대하여 무관심하다고 보기는 어렵기 때문이다. 다시 말하여 헌법 제36조 제 1 항은 "婚姻과 家族生活은 個人의 尊嚴과 兩性의 平等을 기초로 成立되고 유지되어야 하며, 國家는 이를 보장한다"고 규정하고 있는데, 이처럼 위 조항이 국가에게 가족생활의 유지에 관한 보장을 명하고 있다는 점에서, 헌법은 국가에 대하여 단순히 피상속인 사후의 친족의 생활 보장이라는 차원을 넘어서서 친족으로 하여금 피상속인의

71) BVerfGE 67, 329, 341 = NJW 1985, 1455.

72) BVerfGE 91, 346 = NJW 1995, 2997 = FamRZ 1994, 405 mit Anm. Bosch.

73) BVerfGE 93, 165, 174.

74) Leipold(註 22), Rdnr. 54a는, 위 BVerfGE 91, 346(註 72)과, BVerfGE 93, 165(註 73)가 유언의 자유와 가족 상속권의 관계에 대하여 분열되고, 모순되기까지 한 양상을 보여주고 있다고 주장한다.

75) 독일의 학설 가운데에는 이러한 관점에서 유류분제도가 위헌의 자유를 침해하는 것이므로 위헌이라는 주장이 있다고 한다. Petri, Die Pflicht zum Pflichtteil, ZRP 1993, 205(MünchKomm/Frank, §2303 Rdnr. 1a Fn. 4에서 재인용).

생활수준에 준하는 생활을 영위할 수 있도록 피상속인의 재산의 일정한 부분을 취득할 수 있게 할 것을 명하고 있다고 보아야 할 것이다. 따라서 유류분제도가 위헌이라고는 할 수 없고, 오히려 유류분제도를 폐지하는 것과 같은 것은 헌법상 허용되지 않는다고 보아야 할 것이다.[76)]

이와는 다소 달리 유류분제도 내지 친족상속권의 보장이 헌법상 요구된다는 관점에 서면서도 그 근거를 헌법상 재산권의 보장에서 찾는 견해도 있을 수 있겠으나, 이러한 재산권의 보장은 제 1 차적으로는 피상속인에 대한 것이지 상속인 내지 친족에 대한 것이 아닐 뿐만 아니라, 유류분제도와 유언의 자유는 서로 대립되는 관계에 있다는 점에서 양자를 모두 재산권의 보장의 내용으로 이해하는 것은 자연스럽지 않으므로, 친족상속권의 헌법적 근거는 헌법 제36조 제 1 항에서 찾는 것이 옳다고 여겨진다.

3. 親族相續權의 形成에 관한 立法者의 自由

그러나 이처럼 친족상속권 내지 유류분제도가 헌법상 근거를 가진다고 하여도 그 내용을 어떻게 형성할 것인가 하는 점에 관하여는 입법자에게 넓은 범위의 형성의 자유가 인정되어야 한다. 이 점은 여러 가지로 설명할 수 있다. 우선 친족상속권의 근거를 헌법 제36조 제 1 항의 가족제도의 보장에서 찾는 경우에 그 성격에 관하여 살펴볼 필요가 있는데, 이 규정이 기본권 보장으로서의 성격을 가지는가, 가진다면 어떤 종류의 기본권인가에 관하여는 논란이 있으나, 이 규정이 제도보장(Einrichtungsgarantie)으로서의 성격을 가진다는 점에 대하여는 대체로 큰 이견이 없다고 보인다.[77)] 그런데 이러한 제도보장에 있어서는 기본권의 보장과는 달리 最小限 保障의 원칙이 적용되어, 입법자는 제도의 본질적 내용을 훼손하지 않는 범위 안에서 법률로써 그 제도를 자유로이 형성할 수 있다고 보고 있다.[78)]

76) 독일에서도 유류분제도는 헌법상 근거를 가지는 것이므로 이를 폐지하는 것은 헌법에 위반된다고 보는 것이 일반적인 견해이다. MünchKomm/Frank, §2303 Rdnr. 1a 및 그 곳의 Fn. 4에 인용된 문헌 참조.

77) 權寧星(註 7), 254면; 金哲洙, 第10全訂版 憲法學槪論, 1998, 712면 등.

78) 權寧星(註 7), 181면; 金哲洙(註 77), 253면 등. 헌법재판소 1997. 4. 24. 선고 95헌바48 결정(헌판집 9-1, 435)은, 직업공무원제도의 보장에 관하여, "기본권의 보장은 … '최대한 보장의 원칙'이 적용되는 것임에 반하여, 제도적 보장은 기본권 보장의 경우와는 달리 그 본질적 내용을 침해하지 아니하는 범위 안에서 입법자에게 제도의 구체적인 내용과 형태의 형성권을 폭넓게 인정한다는 의미에서 '최소한 보장의 원칙'이 적용될 뿐인 것이다"라고 판시하고 있

그리고 친족상속권의 근거를 독일의 다수설처럼 재산권보장에서 찾는다고 하더라도 마찬가지이다. 재산권보장을 규정한 헌법 제23조가 기본권뿐만 아니라 제도보장으로서의 성격을 가진다는 점에 대하여도 대체로 견해가 일치하고 있을 뿐만 아니라,[79] 헌법 제23조 제1항도 財産權의 內容과 限界는 법률로 정한다고 규정하고 있기 때문이다.[80]

따라서 입법자로서는 가령 상속인의 범위를 정함에 있어서 어느 범위 내의 친족을 포함시킬 것인가, 유류분권리자의 범위를 어떻게 할 것인가, 유류분반환청구권의 내용을 어떻게 구성할 것인가 하는 점 등에 관하여 광범위한 형성의 자유를 가지게 된다.[81]

예컨대 헌법재판소 1998. 12. 24. 선고 96헌바73 결정[82]은, 공무원연금법 제30조 제1항이 공무원 또는 공무원이었던 자가 사망한 경우에 급여를 받을 유족(공무원에 의하여 부양되고 있던 친족)이 없을 때에는 민법상 상속의 법리와는 달리 대통령령이 정하는 한도의 금액을 유족이 아닌 직계비속에게 지급하고, 그 직계비속도 없을 때에는 당해 공무원 또는 공무원이었던 자를 위하여 사용할 수 있다고 규정한 것이 공무원의 상속인의 상속권을 침해하는 것으로서 위헌이라고는 할 수 없다고 하면서, 그 근거로서 주로 공무원연금제도는 사회보험제도이고 공무원연금법상의 퇴직급여와 유족급여 등 각종급여는 기본적으로는 사회보장적 급여로서 그 수급요건, 수급권자 및 금액을 구체적으로 어떻게 정할 것인가의 문제는 입법자가 보험원리에 따라 입법정책적으로 결정할

고, 헌법재판소 1994. 4. 28. 선고 91헌바15·19 결정(헌판집 6-1, 317)도 같은 취지이다. 그러나 鄭宗燮, "基本權條項 아닌 헌법규정으로부터의 基本權의 導出", 憲法判例硏究(1), 1998, 97면 이하, 특히 138면은 이러한 基本權과 制度保障의 峻別論을 비판하면서, 제도보장이 기본권보장과 관련될 때는 그 제도보장은 국회가 가지는 입법형성의 자유범위 내에서 역시 최대한의 보장으로 구체화되지 않으면 안 된다고 한다.

79) 權寧星(註 7), 482면; 金哲洙(註 77), 530면 등.

80) 헌법재판소 1998. 8. 27. 선고 96헌가22, 97헌가2·3·9, 96헌바81, 98헌바24·25(병합) 결정(헌판집 10-2, 339)도, "상속권은 재산권의 일종이므로 상속제도나 상속권의 내용은 입법자가 입법정책적으로 결정하여야 할 사항으로서 원칙적으로 입법자의 입법형성의 자유에 속한다고 할 것이지만, 입법자가 상속제도와 상속권의 내용을 정함에 있어서 입법형성권을 자의적으로 행사하여 헌법 제37조 제2항이 규정하는 기본권제한의 입법한계를 일탈하는 경우에는 그 법률조항은 헌법에 위반된다고 할 것이다"라고 판시하고 있다. 그러나 이 결정이 상속인의 숙려기간이 도과하면 상속인이 단순승인을 한 것으로 보고 있는 민법 제1026조 제2호가 위헌인 근거로서, 위 규정이 상속인의 상속권을 침해하였다는 점을 들고 있는 것은 다소 문제이다. 이 점에 대하여는 丁泰鎬(註 7), 108면 이하 참조.

81) Boehmer(註 9), 410 ff.; Leipold(註 22), Rdnr. 54 등 참조.

82) 헌판집 10-2, 856.

입법재량사항으로서 반드시 민법상 상속의 법리에 따라야 할 것은 아니라는 점을 들고 있다. 이 문제를 형식적으로 본다면 공무원연금법상의 각종 급여의 수급권자인 유족은 상속인으로서가 아니라 이들 규정에 의하여 직접 자기의 고유의 권리로서 취득하는 것이고, 따라서 위 각 급여의 수급권은 상속재산에 속하지 아니하므로 상속권 보장 위반의 문제는 처음부터 생기지 않는다고 볼 여지도 있다.[83] 그러나 헌법재판소도 설명하고 있듯이 위와 같은 공무원연금법상의 급여는 후불임금적인 성질도 가지고 있으므로 여기에서 상속의 법리를 완전히 배제할 수는 없는 것이고, 다만 급여청구권자인 상속인의 범위를 위와 같은 사회보장적인 급여라는 특성을 고려하여 민법상의 상속인의 범위와 달리 규정하였다고 하여 위헌이라고는 할 수 없다는 것이 보다 실질적인 설명이 될 것이다.

그러나 친족을 상속인에서 완전히 배제한다든가, 유류분제도 자체를 폐지한다든가 하는 것은 헌법 위반이 될 것이다. 가령 주택임대차보호법 제9조 제2항은 주택의 임차인이 사망한 경우에 사망 당시 상속권자가 그 주택에서 가정공동생활을 하고 있지 아니한 때에는 그 주택에서 가정공동생활을 하던 사실상의 혼인관계에 있는 자가 2촌 이내의 친족과 공동으로 임차인의 권리와 의무를 승계한다고 규정하고 있는데, 이 규정에 대하여는 상속권자가 임차인과 동거하지 않았던 경우에는 그를 승계인에서 제외하고 동거하던 사실상의 혼인관계에 있는 자가 단독으로 임차인의 권리와 의무를 승계하도록 하여야 한다고 하는 비판이 있다.[84] 그러나 그 임차권이 상속재산 중 사소한 일부라면 몰라도, 그 임차권이 상속재산의 전부 또는 대부분이라면 이와 같이 상속인을 전면적으로 배제하는 것은 헌법상 위헌으로 볼 여지가 있을 것이다.[85]

다른 한편으로 이처럼 친족상속권의 원리에 따라 친족의 상속권이 원칙적으로 인정된다고 하더라도, 상속권이 있는 친족들이 여럿 존재하는 공동상속의 경우에 그들이 반드시 동등하게 상속하여야 하는 것은 아니다. 이는 헌법상 평등의 원칙 문제가 될 것인데, 각 공동상속인의 상속분 등에 차이가 있다 하더라도 그에 합리적인 이유가 있을 때에는 이는 헌법 위반이라고 할 수는 없다. 가령 우리 민법상 배우자의 상속분은 다른 공동상속인의 상속분에 5할을 가산하게 되어 있는데(민법 제1009조 제2항), 이는 배우자라는 지위의 특수성에 기인한 것으로서 이를 가리켜 평등의 원칙에 위반되는 것이라고 말할 수는 없다. 다만 종전

83) 대법원 1996. 9. 24. 선고 95누9945 판결(公 1996하, 3223)의 설명 참조.

84) 尹天熙, "住宅賃借權 承繼規定의 問題點", 改正民事法解說, 1985, 218면 등.

85) 閔日榮, 民法注解 XV, 1997, 283-284면 참조.

에 호주상속인과 그 이외의 자녀, 아들과 딸 사이의 상속분에 차이가 있었던 것은 합리적인 근거가 있다고 할 수 없으므로 위헌이라고 보아야 할 것이다.[86]

그리고 상속재산의 특성을 고려하여 이를 공동상속인 중 일부에게만 귀속시키는 것은 다른 상속인에게 그에 상당한 보상이 주어지는 한 위헌이라고 하기는 어려울 것이다.[87]

Ⅳ. 憲法上 私的 相續의 原則

사유재산의 상속인은 국가 아닌 私人이어야 한다는 사적 상속의 원칙은 앞에서 살펴본 유언 자유의 원칙 및 친족상속권의 원칙에 당연히 수반되는 것으로서 별도의 원칙으로 취급할 필요가 없다고도 생각할 수 있다.[88] 그러나 상속제도가 사유재산 보장의 산물이라고 할 때에는 私的 相續의 원칙이 논리적으로 친족상속권에 선행되는 것이라고 할 수 있다.

현행 민법상으로는 이러한 私的 相續의 원리 위반이 특별히 문제되는 경우는 별로 없다. 국가는 상속인의 존부가 분명하지 않을 때에만 일정한 절차를 거쳐서 상속재산을 취득하게 되어 있으므로(제1053조 이하), 이는 헌법상 문제되지 않는다.

실질적으로 私的 相續의 원칙과 관련하여 중요한 문제로 대두되는 것은 상속세의 부과이다. 즉 지나치게 과다한 상속세의 부과는 실질적으로 사적 상속의 원리를 부정하는 것과 마찬가지가 되기 때문이다.[89]

일반적으로 상속세 그 자체의 부과는 헌법상 허용된다고 본다. 상속세는 국가의 재정수입의 확보라는 조세제도의 일반적인 목적에 이바지할 뿐만 아니라, 특히 상속에 의하여 富의 편중이 심화되는 것을 방지하는 기능을 한

86) 일본 最高裁判所 1995(平成 7). 7. 5. 大法廷 판결(民集 49-7, 1789)은, 嫡出이 아닌 자녀의 상속분은 嫡出인 자녀의 상속분의 2분의 1로 규정하고 있는 일본 민법 제900조 제4호 단서 전단은 법 아래의 평등을 규정하고 있는 일본 헌법 제14조 제1항에 위반되지 않는다고 하였으나, 이에 대하여는 논란이 많다.

87) BVerfGE 91, 346 참조.

88) Kipp · Coing(註 4), §1 Ⅱ(S. 4 ff.)는 상속법의 기본원칙을 열거하면서 私的 相續의 원칙은 따로 들고 있지 않다.

89) 미국의 Read는, 좋은 사회를 만들기 위하여는 상속의 특권을 폐지하지 않으면 안 되지만, 이를 위하여는 혁명도, 다이나마이트도, 기요틴도 불필요하고, 단지 누진적인 상속세법을 정하기만 하면 된다고 결론짓고 있다. Read, The Abolition of Inheritance, 1918, pp. 243 f. 中川善之助 · 泉 久雄, 新版 注釋民法(26), 1992, 7면에서 재인용.

다.[90] 또한 다른 관점에서는 사유재산의 형성과 유지는 점점 더 국가의 지원에 의존하고 있으므로, 국가가 상속세를 부과하는 것은 전체적으로 보아 자신이 이전에 주었던 것을 되찾는 데 불과하고, 또 국민의 生存配慮(Daseinsvorsorge)는 더욱더 국가의 임무로 되었으므로, 사망에 의한 재산의 취득은 당사자에게는 통상 생존을 위한 의미를 가지지 않고, 따라서 그에 대한 조세의 부담은 감당할 수 있다고 하는 설명도 있다.[91][92]

헌법재판소 1997. 12. 24. 선고 96헌가19 결정[93]은, "상속세제도는 국가의 재정수입의 확보라는 일차적인 목적 이외에도, 자유시장경제에 수반되는 모순을 제거하고 사회정의와 경제민주화를 실현하기 위하여 국가적 규제와 조정들을 광범위하게 인정하는 사회적 시장경제질서의 헌법이념에 따라 재산상속을 통한 부의 영원한 세습과 집중을 완화하여 국민의 경제적 균등을 도모하려는 데 그 목적이 있다"고 설시하고 있다.

문제는 어느 정도까지의 상속세 부과가 허용되는가 하는 점이다. 이전의 독일 판례는 일반적으로 조세의 부과가 과중하여 사실상 재산을 몰수하는 것이 되거나,[94] 납세의무자의 재산관계를 근본적으로 침해하는 경우[95]에는 조세의 부과가 재산권을 침해하는 것으로서 위헌이라고 하였으나, 실제로는 세율이 높다는 이유로 위헌이라고 한 예는 없었다.

독일의 학설상으로는 상속세가 상속재산의 50%를 넘으면 안 된다는 견해가 있고,[96] 연방헌법재판소는, 상속세에 관하여는 일정한 비율에 의하여 한정

---

90) Ebenroth(註 4), Rz. 1336 참조. 그러나 再分配機能(Umverteilungsfunktion)을 상속세의 정당한 목적으로 보는 데 대하여는 비판적인 견해도 있다. Leisner(註 8), Rdnr. 26 및 그 곳에 인용된 문헌 참조.

91) AK-BGB-Däubler, Einl. zu §§1922 ff. Rz.183 참조.

92) 金容旭, "相續稅와 相續財産", 小峰金容漢敎授華甲記念 民事法學의 諸問題, 1990, 97면은 상속세의 부과 근거에 관하여는 부의 집중화를 배제하여 재분배를 꾀한다는 財産再分配說, 피상속인이 생전에 재산을 형성한 것은 사회·국가의 보호에 의한 것이므로 事後에는 그것을 사회에 환원하여야 한다는 社會還元說, 상속인 등이 취득한 재산은 다른 소득과 같이 일반적으로 담세력이 있다고 보는 擔稅力說, 그 취득재산은 피상속인의 사망이라고 하는 우연성에 의하여 취득한 것이지 자신의 노력에 의한 근로소득이나 사업소득이 아니라고 보는 不勞所得說, 피상속인이 생전에 소득세 등의 세제상의 혜택으로 축적한 재산에 대한 소득세의 누진성이나 면세소득 등을 사망시에 청산하여 소득세를 보완할 필요가 있다고 보는 소득세보완설 등이 있다고 소개하고 있다.

93) 헌판집 9-2, 762.

94) BVerfGE 23, 288 등.

95) 이른바 絞殺的 효과(Erdrosselungswirkung). BVerfGE 30, 250 등.

96) Leisner(註 8), Rdnr. 27. 근래의 독일 연방헌법재판소의 판례(BVerfGE 93, 121 ff.)는, 재산세의 경우에 그 재산세가 재산으로부터 얻는 수익의 50% 정도에 머물러야 한다고 판시하였

하지 않고, 상속인이 누구인가에 따라 상속세의 부과가 달라져야 한다고 보고 있다.[97] 즉 상속인이 독일 상속세법상의 제 1 조세군(Steuerklasse I)[98]에 속할 때에는 그러한 상속인들에게 승계되는 상속재산의 주요부분을 취득할 수 있어야 하고, 상속재산이 작을 때에는 그 전부를 세금부담 없이 취득할 수 있어야 한다고 보고 있다.

그러나 이처럼 상속세의 부과가 어느 선을 넘으면 안 된다고 하는 것을 헌법에서 직접 이끌어낼 수 있는지는 의문이고, 오히려 일반적으로 상속은 무상이라는 점에 비추어 보면, 취득에 비용이 소모되는 소득세나 기타 다른 재산에 대한 과세보다는 납세의무자인 상속인의 담세능력이 더 크다고 할 수 있으므로(應能負擔의 원칙) 상속세의 세율이 더 높아도 무방할 것이다.[99][100]

Ⅴ. 結　　論

위에서 살펴본 바를 다시 정리한다면 다음과 같다. 상속법의 기본원칙 가운데 유언의 자유는 헌법상 재산권의 보장에서 도출될 수 있고, 친족상속권의 원칙은 헌법상의 가족 보호의 요청에서 나오며, 사적 상속의 원칙은 상속세에 의하여 제한을 받는다는 것이다.

종래 이 주제에 대하여 국내에서는 별로 다루어진 바 없어서 주로 독일의 논의를 참조하였으나, 독일에서의 논의도 그다지 활발한 편은 아니어서 충분하게 다루지는 못하였다. 특히 친족상속권의 헌법적 근거에 관하여는 앞으로도 좀더 논의가 필요할 것이다. 다만 상속제도가 헌법상의 근거를 가지고 있다는 점에 관하여 관심을 환기시킬 수 있다면 이 글이 의도하는 최소한의 성과는

으나, 이에 대하여는 매우 논란이 많다. 예컨대 H. P. Bull, “Vom Eigentumsschutz zum Vermögensschutz－ein Irrweg”, NJW 1996, 281 ff. 등.

97) BVerfGE 93, 165, 174.

98) 이는 被相續人의 配偶者나 直系卑屬을 말한다.

99) 위 BVerfGE 93, 165, 174도 상속권의 제한에 관한 입법자의 가능성은, 그것이 재산의 이전에 결부되는 것이기 때문에, 재산권의 제한에 관한 가능성보다 더 광범위하다고 한다. 반대: Leisner(註 8), Rdnr. 24.

100) 이창희, “財閥問題와 稅法”, 商事法硏究 제15권 1호, 1995, 80면 이하는 상속세는 소득세가 미실현이득을 과세하지 않고 있는 데 대한 보완세의 성격도 띠고 있으므로, 자산이 증여되거나 상속되는 경우 당해 소득은 적어도 바로바로 과세되는 소득보다는 높은 세율로 과세되어야 한다고 주장한다.

거두는 것이 될 것이다.

〈憲法論叢 제10집, 1999〉

〈追記〉

1. 헌법재판소 2008. 3. 27. 선고 2006헌바82 결정(헌판집 20-1상, 355)은 민법 제1066조 제1항이 자필증서에 의한 유언의 방식으로 '날인'을 요구하고 있는 것은 위헌이 아니라고 하였고, 헌법재판소 2008. 12. 26. 선고 2007헌바128 결정(헌판집 20-2하, 648)은 위 법조항이 날인뿐만 아니라 주소의 자서를 요구하고 있는 것도 위헌이 아니라고 하였다. 필자는 위 결정이 선고되기 전에 "法律解釋의 限界와 違憲法律審査"라는 미공간 논문에서 위 법조항이 날인을 요구하는 것은 합헌이지만, 주소의 자서를 요구하는 것은 위헌이라고 주장하였는데, 위 2007헌바128 결정의 반대의견은 이러한 필자의 견해를 참고한 것으로 보인다. 조혜수, "민법 제1066조 제1항 위헌소원", 헌법재판소결정해설집 제7집, 2009, 95면 이하 참조. 위 논문은 다음과 같이 공간되었다. 법철학의 모색과 탐구, 심헌섭 박사 75세 기념논문집, 2011, 503-535면.

2. 註 52)의 독일 연방대법원 판례는 독일 연방헌법재판소 2004. 3. 22. 결정(BVerfG NJW 2004, 2008)에 의하여 파기되었다. 헌법재판소 제1재판부 제3小部는 같은 신분을 가진 사람과만 혼인하도록 강제하는 것은 혼인의 자유를 침해하는 것이라고 하였다. 이에 대하여는 Gerhard Otte, ZEV 2004, 393; Thomas Gutmann, NJW 2004, 2347 등 참조.

3. 독일 연방헌법재판소 2005. 4. 19. 결정(BVerfGE 112, 332)은 유류분제도는 혼인 및 가족에 대한 보호를 규정하고 있는 기본법 제6조 제1항과 함께 제14조 제1항에 의한 상속권 보장에 의하여 보호된다고 판시하였다. 이 결정에 대하여는 김수정, "遺留分制度의 憲法的 根據와 法政策的 論議", 家族法硏究 제20권 2호, 2006, 161면 이하 참조. 다른 한편 헌법재판소 2010. 4. 29. 선고 2007헌바144 결정(헌판집 22-1, 622)은 유류분제도는 피상속인의 재산처분의 자유·유언의 자유와 근친자의 상속권 확보에 의한 생활보장의 필요성과의 타협의 산물로 입법화된 것으로, 피상속인의 재산처분행위로부터 유족들의 생존권을 보호하고, 법정상속분의 일정비율에 상당하는 부분을 유류분으로 산정하여 상속재산형성에 대한 기여, 상속재산에 대한 기대를 보장하려는 것이 유

류분제도의 입법취지라고 판시하여 유류분제도의 합헌성을 인정하였다.

4. 註 87)의 본문과 관련하여 헌법재판소 2008. 2. 28. 선고 2005헌바7 결정(헌판집 20-1상 221 이하)은 민법 제1008조의3 중 '분묘에 속한 1정보 이내의 금양임야와 600평 이내의 묘토인 농지 … 의 소유권은 제사를 주재하는 자가 이를 승계한다'는 부분이 제사주재자가 아닌 다른 상속인들의 상속권 내지 재산권을 침해하는 것으로서 위헌이라고는 할 수 없다고 하였다.

相續法 改正案의 課題와 問題點*

Ⅰ. 序　　論

법무부는 그간 民法(家族法)改正特別分科委員會를 설치하여 친족상속법 개정작업을 추진하여 왔는데, 그 결과를 토대로 지난 1998. 5. 22. 공청회를 개최하였고, 이어서 1998. 7. 20.에는 개정안에 대한 입법예고까지 되었다.[1] 이 글에서는 위와 같이 입법예고된 개정안 중 상속법 부분에 관하여 검토하여 보고자 한다.

당초 공청회에서 발표된 상속법 개정안의 내용은 상속회복청구권의 제척기간 개선, 상속승인·포기·한정승인제도 개선, 분묘 등의 승계제도의 개선, 상속인 수색의 공고기간 단축의 4가지였는데, 실제로 입법예고된 개정안에는 이 중 분묘 등의 승계제도개선안이 빠지고, 이와는 별도로 피상속인을 부양한 상속인의 상속분 가산제도가 추가되었다. 이하에서는 입법예고된 개정안을 중심으로 살펴보기로 한다.

---

* 이 글은 1998. 6. 25. 숭실대학교에서 가족법 개정안의 과제와 문제점에 관하여 개최된 韓國家族法學會 제36회 학술대회에서 발표된 내용을 기초로 하여, 그 후 법무부에서 입법예고한 개정안에 따라 일부 수정한 것이다. 당일 지정토론자로 나와서 가족법 개정안의 배경에 대하여 상세하게 이야기하여 주신 서정우 변호사님께 감사의 뜻을 표한다.

1) 法律新聞 제2713호(1998. 7. 27.자), 15면.

Ⅱ. 相續回復請求權의 除斥期間

1. 改正案의 內容 및 그 意義

현행 민법 제999조 제2항은 상속회복청구권의 제척기간을 그 침해를 안 날로부터 3년, 상속이 개시된 날로부터 10년으로 정하고 있다. 이에 대하여 개정안 제999조 제2항은 그 침해를 안 날로부터 3년, 상속권의 침해행위가 있은 날로부터 10년을 경과하면 소멸되는 것으로 하고 있다.

종래 상속법에 관한 대법원 판례는 그 수만으로 따진다면 이 상속회복청구권에 관한 것이 제일 많다고 할 수 있고, 또 그 중 대부분은 상속회복청구권의 제척기간이 쟁점으로 된 것들이었다. 따라서 위 개정안이 가지는 실제적인 의미는 매우 크다고 할 수 있다.

2. 종래의 상황

우선 상속회복청구권의 성질을 어떻게 파악할 것인가에 관하여, 견해의 대립이 있다. 이에 관하여는 獨立權利說, 集合權利說, 相續資格確定說 및 訴權說 등의 여러 가지 학설이 주장되고 있으나,[2] 이 중에서 독립권리설과 집합권리설의 대립이 비교적 현저하다.

독립권리설에 따른다면 상속회복청구권은 소유권에 기한 물권적 청구권과는 독립된 별개의 권리이므로 상속회복청구권의 제척기간이 경과하더라도 상속회복청구권만이 소멸할 뿐 소유권에 기한 물권적 청구권마저 행사할 수 없게 되는 것은 아니라고 한다.[3] 반면 집합권리설에 의하면 단일·독립한 청구권이 아니라 상속재산을 구성하는 개개의 재산에 관하여 생기는 개별적 청구권의 집합에 불과한 것이라고 이해하므로 상속회복청구권의 제척기간이 경과

2) 이에 관한 최근의 문헌으로서 李相京, "財産相續回復請求權論", 民事裁判의 諸問題 제9권, 1997, 454면 이하, 특히 466면 이하 참조.

3) 그러나 郭潤直, 相續法, 1997, 284면은 獨立權利說(包括的 請求權說)을 취하면서도, 상속인은 상속회복청구권이 제척기간의 경과로 소멸한 후에 그의 상속권을 다투는 상속재산점유자에 대하여는 소유권 기타의 本權에 기한 개별적 청구권을 행사해서 상속회복청구권을 회복청구하지는 못한다고 주장한다.

하면 별도로 물권적 청구권과 같은 개별적 청구권을 행사할 여지는 없다.

종래의 판례는 다소 변천이 있었으나, 현재의 판례는 집합권리설의 태도를 보이고 있다. 즉 대법원 1991. 12. 24. 선고 90다5740 전원합의체 판결[4]의 다수의견은 재산상속에 관하여 진정한 상속인임을 전제로 그 상속으로 인한 소유권 또는 지분권등 재산권의 귀속을 주장하고, 참칭상속인 또는 자기들만이 재산상속을 하였다는 일부 공동상속인들을 상대로 상속재산인 부동산에 관한 등기의 말소등을 청구하는 경우에도, 그 소유권 또는 지분권이 귀속되었다는 주장이 상속을 원인으로 하는 것인 이상 그 청구원인 여하에 불구하고 이는 민법 제999조 소정의 상속회복청구의 소라고 해석하여야 한다고 판시하였다. 나아가 이 판결은 상속권의 침해가 상속개시일로부터 10년을 경과한 후에 있었더라도 10년의 제척기간 경과로 인하여 상속회복청구권은 소멸되었다고 한다.

그러나 이러한 다수의견에 대하여는 강력한 반대의견이 있었다. 즉 대법관 3인의 제 1 반대의견은 상속회복청구권은 개별적 청구권과 다른 독립된 별개의 권리라고 하는 독립권리설을 지지하였고, 그 중 2인의 보충의견은 만일 다수의견과 같이 집합권리설을 따른다면 그 제척기간은 참칭상속이 개시된 날, 다시 말하면 상속권의 침해가 있었을 때부터 기산하는 것으로 해석하여야 한다고 주장하였다.

그리고 대법관 1인의 제 2 반대의견은 다수의견과 마찬가지로 집합권리설을 따르면서도, 상속회복청구권의 상대방이 되는 "참칭상속인"이라 함은 상속이 개시될 당시에 정당한 상속권자가 아님에도 불구하고 진정한 상속권자로 믿게 할 만한 외관을 지니고 정당한 상속권자의 상속권을 침해하고 있는 자에 한정되고, 상속이 개시될 당시에는 상속권자로 믿게 할 만한 외관을 갖추지 못하였는데 그 후에 문서를 위조하는 등의 방법으로 정당한 상속권자인 것처럼 가장한 자, 또는 공동상속인 등은 참칭상속인에 해당하지 아니한다고 하였으며, 제 3 반대의견도 대체로 같은 취지이다.

개정안은 기본적으로 제 1 반대의견에 대한 보충의견의 태도를 받아들여 상속회복청구권에 대한 10년의 제척기간의 기산점을 상속이 개시된 날이 아니라, 상속권의 침해가 있는 날로 하자는 취지이다.

---

4) 公 1992, 635.

3. 改正案의 評價

종래의 판례와 같이 집합권리설을 전제로 하면서 나아가 10년의 제척기간의 기산점을 상속이 개시된 날로 본다면 여러 가지 불합리한 결과가 생기는 것은 부정할 수 없다. 우선 집합권리설에 대하여는 왜 僭稱相續人이 일반의 불법점유자와는 달리 제척기간이 경과함으로써 보호를 받게 되는 것인가, 소유권에 기한 물권적 반환청구권이 소멸시효에 걸리지 않는 것과는 균형이 맞지 않는다는 비판이 있다. 그리고 위 판결과 같이 상속이 개시된 날로부터 10년이 경과한 후에 상속권의 침해가 있는 때에는 진정한 상속인에게는 아무런 구제수단이 없게 된다.

그렇다고 하여 위 제1반대의견과 같이 독립권리설을 택함으로써 문제가 만족스럽게 해결되는 것도 아니다. 이 설은 상속회복청구권은 상속권의 침해를 포괄적으로 회복하는 것을 목적으로 하는 권리라고 하나, 현행 소송법상 목적물을 특정하지 않은 채 포괄적 반환을 명하는 채무명의를 얻을 수 있는 방법이 없다는 점이 문제로 지적되고 있다.[5] 따라서 이러한 독립권리설에 따르면 상속회복청구권은 결국 공허한 권리가 되어 버리고 만다.

개정안은 이러한 문제점을 해결하기 위하여 그 제척기간의 기산점을 상속권의 침해가 있는 때로 보려고 하고 있다.[6] 그 이유로서는 상속의 침탈은 일종의 불법행위이므로 그 불법행위 존재일로부터 불법을 바로잡는 기간을 기산하는 것이 바람직하다는 점을 들고 있다.[7]

그렇다면 위와 같은 개정안에 의하여 이러한 문제들이 만족스럽게 해결될 수 있을까? 사견으로는 그렇지 못하다고 생각된다.

먼저 이론적으로는 상속권의 침해를 불법행위와 동일시하는 데 문제가 있다. 불법행위로 인한 손해배상청구권도 상속회복청구권에 포함될 수 있겠으나,

---

5) 朴英植, "相續回復請求權과 物權的 請求權과의 關係", 民事裁判의 諸問題 제2권, 1980, 140-144면 참조.

6) 金疇洙, "家族法의 改正方向과 課題", 家族法硏究 제11호, 1997, 47면은 개정안과 같은 취지이고, 李和淑, "相續回復請求權 制度의 改善", 같은 책 393면은, 입법론으로서 상속회복청구권의 행사기간을 침해를 안 날로부터 5년, 침해행위가 있은 날로부터 10년으로 하되, 이 기간은 진정상속인의 보호를 위해 소멸시효로 보는 것이 타당하다고 한다.

7) 徐廷友, "相續制度의 整備改善에 관한 發表意見", 家族法改正公聽會(1998. 5. 22. 公聽會 資料), 法務部, 1998, 61면.

종래 실제로 문제되었던 것은 거의 대부분 소유권에 기한 물권적 청구권이었다. 그리고 이러한 물권적 청구권은 소멸시효에 걸리지 않는 것인데, 이를 소멸시효의 대상이 되는 불법행위로 인한 손해배상청구권과 같이 취급하는 것은 수긍하기 어려운 것이다.

뿐만 아니라 위의 개정안으로는 실제상의 문제도 완전하게 해결하지 못한다. 종래 판례상 상속회복청구권의 적용에 관하여 문제가 되었던 것으로는 위와 같은 제척기간의 기산점을 언제로 볼 것인가 하는 점 외에도, 누구를 상속회복청구권 행사의 상대방인 참칭상속인으로 볼 것인가 하는 점을 들 수 있다.

우선 문제로 되는 것은 공동상속인도 상속회복청구의 상대방이 되는가 하는 점이다. 이에 관하여는 주지하는 것처럼 부정설과 긍정설의 대립이 있으나, 다수설은 공동상속인도 상속회복청구의 상대방이 될 수 있다고 보고 있고, 판례도 일관하여 이를 긍정하고 있다. 그렇지만 위 대법원 1991. 12. 24. 선고 90다5740 전원합의체 판결(註 4)의 제 2 반대의견 및 제 3 반대의견은 다른 공동상속인의 상속권을 부인하고 자기(들)만이 상속하였다고 주장하는 공동상속인 중의 1인 또는 수인이나, 다른 공동상속인의 상속권을 부정하지는 아니한 채 사실상 상속재산을 배타적으로 점유, 관리하고 있는 공동상속인 등은 상속회복청구의 상대방인 참칭상속인이 아니라고 하고 있다. 이로부터 알 수 있는 것처럼, 공동상속인도 상속회복청구권의 제척기간에 의한 보호를 받을 수 있게 할 것인가에 관하여는 심각한 견해의 대립이 존재하고 있다.

뿐만 아니라 이 외의 경우에도 누가 참칭상속인인가를 확정하는 것은 반드시 쉬운 일이 아니다. 판례는 일반론으로서는 참칭상속인이라 함은 재산상속인인 것을 신뢰케 하는 외관을 갖추고 있는 자나 상속인이라고 참칭하여 상속재산의 전부 또는 일부를 점유하는 자를 가리킨다고 하고 있다.[8] 그러나 구체적으로 본다면 판례가 반드시 일관성이 있는 것은 아니며, 실제로 어떤 경우에 이러한 참칭상속인에 해당하는지는 반드시 명백한 것은 아니다. 가령 대법원 1981. 1. 27. 선고 80다1392 판결[9]은 민법시행 전에 차남이 2중 호적에 의하여 호주상속인인 것과 같은 외관을 갖춘 때에도 참칭상속인에 해당된다고 하였으나, 대법원 1993. 11. 23. 선고 93다34848 판결[10]은 사망자의 상속인이 아닌

8) 대법원 1991. 1. 22. 선고 90다19470 판결(公 894, 1060) 등 다수.
9) 集 29권 1집 민42.
10) 公 1994상, 184.

자가 상속인인 것처럼 허위기재된 위조의 제적등본, 호적등본 등을 기초로 하여 상속인인 것처럼 상속등기가 이루어진 경우에는 참칭상속인이 아니라고 하였다. 이 외에도 호적상은 상속인으로 기재되어 있는데도 참칭상속인이 아니라고 한 판례는 여럿 찾아볼 수 있다.[11] 그러나 이러한 판례에 대하여는, 위와 같은 일반론은 참칭상속인을 구분짓는 기준으로서의 기능을 다하지 못한다고 하는 비판이 있다.[12]

또 판례는 제3자가 특별조치법에 의한 등기를 함에 있어서 그 보증서상의 등기원인이 상속으로 되어 있으면 그 제3자를 참칭상속인으로 보는 반면,[13] 그 보증서상의 등기원인이 매매로 되어 있으면 참칭상속인이 아니라고 보는데,[14] 과연 이러한 구별기준이 과연 합리적인가 하는 비판도 있다.[15]

물론 개정안처럼 상속회복청구권의 기산점을 진정상속인에게 유리하도록 뒤로 늦춘다면 실제로 상속회복청구권의 제척기간이 경과하였다고 인정될 수 있는 사례가 적어지게 되어 이러한 문제가 생기는 빈도는 줄어들겠으나, 그것만으로 충분하다고는 할 수 없다.

다른 한편 상속회복청구권이 제척기간이 경과함으로써 소멸한 경우의 효과에 관하여도 문제가 없는 것이 아니다. 판례[16]는 상속회복청구권이 제척기간의 경과로 소멸하게 되면 상속인은 상속인으로서의 지위를 상실하고, 그 반사적 효과로서 참칭상속인이 상속개시의 시로부터 소급하여 상속인으로서의 지위를 취득한다고 하나, 이렇게 된다면 상속재산에 따라 상속인이 달라지는 등 상속관계의 분열이 생기게 되어 법률관계가 복잡하게 되는 문제점이 있다.[17]

---

11) 대법원 1987. 7. 11. 선고 86다카2952 판결(公 1987, 1382); 1998. 3. 27. 선고 96다37398 판결(公 1998상, 1158) 등.

12) 諸哲雄, "相續回復請求權", 한림법학 FORUM 제6권, 1997, 102-103면.

13) 대법원 1984. 2. 14. 선고 83다600, 83다카2056 판결(公 1984, 440).

14) 대법원 1982. 1. 26. 선고 81다851 · 852 판결(集 30권 1집 민42; 公 1982, 299).

15) 姜秉燮, "相續回復請求의 訴", 대법원판례해설 5호, 1986, 86면; 金永甲, "共同相續人 사이의 財産相續回復請求와 除斥期間", 民事裁判의 諸問題 제7권, 1993, 590면. 諸哲雄(註 12), 99-101면도 같은 취지이다.

16) 대법원 1994. 3. 25. 선고 93다57155 판결(公 1994상, 1332). 대법원 1998. 3. 27. 선고 96다37398 판결(公 1998상, 1158)도 같은 취지이다.

17) 諸哲雄(註 12), 104면 참조.

4. 代案의 摸索

상속회복청구권의 제척기간에 관하여 입법론적인 논의를 하기 위하여는 우선 상속회복청구권의 제척기간을 규정한 취지가 무엇인지를 명확히 하여야 할 것이다.

이 점에 관하여 판례[18]는 상속회복청구권의 소멸에 관한 규정은 상속에 관한 법률관계의 확정을 조속히 매듭짓기 위하여 단기제척기간을 설정한 것이라고 하고 있으며, 학설도 같은 취지로 보인다.[19] 나아가 근래에는 이처럼 상속관계를 조기 확정시켜 법적 안정을 도모하자는 것 외에도, 상속의 외관을 신뢰하고 거래한 제 3 자를 보호하여 거래안전을 기한다는 데 그 이유를 찾아야 할 것이라는 주장도 있다.[20]

그러나 이러한 주장에 대하여는 다음과 같은 비판이 있다. 즉 법률관계의 안정은 진정한 권리자의 보호를 통하여 얻을 수 있는 것이며, 다만 예외적으로 진정한 권리자의 희생을 용인하는 경우가 있으나 그것은 그야말로 그럴만한 예외적 타당성이 있는 경우에 한하는데, 상속권의 침해는 그러한 예외적 타당성이 있는 경우에 해당하지 않는다는 것이다.[21]

생각건대 상속인이 자신이 상속재산의 소유자임을 전제로 하여 상속회복청구권을 행사한다면 이는 결국 소유권에 기한 물권적 청구권과 다른 것이 아니다. 그런데 다른 소유권에 기한 물권적 청구권은 소멸시효나 제척기간에 걸리지 않고 소유권 자체가 존속하는 한 언제나 행사할 수 있는데, 왜 그 소유권 취득 원인이 상속인 경우에만 그에 기한 물권적 청구권을 제척기간에 걸리게 하는 것인지, 위 비판론이 지적하는 것처럼 그에 대한 합리적 설명을 찾기 어렵다. 이를 다른 말로 한다면, 상속회복청구권의 제척기간규정은 우리 민법상의 다른 제도와 조화되지 않는 이질적인 규정이라고 하지 않을 수 없다.

따라서 이러한 상속회복청구권의 제척기간 규정의 기본적인 문제점은 건드리지 않은 채로 단순히 그 기산점만을 뒤로 늦추는 것은 근본적인 해결방법이 될 수 없다. 그렇다면 이러한 근본적인 해결방법은 어떤 것이 있을 수 있겠는가?

---

18) 대법원 1994. 10. 21. 선고 94다18249 판결(公 1994하, 3072).

19) 金疇洙, 親族・相續法, 第四全訂再增補版, 1997, 491면 등.

20) 郭宗皙, "相續回復의 訴", 판례연구 제 8 집, 부산판례연구회, 1998, 521면.

21) 郭京直, "상속회복청구권론", 상속법의 제문제(사법연수원 법관세미나자료), 1997, 26-27면.

한 가지 방법은 상속회복청구권을 독립된 포괄적 청구권으로 재구성하는 것이고, 이를 위하여는 독일 민법 제2027조 이하의 규정처럼 상속인에게 참칭상속인에 대하여 상속재산의 내용을 밝힐 것을 요구하는 明示請求權(Auskunftsanspruch)을 인정할 필요가 있다. 독일 민법에서는 상속회복청구권을 행사하는 원고는 변론종결시까지는 반환을 구하는 재산을 특정하여야 하지만, 상속회복청구권자로서는 1차로 상속재산에 관한 명시청구를 하고, 그에 따라 개별 상속재산에 대하여 반환청구를 함으로써 결과적으로 포괄적인 반환청구가 가능하게 된다. 이때 상속인은 명시청구와 상속회복청구를 결합할 수도 있다.[22] 이는 상속인의 보호를 위하여는 이상적이라고 할 수 있다.[23] 그러나 우리나라에서 이러한 제도는 생소한 것이어서 쉽게 채택될 수 있을 것인지, 채택된다 하더라도 얼마나 실효성이 있을지 의문이다.[24]

그러므로 보다 용이한 것은 상속회복청구권의 제척기간에 관한 규정 자체를 폐지하여 버리는 것이다.[25] 이 점에 관하여는 우리나라에서는 원래 상속회복청구권의 제척기간과 같은 제도가 없었다는 연혁적인 근거도 참고가 될 수 있을 것이다. 즉 經國大典 戶田 田宅條에 의하면 부동산에 관한 일반 呈訴期限(出訴期限)은 5년이지만, 그 예외 중 하나로서, 공동상속인 중의 일부가 상속재산을 독점한 경우에는 呈訴期限의 제한 없이 언제든지 제소할 수 있도록 하고 있었다.[26] 따라서 소유권에 기한 반환청구권에 대하여는 소멸시효나 제척기간을 규정하지 않고 있으면서 상속회복청구권에 관하여만 제척기간을 인정하고 있는 현재의 상황과는 정반대라고 할 수 있다. 그런데 한일합병 후의 朝鮮高等法院 판례는 처음에는 이러한 상속회복청구권에 대하여는 시효 또는 출소기한이 없는 권리라고 하다가, 후에는 상속권침해의 사실을 안 날로부터 6년, 상속개시시부터 20년을 경과하면 시효로 인하여 소멸한다고 판례를 변경하였고,[27]

22) MünchKomm/Frank, §2018 Rdnr. 30 참조.

23) 李和淑(註 6), 400면은 독일 민법과 같이 상속인의 입증책임의 경감을 위해 참칭상속인의 재산보고의무를 규정하는 것이 입법론으로서 참고할 가치가 있다고 주장한다.

24) 郭京直(註 21), 27면은, 민법 제999조를 보완하여 독일 민법의 예에서 볼 수 있는 것과 같은 상속법상의 특별한 포괄적 청구권으로 완비하자는 입법론에 대하여는, 진정한 상속인의 보호를 위한 법률적 무기는 이미 확보되어 있으므로 여기에 굳이 무엇을 더할 필요가 없다고 하는 이유로 반대한다.

25) 郭京直(註 21), 27-28면; 郭潤直(註 3), 288면 등도 같은 취지이다.

26) 朴秉濠, 韓國法制史攷, 1974, 261-267면. 沈羲基, "조선시대의 呈訴期限法", 判例實務研究[Ⅰ], 1997, 271면은 이로부터 조선시대 사람들의 강한 諸子女均分相續의식을 엿볼 수 있다고 한다.

27) 전자의 판결은 朝高判 1920. 3. 12.(錄 7권 88면); 후자의 판결은 朝高判 聯合部, 1935. 7. 30(司法協會雜誌 14권 9호). 각 法院行政處, 親族相續에 관한 舊慣習, 1985, 380-381면에서 재인용.

대법원의 판례도 이를 답습하고 있다.[28)]

다른 한편, 일본의 판례[29)]는 공동상속인간에도 상속회복청구가 인정된다고 하면서도, 스스로 상속권이 없는 줄 알면서도 상속인이라고 칭하거나 또는 상속권이 있다고 믿을 만한 합리적인 사유가 없음에도 불구하고 스스로 상속인이라고 칭하는 자는 본래 상속회복청구제도가 대상으로 생각한 자에 해당하지 않으므로 이러한 공동상속인은 다른 공동상속인의 침해 배제의 청구에 대하여 상속회복청구권의 시효를 원용하여 이를 거부할 수 없다고 한다. 이 판결에 의하여 일본 민법의 상속회복청구권의 소멸시효의 적용범위는 지극히 제한되어, 이에 관한 일본 민법 제884조는 거의 사문화된 것과 마찬가지로 되었다.

결국 私見으로서는 상속회복청구권의 제척기간 규정은 폐지하는 것이 가장 합리적이며, 그렇게 함으로써만 재산법 질서와의 통일성도 회복될 수 있는 것이라고 생각된다. 나아가 이처럼 상속회복청구권의 제척기간 규정을 폐지한다면, 본래의 물권적 청구권 등 이외에 따로 상속회복청구권을 인정할 이유가 있는지도 의심스럽다.

Ⅲ. 相續承認·拋棄·限定承認制度 改善

1. 改正案의 內容 및 그 의의

이에 관한 개정안의 골자는 민법 제1019조에 제 3 항을 신설하여, 상속인이 상속되는 채무가 그 재산을 초과하는 사실을 중대한 과실없이 제 1 항의 숙려기간 내에 알지 못하고 단순승인(제1026조에 의하여 단순승인한 것으로 의제되는 경우 포함)한 경우에는 그 안 날로부터 3월 내에 한정승인을 할 수 있다고 하는 것이다. 그리고 그에 따라 이러한 한정승인의 신고절차에 관한 규정을 두었으며(제1030조 제 2 항의 신설), 한정승인을 하였을 때에는 이미 처분한 상속재산의 가액을 합하여 상속채무를 변제하도록 하고(제1034조 제 2 항의 신설), 한정승인을 한 자가 과실로 일부 채권자에게 변제를 한 경우의 배상책임(제1038조 제

28) 대법원 1981. 1. 21. 선고 80다1392 판결(公 1981, 13719); 1991. 4. 26. 선고 91다5792 판결(公 1991, 1503). 호주상속에 관하여 같은 취지, 대법원 1996. 12. 6. 선고 96므1137 판결(公 1997상, 207).

29) 日最判 1978(昭 53). 12. 20(民集 32-9, 1674)의 다수의견.

1 항 단서의 신설) 및 이 경우 변제를 받지 못한 상속채권자나 유증받은 자의 구상권에 관한 규정(제1038조 제 2 항 단서의 신설)을 두어 다른 한정승인의 경우와 균형을 맞추도록 하였다.

이 개정안의 취지는, 종래 상속인이 상속채무가 있는 사실을 알지 못하여, 상속의 포기나 한정승인을 할 기회를 놓치게 됨으로써 피상속인의 채무를 승계하지 않을 수 없게 되는 딱한 처지에 놓이게 되는 것으로부터 구제해 주려는 데 있다.

2. 종래의 상황

종래에는 이러한 상속인의 보호 문제가 주로 민법 제1019조 제 1 항이 규정하고 있는 승인, 포기의 기간(考慮期間 또는 熟慮期間)의 기산점을 언제로 보아야 하는가 하는 형태로 논의되어 왔다.[30)]

가. 判例의 態度

大法院의 확립된 판례는 민법 제1019조 제 1 항 소정의 "相續開始 있음을 안 날"이라고 함은 상속개시의 원인되는 사실의 발생을 알고 또 이로써 자기가 상속인이 되었음을 안 날을 말하고, 상속재산 또는 상속채무 있음을 안 날 또는 상속포기제도를 안 날을 의미하는 것은 아니라고 한다.[31)]

나. 學　說

종래의 학설로서는 판례와 마찬가지로 고려기간의 기산점인 「相續開始 있음을 안 날」이란 상속인이 상속개시의 사실과 자기가 상속인이 된 사실을 인식한 날이며, 다만 事實의 誤認 또는 法律의 不知로 인하여 자기가 상속인이 된 사실을 인식하지 못하였을 경우에는 위 고려기간이 진행되지 않는다고 하는 견해가 주장되고 있었다.[32)]

---

30) 尹眞秀, "相續債務를 뒤늦게 발견한 相續人의 保護", 서울대학교 법학 제38권 3 · 4호, 1997, 192면 이하 참조.

31) 대법원 1969. 4. 22. 선고 69다232 판결(集 17권 2집 민54); 1984. 8. 23.자 84스17-25 결정(公 1984, 1723); 1986. 4. 22.자 86스10 결정(公 1986, 872); 1988. 8. 25.자 86스10 · 11 · 12 · 13 결정(公 1988, 1240); 1991. 6. 11.자 91스1 결정(公 1991, 1925) 등.

32) 金疇洙(註 19), 568면; 同, 註釋 相續法(下), 1996, 452면 등.

그런데 근래에는 상속승인 또는 포기를 위한 고려기간은 상속인이 상속개시사실과 자기가 상속인인 사실을 아는 외에 적극재산 또는 소극재산의 존재를 안 때로부터 기산한다고 해석하여야 한다는 견해가 유력하게 주장되고 있다.[33] 이 견해는 그 근거로서 우리나라의 일반국민의 법의식에 비추어 볼 때 피상속인의 사망 당시 적극재산도 채무도 없는 것으로 인식되는 상황에서 장차 채권자가 나타날 경우에 대비하여 미리 한정승인이나 포기의 신고를 할 것을 기대하기는 대단히 어렵고, 상속인이 상속재산은 없다고 믿고 있는 동안에는 승인·포기를 위한 고려를 한다는 것 자체가 무의미하기 때문이라고 하는 점을 들고 있다. 그리고 위와 같은 해석이 상속인을 보호하기 위한 것인 이상, 상속재산의 존재를 안다는 것은 엄격하게 해석할 것이며, 재산의 존재를 추측하는 정도로는 부족하고 그 존재를 확인하는 정도의 인식이 필요하고, 또 상속재산의 사소한 일부(예컨대 衣服이나 身邊雜物)의 존재를 안 것으로는 부족하며 적어도 승인·포기를 위한 고려를 필요하게 하는 정도의 적극·소극재산의 존재를 안 때에 비로소 고려기간이 기산되는 것으로 보아야 한다고 한다.[34]

다. 日本에서의 論議

위와 같은 우리나라에서의 논의는 원래 일본에서 비롯된 것이다.[35] 일본의 판례는 몇 차례에 걸쳐 변화를 거듭하였다.

초기의 판례는 일본 민법 제915조 제1항(1947년의 개정 전 제1017조 제1항)의 3월의 이른바 熟慮期間의 기산점인 「자기를 위하여 상속의 개시가 있음을 안 때」는 「상속재산 있음을 발견한 때」가 아니라 「상속의 개시 있음을 안 때」라고 하여 이른바 "相續開始 覺知時說"을 택하였다.[36] 그러다가 大審院 1926(大正 15). 8. 3. 판결[37]은 위 「자기를 위하여 상속의 개시가 있음을 안 때」라 함은 「상속인이 상속개시의 원인사실의 발생을 알고, 또한 그로 인하여 자신이 상속인으로 된 것을 안 때」라고 하여 이른바 "相續人인 사실 覺知時說"을 채

33) 孫智烈, "民法 第1019條 1項의 考慮期間의 起算點", 民事判例硏究 Ⅹ, 1988, 237면; 朴秉濠, 家族法, 全訂版(韓國放送通信大學敎材), 1991, 392면; 郭潤直(註 3), 298면 등.

34) 孫智烈(註 33), 236-237면.

35) 이하의 서술은 中田裕康, "民法九一五條一項所定の熟慮期間の起算點", 法學協會雜誌 제103권 9호(1986), 1875면 이하 및 太田武男, "相續放棄熟慮期間の起算點", 判例における法理論の展開(民商法雜誌 創刊五十周年記念論集 Ⅰ), 1985, 89면 이하를 주로 참조하였다.

36) 예컨대 日本大審院 1921(大正 10). 10. 20. 判決(民錄 27輯 1807).

37) 民集 5-10, 679.

택하였고, 그 후의 판례는 대체로 이를 따랐다.

그러다가 1970년대에 들어서서 일본의 하급심 판례 가운데에는 이러한 종래의 판례와는 달리, 熟慮期間의 기산점은 이처럼 상속인이 상속개시의 사실을 알고 또 자신이 상속인으로 된 것을 안 것 외에, 상속재산, 그 중에서도 상속채무의 존재를 인식한 때라고 하는, 이른바 "相續財産의 存否·狀況 등 覺知時說" 또는 "相續財産 認識必要說"에 의하는 것들이 나왔다. 그 대표적인 예가 大阪高等裁判所 1979(昭和 54). 3. 22. 決定[38]이다.

위 판례 이래로 하급심에서는 같은 취지의 것이 여러 개 나왔는데, 이러한 상황에서 일본의 최고재판소는 1984(昭和 59). 4. 27. 판결[39]에서 이에 관한 태도를 분명히 하였다.

이 판결에서는 피상속인과 거의 왕래가 없이 살던 상속인들에게 피상속인의 채권자가 상속채무의 이행을 구하는 경우에, 상속인들이 피상속인의 사망사실을 안 때로부터 약 1년 1개월 후에 한 상속포기가 유효한가가 문제로 되었다.

항소심은 위 大阪高等裁判所 1979(昭和 54). 3. 22. 決定(註 38)과 마찬가지로, 熟慮期間의 기산점은 상속할 적극 또는 소극재산의 전부 또는 일부의 존재를 인식한 때이므로 피고들의 상속포기는 유효하다고 하여 제 1 심 판결을 취소하고 원고 X의 청구를 기각하였다.

최고재판소는 위 판결에 대한 X의 상고를 기각하였으나, 그 이유에 있어서는 항소심 판결과는 차이가 있었다. 다시 말하여 熟慮期間의 기산점은 원칙적으로는 종래의 판례와 마찬가지로 상속인인 사실을 알았을 때라고 하면서도, 熟慮期間의 徒過가 상속재산이 전혀 없다고 오신한 때문이고, 그 誤信에 상당한 이유가 있는 때에는 예외적으로 상속재산의 존재를 인식한 때로부터 고려기간을 기산한다는 것이다. 그리하여 이 사건에서는 상속인인 피고 Y들이 피상속인인 A의 사망의 사실 및 그에 의하여 자기가 상속인으로 된 사실을 안 당시에 A의 상속재산이 전혀 존재하지 않는다고 믿고 그 때문에 위 각 사실을 안 때부터 기산하여 3개월 이내에 한정승인 또는 상속포기를 하지 않은 것이고, Y들이 이 사건 제 1 심 판결정본의 송달을 받고 이 사건 연대보증채무의 존재를 안 때까지 사이에는, 상속재산의 존재를 인식하는 것이 현저히 곤란하

38) 判例時報 938호, 51면 이하.

39) 民集 38-6, 689.

였고, 상속재산이 전혀 존재하지 않는다고 믿은 데 상당한 이유가 있다고 하여, 피고들의 상속포기는 유효하다고 하였다.

결국 위 최고재판소 판결은 원칙과 예외를 구분하여, 원칙적으로는 상속인이 상속개시사실 및 그에 의하여 자기가 상속인으로 된 사실을 안 때에 熟慮期間은 진행하지만, 예외적으로는 상속인이 피상속인에게 상속재산이 전혀 존재하지 않는다고 믿었고 또 그와 같이 믿은 데 상당한 이유가 있는 때에는 상속인이 상속재산의 전부 또는 일부의 존재를 인식한 때 또는 통상 이를 인식할 수 있었을 때부터 熟慮期間이 진행한다고 하는 일종의 절충설을 택한 것이다.

일본의 종래의 학설은, 대체로 종래의 판례와 마찬가지로, "相續人인 사실 覺知時說"을 지지하는 정도였다. 그러다가 위 大阪高等裁判所 1979(昭和 54). 3. 22. 決定(註 38)을 계기로 하여 활발한 토론이 벌어지게 되었다. 그리하여 한때는 위 大阪高等裁判所의 결정과 마찬가지로 "相續財産의 存否・狀況 등 覺知時說"을 지지하는 것이 다수설이었다.[40)]

그러다가 위 最高裁判所 1984(昭和 59). 4. 27. 판결(註 39)이 나온 뒤에는 오히려 위의 판례를 지지하는 견해가 유력하게 되었다.[41)]

그러나 여전히 相續財産의 存否・狀況 등 覺知時說의 견지에서 위 최고재판소 판결을 비판하는 견해[42)]도 있다. 반면 이전에는 위 최고재판소 판례와 같은 절충설을 지지하였던 學者[43)]가 위 판결 선고 후에 오히려 태도를 바꾸어 이를 비판하는 경우도 찾아볼 수 있다.[44)]

라. 기타의 논의

(1) 違 憲 論

그런데 최근에는 이러한 상속인의 채무상속 문제를 단순한 민법해석의 측

40) 中川 淳, 判例時報 954호(判例評論 254호), 166-167면. 기타 이러한 설을 지지하는 문헌의 소개는 中田裕康(註 35), 1884면 참조.

41) 遠藤賢治 당시 最高裁判所 調査官의 解說(ジュリスト No. 819, 99) 외에도 中田裕康(註 35), 1890면; 太田武男(註 35), 108-109면; 泉 久雄, "民法九一五條一項の熟慮期間の起算點", ジュリスト 臨時增刊 昭和59年度重要判例解說, 100면; 淺見公子, "「相續開始を知つた時」の意義", ジュリスト No. 817, 61면 등.

42) 西原道雄, "民法九一五條一項の「自己のために相續の開始が知つた時」の意義", 家族法判例百選(第五版), 別冊ジュリスト No. 132, 1995, 205면.

43) 伊藤昌司, "民法九一五條一項の熟慮期間の起算點", 法律時報 제53권 12호(1981), 146면.

44) 伊藤昌司, "民法九一五條一項所定の熟慮期間について相續人が相續財産の全部若しくは一部の存在を認識した時又は通常認識しうべかりし時から起算するのが相當であるとされる場合", 民商法雜誌 제115권 6호, 1997, 1003면 이하.

면이 아니라 憲法的인 관점에서 접근하려는 시도가 있다. 즉 부산지방법원 1996. 12. 26.자 96카기3213 결정[45)]은 상속인이 민법 제1019조 제1항의 고려기간 내에 한정승인 또는 포기를 하지 아니한 때에 단순승인을 한 것으로 의제하는 민법 제1026조 제2호의 위헌 여부에 대하여 헌법재판소에 위헌제청을 하였다.

위 결정은 위헌제청의 이유에 관하여 매우 상세하게 설시하고 있는데, 결론적으로 고려기간 도과의 효과를 단순승인으로 의제하는 민법 제1026조 제2호는 단지 상속인이라는 지위만으로 상속된 소극재산이 적극재산을 초과하는 경우에도 자신의 의사나 귀책사유 없이 고유재산으로 상속인의 채무를 변제하도록 하는 부담을 지워 커다란 고통을 안겨주고 있다는 점에서 헌법 제23조 제1항 소정의 재산권과 헌법 제10조의 행복추구권을 침해하고, 상속채권자의 배려에만 치우친 나머지 상속인이나 그 상속인의 채권자 개개인의 경제상의 자유와 창의를 도외시한다는 점에서는 헌법 제119조 제1항 소정 경제질서의 기본원리와 헌법 제11조 제1항 소정 평등권을 각 침해하며, 위 모든 점을 통틀어 헌법 제37조 제2항 소정의 과잉금지 원칙에 위배되는 것이 아닌가 하는 의문을 지우기 힘들다고 한다.[46)]

(2) 錯誤를 이유로 하는 相續 承認의 取消

필자는 이 문제에 관하여 상속인이 상속재산 중 적극재산을 초과하는 상속채무가 있음을 알지 못하여 고려기간 내에 상속의 포기 등을 하지 못하였고, 그로 인하여 민법 제1026조 제2호에 의하여 법정단순승인의 효과가 발생한 후에 뒤늦게 상속채무가 있음을 알게 된 때에는, 錯誤를 이유로 위 법정단순승인을 취소하고, 상속의 한정승인이나 포기를 함으로써 자기의 고유재산으로 상속채무를 변제하는 부담을 벗어날 수 있다고 하는 견해를 주장한 바 있다.[47)]

우선 고려기간의 도과로 인한 법정단순승인의 경우에는 상속인이 아무런 적극적인 의사표시를 한 바 없고 다만 법률이 단순승인의 의사표시를 한 것으로 의제하는 것뿐이므로 그 취소는 인정되지 않는 것이 아닌가 하는 의문이 있을 수 있다. 그러나 이처럼 의제된 의사표시는 언제나 취소할 수 없다고 한다면, 실제로 그러한 의사표시를 한 자는 취소할 수 있는 반면, 의사표시가 의

45) 法律新聞 제2574호(1997. 2. 13.자), 11면.
46) 위 결정의 상세한 내용 및 그 문제점에 대하여는 尹眞秀(註 30), 205면 이하 참조.
47) 尹眞秀(註 30), 210면 이하.

제되는 자는 취소할 수 없게 되어 실제로 그러한 의사표시를 한 자보다도 더 불리한 처지에 놓이게 하는 것이므로 법정단순승인이 있더라도 단순승인의 의사표시가 있는 것과 마찬가지로 보아 취소를 인정할 수 있어야 할 것이다. 나아가 상속인이 고려기간이 경과하기까지 상속채무가 있음을 몰랐다고 하는 것은 법률행위의 내용의 중요한 부분에 관한 착오가 있는 때에 해당하므로 민법 제109조 제 1 항에 의하여 취소할 수 있다는 것이다.

그러나 이 견해의 실제적인 문제점은 그 취소권이 민법 제1024조 제 2 항에 의하여 추인할 수 있는 날로부터 3월, 승인 또는 포기한 날로부터 1년의 소멸시효에 걸리는 것으로 되어 있어 추인할 수 있는 날로부터 3년, 법률행위를 한 날로부터 10년인 민법총칙상의 일반적인 취소권의 제척기간에 비하여 훨씬 짧다는 것이다.

3. 改正案의 評價

개정안은 위와 같은 문제를 상속인으로 하여금 민법 제1019조 제 1 항의 고려기간이 지난 후에도 한정승인을 할 수 있게 함으로써 해결하려고 하고 있다.[48] 이 개정안의 취지 자체는 긍정적으로 평가할 수 있으나, 여기에도 검토하여야 할 문제점이 많이 있다.

이 개정안이 고려기간이 지난 후에 상속의 포기가 아닌 한정승인만을 할 수 있게 한 것은 상속인의 책임은 한정승인을 원칙으로 하여야 한다는 이른바 限定承認 本則論에 입각한 것이라고 생각된다. 만일 이 경우에 상속의 포기를 할 수 있도록 한다면 次順位 상속인이 상속채무를 승계하게 되어 다시 상속의 포기를 하여야 하는 등의 번거로운 문제가 생기게 되므로, 이를 회피하기 위하여는 한정승인을 할 수 있게 하는 것이 간명하다고 볼 수 있을 것이다.

우선 위 개정안은 상속인에게 중대한 과실이 없을 때에 한하여 한정승인을 허용하는 점에서 근본적으로 위 일본 최고재판소 1984(昭和 59). 4. 27. 판결(註 39)과 발상을 같이 한다. 그러나 위 일본 판결에서는 상속인이 상속재산이 전혀 없다고 믿었고 그와 같이 믿은 데 상당한 이유가 있는 때에 한하여 상속

48) 같은 취지, 金疇洙(註 6), 48면; 李勝雨, "法定單純承認에 관한 小考", 家族法硏究 제11호, 1997, 414면 등. 다만 李勝雨 교수는 이러한 한정승인에 대하여는 5년 정도의 제척기간을 둠으로써 장기간의 불안정 상태를 줄이는 것이 좋을 것으로 생각된다고 한다.

포기 등을 위한 숙려기간이 진행한다고 한 데 반하여, 위 개정안은 상속인이 상속재산이 전혀 없다고 믿었을 것을 요건으로 하고 있지 않다.

그런데 위 개정안은 고려기간의 경과에 의하여 단순승인이 있은 것으로 의제된 경우뿐만 아니라, 상속인이 상속재산에 관하여 처분행위를 함으로써 상속의 단순승인을 한 것으로 간주되는 경우(제1026조 제2호)에도 사후에 한정승인을 할 수 있도록 하고 있다. 그러나 후자의 경우에 상속인이 단순승인을 한 것으로 되는 것은 그러한 때에는 단순승인의 의사가 있는 것으로 추정되기 때문이므로, 이러한 경우에 일단 발생하였던 단순승인의 효과가 왜 번복되는지에 관하여는 이론적인 설명이 있어야 할 것이다. 이는 숙려기간의 경과로 인하여 단순승인의 효과가 발생하는 경우에도 마찬가지이다. 그 이론적인 근거를 찾자면, 이는 결국 상속의 단순승인이 착오로 인한 것이었다 하여 취소되어야 한다는 점에서 찾을 수밖에 없지 않는가 한다.[49]

다른 한편으로는 상속포기기간이 경과한 후에 한정승인을 허용하는 것보다는 다른 방법에 의하여 상속인을 구제하는 것도 생각하여 볼 수 있다. 그 한 가지는 상속재산의 파산신청을 할 수 있는 기간을 늘리는 것이다. 파산법 제119조는 상속재산으로써 상속채권자 및 수유자에 대한 채무를 완제할 수 없는 때에는 법원은 신청에 의하여 결정으로써 파산을 선고한다고 규정하고, 제121조는 상속재산에 대하여는 민법 제1045조의 규정에 의하여 재산의 분리를 청구할 수 있는 기간에 한하여 파산신청을 할 수 있으며, 그 사이에 한정승인 또는 재산분리가 있은 경우에는 상속채권자 및 受遺者에 대한 변제가 아직 종료하지 아니한 경우에도 신청을 할 수 있다고 규정한다. 그런데 민법 제1045조는 상속개시된 날로부터 3월 내에 상속재산과 상속인의 고유재산의 분리를 청구할 수 있고(제1항), 상속인이 상속의 승인이나 포기를 하지 아니한 동안은 위 기간 경과 후에도 재산의 분리를 청구할 수 있도록 하고 있으므로(제2항), 결국 상속재산에 관하여 파산신청을 할 수 있는 것은, 상속인이 상속의 승인이나 포기를 할 수 있는 제1019조 제1항의 기간 동안으로 한정된다. 위 기간을 경과하면 제1026조 제2호에 의하여 단순승인한 것으로 의제되기 때문이다. 따라서 독일 민법 제1980조 제1항과 같이 상속인이 상속재산의 관리나 상속재산의 파산을 신청할 수 있는 시기를 제한하지 않고, 그 대신 상속인이 상속재산의 채무초과를 알게 되면 지체없이 파산신청을 할 의무를 부과하는 것이 한

49) 徐廷友 辯護士도 1998. 6. 25. 家族法學會 학술대회의 토론에서 그러한 의견을 밝혔다.

방법이 될 수 있을 것이다.[50] 이 경우에는 상속인이 상속채무에 관하여 면책되는 것으로 하여야 할 것이다.

또 다른 방법은 상속인이 상속재산의 처분행위를 하거나 또는 고려기간의 경과에 의하여 단순승인의 효과가 발생한 후에 채무 초과 사실을 알게 된 때에는 착오를 이유로 그 단순승인을 취소할 수 있다는 것을 명백히 하는 것이다. 앞에서도 언급한 것처럼, 개정안의 이론적인 근거도 착오에 의한 취소에서 찾을 수밖에 없다고 한다면, 구태여 별도로 단순승인의 효과가 발생한 후에 또 다시 한정승인을 하게 하는 것보다는 곧바로 착오를 이유로 하여 단순승인을 취소하고 한정승인이나 상속의 포기를 할 수 있게 하는 것이 보다 직접적인 방법이라고 할 것이다. 물론 이 경우에 한정승인 이외에 상속의 포기를 허용한다면, 후순위 상속인이 다시 한정승인이나 상속의 포기를 하여야 한다는 번거로움은 있다.

위와 같은 단순승인의 취소는 현행법의 해석론으로도 가능하지만, 특히 제1026조 제2호에 의한 숙려기간 경과에 의한 단순승인의 의제에 관하여는 논란의 여지가 있으므로 이 점을 명백하게 하기 위하여 명문의 규정을 두는 것이 좋을 것이다. 그리고 이처럼 단순승인의 취소를 규정하는 경우에는, 그 취소기간에 관한 제1024조 제2항도 개정하여, 승인 또는 포기한 날로부터 1년의 소멸시효는 승인 또는 포기한 날로부터 적어도 5년 이상의 제척기간으로 변경하는 조치가 뒤따라야 할 것이다.

Ⅳ. 扶養相續人에 대한 相續分의 加算

개정안 제1009조는 제3항과 제4항을 다음과 같이 신설하는 것으로 규정하고 있다. 즉 제3항은, "被相續人을 扶養한 相續人(被相續人의 配偶者를 除外한다)의 相續分은 그 固有의 相續分의 5割을 加算한다"고 규정하고, 제4항은, "第3項의 被相續人을 扶養한 相續人이라 함은 被相續人과 同居하면서 扶養한 相續人과 被相續人에 대한 扶養料를 5割 이상 負擔한 相續人을 말한다"고 규정하고 있다.

이러한 개정안의 취지는 현재 자녀들이 부모에 대한 부양을 기피하고 있

50) 尹眞秀(註 30), 188-189면 참조.

으므로, 자녀들로 하여금 부모를 부양하도록 하는 유인을 주고자 하는 데 있는 것으로 여겨진다. 그 취지 자체는 반드시 나쁘다고 할 수 없으나, 이를 위하여 위와 같은 개정안과 같은 방식을 취하는 것에는 여러 가지 문제점이 많아서 도저히 찬성하기 어렵다. 우선 현행법도 그와 같은 고려를 도외시하고 있는 것이 아니다. 현행 민법 제1008조의 2는 공동상속인의 寄與分을 정의함에 있어서 피상속인을 특별히 부양한 자를 포함시키고 있는데, 위 개정안의 그와 같은 의도는 현행법의 기여분 제도로 충분히 달성할 수 있는 것이다. 뿐만 아니라 위 개정안과 같은 방식을 취하는 경우에는, 공동상속인 사이의 법적 분쟁만을 조장할 것이 명백하다. 우선 부양의 개념 자체가 이와 같이 상속분의 일률적인 가산 근거로 사용하기에는 다소 모호한 기준일 뿐만 아니라, 설사 그 개념을 명백히 정의하는 것이 가능하다고 하더라도, 실제에 있어서는 그 사실을 재판상 확정하기가 쉽지 않아서 공동상속인들 사이에 사실관계를 둘러싸고 다툼이 생길 가능성이 매우 높다. 또한 예컨대 공동상속인 가운데 단 몇 개월 동안 부양한 자와 장기간 부양한 자가 있는 경우에 이들의 상속분에 일률적으로 5할을 가산한다고 하는 것은 누가 보더라도 공평에 어긋나는 것이다. 반면 현행법상의 기여분 제도는 개별적인 여러 가지 사정에 따라서 법원이 탄력적으로 기여분을 정할 수 있으므로 이러한 부당함은 회피할 수 있게 된다.

위 개정안 제안자로서는 이러한 문제점은 법원이 상속분의 가산 여부를 구체적인 상황에 따라 결정하면 해결될 수 있을 것으로 생각하였는지 모르나, 법원의 해석에 의한 해결에는 당연히 한계가 있는 것이며, 따라서 위와 같은 태도는 무책임한 것이라는 비판을 면하지 못한다.

나아가 이 점은 民法改正特別分科委員會에서 전혀 논의가 된 바 없었는데도 법무부장관의 지시에 의하여 추가된 것으로 알려지고 있는데, 이처럼 중요한 사항에 관하여 전문가들의 논의도 거치지 않고서 개정안을 마련한다는 것은 매우 경솔한 처사라고 하지 않을 수 없다.

V. 相續人 搜索의 公告期間 短縮

개정안은 제1057조에서 상속인의 존부를 알 수 없는 때의 상속인 수색의 공고기간을 현행법상의 2년 이상에서 1년 이상으로 단축하였다. 개정안은 그 이유로서 특별연고자에 대한 상속재산 분여제도가 생긴 것을 고려하면 공고기간 2년은 너무 장기간이라는 점을 들고 있다.

오늘날 교통·통신이 발달한 점 및 특별연고자에 대한 분여제도가 신설된 점에 비추어 볼 때 위의 공고기간 2년이 너무 길다는 점은 학설상 일반적으로 지적되고 있었다. 다만 그 기간에 관하여는 개정안처럼 1년이 적당하다는 의견[51)]과 6월이 적당하다는 의견[52)]이 있는데, 私見으로는 6월로 단축하여도 큰 문제는 없을 것으로 생각된다.

Ⅵ. 餘　　論

당초의 개정안에는 분묘 등의 승계에 관한 현행 민법 제1008조의 3을 개정하는 내용이 포함되어 있었다. 개정안에 따르면 현행법은 분묘에 속한 1정보 이내의 禁養林野와 600평 이내의 墓土인 농지를 이른바 제사용 재산으로서 다른 상속재산과는 따로 취급하여, 제사를 주재하는 자가 승계하도록 하고 있는 것과는 달리, 금양임야와 묘토는 이러한 특별취급에서 제외하여 다른 상속재산과 같이 상속되도록 하고, 그 대신 종래의 법문상 명백하지 않았던 분묘는 포함시켰으며, 또 이러한 분묘 등의 승계자를 현행법처럼 제사를 주재하는 자가 승계하는 것이 아니라 상속인의 협의에 의하여 정하되, 그 협의가 이루어지지 아니하거나 협의할 수 없는 경우에는 가정법원이 이를 정하도록 하고, 이때에는 제사비용에 관하여 상속인의 분담에 필요한 처분을 명할 수 있도록 하였다.

이러한 개정취지는 매우 긍정적인 것으로 평가되는데, 어떠한 연유인지 입법예고된 개정안에는 이 부분이 빠져 있으나, 오히려 이 부분은 부활되어야 할 것이다.

이 외에도 현행 상속법에는 개정이 필요한 사항들이 있다. 예컨대 유류분제도라든가, 유언집행자의 지위(제1103조) 등에 대하여는 입법적인 정비가 요청되고 있다.[53)] 이 외에 보다 근본적으로는 배우자의 상속분을 어떻게 규정할 것

51) 李淵培, 註釋 相續法(下), 87면.

52) 金疇洙(註 19), 601면; 郭潤直(註 3), 345면 등.

53) 유류분제도의 입법론에 관하여는 李庚熙, 遺留分制度, 1995, 201면 이하 참조. 다만 李庚熙 교수는 유류분반환청구권을 가액반환 청구권으로 이해하고 있으나, 이 점에 대하여는 동의하기 어렵다.

인가 하는 점 등도 검토가 필요한 사항이다. 그러나 이러한 문제에 대한 논의는 차후로 미루고 여기서는 개정안을 중심으로 하여 간단히 살펴보았다. 개정안이 제기하고 있는 사항들은 대개 현실적인 중요성이 큰 것이어서, 衆智를 모아 신중한 개정이 이루어져야 할 것이다.

〈追記〉

憲法裁判所는 1998. 8. 27. 선고 96헌가22, 97헌가2·3·9, 96헌바81, 98헌바24·25(병합) 결정에서, 상속인이 민법 제1019조 제1항의 기간 내에 한정승인 또는 포기를 하지 아니한 때에는 상속인이 단순승인을 한 것으로 본다고 규정하고 있는 민법 제1026조 제2호는 헌법에 위반된다고 하여 불합치결정을 하고, 입법자가 위 조항을 1999. 12. 31.까지 개정하지 아니하면 2000. 1. 1.부터 그 효력을 상실하며, 법원 기타 국가기관 및 지방자치단체는 입법자가 개정할 때까지 위 법률조항의 적용을 중지하여야 한다고 판시하였다. 위 결정에 따라 위 조항의 개정은 더욱 절박한 과제로 되었다고 하겠다.

〈人權과 正義, 1998. 9〉

〈追記〉

1. 위 개정안은 2002. 1. 14. 및 2005. 3. 31.의 민법 개정에 의하여 대체로 현행 민법으로 받아들여졌다. 다만 부양상속분에 대한 상속분의 가산은 민법 제1008조의2가 규정하고 있는 기여분의 규정을 다소 바꾸는 것으로 달라졌다.

2. 대법원 2008. 11. 20. 선고 2007다27670 전원합의체 판결(公 2008하, 1727)에서의 김영란, 김지형 대법관의 반대의견은 제사주재자의 지위에 관한 분쟁이 발생한 경우 법원이 여러 가지 관련 요소를 종합적으로 고려하여 개별 사건에서 당사자들의 주장의 당부를 심리·판단하여 결정되어야 한다고 주장하였다. 그러나 이에 대하여 이홍훈, 김능환 대법관은 이는 입법론으로는 별론으로 하더라도 현행 우리 민법의 해석론으로는 채택하기 어렵다고 비판하였다.

高氏 門中의 訟事를 통해 본 傳統 相續法의 變遷*

Ⅰ. 들어가는 말

우리의 현행 법체계는 과거의 우리나라 전통법과는 단절되어 있다는 이야기를 흔히 듣게 된다. 우리 법이 전통법과 단절되게 된 가장 큰 원인은 일본의 지배를 받게 되면서 서구법이 우리나라에 계수된 데 있다. 그런데 친족법과 상속법의 영역에서는 사정이 다소 다른 것처럼 보이기도 한다. 일제시대의 民事에 관한 제 1 차적인 法源이었던 朝鮮民事令(1912. 3. 18. 제령 제 7 호) 제11조는 친족, 상속에 관한 일본법의 규정은 조선인에게는 적용하지 아니하고 관습에 의한다고 규정하고 있었다. 그리하여 당시의 한반도를 지배하고 있던 일본의 法院[1]은 친족, 상속에 관하여는 우리나라의 관습을 조사하여 이를 적용하는 형식을 취하였고, 관습이 명확하지 않으면 朝鮮總督府 中樞院과 같은 기관에 질의를 하여 그 회답에 따랐다.[2] 그리하여 해방 후 1960년 1월 1일 민법이 시

---

* 이 글은 2005. 5. 27. 서울대학교 법과대학 BK 학술대회에서 발표하였던 것을 보완한 것이다. 당시 지정토론자로 여러 가지 지적을 하여 주신 고려대학교 법과대학 신영호 교수님께 감사를 드린다.

1) "法院"이라는 용어의 유래에 대하여도 유의할 필요가 있다. 일제시대에는 일본의 본토(內地)에 있는 사법기관은 "裁判所"라고 부른 반면 조선이나 대만과 같은 식민지에 설치된 사법기관을 "法院"이라고 불렀던 것인데 해방 후에 이 법원이라는 명칭이 사법기관을 가리키는 것으로 굳어진 것이다. 실제로 우리나라에서 근대 사법제도가 설치된 시점인 1895년의 裁判所構成法에서는 裁判所라는 용어를 쓰고 있었고, 法院이라는 용어가 최초로 쓰이게 된 것은 한국의 司法權이 일본에게 넘어간 1909년의 일이다. 자세한 것은 法院行政處, 法院史, 1995 참조.

2) 일제하의 관습조사에 관하여는 예컨대 鄭光鉉, 韓國家族法研究, 1967, 21면 이하; 鄭肯植, 韓國近代法史攷, 2002, 230면 이하 등 참조.

행되기까지는 전통적인 친족법과 상속법이 法源으로서 적용되었다. 따라서 민법 시행 전에 상속이 개시되었다면 그 상속에 관하여는 민법 시행 전의 법이 적용되기 때문에,[3] 지금도 전통 상속법은 여전히 적용될 수 있다.[4] 그럼에도 불구하고 현재 우리나라에서 전통 상속법을 정확하게 인식하고 있다고 말하기는 어렵다. 그 이유는 이에 대한 연구와 관심이 부족한 데에도 있지만, 현재 우리가 알고 있는 전통 상속법은 주로 일본 사람들에 의하여 행하여진 관습조사에 터 잡고 있는데, 이러한 관습 조사가 많은 경우 일본의 편의에 맞게 왜곡된 것이기 때문이다.[5]

이하에서는 일제하인 1930년대에 한 門中에서 일어났던 소송사건을 통하여 전통적인 상속법이 어떻게 변형되었는가 하는 점을 살펴보고자 한다.

Ⅱ. 事件의 概要

1. 事件의 背景

이 사건은 長興 高氏의 한 門中에서 일어난 것이다. 이 문중의 시조는 鶴峰 高因厚이다.[6] 그는 조선 중종 때인 1561년에 동래부사를 지낸 高敬命의 둘째 아들로 태어나 과거에 급제하였는데, 선조 25년(1592년)에 임진왜란이 일어나자 부친 高敬命, 형 從厚와 함께 의병을 일으켜 참전하였다가 금산 전투에서 부친과 함께 전사하였고, 형은 다음 해 진주 전투에서 전사하였다. 그리하여 나라에서는 禮曹參議의 벼슬을 추증하였고, 高因厚는 부친 및 형과 함께 不遷之位의 영예를 안게 되었다.[7] 그 후 高因厚의 12대 宗孫인 高光洵이 1907년에

3) 제정민법 부칙 제25조 제1항.

4) 최근에 민법시행 전의 상속관습법의 적용이 문제된 사례로서는 대법원 2003. 7. 24. 선고 2001다48781 전원합의체 판결(註 116)을 들 수 있다. 이 판결에 대하여는 尹眞秀, “相續回復請求權의 消滅時效에 관한 舊慣習의 違憲 與否 및 判例의 遡及效”, 比較私法 11권 2호, 2004, 275면 이하 참조.

5) 한국의 법원이 관습에 관하여 朝鮮高等法院의 판결을 무비판적으로 답습하고 있다는 비판으로는 예컨대 鄭肯植(註 2), 251면. 또한 李相旭, “舊慣習上 戶主아닌 家族이 死亡한 경우의 財産相續人”, 判例月報 1991. 2, 43면 이하; 同, “日帝下 傳統家族法의 歪曲”, 朴秉濠敎授 還甲紀念(Ⅱ) 韓國法史學論叢, 1991, 371면 이하 등 참조.

6) 高因厚 및 그 후손인 高光洵에 관한 서술은 인터넷에서 쉽게 확인할 수 있으므로 출처를 따로 밝히지 않았다.

7) 원래 조선에서는 뒤에서 설명하는 것처럼 四代奉祀의 예에 따라 4대조(高祖)까지만 집안에

사망하였는데,[8] 그의 장남으로는 高在桓이 있었고, 高在桓의 장남으로는 1911년(明治 44년)에 출생한 高賢成이 있었다. 그런데 高光洵의 장남인 高在桓은 聾啞였다. 그리하여 高氏 門會에서는 1911년 음력 3월에 高在桓이 聾啞로서 心神耗弱者라 하여 宗孫의 신분을 廢除하고 高光洵의 동생의 장남인 高在春을 死後養子로 선정하는 결의를 하여,[9] 그에 따라 호적상 高在春이 高光洵의 상속인으로 되었다. 그 후 高在桓은 1912년(大正 元年) 사망하여 高賢成이 상속인이 되었고, 高在春은 1917년에 사망하여 그 장남인 斗錫이 상속인이 되었다.

2. 첫 번째 訴訟

그 후 高在桓의 장남인 高賢成이 高斗錫을 상대로 하여 첫 번째 소송을 제기하였다.[10] 그 주장의 내용은 조선에서는 法定推定家督相續人을 폐제하는 관습은 없고, 피상속인에게 嫡子와 庶子가 다같이 없는 것이 아니면 양자를 들일 수 없으므로 在春이 死後養子로 된 것은 무효이며, 자신은 宗孫으로서 제사를 주재할 수 있는 宗孫權이 있다고 하여 宗孫權의 확인을 청구하는 것이었다.[11]

종래에는 이러한 청구는 받아들여졌고, 이 사건의 원심인 大邱覆審法院[12]

서 제사를 지내고 5대 이상은 신위를 묘에 묻고 時祭만 지내게 되어 있었는데, 나라에 특별히 큰 공을 세운 공신이나 학자의 경우에는 왕명으로 영구히 집안에서 제사를 지낼 수 있는 특전을 주었다. 이를 不遷之位 또는 不遷位라고 한다. 經國大典 禮典 奉祀條 참조. 예컨대 退溪 李滉과 같은 경우이다. 조선시대에는 이는 대단한 집안의 명예로 여겨졌다. 그리고 3부자 不遷之位의 예는 高敬命 부자 외에는 다른 예가 없다고 한다.

8) 高光洵 또한 乙巳保護條約 후 義兵을 일으켜 일본군과 싸우다가 전사하였다. 1962년 건국훈장 독립장이 추서되었다. 이 사건 관련 조선고등법원 판결은 高因厚나 高光洵의 사망원인은 밝히고 있지 않다.

9) 이 부분은 자료에 따라 다소 차이가 있다. 朝鮮高等法院 1933(昭和 8). 3. 3. 판결(高等法院民事判決錄 20권 155면)(이하 朝鮮高等法院 判決을 朝高判이라고, 高等法院民事判決錄은 錄이라고만 약칭한다)은 高光洵의 동생인 高光勳이 이와 같이 하였다고 사실인정을 한 반면, 朝高判 1939(昭和 14). 6. 30.(錄 26권 276면)은 본문과 같이 인정하였다. 다만 앞의 판결에서도 피고측은 그러한 門會의 결의가 있다고 주장하였으나, 원심은 그러한 門會의 결의 유무는 따져 볼 필요가 없다고 하였다.

10) 그 소송이 언제 제기된 것인지는 명확하지 않으나 高賢成이 성년이 된 1931년 전후로 보인다.

11) 실제로 이 사건에는 경제적인 이해관계도 매우 컸던 것으로 보인다. 원고 소송대리인은 이 사건 확인소송이 법률상 이익이 없다는 피고의 주장에 대하여, 高因厚의 祭位土 40여 두락 및 묘지인 약 임야 900정보가 있고 종손이 이를 점유 관리하여야 하는데, 이 사건 소송 제기 후 위 제위토가 문중의 합유로 등기되었다고 주장하였다. 이 사건에서는 문중원 124명이 피고 보조참가인으로 참가하였다.

12) 覆審法院은 현재의 高等法院에 해당한다. 이 사건 원고와 피고의 거주지는 전남 담양이었던 것으로 보이고, 제1심은 光州地方法院이었는데, 당시 광주지방법원 판결에 대한 항소(당

도 원고의 청구를 인용하였다. 그러나 상고심인 朝鮮高等法院[13]은 다음과 같이 판시하였다.

"살피건대 조선에서는 종전의 가족제도상 신분상속은 一家의 宗祧를 이어 直近의 先代를 奉祀함과 동시에 祖先의 祭祀者인 지위를 계승하는 이른바 祭祀相續을 기본으로 하는 것으로서, 一門一派의 本系를 승계하는 자를 宗孫이라 칭하여 그 支派를 승계하는 支孫에 대한 친족상의 신분으로서 그 家格에 따라 사회적으로도 특수한 권리이익을 享受한다든지 그 소속 家의 호주라는 지위를 승계하여 전 호주에게 속한 재산을 승계하는 것도 역시 先代의 奉祀者라는 지위의 승계에 수반하는 것이기 때문에 近時에 이르러서도 이러한 권리도 포섭하여 祭祀權 또는 宗孫權이라고 부르는 예가 있고, 現今에 있어서는 호주권 및 재산권 외에 법률상 다른 소위 종손으로서 양수할 수 있는 특수한 권리이익을 인정하게 되었으나, 전 호주의 지위를 승계하여 그에 속한 재산을 취득하는 것에 관하여는 별개 독립된 관념에 의하여 호주상속 및 재산상속의 제도가 확립되었으므로 이를 제외하는 제사상속의 관념은 필경 先代를 봉사하고 또한 祖先의 제사를 봉행하여야 할 道義上의 지위를 승계하는 것 외에 지나지 않는다고 할 수 있다. 그러므로 祖先祭祀의 행사는 反始報本의 誠을 다하는 것으로서 우리 사회도덕의 근원인 미풍에 속하는 것이므로 함부로 타인의 방해를 허용하지 않는 것은 말할 필요도 없고, 不正의 妨害가 있을 때에는 그 避止를 청구할 수 있음은 당연하고 이는 일반 행동의 자유에 대한 침해의 배제와 그 이치를 달리하는 것이 아니지만, 祭祀의 행사에 관하여 아무런 침해가 있는 것이 아니고 단지 다른 사람으로부터 자기의 종손인 것을 부인당하거나 또는 별도로 제사를 지내는 때에는 억지로 다른 사람으로 하여금 자기가 종손이라는 것을 인정하게 하거나 또는 다른 사람이 지내는 제사의 정지를 요구할 수 있는 권리가 있다고 할 수는 없다. 그와 같은 것은 필경 도의상의 만족을 얻고 역사적인 사실을 확정함으로써 자기의 계보상의 지위를 명확하게 하는 것 외에 다른 것이 아니므로, 宗孫의 신분이 법률상의 지위에서나 또는 특수한 의의에서 종손권이라는 것이 있다고 하는 것도 이에 수반하는 호주권 또는 재산권의 승

시의 용어로는 控訴)는 大邱覆審法院이 담당하였다. 당시에는 覆審法院은 서울(京城), 大邱 및 平壤의 3군데만 있었다. 光州高等法院이 창설된 것은 해방 후인 1952년의 일이다.

13) 일제하에서는 조선에서 일어난 사건에 대하여는 朝鮮高等法院이 上告審으로서 終審이었다. 朝鮮高等法院에 대하여는 김상수, "조선고등법원과 현대 한국법", 법과 사회 제23호, 2003, 91면 이하; 同, "조선고등법원 단상(1)", 시민과 변호사 2004. 8, 118면 이하 참조.

계를 다투는 것에 지나지 않으므로 바로 그 확인을 구할 법률상의 이익이 있다고는 할 수 없다."

그리하여 이 사건에서 당사자의 다툼은 門祖의 祭祀主宰者가 원피고 누구에게 속하는가 하는 것 외에 다른 것이 아니므로 원고의 본소는 그 확인을 구할 법률상의 이익이 없다고 하여 원심판결을 파기하였다.[14]

3. 두 번째 訴訟

위 첫 번째 소송에서 패소한 高賢成은 이번에는 高在春의 처인 李丙順을 피고로 하여 피고가 보관하고 있는 高因厚의 位牌(神主) 및 그 상자의 인도를 청구하였다.[15] 그 주장 내용은 자신의 父인 高在桓은 聾啞者이기는 하지만 心神耗弱者는 아닐 뿐만 아니라, 心神耗弱者라 하더라도 門會의 결의에 의하여 종손의 신분을 박탈할 수 있다는 것과 같은 관습은 존재하지 않고, 宗孫이 不具廢疾 때문에 사실상 제사를 봉행할 수 없는 때에는 문회의 결의에 의하여 근친 중 일시 제사를 攝行할 자를 선임하여 종손을 대신하여 제사를 섭행하다가, 종손의 정신상 또는 육체상의 장애가 치유되거나 또는 종손에게 적출자가 있어서 제사를 봉행할 수 있게 된 때에는 제사섭행자의 지위는 당연 소멸하고 종손이 제사를 봉행하게 되는 관습이 존재하므로 위 문회의 결의는 부당하여 무효이며, 설사 高在春 이하의 자가 호주상속인으로 확정되었더라도 조선에서 제사상속인과 호주상속인은 전혀 독립된 별개의 관념에 기한 것이므로 제사상속인은 원고이고, 위패는 제사상속인인 원고의 특권에 속하는 것이므로 시효에 의하여 소유권을 취득할 수는 없으며, 이는 원고에게 인도되어야 한다는 것이었다.

그러나 원심은 원고의 청구를 받아들이지 않았고, 조선고등법원도 원고의 상고를 기각하였다.[16] 즉 위패 및 그 용기와 같은 것은 호주상속의 특권에 속

14) 朝高判 1933(昭和 8). 3. 3.(註 9). 鄭肯植, 朝鮮初期 祭祀承繼法制의 成立에 관한 硏究, 서울대학교 대학원 法學博士學位論文, 1996, 4면은 이 판결을 聯合部 판결이라고 소개하고 있으나, 연합부 아닌 민사부 판결이다. 당시의 朝鮮總督府裁判所令 제4조에 의하면 고등법원의 각 부에서 종전 판례에 대하여 이견이 있을 때에는 연합부에서 재판하도록 되어 있었다. 그러나 이 판결에서는 종전 판례에 대하여는 언급이 없다. 연합부에 의한 판례변경의 예로서는 후술하는 註 19)의 朝高判 1935(昭和 10). 7. 30.(錄 22권 302면) 참조.

15) 李丙順이 피고가 된 것은 전소의 피고였던 高斗錫과 그의 장남인 高永純이 모두 사망하여 이병순이 호주상속인이 되었기 때문이다.

16) 朝高判 1939(昭和 14). 6. 30.(註 9).

하고 그 소유권은 호주권에 수반하는 것으로서, 현금에는 호주상속권 외에 제사상속권과 같은 것은 관념할 수 없으므로 이 사건 원고의 청구는 필경 호주상속의 회복을 구하고 그 특권을 주장하는 것으로 해석하여야 하는데, 상속회복청구권은 상속이 개시된 때부터 20년을 경과한 때에는 시효로 인하여 소멸하는 것이 조선에 있어서의 관습이고, 高在春이 高光洵의 사후양자로 선정되어 상속개시된 때로부터 이미 20년을 경과하였으므로 高在春 및 피고의 宗家戶主인 지위는 이미 확정되었고, 원고는 피고에 대하여 그 자기의 권리를 주장할 수 없게 되었으며, 원고는 피고에 대하여 그것이 자기의 권리에 속한다는 것을 주장할 수 없다는 것이다.

이 문제에 관하여는 조선고등법원의 판례가 변화를 겪었다.[17] 즉 朝鮮高等法院 1920(大正 9). 3. 12. 판결[18]은 상속회복청구권이 시효에 걸리는가에 관하여, 舊韓國 光武 9년(1905년)의 刑法大全 제16조에는 聽訟하는 기한은 民事詞訟은 20년 이내에 있는 자로 정한다고 규정하고 있어서 모든 민사의 소송은 그 물권·채권에 기한 소송인지 친족법·상속법상의 권리에 기한 소송인지를 묻지 않고 그 청구를 할 수 있는 시기로부터 기산하여 20년을 경과한 때에는 出訴할 수 없게 되었으나, 위 형법대전은 隆熙 2년(1908년) 8월 1일부터 시행된 법률 제19호에 의하여 개정되어 위 제16조의 규정은 개정법률에 의하여 消除되었고, 동시에 시행된 民事訴訟期限規則에는 상속회복청구권과 같은 상속법상의 권리에 관하여는 아무런 소송기한의 규정을 두지 않았으므로 隆熙 2년 8월 1일 이래로는 상속회복청구권은 출소기한의 정함이 없는 권리로 되었으며, 朝鮮民事令 시행 후에 있어서도 친족상속에 관한 사항에 관하여는 오로지 관습에 따라야 하는 것이어서 상속회복청구권과 같은 상속법상의 권리의 시효에 관하여도 일본 민법 제966조의 규정을 적용할 수 없고, 관습에 의하여야 하는 것이지만, 조선에 있어서는 아직 일정한 관습이 없으므로 상속회복청구권은 현재 아직 시효 또는 출소기한의 정함이 없는 권리와 다를 바 없다고 하여 이를 부정하였다.

그러다가 朝鮮高等法院 1935(昭和 10). 7. 30. 聯合部 판결[19]은 이러한 종래의 판례를 변경하였다. 이 판결의 사실관계는 다음과 같다. 즉 원고 A는 B의 처이고 원고 C는 B의 庶子인 아들인데, B는 그 생전에 자기 백부의 3남인 D

17) 이에 관하여는 尹眞秀, "相續回復請求權의 研究－歷史的 및 比較法的 考察", 서울대학교 法學 41권 1호, 2000, 196면 이하 참조.

18) 錄 7권 88면 이하.

19) 錄 22권 302면 이하.

의 장남인 피고 E를 양자로 들인 후[20] 1912(大正 2). 2. 19. 사망하였다. 그리하여 피고 E가 B의 호주상속 및 재산상속을 하게 되었다. 그런데 E의 實家와 B의 가는 本家宗家의 관계에 있지는 않다. 그러자 원고들은 1933년에 이르러 庶子가 있는 경우에는 양자를 들이지 못하므로 위 입양은 무효이고, 따라서 E가 B의 호주상속 및 유산상속을 한 것은 무효라고 주장하여 소송을 제기하였다.[21]

이에 대하여 원심법원인 大邱覆審法院은 피고 E가 D의 장남으로서 생가의 종가 또는 본가가 아닌 B家의 양자로 된 것은 조선의 관습상 시인될 수 없지만, 당시에는 일단 養子緣組(入養)를 한 이상은 관습에 반하는 경우라고 하여도 그 입양에 의하여 父子의 倫定 있는 것으로 되어 후일에 이르러 이를 무효시하는 것은 허용되지 않는다는 관습이 존재하므로 원고들의 청구는 이유 없다고 하였다.

이에 대하여 상고심인 조선고등법원은, "조선에서 호주 또는 유산의 정당한 상속인이 타인으로 인하여 불법하게 자기의 상속상의 지위를 침해당한 때에는 상속인을 참칭하는 그 타인에 대하여 상속회복청구권을 행사할 수 있는 것은 관습상 명백하다… 그러하여도 위 상속회복청구권은 상속인 또는 그 법정대리인이 상속권을 침해당한 사실을 안 때에는 상속개시의 때로부터 각각 상당한 기간 내에 한하여 행사할 수 있고, 그 기간을 경과한 때에는 위 청구권이 소멸하는 것으로 되는 것 역시 조선의 관습상 시인된다"고 하였다. 그리하여 피고가 한 養子緣組가 무효라 하여도 B의 사망으로 인하여 호주상속개시와 함께 상속인을 참칭하여 이래 20년 이상을 경과한(본소제기는 만 21년 6월을 경과하였다) 것이 명백한 이 사건에 있어서는 상속회복청구권을 소멸시키기에 충분한 위의 상당기간을 경과하였다고 인정함이 상당하고, 원고들이 청구하는 養子緣組 무효 및 호적기재의 말소는 모두 호주상속회복을 내용으로 하는 것이라고 하여 결국 상고를 기각하면서, 상속회복청구권은 시효에 걸리지 않는다고 한 종전의 朝鮮高等法院 1920(大正 9). 3. 12. 판결(註 18)을 변경하였다.

위 연합부 판결은 상속회복청구권을 상당한 기간 내에 행사하지 않으면 소멸한다고 하였을 뿐, 그 기간의 성질이 무엇인지, 그 상당한 기간이 구체적

---

20) 이 점에 관하여 원고들은 死後養子라고 주장하였으나 원심법원은 본문과 같이 인정하였다.
21) 그 사건명은 '養子緣組無效確認請求事件'으로 되어 있고, 청구취지는 "B와 피고 E 사이에 한 養子緣組는 무효인 것을 확인하고 그 호적기재의 말소절차를 행할 것"으로 되어 있다.

으로 어느 정도여야 하는지는 분명히 밝히지 않았다. 그러나 이 사건 판결에서는 상속회복청구권은 상속개시의 때로부터 20년을 경과한 때에는 시효로 인하여 소멸하는 것이 조선의 관습이라고 하였다.

4. 이 사건 訟事에 나타난 論點들

이 사건 원고는 종래의 조선고등법원 판례에 의하면 두 경우에 모두 이길 수 있었다. 그런데 첫 번째 소송에서는 조선고등법원이 당해 사건에서 사실상 판례를 바꾸었고, 두 번째 소송에서는 4년 전에 판례가 변경되었기 때문에 모두 원고가 지는 결과가 되었다. 과연 이와 같은 판례의 변경은 어떻게 일어난 것인가? 이러한 판례의 변경이 가지는 의미는 무엇인가? 이들이 이 글에서 살펴보려고 하는 논점이다.

구체적으로는 우선 제사상속이 과거에 어떠한 내용이었는지, 왜 조선고등법원은 그 법적 의미를 부정하게 되었는가를 살펴볼 필요가 있다. 그리고 이 문제는 호주상속제도가 확립되는 것과 밀접하게 관련되어 있으므로 호주상속제도의 확립과정 및 그와 연관된 재산상속제도의 변화에 대하여도 아울러 살펴보아야 한다. 또한 상속회복청구권의 소멸시효에 관한 판례의 변경 과정도 따져 볼 필요가 있다. 다른 한편으로는 이 사건에서는 高在桓이 농아여서 제사를 받들지 못한다는 것이 門會에서 그를 제사상속인에서 배제하게 된 이유였다. 그 당부는 직접 재판의 쟁점이 되지 않았으나, 傳統 慣習上 이른바 廢嫡이 인정되었는가 하는 점도 살펴본다.

Ⅲ. 祭祀相續制度의 變遷

1. 朝鮮時代의 祭祀相續制度

우리가 현재 알고 있는 것과 같은 제사의 풍습은 朝鮮時代에 이르러 비로소 인정되게 된 것이었고, 長子 중심의 제사승계가 확립된 것은 17세기 이후의 일이었다.

가. 祭祀制度의 導入

고려 말기 이전만 해도 현재의 우리가 보는 것과 같이 집안에서 제사를 지내는 일은 찾아보기 어려웠다. 당시에는 불교가 지배적인 종교여서 사람이 죽으면 절에서 화장을 하는 것이 대부분이었고, 祭禮는 절에서 거행하는 것이 보통이었다. 따라서 제사상속 내지 제사승계는 별로 문제되지 않았으며, 절에서의 제사 비용은 모든 자식이 공동으로 부담하였다.[22] 또한 신라시대 이래로 고려시대까지는 사회가 현재와 같은 父系 사회가 아니라 父系와 母系 어느 쪽으로의 귀속이 자유로운 選系的(ambilineal) 또는 共系的(cognatic) 社會였으므로[23] 형제자매가 평등한 지위를 가졌고, 父系親과 母系親이 동등한 대접을 받았으며, 재산상속에 있어서도 子女均分相續이 원칙이었다.[24]

현재의 제사제도는 중국의 宗法制度에 바탕을 둔 南宋의 朱熹(朱子)로부터 비롯된 朱子家禮에 근거한 것이다.[25] 이러한 朱子家禮는 고려 말에 朱子學과 함께 도입되었고,[26] 그에 따라 종법적인 제사제도가 고려 말부터 국가에 의하여 시행되기에 이르렀다. 즉 고려 말에 鄭夢周와 趙浚 등의 유학자가 각 가정에 祠堂(家廟)을 세워 조상의 제사를 지내게 할 것을 주장하였고, 그에 따라 恭讓王 2년(1390년)에는 사대부의 집에 家廟를 세우고 조상의 제사를 지내게 하는 법령이 공표되었으며, 그 내용은 대체로 조선시대의 經濟六典과 經國大典에 받아들여졌다.[27] 그러나 家廟의 설치는 잘 이행되지 않아서 역대 왕들이 여러 차례에 걸쳐서 이를 강조하고 家廟를 건립하지 않는 자를 처벌하기도 하였으

22) 鄭肯植(註 14), 80면 이하 참조.

23) 李光奎, 한국의 家族과 宗族, 1990, 311면 이하 참조. 父系律과 母系律은 남녀 어느 한쪽으로 혈통을 따지고 새로 출생하는 성원들을 기존의 출계집단에 귀속시키지만 남녀 어느 쪽으로 따지느냐가 고정되어 있지 않고 융통성이 있을 뿐만 아니라 선택의 여지가 있는 出系律(rule of descent)을 選系律 또는 共系律(ambilineal or cognatic rule of descent)이라고 부른다. 韓相福, 李文雄, 金光億, 文化人類學槪論, 1985, 149면 참조. 그러나 도이힐러 지음, 이훈상 옮김, 한국 사회의 유교적 변환, 2003(原著: Martina Deuchler, The Confucian Transformation of Korea, 1992), 122면 이하는 고려시대 사회 생활의 모습은 전형적인 共系(cognatic)의 특징을 보여주지만, 중국의 당나라와 송나라에서 유입한 부계 지향의 법제화의 영향을 받았다는 점에서 고려 사회를 간단히 共系 사회라고 부르는 것은 고려 사회가 분명히 변화의 과정에 놓였다고 하는 현상을 주목하는 데 실패하게 마련이라고 한다.

24) 도이힐러(註 23), 122면 이하; 鄭肯植(註 14), 58면 이하 등 참조.

25) 朱子家禮의 내용에 대하여는 鄭肯植(註 14), 47면 이하 참조.

26) 麗末 鮮初의 주자학이 도입된 경위에 대하여는 도이힐러(註 23), 135면 이하; 鄭肯植(註 14), 65면 이하 등 참조.

27) 도이힐러(註 23), 193면 이하; 鄭肯植(註 14), 84면 이하.

며, 그 결과 15세기 후반에 이르러 家廟의 건립이 어느 정도 일반화되었다.28)

우선 제사를 지내는 대상은 조선 초기에는 신분에 따라 다른 이른바 差等奉祀였다. 즉 文武官 6品 이상은 3代를 봉사하고, 7品 이하는 2代를, 庶人은 다만 죽은 父母(考妣)만을 奉祀한다는 것이었다.29) 그러나 그 후 조선 중기에 이르러서는 士林의 주장에 따라 朱子家禮가 규정하고 있는 고조까지의 제사를 지내는 四代奉祀가 점차 보급되어 일반화되기 시작하였다.30) 그리고 제사의 주체, 즉 主祭者는 원칙적으로 嫡長子孫이었다. 즉 제 1 순위의 제사상속인은 嫡妻의 長男 1인뿐이었다. 만약 嫡長子가 없는 경우에는 嫡孫, 衆子, 庶子, 衆孫, 庶孫의 순서로 제사상속인이 되었다.31) 또한 財産均分相續에 대한 예외로서 家廟가 있는 집(入廟家舍)은 제사를 지내는 제사상속인에게 단독상속되었다.32) 그리고 이러한 嫡長子孫(承重子)에게는 제사를 지내기 위한 財産(奉祀條)으로서 다른 자녀보다 1/5이 가산되었다.33)

나. 祭祀相續制度의 確立

그러나 조선 중기에 이르기까지는 실제의 제사승계는 이러한 법규정대로 이루어지지는 않았다. 조선 초기에 가묘가 건립되지 않고 제사를 제대로 지내지 않았던 것은 논외로 한다고 하더라도, 제사를 지내게 된 후에도 嫡長子만이 단독으로 제사를 지내기보다는 자녀나 아들들이 번갈아 가며 제사를 지내는 子女輪回奉祀 또는 諸子輪回奉祀가 많았고, 姓이 다른 사람이 제사를 지내는 異姓奉祀, 즉 外孫이 제사를 지내는 外孫奉祀, 異姓養子인 收養子와 侍養子에 의한 收養・侍養奉祀도 행하여졌다.34)

---

28) 鄭肯植(註 14), 117면 이하 참조.

29) 經國大典 禮典 奉祀條. 이 문제에 관한 朝鮮王朝實錄의 기사는 申榮鎬, 朝鮮前期相續法制, 2002, 7면 이하 참조.

30) 鄭肯植, "朝鮮前期 四代奉祀의 形成過程에 대한 一考察", 法制硏究 11號, 1996, 130면 이하 참조.

31) 經國大典 禮典 奉祀條. 또한 鄭肯植(註 14), 89면; 申榮鎬(註 29), 31면 이하 등 참조.

32) 이는 世宗 9년의 법령에 의한 것으로, 經國大典 戶典 田宅條에 "入廟家舍 傳於主祭子孫"으로 규정되었다. 鄭肯植(註 14), 119면.

33) 經國大典 刑典 私賤條: 未分奴婢 衆子女平分 承重子加五分之一. 그 실태에 관하여는 鄭肯植, "16세기 奉祀財産의 實態", 古文書硏究 9・10, 1996, 139면 이하 참조.

34) 鄭肯植(註 14), 184면 이하 참조. 당시의 祭祀承繼의 실태에 관하여는 崔在錫, 韓國家族制度史硏究, 1983, 532면 이하; 鄭肯植, "默齋日記에 나타난 家祭祀의 實態", 法制硏究 16號, 1999, 229면 이하; 同, "朝鮮中期 祭祀承繼의 實態", 朝鮮의 政治와 社會(崔承熙敎授 停年紀念論文集), 2002, 589면 이하 등 참조.

그러나 임진왜란을 겪고 난 후인 17세기 이후에는 점차 법에 규정된 嫡長子에 의한 祭祀承繼가 정착되었고, 子女輪回奉祀와 같은 관행은 사라지게 되었다.[35] 그 원인으로서는 여러 가지가 거론되지만, 어쨌든 이러한 현상은 종래의 남자가 혼인하면 처가에 거주하는 이른바 率婿婚의 풍습[36]이 유교적인 도덕 내지 宗法制에 어긋난다고 하여 점차 소멸하게 된 것과 맞물려 있다.[37]

이러한 제사승계의 관행의 변화는 재산상속에도 영향을 미쳤다. 즉 종래의 재산상속은 원칙적으로 子女均分相續이었고, 다만 承重子에게 1/5을 가산하며 妾子는 良妾子女는 衆子女의 1/7, 賤妾子女는 衆子女의 1/10이었다.[38] 그러나 조선 후기에 이르러서는 피상속인이 생전에 재산을 나누어주는 이른바 分財에 있어서 奉祀條 등의 명목으로 제사상속인인 장남에게 많은 재산을 나누어 주고 차남 이하의 아들들에게는 더 적은 재산을 나누어 주었으며, 딸들에게는 그보다 더 적은 재산을 나누어 주는 것이 일반적이 되었다.[39]

2. 日帝 初期의 祭祀相續 인정

일제 초기에는 이러한 제사상속을 관습법에 따른 상속으로서 인정하였다. 우선 일본 統監府에서 1908년에서 1910년에 걸쳐 한국의 관습을 조사한 것을 토대로 한 慣習調査報告書에서는 제158항에서 한국에서의 상속은 祭祀相續, 財

35) 崔在錫(註 34), 535면 이하에서는 1500년대 초부터 1600년대 말까지는 輪回와 長子奉祀가 공존하고 있고 1700년대 초부터는 輪回는 보이지 않는다고 하고, 文叔子, 朝鮮前期의 財産相續, 韓國精神文化硏究院 博士學位論文, 2000, 90면 이하, 101면 이하는 고려 말부터 조선 전기까지 나타나는 가장 기본적인 방식은 諸子女輪回奉祀(完全輪回)이었고 그 다음 단계는 여러 가지의 奉祀 방식을 복합적으로 의미하는 不完全 輪回奉祀였으며, 18세기 중엽 이후에는 長子 단독봉사로 정착되었다고 한다.

36) 率婿婚 내지 男歸女家婚의 풍습에 대하여는 朴秉濠, 韓國法制史攷, 1974, 323면 이하 참조. 朴秉濠, 近世의 法과 法思想, 1996, 53면 이하는 남녀균분의 재산상속법과 혼인형태로서의 率婿婚俗이 한국의 가족제도를 특징짓는 중대한 요소였다고 한다.

37) 도이힐러(註 23), 317면; 文叔子(註 35), 94면 참조.

38) 經國大典 刑典 私賤條: 父母奴婢, 承重子加五分之一, 衆子平分, 良妾子女七分之一, 賤妾子女十分之一.

39) 도이힐러(註 23), 310면 이하 참조. 실태의 분석은 崔在錫(註 34), 521면 이하; 文叔子(註 35), 80면 이하 참조. 崔在錫은 조선 초기부터 1600년대 중엽까지는 長次나 남녀의 구별 없이 철저하게 均分分産하다가 1600년대 중엽부터 1700년대 중엽까지는 균분제를 택하는 가족이 많기는 하지만 長男優待, 男女差別, 男子均分·女子差別 등의 경향이 나타나고, 1700년대 중엽부터는 장남우대 여자차별의 경향으로 나타나고 있다고 한다. 그러나 申榮鎬, 共同相續論, 1987, 211면은 위와 같은 경향은 財主가 생전에 자신의 의사에 기하여 상속재산의 분할을 지정한 경우이고, 법정상속이 행하여지고 공동상속인이 협의하여 재산상속을 분할한 경우에는 거의 전시대를 걸쳐 균분이었다고 한다.

産相續과 戶主相續의 세 종류가 있고, 祭祀相續은 상속 가운데서 가장 중요한 지위를 차지하며, 제사상속을 하는 자는 동시에 호주이지만 호주인 자는 반드시 제사승계자가 아니라고 하였다.[40] 일제하의 법원도 이러한 제사상속을 승인하여, 宗孫權의 확인을 구하는 것은 단순한 사실의 확인이므로 부적법하다는 주장에 대하여 一門의 종손으로서 本系의 상속을 하는 경우에는 호주권·재산권의 상속뿐만 아니라 門祖의 제사권도 상속하는 것이라는 것은 조선의 관례라고 하여, 이러한 宗孫權의 확인을 구하는 것은 법률상의 이익을 가진다고 하였다.[41] 또한 조선고등법원의 판례는 宗孫權의 성질에 관하여 宗孫權이란 一門의 종손으로서 선대가 가지는 호주권·재산권 및 門祖祭祀權을 포괄하여 상속하는 신분상의 권리로서, 그 성질상 상속원인에 의하여 선대가 가지는 권리를 승계적으로 취득하는 권리이고, 상속개시와 동시에 또는 그 이후에 원시적으로 취득하는 권리는 아니므로 상속인인 자는 자기의 父祖가 종손권이 聽訟期限의 경과에 의해 그 권리의 존재를 주장할 수 없게 되면 자신도 소송상 그 權利의 존재를 주장할 수 없게 된다고 하였다.[42]

3. 祭祀相續의 否定

그런데 1926년(大正 15)에 당시 朝鮮高等法院의 판사이던 野村調太郎[43]은 "祖先の祭祀と現行の法律"이라는 논문을 발표하여[44] 이와 같은 종래의 판례를 비판하였다. 이 논문에서 그는 종래 조선에서 宗孫 또는 宗孫權의 확인의 소가 여러 차례 제기되고 있는데, 이는 제사상속을 하는 자가 가지는 지위를 말하

40) 鄭肯植 編譯, 改譯版 慣習調査報告書, 2000, 346-347면.

41) 朝高判 1917(大正 6). 12. 11.(錄 4권 1066면). 같은 취지, 朝高判 1913(大正 2). 10. 21.(錄 2권 346면).

42) 朝高判 1921(大正 10). 2. 28.(錄 8권 148면).

43) 野村調太郎은 일제시대에 조선에서 판사로 근무하면서 한국의 家族法과 慣習法 등에 관하여 많은 논문을 발표하였다. 특히 제사상속에 관하여는 그가 1939년(昭和 14)에 朝鮮總督府 中樞院의 위촉을 받아 朝鮮祭祀相續法論 序說이라는 책을 편집하였다. 鄭肯植(註 14), 5면은 제사상속에 관하여 현재까지 전체적인 면에서는 野村調太郎의 연구수준을 능가하는 연구는 없는 실정이라고 한다. 그러나 이제까지 그의 연구결과나 그 개인에 관하여 별다른 연구는 없었던 것 같다. 法院行政處 編 韓國法官史, 1976, 179면; 大韓辯護士協會, 韓國辯護士史, 1979, 64면 등에 의하면 그는 1914. 4. 22. 釜山地方法院 判事로 처음 임명되었고, 1934. 10. 2. 平壤覆審法院長으로 임명된 것이 최종 보직이며, 그 후 변호사가 되어 1944년에는 京城辯護士會會長으로 선임된 사실을 확인할 수 있을 뿐이다.

44) 司法協會雜誌 5권 4호 1면 이하.

고, 舊韓國時代에는 이러한 爭議는 禮曹衙門에 소를 제기하였지만 현재에는 司法裁判所에 소송을 제기하기에 이르렀는데, 종래 재판소는 이에 관하여 宗孫의 지위를 사생활에 있어서의 법률상의 신분으로 관찰하여, 이에는 종손권 또는 祖先祭祀權이라는 것이 수반되어 있다고 하여 이러한 訴를 私法上의 法律關係의 存否確認의 訴로 해석하여 왔으나, 現時의 법률관념에 비추어 과연 그러한 견해가 시인될 수 있는가에 관하여 커다란 의심이 있다고 한다.[45] 그리하여 우선 종래의 祖先祭祀의 관습에 관하여 살펴본 다음, 조선에서는 課稅의 표준인 戶口의 관념은 있었지만 일본과 같은 이른바 家의 관념은 없고 따라서 戶主 또는 戶主權의 관념은 없었다고 한다. 따라서 조선에서는 일본과 같은 家督相續의 관념은 없다고 한다.[46]

그리고 朝鮮에 있어서 상속은 祭祀相續, 호주상속, 재산상속의 3가지가 있는데, 제사상속은 호주상속 및 재산상속을 수반하는 것이 보통이고, 제사를 승계하는 자는 그와 동시에 직접 또는 간접으로 호주권 및 제사권을 승계하는 것이 보통이며 따라서 제사상속에는 호주상속 및 재산상속이 부수된다고 할 수 있지만, 이 3종의 상속은 각 단독으로 생길 수도 있고, 또 동시에 생기더라도 각 피상속인 또는 상속인을 달리 할 수도 있으므로 그 둘 또는 3을 포괄하여 하나의 개념으로 할 수는 없으며, 제사상속의 이름으로 호주 및 재산의 승계를 포괄하는 개념을 구성하는 것은 곤란하고 또 불편하다고 한다.[47]

설령 祭祀權이라고 하는 일종의 權利의 존재를 긍정한다고 하더라도 이는 戶主에게 속하는 여러 가지의 권리를 포괄하는 호주권과 같이 볼 수는 없고, 단일한 권리를 가지는 것을 법률상의 신분이라고 하고 법률에 의한 주체의 변경을 상속이라고 부른다면 신분 또는 상속에 관한 재래의 관념을 고치지 않으면 안 되며, 법률상 이를 상속으로 취급하여야 할 필요도 편리함도 발견할 수 없다고 한다. 일본의 大和民族도 祖先의 제사를 중요하게 생각하는 것은 조선인에게 뒤떨어지지 않으며, 일본 민법에도 系譜, 제구 및 분묘의 소유권을 家督相續의 특권에 속하는 것으로 규정하고 있으면서도 제사상속이라고 하는 것을 인정하고 있지 않는데, 이는 제사를 법률상 상속의 물체로 하지 않고 있기 때문이라고 한다. 그러므로 朝鮮에 있어서도 법률상으로는 호주상속 및 재산상

45) 1-2면.
46) 3-4면.
47) 13-15면.

속만을 인정하고, 제사상속은 각 종중의 系譜所에 맡기는 것이 옳다고 한다. 조선인의 사상에 의하면 제사의 승계가 일체의 상속의 기초이고 호주 및 재산의 승계는 이에 종속되는 데 지나지 않지만, 법률상 이를 관찰하면 제사승계는 호주상속 및 재산상속에 있어서 상속인을 정하는 표준이 되는 사실로서 취급되는데 지나지 않는다고 한다. 자신도 이를 법률상 전연 무시하려고 하는 것은 아니고, 다만 제사승계의 사실에는 아무런 법률상 효력이 없다는 것 및 이에 직접 법률상의 효력을 부여하는 실익이 없을 뿐만 아니라 背理로 된다는 것을 말하려는 것뿐이고, 祖孫이 先代의 호주권 및 재산권을 승계하는 것이 제사상속의 효력으로 볼 것은 아니라는 것을 주장하려는 것이라고 한다. 그리고 제사는 성질상 이전될 수 있는 것이 아니며, 자손이 祖先의 제사를 드리는 것은 자신이 祖先을 존숭하여 드리는 것이고 先代를 대신하여 드리는 것은 아니며, 이를 위하여 선대의 지위를 승계할 필요도 없다고 한다.[48]

그리고 祭祀權 또는 宗孫權이라고 하는 권리의 내용에 관하여는 종래의 판례는 종손권은 선대가 가지는 호주권·재산권 및 문조제사권을 포괄하여 상속하는 신분상의 권리라고 하고 있지만, 호주권·재산권의 승계를 종손권 취득의 요건으로 한 것에는 찬성하기 어렵고, 종손이라고 하는 것은 제사상속에 의한 신분이며 호주상속에 의한 호주의 신분, 재산상속에 의한 財主의 지위와 서로 대립하는 관념이고, 제사를 승계하는 자가 특별한 경우를 제외하고는 호주권 및 재산권을 승계하는 것을 본칙으로 한다고 하여도 이는 제사상속의 효력이라고는 할 수 없다고 한다. 위 朝高判 1922(大正 10). 2. 28.(註 42)의 상고대리인은 종손권에는 제사를 행하고 분묘를 소유하는 것뿐만 아니라 조정으로부터 그 신분에 의하여 관직을 받을 수 있는 것도 포함한다고 하였으나, 공신의 종손이라는 이유로 관직을 수여받는 것은 현제도가 인정하는 바는 아니고, 분묘 등의 소유권은 종손이기 때문에 취득하는 것은 아니며 선대의 소유인 경우에만 재산상속의 물체로서 계승할 수 있는 것이고(다만 재산상속인이 여러 사람인 경우 종손인 자가 우선승계의 특권을 가진다), 그 외 여러 가지의 권리라고 말하여도 이를 상상할 수 없으며, 종손이기 때문에 특히 할 수 있는 것은 제사를 행하는 것 이외에는 없다고 한다. 이처럼 종손권 또는 제사권이라고 하는 것이 제사를 주재하는 권능을 가지는 데 지나지 않는다면 이를 권리라고 할 수 있을까라는 의문을 제기하면서, 자신은 제사를 하는 것을 성질상 권리로 하는 데

48) 15-18면.

적합하지 않다고 極論하는 것은 아니지만 이를 권리로서 보호할 필요 또는 실익도 없다고 믿기 때문에 이를 권리로서 해석할 것은 아니라고 한다. 예컨대 일부 사람들이 별을 존숭하여 예배하는 것에 이익을 인정하고 일반의 견해도 이를 시인한다고 하여도, 그러한 행위는 다른 사람과의 교섭 없이 누구라도 임의로 할 수 있는 것이기 때문에 그 이익의 향수를 만족시키기 위하여 법률의 보호를 부여할 필요는 없다고 한다. 다른 사람의 예배를 금지할 필요는 없고, 또 다른 사람의 적극적인 방해는 바로 신체, 소유 등의 私權의 침해이므로 이를 배제하기 위하여 특히 제사권을 인정할 필요는 없다고 한다.[49)]

그러므로 제사권 또는 종손권은 권리가 아니고, 종손이라는 신분도 법률상의 신분이 아니므로 현재 재판상 인정되고 있는 宗孫確認 또는 宗孫權 確認의 소는 사법상의 특별 또는 법률관계의 존부확정을 목적으로 하는 것이 아니므로 부적법하다고 하지 않으면 안 된다고 한다.[50)]

위 朝高判 1933(昭和 8). 3. 3.(註 9)이 이러한 野村調太郎의 주장을 받아들인 것은 그 판결문상 명백하다. 즉 위 판결은 전 호주의 지위를 승계하여 그에 속한 재산을 취득하는 것에 관하여는 호주상속 및 재산상속의 제도가 확립되었으므로 제사상속의 관념은 필경 先代를 봉사하고 또한 祖先의 제사를 봉행하여야 할 道義上의 지위를 승계하는 것 외에 지나지 않는다고 하면서, 祖先祭祀의 행사에 대하여 不正의 妨害가 있을 때에는 그 避止를 청구할 수 있음은 당연하지만, 祭祀의 행사에 관하여 아무런 침해가 있는 것이 아니고 단지 다른 사람으로부터 자기의 종손인 것을 부인당하거나 또는 별도로 제사를 지내는 때에는 억지로 다른 사람으로 하여금 자기가 종손이라는 것을 인정하게 하거나 또는 다른 사람이 지내는 제사의 정지를 요구할 수 있는 권리가 있다고 할 수는 없다고 하였는데, 이는 野村調太郎의 주장을 그대로 받아들인 것이다.

다만 위 판결이 왜 판례변경의 절차를 밟지 않았는지는 명확하지 않다. 宗孫權의 확인을 인정하였던 종래의 판결이 선고되기까지는 아직 호주상속 및 제사상속이 법적으로 확립되지 않았으나 이제는 이들이 법적으로 확립되었다는 사정 변경이 있기 때문이라고 본 것인지 알 수 없다.

野村調太郎의 祭祀相續觀을 살펴볼 수 있는 또 다른 자료로는 1939년의 朝鮮祭祀相續法論 序說의 緖言이다. 여기서 그는 朝鮮人의 상속문제는 언제나

49) 18-24면.
50) 24면.

(일본) 민법의 家督相續에 해당하는바 戶主相續, 즉 家長權의 承繼에 관한 사항이 그 핵심을 이룬다고 하는 것이 스스로 명백하고, 이를 일반 상속법 진화의 단계에 비추어 본다면 家長權 相續期에 속하며, 이미 제1기 祭祀相續制 시대를 지나 제2기 戶主相續制 時代에 있고, 제3기 財産相續制 시대에 일어나는 현상도 약간 생기고 있지만 관념상 아직 內地와 같은 정도로 현저하지는 않다고 하면서, 역사적으로는 고려시대에 朝鮮人의 상속은 이미 祭祀相續期를 지나 戶主相續期에 접어든 것처럼 보이는데, 다시 李朝에 이르러 상속의 대상이 家長權으로부터 祭祀權으로 옮아가서 祭祀相續期로 역행하였다고 할 수 있다고 한다.[51]

4. 戶主相續 및 財産相續制度에 관하여

이처럼 野村調太郎의 주장이나 朝鮮高等法院의 판례는 제사상속을 법률제도로서 부정하는 근거를 호주상속 및 재산상속의 제도가 확립되었다는 데에서 찾고 있다. 그러므로 호주상속 및 재산상속의 제도가 어떻게 변화하였는가도 살펴볼 필요가 있다.

우선 조선시대에는 戶主라는 제도 자체를 찾아볼 수 없었다. 이 戶主制度 자체가 1898년에 공포된 日本 民法의 산물이기 때문이다.[52] 일본 민법상 호주제도의 특징은 동일가족단체를 형성하는 사람들의 집단으로서 관념적 집단인 家를 전제로 하는 것이고, 이 家에는 통솔자인 호주가 있으며, 다른 구성원인 家族은 戶主의 권력에 복종하는 것이다. 과거 우리나라의 역사에도 호적제도는 있었으나,[53] 이는 현재의 호적과는 달리 실제 생활공동체를 파악하기 위한 것으로서, 오히려 현재의 주민등록제도와 유사하다고 할 수 있다.[54] 호적상 戶主라는 용어가 쓰이기는 하였지만, 그와 함께 戶首人·家長이라는 용어도 아울러 사용되었다.[55] 나아가 호주상속이라는 관념도 존재하지 않았다.[56]

호주제도가 법령상의 제도로서 한국에 들어오게 된 것은 舊韓末의 일이다.

---

51) 朝鮮祭祀相續法論 序說(註 43), 3-5면.

52) 최대권, 윤진수, 김양희, 오정진, 호주제 개선방안에 관한 조사연구, 여성부, 2001, 9면 이하 참조.

53) 이에 대하여는 崔弘基, 韓國戶籍制度史 硏究, 1997 참조.

54) 田鳳德, "호주제도의 역사와 전망", 대한변호사협회지 제81호, 1982. 10, 28면 참조.

55) 朴秉濠, "日帝下의 家族政策과 慣習法形成過程", 家族法論集, 1996, 97면.

56) 李相旭, 韓國相續法의 成文化過程, 慶北大學校 大學院 博士學位論文, 1986, 9면 이하, 38면; 朴秉濠(註 55), 105면 등.

즉 1896년에 제정된 戶口調査規則[57]은 호적을 편제하도록 규정하였는데, 이때 종래에는 단순히 호주·호수인·가장 등으로 불렸던 것이 '호주'로 고정되어 법률상 칭호가 되고 가의 대표자·주재자로서의 명확한 지위가 나타나게 되었다.[58] 그러나 이때의 호적은 居住單位가 그 기준이 되어 있어서 아직 호구를 조사, 파악하는 수단으로서의 성격을 벗어나지 못했다. 戶籍이 "家"와 "家에서의 個人의 身分關係"를 공시하는 기능을 하게 된 것은 統監府 시절인 1909년에 民籍法[59]과 그 시행을 위한 民籍法執行心得[60]이 제정되면서부터이다.[61] 이 民籍法에 의하여 만들어진 새로운 民籍簿에는 추상적인 家의 소재지를 의미하는 본적지명을 기재하고, 戶主를 두도록 되어 있었다. 民籍簿에 기재되는 入籍者의 범위는 종래와 같이 주거를 함께 하는 생활단위가 아니라 원칙적으로 戶主의 親族이 되지만, 호주의 친족이 아닌 同居者도 그 말미에 가족별로 附籍하도록 되어 있었다.[62]

나아가 오늘날의 호적과 거의 같은 형태의 호적은 1921(大正 10). 12. 18. 공포되어 1923(大正 12). 7. 1.부터 시행되게 된 朝鮮戶籍令에 의해서였다.[63] 이 朝鮮戶籍令은 명시적으로 戶主相續을 호적의 새로운 편제사유로 규정하고 있다.[64]

이러한 법규정과는 별개로 日帝는 慣習上 일본 민법과 유사한 호주 내지 戶主相續이 존재한다고 하였다. 즉 慣習調査報告書에서는 호주는 가족의 거소를 지정할 수 있고, 가족이 혼인 또는 입양을 하는 경우에는 호주의 동의를 얻어야 하며, 그 외에도 호주는 가족에 대해 교육, 감호, 징계 등의 권리가 있다고 하는 등 일본 민법과 유사한 호주의 권리가 있다고 하고, 한국에서의 상속은 祭祀相續, 財産相續과 戶主相續의 3종류가 있다고 한다.[65] 그러나 慣習調査報告書에

57) 勅令 제61호, 建陽 원년 9월 1일. 이에 대하여는 崔弘基(註 53), 179면 이하 참조.
58) 朴秉濠(註 55), 97-98면.
59) 隆熙 3년 3월 法律 제 8 호.
60) 隆熙 3년 3월 內部訓令 제39호.
61) 崔弘基(註 53), 187면 이하 참조.
62) 執行心得 제 6 조.
63) 이에 대하여는 鄭光鉉(註 2), 129면 이하; 崔弘基(註 53), 191면 이하 참조.
64) 崔弘基(註 53), 193면 참조. 그 구체적인 樣式의 예는 위 책 192면 참조.
65) 慣習調査報告書(註 40), 제122항-제124항(306-307면); 제158항(346면 이하). 일제하에서의 호주제도 내지 호주상속제도의 이식과정에 대하여는 李相旭(註 56), 48면 이하; 朴秉濠(註 55), 103면 이하 참조. 그런데 신영호 교수는 구한말에 나온 朴晩緖의 "相續法" 교과서에 이미 호주상속에 해당하는 家督相續을 상속의 한 종류로 들고 있다고 지적하였다. 이 책을 직접 보지는 못하였으나(현재 西江大學校 도서관에 한 권 소장되어 있다고 한다), 이 책을 소개한 글

나타난 戶主相續의 내용은 제사상속과 잘 구별되지 않는다. 野村調太郎도 조선에는 일본과 같은 이른바 家의 관념이나 戶主 또는 戶主權의 관념은 없었으며, 따라서 조선에서는 일본과 같은 家督相續의 관념은 없다고 하였다.[66]

다른 한편 재산상속에 관하여는 조선시대에는 男女均分相續이 원칙이었음은 앞에서 본 바와 같다. 비록 조선 후기에는 실제로는 장남우대가 관행이었다고 할 수 있지만, 명분상으로는 이러한 男女均分相續의 원칙이 포기된 바 없었다. 그런데 慣習調査報告書에서는 재산상속인인 자는 호주가 사망한 경우에는 제사상속인 등 제사자 그리고 그 아우이고, 여자는 재산상속인이 아니며, 재산상속인은 在家者에 한하고 他家에 있는 자는 재산상속인이 될 수 없다고 하였다. 그리고 재산상속인이 2인 이상 있는 경우의 각자의 상속분은 ① 奉祀者인 상속인과 기타 상속인이 2인인 경우에는 奉祀者인 상속인은 유산의 2/3를 승계하고 다른 상속인은 1/3을 승계함을 통례로 하고, ② 상속인이 3인 이상인 경우에는 봉사자인 상속인은 1/2을 승계하고 다른 상속인은 그 나머지를 승계함을 통례로 하지만, 관습상 이와 같이 확연하게 정해지지는 않았다고 한다. 그리고 유산상속인이 2인 이상인 경우에는 상속재산은 각 상속인의 공유에 속하는 것이 아니고, 그 분할시까지는 일응 奉祀者인 상속인의 소유로 귀속되며, 그 분할집행 후에 비로소 각 상속인의 소유로 귀속된다고 한다.[67] 이처럼 일제가 정립한 관습상의 財産相續法은 전통적인 재산상속법을 호주상속인이 상속재산을 독점적으로 상속하는 일본의 家督相續制에 억지로 접근시킨 것이라고 할 수 있다.[68]

5. 祭祀相續 否定論에 대한 反論

앞에서 살펴본 野村調太郎의 祭祀相續 否定論과 그에 따른 朝鮮高等法院의 판결례에 대하여 1938년(昭和 13)에 당시 판사이던 崔丙柱[69]는 반론을 제기

에 비추어 보면 조선의 제사상속을 일본식의 가독상속으로 이해한 것이 아닌가 추측된다. 비슷한 설명은 俞星濬의 「法學通論」(博文社, 1905)에서도 찾아 볼 수 있다고 한다. 崔鍾庫, "韓國最初의 「相續法」 教科書", 現代民法의 課題와 展望: 南松 韓琫熙博士華甲紀念論文集, 1994, 539면 이하 참조.

66) 위 註 46)의 본문 참조.

67) 慣習調査報告書(註 40), 제168항(355면), 제170항(358면), 제171항(제359면). 慣習調査報告書 제168항(356면)은 均分相續을 규정한 經國大典 刑典 私賤條의 내용을 소개하면서도 근래의 관습은 이와 다르다고 한다.

68) 李相旭(註 56), 81면.

69) 그는 전주고등보통학교를 거쳐 1930년 京城帝國大學 法科를 졸업하고, 1932년 高等文官試

하였다.[70] 여기서 그는 권리의 본질을 지극히 廣義로 이해하여, 법률관계 발생의 지반이 되는 법률상의 지위에 관하여 가령 그에 의무 또는 법률사항 이외의 사항이 수반되더라도 재산상의 이익, 신분상의 지배권이 包藏되어 있다든가 또는 법률상의 보장이 있는 한에는 이를 권리라고 한다는 전제하에서 宗孫權을 논한다.[71] 그리하여 먼저 상속개시 전의 宗孫의 지위는 (일본) 민법상의 추정상속인의 그것에 비하여 뒤떨어지지 않을 정도로 관습법상 보장되고 있으므로 통설과 판례가 추정상속인의 지위에 권리성을 인정하고 있다면 종손의 그러한 지위에도 권리성을 인정할 수 있다고 한다.[72] 이어서 상속개시 후의 宗孫의 지위에 관하여는 戶主權의 성질 및 내용과, 제사의 목적물의 소유권 및 종중재산의 합유권에 관한 피상속인의 지위를 非宗孫, 非祭祀者인 相續人이 종손, 제사자인 상속인과 같이 상속할 수 있는가의 두 가지로 나누어 서술한다.

먼저 전자에 관하여는 조선에 있어서의 家는 일본과는 달리 부부와 친자의 공동생활을 기초로 하는 동거친족단체의 지칭이고, 호주도 一家員 중의 주된 납세의무자를 지칭하는 것으로서 일본의 호주와는 다르다고 한다. 조선에서의 일가의 수장은 家督相續에 의하여 취득하는 것이 아니라 最高尊親이기 때문에 취득하는 것이고, 조선인은 민법상 家의 관념에 관하여 아직 익숙하지 않고 호주권의 존재에 관하여도 이를 받아들이지 않고 있다고 하면서, 호주권의 관념 성질에 있어서 이와 같이 민법상의 그것과 취지를 달리하고 質을 별도로 하고 있는 조선에서는 상속인이 피상속인이 호주이기 때문에 특별히 상속취득하는 이익은 피상속인이 尊親이기 때문이라고 하여 호주권의 내용이 법률상의 이익으로서 권리에 해당하는가는 심히 의심스럽다고 한다.[73]

이어서 제사물건 및 종중재산의 상속취득에 대하여는, 종래 판례의 취지 및 半島人의 일반 견해를 종합할 때 조선의 관습법상 제사물건의 상속은 종손,

---

驗 司法科에 합격하여 1933년 朝鮮總督府 司法官試補, 1935. 7. 25. 淸津地方法院 豫備判事로 임명된 다음 平壤地方法院 判事를 거쳐 1939. 8. 26. 퇴직하고 서울에서 변호사개업을 하였으며, 司法協會雜誌에 몇 편의 법학논문을 발표하였다. 광복이 되자 1946년 軍政廳 司法府 民事局長에 임명되어 변호사시험위원·법전편찬위원 등을 역임하였으나, 이듬해 사퇴하고 다시 변호사로 활동하다가, 1948년 大法官이 되었으나 1950년 퇴직하였다. 같은 해의 제2대 국회의원 선거에서 전북 부안에서 출마하여 당선되었으나 6·25 사변 때 납북되었다. 韓國法官史(註 43), 200면, 251면 등 참조.

70) "民事令第11條の慣習と宗孫權及遺妻の相續權 1, 2", 司法協會雜誌 17권 1호 7면 이하; 17권 3호 28면 이하.

71) 司法協會雜誌 17권 3호 30-31면.

72) 31-34면.

73) 35-37면.

봉사자만이 할 수 있고, 그러한 물건은 상속인의 상속특권물로 생각하며, 따라서 피상속인은 사후처분 기타의 사인증여와 같은 유사행위에 의하여 이러한 물건의 소유권을 제3자에게 양도할 수 없고, 非宗孫의 상속처분을 금지하는 것을 의미한다고 한다. 그리고 종중재산은 종중원의 合有에 속하는데, 그 종중재산의 주체로서의 종중원은 같은 門中員 전부를 지칭하는 것이 아니고 各家 종손에 한한다고 해석하는 것이 현재 거래상의 관념에도 어긋나지 않고 半島人의 法信에도 합치한다고 한다. 즉 피상속인이 종중재산에 대하여 가지는 合有權이라는 법률상의 이익은 宗孫인 상속인에게만 상속될 수 있고, 非奉祀者인 상속인은 어떠한 형태에 의하든 간에 상속을 할 수 없다는 것이다.[74]

그리하여 宗孫이 非宗孫에 비하여 위와 같이 상속에 있어서 특별히 승계취득할 수 있는 것은 법률상의 이익이고, 이는 종손이기 때문에 받는 이익, 즉 종손권이라고 한다. 따라서 위 昭和 8년 3월 3일의 판결이 宗孫이라는 지위, 奉祀者라는 지위에 법률상 특단의 이익이 수반되지 않는다고 한 것에는 반대하지만, 판시내용의 행위를 한 것만으로는 권리의 침해행위로 볼 수 없으므로 宗孫權確認을 구할 법률상의 이익이 없다는 결론은 지지한다고 한다.[75]

Ⅳ. 相續回復請求權에 관한 判例의 變更

高賢成이 제기한 두 번째 소송에서는 상속회복청구권이 소멸시효에 걸리는가가 쟁점이 되었다. 이 점에 관하여는 필자가 다른 글에서 다룬 바가 있으므로[76] 이하에서는 간단히 그 요지만을 살펴본다.

우리나라의 전통법에는 원래 별도의 상속회복청구권이라는 제도가 없었으므로 그 소멸시효도 문제될 여지가 없었다. 다만 상속재산에 관한 분쟁에 관하여 다른 분쟁과 달리 취급하는 규정이 없었던 것은 아니다. 즉 經國大典 戶田 田宅條에 의하면 일반 부동산에 관하여는 呈訴期限[77]이라고 하는 일종의 出訴期限 내지 제척기간의 규정이 있어서 5년이 경과하면 소송을 제기할 수 없지만(凡訟田宅, 過五年勿聽), 이에는 몇 가지 예외가 있었는데 그 중 한 가지가 공

74) 42-44면.
75) 44-45면.
76) 尹眞秀(註 17) 참조.
77) 呈訴期限에 대하여는 朴秉濠(註 36), 1974, 261-267면 참조.

동상속인 중의 일부가 상속재산을 독점한 경우이다(父母田宅合執者). 이때에는 다른 상속인이 呈訴期限의 제한을 받지 않고 언제든지 제소할 수 있도록 하고 있었다(不限年).[78] 물론 이는 공동상속인 사이의 분쟁에 국한된 것으로서, 상속회복청구 일반에 관한 것은 아니지만, 적어도 공동상속의 경우에는 다른 경우보다 상속인을 더 보호하여야 한다는 사고의 표현이라고 하겠다.

그런데 이러한 상황은 1910년의 日本의 併合 후 점차 변하였다. 朝鮮高等法院 판례는 초기에는 "朝鮮에 있어서 正當相續人의 상속회복권을 부정하는 관습은 없으므로 상속인이 된 자가 상속을 한 때에는 不法相續人에 대하여 相續回復權을 행사할 수 있음은 물론, 不法相續人으로부터 취득한 자에 대하여도 상속재산의 반환을 청구할 수 있다"고 하였다.[79] 그리고 朝高判 1920(大正 9). 3. 12. 판결[80]은 상속회복청구권은 현재 아직 시효 또는 출소기한의 정함이 없는 권리와 다를 바 없다고 하였다.

그런데 이러한 판례는 朝高判 1935(昭和 10). 7. 30.[81]에 이르러서 변경되게 되었다. 이 판결은 앞에서 본 것처럼 상속회복청구권은 상속인 또는 그 법정대리인이 상속권을 침해당한 사실을 안 때에는 상속개시의 때로부터 각각 상당한 기간 내에 한하여 행사할 수 있고 그 기간을 경과한 때에는 위 청구권이 소멸하는 것으로 되는 것 역시 조선의 관습상 시인된다고 하였다.

당시에도 이러한 판례의 변경이 관습에 근거한 것이 아니라는 것은 인정되고 있었다. 우선 당시 朝鮮高等法院 判事로서 위 판결에도 관여하였을 것으로 추측되는 高橋隆三은 위 판결이 선고된 직후에 발표한 논문에서 자신은 위 판례의 당부를 논하는 것이 목적이 아니라고 하면서도, 다음과 같은 이유에서 위 판결을 지지하고 있다. 즉 朝鮮에서는 일방으로는 상속순위에 관한 관습이 심히 이해하기 어려운 것과 함께, 호적부의 기재가 현재에는 戶籍令에 의해 規整되었다고는 하지만 과거의 民籍令 시대에는 실제와 부합하지 않는 것이 많았던 것이 경험에 비추어도 명백하고, 이렇게 하여 10년, 20년의 오랜 세월 사람들도 인정하던 상속인이 하루아침에 참칭상속인으로 되고 그 사이의 처분행위가 무효로 된다면 거래의 안정을 크게 해하며, 민법이 특히 상속회복청구권

78) 원문은 다음과 같다. "凡訟田宅, 過五年勿聽 盜賣者 相訟未決者 父母田宅合執者 因并耕永執者 賃居永執者 不限年."
79) 1920(大正 9). 6. 23. 판결(錄 7권 287면).
80) 註 18).
81) 註 19).

에 관하여 단기시효를 둔 所以도 알 수 있다고 한다. 그리하여 이번 판례가 상속회복청구권의 시효제도를 인정한 것에는 異論이 없을 것으로 믿는다고 한다.[82]

그리고 당시 京城帝國大學 教授이던 安田幹太는, 朝鮮 및 臺灣과 같이 일본 민법 제966조와 같은 법규의 적용이 제외된 지역에서도 법원은 판례에 의하여 상속회복청구권을 특별히 인정하기에 이르렀고, 그렇다면 특별히 인정한 상속회복청구권을 용인하는 것은 法規가 존재하는가 아닌가에 불구하고 현대의 사회제도에 있어서 필연의 요구로서 조리에 따라 긍정할 수 있으며 의심을 가질 수 없는 사실이고, 相續回復請求權의 認容은 단지 그 자신만으로는 중대한 의의를 가지지 않으며 그 중대한 의의는 그에 수반하는 특별한 소멸시효를 인정함에 의하여 비로소 생긴다고 한다. 그리고 朝鮮高等法院은 조선에서 관습으로서 상속회복청구권과 아울러 그 소멸시효를 容認하였다고 판시하였으나, 사실은 조선에서는 상속회복청구권 및 그 소멸시효가 관습으로서는 존재하였다고 할 수는 없다고 말하는 것이 정당할 것이라고 한다. 정당한 상속인이 아닌 자라 하여도 이미 상속인으로서 사실상 상속을 하고 상속인인 지위에 선 후에는 상속회복에 의하여서만 그 지위를 다툴 수 있고, 정당한 상속인이 상속회복에 의하여 이를 다투는 일 없이 오랜 세월을 경과한 후에는 이후 이를 다툴 수 없게 하여야 하는 것은 필요한 제도로서 바람직한 일이고 오늘의 조선인 사이에 있어서는 법률의식 또는 법적 신념이 요구하는 바임은 의심할 여지가 없으나, 그러한 관습은 아마도 조선에서는 발견할 수 없을 것이고, 판례가 관습이 존재하였다고 하여도 이는 단지 조선민사령 때문에 형식상 짜맞추기 위하여 말한 것에 불과하며, 실제로는 관습의 이름을 빙자하여 條理의 요구를 판례법으로서 인정한 것이라고 할 수 있을 것이라고 한다.[83]

위 연합부 판결은 상속회복청구권을 상당한 기간 내에 행사하지 않으면 소멸한다고 하였을 뿐 그 기간의 성질이 무엇인지, 그 상당한 기간이 구체적으로 어느 정도여야 하는지는 분명히 밝히지 않았으나, 이후의 朝高判 1937(昭和 12). 8. 27.[84]은 위 연합부 판결을 인용하여, "조선에서 호주 및 재산의 상속회복청구권은 상속인 또는 그 법정대리인이 상속권한을 침해당한 사실을 안 때

82) "相續回復請求權の時效", 司法協會雜誌 14권 11호, 1935(昭和 10), 1-4면.
83) "相續回復請求權の本質(1)", 司法協會雜誌 15권 3호, 1936(昭和 11), 17면 이하. 荒川義人, "朝鮮人と法定推定戸主相續人の廢除", 民商法雜誌 14권 6호, 1941, 98면 이하도 같은 취지이다.
84) 錄 24권 317면.

또는 상속개시의 때로부터 각각 상당한 기간 내에 권리를 행사하지 않은 때에는 소멸한다는 관습이 있"다고 하면서, 원고가 상속권 침해의 사실을 안 때는 昭和 4년 7월 13일인데 本訴의 제기가 昭和 10년 7월 29일로서 그 사이 만 6년을 경과하였으므로 그 기간은 위 상속회복청구권의 소멸시효를 완성시키는 데 상당한 기간이라고 하였다.

이어서 이 사건 두 번째 판결인 朝高判 1939(昭和 14). 6. 30.[85]은, 상속회복청구권은 상속개시의 때로부터 20년을 경과한 때에는 시효로 인하여 소멸하는 것이 조선의 관습이라고 하였다.

Ⅴ. 廢嫡의 慣習에 대하여

첫 번째 소송에서 원심인 大邱覆審法院은 피고대리인이 주장하는 관습, 즉 종손이 廢疾者일 때에는 문중결의에 의하여 이를 廢除하고 近親者 중 적당한 사람을 奉祀者로 선정한다는 관습의 존재를 부정하고 원고의 청구를 받아들였다. 이는 당시에 일본 민법이 규정하는 것과 같은 廢除의 관습이 조선에서 인정되는가 하는 문제와 관련이 있다. 당시의 일본 민법 제975조에는 일정한 사유가 있는 경우에는 피상속인이 될 자가 그를 상속인에서 배제할 수 있는 廢除의 제도가 규정되어 있었다.[86] 그런데 조선민사령 제11조는 폐제에 관한 일본 민법의 위 규정은 조선에서 의용하는 규정에서 제외하고 있었다. 그리하여 조선에서 이러한 상속인의 폐제가 허용되는가 하는 점이 문제로 되었다.

이에 관하여 慣習調査報告書는 "推定祭祀相續人의 폐제에 대해서는 그 상속인이 양자이면 양친인 피상속인은 만약 양자가 상속인으로 되기에 부적합하면 파양할 수 있으므로 달리 폐제를 인정하지 않는다. 그러나 친생자인 상속인에 대해서는 관습상 폐제를 할 수 있는 것이라고 명백하게 정하여진 바가 없는 듯하다"고 서술하고 있다.[87] 그리고 1915(大正 4). 8. 7.의 民籍事務取扱に關する官通牒에서도 "實子인 상속인 廢除의 신고는 이를 수리해서는 안 된다"고

---

85) 註 9).

86) 1898년(明治 31) 일본 민법 제975조는 推定家督相續人이 피상속인에 대하여 학대를 하거나 또는 중대한 모욕을 가한 때, 질병 기타 신체 또는 정신의 상황으로 인하여 家政을 다스리는 것을 감당할 수 없을 때 등에는 그 推定相續人을 배제할 수 있다고 규정하고 있었다.

87) 慣習調査報告書(註 40), 제162항(352면).

하고 있다.[88] 위 사건의 원심판결이 그러한 관습의 존재를 부정한 것도 이러한 실무례에 영향을 받은 것이라고 생각된다. 뿐만 아니라 이 이후의 日本 大審院 1941(昭和 16). 5. 31. 판결[89]은 朝鮮에서는 法定推定相續人을 廢除하는 관습이 없으므로 조선인인 위 상속인에 대하여 戶主로부터 그 廢除를 청구할 수 없다고 하였다.[90]

그러나 과연 조선에서 廢除와 같은 제도가 전혀 인정되지 않았던 것일까? 經國大典이나 조선에 의용되었던 大明律 등에는 이러한 폐제와 같은 제도에 관한 직접적인 규정이 없었고, 그 때문에 慣習調查報告書 등에서는 조선에는 廢除에 관한 관습이 없다고 하였던 것으로 보인다. 그러나 실제로는 廢嫡이라 하여 제사승계인이 될 수 있는 嫡子嫡孫의 신분을 상실시키는 예가 많았다.[91] 이에 관하여는 朝鮮王朝實錄 등에 여러 가지의 사례가 기록되어 있다. 대표적인 것으로는 세조 및 성종조의 趙末生 家의 사례와 金連支 家의 사례를 들 수 있다.[92]

이에 관한 논란이 계속되자 成宗은 成宗 4년(1473년)에 受敎를 내려 이에 관한 규칙을 정립하였다. 즉 사대부가에서 애정에 쏠려 嫡子를 폐하고 支子로 하여금 제사를 지내게 하는 것은 綱常을 어지럽히는 것이므로 부모의 유서가 있더라도 이를 허락하여서는 안 되고 어기는 자는 처벌하며, 부모의 사후에 부모의 亂命[93]을 받아 함부로 적자의 지위를 빼앗는 자도 마찬가지로 처벌하고,

88) 野村調太郎, "朝鮮に於ける廢嫡に關する慣習の變遷(1)", 司法協會雜誌 15권 1호, 1936(昭和 11), 1면에서 재인용. 기타 같은 취지의 實務取扱例에 관하여는 위 논문 1-3면; "推定祭祀相續人의 廢除에 관한 慣習", 鄭光鉉(註 2), 251-253면 참조(鄭光鉉 교수는 위 자료가 일정당시 총독부 중추원 조사과 조사자료를 국역한 것이라고 소개하고 있는데, 자료의 작성자나 작성일자 등은 밝혀져 있지 않다).

89) 大審院民事判例集 20권 12호 756면.

90) 鄭光鉉(註 2), 311면 이하에 위 판결과 그에 관한 일본 학자들의 논평의 번역문이 실려 있다. 양현아, "한국의 호주제도", 여성과 사회 제10호, 1999, 225면 이하는 조선의 가족대표와 일본의 호주와의 차이를 논함에 있어서 이 자료에 근거하여 조선에서는 廢嫡制度가 인정되지 않았음을 강조하고 있다.

91) 野村調太郎(註 88), 5면은 다음과 같이 廢嫡을 정의한다. "廢嫡은 嚴正한 의의에 있어서는 상속개시 전 피상속인인 父祖의 의사에 의하여 제사상속을 할 수 있는 신분을 상실시키는 것을 말하지만, 廣義에 있어서는 관습상 상속인이 될 자격의 欠缺 즉 법에 의한 除斥을 포함하고, 最廣義에 있어서는 상속개시 후 법에 의하여 또는 타인의 의도로 인하여 제사자인 旣得의 身分을 박탈시키는 경우도 포함한다."

92) 상세한 것은 鄭肯植(註 14), 164면 이하; 申榮鎬(註 29), 33면 이하 참조. 野村調太郎(註 88), 5면 이하는 이 외에도 여러 가지 廢嫡의 사례를 들고 있다. 또한 도이힐러(註 24), 205면 이하도 참조.

93) 이는 허용될 수 없는 유언이라는 뜻이다.

다만 그 승계를 감당할 수 없고 부득이한 때에는 그 아버지로 하여금 관에 고하여 허가를 받아 廢嫡(定奪)하게 하도록 하는 이른바 告官定奪法이 성립하게 되었다.[94] 폐적의 사유에 관하여 위 受敎는 부득이한 것이라고만 하고 있으나 실제 사례에서는 주로 不具·廢疾·不孝·不忠 등이 문제되었다.[95] 그 절차에 관하여는 父가 스스로 허가를 받는 경우 외에 父의 유언이 있을 때 母 기타의 근친이 허가를 받는 사례도 있었다.[96]

폐적이 이루어진 경우의 효과에 관하여는 廢嫡子는 제사상속권만 상실할 뿐 재산상속권은 그대로 유지된다는 견해가 있는 반면,[97] 廢嫡子는 법상으로는 재산상속권을 가졌을지 모르지만 실질적으로는 상당한 제약을 받았다고 보아야 한다는 견해도 있다.[98] 그리고 廢嫡이 된 경우에 廢嫡子의 嫡子(嫡孫)가 봉사자가 될 수 없었다.[99]

이러한 과거의 廢嫡의 예에 비추어 볼 때 관습조사보고서 등이 관습상 廢除가 없었다고 한 것은 의문이다. 이미 일제시대에 이 점에 관하여 의문을 제기한 연구가 있었다.[100]

그러나 이 사건에서는 高在桓이 奉祀者의 지위를 빼앗긴 것이 그 아버지인 高光洵의 뜻에 의한 것은 아니었으므로 그러한 취지의 門會의 결의를 유효하다고 보기는 어려울 것 같다.

Ⅵ. 變化된 慣習相續法의 韓國 民法에의 承繼

위에서 살펴본 것처럼 일제시대에 적용되었던 관습상속법은 원래의 관습과는 상당히 乖離된 것이었다. 그럼에도 불구하고 해방 후의 한국의 입법자나 대법원은 일제가 확정한 관습상속법을 그대로 받아들였다.

우선 제사상속에 관하여는 1958년에 공포된 民法은 祭祀相續을 상속법의

94) 成宗實錄 卷 32 4年 7月 庚寅.

95) 鄭肯植(註 14), 164면 이하; 申榮鎬(註 29), 34면; 野村調太郎, “朝鮮に於ける廢嫡に關する慣習の變遷(2)”, 司法協會雜誌 15권 2호, 1936(昭和 11), 26면 이하 등.

96) 野村調太郎(註 95), 32-33면.

97) 申榮鎬(註 29), 42면.

98) 鄭肯植(註 14), 168면.

99) 鄭肯植(註 14), 168-169면; 野村調太郎(註 95), 34-35면 등 참조.

100) 註 88), 95)의 野村調太郎의 글 참조. 또한 “推定祭祀相續人의 廢除에 관한 慣習”(註 88)도 참조할 것.

규율대상에서 제외하였다.[101] 다만 제정민법 제996조는 "墳墓에 屬한 1町步以內의 禁養林野와 6百坪以內의 墓土인 農地, 族譜와 祭具의 所有權은 戶主相續人이 이를 承繼한다"라고 규정하여 제사상속에 관한 어느 정도의 배려를 보이고 있으나, 이 규정은 관습상의 제사승계에 근거한 것이라기보다는 일본 민법의 같은 취지의 규정[102]을 도입한 것으로 보인다.[103] 이 규정은 1990년에 제1008조의3으로 위치가 바뀌면서 내용도 "墳墓에 속한 1町步이내의 禁養林野와 600坪이내의 墓土인 農地, 族譜와 祭具의 所有權은 祭祀를 主宰하는 者가 이를 承繼한다"라는 것으로 다소 변화가 있었다.[104]

우리 판례상 제사상속이 직접 문제된 것으로는 대법원 1991. 3. 27.자 90마1027 결정[105]이 있다. 이 사건은 신청인이 피신청인을 상대로 하여, 자신이 종손의 지위에서 종중의 묘제에서 初獻官으로 獻盞하는 것을 피신청인이 방해하지 말라는 가처분을 신청한 사건이다. 원심은 가처분신청을 기각하면서 그 이유를 다음과 같이 설시하였다. 즉 묘제에서까지도 종손만이 初獻官으로 獻盞할 수 있다는 관습이 있음을 인정할만한 자료가 없을 뿐만 아니라, 본래 제사상속이란 것이 선대를 봉사할 도의상의 지위의 계승을 일컫는 데 불과하여 타인이 호주권이나 재산권의 승계를 다투지 아니하는 한 구태여 그 타인에 대하

101) 민법 제정 당시에 法典編纂委員會에서 民法起草委員으로서 親族相續法 起草를 담당하였고, 뒷날의 국회 심의에서도 국회 법사위원으로서 주도적인 역할을 담당하였던 張暻根이 쓴 "親族相續法의 立法方針 及 親族相續法起草要綱私案", 鄭光鉉(註 2), 附錄編 2면(원래는 法政 통권 23호, 1948. 9.에 발표되었던 것이다)에서는 "祭祀相續制度는 법률제도로부터 제외하여 도덕의 범주에 委讓하고 그 정신을 가급적 호주상속인을 정하는 데 참작하도록 할 것"이라고 하여 대체로 위 朝高判 1933(昭和 8). 3. 3.(註 9)와 같은 태도를 취하고 있고(제사상속을 상속법에서 배제한 데 대한 張暻根의 좀더 상세한 설명은 위 책 附錄編 40면 참조), 이것이 민법 제정 과정에서도 그대로 받아들여진 것으로 보인다. 또한 鄭光鉉, "相續慣習法에 대한 立法論的 考察", 韓國家族法研究(註 2), 413-414면도 현행법상의 상속형태는 호주상속과 재산상속의 2종이고 제사상속은 조선고등법원 판결에 의하여 상속에서 배제되었다고 설명하고 있다.

102) 1898년의 明治 民法 제987조, 현행 일본 민법 제897조.

103) 일본 민법상 제사재산의 승계에 관하여는 李庚熙, "日本民法上 祭祀財産의 承繼에 관한 研究", 家族法研究 제15권 2호, 2001, 423면 이하 참조.

104) 이 규정의 "제사를 주재하는 자"가 누구인가에 관하여 대법원 1997. 9. 5. 선고 95다51182 판결(公 1997하, 3005); 1997. 11. 28. 선고 96누18069 판결(公 1998상, 171); 2000. 9. 26. 선고 99다14006 판결(公 2000하, 2181) 등은 종손이 있는 경우라면 그가 제사를 주재하는 자의 지위를 유지할 수 없는 특별한 사정이 있는 경우를 제외하고는 일반적으로 선조의 분묘를 수호·관리하는 권리는 그 종손에게 있다고 봄이 상당하므로, 종손이 아닌 자가 제사 주재자로서 분묘에 대한 관리처분권을 가지고 있다고 하기 위하여는 우선 종손에게 제사 주재자의 지위를 유지할 수 없는 특별한 사정이 있음이 인정되어야 한다고 보고 있다. 이 점에서는 전통적인 제사상속의 법리와 연속성이 있다고 할 수 있다.

105) 公 1991, 1254.

여 자기가 종손으로서 묘제를 주재할 지위에 있다는 것을 인정하게 할 법률상의 이익이 있다고 할 수 없다고 한다. 가사 묘제에서 종손만이 초헌관으로 헌잔할 수 있고 이를 방해하는 자에 대하여는 그 방해의 배제를 구할 법률상의 권리가 인정된다고 하더라도, 신청인은 70세나 된 노인으로 6년 전부터 중풍으로 거동이 어려워 그 동안 묘제에 참석하지 못하였음이 엿보이는데다가, 그 후 증세가 호전되어 이제는 거동이 자유로워졌다고 볼 만한 자료도 찾아볼 수 없으므로 신청인이 앞으로 묘제를 주재한다는 것은 기대하기 어렵다고 할 것인바, 그렇다면 적어도 신청인에게는 자기가 주재하지도 못할 묘제에 대한 방해의 금지를 구할 필요성이 인정되지 않기 때문에, 신청인의 이 사건 가처분신청을 기각한 제 1 심결정은 정당하다고 판단하였다.[106)]

대법원은 보전의 필요가 없다는 이유로 원심판결이 정당하다고 하면서, 그 피보전권리에 관한 원심의 판단에 위법이 있다고 하더라도 그와 같은 위법은, 원심결정의 결론에 영향을 미치지 않는다는 이유로 신청인의 재항고를 기각하였다.

다른 한편 戶主制度 및 戶主相續制度는 일본에 의해서 우리나라에 이식된 것임에도 불구하고 제정민법은 이를 그대로 받아들였다.[107)] 이러한 호주제도는 많은 비판을 받아 오다가,[108)] 마침내 헌법재판소 2005. 2. 4. 선고 2001헌가9 · 10 등 결정[109)]이 호주제도에 대하여 헌법불합치결정을 선고하였고, 2005. 3.

106) 이러한 원심결정은 제사상속을 부인한 위 朝鮮高等法院의 判決(註 9)을 참조한 것 같으나, 위 판결도 제사의 방해에 대하여는 구제를 청구할 수 있다고 하였으므로 위 판결을 정확하게 이해하지는 못한 것으로 보인다.

107) 그 경과에 대하여 상세한 것은 최대권 외(註 52), 20면 이하 참조. 근래 한 일본인 학자가 제사승계와 관련하여 우리나라의 호주제도를 설명하려고 시도하고 있다. 즉 호주제도가 일제가 창조한 것이라는 연혁적 설명은 시인하면서도, 1970년대부터의 가족법개정운동과 개정경위에서 보수파를 중심으로 하여 한국 사회가 보여 준 戶主制度에의 '집착', 즉 한국의 전통 내지 문화를 戶主制度 중에서 찾으려는 자세는 이와 같은 제도사적 분석만으로는 충분히 설명될 수 없고, 한국 사회에는 일본의 제도가 알지 못하던 호주의 역할 내지 기능이 존재하였을 것이라고 한다. 그리고 이러한 한국호주제도의 특징적인 역할 · 기능이란 祖上祭祀를 중심으로 하는 一族統率 시스템이라고 할 수 있는 '宗法制度'라고 한다. 다시 말하여 한국의 호적제도와 호주제도는 일본법으로부터 도입된 것이지만, 그 도입 이전부터 한국 사회에 존재하였던 조상숭배의 관념이 이에 깊게 결부되어 한국에서는 일본법상의 호주와는 다른 의미의 호주로서 인식되었다는 것이다. 青木 清, "韓國의 戶主制度", 家族法의 變動要因과 現狀(衿山法學 창간호), 1998, 239-242면; 同, "韓國家族法と日本家族法", ジュリスト No. 1007, 1992, 45면 이하. 이승우, "호주제도론", 비교사법 제 6 권 1호, 1999, 478-479면도 이러한 설명을 지지하고 있다.

108) 상세한 것은 최대권 외(註 52) 참조.

109) 헌법재판소공보 제101호 173면 이하.

31. 개정된 민법이 호주제도를 폐지한 것은 주지하는 바와 같다.

그리고 재산상속에 관하여도 대법원의 판례[110]는 "민법 시행 이전의 재산상속에 관한 관습법에 의하면, 호주가 사망하여 그 장남이 호주상속을 하고 차남 이하 중자가 수인 있는 경우에 그 장남은 호주상속과 동시에 일단 전호주의 유산전부를 승계한 다음 그 약 2분의 1은 자기가 취득하고 나머지는 차남 이하의 중자들에게 원칙적으로 평등하게 분여하여 줄 의무가 있다는 것이 구 민법시행 당시의 민사령에 의한 관습"이라고 하여 종래의 慣習調査報告書의 내용을 그대로 받아들이고 있다.

이 외에 상속회복청구권의 소멸시효에 관하여도 광복 후의 대법원 판례는 이와 같은 조선고등법원의 판례를 그대로 따르고 있었다. 즉 대법원 1962. 6. 21. 선고 62다196 판결[111]은 관습에 의하면 호주 및 재산의 상속 회복 청구권은 상속인 또는 그 법정대리인이 상속권의 침해를 안 때 또는 상속이 개시된 때부터 각 상당한 기간 내에 한하여 행사할 수 있다고 하고, 대법원 1981. 1. 27. 선고 80다1392 판결[112]; 1991. 4. 26. 선고 91다5792 판결[113]; 1996. 12. 6. 선고 96므1137 판결[114]; 1998. 4. 24. 선고 96다8079 판결[115] 등은 민법 시행 전의 호주상속회복청구권은 그 침해를 안 날로부터 6년, 상속이 개시된 날로부터 20년이 경과하면 소멸하는 것이 관습이라고 하였다. 그러다가 대법원 2003. 7. 24. 선고 2001다48781 전원합의체 판결[116]은 제정민법이 시행되기 전에 존재하던 관습 중 "상속회복청구권은 상속이 개시된 날부터 20년이 경과하면 소멸한다"는 내용의 관습은, 소유권은 원래 소멸시효의 적용을 받지 않는다는 권리의 속성에 반할 뿐 아니라 진정상속인으로 하여금 참칭상속인에 의한 재산권침해를 사실상 방어할 수 없게 만드는 결과로 되어 불합리하고, 헌법을 최상위 규범으로 하는 법질서 전체의 이념에도 부합하지 아니하여 정당성이 없으므로, 위 관습에 법적 규범인 관습법으로서의 효력을 인정할 수 없다고 하였다.[117]

---

110) 대법원 1969. 11. 25. 선고 67므25 판결(集 17권 4집 民108); 1994. 11. 18. 선고 94다36599 판결(公 1995상, 54) 등.

111) 법고을LX에서 검색할 수 있다.

112) 集 29권 1집 민142; 公 1981, 13719.

113) 公 1991상, 1503.

114) 公 1997상, 206.

115) 未公刊.

116) 公 2003하, 1785.

117) 이 판결에 대하여 자세한 것은 尹眞秀(註 4) 참조. 또한 李相旭, "상속회복청구권의 시효에 관한 일제시대 관습법의 정립과 왜곡", 家族法硏究 제18권 2호, 2004, 205면 이하, 218면 이

Ⅶ. 傳統相續法의 變遷에 대한 所見

이제까지 高氏 門中의 訟事를 단초로 하여 전통상속법이 조선시대 및 일제시대에 어떻게 변화하였는가, 이렇게 변화된 전통상속법이 해방 후에도 어떻게 유지되었는가 하는 점을 살펴보았다. 이제까지 살펴본 것만으로도 전통상속법은 조선시대에도 많은 변화를 겪었을 뿐만 아니라 일제하에서도 慣習이라는 이름으로 많은 변화가 있었음을 알 수 있다. 그러면 특히 일제하에서의 이러한 변화를 어떻게 평가하고 받아들여야 할 것인가?

우선 분명히 하여야 할 것은 관습법이 존재한다고 하더라도 법원이 이를 맹목적으로 받아들여야만 하는 것은 아니라는 점이다. 관습이 무엇인가 하는 점을 파악하기도 어려울 뿐만 아니라,[118] 설사 법적 확신에 의하여 뒷받침되는 관습법이 존재하였다고 하더라도 그러한 법적 확신 내지 관습법도 변화할 수 있고, 오늘날의 시점에서는 타당하지 않을 수 있기 때문이다. 따라서 일제하의 법원이 무조건 조선시대의 전통상속법을 적용하였어야 하고, 그렇지 않은 것은 잘못이라고 비난할 일은 아니다.

그렇지만 앞에서 살펴본 여러 가지 예에서는 여러 논자들이 지적하고 있는 것처럼 분명히 일본의 법원이나 또는 실제로 관습 조사를 담당한 總督府 中樞院 등의 기관이 별다른 근거 없이 우리의 관습을 일본 민법에 맞게 왜곡하였다고 하는 비판을 받지 않을 수 없다.[119] 우선 제사상속에 관하여 본다면 앞에서 살펴본 일련의 사태는 우리 민법상의 제사상속을 일본 민법상의 家督相續制度와 유사한 戶主相續制度로 대체한 것이라고 할 수 있다. 즉 종래 우리나라의 전통에는 제사상속만이 있었을 뿐 호주나 호주상속과 같은 것은 알지 못하였는데, 우리나라에도 이러한 戶主相續의 관습이 존재하였다고 牽强附會를 하고,[120] 실제로 호주상속과 제사상속이 중복되는 면이 있기 때문에 제사상속을 없애는 쪽으로 방향을 잡은 것이라고 이해할 수 있는 것이다.

하도 상속회복청구권의 소멸시효에 관한 관습법이란 것은 관제관습법으로서 실재하는 것이 아니었다고 비판한다.

118) 이 점에 관하여는 가령 에릭 홉스봄 외 지음, 박지향・장문석 옮김, 만들어진 전통, 2004; 양현아, "식민지 시기 한국 가족법의 관습 문제 Ⅰ", 사회와 역사 통권 제58집, 2000, 39면 이하 참조.

119) 재산상속에 관하여 이러한 취지의 지적으로서 양현아(註 117) 참조.

120) 이 점에 대하여는 註 73)의 본문 참조.

그리고 재산상속에 관하여도 일단 호주상속인인 장남이 전부를 상속하고 다만 분재시에 그 중 일부를 衆子에게 분배하도록 한 것도, 家督相續人이 전 재산을 상속하는 당시의 일본 상속법을 모델로 한 것이고, 상속회복청구권의 소멸시효는 일본 민법의 규정에 맞추어 관습을 창조한 것이다.[121)]

그러면 오늘날의 시점에서는 이는 어떠한 의미를 가지는가? 즉 1960년 이전의 상속법 문제를 규율함에 있어서 일본 사람들에 의하여 왜곡되지 않은 전통 상속법을 찾아서 이를 적용해야 할 것인가, 또는 상속법을 개정함에 있어서 이러한 전통 상속법을 참조하여야 할 것인가 하는 점이다. 이 문제에 대하여는 좀더 신중한 검토가 필요하다.

우선 현 시점에서는 제사상속의 부활 그 자체가 실제로 문제되는 경우란 생각하기 어렵다. 다만 민법 시행 전에 개시된 상속의 경우에 현행 민법 제1008조의 3이 규정하는 제사용 재산이 누구에게 귀속하는가 하는 문제는 생길 여지가 있다. 이 때에는 이 문제에 관하여 司法的 確認이 필요할 수는 있다. 나아가 1990년 이후에 개시된 상속의 경우에 제사용 재산의 귀속 주체인 "제사를 주재하는 자"가 누구인가에 대하여 분쟁이 생길 수도 있다. 이 때에도 제사를 주재하는 자가 누구인가에 대하여 확인을 구할 이익이 있다고 할 여지도 있다.[122)] 그러나 현 시점에서 제사상속제도 그 자체를 되살릴 필요는 없다고 생각된다. 과거의 제사상속제도란 家父長的인 宗法制度에 입각하여 형성된 것이므로 현재의 시대상황에는 맞지 않는다. 호주제도 내지 호주상속제도가 폐지된 마당에 그와 유사한 제사상속제도를 되살릴 이유는 없는 것이다. 당사자들이 私的으로 제사를 지내는 것에 대하여 국가가 개입할 필요는 없겠지만, 그렇다고 하여 국가가 그러한 제사상속제도를 당사자들에게 강요할 이유도 없다. 이는 宗敎의 자유와도 관련이 있다.

두 번째로 재산상속의 문제는 좀더 신중한 검토를 요한다. 현재의 시점에서 본다면 전통적인 재산의 균분상속제도는 평등의 원칙에 부합하는 것이다. 그렇다면 이 점에 관하여는 일제하에서 왜곡된 관습을 버리고 원래의 전통에 돌아가서 판단하여야 하지 않을까?[123)] 이 점에 관하여 예컨대 광복 후의 이

121) 1898년의 일본 민법은 제966조에서 家督相續의 회복청구권에 관하여 대체로 현행 제884조와 같이 상속개시시부터 20년, 상속권 침해의 사실을 안 때부터 5년의 시효에 관한 규정을 두고, 제993조에서 이 규정을 遺産相續에 관하여 준용하고 있었다.

122) 단순히 문제되는 재산에 대하여 소유권 확인을 인정하는 것만으로는 분쟁이 근본적으로 해결되지 않을 수도 있다.

123) 얼핏 생각하기에는 이 문제는 상속회복청구권의 문제로 귀착될 것 같지만, 상속회복청구권

점에 관한 누적된 판례는 이미 慣習法의 단계에로 접어들었다고 주장할지 모르나, 그와 같이 단정할 수 있는지 의심스럽다. 다만 상속분에 관한 嫡庶의 差別이 현재에도 유지되기는 어려울 것이다. 다른 한편 承重子에 대한 奉祀條를 위한 加算은 어떻게 할 것인가도 문제될 수 있다.

세 번째로 상속회복청구권의 소멸시효 문제에 관하여는 상속개시 후 20년의 소멸시효문제는 대법원 2003. 7. 24. 선고 2001다48781 전원합의체 판결(註 116)에 의하여 적용될 여지가 없게 되었다. 문제는 상속권의 침해가 있는 날로부터 6년의 소멸시효인데, 이 경우에도 원칙적으로 6년의 소멸시효는 적용이 없고, 다만 현행 민법 시행 후에는 1960년 제정민법 부칙 제8조 제2항, 제4항의 규정을 유추 적용하여 현행민법의 3년의 제척기간이 적용되어야 하지 않을까 생각된다.[124]

나아가 입법론으로는 외국에서 인정하고 있는 것과 같은 廢除의 제도를 우리나라에서도 인정할 필요가 있다. 이는 우리 전통에 그러한 제도가 있었는가의 여부와는 별도로 논의될 수 있는 문제이기는 하지만, 우리의 전통도 이 제도의 도입을 뒷받침할 하나의 근거가 될 수 있을 것이다.

Ⅷ. 마치는 말

이 글에서 필자는 주로 종래 언급되기는 하였으나 자세히 다루어지지는 않았던 제사상속제도가 소멸되게 된 과정에 대하여 살펴보았다. 연구 과정에서 새삼 느낀 것은 우리가 전통 상속법이 일제하에서 왜곡된 과정에 대하여 제대로 인식하지 못하고 있고, 그리하여 해방 후에도 이러한 왜곡된 상속법을 그대로 적용하여 왔다는 점이다. 이를 바로잡기 위하여라도 일제시대의 법 적용에 관한 심화된 연구가 필요하다는 점을 강조하면서 이 글을 마친다.

〈家族法硏究 제19권 제2호, 2005〉

의 경우가 아닌 경우에도 민법 시행 전의 재산상속이 문제로 되는 경우는 여전히 찾아볼 수 있다.

124) 다만 상속권 침해를 안 날이 민법 시행 전이었다면 3년의 제척기간의 기산점은 민법 시행시부터라고 하여야 할 것이다. 尹眞秀(註 4), 290면 註 34) 참조.

〈追記〉

1. 일본인들에 의한 관습 조사에 대하여는 종래 일본법에의 동화를 위하여 한국의 전통적인 관습을 왜곡한 것이었다는 비판이 많았으나, 근래에는 사회변동에 따른 관습의 변화에 대하여 新慣習을 法認化하려는 것이었다는 견해(李昇一, "朝鮮總督府의 法制政策에 대한 研究", 한양대학교 문학박사 논문, 2003)나, 식민지 권력이 유도한 식민지 관습법의 형성이었다는 견해(심희기, "일제강점 초기 '식민지관습법'의 형성", 法史學研究 제28호, 2003, 25면 이하; 홍양희, "植民地時期 親族慣習의 創出과 日本民法", 정신문화연구 제28권 3호, 2005, 125면) 등도 주장되고 있다.

2. 註 23)에서는 인류학 교과서를 인용하여, 남녀 어느 쪽으로 따지느냐에 대하여 선택의 여지가 있는 出系律을 選系律 또는 共系律이라고 부른다고 설명하였다. 그러나 일반적으로는 선계율과 공계율을 구별하여, 부계와 모계 중 선택하는 출계율은 선계율이라고 부르고(다만 실제로는 이러한 형태는 별로 존재하지 않는다고 한다), 공계율은 개인이 아버지 쪽 친척과 어머니 쪽 친척에 모두 속하고 개인이 출계를 선택하는 것은 아니라고 한다. 이 점을 지적하여 주신 서울대 인류학과의 전경수, 오명석 교수님께 감사의 뜻을 표한다.

3. 註 104)에서 설명하고 있는 것처럼, 종래 대법원의 판례는 공동상속인 중 종손이 있다면 그에게 제사를 주재하는 자의 지위를 유지할 수 없는 특별한 사정이 있는 경우를 제외하고는 통상 嫡長子인 종손이 제사주재자가 된다고 판시하여 왔다. 그런데 대법원 2008. 11. 20. 선고 2007다27670 전원합의체 판결(公 2008하, 1727)의 다수의견은 제사주재자는 우선적으로 망인의 공동상속인들 사이의 협의에 의해 정해져야 하되, 협의가 이루어지지 않는 경우에는 嫡庶를 불문하고 제사주재자의 지위를 유지할 수 없는 특별한 사정이 있지 않은 한 망인의 장남(장남이 이미 사망한 경우에는 장남의 아들, 즉 장손자)이 제사주재자가 되고, 공동상속인들 중 아들이 없는 경우에는 망인의 장녀가 제사주재자가 된다고 하여 종래의 판례를 변경하였다.

4. 野村調太郎에 대하여는 홍양희, "조선총독부 판사, 노무라 초타로(野村調太郎)의 조선 사회 인식", 家族法研究 제23권 1호, 2009, 61면 이하 참조.

相續回復請求權의 性質과 그 除斥期間의 起算點

－대법원 1991. 12. 24. 선고 90다5740 판결－

[판시사항]

가. 진정한 상속인임을 전제로 그 상속으로 인한 재산권의 귀속을 주장하고, 참칭상속인 또는 자기들만이 재산상속을 하였다는 일부 공동상속인들을 상대로 상속재산인 부동산에 관한 등기의 말소 등을 청구하는 경우에 그 청구원인 여하에 불구하고 민법(1990. 1. 13. 법률 제4199호로 개정되기 전의 것) 제999조 소정의 상속회복청구의 소라고 해석할 것인지 여부(적극)

나. 원고의 청구가 계쟁토지가 원·피고 및 소외인 등이 공동상속한 것임에도 피고가 그 단독명의로 소유권보존등기를 마친 것이므로 그 상속지분을 초과한 부분은 원인무효라고 주장하고 그 말소를 구하는 것이어서 위 "가"항의 법리에 따라 상속회복청구의 소에 해당한다고 한 사례

다. 상속개시일로부터 10년을 경과한 후에 상속권의 침해가 있는 경우라도 10년의 제척기간 경과로 인하여 상속회복청구권은 소멸되었다고 보아야 할 것인지 여부(적극)

[판결요지]

가. 민법(1990. 1. 13. 법률 제4199호로 개정되기 전의 것)이 규정하는 상속회복의 소는 호주상속권이나 재산상속권의 참칭호주나 참칭재산상속인으로 인하여 침해된 때에 진정한 상속권자가 그 회복을 청구하는 소를 가리키는 것이나, 재산상속에 관하여 진정한 상속인임을 전제로 그 상속으로 인한 소유권 또는 지

분권등 재산권의 귀속을 주장하고, 참칭상속인 또는 자기들만이 재산상속을 하였다는 일부 공동상속인들을 상대로 상속재산인 부동산에 관한 등기의 말소 등을 청구하는 경우에도, 그 소유권 또는 지분권이 귀속되었다는 주장이 상속을 원인으로 하는 것인 이상, 그 청구원인 여하에 불구하고 이는 민법 제999조 소정의 상속회복청구의 소라고 해석함이 상당하다.

나. 원고의 청구가 계쟁토지가 원소유자의 재산상속인들인 원·피고 및 소외인 등이 공동상속한 것임에도 피고가 그 단독 명의로 소유권보존등기를 마친 것이므로 그 상속지분을 초과한 부분은 원인무효라고 주장하고 그 말소를 구하는 것이어서 위 "가"항의 법리에 따라 상속회복청구의 소에 해당한다고 한 사례

다. 재산상속회복청구의 소인 이상 위 민법 제999조에 의하여 준용되는 같은 법 제982조 제2항 소정의 제척기간경과로 인하여 상속회복청구권은 소멸되었다고 보아야 한다.

[반대의견 1] 부동산의 진정한 소유자가 원인무효등기의 말소를 청구하는 소유권 그 자체에 터잡아서 방해의 배제나 소유물의 반환을 청구하는 것으로서 소유권이 있는 한 항상 행사할 수 있는 것인데, 그 소유권을 취득하게 된 원인이 상속이라고 하여, 그리고 그 상대방이 상속인을 참칭하여 등기를 한 사람이라고 하여, 상속회복의 소라는 이름을 붙이고 그 권리의 행사를 제한하여야 할 이유는 없는 것으로서 진정상속인이 참칭상속인을 상대로 상속재산에 관한 원인무효의 등기의 말소를 청구하는 것은 상속을 원인으로 하여 취득한 소유권 그 자체를 행사하는 것이지, 재산상속권의 회복을 청구하는 것으로 보아 특별히 취급할 것은 아니며, 위 민법 제999조 소정의 상속회복청구권은 이와 같은 개별적 청구권과 다른 독립된 별개의 권리라고 보아야 할 것인바, 위 "나"항의 청구는 상속회복청구의 소에 해당하지 아니한다고 해석하는 것이 옳다.

[반대의견에 덧붙이는 의견] 만일 이와 같은 소도 재산상속회복청구의 소라고 해석하여야 한다면 그 제척기간은 참칭상속이 개시된 날, 다시 말하면 상속권의 침해가 있었을 때부터 기산하는 것으로 해석하는 것이 상당하다.

[반대의견 2] 상속회복청구의 상대방이 되는 "참칭상속권자"라 함은 상

속이 개시될 당시에 정당한 상속권자가 아님에도 불구하고 진정한 상속권자로 믿게 할 만한 외관을 지니고 정당한 상속권자의 상속권을 침해하고 있는 자만을 의미한다고 보아야 하므로 상속이 개시될 당시에는 상속권자로 믿게 할 만한 외관을 갖추지 못하였는데 그 후에 문서를 위조하는 등의 방법으로 정당한 상속권자인 것처럼 가장한 자 또는 다른 공동상속인의 상속권을 부인하고 자기(들)만이 상속하였다고 주장하는 공동상속인 중의 1인 또는 수인이나, 다른 공동상속인의 상속권을 부정하지는 아니한 채 사실상 상속재산을 배타적으로 점유, 관리하고 있는 공동상속인 등은 상속회복청구의 상대방인 "참칭상속권자"에 해당한다고 볼 수 없는바, 위 "나"항의 청구에 있어 상속이 개시될 당시 호적부에 피고 한 사람만이 상속인처럼 기재되어 있는 등의 사유로 피고만이 진정한 상속권자인 것 같은 외관을 지니고 있지 않는 한 피고가 다른 공동상속인들의 상속분에 대한 관계에서 참칭상속권자에 해당한다고 볼 수 없으므로 이를 상속회복청구로 볼 수 없는 것이다.

[반대의견 3] 위 "나"항의 청구의 경우와 같은 공동상속인 상호간의 지분권 침해를 둘러싼 분쟁에 관하여는 상속회복청구에 관한 민법 규정의 적용이 없다고 풀이하여야 한다.

[재판전문]

원심판결 부산지방법원 1990. 8. 3. 선고 90나4690 판결

주 문 상고를 모두 기각한다.

상고비용은 원고들의 부담으로 한다.

이 유 상고이유를 본다.

제 1 점에 대하여

1. 민법(1990. 1. 13. 법률 제4199호로 개정되기 전의 것, 이하 같다)이 규정하는 상속회복의 소는 호주상속권이나 재산상속권이 참칭호주나 참칭재산상속인으로 인하여 침해된 때에 진정한 상속권자가 그 회복을 청구하는 소를 가리키는 것이나, 재산상속에 관하여 진정한 상속인임을 전제로 그 상속으로 인한 소유권 또는 지분권 등 재산권의 귀속을 주장하고, 참칭상속인 또는 자기들만이 재산상속을 하였다는 일부 공동상속인들을 상대로 상속재산인 부동산에 관한 등기의 말소등을 청구하는 경우에도, 그 소유권 또는 지분권이 귀속되었다는 주

장이 상속을 원인으로 하는 것인 이상 그 청구원인 여하에 불구하고 이는 민법 제999조 소정의 상속회복청구의 소라고 해석함이 상당하다는 것이 당원의 견해이다. (당원 1981. 1. 27. 선고 79다854 판결 참조)

2. 원심이 확정한 사실에 의하면 이 사건 토지(울산시 중구 복산동 643의 1 분묘지 1048m²)의 원 소유자인 소외 망 임호는 1964. 3. 3. 사망하였고, 그에게는 처인 소외 망 박금선, 장남인 소외 망 임장수, 차남인 피고, 3남인 소외 임덕수, 4, 5남인 원고들, 딸(출가녀)인 소외 임성자가 있었고, 또 위 임장수에게는 딸인 소외 임무송이 있었는데, 장남인 위 임장수에 대하여 1967. 5. 31. 생사불명기간만료를 원인으로 하여 1975. 3. 21. 실종선고가 내려지자 피고는 1975. 4. 4. 자기가 위 임호의 호주상속인이라고 신고하여 호적에 등재한 후, 민법 제996조에 따라 이 사건 토지를 승계하였다고 보존등기신청을 하여 1979. 2. 19. 피고명의로 등기를 마쳤다는 것이다.

3. 원고의 이 사건 청구는 이 사건 토지는 원, 피고 및 소외 박금선, 임덕수, 임성자 등이 공동상속한 것임에도 피고가 자기단독명의로 보존등기를 마친 것이므로 피고의 상속지분을 초과한 부분은 원인무효라고 주장하고 이의 말소를 청구하는 것인바, 이는 결국 이 사건 토지에 대한 지분권이 상속을 원인으로 하여 원고들에게 귀속되었음을 주장하고 자기만이 상속하였다는 피고를 상대로 상속재산에 관한 등기의 일부 말소를 구하는 것이므로 민법 제999조의 재산상속회복청구의 소에 해당한다고 보아야 할 것이며, 소론의 판례(당원 1986. 2. 11. 선고 85다카1214 판결)는 이 사건에 적절한 것이 아니다.

따라서 이와 같은 취지의 원심판단은 정당하고, 거기에 재산상속회복의 소에 관한 법리를 오해한 위법이 있다고 할 수 없고, 논지는 이유 없다.

제 2 점에 대하여

원고들의 이 사건 소가 재산상속회복청구의 소인 이상 민법 제999조에 의하여 준용되는 민법 제982조 제 2 항 소정의 제척기간의 적용이 있다 할 것이며, 상속개시일로부터 10년을 경과한 후에 상속권의 침해가 있는 경우라도 10년의 제척기간 경과로 인하여 상속회복청구권은 소멸되었다고 보아야 한다. (당원 1981. 1. 27. 선고 79다854 판결, 1989. 1. 17. 선고 87다카2311 판결 각 참조)

따라서 원심이 이 사건 소는 원고들의 피상속인인 임호의 사망일로서 상속이 개시된 날인 1964. 3. 3.부터 제척기간인 10년을 경과한 1989. 2. 14.에야 제기된 것으로서 부적법하다고 판단한 것은 정당하고, 상속개시일로부터 10년을 경과한 후에 비로소 참칭상속인에 의하여 상속권의 침해가 있었던 이 사건의 경우에는 위의 민법규정이 적용될 수 없다고 주장하는 논지는 받아들일 수 없으며, 원고의 이 사건 소가 제척기간을 경과한 후에 제기된 것으로서 부적법하다는 원심의 판단에는 이와 같은 원고들의 주장을 배척하는 취지가 포함되어 있다고 보아야 한다.

논지도 이유가 없다.

그러므로 상고를 기각하고, 상고비용은 원고들의 부담으로 하여, 대법관 이회창, 대법관 박우동, 대법관 이재성, 대법관 배만운, 대법관 김용준의 반대의견이 있는 외에는 관여법관의 의견이 일치되므로 주문과 같이 판결한다.

대법관 이회창, 대법관 이재성, 대법관 배만운의 반대의견은 다음과 같다.

1. 부동산의 소유권자나 지분권자가 원인무효의 등기의 말소를 청구하는 경우, 그 소유권이나 지분권의 취득이 상속을 원인으로 하는 것이고 그 원인무효의 등기가 상속인을 참칭하거나 자기만이 재산상속을 하였다고 참칭하고 또는 자기의 지분을 넘는 재산상속을 하였다고 참칭하여서 한 경우에는, 그 청구원인 여하에 불구하고 민법(위에서 본 바와 같이 개정 전의 민법을 가리킨다, 이하 같다) 제999조 소정의 상속회복청구의 소이고, 이와 같은 경우 그 회복청구권은 재산상속권의 침해가 언제 있었던 간에 상속개시일로부터 기산하여 10년이 경과하면 소멸한다는 다수의견의 견해에 찬성할 수 없다.

부동산의 진정한 소유자가 원인무효등기의 말소를 청구하는 것은 소유권 그 자체에 터잡아서 방해의 배제나 소유물의 반환을 청구하는 것으로서 소유권이 있는 한 항상 행사할 수 있는 것인데, 그 소유권을 취득하게 된 원인이 상속이라고 하여 그리고 그 상대방이 상속인을 참칭하여 등기를 한 사람이라고 하여, 상속회복의 소라는 이름을 붙이고 그 권리의 행사를 제한하여야 할 이유는 없다고 생각한다. 다시 말하면 진정상속인이 참칭상속인을 상대로 상속재산에 관한 원인무효의 등기의 말소를 청구하는 것은 상속을 원인으로 하여 취득한 소유권 그 자체를 행사하는 것이지, 재산상속권의 회복을 청구하는 것으로 보아 특별히 취급할 것은 아니며, 민법 제999조 소정의 상속회복청구권은 이와 같은 개별적 청구권과 다른 독립된 별개의 권리라고 보아야 한다.

다만 민법은 상속회복의 소의 제척기간만 규정할 뿐 그 성질이나 요건, 효과 등을 규정하고 있지 않아 과연 상속재산에 관하여 개별적 청구권과 다른 상속법상의 독자적인 회복청구권을 인정할 필요나 실익이 있는 것인지 의문이 제기될 수 있고, 이와 같은 관점에서 보면 재산상속회복청구의 소는 상속권의 존부를 전제로 하는 개별적인 물권적 청구권의 집합에 불과하고, 민법은 거래의 안전을 위하여 특히 제척기간에 관한 규정을 둔 것이라고 이해할 여지가 없는 것은 아니나, 그렇게 보게 되면 원래 상속인의 소유권은 소멸하지 않는 것인데 상속인에 의한 소유물반환청구권은 소멸하는 것이 되고, 또 일반적으로 참칭상속인은 악의 아니면 과실이 있는 사람인데 진정한 권리자의 희생하에 이러한 참칭상속인을 보호하여야 할 필요가 있는 것인지도 의문이며, 특히 상속회복청구권의 행사가 상속개시일로부터 10년의 제척기간에 걸리게 되어 있는 민법의 규정하에서는 그로부터 10년이 경과한 후에 상속권의 침해가 있을 때에는 상속회복의 청구를 할 기회조차 가질 수 없게 되어, 무권리자인 참칭상속인은 권리를 침해하는 즉시 소유권을 취득하고 소유권자인 진정상속인은 권리를 상실하는 불합리한 결과에 이르게 된다.

그러므로 이 사건과 같이 원고들이 피고 명의의 보존등기가 원인무효임을 이유로 하여 그 말소를 청구하는 것은, 원고들이 소유권(지분)을 취득한 것이 상속에 인한 것이고 피고가 단독상속을 참칭하여 보존등기를 하였다고 하여도 민법 제999조 소정의 상속회복청구의 소에 해당하지 아니한다고 해석하는 것이 옳다고 생각한다.

2. 만일 다수의견과 같이 이와 같은 소도 재산상속회복청구의 소라고 해석하여야 한다면, 대법관 이재성, 대법관 배만운은 그 제척기간은 참칭상속이 개시된 날, 다시 말하면 상속권의 침해가 있었을 때부터 기산하는 것으로 해석하는 것이 상당하다고 생각하고 덧붙인다.

상속회복청구의 소의 제척기간을 규정한 민법 제982조 제 2 항은 '… 상속이 개시된 날로부터 10년을 경과하면 소멸한다'고 되어 있어 이 부분만 따로 떼어놓고 보면 제척기간의 기산일을 상속이 개시된 날 아닌 상속권의 침해가 있었을 때라고 해석하는 것은 명문의 규정에 어긋나는 것처럼 보이고, 그래서 다수의견도 상속개시일로부터 10년이 경과된 후에 재산상속권의 침해가 있는 경우라도 10년의 제척기간의 경과로 인하여 상속회복청구권은 이미 소멸한 것으로 해석할 수밖에 없다고 보는 것 같으나, 재산상속회복청구권을 개별적인 물권적 청구권의 집합으로 보는 이상 제척기간의 기산일을 위와 같이 해석하는 것이 불가피하고, 또 민법 제982조 제 2 항을 그 제 1 항과 연결하여 살펴보면 그렇게 해석 못할 바 아니라고 생각한다.

원래 제척기간은 권리를 행사할 수 있음을 전제로 하고, 권리를 행사할 수 있을 때부터 기산되어야 하는 것이며, 권리가 침해되지도 아니한 때부터 그 권리의 회복청구권의 행사기간이 경과한다는 것은 모순이다.

그렇게 본다면 민법 제999조에 의하여 준용되는 민법 제982조는 그 제1항에서는 상속권이 침해된 때에는 상속회복청구의 소를 제기할 수 있음을 규정하고, 그 제2항은 이 상속권이 침해될 때에 행사할 수 있는 상속회복청구권의 존속기간을 규정한 것이므로, 그 제2항에서 말하는 '상속이 개시된 날'이란 그 제1항이 규정한 '상속회복의 대상이 되는 상속, 다시 말하면 참칭상속이 개시된 날'을 가리키는 것이라고 새기는 것이 오히려 논리에 어긋나지 않고, 또 이와 같은 해석이 반드시 법의 명문규정에 위배된다고 생각하지 아니한다.

3. 법의 해석은 합리적이어야 하고, 법문을 구성하는 단어 하나하나를 떼어서 그 의미를 파악하여야 하는 것도 아니며, 그 법을 적용하였을 때에 모순이 생기지 아니하여야 한다. 그리고 법은 권리가 침해될 때에 이를 구제하는 길을 열어 주어야 그 존재의의가 있는 것이지 권리의 침해는 있었으나 처음부터 그 회복을 청구할 기회를 갖지 못하게 하는 것은 용인될 수 없다.

다수의견과 같은 해석을 유지한다면 상속이 개시된 날로부터 10년간 상속등기가 되지 아니한 재산은 아무나 그리고 어떠한 방법이나 수단으로든 상속을 원인으로 등기를 하기만 하면 그의 소유로 귀속되고, 진정한 상속인은 권리구제를 청구할 기회조차 갖지 못하게 된다는 결과에 이르게 되는데, 이와 같은 결과를 낳는 법률해석은 정당화될 수 없다.

따라서 다수의견이 들고 있는 판례들은 변경되어야 한다고 생각한다.

대법관 김용준의 반대의견은 다음과 같다.

1. 재산상속에 관하여 진정한 상속권자가 상속으로 인하여 피상속인의 재산에 관한 소유권(지분권을 포함한다)을 승계하였음을 주장하여, 참칭상속권자를 상대로 상속재산의 반환을 청구하는 경우에는 그 소유권을 취득하였다고 주장하는 원인이 상속인 이상 그 청구원인이 어떤 것인지에 불구하고 민법 제999조 소정의 상속회복청구라고 보아야 한다는 점에 있어서는 다수의견과 견해를 같이한다.

2. 그러나 상속회복청구의 상대방이 되는 '참칭상속권자'라 함은 상속이

개시될 당시에 정당한 상속권자가 아님에도 불구하고 진정한 상속권자로 믿게 할 만한 외관을 지니고 정당한 상속권자의 상속권을 침해하고 있는 자, 예를 들면 상속이 개시될 당시에 이미 호적부 등에 상속인이 될 자로 기재되어 있지만 사실은 그와 같은 신분관계가 없는 자, 또는 상속을 포기하였거나 결격사유로 상속인이 되지 못할 자 등만을 의미한다고 보아야 한다. 따라서 상속이 개시될 당시에는 상속권자로 믿게 할 만한 외관을 갖추지 못하였는데 그 후에 문서를 위조하는 등의 방법으로 정당한 상속권자인 것처럼 가장한 자(당원 1987. 7. 21. 선고 86다카2952 판결 참조), 또는 다른 공동상속인의 상속권을 부인하고 자기(들)만이 상속하였다고 주장하는 공동상속인 중의 1인 또는 수인이나, 다른 공동상속인의 상속권을 부정하지는 아니한 채 사실상 상속재산을 배타적으로 점유, 관리하고 있는 공동상속인 등은 상속회복청구의 상대방인 '참칭상속권자'에 해당한다고 볼 수 없다.

이 점이 다수의견과 견해를 달리하는 결론인바, 참칭상속권자의 범위를 이와 같이 좁게 해석하는 이유는 다음과 같다.

첫째, 이미 상속이 개시된 후에 상속권자가 아니면서 상속권자인 것처럼 가장하여 상속재산을 차지한 자는 진정한 상속권자의 '상속권'을 침해하는 것이 아니라 진정한 상속권자의 상속재산에 대한 '소유권'을 침해하는 것으로 보아야 한다.

둘째, 위와 같은 경우 진정한 상속권자가 상속재산에 대한 소유권에 기하여 그 침해의 배제를 구하는 것을 상속회복청구권의 행사로 본다면 유달리 짧은 제척기간을 규정한 민법 제999조 제2항이 적용될 수밖에 없는데, 만약 상속이 개시된 때로부터 10년이 경과한 후에 상속재산에 대한 침해행위가 이루어졌을 경우 진정한 상속권자의 상속재산에 대한 소유권의 행사를 상속회복청구로 보아 이미 제척기간이 경과하였다는 이유로 배척한다면, 그 결과가 너무도 부당한 것임은 두말할 나위조차 없을 것이다. 물론 이 경우에 진정한 상속권자가 오랫동안 권리 위에 잠을 자고 있었다고 탓할 수 있을는지는 모르지만, 그렇다고 하여 상속권을 침해한 무권리자(불법행위자인 경우도 있다)에게 그대로 상속재산을 귀속시키는 결과를 용인할 수는 없는 것이기 때문이다.

셋째, 민법이 상속회복청구권의 제척기간을 규정한 취지는, 상속에 관한 법률관계를 가급적 빨리 종국적으로 확정시켜 참칭상속권자가 진정한 상속권자인 것 같은 외관을 믿고 거래를 한 제3자를 보호하려는 데에 있는 것이지,

상속재산을 취득한 모든 제 3 자를 보호하려는 취지라고는 볼 수 없다.

다만 위와 같이 참칭상속권자의 범위를 좁힘으로써 제척기간이 적용되는 상속회복청구의 대상을 제한하여 축소해석하게 되면 진정한 상속권자가 아닌 자로부터 상속재산을 취득한 제 3 자가 보호받지 못하게 되는 경우가 종종 발생할 수도 있겠지만, 이는 진정한 소유권자를 보호하기 위한 불가피한 결과라고 볼 수밖에 없다.

넷째, 공동상속인 중의 일부가 다른 공동상속인을 상속에서 배제하고 상속재산을 점유, 관리하고 있는 경우에는 그 다른 공동상속인은 이미 상속인으로서의 지위를 가지고 있는 것이므로, 상속재산의 관리에의 참가(민법 제265조)나 상속재산의 분할청구(민법 제1013조) 등의 방법에 의하여 자기의 상속권의 내용을 실현할 수 있고, 이미 상속재산이 분할되었거나 처분되었다고 하더라도 상속재산의 분할이 무효임을 주장하여 다시 상속재산의 분할을 청구하거나, 상속분에 상당한 가액의 지급을 청구할 수는 있다고 하겠지만(상속개시 후의 인지 또는 그 재판의 확정이나 이혼무효재판의 확정에 의하여 공동상속인이 된 자 등의 경우), 이는 공동상속인이 자기의 상속분의 비율에 따른 상속재산을 요구하고 상속받은 지분소유권의 내용을 실현하는 것에 지나지 아니하므로, 상속회복청구의 문제와는 평면을 달리하는 것이다.

3. 그렇다면 원고의 이 사건 청구가 자신도 이 사건 토지의 소유권을 공동상속한 것이라고 주장하여 공동상속인 중의 1인인 피고가 그 토지에 관하여 그의 단독명의로 경료한 소유권보존등기 중 피고의 상속분을 초과하는 부분에 관한 말소등기절차의 이행을 청구하는 것이라고 하더라도, 상속이 개시될 당시(1964. 3. 3.) 호적부에 피고 한 사람만이 상속인인 것처럼 기재되어 있는 등의 사유로 피고만이 진정한 상속권자인 것 같은 외관을 지니고 있지 않는 한 피고가 다른 공동상속인들의 상속분에 대한 관계에서 참칭상속권자에 해당한다고 볼 수 없으므로, 이 사건 청구를 상속회복청구로 볼 수 없는 것이다.

그럼에도 불구하고 원심은 이 사건 소가 민법 제999조 소정의 상속회복청구의 소에 해당하는 것으로 보아 1990. 1. 13. 법률 제4199호로 개정되기 전의 민법 제999조에 의하여 준용되는 제982조 제 2 항 소정의 제척기간이 경과한 후에 제기되었다는 이유로 이 사건 소가 부적법한 것이라고 판단하였으니, 원심판결에는 상속회복청구에 관한 법리를 오해하여 판결에 영향을 미친 위법이 있다고 볼 수밖에 없으므로, 이 점을 지적하는 논지는 이유가 있고, 원심판결은 파기를 면할 수 없다고 생각한다.

종전에 당원이 1981. 1. 27. 선고 79다854 전원합의체 판결 등에서 판시한 의견 중 이와 다른 의견이 변경되어야 할 것임은 물론이다.

대법관 박우동의 반대의견은 다음과 같다.

이 사건의 경우와 같은 공동상속인 상호간의 지분권 침해를 둘러싼 분쟁에 관하여서는 상속회복청구에 관한 민법 규정의 적용이 없다고 풀이하여야 할 것이다.

이에 관한 이유는 아래 약간 보충하는 설명 이외 대법관 김용준의 반대의견과 같으므로 이를 지지한다.

진정한 상속인의 지위를 갖는 모든 공동상속인에게는 언제라도 상속분에 따른 상속재산의 분배를 받을 권리가 보장되어야 한다. 이와 같은 권리실현을 위하여 법은 상속재산분할의 방법을 마련하고 있는 것이다(민법 제1013조, 가사소송법 제2조 제1항 마류사건 10, 가사소송규칙 제114조, 제115조). 상속재산의 분할은 상속재산의 귀속 주체를 조속히 확정한다는 요청을 실현하기 위한 것이라기보다 상속재산의 공평, 원만한 분배를 목적으로 하는 것이라고 할 것이다. 이러한 목적을 달성하기 위하여서는 상속재산의 공유상태가 유지되어야 하며, 만일 공동상속인의 한 사람에 의하여 다른 공동상속인의 지분권이 침해된다고 할 때 다른 공동상속인은 공유지분권의 침해를 배제시키는 권리를 행사하여 언제든지 그 침해를 제거하고 원래대로의 공유관계를 회복할 수 있다고 하여야 한다. 그렇지 않고 다른 공동상속인의 지분권을 침해한 공동상속인에게 상속회복청구권에 관한 민법의 규정을 적용케 하여 그 침해를 안 날로부터 3년 또는 상속이 개시된 날로부터 10년의 경과로 결과적으로 그 재산의 취득을 인정하고 상속재산 공유의 상태를 해소시킨다는 것은 상속재산에 대한 공평하고 원만한 분할을 예정하고 있는 공동상속제도의 취지에 어긋나는 것이라고 아니할 수 없다.

구 민법 제999조는 호주상속회복의 소에 관한 민법 제982조의 규정을 재산상속권 침해에 관하여 준용한다고 규정하였으나 1990. 1. 1. 법률 제4199호로 개정된 민법 제999조는 종전의 제982조를 그대로 옮겨 놓았을 뿐 내용면에서 아무런 변화가 없다.

이것은 단기 제척기간의 폐단 등에 대한 종래의 논의를 입법적인 측면에서 외면한 것이며, 입법에 의한 해결책은 기대할 수 없게 되었다. 그동안 집적된 전원합의체판결을 비롯한 대법원 판례는 외경스러우나 지금에 와서 수정해석을 위하여 흠집을 낼 수밖에 없는 이유를 이해하였으면 한다.

[研 究]

Ⅰ. 序 論

상속회복청구권[1]에 관하여는 많은 대법원 판례가 집적되어 있고, 그 중 전원합의체 판결로서는 대상판결이 두 번째이다.[2] 그 중에서도 대상판결은 상속회복청구권에 관하여 논의되고 있는 문제점을 거의 망라적으로 다루고 있을 뿐만 아니라, 그 내용에서도 종래의 판례에 반기를 들고 있는 여러 반대의견이 다양한 이론을 펼침으로써 수준 높은 논의를 보여 주고 있어, 가히 이제까지의 판례 가운데에서 결정판이라고 할 수 있다.

이 글에서는 우선 이 사건의 사실관계 및 재판의 경과를 살펴보고, 이어서 대상판결에서 문제되고 있는 논점을 상속회복청구권의 법적 성격, 참칭상속인의 범위, 제척기간의 기산점으로 나누어 차례로 다루어 보고자 한다.

Ⅱ. 事實關係 및 裁判의 經過

이 사건 토지의 원 소유자인 소외 망 임호는 1964. 3. 3. 사망하였고, 그에게는 처인 소외 박금선, 장남인 소외 망 임장수, 차남인 피고, 3남인 소외 임덕수, 4, 5남인 원고들, 딸(출가녀)인 소외 임성자가 있었으며, 또 임장수에게는 딸인 소외 임무송이 있었다. 그런데 장남인 임장수에 대하여 1967. 5. 31. 생사불명기간만료를 원인으로 하여 1975. 3. 21. 실종선고가 내려지자 차남인 피고가

1) 1990년의 민법개정 전에는 상속회복청구권에는 호주상속회복청구권과 재산상속회복청구권의 2가지가 있었으나, 1990년의 민법개정으로 인하여 호주상속회복청구권은 호주승계회복청구권으로 바뀌었고(제982조), 그에 따라 현재에는 과거의 재산상속회복청구권만이 상속회복청구권으로 남게 되었다. 이하에서 상속회복청구권이라는 용어는 재산상속회복청구권만을 가리키는 것으로 사용하기로 한다.

2) 첫번째 것은 대법원 1981. 1. 27. 선고 79다854 전원합의체 판결(集 29권 1집 민20)이다.

1975. 4. 4. 자신이 임호의 호주상속인이라고 신고하여 호적에 등재한 후, 개정 전 민법 제996조에 따라 이 사건 토지를 호주상속인으로서 단독으로 승계하였다고 보존등기신청을 하여 1979. 2. 19. 피고명의로 등기를 마쳤다.

이에 대하여 원고들이 임장수에게는 딸이 있었으므로 피고는 호주상속인이 될 수 없을 뿐만 아니라 이 사건 토지는 개정 전 민법 제996조 소정의 禁養林野나 墓土가 아니므로 원고들과 피고 및 박금선과 다른 형제자매인 임덕수, 임성자와 임장수의 딸인 임무송이 공동으로 상속한 것이고 따라서 피고 명의의 소유권보존등기 중 피고의 상속분을 초과한 부분은 무효라고 하여 1989. 2. 14. 그 말소를 청구하는 소송을 제기하였다.

그러나 원심은 이 사건 소는 재산상속회복청구의 소인데, 피상속인인 임호의 사망일로서 상속개시일인 1964. 3. 3.부터 10년의 제척기간이 경과한 후에 제기되었으므로 부적법하다고 하여 이를 각하하였다. 이는 종래의 판례에 따른 것이다.

이에 대하여 원고들이 상고하였으나, 대법원의 다수의견은 원심판결의 결론이 정당하다고 하여 상고를 기각하였다. 그러나 이에 대하여는 대법관 5인에 의한 4가지의 반대의견이 있었다.

Ⅲ. 相續回復請求權의 性質

이 사건에서 원고들은 자신들의 청구는 소유권에 기한 물권적 청구권을 행사하는 것으로서 개정 전 민법 제999조 소정의 상속회복청구의 소가 아니므로 여기에는 개정 전 민법 제999조가 준용하는 개정 전 민법 제983조 제2항의 제척기간이 적용되지 않는다고 주장하였다. 종래 상속회복청구권에 관한 판례에서는 거의 대부분 이처럼 당사자가 소유권에 기한 물권적 청구권을 행사한다고 주장하는 경우에도 그 소유권 또는 지분권이 귀속되었다는 주장이 상속을 원인으로 하는 것인 때에는 항상 상속회복청구권의 행사로 보아 제척기간의 규정이 적용되는 것인가 하는 점이 쟁점으로 되고 있다.

이 문제는 상속회복청구권의 성질을 어떻게 볼 것인가 하는 점과 관련이 있다. 상속회복청구권의 성질에 관하여는 이른바 獨立權利說(또는 包括的 權利說), 集合權利說, 相續資格確定說 등의 대립이 있다. 논자에 따라서는 상속회복청구권설을 크게 相續資格確定說과 財産返還請求權說로 나누고, 후자를 다시 독립권리설과 집합권리설로 나누기도 한다. 그리고 상속자격확정설과 재산반환청구권설의 절충설도 있으며, 근래에 이르러는 상속회복청구권을 일종의 訴權으로 보는 이른바 訴權說도 주장되고 있다.

1. 獨立權利說

독립권리설은 상속회복청구권은 상속인의 소유권 기타의 권리에 기한 개별적 청구권과는 별개의 독립한 권리로서, 상속회복청구권의 기초는 상속권인데 상속권의 침해는 상속인이 상속재산의 승계자가 되었다는 법적 지위 그 자체에 대한 침해이며, 이를 포괄적으로 회복하는 것을 목적으로 하는 독립된 권리라고 한다. 이 설에 의하면 상속회복청구권은 개별적 청구권과는 청구권경합의 관계에 있고, 진정상속인은 목적물을 개별적으로 특정하지 않고 포괄적으로 반환청구를 할 수 있다는 데 상속회복청구권 독자의 의의가 인정되며, 또한 상속인은 자기에게 상속권이 있다는 사실과 청구의 목적물이 상속개시 당시 피상속인의 점유에 속하였던 사실만을 입증하면 되고 소유권 기타 권리의 존재를 증명할 필요는 없으므로 이와 같은 입증책임의 전환에 그 독자적인 의의가 있다고 한다. 우리나라에서 이 설을 주장하는 대표적인 논자는 朴秉濠 교수이다.[3] 이 설에 따르면 상속회복청구권과 물권적 청구권은 별개의 권리로서 경합이 인정되므로, 후자의 권리를 주장하는 경우에는 상속회복청구권에 대한 제척기간의 규정은 적용되지 않는 것으로 된다.[4]

대상판결의 반대의견 가운데 이회창, 이재성, 배만운 대법관의 반대의견이 이러한 취지이다. 이전에도 대법원 1959. 10. 29. 선고 4292민상136 판결[5]은 당연무효인 이중호적상에 기재된 참칭상속인의 호주상속 屆出은 진정상속인의

---

3) 相續回復請求權 管見, 厚巖郭潤直教授 華甲紀念 民法學論叢, 1985, 831면 이하 등. 申榮鎬, "相續回復請求權의 法的 性質", 家族法硏究 제10호, 1996, 472면 이하도 같은 취지로 보인다.

4) 그러나 郭潤直, 相續法, 1997, 284면은, 獨立權利說(包括的 請求權說)을 따르면서도 상속인은 상속회복청구권이 제척기간의 경과로 소멸한 후에 그의 상속권을 다투는 상속재산점유자에 대하여는 소유권 기타의 本權에 기한 개별적 청구권을 행사해서 상속회복청구권을 회복청구하지는 못한다고 주장하고, 李和淑, "相續回復請求權과 物權的 請求權의 關係", 考試硏究 1998. 9, 24면 이하도 獨立權利說을 따르면서도 같은 취지이다.

5) 朴秉濠, 判例敎材 親族·相續法, 1975, 441면에 실려 있다. 다만 이 곳에서는 사건번호가 4292민상1736으로 되어 있으나, 위 대법원 1981. 1. 27. 선고 79다854 판결(註 2)이나 다른 자료에 비추어 보면 誤記로 보인다.

지위 또는 신분에 아무런 침해를 줄 수 없으므로 이러한 경우에 진정상속인은 상속회복청구소송의 필요가 없고, 다만 상속재산에 속하는 각개의 권리에 대하여 권리를 침해하는 참칭상속인 및 기타의 자에 대하여 진정한 권리자로서 그 재산권침해의 배제를 청구하면 족하다고 하였다. 또 대법원 1977. 11. 22. 선고 77다1744 판결[6]은 "민법 제999조, 제982조에 상속권회복청구의 소에 관한 제도를 규정하고 있다고 해서 이 제도 때문에 원고들이 본건 상속 재산에 관한 물권에 기하여 피고들에게 원인무효등기의 말소를 구하는 본건 소송에 어떤 영향을 미치는 것이라고 할 수는 없고, 또 본건의 경우 위 민법 제982조 제2항 소정의 제척기간이 여기에 적용될 수도 없다 할 것이므로 원심이 같은 취지에서 본건과 같은 경우 원고들은 위 상속권회복청구의 소만이 가능하다는 피고들의 항변을 배척한 조처 또한 정당하다"고 판시하여 독립적 권리설을 취한 것으로 이해된다. 그러나 이러한 판례는 대법원 1981. 1. 27. 선고 79다854 판결(註 2)에 의하여 변경되었다.

다른 한편 최근에는 독특한 내용의 독립권리설도 주장되었다. 즉 상속회복청구권은 진정한 상속인이 참칭상속인에 대하여 피상속인이 점유하였던 물건의 반환을 청구할 수 있는 일종의 점유회복청구권이며, 이 경우에는 사용수익권 없는 타주점유 또는 권원 없는 자주점유도 반환받을 수 있다고 한다.[7] 이처럼 점유회복청구권 외에 별도로 상속회복청구권을 인정하는 주된 근거는 점유보호청구권이 1년 이내에 행사하여야 하기 때문에(민법 제204조 제3항) 점유보호청구권만으로는 상속인을 충분히 보호하지 못한다는 점에 있는 것으로 보인다.[8]

2. 集合權利說

이 설[9]은 상속회복청구권은 단일·독립한 청구권이 아니라 상속재산을 구

6) 集 25권 3집 민324.

7) 諸哲雄, "相續回復請求權", 한림법학 FORUM 제6권, 1997, 125면 이하.

8) 諸哲雄(註 7), 126-127면 참조.

9) 金在晉, "相續回復請求에 관하여", 裁判資料 18, 1983, 592-593면; 金疇洙, 親族·相續法, 第四全訂再增補版, 1997, 483면; 申性澤, "財産相續回復請求權에 관하여", 司法論集 10, 1979, 204-205면; 吳世律, "相續回復請求權과 관련한 몇가지 問題點의 檢討", 判例研究 제3집, 大邱地方法院判例研究會, 1992, 144-145면; 吳昌洙, "相續回復請求權과 除斥期間", 判例月報 1992. 4, 21면; 李和淑, "相續回復請求權", 民法學의 回顧와 展望, 1993, 1041면 등. 다만 李和淑 교수는 그 후 주장을 바꾸어 獨立權利說을 지지하고 있다. 위 註 4) 참조. 嚴東燮, "財産相續回復請求權에 관한 一考察", 啓明大學校 社會科學研究所 社會科學論叢 제4집, 1986, 230-233면도 독립권리설

성하는 개개의 재산에 관하여 생기는 개별적 청구권의 집합에 불과한 것이라고 이해한다. 이 설은 상속인이 상속을 원인으로 하여 상속재산을 포괄적으로 승계하는 데 지나지 않는다고 이해하고, 상속권의 침해는 개별적 권리의 침해인데 상속회복청구권은 편의상 한 개의 청구권으로 다루는 데 지나지 않는다는 것이다. 따라서 상속을 이유로 하여 상속재산의 반환을 청구하는 소는 그것이 포괄적으로 행하여지든, 상속재산 중의 특정재산에 대하여 개별적으로 행하여지든, 또는 참칭상속인에 대하여 행하여지든, 제 3 취득자에 대하여 행하여지든, 상속을 원인으로 하여 행하여지면 상속회복청구권의 행사로 보며, 물권적 반환청구권과의 경합을 인정하지 않는다. 따라서 상속회복청구권의 제척기간이 경과하면 따로이 물권적 청구권 등을 행사할 수 있는 여지는 없게 된다.

일찍이 대법원 1978. 12. 13. 선고 78다1811 판결[10]은 "재산상속에 관하여 진정한 상속인임을 전제로 그 상속으로 인한 소유권 또는 지분권 등 재산권의 귀속을 주장하고 참칭상속인 또는 자기들만이 재상상속을 하였다는 일부 공동상속인들을 상대로 상속재산인 부동산에 관한 등기의 말소 등을 청구하는 경우에도 그 소유권 또는 지분권이 귀속되었다는 주장이 상속을 원인으로 하는 것인 이상 그 청구원인 여하에 불구하고 이는 민법 제999조 소정의 상속회복청구의 소라고 해석함이 상당하다고 할 것이므로 이와 같은 경우에도 위 민법 제999조에 의하여 준용되는 동법 제982조 제 2 항 소정의 제척기간의 적용이 있다"고 판시하였다. 대법원 1980. 4. 22. 선고 79다2141 판결[11]도 같은 취지이며, 대법원 1981. 1. 27. 선고 79다854 전원합의체 판결(註 2)은 종래의 독립권리설을 취한 판례를 폐기하고 집합권리설로 통일하였고, 대상판결의 다수의견이나 김용준 대법관의 반대의견 2 등도 같은 취지이다.

3. 相續資格確定說

이 설은 상속회복청구권의 본질은 참칭상속인의 지위를 부정하고 진정한

이 집합권리설에서는 인정될 수 없는 보다 타당성 있는 내용을 상속회복청구권에 부여해 주지 못하고 있으므로 양설의 대립은 결국 실익이 없는 논쟁이라고 하고 있으나 기본적으로는 집합권리설을 지지하는 취지로 이해된다. 郭京直, "相續回復請求權論", 相續法의 諸問題, 裁判資料 제78집, 1998, 314면도 민법 제999조가 규정하는 상속회복청구권의 정체에 관한 대법원의 선택은 불가피한 선택이라고 하여 결국 집합권리설을 지지하는 취지이다.

10) 集 26권 3집 민304.

11) 集 28권 1집 민237.

상속인의 상속권 또는 상속자격을 확정하는 것이라고 주장한다.[12] 이 설에 따르면 상속회복청구권의 행사에 기하여 뒤에 따로 재산의 반환청구를 하지 않으면 안 된다. 일본에서는 이러한 상속자격확정의 상속회복의 소를 일종의 형성의 소로 보는 형성권설과 확인의 소로 보는 확인권설로 나누어지지만,[13] 국내에서는 이를 상속권의 통일적, 일반적 확정을 구하는 확인의 소라고 보는 견해만이 주장되고 있다.

4. 折 衷 說

이러한 상속자격확정설과 재산반환청구권설의 절충설로서, 상속회복청구권은 상속자격의 확정과 함께 재산의 반환을 청구하는 것이라고 주장하는 견해가 있다.[14]

5. 訴 權 說

이 설은 상속회복청구권에서 다투어지는 것은 원고의 상속자격이고 소유권 그 자체가 아니며, 이러한 다툼은 로마법 이래 개개적 권리를 둘러싼 분쟁과는 구별되어 취급된 것이므로 이와 같은 분쟁 자체를 하나의 형으로 특정하고 한정시켜 버리면 단적으로 실제적 해결을 달성할 수 있다고 하여, 상속회복청구권을 하나의 訴權으로 파악하고 이 특수한 소권에 의하여서만 처리할 수밖에 없는 분쟁의 형과 당사자를 명확하게 한계지우면 된다고 한다. 이는 유산의 반환을 구하는 급부의 소권이라는 점에서 상속자격확정설과는 구별된다는 것이다.[15]

이러한 訴權說은 원래 일본의 학자가 프랑스 민법의 해석론에서 영향을 받아 주장한 것이다.[16]

---

12) 朴英植, "相續回復請求權과 物權的 請求權과의 關係", 民事裁判의 諸問題 제 2 권, 1980, 122-123면, 149면; 李相京, "財産相續回復請求權論", 民事裁判의 諸問題 제 9 권, 1997, 471면. 다만 李相京 부장판사는 위 논문의 뒷 부분에서는 아래에서 보는 것처럼 試論이라고 하여 訴權說을 주장하고 있다.

13) 상세한 것은 朴英植(註 7), 123면 참조.

14) 鄭光鉉, 新親族相續法要論, 1961, 333면. 李起中, "相續回復의 訴", 判例硏究 Ⅲ, 釜山判例硏究會, 1993, 380-381면은 집합권리설과 상속자격확정설의 절충설로 이해된다.

15) 李相京(註 12), 495면 이하.

16) 伊藤昌司, "相續回復請求權の性質", 現代家族法大系 4, 1980, 125면 이하; 同, 相續法の基礎的諸問題, 1980, 37면 이하 참조.

6. 小 結

위와 같이 상속회복청구권의 성질에 관하여는 여러 가지 견해가 주장되고 있으나, 어느 견해도 문제점이 없지 않다.

우선 독립권리설에 대하여는 현행법상 이러한 별도의 권리를 인정할 실익이 없다는 비판이 있다. 종래 독립권리설은 개별적인 물권적 청구권을 행사하는 때에는 상속인이 상속으로 승계한 개개의 재산 내지 권리의 권원을 증명하여야 하나, 상속회복청구권을 행사하는 경우에는 상속인은 그의 상속권을 증명하면 되므로 상속회복청구권을 행사하는 것이 입증책임의 면에서 상속인에게 유리하고,[17] 상속회복청구권을 행사함에 있어서는 소장에 상속재산을 구체적으로 열거하지 않고 청구권을 포괄적으로 행사하면 된다[18]고 한다.

그러나 前者의 점에 대하여는 현행법상 피상속인의 점유는 상속인에게로 이전되는데(민법 제193조), 점유자가 점유물에 대하여 행사하는 권리는 적법한 것으로 추정되고(민법 제200조), 또 피상속인 명의로 등기된 부동산의 경우에는 상속인에게 등기의 추정력이 인정되므로, 소유물반환청구권의 행사가 상속회복청구권과 비교하여 입증책임 면에서 불리하다고 하기는 어렵다는 비판이 있다.[19] 그리고 後者의 점에 대하여는 현행 소송법상 목적물을 특정하지 않은 채 포괄적 반환을 명하는 채무명의를 얻는 것이 허용되지 아니하고, 가령 그러한 채무명의를 얻는다고 하더라도 그 집행이 불가능하다는 점이 지적되고 있다.[20] 독립권리설을 지지하는 논자도 참칭상속인에 대하여 포괄적 행사를 하는 경우에는 제 2 심의 구두변론 종결시까지 개개의 물건이 특정되어야 하며, 제 3 취득자에 대하여 하는 경우에는 처음부터 개개의 목적물을 특정하지 않으면 이행판결을 받을 수 없다고 한다.[21]

원래 독일에서는 독일 민법 제2018조 이하에서 규정하고 있는 상속회복청구권(Erbschaftsanspruch)을 상속인이라는 지위에서 가지는 물권적 청구권 등의 개별적 청구권(Singularanspruch)과는 별개의 독자적인 권리로 보는 것이 통설이

17) 郭潤直(註 4), 282-283면. 朴秉濠(註 3), 835면도 같은 취지이다.
18) 朴秉濠(註 3), 834-835면. 郭潤直(註 4), 286면도 같은 취지이다.
19) 嚴東燮(註 9), 231면; 諸哲雄(註 7), 120-121면 등.
20) 朴英植(註 12), 141-142면 등.
21) 朴秉濠(註 3), 834-835면. 郭潤直(註 4), 286면도 포괄적으로 청구할 수 있다는 것은 소를 제기할 때에는 목적물을 특정할 필요가 없으나 제 2 심의 변론종결시에 개개의 재산이 특정되면 된다는 뜻이라고 이해하여야 한다고 한다.

고,[22] 이러한 독일의 학설이 일본이나 우리나라의 독립권리설에 영향을 준 것으로 여겨진다. 그러나 독일 민법은 상속회복청구권에 관하여 독일 민법 제2018조에서 제2031조까지 14개조의 상세한 규정을 두고 있으며, 특히 독일 민법 제2027조 이하의 규정은 상속인에게 참칭상속인에 대하여 상속재산의 내용을 밝힐 것을 요구하는 明示請求權(Auskunftsanspruch)을 인정하고 있어, 상속회복청구권자로서는 1차로 상속재산에 관한 명시청구를 하고 그에 따라 개별 상속재산에 대하여 반환청구를 함으로써 실제에 있어서는 포괄적인 반환청구가 가능하게 된다. 그러나 우리나라에는 이러한 규정이 없으므로, 상속회복청구권을 독립한 권리로 본다면 이는 결과적으로 아무런 내용이 없는 공허한 권리가 되고 만다.

그리고 상속회복청구권이 피상속인에게 점유할 권리가 있었는지를 불문하고 참칭상속인에 대하여 점유의 회복을 청구할 수 있는 특수한 점유회복청구권이라는 견해에 대하여는, 그러한 해석이 민법의 文言이나 로마법 내지 중세의 普通法에서 유래한다고 이해되고 있는 상속회복청구권의 연혁에 부합하는지도 의심스러울 뿐만 아니라,[23] 현행법상 점유자에게 일반적으로 인정되는 점유회복청구권(민법 제204조) 외에 상속인에게만 별도로 이러한 권리를 인정할 필요가 있는지 의심스럽다는 점을 지적할 수 있다. 또한 그러한 권리를 인정한다고 하더라도, 실제에 있어서 별다른 의미를 가지지 못한다.[24] 이 설을 지지하는 논자도 점유 아닌 권리중심의 법체계를 정비하고 있는 우리 민법하에서는 상속회복청구권이 가지는 점유회복기능의 의미는 그다지 크지 않다고 한다.[25]

그리고 상속자격확정설에 대하여는 相續權의 확인은 구태여 제척기간이 적용되는 상속회복청구로써 할 필요가 없고, 친생자관계존부확인, 입양무효, 인

22) Karl-Heinz Gursky, “Zur Rechtsnatur des Erbschaftsanspruch”, in: Tradition und Fotrentwicklung im Recht, Festschrift zum 90. Geburtstag von Ulrich von Lübtow, 1991, S. 211 ff. 참조.

23) 諸哲雄(註 7), 116-117면, 128면은 이 점에 대하여, 우리 학설은 로마법의 유산소권이나 그것을 계수한 독일 민법의 상속회복청구권의 내용이 마치 우리 민법의 상속회복청구권에도 유사하게 적용될 수 있는 것처럼 전제하고 있으나, 문제의 핵심은 재산권침해에 있어서 그 피해자에게 주어지는 법적 구제수단의 내용이 독일법과 적지 않은 차이가 있을 뿐만 아니라, 로마법이 보통법으로서 효력을 가졌던 전통이 없는 우리 민법에, 그것도 그 내용에 관한 규정이 없는 상속회복청구권의 해석에 있어서, 위와 같은 전제를 수용하여야 할 것인가에 있다고 하여, 로마법의 유산소권 및 대륙법상의 상속회복청구권은 우리 민법 체계에 비추어 보면 상속재산에 대한 개별적 청구권만으로는 실현될 수 없는, 상속재산에 속하는 점유의 회복을 용이하게 한다고 주장한다.

24) 郭京直(註 9), 314면 註 67)은, (독립권리설에) 점유만의 회복을 위한 청구로서의 의미가 남을지 모르나, 본권에 대한 다툼을 종국적으로 해결할 수 없는 경우를 상정하기 어려우므로 그 역시 실익이 없다고 한다.

25) 諸哲雄(註 7), 132면.

지무효, 혼인무효 등에 의하여 해결할 수 있으므로, 이와는 별도로 상속자격의 확정을 구하는 상속회복청구권이라는 권리를 인정할 필요가 없고, 또 실제로는 이 설에 의하면 상속회복청구의 소 외에 별도로 재산의 반환청구를 하지 않으면 안 된다는 점을 문제로서 지적할 수 있다.[26] 이러한 비판은 상속회복청구권을 상속자격의 확정 및 그 반환을 청구하는 권리로 보는 절충설에도 그대로 적용된다.

다른 한편 訴權說은 이른바 訴權(actio)이라는 개념을 사용하고 있는 점에서, 현행법과는 조화되지 않는다는 문제점이 있다. 이러한 訴權 개념은 실체법과 소송법의 구별이 없었던 로마法에서 유래한 것으로서,[27] 실체법과 소송법의 구별이 확립된 현재에는 더 이상 통용되는 개념이 아닌데, 이러한 개념으로 현행법상의 상속회복청구권제도를 설명하려는 것은 다소 시대착오적인 감이 없지 않다. 나아가 그 내용에 있어서는 결국 상속자격의 확정과 그 반환을 구하는 권리로 보는 절충설과 큰 차이가 없다고 생각된다.

그러므로 현행법의 해석론으로서는 집합권리설을 택하는 것이 법체계상의 난점이 가장 적다고 생각된다. 그러나 집합권리설에 대하여는 반대의견 1이 지적하는 것처럼, 일반적으로 소유권은 영구성을 가지고 있어서 소멸하지 않고 따라서 그러한 소유권에 기한 물권적 청구권도 소멸시효에 걸리지 않는 것인데도, 그 소유권의 취득 원인이 상속일 때에만 상속인의 소유물반환청구권은 소멸하는 것이 되고, 또 일반적으로 참칭상속인은 악의 아니면 과실이 있는 사람인데 진정한 권리자의 희생하에 이러한 참칭상속인을 보호하여야 할 필요가 있는 것인지도 의문이며, 특히 상속회복청구권의 행사가 상속개시일로부터 10년의 제척기간에 걸리게 되어 있는 민법의 규정하에서는 그로부터 10년이 경과한 후에 상속권의 침해가 있을 때에는 상속회복의 청구를 할 기회조차 가질 수 없게 되어, 무권리자인 참칭상속인은 권리를 침해하는 즉시 소유권을 취득하고 소유권자인 진정상속인은 권리를 상실하는 불합리한 결과에 이르게 된다고 하는 문제점이 있다.[28]

판례[29]는 상속회복청구권의 소멸에 관한 규정은 상속에 관한 법률관계의 확정을 조속히 매듭짓기 위하여 단기제척기간을 설정한 것이라고 하고 있고,

26) 朴秉濠(註 3), 836면.
27) 로마법상의 actio에 대한 간단한 설명으로는 胡文赫, 民法注解 Ⅷ, 1995, 36-37면 참조.
28) 郭京直(註 9), 315-316면; 吳昌洙(註 9), 21면 등 참조.
29) 대법원 1994. 10. 21. 선고 94다18249 판결(公 1994하, 3072).

학설도 대체로 같은 취지로 보인다.[30] 나아가 근래에는 이처럼 상속관계를 조기 확정시켜 법적 안정을 도모하자는 것 외에도, 상속의 외관을 신뢰하고 거래한 제3자를 보호하여 거래안전을 기한다는 데 그 이유를 찾아야 할 것이라는 주장도 있다.[31]

그러나 이러한 주장에 대하여는 다음과 같은 비판이 있다. 즉 법률관계의 안정은 진정한 권리자의 보호를 통하여 얻을 수 있는 것이며, 다만 예외적으로 진정한 권리자의 희생을 용인하는 경우가 있으나 그것은 그야말로 그럴만한 예외적 타당성이 있는 경우에 한하는데, 상속권의 침해는 그러한 예외적 타당성이 있는 경우에 해당하지 않는다는 것이다. 부동산 물권변동에 있어서 공신의 원칙을 인정하지 아니하는 우리 물권법체계하에서 진정한 권리자의 보호를 위하여 선의의 거래자가 희생되는 것은 당연한 기본원칙인데, 왜 상속권 침해의 장에 있어서만 그 예외를 인정하여야 하는지를 설득력 있게 설명하는 것은 불가능하다고 한다.[32]

私見으로서는 집합권리설에 이와 같은 문제점이 있음을 시인하지 않을 수 없으나, 이러한 문제점은 상속회복청구권의 성질론에 의하여 일률적으로 해결할 수 있는 성질의 것이 아니고, 상속회복청구권제도를 합리적으로 운용함으로써 해결하여야 할 문제라고 하겠다.[33]

Ⅳ. 僭稱相續人의 範圍

1. 공동상속인이 참칭상속인에 포함되는가?

대상판결 중 김용준 대법관의 반대의견 2나, 박우동 대법관의 반대의견 3은 다른 공동상속인의 상속권을 부인하고 자기(들)만이 상속하였다고 주장하는 공동상속인 중의 1인 또는 수인이나, 다른 공동상속인의 상속권을 부정하지는 아니한 채 사실상 상속재산을 배타적으로 점유, 관리하고 있는 공동

30) 金疇洙(註 9), 491면은 이 제척기간이 민법의 제척기간보다 짧은 것은 민법이 상속관계의 불안을 오래 끄는 것을 싫어한 까닭이라고 설명한다.
31) 郭宗哲, "相續回復의 訴", 판례연구 제8집, 부산판례연구회, 1998, 521면.
32) 郭京直(註 9), 316-317면.
33) 같은 취지, 嚴東燮(註 9), 233면.

상속인 등은 상속회복청구의 상대방인 '참칭상속권자'에 해당한다고 볼 수 없다고 주장한다. 그러나 대상판결의 다수의견이나 종래의 판례[34]는 공동상속인도 참칭상속인에 포함된다고 보고 있다.

학설상으로도 이 점에 관하여는 긍정설[35]과 부정설[36]이 대립하고 있다. 부정설의 주된 논거는 참칭상속인은 상속인이 아님에도 불구하고 상속인이라고 믿게 할 만한 외관을 지니는 자를 말하는데, 공동상속인은 모두 상속인이므로 참칭상속인이 될 수 없고, 이러한 공동상속인 상호간에는 상속회복청구의 문제로 볼 것이 아니라 통상의 상속등기의 말소청구나 상속재산 분할의 무효 내지 재분할청구의 문제로 보아야 한다는 것이다.

대상판결의 반대의견 2는 공동상속인이 참칭상속인이 될 수 없다는 근거로서, 공동상속인 중의 일부가 다른 공동상속인을 상속에서 배제하고 상속재산을 점유, 관리하고 있는 경우에는 그 다른 공동상속인은 이미 상속인으로서의 지위를 가지고 있는 것이므로, 상속재산의 관리에의 참가(민법 제265조)나 상속재산의 분할청구(민법 제1013조) 등의 방법에 의하여 자기의 상속권의 내용을 실현할 수 있고, 이미 상속재산이 분할되었거나 처분되었다고 하더라도 상속재산의 분할이 무효임을 주장하여 다시 상속재산의 분할을 청구하거나, 상속분에 상당한 가액의 지급을 청구할 수는 있다고 하겠지만, 이는 공동상속인이 자기의 상속분의 비율에 따른 상속재산을 요구하고 상속받은 지분소유권의 내용을 실현하는 것에 지나지 아니하므로, 상속회복청구의 문제와는 평면을 달리하는 것이라고 한다. 그리고 반대의견 3은 다른 공동상속인의 지분권을 침해한 공동상속인에게 상속회복청구권에 관한 민법의 규정을 적용하게 하여 그 침해를 안 날로부터 3년 또는 상속이 개시된 날로부터 10년의 경과로 결과적으로 그 재산의 취득을 인정하고 상속재산 공유의 상태를 해소시킨다는 것은 상속재산에 대한 공평하고 원만한 분할을 예정하고 있는 공동상속제도의 취지에 어긋나는 것이라고 아니할 수 없다고 한다.

그러나 공동상속인이라 하여도 자신의 상속분을 넘는 부분에 대하여 자신의 권리를 주장하고 있다면 그 부분에 관하여는 역시 참칭상속인에 해당한다

34) 대법원 1982. 9. 28. 선고 80므20 판결(公 1982, 1083) 등 다수.

35) 郭宗哲(註 31), 523면; 金在晉(註 9), 596면; 金疇洙(註 9), 486면; 申性澤(註 9), 293면; 李和淑(註 9), 1046면 등.

36) 朴秉濠, "相續回復請求의 被告適格", 민사판례연구 Ⅷ, 1986, 200면 이하; 吳昌洙(註 9), 23-24면; 李起中(註 9), 386-387면; 李相京(註 12), 485면; 申榮鎬(註 3), 482면 이하 등.

고 보지 않을 수 없다. 또한 균형상으로 보더라도 전혀 무권리자인 제 3 자에 비하여 적어도 일부의 권리는 가지고 있는 공동상속인이 덜 보호를 받아야 할 이유는 없다. 예컨대 상속인을 참칭한 전혀 무권리자인 제 3 자로부터의 전득자와, 공동상속인으로부터의 전득자를 비교하여 볼 때 그 보호의 필요성은 후자가 오히려 전자보다 더 큰 것이다.[37)]

일본 最高裁判所 1978(昭和 53). 12. 30. 大法廷 판결[38)]의 소수의견은 유산상속인은 모두 진정한 상속인의 지위를 가지는 자이므로, 유산상속인 상호간에는 상속권 침해가 있더라도 상속인의 지위의 회복이라고 하는 것은 생각할 수 없어서 상속회복청구의 문제는 생기지 않는다고 하였다. 그러나 위 판결의 다수의견은 공동상속인 가운데 1인 또는 수인이 상속재산 가운데 자기의 본래의 상속분을 넘는 부분에 관하여 당해 부분의 표현상속인으로서 그 부분도 또한 자기의 상속분이라고 주장하여 이를 점유관리하고, 진정상속인의 상속권을 침해하는 경우에 관하여 일본 민법 제884조의 규정의 적용을 특히 부정하여야 할 이유가 없다고 하였다.[39)]

다만 공동상속인 상호간의 분쟁이라 하더라도 상속재산의 분할 등이 이루어지기 전에, 예컨대 상속재산의 공부상의 명의는 여전히 피상속인의 것으로 되어 있거나, 또는 각 상속인의 상속분에 따른 것으로 표시되어 있는 경우에도 일부 상속인이 다른 상속인의 권리를 부정하면서 상속재산 전부를 점유하고 있는 경우에도 이러한 상속인을 참칭상속인으로 취급하여야 하는가 하는 점은 문제이다. 종래의 긍정설에서도 이러한 경우에는 상속분할청구의 문제로 다루어야 할 뿐 제척기간의 문제는 없는 것으로 보아야 한다고 보고 있다.[40)]

---

37) 李和淑(註 9), 1046면 참조.

38) 民集 32-9, 1674.

39) 다만 이 판결의 다수의견은 이처럼 공동상속인 간에도 상속회복청구가 인정된다고 하면서도, 스스로 상속권이 없는 줄 알면서도 상속인이라고 칭하거나 또는 상속권이 있다고 믿을 만한 합리적인 사유가 없음에도 불구하고 스스로 상속인이라고 칭하는 자는 본래 상속회복청구제도가 대상으로 생각한 자에 해당하지 않으므로 이러한 공동상속인은 다른 공동상속인의 침해의 배제의 청구에 대하여 상속회복청구권의 시효를 원용하여 이를 거부할 수 없다고 한다. 이에 대하여는 뒤에서 다시 언급한다.

40) 金疇洙, "共同相續人 사이의 相續回復請求權과 除斥期間", 判例月報 1992. 7, 40면 참조. 또한 申榮鎬(註 3), 481-482면 참조.

2. 참칭상속인인지 여부는 상속개시 당시를 표준으로 하여야 하는가?

대상판결 중 김용준 대법관의 반대의견 2는 상속회복청구의 상대방이 되는 '참칭상속권자'라 함은 상속이 개시될 당시에 정당한 상속권자가 아님에도 불구하고 진정한 상속권자로 믿게 할 만한 외관을 지니고 정당한 상속권자의 상속권을 침해하고 있는 자, 예를 들면 상속이 개시될 당시에 이미 호적부 등에 상속인이 될 자로 기재되어 있지만 사실은 그와 같은 신분관계가 없는 자, 또는 상속을 포기하였거나 결격사유로 상속인이 되지 못할 자등만을 의미한다고 보아야 하고, 따라서 상속이 개시될 당시에는 상속권자로 믿게 할 만한 외관을 갖추지 못하였는데 그 후에 문서를 위조하는 등의 방법으로 정당한 상속권자인 것처럼 가장한 자는 상속회복청구의 상대방인 '참칭상속권자'에 해당한다고 볼 수 없다고 한다. 그리고 그 근거로서는 이미 상속이 개시된 후에 상속권자가 아니면서 상속권자인 것처럼 가장하여 상속재산을 차지한 자는 진정한 상속권자의 '상속권'을 침해하는 것이 아니라 진정한 상속권자의 상속재산에 대한 '소유권'을 침해하는 것으로 보아야 하고, 위와 같은 경우 진정한 상속권자가 상속재산에 대한 소유권에 기하여 그 침해의 배제를 구하는 것을 상속회복청구권의 행사로 본다면 유달리 짧은 제척기간을 규정한 민법 제999조 제 2 항이 적용될 수밖에 없는데, 만약 상속이 개시된 때로부터 10년이 경과한 후에 상속재산에 대한 침해행위가 이루어졌을 경우 진정한 상속권자의 상속재산에 대한 소유권의 행사를 상속회복청구로 보아 이미 제척기간이 경과하였다는 이유로 배척한다면, 그 결과가 너무도 부당하다는 점 및 민법이 상속회복청구권의 제척기간을 규정한 취지는, 상속에 관한 법률관계를 가급적 빨리 종국적으로 확정시켜 참칭상속권자가 진정한 상속권자인 것 같은 외관을 믿고 거래를 한 제 3 자를 보호하려는 데에 있는 것이지, 상속재산을 취득한 모든 제 3 자를 보호하려는 취지라고는 볼 수 없다는 점 등을 들고 있다.

일반적으로 참칭상속인이라 함은 재산상속인인 것을 신뢰케 하는 외관을 갖추고 있는 자(이른바 表見相續人)나 상속인이라고 참칭하여 상속재산의 전부 또는 일부를 점유하는 자를 가리킨다고 한다.[41] 그러나 실제로 어떤 경우에 이

---

41) 대법원 1991. 1. 22. 선고 90다19470 판결(公 894, 1060) 등 다수.

러한 참칭상속인에 해당하는지가 반드시 명백한 것은 아니다. 그런데 위 반대 의견 2는 참칭상속인의 개념을 상속인인 것과 같은 외관을 가진 表見相續人으로만 한정하고 상속인을 참칭하여 상속재산을 점유하는 자는 배제하고 있을 뿐만 아니라, 그러한 외관도 상속개시 당시에 존재하여야 한다고 주장한다. 우선 참칭상속인의 개념을 상속인인 것과 같은 외관을 가진 경우로 한정하는 것은 상당히 설득력이 있다고 생각된다. 그러한 외관도 가지지 않은 자가 스스로 상속인이라고 참칭하는 것은, 실제로는 상속인임을 빙자하여 진정한 상속인의 권리를 침해하는 것일 뿐 당사자 사이에 객관적으로 상속에 관한 분쟁이 있는 것이 아니기 때문이다.[42] 일본의 학설 가운데에도 일본에는 호적제도가 있음을 강조하여, 상속등기가 호적과 연동하여 행하여지고, 부동산의 사실상의 점유관리만으로는 등기원인으로 되지 않는 일본에서는 호적상의 상속인과 다른 사실상의 상속인은 포괄유증이 다투어지는 경우를 제외하고는 없다고 하여, 상속회복청구권의 피고로 되는 표현상속인은 단적으로 호적상의 상속인이라고 하는 설이 있다.[43]

대상판결 이후의 판례인 대법원 1993. 11. 23. 선고 93다34848 판결[44]은 사망자의 상속인이 아닌 자가 상속인인 것처럼 허위기재된 위조의 제적등본, 호적등본 등을 기초로 하여 상속인인 것처럼 상속등기가 이루어진 경우에는 그는 참칭상속인이 아니라고 하였고, 대법원 1994. 1. 14. 선고 93다49802 판결[45]은 甲이 자기 어머니의 성명이 乙 등의 피상속인과 같은 이름으로서 사망한 것으로 기재된 호적등본을 첨부하여 재산상속을 원인으로 한 소유권이전등기신청을 하여 甲에게 소유권이전등기가 경료된 경우, 乙이 공유자의 일원으로서 공유물의 보존을 위하여 甲 명의의 소유권이전등기 등의 말소를 구하는 소는 상속회복청구의 소라고 할 수 없다고 하였다. 이러한 사례에서 등기명의자는 재산상속인인 것을 신뢰케 하는 외관을 갖추고 있는 자에는 해당하지 않을 것이다. 이러한 경우에 누가 상속인인가는 진정한 상속부에 의하

42) 郭宗晳(註 31), 523면은 우리 판례는 참칭상속인을 상속인인 것과 같은 외관을 갖춘 이른바 表見相續人에 한정하지 않는 것처럼 설시하면서도 실제 적용에 있어서는 적어도 사실상의 외관을 갖출 것을 요구하여 전혀 외관이 없는 자, 예컨대 문서를 위조하여 상속인의 신분을 창출한 경우는 일관하여 참칭상속관계가 아니라고 판시하고 있다고 하면서, 대법원 판결에는 표현상 문제가 있다고 한다.

43) 水野紀子, "相續回復請求權に關する一考察", 加藤一郎先生古稀記念 現代社會と民法學の動向(下), 1992, 417면.

44) 公 1994상, 184.

45) 公 1994상, 720.

여 분명하기 때문이다.[46] 그러나 이러한 자가 상속인을 참칭하는 자에도 해당하지 않는다고 할 수는 없을 것이다.[47] 그러므로 판례도 사실상 참칭상속인을 상속인인 것과 같은 외관을 가진 表見相續人에 한정하고 있다고 할 수 있다.

문제는 참칭상속인에 해당하기 위하여는 상속개시 당시에 이러한 상속인인 것과 같은 외관을 가져야 하고, 상속개시 당시에는 그러한 외관을 갖추지 못하였으나 그 후에 이러한 외관을 가지게 된 때에는 참칭상속인이라고 볼 수 없는가 하는 점이다. 필자가 조사한 바로는 대상판결 이전에는 학설이나 판례상 이러한 논의를 찾아볼 수 없었다. 다만 호주상속과 관련하여서는 참고로 될 수 있는 선례가 있다. 즉 대법원 1989. 9. 26. 선고 87므13 판결[48]은 당시의 인사소송법이 규정하고 있는 호주상속 무효의 소와, 당시의 민법상의 호주상속회복의 소와의 구별에 관하여, 호주상속의 무효원인을 시정하는 일반적인 소송은 인사소송법 소정의 호주상속무효의 소이고, 그 가운데서 진정한 상속인이 참칭상속인을 상대로 한 상속권의 존부에 관한 분쟁을 대상으로 한 것은 민법 제982조에 특별히 마련해 둔 호주상속회복의 소라고 풀이함이 상당하다고 한다. 그리하여 진정상속인이 상속개시 당시의 호적기재상으로는 상속인에 해당되는 것으로 보이지만 진정한 신분관계상으로는 상속인에 해당되지 않는 자 즉 표현상 제 3 자에 의하여 진정한 상속인으로 오인될만한 자를 의미하는 참칭상속인을 상대로 상속권의 존부를 분쟁내용으로 삼는 소송을 제기했을 때에는 이를 개정 전 민법 제982조 소정의 호주상속회복의 소로 다투어야 한다고 보았다. 그러므로 前戶主의 사망 후 면장이 직권으로 호주상속기재를 함에 있어 위 전호주의 3남을 호주상속인으로 하는 신호적을 편제한 경우에는 상속개시 당시의 호적기재에 의하면 전호주의 장남이 호주상속인이고 3남은 호주상속인으로 될 수 없음이 명백하고 이 점은 제 3 자에 의하여서도 오인될 여지가 없다고 할 것이어서, 전호주의 사망에 따른 3남의 호주상속의 적법성과 효력을 다투는 이 사건은 호주상속회복의 소에는 해당되지 아니하고 상속무효의 소에

46) 그러나 대법원 1997. 1. 21. 선고 96다4688 판결(公 1997상, 604)은 소유권이전등기에 의하여 재산상속인임을 신뢰케 하는 외관을 갖추었는지의 여부는 권리관계를 외부에 공시하는 등기부의 기재에 의하여 판단하여야 할 것이라고 하여, 등기원인이 상속 아닌 매매로 기재된 이상 재산상속인임을 신뢰케 하는 외관을 갖추었다고 볼 수는 없다고 한다. 이에 대한 비판은 郭宗楷(註 31), 546면 이하 참조.

47) 諸哲雄(註 7), 102-103면 참조.

48) 公 1989, 1579.

해당한다고 봄이 옳고 따라서 그에 대하여는 개정 전 민법 제982조의 제척기간 규정이 적용되지 아니한다고 한다. 대상판결의 반대의견 2는 이러한 선례에 시사를 받은 것으로 보인다. 그리고 대상판결이 선고된 후에는 이러한 반대의견 2에 찬성하는 견해도 찾아볼 수 있다.[49)]

그러나 호주상속 내지 호주승계에 관하여는 그 회복의 소 외에 별도로 그 무효의 소를 인정하고 있으므로 위와 같은 구별이 적용될 수 있을지 몰라도, 재산상속에 있어서는 상속회복의 소 이외에 상속무효의 소라는 형태가 따로 인정되지 않으므로 위와 같은 이론이 적용되기는 어려울 것이다. 나아가 우리 민법의 상속회복청구권에 관한 규정을 보더라도 상속개시 후에 상속침해가 있는 경우를 배제하고 있다고는 보여지지 않는다.

반대의견 2는 대법원 1987. 7. 21. 선고 86다카2952 판결[50)]을 위 이론에 따라 참칭상속권자가 아닌 예로 들고 있다. 위 판결은 다음과 같은 취지이다. 즉 甲이 乙을 양자로 삼아 그의 집에서 양육하고 족보에 그의 아들로 등재하였으나 법률상의 입양절차를 밟지 아니하고 있던 중 甲 내외가 사망하자, 현행 민법 시행 후 乙이 甲의 死後養子로 선정된 것처럼 甲의 호적부에 死後養子入養 신고를 하였다가 이에 대한 무효심판이 확정되어 위 호적기재가 말소된 사안에서, 乙이 甲의 사후양자로 등재된 이후 甲의 양자로 행세하면서 미등기로 되어 있던 甲 소유의 부동산을 타에 임의로 처분하였다고 하더라도 사후양자나 정식으로 입양되지 아니한 양자는 모두 甲의 유산상속권이 없는 것이 명백하므로 乙이 甲의 양자로 행세하였다고 하더라도 민법 제982조의 "참칭"상속인이 될 수 없고, 또한 乙의 위와 같은 甲의 상속재산처분행위가 민법 제999조의 이른바 "재산상속권침해"에 해당되지도 아니한다는 것이다.

그러나 위 판결의 중점은 현행 민법 시행 후에 선정된 死後養子는 양부의 재산상속권이 없으므로 乙이 호적상 사후양자로 기재되어 있다 하더라도 호적부 자체에 의하여도 재산상속인이라는 외관을 구비하지 못한 자라는 데 있는 것이지,[51)] 참칭상속인인지 여부를 상속개시 당시만을 기준으로 하여 판단하여

49) 吳昌洙(註 9), 25-26면; 李起中(註 14), 387-389면 등.

50) 公 1987, 1382.

51) 이 판결에 대한 당시 재판연구관의 해설도 같은 취지이다. 柳正珠, "財産相續回復請求權과 僭稱相續人", 대법원판례해설 통권 제8호, 1988, 153면 참조. 대법원 1998. 3. 27. 선고 96다37398 판결(公 1998상, 1158)도 대체로 비슷한 취지라고 생각된다. 그러나 諸哲雄(註 7), 102-103면은, 이 판결의 사안도 판례가 내세우는 기준에 의하면 상속인이라고 참칭하여 상속재산을 점유하는 자라고 볼 여지가 있다고 한다.

야 한다는 취지라고는 볼 수 없는 것이다.

그렇지만 이러한 반대의견 2가 제시하는 기준, 즉 상속개시 당시에 상속인인 것과 같은 외관을 가지지 않는 자는 뒤에서 보는 私見에 따르더라도[52] 대체로 상속회복청구권의 제척기간이 경과하였음을 주장할 수 없는 자에 해당한다고 보아야 할 것이고, 따라서 결과에 있어서는 큰 차이가 없을 것이다.

Ⅴ. 相續回復請求權의 除斥期間의 起算點

상속회복청구권의 성질에 관하여 독립권리설을 주장하는 반대의견 1을 지지한 세 대법관 가운데 이재성, 배만운 두 대법관은 다수의견처럼 물권적 청구권의 행사도 제척기간에 걸린다고 한다면 그 제척기간은 참칭상속이 개시된 날, 다시 말하면 상속권의 침해가 있었을 때부터 기산하는 것으로 해석하는 것이 상당하다고 주장한다. 그리고 그와 같이 해석하는 근거로서, 원래 제척기간은 권리를 행사할 수 있음을 전제로 하여 권리를 행사할 수 있을 때부터 기산되어야 하는 것이며, 권리가 침해되지도 아니한 때부터 그 권리의 회복청구권의 행사기간이 경과한다는 것은 모순이라고 하는 점을 들고 있다. 대상판결에 대한 평석 가운데에도 이를 지지하는 것이 있다.[53] 그러나 대상판결의 다수의견이나 다수의견이 인용하고 있는 종래의 선례[54]는 法文에 따라 10년의 제척기간의 기산점은 상속이 개시된 때부터이므로 그 10년이 경과된 후에 상속권의 침해가 있더라도 상속회복청구권은 소멸한다고 보고 있다.

확실히 이 사건 반대의견들이 지적하는 것처럼 다수의견처럼 해석하는 경우에는 상속이 개시된 날로부터 10년간 상속등기가 되지 아니한 재산은 아무나 그리고 어떠한 방법이나 수단으로든 상속을 원인으로 등기를 하기만 하면 그의 소유로 귀속되고, 진정한 상속인은 권리구제를 청구할 기회조차 갖지 못하게 된다는 불합리한 결과를 가져오게 된다.[55] 그리하여 1998. 7. 법무부가

---

52) 후술 Ⅵ. 참조.

53) 吳世律(註 9), 160면.

54) 대법원 1989. 1. 17. 선고 87다카2311 판결(公 1989, 288).

55) 독일 민법의 해석론으로서도 이와 유사한 논의가 있다. Gursky(註 22), S. 222 ff.는 독일의 통설과 같이 상속회복청구권을 단일한 포괄적인 권리로 보게 되면, 그 상대방이 최초로 상속재산으로부터 무엇인가를 취득하였을 때부터 전체의 상속회복청구권의 소멸시효가 진행하며, 따라서 참칭상속인이 30년의 소멸시효기간이 만료되기 직전에 또 다른 재산을 취득하였으면

입법예고한 친족상속법 개정법률안에서는 현행 민법 제999조 제2항의 "상속이 개시된 날로부터 10년"을 "상속권의 침해행위가 있은 날부터 10년"으로 개정하는 것으로 하였다.[56)]

그러나 현행법의 해석론으로서 이처럼 제척기간의 기산점을 상속이 침해되었을 때로 본다는 것은, 적어도 10년의 제척기간에 관한 한 "상속이 개시된 날"을 제척기간의 기산점으로 규정하고 있는 민법 제999조 제2항의 법문에 명백히 어긋난다.[57)] 뿐만 아니라 위의 반대의견이 내세우고 있는 일반론, 즉 원래 제척기간은 권리를 행사할 수 있음을 전제로 하고, 권리를 행사할 수 있을 때부터 기산되어야 하는 것이며, 권리가 침해되지도 아니한 때부터 그 권리의 회복청구권의 행사기간이 경과한다는 것은 모순이라는 주장도 반드시 명백한 것은 아니다. 가령 대법원 1995. 11. 10. 선고 94다22682 판결[58)]은 形成權인 賣買契約의 完決權에 관하여 당사자 사이에 행사기간에 관한 약정이 없을 때에는 그 예약이 성립한 때로부터 10년이 지나면 제척기간의 경과로 소멸하고, 당사자 사이에 위 매매예약 완결권을 행사할 수 있는 시기를 특별히 약정한 경우에도 그 제척기간은 당초 권리의 발생일로부터 10년간의 기간이 경과하면 만료되며, 그 기간을 넘어서 위 약정에 따라 권리를 행사할 수 있는 때로부터 10년이 되는 날까지로 연장된다고 할 수 없다고 판시하였다.[59)]

다만 대상판결의 사안처럼 상속권의 침해행위가 10년의 제척기간 경과 후에 있은 경우까지 상속회복청구권이 제척기간의 경과로 인하여 소멸하였다고 볼 것인가는 별개의 문제이다. 이 경우에는 뒤에서 설명하는 것처럼 따로 취급하여야 할 것이나, 그렇다고 하여 일반적으로 10년의 제척기간의 기산점을 상속권의 침해가 있는 때로 볼 수는 없다.

상속인은 이 재산에 대하여는 사실상 상속회복청구권을 관철할 수 있는 기회를 가지지 못하고, 30년이 지난 후에 참칭상속인이 취득한 재산에 대하여는 소멸시효가 완성된 청구권만이 발생하는 불합리한 결과가 생긴다고 하여, 상속회복청구권은 원래 단일한 청구권이 아니라 서로 밀접한 연관이 있는 청구권의 묶음(Bündel)이라는 전제에서 상속재산의 각 점유취득은 각각 새로운 소멸시효기간의 기산점이 된다고 한다.

56) 金疇洙, "家族法의 改正方向과 課題", 家族法研究 제11호, 1997, 47면은 개정안과 같은 취지이고, 李和淑, "相續回復請求權 制度의 改善", 같은 책 393면은, 입법론으로서 상속회복청구권의 행사기간을 침해를 안 날로부터 5년, 침해행위가 있은 날로부터 10년으로 하되, 이 기간은 진정상속인의 보호를 위해 소멸시효로 보는 것이 타당하다고 한다.

57) 같은 취지, 金疇洙(註 40), 44면; 吳昌洙(註 9), 25면 등.

58) 公 1995하, 3904.

59) 이에 대한 비판으로는 梁彰洙, "賣買豫約完結權의 除斥期間의 起算點", 民法研究 제4권, 257면 이하, 특히 264면 이하 참조.

Ⅵ. 除斥期間의 經過 주장과 信義則

대상판결의 여러 반대의견의 기본 의도는 상속회복청구권 제도가 진정한 상속인을 부당하게 희생시킨다고 보아 가능한 한 상속회복청구권제도의 적용 범위를 좁히려는 데 있다고 할 수 있다. 이러한 반대의견의 기본 취지에는 공감할 수 있으나, 문제는 그 이론구성을 어떻게 할 것인가 하는 점이다. 사견으로서는 그 해결의 방향을 신의성실의 원칙에서 찾을 수밖에 없다고 생각한다.

이 점에 관하여 참고할 수 있는 것은 앞에서도 언급한 일본 最高裁判所 1978(昭和 53). 12. 30. 大法廷 판결(註 38)이다. 이 판결의 다수의견은 자신이 상속인이 아닌 것을 알고 있으면서도 상속인이라고 칭하거나, 또는 그러한 자에게 상속권이 있다고 믿을 만한 합리적인 사유가 없음에도 불구하고 스스로 상속인이라고 칭하여 상속재산을 점유관리함에 의하여 상속재산을 침해하는 자는, 본래 상속회복청구제도가 대상으로서 생각하고 있는 자에는 해당하지 않는다고 해석하는 것이, 상속의 회복을 목적으로 하는 제도의 本旨에 비추어 상당하다고 한다. 즉 상속재산에 관하여 다툼이 있는 경우에도, 상속에 아무런 관계가 없는 자가 상속에 관계 없이 상속재산에 속하는 재산을 점유관리하여 이를 침해하는 경우에는 그 본질은 일반의 재산의 침해의 경우와 다를 바가 없고, 상속재산회복이라고 하는 특별한 제도를 인정하여야 할 이유는 전혀 존재하지 않으며 법률상 일반의 침해재산의 회복으로서 취급하여야 하고, 그러한 침해자는 表見相續人에는 해당하지 않는다고 한다. 그와 같이 생각한다면 자기에게 상속권이 없는 것을 알거나 또는 그러한 자에게 상속권이 있다고 믿을 만한 합리적 사유가 없음에도 불구하고 스스로 상속인이라고 칭하여 상속재산을 침해하는 자는, 자기의 침해행위를 정당행위인 것처럼 호도하기 위한 구실로서 상속이라는 이름을 빌리거나 또는 그와 同視하여야 하는 데 지나지 않고, 실질에 있어서는 일반의 물권침해자 내지 불법행위자로서 이른바 상속회복청구제도의 범위 밖에 있는 자이며, 그 당연한 귀결로서 상속회복청구권의 소멸시효의 원용을 인정할 수 있는 자에는 해당하지 않는다고 한다. 그리고 공동상속인 가운데 1인 또는 수인이 다른 공동상속인이 있다는 것 및 상속재산 가운데 그 1인 또는 수인의 본래의 지분을 넘는 부분이 다른 공동상속인의 지분에 속하는 것을 알면서 그 부분도 자기의 지분에 속한다고 하거나 또는 그 부분에 관하여 그 자에게 상속에 의한 지분이 있다고 믿을 만한 합리적인 사유가 없음에도 불구하고 그 부분도 자기의 지분에 속한다고 하여 이를 점유관리하고 있는 경우에는, 상속회복청구제도의 적용이 예정된 경우에는 해당하지 않고, 따라서 그 1인 또는 수인이 위와 같이 상속권을 침해당하고 있는 다른 공동상속인으로부터의 침해의 배제의 청구에 대하여 상속회복청구권의 시효를 원용하여 이를 거부할 수는 없다고 하지 않으면 안 된다고 한다.

결국 이 판례는 惡意 또는 과실 있는 表見相續人(僭稱相續人)은 상속회복청구권의 소멸시효를 원용할 수 없다고 함으로써 상속회복청구권의 소멸시효 규정이 적용될 수 있는 범위를 매우 좁혔고, 따라서 실제로 상속회복청구가 소멸시효 완성을 이유로 받아들여지지 않는 경우는 지극히 예외에 속하게 되었다.[60)]

일본의 학설도 위와 같이 상속회복청구권제도의 적용범위를 좁히려는 판례의 기본태도에 동조하고 있는 것이 대세를 이루고 있다고 할 수 있다.[61)] 우리나라에서도 일본 판례와 같은 취지의 주장이 있다. 즉 상속회복청구권의 상대방이 되는 참칭상속인은 정당한 상속권이 없음에도 불구하고 상속인이라고 믿게 할 만한 외관을 가지는 이른바 表見相續人에 한정되지만, 다른 한편 상속회복청구권의 단기의 제척기간의 존재이유가 상속관계의 조기확정 및 거래의 안전에 있다고 할 때, 이에 따라 보호받게 되는 자는 그러한 보호의 가치가 있는 자라야만 하기 때문에, 表見相續人이라고 하여도 모두 보호의 가치가 있는 것은 아니라고 한다. 다시 말하여 상속인으로서의 외관을 갖추고 있는 자 가운데에는 호적부를 위조하는 등의 방법으로 스스로 그러한 외관을 만들어 낸 자가 있을 수 있고, 또 스스로 이러한 외관을 만들어 내지는 않았다고 하여도 이미 자신이 적법한 상속인이 아님을 알고 있는 경우도 있을 수 있는데, 이러한 자들은 表見相續人이라는 이유만으로는 단기의 제척기간에 의한 보호를 받을 수 없다고 보는 것이 진정상속인과의 이익과의 관계에서 보다 형평에 맞을 것

60) 나아가 日最判 1995(平成 7). 12. 5.(判時 1562, 54)는 이처럼 소멸시효를 원용할 수 없는 참칭창속인으로부터 상속 부동산을 양수한 제 3 자도 시효를 원용할 수 없다고 하였다. 이에 대한 評釋으로는 伊藤昌司, "民法第八八四條の現況", 判例タイムズ No. 918, 71면 이하; 松本克美, "單獨名義で相續の登記を經由した共同相續人の一人から不動産を讓り受けた者と相續回復請求權の消滅時效の援用", 判例時報 1588호, 219면 이하 참조.

61) 위 판결 이후의 일본의 학설 상황에 대하여는 副田隆中, "相續回復請求權", 星野英一 編, 民法講座 7(親族・相續), 1984, 456면 이하; 泉 久雄・野田愛子 編, 民法 Ⅹ(相續)(注解法律學全集 19), 1995, 38면(小川榮治) 등 참조.

이라고 하여, 상속회복청구권의 상대방이 될 수 있는 자는 善意(즉 자신이 적법한 상속인이 아님을 모르는)의 表見相續人에 국한시키는 것이 바람직하다고 하면서 위와 같은 일본의 판례를 인용하고 있다.[62)]

그러면 위와 같은 일본 판례의 태도를 어떻게 평가할 것인가? 私見으로서는 위와 같이 상속회복청구권의 제척기간에 의하여 보호를 받을 수 있는 참칭상속인을 그 주관적 요건에 따라 일정한 범위로 제한하는 위와 같은 이론의 기본 방향은 타당하다고 여겨진다. 그러나 위와 같은 결론을 상속회복청구권제도 그 자체에서 도출하기는 어렵다고 생각한다. 상속회복청구권 규정의 문언상으로는 상속회복청구권의 상대방인 참칭상속인을 위와 같이 제한하여 해석할 수 있는 근거가 없기 때문이다. 이 점은 상속회복청구권제도의 연혁에 비추어 보아도 그러하다.[63)]

그렇지만 상속회복청구권이 제척기간 경과에 의하여 소멸하였다는 주장이 신의칙에 의하여 제한된다는 이론을 구성할 수 있다면, 그러한 이론에 의하여 대체로 위와 유사한 결론을 이끌어낼 수 있을 것이다. 실제로 일본의 학설 가운데에는 일본의 판례를 이와 같이 이해하는 견해도 있다. 즉 위 판결의 眞意는 요컨대 「자신이 상속인이 아닌 것을 알고 있으면서도 상속인이라고 칭하거나, 또는 그러한 자에게 상속권이 있다고 믿을 만한 합리적인 사유가 없음에도 불구하고 스스로 상속인이라고 칭하는 자」는 일본 민법 제884조가 정하는 시효원용권을 가지지 않는다는 데 있고, 그 실질적 근거는 權利濫用의 禁止・신의칙에 있다고 보아도 좋으며, 위와 같은 자에 대한 청구권의 상속회복청구권으로서의 성질까지 부정하는 취지는 아니라는 것이다.[64)] 이와 같은 이론은 우리 민법의 해석론으로서도 받아들여질 수 있다고 여겨진다. 즉 참칭상속인이 분쟁의 대상이 되고 있는 상속재산을 자신이 상속한 것이 아님을 알면서도 자신이 상속한 것이라고 주장하여 진정한 상속인의 권리를 침해하고 있을 때에는, 이러한 자가 상속회복청구권의 제척기간이 경과하였다고 주장하는 것은 신

62) 嚴東燮(註 9), 234-235면 참조. 그러나 申榮鎬(註 3), 486-487면은, 相續回復請求權을 獨立說이 아닌 集合說에 따라 해석하면서 침해자의 주관적 요건을 문제삼는 것은 法論理에 모순된다고 한다.

63) 그러나 水野紀子(註 43), 417면은 위와 같은 판례의 결론은 호적제도라고 하는 점에서 독특한 일본의 상속질서 전체로부터 고찰하였을 때에는 상속회복청구권의 내용으로서 필연적인 귀결을 표현한 것이라고 한다.

64) 辻 正美, "共同相續人の一人によって相續權を侵害された他の共同相續人が右侵害の排除を求める場合と民法八八四條の適用", 民商法雜誌 제81권 3호(1979), 405면.

의칙에 비추어 허용되지 않는다고 보아야 한다는 것이다.

그러나 이러한 견해에 대하여는 여러 가지의 반론이 있을 수 있다. 우선 일본 민법은 상속회복청권이 소멸시효에 걸리는 것으로 규정하고 있는데 반하여 우리 민법은 이를 제척기간에 걸리는 것으로 규정하고 있고, 제척기간이 경과하면 당사자의 주장을 기다리지 않고 권리가 당연히 소멸하므로 이때에는 신의칙 위반의 문제가 생길 수 없다는 주장이 있을 수 있다.

일반적으로 소멸시효의 주장이 신의칙에 반할 때에는 허용되지 않는다고 하는 것은 우리나라에서도 근래에 이르러 학설상 논의되고 있고,[65] 판례도 이를 인정하고 있다. 즉 대법원 1994. 12. 9. 선고 93다27604 판결[66]은 부당이득반환청구권의 소멸시효가 문제된 사건에서, 채무자가 시효완성 전에 채권자의 권리행사나 시효중단을 불가능 또는 현저히 곤란하게 하거나 그러한 조치가 불필요하다고 믿게 하는 행동을 하였거나, 객관적으로 채권자가 권리를 행사할 수 없는 장애사유가 있었거나, 또는 일단 시효완성 후에 채무자가 시효를 원용하지 아니할 것 같은 태도를 보여 권리자로 하여금 그와 같이 신뢰하게 하였거나, 채권자보호의 필요성이 크고 같은 조건의 다른 채권자가 채무의 변제를 수령하는 등의 사정이 있어 채무이행의 거절을 인정함이 현저히 부당하거나 불공평하게 되는 등의 특별한 사정이 있는 경우에 한하여 채무자가 소멸시효의 완성을 주장하는 것이 신의성실의 원칙에 반하여 권리남용으로서 허용될 수 없다고 판시하였고, 대법원 1997. 12. 12. 선고 95다29895 판결[67]도 같은 취지이다.[68]

그러면 제척기간의 경우에는 어떠한가? 제척기간의 경우에는 소멸시효와는 달리[69] 당사자의 주장이 없더라도 법원이 직권으로 고려하여야 하므로, 당사자의 제척기간 완성의 주장이 신의칙에 어긋나는가 여부는 문제되지 않는다고 생각할 수도 있다. 실제로 일본 최고재판소의 판례는 우리 민법 제766조 제2항에 해당하는 일본 민법 제724조 後段의 20년의 기간이 제척기간임을 전제로 하여, 이러한 20년의 제척기간이 경과한 경우 재판소로서는 제척기간의 성

65) 尹眞秀, 民法注解 Ⅲ(總則 3), 1992, 409-413면; 李銀榮, 民法總則, 1996, 752-753면; 韓杠鉉, "消滅時效의 主張이 權利濫用에 해당하는가", 民事裁判의 諸問題 9, 1997, 205면 이하 참조.

66) 公 1995상, 434.

67) 公 1998상, 237.

68) 또한 대법원 1995. 4. 25. 선고 94재다260 전원합의체 판결(公 1995, 1858)의 別個意見 및 대법원 1996. 12. 19. 선고 94다22927 전원합의체 판결(公 1997상, 75)도 참조할 것.

69) 소멸시효의 경우에는 당사자의 원용이 있어야만 권리가 소멸한다는 상대적 소멸설은 물론이고, 당사자의 원용이 없어도 당연히 소멸한다는 절대적 소멸설도 실제로는 민사소송상의 변론주의를 근거로 하여 당사자의 원용이 있어야만 한다고 보고 있다.

질에 비추어 청구권이 제척기간의 경과에 의하여 소멸하였다는 주장이 없더라도 위 기간의 경과에 의하여 청구권이 소멸하였다고 판단하여야 하고, 따라서 이처럼 청구권 소멸을 주장하는 것이 신의칙위반 또는 권리남용에 해당한다는 주장은 주장 자체 이유없다고 하여 이를 배척하였다.[70)]

그러나 설사 위 조항을 제척기간으로 본다 하더라도,[71)] 제척기간 경과의 주장이 신의성실의 원칙에 위배되는지 여부가 처음부터 문제될 수 없는 것은 아니다.[72)] 즉 신의성실의 원칙은 민법의 기본원리의 하나라고 할 수 있는데, 제척기간이 경과하면 당사자의 주장이 없더라도 당연히 권리가 소멸한다는 점만으로는 이러한 신의성실의 원칙을 배제할 근거가 되지 못하고, 상대방의 행동이 신의성실의 원칙에 반할 때에는 그의 제척기간 주장 또한 신의성실의 원칙에 의하여 배제될 수 있는 것이다.[73)] 독일에서도 제척기간(Ausschlußfrist)의 주장 또한 그것이 신의성실의 원칙에 반할 때에는 허용될 수 없다고 보는 것이 일반적인 견해이다.[74)]

또 다른 예상되는 반론은 참칭상속인이 자신이 진정한 상속인이 아니라는 것을 알면서 상속재산을 점유한다는 이유만으로 그의 제척기간 주장이 신의칙에 반한다고 할 수 있는가 하는 점이다. 이 점은 몇 가지 경우를 나누어 살펴볼 필요가 있다.

우선 대상판결의 사안과 같이 상속개시 후 10년이 경과한 후에 상속권의 침해가 있는 경우이다. 이때에도 대상판결의 다수의견처럼, 상속회복청구권이 제척기간 경과로 소멸하였다고 한다면 매우 이상한 결과가 된다. 즉 진정한 상속인으로서는 상속회복청구권을 행사할 수 있는 기회를 처음부터 가지지 못하였던 것이고, 따라서 이 경우에는 아직 성립하지도 않은 권리가 소멸하게 된다고 하는 불합리한 결과를 초래하게 되는 것이다. 입법자의 의사도 이러한 경우까지 염두에 두고 제척기간의 기산점을 정하였다고 생각되지는 않는다. 따라서

70) 日最判 1989(平成元). 12. 21.(民集 43-12, 2209).

71) 민법 제766조 제2항의 규정이 소멸시효기간을 규정한 것인가, 아니면 제척기간을 규정하고 있는 것인가에 대하여는 논의가 있으나, 이는 소멸시효기간으로 보아야 할 것이다. 尹眞秀, "違憲인 法律에 근거한 公務員 免職處分이 不法行爲로 되는 경우 그로 인한 損害賠償請求權 消滅時效의 起算點", 서울대학교 법학 제38권 1호, 1997, 178-181면 참조.

72) 尹眞秀, "消滅時效의 濫用에 관한 考察"(1984년 서울대 碩士論文), 42-43면 참조.

73) 일본에서도 위 판결에 대하여 평가가 나뉘지만, 비판적인 견해가 지배적이라고 할 수 있다. 상세한 것은 渡邊博之, "除斥期間と信義則・權利の濫用をめぐる適用關係論", 判例時報 1473호(判例評論 419호), 1994, 164, 168면 이하 참조.

74) MünchKomm/von Feldmann, §194 Rdnr. 13 참조.

이러한 경우에는 10년의 제척기간 경과 후에 상속권을 침해한 참칭상속인이 상속회복청구권의 제척기간이 경과하였다고 주장하는 것은 신의성실의 원칙에 어긋나서 허용되지 않는다고 보아야 할 것이다. 그리고 이러한 사례는 대체로 다음에서 설명하는 기준에 의하더라도 상속회복청구권의 제척기간 완성을 주장할 수 없는 경우에 해당할 것이다.

또 다른 경우로는 전혀 상속과 관계없는 제3자가 진정상속인이 따로 있음을 알면서도, 서류의 위조 등과 같은 범죄행위에 의하여 자신이 상속인인 것처럼 가장하여 호적부에 사실과 다른 기재를 하게 함으로써 진정한 상속인의 상속권을 침해하거나, 공동상속인 중 1인이 다른 상속인은 상속을 포기하였다는 허위의 서류를 작성하는 등의 방법으로 자신의 상속분을 넘는 등기를 함으로써 다른 공동상속인의 상속권을 침해하는 사례를 들 수 있다. 이러한 경우에 제척기간이 경과하였다고 하여 진정한 상속인의 상속회복청구를 배척하는 것은 결국 보호할 가치가 없는 범죄자를 보호하는 것이 되어 부당하므로, 위와 같은 경우에 상속회복청구권의 상대방이 제척기간 경과로 인하여 상속회복청구권이 소멸하였다고 주장하는 것은 신의성실의 원칙에 비추어 허용되지 않는다고 보아야 할 것이다.[75]

종래 상속회복청구권이 문제되었던 대부분의 사례는 이러한 범주에 속한다고 보인다. 따라서 이러한 설명만으로도 대부분의 문제는 해결할 수 있다. 그러나 마지막으로 이처럼 부정한 수단을 사용하지는 않았지만, 스스로는 상속인이 아님을 잘 알고 있거나, 또는 공동상속인의 1인이기는 하지만 자신의 상속분을 넘는 권리를 행사하는 참칭상속인의 경우도 살펴볼 필요가 있다. 이러한 경우에까지 참칭상속인의 제척기간 주장을 신의칙 위반이라고 볼 것인지에 관하여는 견해가 갈릴 수 있다. 그러나 私見으로는 이러한 자가 제척기간의 경과에 의한 상속회복청구권의 소멸을 주장하는 것도 신의칙에 어긋나는 것으로 보아야 한다고 생각한다.

이 점에 관하여는 취득시효에 관한 논의가 참고가 될 수 있다. 실제로 상

75) 郭宗晳(註 31), 526면은 오로지 상속재산을 편취할 목적으로 허위문서를 이용하거나 허위신고를 하여 상속인으로서의 외관을 구비한 경우에는 참칭상속인이 될 수 없다고 하고, 536면에서는 진정상속인이 상속등기를 경료하지 아니한 채 점유하고 있는 사실을 알고 있음에도 참칭상속인이 진정상속인을 배제할 목적으로 일방적으로 상속등기를 경료하는 등의 행위는 반사회적 행위로서 그의 상속권 행사는 무효라고 하여 이 경우에는 제척기간의 적용이 없다고 한다.

속회복청구권의 제척기간은 참칭상속인의 처지에서는 일종의 취득시효와 다를 바가 없기 때문이다.[76] 그런데 대법원 1997. 8. 21. 선고 95다28625 전원합의체 판결[77]의 다수의견은 이른바 惡意의 無斷占有者의 취득시효가 인정되는가에 관하여, 점유자가 점유 개시 당시에 소유권 취득의 원인이 될 수 있는 법률행위 기타 법률요건이 없이 그와 같은 법률요건이 없다는 사실을 잘 알면서 타인 소유의 부동산을 무단점유한 것임이 입증된 경우에도 특별한 사정이 없는 한 점유자는 타인의 소유권을 배척하고 점유할 의사를 갖고 있지 않다고 보아야 할 것이므로 이로써 소유의 의사가 있는 점유라는 추정은 깨어졌다고 한다. 이 판례는 형식적으로는 민법 제199조의 자주점유의 추정 규정의 적용범위에 관한 문제를 다룬 것이지만, 실질적으로는 악의의 무단점유자에게까지 취득시효를 인정하는 것은 법질서의 기본 이념에 어긋난다고 하는 판단을 기초로 하고 있다고 이해하여도 좋을 것이다.

그렇다면 자신이 적법한 상속인이 아니라는 것을 알고 있는 참칭상속인을 어떻게 평가할 것인가 하는 문제도 이와 연관하여 생각하여 볼 필요가 있다. 이러한 참칭상속인은 악의의 무단점유자와 다를 바가 없기 때문이다. 가령 참칭상속인이 공동상속인의 1인이라 하더라도, 판례[78]는 공유토지는 공유자 1인이 그 전부를 점유하고 있다고 하여도 다른 공유자의 지분비율의 범위 내에서는 타주점유라고 볼 수밖에 없다고 한다. 그러므로 악의의 무단점유자에 대하여 시효취득을 인정하지 않는 반면, 상속회복청구권에 있어서는 실제로 참칭상속인이 언제 상속권을 침해하였는지, 다시 말하여 상속재산을 점유하기에 이르렀는지를 묻지 않고 상속이 개시된 때부터 10년이 경과하면 참칭상속인이 진정한 상속인으로 된다는 것은, 법질서 전체의 관점에서는 일종의 評價矛盾(Wertungswiderspruch)이라고 하지 않을 수 없다.

다른 한편 상속회복청구권의 제척기간의 규범목적(Normzweck)과 연관하여 생각하여 보아도, 상속회복청구권의 제척기간을 인정하는 목적은 상속에 관한

---

76) 대법원 1994. 3. 25. 선고 93다57155 판결(公 1994상, 1332); 1998. 3. 27. 선고 96다37398 판결(公 1998상, 1158)도 "상속회복청구권이 제척기간의 경과로 소멸하게 되면 상속인은 상속인으로서의 지위, 즉 상속에 따라 승계한 개개의 권리의무도 또한 총괄적으로 상실하게 되고, 그 반사적 효과로서 참칭상속인의 지위는 확정되어 참칭상속인이 상속개시의 시로부터 소급하여 상속인으로서의 지위를 취득한 것으로 봄이 상당하다"고 한다.

77) 公 1997하, 2501.

78) 대법원 1988. 12. 13. 선고 87다카1418 판결(公 1989, 95); 1994. 9. 9. 선고 94다13190 판결(公 1994하, 2615); 1995. 1. 12. 선고 94다19884 판결(公 1995상, 872) 등.

법률관계의 확정을 조속히 매듭짓기 위한 것이지만, 그로 인하여 진정한 상속인이 희생된다는 점에 주목한다면 참칭상속인과 진정상속인의 이익 형량이라는 문제를 회피할 수는 없고, 이러한 경우에까지 참칭상속인을 보호한다는 것은 법질서의 근본이념인 신의성실의 원칙에 어긋난다고 하지 않을 수 없는 것이다.

마지막으로 자신이 진정상속인이라고 믿고는 있었으나, 그와 같이 믿은 데 과실이 있는 참칭상속인은 어떠한가? 일본의 판례는 이러한 자도 상속회복청구권의 소멸시효를 원용할 수 없다고 보고 있으나, 우리 민법의 해석론으로서는 제척기간 경과의 주장이 제한되는 근거를 신의칙에서 찾는 이상, 이러한 자의 제척기간 주장까지 신의칙에 어긋난다고 보기는 어려울 것이다. 다만 객관적으로 보아 그와 같이 믿을 만한 상당한 이유가 없었다면, 이러한 사정은 그 자가 악의임을 추론할 수 있는 근거가 되고 따라서 이러한 경우에는 제척기간 경과의 주장이 마찬가지로 봉쇄되어야 할 것이다.

Ⅶ. 結 論

대상판결에 다수의견뿐만 아니라 여러 개의 반대의견이 붙어 있는 것은, 상속회복청구권의 제척기간 규정이 가지고 있는 어려운 문제를 단적으로 보여주고 있다. 종래의 판례는 진정한 상속인의 희생 위에 참칭상속인을 보호하는 것이었으나, 이는 구체적 타당성에는 부합하지 않는다. 상속회복청구권의 제척기간 규정을 아예 폐지하자는 입법론[79]도 이러한 맥락에서 이해될 수 있다. 그럼에도 불구하고 대상판결의 다수의견이 종래의 판례를 고수한 것은 이 문제는 해석론으로서는 해결될 수 없는 것이라고 보았기 때문일 것이다.

그러나 과연 이 문제가 해석론의 영역에서는 해결될 수 없는 것일까? 이 점에서 대상판결의 반대의견들은 이 문제에 대한 보다 깊은 해석론적인 穿鑿이 필요함을 보여주는 의미 있는 시도라고 할 수 있다.

〈金容俊 華甲紀念 裁判의 한 길, 1998〉

79) 郭京直(註 9), 317-318면; 郭潤直(註 4), 288면; 尹眞秀, "相續法 改正案의 課題와 問題點", 人權과 正義 1998. 9, 13-14면 참조.

〈追記〉

헌법재판소 2001. 7. 19. 선고 99헌바9・26・84, 2000헌바11, 2000헌가3, 2001헌가23(병합) 결정(헌법재판소판례집 13권 2집 1면 이하)은 상속회복청구권의 제척기간에 관하여 규정하고 있던 2002. 1. 14. 개정 전 민법 제999조 제2항 중 "상속이 개시된 날부터 10년" 부분과 1990. 1. 13. 개정되기 전의 제999조에 의하여 준용되던 제982조 제2항 중 "상속이 개시된 날로부터 10년" 부분은 헌법에 위반된다고 선고하였다. 이에 따라 2002. 1. 14. 개정된 민법 제999조 제2항은 상속회복청구권에 대한 10년의 제척기간의 기산점을 상속이 개시된 날이 아니라 상속권의 침해행위가 있은 날로 바꾸었다. 이 점에 대하여 자세한 것은 "相續回復請求權의 消滅時效에 관한 舊慣習의 違憲 與否 및 判例의 遡及效"(이 책 157면 이하) 참조.

相續回復請求權의 研究*

－歷史的 및 比較法的 考察－

Ⅰ. 序　　論

상속회복청구권 제도는 우리 상속법에 관한 한 가장 논란이 많은 주제이다. 이 문제에 관한 판례도 매우 많으며,[1] 문헌도 상당히 집적되어 있다.[2] 이에 관한 쟁점도 여러 가지이다. 우선 상속인은 상속회복청구권 외에 상속인으로서 취득하는 상속재산에 대한 소유권 등에 기한 물권적 청구권과 같은 개별적 권리를 별도로 행사할 수 있는가? 이러한 개별적 권리에 대하여는 상속회복청구권에 대한 민법 제999조 제2항의 제척기간이 적용되지 않는가? 위 제척기간의 기산점은 언제인가? 상속회복청구권의 상대방인 참칭상속인은 구체적으로 누구를 말하는가? 공동상속인도 참칭상속인에 포함되는가? 상속회복청구권의 제척기간이 만료되면 상속재산은 누구에게 귀속하는가? 이러한 여러 쟁점에 관하여는 학설상 다툼이 있을 뿐만 아니라, 판례상으로도 지난 1991년의 전원합의체 판결[3]에 여러 반대의견이 있는 것에서 알 수 있듯이 심각한 견

* 이 논문은 1997년도 학술연구진흥재단 신진교수연구비 지원에 의하여 작성된 것이다. 이 논문의 초고를 읽고 잘못된 점을 지적하여 주신 梁彰洙 교수님과 崔秉祚 교수님께 감사의 뜻을 표한다.

1) 이에 관한 판례의 개관은 吳奇斗, "相續回復請求權行使에 관한 判例理論 硏究", 法曹 1999. 1, 94면 이하 참조.

2) 상속회복청구권에 관한 국내의 문헌에 관하여는 尹眞秀, "相續回復請求權의 性質과 그 除斥期間의 起算點", 金容俊 華甲紀念 재판의 한길, 1998, 478면 이하 참조.

3) 대법원 1991. 12. 24. 선고 90다5740 전원합의체 판결(公 1992, 635). 이에 대하여는 尹眞秀(註 2) 참조.

해의 대립이 존재하고 있다.

상속회복청구권에 관하여 생기는 이러한 견해의 차이는 어디에서 유래하는 것인가? 이는 기본적으로 상속회복청구권을 물권적 청구권과 같은 개별적 권리와는 별개의 독립된 권리로 파악할 것인가, 아니면 이러한 개별적 권리의 집합으로 이해할 것인가 하는 점에 달려 있다. 그리고 이러한 상속회복청구권의 성격 파악을 위하여는 그 연혁 내지 비교법적 고찰이 선행되어야 한다. 원래 상속회복청구권 제도는 로마법상의 hereditatis petitio 제도에서 유래한 것으로서, 이를 나라에 따라 다소 상이하게 계수한 것이다. 따라서 다른 나라에서는 상속회복청구권 제도를 어떻게 이해하고 있는가 하는 것이 우리 민법상의 제도의 이해에도 도움이 될 수 있음은 물론이다.

이 논문은 이러한 관점에서 상속회복청구권 제도의 역사적 발전 및 그 비교법적 고찰과 우리 민법에의 계수과정을 살펴보고자 한다. 원래 당초의 계획은 이뿐만 아니라 현행 민법의 해석론까지 아울러 다루어 보려고 하였으나 위와 같이 연구의 범위를 축소하게 되었다. 그 이유는 다음의 두 가지이다. 첫째, 연구에 착수한 후에 뜻하지 않게 위 전원합의체 판결의 평석을 의뢰받게 되어, 우리 민법의 해석론에 관하여 언급하지 않을 수 없게 되었다.[4] 둘째, 다른 한편으로 상속회복청구권 제도의 역사적 발전 및 비교법적 고찰만으로도 상당한 분량에 이르러 이 또한 독립된 논문으로서 충분하기 때문이다.

이하에서는 우선 이 제도의 源流에 해당하는 로마법을 살펴보고, 또 우리 민법 규정에 영향을 주었다고 생각되는 프랑스 민법상의 상속회복청구권에 대하여 언급한다. 이어서 우리 민법상의 해석론에서도 주요한 준거로서 원용되는 독일 민법 및 스위스 민법의 규정 및 해석론을 알아보고, 다음으로 우리 민법에 직접적으로 영향을 준 일본 민법의 규정 및 해석론을 살펴본다. 마지막으로, 현행 민법이 시행되기 전에 우리나라에서는 상속회복청구권 제도가 어떻게 운용되었고, 민법의 규정은 어떤 과정을 통하여 성립되었는가 하는 점을 탐구하여 본다. 그리고 이러한 고찰이 우리 법에 어떠한 시사를 줄 수 있는지를 생각하여 본다.

4) 尹眞秀(註 2)가 그 결과이다.

Ⅱ. 로마法上의 相續回復請求權

로마법은 비교적 초기[5)]부터 hereditatis petitio라고 불리는 상속회복청구권의 제도를 인정하였다.[6)] 이러한 상속회복청구권의 원고는 자신이 상속인이라고 주장하는 자이면 그가 본래의 相續人(suus)이건 家外者(extraneus)이건, 또 無遺言相續人이건 유언에 의한 상속인이건 불문하고 될 수 있었다. 반면 그 상대방은 초기에는 僭稱相續人(pro herede), 즉 자신이 상속인이라고 주장하는 자로 한정되었다.[7)] 그러나 古典期에 이르러서는 점차 이러한 참칭상속인뿐만 아니라, 자신의 권원은 주장하지 않으면서 단지 상속인의 상속권을 다투는 자(pro possessore)도 상속회복청구권의 상대방으로 인정되게 되었다. 그러나 상속이 아닌 매매나 증여 등의 다른 개별적 취득 원인을 주장하는 자는 상대방이 될 수 없었다.[8)]

이러한 상속회복청구의 소송은 所有物返還請求訴訟(rei vindicatio)과 마찬가지로 對物訴訟(actiones in rem)이었고, 따라서 피고는 對人訴訟(acitones in personam)과는 달리 응소의무가 없었다.[9)] 그러나 法務官은 이처럼 응소를 거부하는 피고에 대하여 相續財産占有引渡特示命令(interdictum quam hereditatem)을 발함으로써 간접적으로 응소를 강제할 수 있었다. 이 명령절차에서는 원고는 자신의 상속권을 증명할 필요가 없고, 다만 피고가 상속재산 내지 그 代用物을 점유하고 있다는 것을 증명하기만 하면 피고는 그가 상속회복청구소송에서 패소하였을 경우와 마찬가지로 그 점유재산을 인도하도록 선고되었다.[10)]

상속회복청구소송의 절차에 관하여는 소유물반환청구소송(rei vindicatio)과 마찬가지로 誓約節次(per sponsionem)와 方式書에 의한 절차(per formulam petito-

---

5) 로마법의 시기는 여러 가지로 구분할 수 있으나, Kaser는 초기의 古로마法(Altrömisches Recht, 로마 건국부터 기원전 3세기 중반까지), 중기의 前古典法 및 古典法(Vorklassisches und klassisches Recht, 기원전 3세기 중반부터 기원후 3세기 중엽까지) 및 후기의 後古典法(nachklassisches Recht, 기원후 3세기부터 6세기까지)으로 나눈다. Max Kaser, Das römische Privatrecht, 2. Bd. 2. Aufl., 1971/1975.

6) 그러나 이 명칭 자체는 나중에 생긴 것이고 처음에는 vindicatio hereditatis 또는 vindicatio familiae(pecuniaeque)라고 불리었을 것이라고 한다. Kaser(註 5), Bd. 1, S. 104 Fn. 1 참조.

7) Kaser(註 5), Bd. 1, S. 104 f.; Jörs/Kunkel/Selb, Römisches Recht, 4. Aufl., 1987, S. 544.

8) Kaser(註 5), Bd. 1, S. 736; Jörs/Kunkel/Selb(註 7), S. 544 f.

9) Kaser(註 5), Bd. 1, S. 737; Jörs/Kunkel/Selb(註 7), S. 545. 대물소송과 대인소송의 구별에 관하여는 崔秉祚, 로마법강의, 1999, 526면 참조.

10) Kaser(註 5), Bd. 1, S. 737; Jörs/Kunkel/Selb(註 7), S. 545.

riam)의 두 가지 절차[11) 가운데 한 가지를 이용할 수 있었다. 그런데 공화정 후기에 이르러서는 상속재산이 많은 경우에는 권위있는 법원인 百人法廷(centumviri)에 사건을 가져가기 위하여 서약절차가 더 많이 이용되게 되었다.[12)

상속회복청구소송의 목적물은 피고가 상속재산에서 취득한 모든 것이었다. 여기에는 피상속인의 소유물뿐만 아니라, 피상속인이 질권자나 임차인, 受置人 등 어떤 지위에서든 점유하고 있던 물건이면 된다. 피고가 상속재산을 반환할 수 없을 때에는 이미 古典期부터 고의 및 과실에 대하여 책임을 져야 하였다. 상속재산으로부터의 果實도 피고가 반환하여야 하였다. 그러나 過失로 수취하지 않은 果實에 대하여는 악의의 점유자만이 반환의무를 부담하였다.[13)

상속재산의 代償物도 반환의 대상이 되었다. 상속재산에 포함된 돈으로 피고가 취득한 물건은 그것이 상속재산을 위한 것일 때에는 그 자체가 반환의 대상이 되었고, 그렇지 않으면 그에 소요된 비용이 반환의 대상이 되었다. 상속재산이 매각된 경우에도 마찬가지였다. 피고가 제3자에게 상속재산 중의 돈을 대여하였을 때에는, 원고는 그 대여 원본의 반환을 청구할 것인지, 아니면 그 대여를 추인할 것인지를 선택할 수 있었다. 상속채무를 채무자가 피고에게 이행한 경우에는 채무자는 면책되지 않으나, 원고는 그 변제를 추인하고 피고에 대하여 변제된 것의 반환을 청구할 수 있었다.[14)

서기 129년에 이루어진 원로원 의결[15)은 피고가 상속물을 爭點決定(litis contestatio) 전에 매각하여 버린 사건을 다루었는데, 로마의 법률가는 이로부터 상속회복청구소송에 관한 일반적인 규율을 도출하였다. 즉 점유를 의식적인 행

---

11) 서약에 의한 절차에서는 소유권의 문제가 문답계약소송(Stipulationsprozeß)의 선결문제로서 다루어지는데, 피고는 원고에게 목적물이 원고의 소유인 경우에 일정한 금액을 지급할 것을 약속하게 되며, 그 금액이 訴求되면 그에 대한 판결은 간접적으로 원고의 소유권에 대한 판단도 포함하게 된다. 그러나 이러한 판결은 단지 원고의 소유권을 확인하는 데 지나지 않기 때문에, 피고가 패소하는 경우에 그 목적물을 원고에게 넘겨 주기 위한 배려가 필요하다. 그리하여 피고는 소송물 반환의 보증인을 위한 담보(cautio pro praede litis et vindiciarum)라는 형태로 자신이 패소할 경우에는 원고에게 목적물을 인도할 것을 보증인의 지위에서 약속하게 된다. 반면 방식서에 의한 절차에서는 소유권의 확정과 원고에의 인도라는 두 가지 목적이 하나로 합쳐졌다. 즉 법관은 원고의 소유임을 확인하면 이를 확인하는 중간적 재판을 하고, 피고에 대하여 원고에게 목적물을 반환할 것을 명한다. 피고가 이에 응하면 그로써 종결되지만, 피고가 그에 응하지 않을 때에는 법관은 피고에 대하여 원고가 선서하고 평가한 그 목적물의 가액 상당의 금액 지급을 명하게 된다. Kaser(註 5), Bd. 1, S. 435 참조.

12) Kaser(註 5), Bd. 1, S. 737.

13) Kaser(註 5), Bd. 1, S. 737 f.

14) Kaser(註 5), Bd. 1, S. 738.

15) senatus sonsultum iuventianum이라고 불린다.

동에 의하여 포기한 악의의 점유자는 그가 여전히 점유를 계속하고 있는 것과 마찬가지로 책임을 져야 하지만, 그에 반하여 선의의 점유자는 그가 이익을 얻고 있는 한도에서만 반환할 책임이 있다는 것이다.[16)]

이러한 상속회복청구소송이 소유물반환청구소송(rei vindicatio)과 같은 상속재산에 포함된 개별적 권리에 기한 청구와 어떠한 관계에 있는가 하는 것은 본 논문의 주제와 관련하여서는 매우 중요한 문제이다. 원칙적으로 당사자는 상속회복청구권을 행사하여 상속재산 전체에 대한 반환을 청구할 수도 있었고, 아니면 상속인으로서 취득한 개별적 권리에 기하여 소유물반환청구를 하거나, 또는 상속채권 그 자체를 행사할 수도 있었다.[17)] 그러나 상속회복청구소송을 제기하면 다른 개별적 권리에 기한 소송은 제기할 수 없고, 역으로 다른 개별적 권리에 기한 소송을 제기한 경우에도 상속회복청구소송은 제기할 수 없게 된다. 그렇지만 각각의 개별적 권리에 기한 소송은 상호간에 영향을 미치지 않았다. 그러므로 원고의 상속권이 여러 개의 개별적 권리에 기한 소송에서 매번 선결문제로서 다투어지는 것을 막고, 그 대신 한 번의 소송에서 종국적으로 결정될 수 있도록 하기 위하여, 법무관은 개별적 소송을 'quod praeiudicium hereditati non fiat'이라는 조건 내지 항변하에서만 인용하도록 할 수 있었다. 즉 이 경우에는 법원은 원고의 청구가 상속문제를 다루지 않고서도 인용될 수 있는 경우에만 이를 인용할 수 있었고, 따라서 상속권의 문제는 이 항변 때문에 개별 소송에도 불구하고 제기할 수 있는 상속회복청구소송에 유보되게 되는 것이다.[18)]

이러한 상속회복청구소송 이외에 법무관에 의하여 상속인으로서의 상속재산점유가 인정된 경우(bonorum possessio)[19)]에는 상속재산점유인도의 特示命令(interdictum quorum bonorum)이라는 제도가 상속회복청구소송과 유사한 기능을 수행하였다. 즉 이 명령이 있으면 법무관에 의하여 상속인으로 인정된 자는 자신이 상속인이라고 주장하거나[20)] 또는 아무런 권원을 주장하지 않고서 상속재산을 점유하는 자에 대하여 상속재산의 반환을 청구할 수 있었다.[21)]

---

16) Kaser(註 5), Bd. 1, S. 739.

17) 예컨대 채무자가 자신이 상속인이라고 주장하여 채무의 이행을 거절하는 경우.

18) Kaser(註 5), Bd. 1, S. 739.

19) 이는 누가 상속인인지가 불명확한 경우에 법무관이 명령으로 특정인을 상속인으로 취급하여 그에게 상속인으로서의 점유를 인정하는 것을 가리킨다. 이에 대하여는 Kaser(註 5), Bd. 1, S, 675 f.; Jörs/Kunkel/Selb(註 7), S. 438 f.; 玄勝鍾/曺圭昌, 로마法, 1996, 1032면 이하 참조.

20) 이는 경우에 따라서는 진정한 상속인이 될 수도 있다.

21) Kaser(註 5), Bd. 1, S. 740; Jörs/Kunkel/Selb(註 7), S. 547.

이러한 상속회복청구권 제도는 후기에 이르러 일시 쇠퇴하기도 하였으나, 유스티니아누스 황제는 이를 다시 부활시켰다. 유스티니아누스 황제는 그 청구의 대상이 되는 급부가 다양하기 때문에 이를 誠意訴訟(bonae fidei iudicia)[22]에 포함시켰다. 이는 여전히 대물소송의 성격을 가지기는 하지만, 피고가 응소하지 않는 경우에 인정되던 相續財産占有引渡特示命令(interdictum quam hereditatem)의 제도는 폐지되고, 그 대신 응소를 거부하는 피고의 점유는 강제로 원고에게로 이전되었다.[23] 그 외에는 상속회복청구권의 내용은 대체로 유지되었다.[24]

Ⅲ. 프랑스 民法上의 相續回復請求權

1. 槪 觀

프랑스 민법은 相續回復請求權(Pétition d'hérédité)에 관하여 특별히 규정하고 있지 않다.[25] 그러나 학설과 판례는 전통적으로 이러한 상속회복청구권을 인정하고 있다. 이러한 상속회복청구권은 상속인이나 包括受遺者가 그러한 자격이 있다고 주장하는 제 3 자가 점유하는 상속재산의 전부 또는 일부에 대하여 권리를 행사하기 위하여, 자신에게 그러한 자격이 있음을 승인할 것을 청구하는 권리라고 정의된다.[26]

---

22) 이는 법원의 재량이 보다 넓게 인정되는 점에서 다른 소송과 구별된다. Kaser(註 5), Bd. 1, S. 485 ff. 참조.

23) Kaser(註 5), Bd. 2, S. 546.

24) Kaser(註 5), Bd. 2, S. 546 ff.

25) 1804년의 프랑스 민법 제137조는 실종선고와 관련하여 상속회복청구에 관하여 언급하고 있었으나, 이 규정 또한 1977년에 삭제되어 현재 프랑스 민법상으로는 아무런 규정이 없다. M. Donnier, Option Hereditaire, in: Juris-Classeur Civil, App. Art. 774 à 814, n° 4; Malaurie/Aynes, Cours de droit civil, Les successions Les Libéralités, 3e éd., 1995, n° 283 참조.

26) Flour/Souleau, Droit civil, Les successions, par Henri Souleau, 3e éd., 1991, n° 230; Grimaldi, Droit civil, Successions, 4e éd., 1996, n° 519 참조. Mazeaud/Mazeaud, Leçons de droit civil, T. 4, Vol. 2, 4e éd., 1982, Successions Libéralités, par André Breton, n° 1249는, 이를 상속재산의 전부 또는 일부에 관하여 서로 相容될 수 없는 권리를 주장하는 두 당사자를 대립시키는 소송이라고 정의한다.

2. 法的 性格 및 所有物返還請求訴訟과의 구별

이러한 상속회복청구권에 관하여는 우선 그것이 對物訴訟(action réelle)인가 아니면 對人訴訟(action personelle)인가가 문제된다. 이는 주로 그 소송을 어느 법원이 관할하여야 하는가와 관련하여 의미가 있는데, 이를 대물소송이라고 보게 되면 상속이 개시된 곳의 법원이 관할하게 되는 반면, 대인소송이라고 보는 경우에는 피고의 주소지의 법원이 관할하게 된다. 학설로서는 대인소송이라고 보는 설[27]과, 그 주장되는 권리에 따라 대물소송일 수도 있고 대인소송일 수도 있다고 하는 설[28]도 있으나, 다수설은 이를 대물소송으로 본다.[29]

이러한 상속회복청구권은 소유권에 기한 所有物返還請求訴訟(l'action en revendication)과는 구별되는 권리이다. 즉 후자는 두 당사자가 동일한 물건에 대한 소유권을 서로 주장하기는 하지만, 동일한 피상속인의 상속인이라고 주장하는 것은 아니라는 점에서 상속회복청구권과는 구별된다.[30][31] 뒤에서 설명하는 것처럼 상속회복청구권은 30년의 소멸시효에 걸리는 반면, 소유물 반환청구소송은 시효에 걸리지 않는 것과 같이 법률상의 취급에 있어서도 차이가 있다.

3. 當 事 者

상속회복청구권자 내지 상속회복청구소송의 원고(demandeur)는 상속인에 한정되지 않고, 包括受遺者 또는 包括名義의 遺贈(legs à titre universel)[32]을 받

27) 이 설은 그 근거로서 상속회복청구권은 상속인의 자격이라는 인적 성질에 관한 분쟁이라는 점과, 상속재산은 자주 채권을 포함한다는 점을 든다. Donnier(註 25), n° 7의 설명 참조.

28) 문헌의 소개는 Donnier(註 25), n° 8의 설명 참조.

29) Donnier(註 25), n° 9; Mazeaud/Mazeaud/Breton(註 26), n° 1253 등 참조.

30) Donnier(註 25), n° 11; Mazeaud/Mazeaud/Breton(註 26), n° 1249.

31) 일본의 학설 가운데에는 프랑스에서는 상속회복청구권을 특수한 訴權으로 이해하고 있다고 전제하여, 그에 따라 일본 민법의 해석론으로서도 상속회복청구권의 법적 성질을 실체법상의 권리가 아닌 특수한 訴權으로 이해하는 견해가 있고(伊藤昌司, 相續法の基礎的諸問題, 1981, 37면 이하), 우리나라에서도 그와 같이 주장하는 견해가 있으나(李相京, "財産相續回復請求權論", 民事裁判의 諸問題 9, 1997, 495면 이하), 이러한 설명에는 다소 의문이 있다. 프랑스에서는 상속회복청구권을 l'action en pétition d'hérédité라고 부르고 있으나, 여기서 말하는 action이라는 용어가 로마법상의 actio와 같이 실체법상의 권리와는 구별되는 訴權을 가리키는 것으로는 보이지 않는다. 상속회복청구권뿐만 아니라 우리 법상의 청구권에 해당하는 것은 프랑스에서는 대체로 action에 포섭되며, 다만 권리가 통상 재판상 행사되기 때문에 action이라고 부르는 것으로 이해된다. Gèrard Cornu, Vocabulaire juridique, 7ᵉ èdition, 2005 참조.

32) 프랑스 민법 제1010조가 규정하고 있는 포괄명의의 유증(legs à titre universel)은 상속재산

은 자와 特別相續人(successeurs anomaux)[33]이나 포괄적인 상속계약에 의하여 상속인으로 된 자(institués contractuels universels)[34]도 포함한다.[35] 반면 특정유증을 받거나 특정 상속계약을 받은 자는 상속회복청구권을 행사할 수 없다.[36] 이러한 상속회복청구권을 행사할 수 있는 자가 복수 존재하는 경우에, 그 중 한 사람은 다른 사람들이 권리를 행사하지 않는 한 전원을 위하여 상속회복청구권을 행사할 수 있다.[37] 다른 한편 파기원의 판례는 선순위 상속인이 존재하더라도 그가 상속회복청구권을 행사하지 않고 있을 때에는 후순위 상속인이 상속회복청구권을 행사할 수 있다고 하는데,[38] 학설상으로는 이를 집단적 점유(saisine collective)에 의하여 설명하려고 하는 견해도 있으나, 일반적으로는 후순위 상속인의 권리가 소멸시효에 의하여 영향을 받기 때문에 이를 보전하기 위하여 그러한 결론이 필요하다고 설명한다.[39]

그 상대방 내지 피고는 상속과 같은 포괄적인 권원을 주장하거나 그에 의거하여 상속재산을 점유하는 사람이다. 예컨대 후순위 상속인인 친족이라든지, 상속권의 양수인 또는 아무런 권리가 없음에도 불구하고 그러한 상속과 같은 포괄적인 권원을 주장하는 사람 등이다. 청구권자와 동순위의 상속인이라 하더라도 그가 상속재산의 전부를 점유하면서 원고의 상속권을 부인할 때에는 상대방이 될 수 있는데, 이 경우에는 상속재산분할청구만으로는 불충분하기 때문이다.[40][41] 그러나 그러한 포괄적인 권원을 주장하지 않는 점유자에 대한 청구는 상속회복청구가 아니고 소유물반환청구밖에 될 수 없다. 결국 소송에서는 피고의 주장이 밝혀져야만 원고의 청구의 성질도 결정될 수 있고, 이 점에서 프랑스에서는 상속회복청구권과 개별적 청구권의 경합은 인정되지 않는다고

중 일정 비율을 1인 또는 수인의 제3자에게 주는 것을 말한다.

33) 이는 가령 입양된 자가 직계비속 없이 사망하였을 때에는 그가 양부모로부터 증여 또는 유증받은 재산은 그 양부모나 양부모의 상속인에게 귀속하는 것(프랑스 민법 제368-1조) 등과 같이 상속재산 중 일부만을 상속받는 것을 말한다.

34) 프랑스에서는 부부 사이에 한하여 계약에 의한 상속인의 지정이 허용된다. 프랑스 민법 제1390조 참조.

35) Donnier(註 25), n° 23; Mazeaud/Mazeaud/Breton(註 26), n° 1251 등.

36) Donnier(註 25), n° 26.

37) Donnier(註 25), n° 27.

38) 민사부 1923. 5. 8. 판결(D. 1926, 1, 119) 등. Donnier(註 25), n° 28에서 재인용.

39) Donnier(註 25), n° 28; Mazeaud/Mazeaud/Breton(註 26), n° 1251 등.

40) Donnier(註 25), n° 29 et suiv.

41) 그러나 잠정적인 상속재산관리인(administrateur provisoire, 프랑스 민법 제815-6조 등)이나 상속인이 부존재하는 경우의 상속재산관리인(curateur à succession vacante) 등은 상대방이 될 수 없다. Donnier(註 25), n° 32.

할 수 있다. 그러나 상속회복청구와 소유물반환청구를 동일한 참칭상속인에 대하여 병합하여 청구하는 것은 가능하다.42)

4. 相續回復請求權의 消滅時效

상속회복청구권은 프랑스 민법 제2262조가 규정하는 30년의 消滅時效(prescription extinctive)에 걸리고, 이 점에서 소멸시효에 걸리지 않는 소유물반환청구(l'action en revendication)와는 구별된다.43) 그런데 이러한 상속회복청구권의 소멸시효는 마찬가지로 30년의 기간에 걸리는, 상속의 승인 또는 포기 등의 선택권의 소멸시효(프랑스 민법 제789조)와 혼동하여서는 안 된다. 후자의 소멸시효는 상속개시일인 사망일로부터 진행되는 반면, 상속회복청구권의 소멸시효는 제 3 자가 명백히 참칭상속인으로서 행동하지 않는 한 개시되지 않기 때문이다.44)

5. 相續回復請求權 行使의 效果

이러한 상속회복청구권 행사의 효과는 원고가 패소한 경우와 승소한 경우로 나누어 볼 필요가 있고, 승소한 경우에도 상속회복청구권 당사자 사이의 효과와 제 3 자에 대한 효과로 다시 나누어 볼 필요가 있다. 원고가 패소한 경우에는 원고는 상속재산을 되찾아올 수가 없게 되지만 그 판결의 효과는 당사자 사이에만 미치며, 비록 한 상속인이 다른 상속인을 위하여서도 상속회복청구권을 행사하였다 하더라도 그 상속인은 다른 상속인을 대리할 권한이 없기 때문에 그 판결의 효과가 다른 상속인에게는 미치지 않는다.

가. 원고 승소의 경우 당사자 사이의 법률관계

패소한 피고는 그가 점유하고 있는 상속재산을 반환하여야 하는데, 이때 반환의 범위는 그가 선의인가 악의인가에 따라 다르다. 선의일 때에는 피고는 상속재산을 현재의 상태대로 반환하고, 이를 제 3 자에게 양도한 경우에는 그

---

42) Mazeaud/Mazeaud/Breton(註 26), n° 1252.

43) Donnier(註 25), n° 43; Mazeaud/Mazeaud/Breton(註 26), n° 1255 등.

44) Donnier(註 25), n° 44; Mazeaud/Mazeaud/Breton(註 26), n° 1255 등.

대가를 반환하면 된다. 그리고 그는 원고의 청구가 있을 때까지 수취한 과실은 보유할 수 있으며, 물건의 멸실에 대하여는 과실이 없는 한 책임을 지지 않는다.[45] 반면 피고가 악의인 경우에는 그는 상속재산을 그가 받았을 때의 상태대로 반환하여야 하고, 반환할 수 없으면 그 시가를 반환하여야 한다. 또한 果實도 이미 소비한 것까지 반환하여야 하고, 물건의 멸실에 대하여도 책임이 있다.[46]

피고가 반환 목적물에 대하여 지출한 비용을 상환받을 수 있는가 하는 것은 피고의 선의 여부와는 관계가 없고, 그 비용이 필요비인가, 유익비인가 아니면 사치비인가에 따라 결정되는데, 필요비는 전액 상환의 대상이 되고, 유익비는 그 가액의 증가가 현존하는 한도에서 상환되며, 사치비는 상환의 대상이 되지 않는다.[47]

나. 원고 승소의 경우 제3자와의 법률관계

상속회복청구권의 주장이 받아들여지게 되면, 그 상대방과 이해관계를 맺은 제3자의 지위가 어떻게 되는가 하는 것이 문제로 된다. 일반 원칙에 따르면 그 상대방은 무권리자였으므로, "누구도 自身이 가지는 것 이상의 權利를 다른 사람에게 讓渡할 수 없다(nemo plus iuris ad alium transferre potest quam ipse habet)"라는 法諺에 따라 그 제3자는 권리를 취득할 수 없게 된다. 그러나 이러한 원칙에 대하여는 여러 가지의 예외가 인정된다. 우선 그 상대방으로부터 動産을 취득한 자는 프랑스 민법 제2279조의 규정에 의하여 善意取得을 할 수 있다. 또 상속채무자가 상대방을 진정한 상속인이라고 믿고 그에 대하여 채무를 변제한 때에는 프랑스 민법 제1240조가 규정하고 있는 채권의 準占有者에 대한 변제의 법리에 따라 보호를 받을 수 있다. 마지막으로 부동산의 취득자는 프랑스 민법 제2262조 및 제2265조의 규정에 따라 시효취득을 할 수 있다.[48]

그러나 이러한 것만으로는 제3자의 보호를 위하여 충분하지 않고, 그에

45) Donnier(註 25), n° 51; Mazeaud/Mazeaud/Breton(註 26), n° 1258; Grimaldi(註 26), n° 525 등 참조.
46) Donnier(註 25), n° 52; Mazeaud/Mazeaud/Breton(註 26), n° 1258; Grimaldi(註 26), n° 525 등 참조.
47) Donnier(註 25), n° 53.
48) Donnier(註 25), n° 56 et suiv.; Mazeaud/Mazeaud/Breton(註 26), n° 1258 등 참조.

따라 판례가 발전시킨 것이 이른바 表見相續人의 이론(théorie de l'héritier apparent)이다.[49] 이에 따르면 어떤 사람이 양 계약 당사자뿐만 아니라 모든 사람의 견지에서도 죽은 사람의 진정한 상속인으로 인정받을 수 있을 때에는 그는 表見相續人에 해당하고, 일정한 조건하에서는 상속재산에 대하여 유효한 것으로 간주되는 행위를 할 수 있는 것이다. 예컨대 유언이 없었다고 하여 가장 가까운 친족이 상속인으로 되었는데 여러 해가 지난 후에 다른 사람에게 포괄유증을 한 유언이 발견되었다거나, 한 유언에 의하면 A에게 유증을 한 것으로 되었는데 그 후에 뒤의 날짜로 다른 사람에게 포괄유증을 하는 내용의 유언이 발견된 경우, 또는 피상속인의 자녀가 뒤늦게 알려진 경우와 같다.[50]

이는 대체로 1875년 이후의 파기원 판례가 "공통의 착오는 법을 만든다"(Error communis facit jus)라는 로마법 이래의 법원리에 따라 인정하고 있는 것이다.[51] 이러한 表見相續人의 이론에 의하여 제 3 자가 보호를 받기 위하여는 다음과 같은 요건이 필요하다.[52]

첫째, 有償行爲(acte à titre onéreux)에 의하여야 한다. 따라서 無償行爲의 상대방은 보호를 받을 수 없다. 유상행위에는 여러 가지가 있을 수 있는데, 부동산의 매매라든가, 저당권의 설정 및 임대차 등이 이에 해당된다.

둘째, 상속분의 양도 등과 같은 포괄적인 권리의 양도(mutations à titre universel)가 아니라 특정 권리의 양도(transfert à titre particulier)여야 한다. 그러한 포괄적인 권리의 양도는 참작되어야 할 예외적인 신뢰의 이익을 가지지 않기 때문이다.[53]

셋째, 제 3 자는 善意(bonne foi)여야 한다. 다시 말하여 제 3 자는 표현상속인이 진정한 상속인이라고 믿고, 또는 그의 상속분에 관하여 착오를 일으켜 그와 거래를 하였어야 한다. 이러한 선의는 사실상의 착오에 기인한 것일 수도

49) 이러한 表見相續人 내지 外觀上의 相續人의 문제는 오늘날 프랑스에서 表見所有權 내지 外觀上의 所有權(propriété apparente)의 문제의 일부로서 다루어지고 있으나, 역사적으로는 表見相續人의 문제가 판례상 먼저 인정되었고, 그 후에 이러한 법리가 다른 表見所有權의 경우로 확장되었다. 이에 대하여는 尹智炫, "프랑스 民法上의 外觀理論에 대한 硏究", 서울대학교 법학석사 학위논문, 2000, 31면 이하 참조.

50) Donnier(註 25), n° 60; Mazeaud/Mazeaud/Breton(註 26), n° 1259.

51) 破棄院 審査部 1875. 8. 4. 판결(D. P. 76, 1, 123; S. 76, 1, 8). 상세한 판례의 소개는 Donnier(註 25), n° 62 참조.

52) Donnier(註 25), n°s 65 et suiv.; Mazeaud/Mazeaud/Breton(註 26), n° 1261; Grimaldi(註 26), n° 527 등.

53) Donnier(註 25), n° 68; Mazeaud/Mazeaud/Breton(註 26), n° 1261.

있고 법률상의 착오에 기인한 것일 수도 있으며, 또 제3자의 선의는 추정되므로 진정한 상속인이 그의 악의를 증명하여야 한다. 반면 表見相續人 자신의 선의는 요구되지 않으며, 그가 惡意여도 아무런 영향이 없다.

넷째, 제3자의 착오가 공통의 것으로서 극복할 수 없는 것이어야 한다(erreur commune et invincible). 여기서 공통의 착오라 함은 원래는 모든 사람에 의하여 공유되는 것(partagée par tous)이어야 하고, 따라서 단 한 사람만의 착오는 그것이 아무리 중대한 것이라 하더라도 정당화될 수 없다. 그리고 극복할 수 없는 착오란 착오에 빠지지 않는 것이 불가능하거나 적어도 매우 어려운 것을 의미한다고 한다.[54] 다만 많은 판례는 단순히 공통의 착오만을 요구할 뿐 극복할 수 없는 착오에 대하여는 언급하지 않고 있으나, 이러한 착오를 인정함에 있어서 매우 엄격한 태도를 보여주고 있으므로 실제로는 차이가 없다고 할 수 있다.[55]

이러한 표현상속인의 이론이 적용되면 제3자는 표현상속인과의 행위에 의하여 권리를 취득하게 되며, 따라서 진정한 상속인의 청구에 대하여 항변의 방법으로 물리칠 수 있게 된다.[56] 이 경우에 진정한 상속인으로서는 표현상속인에 대하여 권리를 행사할 수밖에 없게 된다.

Ⅳ. 獨逸 民法

1. 독일 민법 제정과정에서의 논의

독일 보통법은 로마법이나 프랑스법과 마찬가지로 상속회복청구권 제도를 인정하고 있었다.[57] 그러나 독일 민법 제정과정에서는 상속회복청구권 제도를 별도로 인정할 것인가에 관하여 논란이 있었다. 제1초안 제정 당시에는 다음과 같은 이유로 상속회복청구권을 별도로 인정할 필요가 없다는 주장이 있었

54) Mazeaud/Mazeaud/Breton(註 26), n° 1261.

55) Donnier(註 25), n° 76; Mazeaud/Mazeaud/Breton(註 26), n° 1261.

56) 이는 선의취득과 마찬가지로 법률에 의한 권리변동이라고 할 수 있다. Mazeaud/Mazeaud/Breton(註 26), n° 1262; Grimaldi(註 26), n° 527.

57) Wieling, "Hereditatis petitio und res judicata", JZ 1986, S. 6; 副田隆重, "相續回復請求權に關する一考察(1)", 名古屋大學 法政論集 78, 1978, 48면 이하 참조.

다. 즉 상속인의 상속권 그 자체의 침해 및 그러한 침해로부터 발생하는 특별한 불법행위에 의한 청구권을 논할 수 있는지에 대하여는 상당한 의심이 있으며, 상속인은 법률에 의하여 모든 면에서 피상속인의 법률적 지위를 승계하는 것이므로 단지 이와 같은 개별적인 상속에 의한 권리만이 침해될 수 있고, 단순히 상속권을 다투는 것은 권리의 침해가 아니라고 한다. 로마법상의 상속회복의 訴는 法制史的 근거에 의하여 설명될 수 있을 뿐 상속법의 성질에서 도출되는 것은 아니라는 것이다.[58)]

그럼에도 불구하고 제 1 초안은 다음과 같은 이유로 개별적 소송과는 구별되는 상속재산의 인도를 구하는 특별한 청구권을 인정하고 이를 규율하기로 결정하였다. 즉 진정한 상속인과 상속인인 것처럼 행동하는 자 사이의 관계를 개별 상속재산에 관하여 각각 발생하는 개별적 청구권에 의하여 판단하는 것은 모든 면에서 적정한 결과를 가져오지는 못할 것이라고 한다. 구체적으로는 참칭상속인에게 情報提供義務(Auskunftspflicht)를 부여하고, 상속개시 당시에 피상속인이 점유하고 있던 물건을 대상으로 하며, “물건은 가격을 대신한다(res succedit in locum pretti)”는 원칙을 채택하고, 수익의 반환 등에 관하여는 상속인을 우대하고, 반면 비용상환의 점 및 일반원칙에 따라 부당이득을 반환하고 비용상환이 문제될 때에는 상속재산을 전체로서 다룬다는 점에서는 참칭상속인을 우대하는 것이 요구되는데, 이를 위하여 개별 청구권과 관련하여 일반 원칙에 따를 때 생기는 문제점을 개선하는 것과, 포괄적 청구권(Universalanspruch)을 전제로 하는 것 중 어느 것이 더 나은지가 문제되나, 後者의 해결책이 진정한 상속인과 참칭상속인 사이의 관계를 보다 간단하게 한다는 점에서 더 낫다고 한다. 뿐만 아니라 이러한 방법이 상속재산의 법원 관할(독일민사소송법 제28조)을 가능하게 하는 점에서도 좋다고 하였다.[59)]

이러한 논의는 제 2 초안 위원회에서도 되풀이되었다. 여기서는 참칭상속인에게 정보제공의무를 인정하면서도 상속회복청구권의 내용을 부당이득의 규정에 의하여 규율하려고 하는 제안이 있었는데, 심의의 경과에서, 상속인과 참칭상속인(Erbschaftsbesitzer)의 관계를 통일적인 것으로 승인하여야 하고, 또 참칭상속인의 의무는 상속재산 전체를 기준으로 판단되어야 하며, 다른 한편으로

58) Motive V. S. 576 = Mugdan, Die Gesamten Materialien zum Bürgerlichen Gesetzbuch für das Deutsche Reich, Bd. 5, 1899/1979, S. 308.

59) Motive V. S. 577 = Mugdan(註 58), S. 309.

그의 이익을 위하여도 상속재산을 전체로서 고려할 수 있어야 한다는 데 합의가 이루어졌다고 한다. 문제는 하나의 전체적 청구권을 인정할 것인가, 아니면 개별적 청구권을 수정할 것인가 하는 점인데, 상속재산은 전체라고 하는 자연적인 견해에 따르게 되면, 상속인에게 전체적 청구권을 인정하게 되고, 또 상속인과 참칭상속인 사이의 법률관계를 단순화하게 된다고 한다.[60]

2. 독일 민법의 규정

이러한 논의를 거쳐 독일 민법은 제2018조에서 제2031조까지 상속회복청구권에 관하여 자세한 규정을 두게 되었다.

가. 請求權者

청구권자는 진정한 상속인이다(제2018조). 공동상속인[61]이건 단독상속인이건 묻지 않는다. 유언집행자(제2205조, 제2209조), 상속재산 관리인(제1985조), 파산상속재산 관재인(파산법 제 6 조) 등도 상속인 대신 청구할 수 있다.[62]

나. 相 對 方

상대방은 僭稱相續人(Erbschaftsbesitzer), 즉 실제로는 자기에게 속하지 않는 상속권을 근거로 하여 상속재산에서 무엇인가의 점유를 취득한 자이다(제2018조). 자신의 상속분을 넘는 상속분을 주장하는 자도 다른 상속인을 배제하는 한도에서는 참칭상속인에 해당하지만,[63] 상속권을 근거로 하지 않고 매매 등 다른 個別權原(Einzeltitel)을 주장하여 상속재산을 점유하는 자나, 아무런 권원을 주장하지 않은 채로 상속재산을 점유하는 자(possessor pro possessore)는 상대방이 될 수 없다.[64] 최초에는 상속권을 주장하지 않고 상속재산의 점유를 취

---

60) Prot. S. 7812 ff. = Mugdan(註 58), S. 475 ff.

61) 그러나 공동상속인은 제2039조를 유추하여 모든 상속인에게 급부할 것 또는 모든 상속인을 위하여 공탁하거나 수치인에게 인도할 것을 청구할 수 있다. Staudinger/Gursky, Kommentar zum Bürgerlichen Gesetzbuch mit Einführungsgesetz und Nebengesetzen, 13. Aufl., §2018 Rz. 1.

62) 이 외에 제1960조가 규정하고 있는 상속의 승인이 있기까지 상속재산을 관리하는 자도 청구권이 있는가에 관하여는 견해의 대립이 있다. 상세한 것은 Staudinger/Gursky(註 61), §2018 Rz. 3 참조.

63) Staudinger/Gursky(註 61), §2018 Rz. 6; Brox, Erbrecht, 16. Aufl., Rdnr. 549 등.

64) 그러나 이 점에 대하여는 입법론적인 비판이 없지 않다. Staudinger/Gursky(註 61), §2018 Rz. 6 참조.

득하였다 하더라도 나중에 그가 상속인임을 주장하면 역시 참칭상속인이다.[65]

또한 참칭상속인으로부터 계약에 의하여 상속재산[66]을 취득한 자도 상속회복청구권의 상대방이 된다(제2030조).

다. 請求權의 내용

참칭상속인은 그가 상속재산으로부터 취득한 것을 모두 반환하여야 한다(제2018조). 그 반환의 대상에는 피상속인이 소유하고 있던 물건뿐만 아니라 피상속인이 임차인이나 용익권자로서 점유하고 있던 물건도 포함된다.[67] 반환의 대상에는 단순한 점유뿐만 아니라 예컨대 참칭상속인이 피상속인으로부터 경료받은 등기 등도 포함된다.[68]

나아가 참칭상속인이 상속재산을 대가로 하여 법률행위에 의하여 취득한 것(代位物, Surrogat)도 반환하여야 한다(제2019조 제1항). 또한 참칭상속인이 취득한 收益도 반환의 대상이 되며, 참칭상속인이 소유자로서 취득한 과실도 마찬가지이다(제2020조).

라. 僭稱相續人의 責任

참칭상속인이 상속인에 대하여 부담하는 책임은 그가 善意인가 여부 및 소송계속 전인가 후인가에 따라 다르다.

선의의 소송계속 전의 참칭상속인은 상속재산을 반환할 수 없을 때에는 부당이득의 반환에 관한 규정에 따라서만 의무를 부담한다(제2021조). 따라서 이익이 현존하지 않으면 반환의무를 면하게 된다(제818조 제3항). 반면 소송계속 후이거나 악의의 참칭상속인은 소송계속 후의 소유자와 점유자 사이의 법률관계에 관한 규정이 준용되므로(제2023조, 제2024조), 그는 수취하지 않은 수익에 대하여도 반환책임이 있고(제987조 제2항), 상속재산이 그의 귀책사유로 멸실되거나 손상되는 등 반환할 수 없을 때에는 그 손해를 배상하여야 한다(제989조).

나아가 참칭상속인이 범죄행위 또는 금지된 자력구제에 의하여 상속재산을 취득한 때에는 그는 불법행위에 관한 규정에 따라 책임을 진다. 다만 자력구제의 경우에는 선의의 참칭상속인은 상속인이 실제로 점유를 취득한 경우에

65) Staudinger/Gursky(註 61), §2018 Rz. 8.
66) 상속재산 전체 또는 상속분을 의미한다. Brox(註 63), Rdnr. 550.
67) Staudinger/Gursky(註 61), §2018 Rz. 19; Brox(註 63), Rdnr. 552 등.
68) Staudinger/Gursky(註 61), §2018 Rz. 20; Brox(註 63), Rdnr. 552 등.

만 그러한 책임이 있다(제2025조).

마. 僭稱相續人의 費用償還請求權

참칭상속인이 진정상속인에게 상속재산을 반환하는 경우에 참칭상속인이 가지게 되는 상속재산에 지출한 비용의 상환청구권에 관하여는 제2022조 이하에서 규정하고 있다. 즉 참칭상속인은 모든 비용과 상환하여서만 상속재산 등의 반환의무가 있다(제2022조 제1항 전단). 그러나 이 규정은 제2023조, 제2024조 등과 관련시켜 보면 善意로 소송계속 전에 비용을 지출한 참칭상속인에 대하여만 적용된다.[69]

반면 악의이거나 소송계속 후에 비용을 지출한 참칭상속인은 소유자와 점유자의 관계에 관한 규정(제994조-제1003조)에 따르게 되므로, 참칭상속인은 사무관리에 관한 규정(제677조 이하)에 따라서만 상환을 청구할 수 있다(제994조-제996조, 제998조).

바. 相續回復請求權의 消滅時效와 僭稱相續人의 取得時效 排除

독일 민법 제2025조는, "참칭상속인은 상속회복청구권의 소멸시효가 완성되지 않는 한, 그가 상속재산에 속하는 것으로서 점유한 물건의 취득시효를 주장하지 못한다"고 규정하고 있다. 그리하여 학설상으로는 이 규정에서 우선 상속회복청구권이 소멸시효에 걸린다는 결과를 도출해내고 있다. 그 기간은 독일 민법 제195조가 규정하고 있는 30년이다.[70] 그 소멸시효의 기산점은 상속회복청구권 전체에 대하여 참칭상속인이 상속재산에서 어떤 것이든지 취득하였을 때이다.[71]

다른 한편 참칭상속인은 상속회복청구권의 소멸시효가 완성하지 않는 한 상속인에 대하여 상속재산에 속한 물건의 취득시효를 주장하지 못한다(제2026조). 가령 참칭상속인이 선의이면 그는 동산에 관하여는 10년이 경과함으로써

69) Staudinger/Gursky(註 61), §2022 Rz. 1; Brox(註 63), Rdnr. 559 참조.

70) Staudinger/Gursky(註 61), §2026 Rz. 1; Brox(註 63), Rdnr. 568. 다만 참칭상속인이 불법행위법상의 책임을 지는 경우에는 제2025조의 규정에 따라 불법행위로 인한 손해배상책임에 대한 제852조 소정의 3년의 소멸시효가 적용된다.

71) 통설. Staudinger/Gursky(註 61), §2026 Rz. 2에서 인용하고 있는 문헌 참조. 반대설은 각 상속재산에 대하여 참칭상속인이 그 지배를 취득하였을 때부터 별개로 소멸시효가 진행한다고 한다. Staudinger/Gursky(註 61), §2026 Rz. 2; Lange/Kuchinke, Lehrbuch des Erbrechts, 4. Aufl., 1995, §40 Ⅳ 7.(S. 1005) 등. 이 문제는 상속회복청구권과 개별적 청구권의 관계와 관련하여 다시 언급한다.

시효취득하게 되지만(제937조), 진정한 상속인의 상속회복청구권의 30년의 소멸시효가 완성되기 전까지는 그는 상속인에 대하여는 이를 주장할 수 없게 되는 것이다. 그러나 상속인 아닌 제 3 자에 대하여 시효취득을 주장하는 것은 가능하다.[72)]

사. 相續人의 情報提供請求權

독일 민법의 상속회복청구권제도 가운데 다른 나라의 경우와 비교하여 가장 특징적인 것은 상속인에게 정보제공청구권(Auskunftsanspruch)을 인정하고 있는 것이다.

일반적으로 상속회복청구권자로서는 상속재산에 대하여 정확하게 알기가 어렵다. 그리하여 독일 민법은 상속회복청구권자가 그 상대방에 대하여 상속재산의 내용과 그 소재에 대하여 알려 줄 것을 청구할 수 있다고 규정하고 있다(제2027조 제 1 항).[73)] 나아가 이러한 정보제공청구권은 독자적으로 재판상 청구할 수 있으며, 승소판결을 받으면 독일 민사소송법 제888조의 규정에 따라 간접강제의 방법으로 강제집행할 수 있다.[74)] 그리고 참칭상속인이 제시한 상속재산의 목록이 충분한 주의를 가지고 작성되지 않았다는 의문이 있을 때에는 상속인은 상대방에 대하여 그것이 가능한 한 완전히 작성되었다는 점에 대하여 선서에 갈음하는 보증(eidesstattliche Versicherung)을 요구할 수 있다.[75)]

이러한 정보제공청구권은 다음과 같은 기능을 한다. 즉 독일에서도 상속재산을 구체적으로 특정하지 않은 채 포괄적으로 반환을 청구할 수는 없고, 원고는 변론종결시까지는 반환을 구하는 상속재산을 특정하여야 하지만, 상속회복청구권자로서는 1차로 상속재산에 관한 정보제공청구를 하고, 그 결과에 따라 개별 상속재산에 대하여 반환청구를 함으로써[76)] 결과적으로 상속인의 포괄적인 반환청구를 가능하게 하는 것이다.[77)]

---

72) Staudinger/Gursky(註 61), §2026 Rz. 9; Brox(註 63), Rdnr. 569 참조.

73) 참칭상속인이 아니더라도 상속인이 사실상의 점유를 취득하기 전에 상속재산으로부터 점유를 취득한 자 및 상속개시 당시에 피상속인과 동일한 가계를 유지하고 있던 자도 그와 같은 의무를 부담한다(제2027조 제 2 항, 제2028조 제 1 항).

74) Brox(註 63), Rdnr. 565.

75) 독일 민법 제259조-제261조 참조.

76) 이른바 段階訴訟(Stufenklage).

77) Staudinger/Gursky(註 61), Vor §§2018 ff. Rz. 20.

3. 相續回復請求權과 個別的 請求權의 관계

이러한 상속회복청구권과, 소유권에 기한 물권적 청구권이나 점유보호청구권 또는 부당이득이나 불법행위 등에 기한 청구권 등의 개별적 청구권(Einzelanspruch)과의 관계는 독일 민법 시행 후부터 많은 논란의 대상이 되었다. 독일 민법은 제2029조에서 상속회복청구권과 개별적 청구권의 관계에 관하여, 참칭상속인의 책임은 상속인이 개별 상속대상에 관하여 가지는 청구권에 대한 관계에서도 상속회복청구권의 규정에 의한다고 규정하고 있다. 따라서 그 책임의 내용에 있어서는 상속인이 개별적 청구권을 행사하든 아니면 상속회복청구권을 행사하든 큰 차이는 없게 된다.

그러나 학설상으로는 양자의 관계에 관하여 상속회복청구권을 개별적 청구권과는 별개의 청구권으로 보는 견해와, 양자가 별개가 아니라고 보는 견해가 대립하였다. 현재의 대다수의 견해는 상속회복청구권은 개별적 청구권과는 독립된, 상속권(Erbrecht)의 침해에 기인하는 하나의 포괄적 청구권(einheitlicher Gesamtanspruch)이라고 보고 있다.[78] 이에 따르면 제2029조는 상속회복청구권과 개별적 청구권을 별개로 보고 있으며, 다만 선의의 소송계속 없는 참칭상속인을 보호하려는 상속회복청구권 규정의 목적이 침해되지 않도록 개별적 청구권을 축소하려는 것이라고 한다.[79] 그러나 과거에는 상속회복청구권은 개별적 청구권과는 별개의 청구권이 아니고, 상속회복청구권은 상속법적으로 수정된 개별적 청구권이라거나,[80] 개별적 청구권의 집합[81]이라고 보는 설이 있었다.[82]

최근에는 Gursky가 기본적으로는 상속회복청구권은 개별적 청구권과는 별개의 청구권이라는 통설을 따르면서도, 상속회복청구권은 실제로는 동질적인 것이 아니라 물권적인 권리와 채권적인 권리를 포함하고 있으므로, 이는 하나

78) MünchKomm/Frank, 3. Aufl., 1997, §2018 Rdnr. 7 및 그 곳에서 인용하고 있는 문헌 참조.
79) Staudinger/Gursky(註 61), Vor §§2018 ff. Rz. 10.
80) Binder, Die Rechtsstellung des Erben, 1904, §§49 bis 54; Lent, Die Gesetzeskonkurrenz im Bürgerlichen Recht und im Zivilporzeß, Bd. Ⅰ, 1912, S. 242 ff., 255. MunchKomm/Frank(註 78), §2018 Rdnr. 8에서 재인용.
81) Hellwig, Anspruch und Klagerecht, 1900, §7 Ⅰ은 이를 Summe라고 표현하고, Oertmann, AcP 123(1925), 129, 157은 이를 Zusammenfassung이라고 표현한다. MünchKomm/Frank(註 78), §2018 Rdnr. 8에서 재인용.
82) 근래의 Wieling(註 57), S. 7 f.도 독립된 相續權(Erbrecht)이란 존재하지 않으므로 그 침해를 이유로 하는 특별한 상속회복청구권도 발생하지 않는다고 한다.

의 청구권의 묶음이지만 법이 특정한 점에 관하여는 단일한 청구권처럼 다루고 있는 것으로 보아야 한다고 주장한다.[83] 특히 소멸시효의 기산점에 관하여는 통설과 같이 참칭상속인이 단 하나의 상속재산의 점유를 취득하게 되면 전체 상속재산에 대한 상속회복청구권의 소멸시효가 진행한다고 보는 것은 상속인에 대한 효과적인 권리구제에 장애가 된다고 하여, 각 상속재산에 대한 개개의 점유취득시마다 새로운 소멸시효가 진행한다고 주장한다.[84]

어쨌든 현재의 학설이나 실무상으로는 상속회복청구권과 개별적 청구권은 각각 별개로 행사할 수 있는데, 이 경우에는 다음과 같은 차이가 있을 수 있다.[85]

첫째, 상속회복청구권을 행사하기 위하여는 원고가 자신이 상속인으로서의 지위를 가진다는 점 및 피고가 상속재산을 점유하고 있음을 증명하기만 하면 되고, 각 개별적 청구권의 특별한 요건(예컨대 소유권의 존재 등)을 증명할 필요는 없다.

둘째, 상속회복청구권은 상속권의 침해에 기인하는 것이므로, 그 반환의 대상도 소유자의 반환청구권 등과는 달리 단순히 물건 그 자체뿐만 아니라 권리나 점유 또는 등기부의 경정 등을 포함한다.

셋째, 상속회복청구권은 그 성격이 물권적인 것이든 채권적인 것이든 불문하고 30년의 소멸시효에 걸리지만, 개별적 청구권의 소멸시효는 그 청구권에 따라 다르다.

넷째, 상속회복청구권을 행사함에 있어서도 변론종결시까지는 반환의 대상이 되는 개별 상속재산을 정확하게 특정하여야 하지만, 상속회복청구의 소를 제기하면 제소 당시에 그 목적물을 정확하게 특정하지 않았어도 그 후 소의 변경 절차(독일 민사소송법 제254조 제2호)에 의하지 않고서 보완할 수 있다.

다섯째, 개별적 청구권을 행사하는 경우에는 상대방이 취득시효를 주장할 수 있지만, 상속회복청구권을 주장하는 경우에는 상대방이 취득시효를 주장할 수 없다(제2025조).

여섯째, 상속회복청구소송의 관할은 참칭상속인의 일반재판적(독일 민사소

83) Karl-Heinz Gursky, "Zur Rechtsnatur des Erbschaftsanspruch", in: Tradition und Fortentwicklung im Recht, Festschrift zum 90. Geburtstag von Ulrich von Lübtow, 1991, S. 211 ff., 특히 221 ff.; Staudinger/Gursky(註 61), Vor §§2018 Rz. 12 ff.

84) Staudinger/Gursky(註 61), §2026 Rz. 2.

85) Schlüter, Erbrecht, 13. Aufl., 1995, Rdnr. 609 ff.

송법 제13조 이하) 또는 상속재산에 관한 특별재판적(독일 민사소송법 제27조[86])이 있는 법원에 속하게 되지만, 가령 소유물 반환청구의 소를 제기하는 경우에는 상속재산에 관한 특별재판적은 인정되지 않고, 이 때에는 부동산 소재지의 특별재판적(독일 민사소송법 제24조)이 인정될 수 있다.

Ⅴ. 스위스 民法

1. 槪　　觀

스위스 민법(ZGB)이 제정되기 전에 스위스 연방을 구성하고 있던 각 Kanton의 법률은 일부를 제외하고는 대부분 별도의 독립된 상속회복청구소송(Erbschaftsklage)을 인정하지 않고, 상속인이 피상속인과 같은 지위에서 행사할 수 있는 개별적 청구권(Einzelansprüche) 내지 단일소송(Singularklage)만을 인정하고 있었다.[87] 그러나 스위스 민법은 제598조에서 제600조까지 상속회복의 소(Erbschaftsklage)를 규정하고 있다.

2. 性　　格

상속회복의 소가 개별적 청구권과 어떤 관계에 있는가에 관하여는 과거에는 이는 특별한 우대를 받는 개별적 청구권의 집합(Summe) 이외의 다른 것이 아니라는 견해 또는 그와 반대로 이는 당사자 중 누가 더 나은 상속 자격을 가지고 있는가의 분쟁에 관한 소송으로서 개별적 청구권과는 전혀 별개의 청구권이라는 견해[88]도 주장되었으나,[89] 현재는 일반적으로 이는 특별한 독자적인 청구권 내지 소송이지만, 단순히 상속자격 그 자체에 관한 다툼만을 다루는 것이 아니고, 피고가 상속재산 전체나 개별 상속재산을 점유함으로써 원고의

86) 이는 피상속인의 사망 당시의 一般裁判籍 또는 최후의 국내주소를 가리킨다.

87) Berner Kommentar(Kommentar zum Schweizerischen Privatrecht)/Picenoni, ZGB, Erbrecht, 2. Abteilung, 2. Aufl., 1964, Vorbemerkungen zum fünften Abschnitt, Rz. 4.

88) 따라서 이 견해는 그 상대방을 스스로 상속인이라고 주장하는 자로 한정한다.

89) 문헌의 소개는 Berner Kommentar/Picenoni, Vorbemerkungen zum fünften Abschnitt, Rz. 7 f. 참조.

상속인으로서의 지위에서 가지는 청구권과 어떤 방식으로건 대립하는 것만으로 충분하다고 본다.[90]

이러한 상속회복의 소는 다음과 같은 특징을 가진다고 본다.[91] 첫째, 포괄적 소송(Gesamtklage)으로서, 피고가 가지고 있는 상속재산 전체의 반환을 구하는 것이다. 둘째, 이는 원고의 상속법상의 자격을 다투는 사람 누구에게나 주장할 수 있는 絕對的, 物權的 請求權(ein absoluter(dinglicher) Anspruch)이다. 셋째, 이는 단순히 상속인의 자격만을 확정하는 데 그치는 것이 아니라, 상속재산의 반환을 구하는 이행의 소(Leistungsklage)이다.

3. 內　　容

가. 原　　告

상속회복의 소의 원고는 당해 상속재산을 상속에 의하여 취득하였다고 주장하는 상속인이다. 그러므로 원고는 자신이 상속인이라는 것을 증명하고,[92] 그 상속인의 지위를 근거로 하여 청구하여야 한다.[93]

나. 被　　告

상속회복의 소의 정당한 피고는 다른 나라에 비하여 매우 넓은 편이다. 구체적으로는 다음과 같다.[94] 자신이 상속인이라고 주장하는 참칭상속인(possessor pro herede)뿐만 아니라 상속재산을 유증받았다고 주장하는 자[95]나 유류분을 침해하여 유류분권리자에게 이를 반환하여야 하는 자,[96] 아무런 권원의 주장 없

---

90) Berner Kommentar/Picenoni, Vorbemerkungen zum fünften Abschnitt, Rz. 9.

91) Berner Kommentar/Picenoni, Vorbemerkungen zum fünften Abschnitt, Rz. 12 ff.

92) 법정상속인뿐만 아니라 유언에 의한 상속인도 포함하며, 단독상속인뿐만 아니라 공동상속인도 이에 해당한다. 그러나 원고는 자신이 가장 가까운 친족이라는 것 내지 유언에 의하여 상속인이 되었다는 것만을 증명하면 되고, 자신을 상속인에서 배제하는 死因處分이 없었다는 것까지 증명할 필요는 없으며, 이러한 사실은 상대방이 증명하여야 한다. Berner Kommentar/Picenoni, Vorbemerkungen zum fünften Abschnitt, Rz. 21.

93) 상속재산의 양수인(Erbschaftskäufer) 또는 상속분의 양수인(Käufer eines Erbanteils)은 제외된다. Berner Kommentar/Picenoni, Art. 598 Rz. 15.

94) Berner Kommentar/Picenoni, Art. 598 Rz. 18 ff.

95) 실제로 유증이 있었던 경우에는 그 유증 무효의 訴가 선행되어야 한다. Berner Kommentar/Picenoni, Art. 598 Rz. 20.

96) 이 때에는 減殺의 訴(Herabsetzungsklage)가 선행되어야 한다. Berner Kommentar/Picenoni, Art. 598 Rz. 21.

이 상속재산을 점유하는 자(possessor pro possessore)와 당해 반환청구의 대상이 상속재산에 속하지 않는다고 주장하는 자 및 이러한 자들의 승계인 등이다.[97] 그러나 상속재산 분할이 이루어지기 전의 공동상속인 상호간에는 상속회복의 소가 인정되지 않으며, 이 때에는 상속재산 분할의 소나 자신이 공동상속인임의 확인을 구하는 소만이 가능하다.[98]

문제는 상대방이 매매와 같은 특정권원(Sondertitel)을 주장할 때에는 어떠한가 하는 점인데, 이에 대하여는 다음과 같은 설명이 있다. 즉 상대방이 그 상속재산의 취득의 특정권원이 있음을 주장하는 것만으로는 상속회복의 소가 아니라고 할 수 없고, 이를 증명하여야만 원고의 상속회복의 소가 배척되며, 이때에는 원고로서는 새로운 개별청구의 소를 제기할 수밖에 없다고 한다.[99] 여기서는 스위스 연방대법원의 한 판결례[100]를 근거로 들고 있다. 그러나 근래의 문헌은 이 문제에 관한 판례는 적어도 오해의 여지가 있다고 하면서, 판례는 피고가 단지 하나의 특정 권원(nur einen Sondertitel)만을 주장할 때에는 상속회복의 소가 인정되지 않지만, 상속회복의 소에서는 선결문제로서 그 특정문제에 관하여 판단할 수 있는 것으로 이해된다고 설명한다.[101]

다. 請求의 대상

상속회복의 소의 내용은 상속재산의 반환을 청구하는 것이다. 스위스 민법 제599조 제 1 항은 이 경우에 점유에 관한 규정[102]에 따르도록 하고 있다. 따라서 이때에는 피고가 선의인가 악의인가 여부가 중요하다.

반환을 소송상 청구할 때에는 개개의 상속재산을 반드시 열거할 필요는 없으며, 그 판결의 집행단계에서만 이를 특정하면 족하다.[103]

나아가 반환의 목적물이 현존하지 않지만 피고가 그 대가로서 취득한 것

---

97) 그러나 선의의 승계인에 대하여도 상속회복의 소가 인정되는지에 관하여는 다툼이 있다. Berner Kommentar/Picenoni, Art. 598 Rz. 25는 이를 부정하나, Ferid/Firsching, Internationales Erbrecht, Bd. 5, Schweiz, 3. Aufl.(Loseblatt), Grundzüge Rz. 136은 이를 긍정하는 것이 통설이라고 한다.

98) Berner Kommentar/Picenoni, Art. 598 Rz. 12; Tuor/Schnyder/Schmid, Das Schweizerische Zivilgesetzbuch, 11. Aufl., 1995, S. 536.

99) Berner Kommentar/Picenoni, Vorbemerkungen zum fünften Abschnitt, Rz. 17 f.

100) BGE 41 Ⅱ 26 f.

101) Tuor/Schnyder/Schmid(註 98), S. 536. 후자의 판례의 예로서는 BGE 119 Ⅱ 114를 들고 있다.

102) ZGB 제938조에서 제941조까지.

103) Berner Kommentar/Picenoni, Vorbemerkungen zum fünften Abschnitt, Rz. 19.

이 있을 때에는 물상대위의 원칙(Grundsatz der dinglichen Surrogation)에 따라 이를 반환하여야 한다. 이는 법률상 명문의 근거는 없지만, 상속재산이 가지는 특별재산(Sondervermögen)의 성질을 근거로 하여 일반적으로 인정되고 있다.104)

라. 消滅時效

상속회복의 소의 소멸시효 기산점 및 기간은 그 상대방이 선의인가 악의인가에 따라 다르다. 상대방이 선의이면 원고가 피고의 점유 및 자신의 우월하는 권리를 안 때로부터 1년 또는 피상속인의 사망 내지 피상속인의 死因處分이 공개된 때부터 10년이고, 상대방이 악의이면 그 소멸시효 기간은 30년이다(제600조). 악의의 상대방에 대한 소멸시효의 기산점에 관하여는 법에 명문의 언급이 없으나, 10년의 소멸시효의 기산점과 같은 것으로 해석된다.105)

4. 相續回復의 訴와 個別的 請求權의 關係

이처럼 스위스에서는 상속회복의 소와 개별적 청구권은 서로 별개로 인식되고 있으므로 양자는 경합하는 관계에 있고, 당사자는 어느 것이나 선택하여 행사할 수 있으며, 경우에 따라서는 양자를 병합하여 제기할 수도 있다.106) 그러나 양자는 다음과 같은 차이가 있다.107) 첫째, 입증책임의 면에서 상속회복의 소의 원고는 자신의 상속권과, 반환청구의 대상이 상속재산이라는 사실 및 피고가 상속재산을 점유하고 있고, 원고의 상속권을 침해한다는 사실만 입증하면 된다.108) 둘째, 소멸시효에 관하여 차이가 있다. 셋째, 상속회복의 소의 경우에는 상대방이 취득시효를 주장하지 못한다(제599조 제2항). 넷째, 대위의 원칙이 개별적 청구권에는 적용되지 않는다. 다섯째, 재판의 관할법원에 차이가 있다. 여섯째, 상속회복의 소에 있어서는 법관이 원고의 청구에 의하여 그 청구권의 보전을 위하여 필요한 조치, 즉 담보제공의 명령(Anordnung der Sicherstellung)이나 등기부에의 가등기의 授權 등을 명할 수 있으나(제598조 제2

104) Berner Kommentar/Picenoni, Art. 599 Rz. 14 ff.; Tuor/Schnyder/Schmid(註 98), S. 537.

105) Berner Kommentar/Picenoni, Art. 600 Rz. 6.

106) Berner Kommentar/Picenoni, Vorbemerkungen zum fünften Abschnitt, Rz. 17 f.

107) Berner Kommentar/Picenoni, Vorbemerkungen zum fünften Abschnitt, Rz. 17. 또한 Tuor/Schnyder/Schmid(註 98), S. 537도 참조.

108) 상속회복의 소에 있어서의 입증책임에 관하여는 Berner Kommentar/Picenoni, Vorbemerkungen zum fünften Abschnitt, Rz. 21 ff. 참조.

항), 개별적 청구권의 경우에는 이러한 규정이 없다.

5. 法政策的 評價

이처럼 스위스 민법은 상속회복의 소에 관한 규정을 두고 있으나, 그 실제적인 의미는 입법자가 가졌던 기대에 미치지 못한다고 한다. 이에 관한 판례도 별로 많지 않아서, 학자에 따라서는 이를 「장식적인 역할(dekorative Rolle)」에 그친다고 말하기도 한다.[109)]

Ⅵ. 일본 민법

1. 현행 법까지의 경위

일본의 현행 민법은 상속회복청구권에 관하여 제884조 한 조문만을 두고 있다. 동조는 "상속회복청구권은 상속인 또는 그 법정대리인이 상속권을 침해당한 사실을 안 때로부터 5년간 이를 행사하지 않은 때에는 시효에 의하여 소멸한다. 상속개시의 때로부터 20년을 경과한 때에도 같다"라고 규정하여 상속회복청구권의 소멸시효만을 규정하고 있을 뿐이다.

이 규정의 연원은 이른바 일본 舊民法[110)] 證據編 제155조에서 유래하는 것이다. 동조는 상속인 또는 포괄권원의 受遺者 또는 수증자의 유산청구의 소권은, 상속인 또는 포괄권원의 受遺者 또는 수증자의 권원을 가지고 점유하는 자에 대하여는 상속의 때로부터 30년을 경과하면 시효에 걸린다고 규정하고 있었다. 이를 기초한 Boissonade는 다음과 같이 설명하였다. 즉 이 규정은 로마법에 연원을 가지는 프랑스 민법 제137조에서 말하는 상속회복청구권(action en pétition d'hérédité)에 상당하는데, 그 취지는 원고가 상속인 또는 그 외의 포괄권원을 가지는 자이고, 또 피고가 자기의 상속권 등 포괄권원을 주장하는 자인 경우에는 진정상속인의 권리행사는 일률적으로 30년의 시효에 걸린다는 것이

109) Berner Kommentar/Picenoni, Vorbemerkungen zum fünften Abschnitt, Rz. 26 참조.

110) 이는 프랑스 학자 Boissonade가 기초하여 1888년(明治 21년)에 공포되었던 것이나 시행되지 못한 것을 가리킨다.

다. 그리고 위 규정이 의미하는 바는 첫째, 30년의 시효가 만료하기까지는 점유자측의 취득시효[111]를 배제한다는 점, 둘째, 30년의 기간이 경과하면 위 당사자 사이에 있어서는 상속권의 소재를 다툴 수 없다고 하는 점에 있다고 한다. 그리고 위와 같이 장기의 시효에 걸리게 하여 통일적인 취급을 하여야 하는 이유는 로마법 이래의 연혁과 함께, 그러한 당사자 사이에 있어서 상속 자격의 다툼은 결과적으로 상속재산의 전부 또는 일부분의 귀속에 관한 중대한 문제이기 때문이라고 한다.[112]

그 후 1898년에 제정된 일본 민법은 제966조에서 家督相續의 회복청구권에 관하여 대체로 현행 제884조와 같이 상속개시시부터 20년, 상속권 침해의 사실을 안 때부터 5년의 시효에 관한 규정을 두고, 제993조에서 이 규정을 유산상속에 관하여 준용하고 있었다. 家督相續回復請求權의 소멸시효에 관한 위 제966조의 취지에 관하여, 기초자인 穗積陳重은 家督相續과 같은 것은 상당히 빨리 끝나지 않으면 그 家의 조직이나 제 3 자의 이해에도 관계를 미치기 때문에, 상속권자라고 주장하는 자가 그 사실을 알고 있으면 특히 단기간에 그 권리를 주장하게 함으로써 진정한 소유권의 소재를 정하는 것이 본래 바람직스럽기 때문이라고 설명하였고,[113] 유산상속회복청구권에 관한 제993조에 관하여는 제정 당시 특별한 논의가 없었다고 한다.[114] 위의 설명에서 알 수 있는 것처럼 일본 민법상 家督相續의 회복청구권에 관한 규정은 주로 법률관계의 조기 안정 내지 호주권의 소재를 조기에 확정하는 데 있었고, 이 점은 유산상속회복청구권에 관하여도 마찬가지라고 하겠다.

2차대전이 끝난 후인 1947년 일본 민법이 개정되어 家督相續制度가 폐지되면서 위 제966조는 삭제되고, 그 대신 현행 제884조가 유산상속회복청구권의 소멸시효를 규정하게 된 것이다.

이처럼 일본 민법은 우리 민법과 마찬가지로 상속회복청구권에 관하여 간단한 규정만을 두고 있기 때문에 그에 관한 많은 문제점은 학설과 판례에 맡겨지게 되었다.

111) 부동산에 대하여는 善意이면 15년, 惡意이면 30년, 동산에 관하여는 善意이면 즉시, 惡意이면 30년.

112) 再閱修正民法草案注釋第五編 七五八頁 이하. 副田隆重, "民法 八八四條(相續回復請求權)", 廣中俊雄/星野永一 編, 民法典の百年 Ⅳ, 1998, 166면에서 재인용.

113) 法典調査會, 民法議事速記錄(日本學術振興會版), 五八卷 二丁 이하. 副田隆重, "相續回復請求權", 星野英一 등 編, 1984, 民法講座 7(親族·相續), 435-436면에서 재인용.

114) 副田隆重(註 113), 436면.

2. 相續回復請求權의 性質論

일본 민법상 상속회복청구권의 성질에 관하여는 물권적 청구권 등과 같은 개별적 청구권과는 별개의 특별한 청구권으로 이해하는 독립권리설[115]과, 이와 반대로 상속회복청구권은 개별적 청구권의 집합으로서, 상속재산은 포괄적으로 승계되기 때문에 상속회복청구권도 편의상 1개의 청구권으로 구성하는 것이라고 이해하는 집합권리설[116]로 크게 나누어진다.[117] 이 외에 상속회복청구권을 이름 그대로 청구권으로 이해하지 않고, 일종의 특수한 訴權이라고 이해하는 견해도 있다.[118] 실제에 있어서 양 설의 가장 중요한 차이는 상속회복청구권의 소멸시효가 완성된 후에 다시 개별적 청구권을 행사할 수 있는가 하는 점에 있다. 독립권리설은 이를 긍정하는 반면, 집합권리설은 이를 부정한다.

일본의 판례는 현재 집합권리설의 입장에 서 있는 것으로 이해된다.[119]

3. 相續回復請求權의 相對方

僭稱相續人(表見相續人)이 상속회복청구권의 상대방이 됨은 물론이다. 그런데 우선 공동상속인도 이러한 참칭상속인에 포함되는가, 즉 공동상속인 상호간에도 상속회복청구권을 행사할 수 있는가, 아니면 이는 상속재산 분할의 문제로서만 다루어야 하는가 하는 점이 문제가 된다. 이 점에 관하여는 학설상 다툼이 있으나,[120] 일본의 판례는 공동상속인도 상속회복청구권의 상대방이 된다고 한다.[121]

또한 僭稱相續人(表見相續人) 이외에 그로부터 상속재산을 취득한 제 3 자도

115) 예컨대 中川善之助・泉 久雄, 相續法, 제 3 판, 法律學全集 24, 1988, 45면 등.

116) 예컨대 鈴木祿彌, 相續法, 改訂版, 1996, 59-60면 등.

117) 학설의 상세는 泉 久雄, 新版 注釋民法(26), 1992, 89면 이하; 小川榮治, 民法 Ⅹ(相續), 注解法律學全集 19, 1995, 29면 이하 참조.

118) 伊藤昌司(註 31), 37면 이하 참조. 여기서는 상속에 관한 분쟁 자체를 하나의 형으로 특정하고 한정시켜 버리면 단적으로 실제적 해결을 달성할 수 있다고 하여, 상속회복청구권을 하나의 訴權으로 파악하고 이 특수한 소권에 의하여서만 처리할 수밖에 없는 분쟁의 형과 당사자를 명확하게 한계지우면 된다고 한다.

119) 후술하는 最高裁判所 1978(昭和 53). 12. 30. 大法廷 판결(民集 32-9, 1674) 등 참조.

120) 상세한 것은 副田隆重(註 112), 448면 이하; 泉 久雄(註 117), 116면 이하; 小川榮治(註 117), 34면 이하 참조.

121) 위 最高裁判所 1978(昭和 53). 12. 30. 大法廷 판결(註 119).

상속회복청구의 상대방이 되는가에 관하여도 논란이 있다. 과거의 판례는 이를 부정하였으나,122) 현재의 통설은 이를 긍정하고 있고,123) 근래의 판례124)도 이를 긍정하는 전제에 선 것으로 보여진다.

4. 판례에 의한 消滅時效 援用의 制限

그런데 最高裁判所 1978(昭和 53). 12. 30. 大法廷 판결(註 119)은 상속회복청구권의 소멸시효가 원용될 수 있는 범위를 매우 좁혔다. 이 판결의 다수의견은 상속재산에 관하여 다툼이 있는 경우에도, 상속에 아무런 관계가 없는 자가 상속에 관계 없이 상속재산에 속하는 재산을 점유, 관리하여 이를 침해하는 경우에는 그 본질은 일반의 재산의 침해의 경우와 다를 바가 없고, 상속재산회복이라고 하는 특별한 제도를 인정하여야 할 이유는 전혀 존재하지 않으며, 법률상 일반의 침해재산의 회복으로서 취급하여야 하고, 그러한 침해자는 表見相續人에는 해당하지 않는다고 한다. 자기에게 상속권이 없는 것을 알거나 또는 그러한 자에게 상속권이 있다고 믿을 만한 합리적 사유가 없음에도 불구하고 스스로 상속인이라고 칭하여 상속재산을 침해하는 자는, 자기의 침해행위를 정당행위인 것처럼 호도하기 위한 구실로서 상속이라는 이름을 빌리거나 또는 그와 同視하여야 하는 데 지나지 않고, 실질에 있어서는 일반의 물권침해자 내지 불법행위자로서 이른바 상속회복청구제도의 범위 밖에 있는 자이며, 그 당연한 귀결로서 상속회복청구권의 소멸시효의 원용을 인정할 수 있는 자에는 해당하지 않는다고 한다. 그리고 공동상속인 가운데 1인 또는 수인이 다른 공동상속인이 있다는 것 및 상속재산 가운데 그 1인 또는 수인의 본래의 지분을 넘는 부분이 다른 공동상속인의 지분에 속하는 것을 알면서 그 부분도 자기의 지분에 속한다고 하거나, 또는 그 부분에 관하여 그 자에게 상속에 의한 지분이 있다고 믿을 만한 합리적인 사유가 없음에도 불구하고 그 부분도 자기의 지분에 속한다고 하여 이를 점유, 관리하고 있는 경우에는, 상속회복청구제도의 적용이 예정된 경우에는 해당하지 않고, 따라서 그 1인 또는 수인이 위와 같이 상속권을 침해당하고 있는 다른 공동상속인으로부터의 침해의 배제의 청구에 대

122) 大審院 1929(昭和 4). 4. 2. 판결(民集 8卷 237頁) 등.

123) 상세한 것은 副田隆重(註 112), 450면 이하; 泉 久雄(註 117), 116면 이하; 小川榮治(註 117), 34면 이하 참조.

124) 最高裁判所 1995(平成 7). 12. 5. 판결(判例時報 1562호, 54면).

하여 상속회복청구권의 시효를 원용하여 이를 거부할 수는 없다고 하지 않으면 안 된다고 한다.

결국 이 판례는 악의 또는 과실 있는 表見相續人(僭稱相續人)은 상속회복청구권의 소멸시효를 원용할 수 없다고 함으로써, 상속회복청구권의 소멸시효 규정이 적용될 수 있는 범위를 매우 좁혔고, 따라서 실제로 상속회복청구가 소멸시효 완성을 이유로 받아들여지지 않는 경우는 지극히 예외에 속하게 되었다.[125] 그러나 이 판결에 대하여는 학설상 논란이 많다.[126]

Ⅶ. 우리나라에서의 相續回復請求權制度의 繼受

1. 傳 統 法

우리나라의 전통법에는 따로 상속회복청구권과 같은 제도가 있었다고는 보이지 않는다. 다만 상속재산에 관한 분쟁에 관하여 다른 분쟁과 달리 취급하는 규정이 없었던 것은 아니다. 즉 經國大典 戶田 田宅條에 의하면, 일반 부동산에 관하여는 呈訴期限[127]이라고 하는 일종의 出訴期限 내지 제척기간의 규정이 있어서, 5년이 경과하면 소송을 제기할 수 없지만(凡訟田宅, 過五年勿聽), 이에는 몇 가지 예외가 있었는데, 그 중 한 가지가 공동상속인 중의 일부가 상속재산을 독점한 경우이다(父母田宅合執者). 이 때에는 다른 상속인이 呈訴期限의 제한을 받지 않고 언제든지 제소할 수 있도록 하고 있었다(勿限年).[128] 물론 이는 공동상속인 사이의 분쟁에 국한된 것으로서 상속회복청구 일반에 관한 것은 아니지만, 적어도 공동상속의 경우에 있어서는 다른 경우보다 상속인을 더 보호하여야 한다는 사고의 표현이라고 하겠다.[129]

---

125) 나아가 最高裁判所 1995(平成 7). 12. 5. 판결(註 124)은 이처럼 소멸시효를 원용할 수 없는 참칭상속인으로부터 상속 부동산을 양수한 제3자도 시효를 원용할 수 없다고 하였다. 이에 대한 評釋으로는 伊藤昌司, "民法第八八四條の現況", 判例タイムズ No. 918, 71면 이하; 松本克美, "單獨名義で相續の登記を經由した共同相續人の一人から不動産を讓り受けた者と相續回復請求權の消滅時效の援用", 判例時報 1588호, 219면 이하 참조.

126) 小川榮治(註 117), 38면 이하 참조.

127) 呈訴期限에 대하여는 朴秉濠, 韓國法制史攷, 1974, 261-267면 참조.

128) 원문은 다음과 같다. "凡訟田宅, 過五年勿聽 盜賣者 相訟未決者 父母田宅合執者 因并耕永執者 賃居永執者 不限年."

129) 沈羲基, "朝鮮時代의 呈訴期限法", 比較法實務硏究[Ⅰ], 1997, 271면은 이로부터 조선시대

2. 1910년 이후의 判例

가. 초기의 판례

그런데 이러한 상황은 1910년의 日本의 倂合 후 점차 변하였다. 원래 당시 민사에 관한 적용법령을 규정한 朝鮮民事令[130] 제11조는 한국인의 친족 및 상속에 관하여는 별단의 규정이 있는 경우를 제외하고는 관습에 의한다고 규정하였으므로, 상속회복의 문제에 관하여도 관습에 의하여야 하였다.

그리하여 당시의 한반도의 終審 法院인 朝鮮高等法院 판례는 초기에는 "조선에 있어서 정당상속인의 상속회복권을 부정하는 관습은 없으므로, 상속인이 된 자가 상속을 한 때에는 불법상속인에 대하여 상속회복권을 행사할 수 있음은 물론, 불법상속인으로부터 취득한 자에 대하여도 상속재산의 반환을 청구할 수 있다"고 하였다.[131]

그리고 朝鮮高等法院 1920(大正 9). 3. 12. 판결[132]은 이러한 권리가 시효에 걸리는가에 관하여, 舊韓國 光武 9년[133]의 刑法大典 제16조에는 聽訟하는 기한은 民事詞訟은 20년 이내에 있는 자로 정한다고 규정하고 있어서 모든 민사의 소송은 그 물권·채권에 기한 소송인지 친족법·상속법상의 권리에 기한 소송인지를 묻지 않고 그 청구를 할 수 있는 시기로부터 기산하여 20년을 경과한 때에는 出訴할 수 없게 되었으나, 위 형법대전은 隆熙 2년[134] 8월 1일부터 시행된 법률 제19호에 의하여 개정되어 위 제16조의 규정은 개정법률에 의하여 消除되었고, 동시에 시행된 民事訴訟期限規則에는 상속회복청구권과 같은 상속법상의 권리에 관하여는 아무런 소송기한의 규정을 두지 않았으므로 隆熙 2년 8월 1일 이래로는 상속회복청구권은 출소기한의 정함이 없는 권리로 되었으며, 朝鮮民事令 시행 후에 있어서도 친족상속에 관한 사항에 관하여는 오로지 관습에 따라야 하는 것이어서 상속회복청구권과 같은 상속법상의 권리의 시효에 관하여도 일본 민법 제966조의 규정을 적용할 수 없고, 관습에 의하여야 하는

사람들의 강한 諸子女均分相續의식을 엿볼 수 있다고 한다.

130) 1912(明治 45). 3. 28, 制令 제 7 호.

131) 1920(大正 9). 6. 23. 판결, 高等法院民事判決錄(이하 '錄'이라고만 약칭한다) 7권 287면 이하.

132) 錄 7권 88면 이하.

133) 서기 1905년.

134) 서기 1908년.

것이지만, 조선에 있어서는 아직 일정한 관습이 없으므로 상속회복청구권은 현재 아직 시효 또는 출소기한의 정함이 없는 권리와 다를 바 없다고 하여 이를 부정하였다.

이러한 판결례들을 얼핏 보면 상속회복청구권이라는 독자적인 권리를 인정한 것처럼 생각될 수도 있으나, 그 중점은 주로 진정한 상속인이 불법상속인(참칭상속인)에 대하여 상속재산의 반환을 청구하는 권리는 시효에 걸리지 않는다는 데 있는 것으로 이해되어야 할 것이다.

나. 1935년의 聯合部 判決

그런데 이러한 판례는 1935년의 聯合部 판결[135]에 이르러 변경되게 되었다. 이 판례의 사실관계는 다음과 같다. 즉 원고 A는 B의 처이고, 원고 C는 B의 庶子인 아들인데, 위 B는 그 생전에 자기 백부의 3남인 D의 장남인 피고 E를 양자로 들인 후,[136] 1912(大正 2). 2. 19. 사망하였다. 그리하여 피고 E가 B의 호주상속 및 재산상속을 하게 되었다. 그런데 E의 實家와 B의 가는 本家宗家의 관계에 있지는 않다. 그러자 원고들은 1933년에 이르러 庶子가 있는 경우에는 양자를 들이지 못하므로 위 입양은 무효이고, 따라서 E가 B의 호주상속 및 유산상속을 한 것은 무효라고 주장하여 소송을 제기하였다.[137]

이에 대하여 원심법원인 大邱覆審法院은 피고 E가 D의 장남으로서 생가의 종가 또는 본가가 아닌 B家의 양자로 된 것은 조선의 관습상 시인될 수 없지만, 당시에 있어서는 일단 養子緣組(入養)를 한 이상은 관습에 반하는 경우라고 하여도 그 입양에 의하여 父子의 倫定 있는 것으로 되어 후일에 이르러 이를 무효시하는 것은 허용되지 않는다는 관습이 존재하므로 원고들의 청구는 이유없다고 하였다.

이에 대하여 상고심인 조선고등법원은, "조선에서 호주 또는 유산의 정당상속인이 타인으로 인하여 불법하게 자기의 상속상의 지위를 침해당한 때에는 상속인을 참칭하는 그 타인에 대하여 상속회복청구권을 행사할 수 있는 것은 관습상 명백하다(大正九年 民上第一一一號 同年 6월 23일 본원 판결 참조). 그러하여도 위 상속회복청구권은 상속인 또는 그 법정대리인이 상속권을 침해당한 사

135) 朝鮮高等法院 1935(昭和 10). 7. 30. 昭和 9年 民上687호 聯合部 판결(錄 22권 302면 이하).
136) 이 점에 관하여 원고들은 死後養子라고 주장하였으나 원심법원은 본문과 같이 인정하였다.
137) 그 사건명은 '養子緣組無效確認請求事件'으로 되어 있고, 청구취지는 "B와 피고 E 사이에 한 養子緣組는 무효인 것을 확인하고 그 호적기재의 말소절차를 행할 것"으로 되어 있다.

실을 안 때에는 상속개시의 때로부터 각각 상당한 기간 내에 한하여 행사할 수 있고 그 기간을 경과한 때에는 위 청구권이 소멸하는 것으로 되는 것 역시 조선의 관습상 시인된다"[138]고 하였다. 그리하여 피고가 한 養子緣組가 무효라 하여도, B의 사망으로 인하여 호주상속개시와 함께 상속인을 참칭한 이래 20년 이상을 경과한(본소제기는 만 21년 6월을 경과하였다) 것이 명백한 이 사건에 있어서는 상속회복청구권을 소멸시키기에 충분한 위의 상당기간을 경과하였다고 인정함이 상당하고, 원고들이 청구하는 養子緣組 무효 및 호적기재의 말소는 모두 호주상속회복을 내용으로 하는 것이라고 하여 결국 상고를 기각하면서, 상속회복청구권은 시효에 걸리지 않는다고 한 종전의 朝鮮高等法院 1920(大正 9). 3. 12. 판결(註 132)을 변경하였다.

당시에 이 판결을 어떻게 평가하였을까? 우선 당시 朝鮮高等法院 판사로서 위 판결에도 관여하였을 것으로 추측되는 高橋隆三은 위 판결이 선고된 직후에 발표한 논문에서 자신은 위 판례의 당부를 논하는 것이 목적이 아니라고 하면서도,[139] 다음과 같은 이유에서 위 판결을 지지하고 있다. 즉 조선에서는 일방으로는 상속순위에 관한 관습이 심히 이해하기 어려운 것과 함께, 호적부의 기재가 현재에는 戶籍令에 의해 規整되었다고는 하지만 과거의 民籍令 시대에는 실제와 부합하지 않는 것이 많았던 것이 경험에 비추어도 명백하고, 이렇게 하여 10년, 20년의 오랜 세월 사람들도 인정하던 상속인이 하루 아침에 참칭상속인으로 되고, 그 사이의 처분행위가 무효로 된다면 거래의 안정을 크게 해하며, 민법이 특히 상속회복청구권에 관하여 단기시효를 둔 까닭도 알 수 있다고 한다. 그리하여 이번 판례가 상속회복청구권의 시효제도를 인정한 것에는 異論이 없을 것으로 믿는다고 한다.[140]

그리고 당시 京城帝國大學 教授이던 安田幹太는 朝鮮 및 臺灣과 같이 일

---

138) 이 판결의 요지는 "조선에 있어서 호주 및 유산의 상속회복청구권은 상속인 또는 그 법정대리인이 상속권을 침해당한 사실을 안 때 또는(又ハ) 상속개시의 때로부터 각각 상당한 기간 내에 행사할 수 있고 그 기간을 경과한 때에는 소멸하는 관습이다"라고 되어 있으며, 일반적으로 이 판결을 이와 같이 이해하고 있다. 예컨대 高橋隆三, "相續回復請求權の時效", 司法協會雜誌 14권 11호(1935, 昭和 10), 1면. 그러나 판결 원문에는 위와 같이 "상속권을 침해당한 사실을 안 때에는 상속개시의 때로부터 각각 상당기간 내에 행사할 수 있고(相續權ヲ侵害セラレル事實ヲ知リタルトキハ相續開始ノトキヨリ夫夫相當期間內ニ限リ行使ヲ爲サスシテ)"라고 되어 있어 '또(又)'라는 말이 빠져 있다. 그러나 원문에도 각각(夫夫)이라는 말이 있음을 볼 때 원문에 '또(又)'라는 말이 착오로 빠진 것으로 추측된다.

139) 위 註 138)에 인용된 "相續回復請求權の時效", 1면.

140) 高橋隆三(註 138), 4면.

본 민법 제966조와 같은 법규의 적용이 제외된 지역에서도 법원은 판례에 의하여 상속회복청구권을 특별히 인정하기에 이르렀고, 그렇다면 특별히 인정한 상속회복청구권을 용인하는 것은 法規가 존재하는가 아닌가에 불구하고 현대의 사회제도에 있어서 필연의 요구로서 조리에 따라 긍정할 수 있으며, 의심을 가질 수 없는 사실이라고 한다.[141] 또한 相續回復請求權의 認容은 단지 그 자신만으로는 중대한 의의를 가지지 않으며, 그 중대한 의의는 그에 수반하는 특별한 소멸시효를 인정함에 의하여 비로소 생긴다고 한다.[142] 그리고 朝鮮高等法院은 조선에서 관습으로서 상속회복청구권과 아울러 그 소멸시효를 容認하였다고 판시하였으나, 사실은 조선에서는 상속회복청구권 및 그 소멸시효가 관습으로서는 존재하였다고 할 수는 없다고 말하는 것이 정당할 것이며, 정당한 상속인이 아닌 자라 하여도 이미 상속인으로서 사실상 상속을 하고 상속인의 지위에 선 후에는 상속회복에 의하여서만 그 지위를 다툴 수 있고, 정당상속인이 상속회복에 의하여 이를 다투는 일 없이 오랜 세월을 경과한 후에는 이후 이를 다툴 수 없게 하여야 하는 것은 필요한 제도로서 바람직한 일이고, 오늘의 조선인 사이에서는 법률의식 또는 법적 신념이 요구하는 바임은 의심할 여지가 없으나, 그러한 관습은 아마도 조선에서는 발견할 수 없을 것이고, 판례가 관습이 존재하였다고 하여도 이는 단지 조선민사령 때문에 형식상 짜맞추기 위하여 말한 것에 불과하며, 실제로는 관습의 이름을 빙자하여 條理의 요구를 판례법으로서 인정한 것이라고 할 수 있을 것이라고 한다.[143]

결국 위와 같은 조선고등법원의 판례는 거래의 안전 등을 고려하여, 관습의 이름을 빌어 상당한 기간 내에 상속회복청구권을 행사하지 않으면 상속회복청구권이 소멸한다고 하는 판례법을 창조한 것이라고 보아야 할 것이다.[144]

다. 이후의 判例

위 연합부 판결은 상속회복청구권을 상당한 기간 내에 행사하지 않으면 소멸한다고 하였을 뿐, 그 기간의 성질이 무엇인지, 그 상당한 기간이 구체적

141) "相續回復請求權の本質(1)", 司法協會雜誌 제15권 3호, 1936(昭和 11), 17면.

142) 安田幹太(註 141), 18면 註 2).

143) 安田幹太(註 141), 18면 註 3).

144) 鄭光鉉, 韓國親族相續法 上卷, 1955, 137면 이하, 특히 140면은 婦女의 再婚에 待婚期間이 요구됨을 역설하면서, 그 기간에 관하여는 위 朝鮮高等法院 1935(昭和 10). 7. 30. 聯合部 판결과 같은 논법으로 결정할 수 있는 문제라고 하고, 이에 관하여 앞에서 인용한 安田幹太의 주장을 인용하고 있다.

으로 어느 정도여야 하는지는 분명히 밝히지 않았다. 그러나 그 이후의 朝鮮高等法院 판례는 그 기간을 소멸시효기간으로 이해하고 있고, 그 기간이 어느 정도여야 하는지도 보다 구체적으로 밝히고 있다.

우선 朝鮮高等法院 1937(昭和 12). 8. 27. 판결[145]은 위 연합부 판결을 인용하여, "조선에 있어서 호주 및 재산의 상속회복청구권은 상속인 또는 그 법정대리인이 상속권한을 침해당한 사실을 안 때 또는 상속개시의 때로부터 각각 상당한 기간 내에 권리를 행사하지 않은 때에는 소멸한다는 관습이 있"다고 하면서, 원고가 상속권 침해의 사실을 안 때는 昭和 4년 7월 13일인데 本訴의 제기가 昭和 10년 7월 29일로서 그 사이 만 6년을 경과하였으므로 그 기간은 위 상속회복청구권의 소멸시효를 완성시키는 데 상당한 기간이라고 하였다.

다른 한편 朝鮮高等法院 1939(昭和 14). 6. 30. 판결[146]은 조선 임진왜란 시대의 義兵將인 鶴峰 高仁厚의 후손들 사이에 생긴 분쟁에 관한 것으로서, 고인후의 12대 후손인 A가 사망하자 門會에서 A의 적출장남으로서 원고의 아버지인 B가 廢疾者라 하여 그 종손으로서의 신분을 폐제하고, 피고의 남편인 C를 死後養子로 선정하였는데, B와 C가 모두 사망하자 원고가 피고를 상대로 위 사후양자 선임은 무효라고 주장하면서 그 位牌의 반환을 청구한 것이다.

조선고등법원은 위패 및 그 용기와 같은 것은 호주상속의 특권에 속하고 그 소유권은 호주권에 수반하는 것이며, 현재에는 호주상속권 외에 祭祀相續權이라는 것은 이를 관념할 수 없으므로 본소 원고의 청구는 필경 호주상속의 회복을 구하며 그 특권을 주장하는 것으로 해석하여야 하고, 상속회복청구권은 상속개시의 때로부터 20년을 경과한 때에는 시효로 인하여 소멸하는 것이 조선의 관습이라고 하여, 위 C가 A의 死後養子로 선정되어 상속개시한 때로부터 20년을 경과하였으므로 위 C 및 피고의 宗家戶主의 지위는 이로써 확정되었고, 원고는 피고에 대하여 그것이 자기의 권리에 속한다는 것을 주장할 수 없다고 하였다.[147]

광복 후의 대법원 판례도 현행 민법 시행 전의 상속회복청구권에 관하여는 이와 같은 조선고등법원의 판례를 그대로 따르고 있다. 즉 대법원 1962. 6. 21. 선고 62다196 판결은, 관습에 의하면 호주 및 재산의 상속 회복 청구권은

145) 錄 24권 317면.
146) 錄 26권 276면.
147) 이 판결 원문에는 이 부분이 상고이유와 구별되어 있지 않으나 전후 문맥에 비추어 볼 때 상고이유 제1점 및 그에 대한 판단인 것으로 보인다.

상속인 또는 그 법정대리인이 상속권의 침해를 안 때 또는 상속이 개시된 때부터 각 상당한 기간 내에 한하여 행사할 수 있다고 하고, 대법원 1981. 1. 27. 선고 80다1392 판결[148]; 1991. 4. 26. 선고 91다5792 판결[149]; 1996. 12. 6. 선고 96므1137 판결[150] 등은, 민법 시행 전의 호주상속회복청구권은 그 침해를 안 날로부터 6년, 상속이 개시된 날로부터 20년이 경과하면 소멸하는 것이 관습이라고 하고 있다.[151]

3. 民法 規定의 成立과 그 改正

가. 政府案 및 法制司法委員會 修正案

민법에 관하여 정부가 1954년에 國會에 제출한 案은 호주상속의 회복과 재산상속의 회복을 구분하고 있었다. 그리하여 호주상속의 회복에 관하여는 제986조에서 "戶主相續權이 僭稱戶主로 因하여 侵害된 때에는 相續權者 또는 그 法定代理人은 戶主相續回復의 訴訟을 提起할 수 있다"고만 규정하고 있었다.

반면 재산상속의 회복에 관하여는 제1006조에서 "財産相續權이 僭稱相續人으로 因하여 侵害된 때에는 相續權者 또는 그 法定代理人은 相續回復의 訴訟을 提起할 수 있다.

前項의 相續回復請求權은 그 侵害를 받은 날로부터 3年, 相續開始된 날로부터 10年을 經過하면 時效로 因하여 消滅한다"고 규정하고 있었다.[152]

즉 정부안은 호주상속회복청구권에 관하여는 행사기간을 규정하지 않고 재산상속회복청구권에 관하여만 행사기간을 규정하였는데, 그 행사기간을 침해가 있은 때로부터 3년, 상속개시시로부터 10년으로 규정하였고, 또 그 기간의 성질은 소멸시효로 하고 있는 것이다.

이러한 정부안이 어떠한 고려에서 성립하였는지는 현재까지의 자료로는 알 수 없다. 위 정부안의 친족상속법 부분을 기초한 張暻根의 要綱私案 및 法

148) 集 29권 1집 민142; 公 1981, 13719.

149) 公 1991상, 1503.

150) 公 1997상, 206.

151) 그런데 위 조선고등법원의 판례가 관습상 근거가 있는 것인가 하는 점은 별론으로 하고, 위 대법원의 판례가 조선고등법원의 판례와 일치하는 것인지도 다소 의문이다. 위 조선고등법원 1937(昭和 12). 8. 27. 판결(註 145)은 상속권 침해를 안 때로부터 6년이 경과하였으면 상당한 기간이라고 하였을 뿐, 6년이 경과하여야만 상속회복청구권이 소멸한다고 못박고 있지는 않기 때문이다.

152) 鄭光鉉, 韓國家族法研究, 1967, 附錄編, 62면 및 64면.

典編纂委員會의 심의를 거친 原要綱 解說에 의하더라도, 호주상속 및 재산상속을 구분하여야 한다는 점에 관하여만 언급하고 있을 뿐,[153] 상속회복청구권에 관하여는 아무런 언급이 없다.

이 정부안은 法制司法委員會의 심의에서도 수정되지 않았다.[154]

나. 鄭一亨 의원의 修正案과 民法의 規定

이에 대하여 정일형 의원 외 33인의 의원이 1957년에 제출한 수정안[155]에서는 이 부분을 다음과 같이 수정하고자 하였다. 우선 호주상속회복에 관한 제986조에 "前項의 戶主相續回復請求權은 그 侵害를 알은 날로부터 3년, 相續이 開始된 날부터 10년을 經過하면 削滅[156]한다"라고 하는 제 2 항을 신설하고, 재산상속회복에 관한 제1006조는 "第986條의 規定은 財産相續權侵害에 이를 準用한다"로 고치자는 것이다.[157]

그 이유로서는 다음과 같이 설명하고 있다.

"政府案은 戶主相續回復請求權과 財産相續回復請求權을 規定하고 있다. 財産相續回復請求權에 關하여는 行使期間을 規定하고 있는데도 불구하고 戶主相續回復請求權行使期間에 關하여는 何等 規定한 바 없다. 그러나 戶主相續의 回復請求權行使에 關하여 期間의 制限이 必要함은 財産相續의 境遇와 同一하다. 그러므로 財産相續回復請求權行使期間의 規定을 戶主相續回復請求權行使期間의 規定으로 轉換하기 위한 修正이다."

이러한 정일형 의원의 제안에 관하여 당시 국회에서 깊이있게 논의되지는 않았고,[158] 다만 국회에서 민법안 심의가 끝나던 마지막 날인 1957. 12. 17.에, 정일형 의원의 위 수정안에 대하여 법제사법위원회에서 승인하겠다고 하는 데 대하여 異議가 없다고 하여, 표결절차 없이 통과되었다.[159]

그리하여 제정된 민법 제982조, 제999조는 대체로 정일형 의원의 수정안

153) 張暻根, "親族相續法의 立法方針 及 親族相續法起草要綱私案", 鄭光鉉(註 152), 附錄編 10면(원래는 法政 통권 23호, 1948. 9.에 발표되었던 것이다); 同, "民法親族相續編原要綱解說", 鄭光鉉(註 152), 附錄編 42면(원래는 法政 통권 26-38호, 1949, 10-12면에 발표되었던 것이다).
154) 鄭光鉉(註 152), 附錄編 76면 이하에 게재된 法制司法委員會修正案中 親族相續編 條項 참조.
155) 그 제안이유서에 의하면 이 수정안에는 鄭光鉉 敎授와 金容漢 敎授 등이 협력한 것으로 되어 있다. 鄭光鉉(註 152), 附錄編 115면 참조.
156) '消滅'의 오기가 아닌가 추측된다.
157) 鄭光鉉(註 152), 附錄編 113-114면.
158) 鄭光鉉(註 152), 附錄編 249면 이하 참조.
159) 鄭光鉉(註 152), 附錄編 570면 참조.

과 같은 형태로 입법되었다.

제982조: ① 戶主相續權이 僭稱戶主로 인하여 侵害된 때에는 相續權者 또는 그 法定代理人은 戶主相續回復의 訴를 提起할 수 있다.

② 前項의 戶主相續回復請求權은 그 侵害를 안 날로부터 3年, 相續이 開始된 날로부터 10年을 經過하면 消滅한다.

제999조: 第982條의 規定은 財産相續權侵害에 관하여 이를 準用한다.

다. 民法 規定의 改正과 1998년의 改正案

이러한 민법 제982조, 제999조의 규정은 1990. 1. 13. 민법 중 친족상속편 부분이 대폭 개정되는 과정에서 수정되었다. 그러나 이는 기본적으로 민법이 종전의 호주상속을 호주승계로 바꾼 데 따른 것으로서, 그 실질적인 내용은 달라진 것이 없다.

제982조: ① 戶主承繼權이 僭稱戶主로 인하여 侵害된 때에는 承繼權者 또는 그 法定代理人은 戶主承繼回復의 訴를 提起할 수 있다.

② 前項의 戶主承繼回復請求權은 그 侵害를 안 날로부터 3年, 相續이 開始된 날로부터 10年을 經過하면 消滅한다.

제999조: ① 相續權이 僭稱相續權者로 인하여 侵害된 때에는 相續權者 또는 그 法定代理人은 相續回復의 訴를 提起할 수 있다.

② 第 1 項의 相續回復請求權은 그 侵害를 안 날부터 3年, 相續이 開始된 날로부터 10年을 經過하면 消滅한다.

그리고 민법 시행 후의 상속회복청구권의 解釋論도 이러한 민법 개정으로 인하여 달라진 것은 없다.[160)]

한편 법무부가 1998년 국회에 제출한 친족상속법 개정안에서는 제999조 제 2 항을 개정하여, 상속회복청구권의 10년의 제척기간의 기산점을 현행법에서와는 달리 상속이 개시된 날이 아니라 상속권의 침해행위가 있은 날로 수정하려고 하였다.[161)]

160) 대법원 1991. 12. 24. 선고 90다5740 전원합의체 판결(註 3)에서 박우동 대법관의 반대의견은, "구 민법 제999조는 호주상속회복의 소에 관한 민법 제982조의 규정을 재산상속권 침해에 관하여 준용한다고 규정하였으나 1990. 1. 13. 법률 제4199호로 개정된 민법 제999조는 종전의 제982조를 그대로 옮겨 놓았을 뿐 내용면에서 아무런 변화가 없다. 이것은 단기 제척기간의 폐단 등에 대한 종래의 논의를 입법적인 측면에서 외면한 것이며, 입법에 의한 해결책은 기대할 수 없게 되었다"고 하여 종래 판례를 변경하여야 한다고 주장하고 있다.

161) 이에 대하여는 尹眞秀, "相續法 改正案의 課題와 問題點", 人權과 正義 1998. 9, 9면 이하

Ⅷ. 綜合的 考察

1. 相續回復請求權과 個別的 請求權의 關係

상속회복청구권은 로마법 시대부터 상속인이 상속재산의 소유자로서 행사할 수 있는 물권적 청구권과 같은 개별적 청구권과는 별개의 독립된 권리로 인정되어 왔다. 이 점은 프랑스법이나 독일법 및 스위스법 등에서도 마찬가지이다.

그런데 프랑스법을 계수한 것으로 보이는 일본 민법에서는 상속회복청구권을 개별적 청구권과 별개의 것이 아니라 개별적 청구권의 집합으로 이해하는 集合權利說이 학설상 유력하고, 일본의 판례도 이러한 태도를 취하고 있으며, 우리나라의 상황도 일본과 크게 다르지 않다.[162] 이는 1차적으로는 독일 민법 시행 초기의 학설 대립의 영향을 받은 것으로 보이지만, 다른 한편으로는 상속회복청구권을 개별적 청구권과는 별개의 것으로 이해하는 實益이 없다고 하는 생각 때문인 것으로 보인다.[163]

그리고 상속회복청구권을 개별적 청구권과는 별개 독립의 것으로 이해할 때, 상속회복청구권과 개별적 청구권은 병존하는 것으로서, 당사자는 어느 것이라도 선택적으로 행사할 수 있는가? 이 점은 나라에 따라 다소 차이를 보인다. 로마법과 독일법 및 스위스법에서는 이를 긍정하고, 다만 이러한 선택적 행사로 인하여 생겨나는 문제점을 조정하려고 하는데 반하여, 프랑스법에서는 이를 부정하는 것으로 보인다. 프랑스법에서 이를 부정하는 것은 일반적으로 청구권의 경합을 인정하지 않는 것과 관련이 있다고 생각된다.

결국 우리나라나 일본에서의 집합권리설은 그 출발점은 다르지만 결론에 있어서는 프랑스에서와 유사하게 된다.

참조.

162) 우리나라에서의 解釋論의 상황에 관하여는 尹眞秀(註 2) 참조.

163) 尹眞秀(註 2), 491면 이하 참조.

2. 相續回復請求權의 相對方

참칭상속인이 상속회복청구권의 상대방에 해당된다는 것은 고찰의 대상이 된 모든 법에서 다 인정된다. 그러나 그 이외의 사람도 이에 포함되는가는 나라에 따라 다르다. 프랑스법 및 독일법에서는 원칙적으로 상대방이 참칭상속인 내지 그에 준하는 포괄적인 권원을 주장하는 사람에 국한되지만, 로마법에서는 그 이외에 자신의 권원은 주장하지 않으면서 단지 상속인의 상속권을 다투는 자(pro possessore)도 상대방으로 인정되었고, 스위스법에서는 이보다 더 범위가 넓어서 그러한 자들의 특정승계인도 상대방에 포함시킨다. 일본법이나 우리나라 법은 프랑스 및 독일과 같은 태도를 취하고 있다. 다른 한편 스위스법은 공동상속인은 그 상대방에서 제외하지만, 다른 나라에서는 이 또한 상대방에 포함시킨다.

3. 相續回復請求權制度의 目的

상속회복청구권제도의 목적은 어디에 있는가? 다시 말하여 상속회복청구권제도는 누구의 이익을 위하여 인정되는가 하는 점이다. 원래 로마법이나 그에 영향을 받은 서구의 나라들에서는 이는 진정한 상속인의 이익을 위하여 인정되는 것이었다. 즉 상속회복청구권을 행사하는 편이 개별적 청구권을 행사하는 것과 비교할 때 포괄적인 반환청구를 가능하게 하고, 그 입증책임 등의 면에서도 더 유리하다.

반면 이 제도를 받아들인 일본이나, 판례에 의하여 이 제도를 인정한 민법시행 전의 우리나라에서는 이러한 상속인의 보호라는 측면은 도외시되고, 주로 참칭상속인과 이해관계를 맺은 제3자의 보호를 위하여 일정한 행사기간 내에 상속회복청구권을 행사하지 않으면 소멸한다는 면이 중시되었다. 이는 과거의 일본법이나 민법시행 전의 우리나라에서는 호주상속과 재산상속이 결합되어, 원칙적으로 호주상속인만이 재산상속을 할 수 있었던 것과도 연관이 있었다고 여겨진다.

4. 相續回復請求權制度의 現實的 機能

과연 상속회복청구권제도가 인정되는 여러 나라에서 상속회복청구권제도는 현실적으로 기능을 발휘하고 있는가? 이 점은 상당히 부정적이다. 특히 개별적 청구권과의 경합이 인정되는 경우에는 더욱 그러하다. 스위스에서는 상속회복청구권제도가 장식적 기능밖에 가지고 있지 못하다고 하는 논평이 있음은 앞에서 보았고,[164] 비교적 이에 관하여 상세한 규정을 두고 있는 독일에서도 상속회복청구권제도는 희미한 존재(Schattendasein)이며, 개별적 청구권 때문에 보조적인 의미(unterstützende Bedeutung)밖에 가지고 있지 못하다는 지적이 있다.[165]

그리고 집합권리설의 입장에서 양자의 경합을 인정하지 않는 일본의 판례는 惡意 또는 과실 있는 表見相續人(僭稱相續人)은 상속회복청구권의 소멸시효를 원용할 수 없다고 함으로써, 상속회복청구권의 소멸시효 규정이 적용될 수 있는 범위를 매우 좁혔다.

Ⅸ. 結論 — 相續回復請求權制度의 存在理由에 대한 疑問

이제까지 여러 나라의 상속회복청구권제도와 그것이 우리나라에 계수된 경위를 살펴보았다. 이러한 상속회복청구권제도가 각국에서 인정되게 된 것은 제 1 차적으로는 역사적인 이유에 기인한 것이라고 하겠다. 즉 로마법에서부터 이를 인정하였으므로 로마법을 계수한 다른 나라에서도 이를 받아들인 것이다. 그러나 과연 개별적 청구권 외에 별도의 상속회복청구권제도를 인정할 필요가 있는가 하는 문제에 대하여는 어느 나라에서도 명쾌한 해답을 하지 못하고 있다고 생각된다. 다른 말로 표현한다면 상속회복청구권은 “相續權의 침해”를 요건으로서 요구하고 있어서, “相續權”이라고 하는 권리의 존재를 전제로 하고 있는 것으로 보이는데, 과연 상속인이 상속에 의하여 피상속인이 가지고 있던

164) 위 Ⅴ. 5. 참조.

165) Wendt, “Die Bedeutung des Erbschaftsanspruchs für die allgemeine Güterzuordnung”, Tradition und Fortentwicklung im Recht(註 83), 1991, S. 211.

개별적인 권리와 의무를 승계하는 것 이외에 과연 相續權이라고 하는 독립적인 권리를 인정할 필요가 있는가가 의심스러운 것이다.[166)]

또한 우리나라의 판례처럼 상속회복청구권과 개별적 청구권의 경합을 인정하지 않는 경우에는 권리의 행사기간에 제한이 없는 물권적 청구권과 대비할 때 왜 그 행사기간을 제한하여야 하는가 하는 의문을 해소하기가 어렵다. 사실상태의 존중 내지 거래의 안전 보호라는 이유는 매우 불충분하다고 생각된다.

결국 입법론적으로는 상속회복청구권을 개별적 청구권과는 독립된 포괄적 청구권으로 재구성하거나, 아니면 아예 상속회복청구권의 제도 자체를 폐지하여 버리는 것을 고려할 필요가 있을 것이다.[167)]

〈서울대학교 法學 제41권 제1호, 2000〉

166) Wieling(註 57), S. 7 f. 참조.
167) 尹眞秀(註 161), 13면 이하 참조.

相續回復請求權의 消滅時效에 관한 舊慣習의 違憲 與否 및 判例의 遡及效*

- 대법원 2003. 7. 24. 선고 2001다48781 전원합의체 판결** -

[사실의 개요]

(1) 소외 A와 B 부부는 그 슬하에 아들 둘과 딸인 원고 X_1, 소외 C, D를 두었는데, 아들들이 1923년경과 1926년경 모두 사망하자, 당시 7세이던 소외 E를 입양신고는 하지 아니한 채 양자로 삼아 함께 생활하였다. 그 후 A는 1929년경 사망하였고, B는 6. 25. 사변중에 사망하였으나 호적부상 사망일은 1974. 4. 16.로 기재되었다.

(2) D는 C가 사망하고 자신과 원고 X_1이 혼인하여 출가한 후 어머니 B마저 사망하여 無後家가 될 지경에 이르자, 1960. 5. 17. B의 사망신고가 되어 있지 아니한 것을 기화로 마치 B가 생존 중에 E를 A의 사후양자로 선정한 것처럼 사후양자 입양신고를 하여 B의 호적에 입적하였으나, E는 이미 1951. 5. 21.경 사망하여 그의 호적부에 같은 날 사망한 것으로 기재되어 있었고, 그 후 입양된 E의 호적에는 1974. 4. 21. 사망한 것으로 신고되었다.

(3) 한편 E의 딸인 F는 대구지방법원 상주지원에 호적정정허가신청을 하여 1993. 11. 2. 위 법원으로부터 E의 호적 중 1951. 5. 21. 사망의 기재를 말

---

* 이 글은 2004. 4. 12. 민사실무연구회에서 발표한 것을 보완한 것이다. 발표에 필요한 자료를 제공하여 주신 대법원 재판연구관 박해식 판사님, 발표 당시 및 그 후에 좋은 의견을 제시하여 주신 민사실무연구회 회원들과, 이 글의 초고를 읽고 좋은 의견을 제시하여 주신 서울대학교 법과대학의 최병조 교수님께 감사의 뜻을 표한다.

** 公 2003하, 1785.

소하는 내용의 호적정정허가결정을 받아 E의 호적을 정정하였다.

(4) B가 사망할 당시 그의 자녀로는 원고 X_1과 소외 D가 있었는데, D는 1986. 10. 18. 사망하여 원고 X_2, X_3, X_4가 상속인이 되었고, E의 후손으로는 F 외 5인[1)]이 있었다.

(5) B의 명의로 소유권보존등기가 경료되어 있던 이 사건 토지에 관하여 1994. 4. 6.에 1974. 4. 16. 재산상속을 원인으로 하여 원고들 4인 및 F 외 5인 앞으로 소유권이전등기가 마쳐졌다가 F를 제외한 나머지 5인의 지분에 관하여 같은 날 증여를 원인으로 하여 F 앞으로 소유권이전등기가 마쳐졌고, 다시 1997. 4. 2. 증여를 원인으로 하여 F의 지분에 관하여 피고 Y 앞으로 소유권이전등기가 마쳐졌다.

[소송의 경과]

원고들은 B의 상속인으로서, E가 A의 사후양자로 입양된 사실이 없고 따라서 B의 양자가 된 적이 없음에도 불구하고 F가 E가 호적부상 사후양자로 기재되어 있는 것을 기화로 허위의 호적정정허가결정을 받아 이 사건 토지에 관하여 F 외 5인 앞으로 각 해당지분만큼 상속을 원인으로 하여 소유권이전등기를 경료한 것이므로, 위 상속을 원인으로 한 소유권이전등기 중 F 외 5인 부분은 원인무효이고, 이에 터잡아 이루어진 Y 명의의 위 소유권이전등기 역시 원인무효의 등기라고 하면서 피고에 대하여 진정명의 회복을 원인으로 하여 소유권이전등기절차의 이행을 구하였다.

그러나 원심[2)]은, 다음과 같이 판단하여 원고들의 소를 각하한 제1심 판결을 유지하였다.

(1) F 외 5인은 참칭상속인에 해당한다고 보아야 할 것이고, 따라서 원고들이 위와 같이 상속재산인 이 사건 각 토지의 진정한 상속인임을 전제로 하여, 재산상속으로 인한 소유권 또는 지분권 등 재산권의 귀속을 주장하면서 참칭상속인인 F 외 5인으로부터 이 사건 각 토지를 전득한 피고를 상대로 이 사건 각 토지 중 피고의 지분에 해당하는 부분에 관하여 진정명의 회복을 원인으로 하여 소유권이전등기절차의 이행을 구하는 이 사건 소는 그 소유권 또는

---

1) 이하 F 외 5인이라 한다. E의 자녀는 원래 3인이었는데 그 중 1인이 다시 사망하여 처와 자녀 3인이 공동상속하였다.

2) 대구지방법원 2001. 6. 20. 선고 2000나11858 판결.

지분권의 귀속을 내세우는 주장이 위와 같이 상속을 원인으로 하는 것인 이상, 그 청구원인 여하에 불구하고 민법이 정하는 상속회복청구의 소에 해당한다.

(2) 민법 시행 전의 상속회복청구권은 그 침해를 안 날로부터 6년, 상속이 개시된 날로부터 20년이 경과하면 소멸하는 것이 관습이었고, 상속 개시일로부터 20년이 경과한 후에 상속권의 침해가 있는 경우라도 제척기간의 경과로 인하여 상속회복청구권은 소멸되었다고 보아야 하므로, B가 실제로 사망함으로써 그 상속이 개시된 6.25 사변경부터 20년이 훨씬 경과한 1998. 3. 18. 이 사건 소가 제기되었음이 역수상 명백하다.

호적에 기재된 B의 사망일인 1974. 4. 16.을 상속 개시일로 보더라도 민법 제999조 제2항 소정의 민법상 상속회복청구권의 제척기간 중 하나인 상속개시일로부터 10년이 이미 경과한 뒤에 이 사건 소가 제기되었음이 명백하다.

(3) 따라서 비록 원고들이 주장하는 바와 같은 상속권의 침해가 위 상속개시일 이후에 있었다 하더라도, 위 제척기간이 경과됨으로써 위 상속회복청구권이 이미 소멸되었으므로, 결국 원고들의 이 사건 소는 부적법하다.

[상고이유의 요지]

상속회복청구권의 제척기간에 관한 민법 제999조 제2항 중 "상속이 개시된 날부터 10년" 부분과 구 민법(1990. 1. 13. 법률 제4199호로 개정되기 전의 것) 제999조에 의하여 준용되는 제982조 제2항 중 "상속이 개시된 날부터 10년" 부분에 대한 위헌 결정[3]이 있었으므로, 이 사건 소송이 민법 제999조 제2항에 의한 상속회복청구권의 제척기간이 경과한 후에 제기되었기 때문에 부적법하다는 원심 판결은 위헌 조항을 근거로 판결한 과오를 범한 것이다.[4]

[대법원의 판결이유]

대법원은 전원합의체 판결로 종래의 판례를 변경하고 원심판결을 파기환송하였으나, 이에 대하여는 다수의견과 반대의견 및 반대의견에 대한 보충의견의 대립이 있었다.

---

3) 헌법재판소 2001. 7. 19. 선고 99헌바9·26·84, 2000헌바11, 2000헌가3, 2001헌가23(병합) 결정(헌판집 13-2, 1).

4) 나머지 상고이유는 이 사건 소송이 상속회복청구의 소가 아니라는 점과 상속회복청구의 제척기간의 기산점은 상속권에 대한 침해가 있을 때부터 기산하여야 한다는 점을 주장하고 있으나, 이 판결의 주된 쟁점이 아니므로 생략하였다.

1. 다수의견[5)]

관습법이란 사회의 거듭된 관행으로 생성한 사회생활규범이 사회의 법적 확신과 인식에 의하여 법적 규범으로 승인·강행되기에 이른 것을 말하고, 그러한 관습법은 바로 법원(法源)으로서 법령과 같은 효력을 가져 법령에 저촉되지 아니하는 한 법칙으로서의 효력이 있는 것인바, 사회의 거듭된 관행으로 생성한 어떤 사회생활규범이 법적 규범으로 승인되기에 이르렀다고 하기 위하여는 그 사회생활규범은 헌법을 최상위 규범으로 하는 전체 법질서에 반하지 아니하는 것으로서 정당성과 합리성이 있다고 인정될 수 있는 것이어야 하고, 그렇지 아니한 사회생활규범은 비록 그것이 사회의 거듭된 관행으로 생성된 것이라고 할지라도 이를 법적 규범으로 삼아 관습법으로서의 효력을 인정할 수 없다.

그런데 제정 민법이 시행되기 전에 존재하던 관습 중 "상속회복청구권은 상속이 개시된 날부터 20년이 경과하면 소멸한다"는 내용의 관습은 이를 적용하게 되면 위 20년의 경과 후에 상속권 침해행위가 있을 때에는 침해행위와 동시에 진정상속인은 권리를 잃고 구제를 받을 수 없는 결과가 되므로 진정상속인은 모든 상속재산에 대하여 20년 내에 등기나 처분을 통하여 권리확보를 위한 조치를 취하여야 할 무거운 부담을 떠안게 되는데, 이는 소유권은 원래 소멸시효의 적용을 받지 않는다는 권리의 속성에 반할 뿐 아니라 진정상속인으로 하여금 참칭상속인에 의한 재산권침해를 사실상 방어할 수 없게 만드는 결과로 되어 불합리하고, 헌법을 최상위 규범으로 하는 법질서 전체의 이념에도 부합하지 아니하여 정당성이 없으므로, 위 관습에 법적 규범인 관습법으로서의 효력을 인정할 수 없다.

이와 달리, 위 관습을 법적 규범인 관습법으로서의 효력이 있는 것으로 보아 이를 적용할 수 있다고 판시한 대법원 1981. 1. 27. 선고 80다1392 판결, 1991. 4. 26. 선고 91다5792 판결, 1998. 4. 24. 선고 96다8079 판결 등은 이 판결의 견해에 배치되는 범위 내에서 이를 모두 변경하기로 한다.

2. 반대의견[6)]

가. 법원으로서는 관습법이 다른 법령에 의하여 변경·폐지되거나 그와 모

5) 대법원장 최종영, 대법관 변재승, 이용우, 강신욱(주심), 이규홍, 손지열, 박재윤, 고현철.
6) 대법관 서성, 조무제, 유지담, 윤재식, 배기원.

순·저촉되는 새로운 내용의 관습법이 확인되기 전까지는 이에 기속되어 이를 적용하여야 하고, 만일 관습법이 헌법에 위반된다면 그 이유로 이를 적용하지 아니할 수 있을 뿐이지 막연히 불합리하다거나 정당성이 없다는 등의 사유를 이유로 판례변경을 통하여 그 적용을 배제할 수는 없다.

법원은 이 사건 관습이 사회의 법적 확신과 인식에 의하여 법적 규범으로 승인·강행되기에 이르러 관습법으로 성립하여 존재하고 있음을 확인·선언한 이래 여러 차례에 걸쳐 이를 재확인하여 왔으며, 한편 민법 시행 전의 폐지된 조선민사령은 상속에 관한 사항은 관습에 의한다고 규정하였고, 민법은 부칙 제25조 제1항에서 "이 법 시행 전에 개시된 상속에 관하여는 이 법 시행일 후에도 구법의 규정을 적용한다"라고 규정하고 있는 점 등에 비추어 보면 위 관습법이 다른 법령에 의하여 변경·폐지되거나 그와 모순·저촉되는 새로운 내용의 관습법이 확인되지 아니한 이상 법원으로서는 민법 시행 전에 있어서의 상속에 관한 법률관계에 해당하는 상속회복청구에 대하여 위 관습법을 적용할 수밖에 없다.

다수의견이 이 사건 관습이 민법 시행 전에도 불합리하고 정당성이 없어 법적 규범인 관습법으로서의 효력을 인정할 수 없다고 하는 것이라면 이는 민법 부칙의 규정 취지에 정면으로 반하는 것이어서 받아들일 수 없고, 이 사건 관습에 대하여 민법 시행 후 어느 시점부터 법적 규범인 관습법으로서의 효력을 인정할 수 없다고 하는 것이라면, 이 또한 민법 부칙이 민법 시행 전에 있어서의 상속에 관한 법률관계에 관하여 민법 시행 후에도 구법의 규정을 적용한다고 규정하고 있는 점에 비추어 민법 부칙의 규정 취지에 반하는 것이라 할 것이어서 찬성할 수 없다.

나. 헌법재판소가 개정 전의 민법 제999조 제2항의 "상속이 개시된 날로부터 10년" 부분을 위헌이라고 판단한 것은 개정 전 조항이 10년이라는 너무 짧은 기간을 제척기간으로 규정하여 진정상속인의 권리를 심히 제한함으로써 오히려 참칭상속인을 보호하는 역할을 하고 있음을 그 기본적인 전제로 하고 있다 할 것인바, 이 사건 관습에 의하면 그 기간이 2배나 되어 개정 전 조항과 같이 진정상속인의 권리를 심히 제한하고 있다고 보기 어려울 뿐더러(개정 전 조항의 기간이 제척기간인 데 비하여 이 사건 관습상의 기간은 소멸시효 기간인 점도 상속인에게 유리한 것이다), 민법이 시행된 지 이미 40여 년이 경과하여 이 사건 관습을 적용하여야 할 경우는 거의 없는 반면에 이를 적용하지 아니할 경우

오히려 거래의 안전을 해하는 등의 부작용만이 더 커질 우려가 있다고 보이는 점을 감안하면, 이 사건 관습도 똑같은 위헌성이 있다고 볼 필요나 이유가 있는지 의문이 생기지 않을 수 없다.

그리고 일반적으로 상속제도나 상속권의 구체적 내용은 입법자가 입법 재량의 범위 내에서 입법정책적으로 결정할 사항인 점, 독일, 스위스, 프랑스나 일본 등 다른 나라의 입법례도 상속회복청구권의 소멸시효를 인정하고 있는 점, 진정한 소유자라도 일정한 경우 취득시효의 반사적 효과로서 그 소유권을 상실하는 결과에 이를 수 있는 것인바, 상속회복청구권은 상속이 개시된 날로부터 20년이 경과하면 소멸한다는 이 사건 관습 역시 그와 유사한 성질의 것으로 볼 수 있는 점, 상속인이 참칭상속인에 대하여 상속에 기한 소유권을 주장하는 한정된 경우에 있어서 상속에 관한 법률관계를 조속히 확정시켜 거래의 안전을 도모한다고 하는 공익적 목적을 달성하기 위하여 상속재산을 침해당한 진정한 상속인의 상속재산에 대한 추급권의 행사를 기간의 면에서 제한한다 하더라도 위에서 본 바와 같이 그 기간이 합리적이라고 볼 수 있는 정도의 기간인 점 등을 감안하여 보면, 이 사건 관습이 소유권의 속성에 반하고 진정한 상속인으로 하여금 참칭상속인에 의한 권리침해를 사실상 방어할 수 없게 만든다는 이유로 불합리하다거나 정당성이 없다고 할 수는 없을 것이다.

다. 민법이 상속회복청구권의 제척기간을 규정한 취지는, 조속한 기간 내에 상속재산에 관련된 법률관계의 불안을 해소하고 거래의 안전을 도모하려는 데 있으므로, 민법 시행 후 장구한 세월이 경과한 지금에 이르러 새삼스럽게 이 사건 관습을 관습법으로 승인하기 어렵다고 보아 법적 규범으로서의 효력을 부정하게 되면 민법 시행 전에 개시된 상속재산에 관한 분쟁을 장기간의 세월에 걸쳐 행하는 것을 용인하는 결과가 되고, 위 관습법에 따라 상속회복청구권이 이미 소멸된 것을 전제로 하여 이루어진 모든 법률관계를 복멸시킴으로써 거래의 안전이 심각하게 훼손되는 부당한 결과를 피할 수 없게 되어 민법이 상속회복청구권에 대하여 제척기간을 두고 있는 취지에 배치된다.

라. 뿐만 아니라 과거의 법률에 대한 위헌 여부의 심사가 가능하다 하더라도 그 법률에 기초하여 일정한 법률관계가 형성되어 그것이 오랜 세월이 지나는 동안 사회적 승인을 얻어 하나의 법적 질서로서 확립되었을 경우에는 이미 형성된 과거의 법률관계에 대한 판단을 위하여 그 법률에 대한 위헌 여부를 심사하는 것은 신중을 기하여야 할 것이다.

예컨대, 대한민국의 헌법이 제정 공포된 이후에도 민법의 시행 이전의 상속에 관한 법률관계에 대하여는 구 관습법의 적용이 있게 되고, 구 관습법에 의하면 장자 상속으로 되어 있으나 이는 헌법상의 평등의 원칙에 위배된다고 할 것인바, 만일 민법 시행 이전의 상속에 관한 법률관계에 대한 판단을 함에 있어 위 구 관습법에 대하여 지금의 잣대로 재단하여 그것이 위헌이라는 이유로 이를 적용하지 아니할 경우를 상정하여 본다면 그 부당함은 명백하다.

3. 반대의견에 대한 보충의견[7)]

관습법에 위헌적 요소가 있는 경우, 우리의 성문법률 위헌심사제도 아래에서는 헌법재판소를 통한 위헌선언이 이루어질 길이 없고 법원에 의하여 위헌성이 판정되고 그의 적용이 배제되어야 할 터이므로 그렇게 되면 실질상 위헌법률선언과 같은 결과를 낳을 것인바, 그 경우에는 헌법상의 법치주의 원칙에서 나온 법적 안정성 내지 신뢰보호원칙에 바탕을 둔 위헌결정의 불소급효원칙(헌법재판소법 제47조 제2항)의 정신에 따라 그 선언이 있는 날 이후로만 그 관습법의 효력이 상실되도록 함이 상당하다.

관습법이 법원으로서 성립, 존속하기 위하여는 사실인 관습의 생성, 존속이라는 요건 외에 법적 확신의 구체적 표현 방법으로서의 법원의 판결이 필수적인 요건이 되기에, 그러한 판결이 처음부터 없었거나 있었더라도 후에 그 판결의 효력이 부정되면 그 사실인 관습의 존속이라는 요건만 남게 될 뿐 법적인 확신의 존속이라는 요건이 흠결되어 그 관습법은 성립, 존속의 근거를 잃게 되고 만다.

따라서 "상속회복청구권은 상속이 개시된 날로부터 20년이 경과되면 소멸한다"는 사실인 관습은 그에 법적 확신을 부여한 위의 판결들이 선고 존속됨으로써 관습법으로서 성립 존속되어 왔는데, 그 판결들이 변경된다면 이제부터 그 관습법은 소급적으로 존재하지 아니하는 결과로 되어 법적 안정성 내지 신뢰보호의 원칙을 해치게 되는 것이다.

이 사건에서, 그 관습에 위헌적 요소가 있음이 확인된다고 하더라도 향후로는 그에게 법적 확신을 부여하지 아니하기로 판단하는 것만으로도 다수의견이 의도하는 바의 그 관습법에 관한 법적 처리는 달성되는 것이지, 더 나아가 그 관습법을 생성시킨 그 판결들의 효력을 모조리 상실시켜 종래의 그 관습법

7) 대법관 조무제.

의 성립근거를 소급적으로 박탈하는 결과까지 낳게 하여서는 안될 것이다.

4. 이 외에 대법원은 구 민법(2002. 1. 14. 법률 제6591호로 개정되기 전의 것) 제999조 제2항 중 "상속이 개시된 날부터 10년" 부분과 구 민법(1990. 1. 13. 법률 제4199호로 개정되기 전의 것) 제999조에 의하여 준용되는 제982조 제2항 중 "상속이 개시된 날로부터 10년" 부분은 헌법에 위반된다는 헌법재판소 2001. 7. 19. 선고 99헌바9 · 26 · 84, 2000헌바11, 2000헌가3, 2001헌가23(병합) 결정의 효력은 위헌결정이 있기 전에 당해 법률 또는 법률의 조항이 재판의 전제가 되어 법원에 계속중인 사건과 위헌결정 이후에 위와 같은 이유로 제소된 일반사건에도 미친다는 이유로, 원심이 구 민법 제999조 제2항 중 "상속이 개시된 날로부터 10년" 부분을 이 사건에 적용한 것도 위법하다고 하였는데, 이 부분에 관하여는 반대의견이 없었다.

[研 究]

1. 論點의 整理

이 사건 판결은 여러 가지 어려운 문제에 관한 판단을 포함하고 있다. 주된 쟁점은 종래 대법원이 인정하고 있었던, 1960년 민법 시행 전의 상속회복청구권에 관한 상속 개시 후 20년의 소멸시효라는 관습을 법원이 재판규범으로서 적용할 수 있는가 하는 것이다. 이 점에 관하여 다수의견은 그러한 관습 자체의 존재는 인정하면서도, 그러한 관습은 불합리하고 법질서 전체의 이념에도 부합하지 아니하여 정당성이 없으므로 위 관습에 법적 규범인 관습법으로서의 효력을 인정할 수 없다고 하였다. 반면 반대의견은 종전의 판례가 위와 같은 관습에 관습법으로서의 효력을 인정하였다는 등의 이유를 들어 관습법으로서의 효력은 인정되어야 하고, 그러한 관습에 위헌성도 없다고 한다. 그리고 조무제 대법관이 반대의견에 대한 보충의견에서 제시한 의견, 즉 관습법에 위헌성이 있는 경우에 그 적용을 장래에 향하여만 배제할 수 있는가 하는 것도 흥미 있는 논점이다.

그러므로 우선 위와 같은 관습이 관습법으로서의 지위를 가지는가 하는 점을 따져 보아야 한다. 그런데 이와 관련하여 기본적으로 과연 그러한 관습이 존재하였는가 하는 점이 문제로 된다. 이 판결의 다수의견과 반대의견은 모두 과거에 그러한 관습이 존재하였다는 것에 대하여는 이의를 제기하고 있지 않다. 그러나 과연 그러한 관습이 존재하였는가 자체가 의문이다.

그리고 위와 같은 관습에 관습법으로서의 지위가 인정된다고 한다면 반대의견이 제기하고 있는 논점, 즉 위와 같은 관습은 헌법에 어긋나는 것인가를 따져 보아야 한다. 이 점을 검토하기 위하여는 반대의견이 들고 있는 헌법재판소 2001. 7. 19. 결정[8]을 음미하여 볼 필요가 있다. 마지막으로 조무제 대법관의 소급효 제한론에 대하여도 살펴본다.

그런데 이러한 여러 가지 논점 외에도 따져 볼 것이 있다. 그것은 민법 시행 전인 6·25동란 중에 사망한 B의 상속인들의 상속회복청구권에 관하여 적용 여부가 문제되는 것이 민법 시행 전의 소멸시효인가, 아니면 민법이 규정하고 있는 除斥期間인가 하는 점이다. 이 점은 1958년에 제정된 민법(법률 제471호) 부칙 제 8 조 제 2 항, 제 4 항의 적용에 관한 문제이다.

이 외에 F 외 5인을 참칭상속인으로 볼 것인가, 이 사건 원고들의 청구가 상속회복청구에 해당하는가 하는 점에 대하여는 종래의 판례상으로는 큰 문제가 없는 것으로 보이고, 이 사건 판결의 다수의견과 반대의견도 이 점에 관하여는 견해의 대립이 없으므로,[9] 이 점에 관하여는 다루지 않는다. 또 상속회복청구권의 성질론 등 상속회복청구권 전반에 관한 문제도 종전에 많이 다루어진 바 있으므로,[10] 여기에서는 필요한 범위 내에서만 언급한다.

2. 상속회복청구권의 소멸시효에 관한 관습의 實在 여부

결론부터 말한다면 민법 시행 전에 상속회복청구권은 상속개시시부터 20년이 지나면 소멸시효에 의하여 소멸한다는 관습 내지 관습법은 실재하는 것

8) 註 3).

9) 종래의 판례에 대하여는 吳奇斗, "相續回復請求權行使에 관한 判例理論 硏究", 法曹 1999. 1, 94면 이하; 李允植, "相續回復請求權의 行使期間과 그 適用範圍", 裁判과 判例 제 9 집, 2000, 341면 이하 등 참조.

10) 郭京直, "相續回復請求權論", 裁判資料 제78집 相續法의 諸問題, 1998, 281면 이하; 尹眞秀, "相續回復請求權의 性質과 그 除斥期間의 起算點", 金容俊華甲紀念 재판의 한 길, 博英社, 1998, 478면 이하; 朴徹, "相續回復請求權의 性質과 制度的 趣旨에 관한 硏究", 民事判例硏究 XXV, 博英社, 2003, 694면 이하 등 참조.

이 아니었다.[11] 오히려 우리나라의 전통법상으로는 상속인의 권리를 다른 권리보다 우대하였다. 즉 經國大典 戶田 田宅條에 의하면, 일반 부동산에 관하여는 呈訴期限[12]이라고 하는 일종의 出訴期限 내지 제척기간의 규정이 있어서, 5년이 경과하면 소송을 제기할 수 없지만(凡訟田宅, 過五年勿聽), 이에는 몇 가지 예외가 있었는데, 그 중 한 가지가 공동상속인 중의 일부가 상속재산을 독점한 경우이다(父母田宅合執者). 이때에는 다른 상속인이 呈訴期限의 제한을 받지 않고 언제든지 제소할 수 있도록 하고 있었다(勿限年).[13] 물론 이는 공동상속인 사이의 분쟁에 국한된 것으로서 상속회복청구 일반에 관한 것은 아니지만, 적어도 공동상속의 경우에 있어서는 다른 경우보다 상속인을 더 보호하여야 한다는 사고의 표현이라고 하겠다.

그런데 이러한 상황은 1910년의 日本의 併合 후 점차 변하였다. 원래 당시 민사에 관한 적용법령을 규정한 朝鮮民事令[14] 제11조는 한국인의 친족 및 상속에 관하여는 별단의 규정이 있는 경우를 제외하고는 慣習에 의한다고 규정하였으므로 상속회복의 문제에 관하여도 慣習에 의하여야 하였다. 그리하여 당시의 한반도의 終審 法院인 朝鮮高等法院의 판례는 초기에는 상속회복청구권에 관하여는 아직 일정한 관습이 없으므로 상속회복청구권은 현재 아직 시효 또는 출소기한의 정함이 없는 권리와 다를 바 없다고 하였다.[15]

그런데 이러한 판례는 1935년의 聯合部 판결[16]에 이르러서 변경되게 되었다. 이 사건에서 조선고등법원은 "조선에서 호주 또는 유산의 정당상속인이 타인으로 인하여 불법하게 자기의 상속상의 지위를 침해당한 때에는 상속인을 참칭하는 그 타인에 대하여 상속회복청구권을 행사할 수 있는 것은 관습상 명백하다(大正九年 民上第一一一號 同年 6월 23일 본원 판결 참조). 그러하여도 위 상속회복청구권은 상속인 또는 그 법정대리인이 상속권을 침해당한 사실을 안 때에는 상속개시의 때로부터 각각 상당한 기간 내에 한하여 행사할 수 있고

11) 이하의 설명은 尹眞秀, "相續回復請求權의 硏究", 서울대학교 法學 제41권 1호, 2000, 172면, 196면 이하 참조.

12) 呈訴期限에 대하여는 朴秉濠, 韓國法制史攷, 法文社, 1974, 261-267면 참조.

13) 원문은 다음과 같다. "凡訟田宅, 過五年勿聽 盜賣者 相訟未決者 父母田宅合執者 因幷耕永執者 賃居永執者 不限年."

14) 1912(明治 45). 3. 28, 制令 제 7 호.

15) 朝鮮高等法院 1920(大正 9). 3. 12. 판결(錄 7권 88면 이하).

16) 朝鮮高等法院 1935(昭和 10). 7. 30. 昭和 9年 民上687號 聯合部 판결(錄 22권 302면 이하).

그 기간을 경과한 때에는 위 청구권이 소멸하는 것으로 되는 것 역시 조선의 관습상 시인된다"[17]라고 하여 상속회복청구권은 시효에 걸리지 않는다고 한 종전의 판례(註 22)를 변경하였다.

당시에도 이 판결에 대하여는 조선에서는 상속회복청구권 및 그 소멸시효가 관습으로서는 존재하였다고 할 수는 없다고 말하는 것이 정당할 것이며, 그러한 관습은 존재하지 않고, 판례가 관습의 이름을 빙자하여 條理의 요구를 판례법으로서 인정한 것이라고 하는 설명이 있었다.[18]

위 연합부 판결은 상속회복청구권을 상당한 기간 내에 행사하지 않으면 소멸한다고 하였을 뿐, 그 기간의 성질이 무엇인지, 그 상당한 기간이 구체적으로 어느 정도여야 하는지는 분명히 밝히지 않았다. 그러나 그 이후의 朝鮮高等法院 판례는 그 기간을 소멸시효기간으로 이해하면서, 상속권 침해의 사실을 안 때로부터 6년이 경과하면 그 기간은 위 상속회복청구권의 소멸시효를 완성시키는 데 상당한 기간이라고 하고,[19] 상속개시의 때로부터 20년을 경과한 때에는 시효로 인하여 소멸하는 것이 조선의 관습이라고 하였다.[20]

광복 후의 대법원 판례도 현행 민법 시행 전의 상속회복청구권에 관하여는 이와 같은 조선고등법원의 판례를 그대로 따르고 있다. 즉 대법원 1962. 6. 21. 선고 62다196 판결[21]은 관습에 의하면 호주 및 재산의 상속회복청구권은

17) 이 판결의 요지는 "조선에 있어서 호주 및 유산의 상속회복청구권은 상속인 또는 그 법정대리인이 상속권을 침해당한 사실을 안 때 또는(又ハ) 상속개시의 때로부터 각각 상당한 기간 내에 행사할 수 있고 그 기간을 경과한 때에는 소멸하는 관습이다"라고 되어 있으며, 일반적으로 이 판결을 이와 같이 이해하고 있다. 예컨대 高橋隆三, "相續回復請求權の時效", 司法協會雜誌 제14권 11호, 1935(昭和 10), 1면. 그러나 판결 원문에는 위와 같이 "상속권을 침해당한 사실을 안 때에는 상속개시의 때로부터 각각 상당기간 내에 행사할 수 있고(相續權ヲ侵害セラレル事實ヲ知リタルトキハ相續開始ノトキヨリ夫夫相當期間內ニ限リ行使ヲ爲サスシテ)"라고 되어 있어 '또(又)'라는 말이 빠져 있다. 그러나 원문에도 '각각(夫夫)'이라는 말이 있음을 볼 때 원문에 '또(又)'라는 말이 착오로 빠진 것으로 추측된다.

18) 安田幹太, "相續回復請求權の本質(1)", 司法協會雜誌 제15권 3호, 1936(昭和 11), 18면 註 3). 물론 그는 정당한 상속인이 아닌 자라 하여도 이미 상속인으로서 사실상 상속을 하고 상속인인 지위에 선 후에는 상속회복에 의하여서만 그 지위를 다툴 수 있고, 정당상속인이 상속회복에 의하여 이를 다투는 일 없이 오랜 세월을 경과한 후에는 이후 이를 다툴 수 없게 하여야 하는 것은 필요한 제도로서 바람직한 일이고, 오늘의 조선인 사이에 있어서는 법률의식 또는 법적 신념이 요구하는 바임은 의심할 여지가 없다고 하였다. 鄭光鉉, 韓國親族相續法 上卷, 1955, 137면 이하, 특히 140면은 婦女의 再婚에 待婚期間이 요구됨을 역설하면서, 그 기간에 관하여는 위 朝鮮高等法院 1935(昭和 10). 7. 30. 聯合部 판결(註 16)과 같은 논법으로 결정할 수 있는 문제라고 하고, 이에 관하여 앞에서 인용한 安田幹太의 주장을 인용하고 있다.

19) 朝鮮高等法院 1937(昭和 12). 8. 27. 판결(錄 24권 317면).

20) 朝鮮高等法院 1939(昭和 14). 6. 30. 판결(錄 26권 276면).

21) 법고을LX에서 검색할 수 있다.

상속인 또는 그 법정대리인이 상속권의 침해를 안 때 또는 상속이 개시된 때부터 각 상당한 기간 내에 한하여 행사할 수 있다고 하고,[22] 대법원 1981. 1. 27. 선고 80다1392 판결[23]; 1991. 4. 26. 선고 91다5792 판결[24]; 1996. 12. 6. 선고 96므1137 판결[25]; 1998. 4. 24. 선고 96다8079 판결[26] 등은, 민법 시행 전의 호주상속회복청구권은 그 침해를 안 날로부터 6년, 상속이 개시된 날로부터 20년이 경과하면 소멸하는 것이 관습이라고 하였다.

위에서 살펴 본 바에 의하면 우리나라에서는 상속회복청구권의 소멸시효에 관한 관습은 존재하였던 것이 아니고, 당시 조선고등법원의 판례가 일본의 규정[27]을 관습의 이름을 빙자하여 우리나라에 적용한 것에 지나지 않음을 알 수 있다. 따라서 이 사건 판결의 다수의견으로서는 그러한 관습은 존재하였지만 관습법으로서의 효력을 인정할 수 없다고 할 것이 아니라, 바로 그러한 관습 자체가 존재하지 않았다고 하였으면 그로써 충분하였을 것이다.

그런데 이 사건 판결의 반대의견은 법원은 대법원 1981. 1. 27. 선고 80다1392 판결에 의해 이 사건 관습이 사회의 법적 확신과 인식에 의하여 법적 규범으로 승인·강행되기에 이르러 관습법으로 성립하여 존재하고 있음을 확인·선언한 이래 여러 차례에 걸쳐 이를 재확인하여 왔다고 지적하고 있다. 이러한 반대의견의 지적이 반드시 명백하지는 않으나 이와 같은 판례에 관습법으로서의 효력이 인정되어야 한다는 취지로 이해될 여지가 있다.

일반적으로 판례가 관습법으로서의 지위를 가지는가에 대하여는 논의가 있다. 독일에서는 확립된 판례(ständige Rechtsprechung)는 관습법에 해당한다고 하는 주장이 있기는 하나, 확립된 판례를 관습법으로 보게 되면 그러한 판례는 변경될 수 없다는 불합리한 결론에 이르게 된다.[28] 그러므로 판례 가운데 관습법으로서의 효력이 인정될 수 있는 것은 그것이 일반 국민들에 의하여 받아들

22) 이 사건 판결은 이 판결을 변경 대상 판결로서 들고 있지 않다.
23) 集 29권 1집 민142; 公 1981, 13719.
24) 公 1991상, 1503.
25) 公 1997상, 206.
26) 이 판결은 공간되지 아니하여 내용을 확인하지 못하였으나, 이 사건 판결은 이 판결을 변경되어야 할 판결로 들고 있다.
27) 1898년 제정된 일본 민법은 제966조에서 家督相續의 회복청구권에 관하여 대체로 현행 일본 민법 제884조와 같이 상속개시시부터 20년, 상속권 침해의 사실을 안 때부터 5년의 시효에 관한 규정을 두고, 제993조에서 이 규정을 遺産相續에 관하여 준용하고 있었다. 이에 대하여는 尹眞秀(註 11), 192면 이하 참조.
28) Larenz/Wolf, Allgemeiner Teil des Bürgerlichen Rechts, 8. Aufl., 1997, §3 Rn. 39.

여져서 법적 확신이 부여된 경우에 한한다고 보아야 할 것이다.[29] 그러나 이 사건에서 문제되고 있는 상속회복청구권의 소멸시효는 그처럼 일반 국민들에 의하여 법적 확신이 부여된 경우에 해당한다고는 할 수 없다. 대법원이 몇 차례 간헐적으로 그러한 관습이 존재한다고 선고하기는 하였으나, 이것이 일반 국민들에게 알려져서 법적 확신을 부여받았다고는 생각되지 않기 때문이다.

그러나 이하의 논의는 일단 그러한 관습 내지 관습법이 존재하였다는 것을 전제로 하여 진행하기로 한다.

3. 民法 附則 제 8 조의 적용 여부

1958년 제정 민법 부칙 제 8 조는 "本法 施行 당시에 舊法에 의한 消滅時效의 期間을 經過하지 아니한 權利에는 本法의 時效에 관한 規定을 適用한다"고 규정하고, 제 4 항은 "제 1 항과 제 2 항의 규정은 時效期間이 아닌 法定期間에 이를 준용한다"고 규정하고 있다. 제 8 조 제 2 항의 취지는 민법 시행 당시에 소멸시효가 아직 완성하지 않은 권리에 대하여는 그 소멸시효 기간이나 효과 등은 민법이 규정한 바에 따른다는 것이다.[30] 그리고 제 4 항에 따르면 제척기간에 관하여도 마찬가지가 될 것이다.

그런데 이 사건에서처럼 구법상 소멸시효에 걸리는 것으로 되어 있던 권리가 민법상으로는 제척기간에 걸리는 것으로 바뀌었고, 또 민법 시행 당시에는 아직 구법상의 소멸시효가 아직 완성되지 않은 경우에는 어떠한가? 이 점에 관하여는 위 민법 부칙 제 8 조가 직접 규정하고 있지는 않다.

이 점에 관하여 대법원 1964. 3. 31. 선고 63다214 판결[31]은 强迫에 의한 의사표시의 취소권이 법률행위가 있은 날로부터 5년의 소멸시효에 걸리던 것(의용민법 제126조)이 민법에 의하여 법률행위가 있은 날로부터 3년의 제척기간

29) 郭潤直/崔秉祚, 民法注解 Ⅰ, 博英社, 1992, 63면; 金學東, "判例의 法源性", 저스티스 제26권 2호, 1993, 17면 이하; 李英俊, 韓國民法論[總則編], 修正版, 博英社, 2004, 23면; Larenz/Wolf (註 28), §3 Rn. 40 등. 金大彙, 法源論에 관한 硏究, 서울대학교 대학원 법학박사학위논문, 1992, 227면은 慣習上의 法定地上權에 관한 판례를 이러한 예로서 들고 있다. 기타 이 문제에 관한 독일의 학설에 대한 자세한 소개는 金旭坤, "判例의 法源性", 金曾漢 華甲紀念 現代民法學의 諸問題, 1981, 10면 이하 참조. 반면 이러한 경우에도 판례의 법원성을 부정하는 견해로는 朴駿緖/韓琫熙, 註釋 民法 總則(1), 2002, 144면; Staudinger/Coing, Einleitung zum BGB, 13. Aufl., 1994, Rn. 233, 242 등.

30) 郭潤直/尹眞秀, 民法注解 Ⅲ, 博英社, 1992, 395면 참조.

31) 集 12권 1집 민7.

에 걸리는 것(제146조)으로 바뀌어서 민법 시행일인 1960. 1. 1. 당시에 의용민법을 기준으로 하면 소멸시효가 완성되지 않은 반면 민법을 기준으로 하면 제척기간이 완성된 사안[32]에 대하여, 시효기간이 제척기간으로 바뀐 경우에는 민법부칙 제 8 조 제 2 항이나 제 4 항은 적용되지 아니하고, 이러한 경우에는 신민법이 시행되면서 소멸시효의 기간은 거기서 그쳐버리고 그때부터 새로이 제척기간이 진행되는 것으로 보는 것이 민법부칙 제 8 조의 법의라고 하여 취소권의 행사가 적법하다고 하였다.

그러나 이처럼 종전에는 소멸시효에 걸리던 권리가 제척기간에 걸리는 것으로 바뀐 경우에도 민법 부칙 제 8 조 제 2 항, 제 4 항은 적용될 수 있는 것으로 보아야 할 것이다.[33] 이렇게 본다면 이 사건 원고들의 상속회복청구권은 민법 시행 후에는 민법이 규정하고 있는 10년의 제척기간의 적용을 받아야 하게 된다.[34]

그런데 대법원 1962. 6. 21. 선고 62다196 판결[35]은 "민법 부칙 제25조 제 1 항은 본법 시행 전에 개시된 상속에 관하여는 본법 시행 후에도 구법의 규정을 적용한다고 규정하고 있는바 상속회복청구권은 호주 또는 재산의 상속권이 상속인을 잠칭하는 자에 의하여 침해당하였을 때 그 회복을 청구하는 것이므로 같은 부칙 제25조 제 1 항에 의하여 구법 규정의 적용을 받는다고 해석함이 타당하다"라고 하여 상속회복청구권의 소멸시효에 관한 구 관습을 적용하였다. 그러나 상속인의 범위, 상속분 또는 상속회복청구권의 인정 여부 등에 관하여

32) 이 사안에서는 强迫으로 인한 의사표시가 있었던 날은 1956. 5. 18.이었고, 이를 취소한 날은 1960. 5. 6.이었다.

33) 독일민법시행법(EGBGB) 제169조 제 1 항은 민법 부칙 제 8 조 제 2 항과 같은 취지인데, 독일의 학설은 이 규정은 除斥期間(Ausschlussfristen)에는 적용되지 않는다고 보고 있다. Staudinger/Hönle, 13. Aufl., 1998, EGBGB §169 Rn. 7. 그러나 민법 부칙 제 8 조 제 4 항은 제척기간에 관하여도 제 8 조 제 2 항을 준용하고 있으므로 제 2 항의 규정은 소멸시효기간이 제척기간으로 바뀐 경우에도 적용되어야 할 것이다.

34) 다만 그 기산점을 언제로 볼 것인가 하는 점은 다소 문제가 있다. 만일 B의 사망 시기인 6·25 무렵부터라고 본다면 원고들의 상속회복청구권의 제척기간은 늦어도 1963년에는 완성하였다고 하겠다. 그러나 민법의 제척기간이 구법의 소멸시효 기간보다 단축된 경우에는 그 제척기간의 기산점은 민법 시행시부터라고 한다면, 그 제척기간의 완성시점은 1969. 12. 31.이 될 것이다. 또 위 대법원 1964. 3. 31. 판결(註 31)처럼 舊法에 의한 소멸시효 내지 제척기간이 新法에서 단축된 경우에는 독일민법시행법 제169조 제 2 항과 같이 新法 시행일을 起算點으로 하여 단축된 새로운 期間이 진행하되 舊法하에서라면 소멸시효가 완성하였을 시점을 넘지는 못한다고 해석하여야 할 것이다. 이 점에 관하여는 郭潤直/尹眞秀(註 30), 395-396면 참조.

35) 註 21).

는 민법 부칙 제25조가 적용되어야 하지만, 일단 발생한 상속회복청구권의 소멸시효 내지 제척기간에 관하여는 제 8 조가 소멸시효 및 제척기간에 관한 특별규정으로서 제25조보다 우선적으로 적용되어야 한다고 생각된다.

그러나 다른 한편 이 사건 판결이 판시하고 있는 것처럼 민법상 상속회복청구권의 10년의 제척기간 규정이 헌법재판소에 의하여 위헌으로 결정되어 이 사건에서 적용될 수 없다면, 결국 구법상의 소멸시효 규정이 적용될 수밖에 없을 것이다.[36)]

결국 이 사건에서 상속회복청구권의 소멸시효에 관한 구 관습이 적용될 수 있는가 하는 문제는 따져보지 않을 수 없다. 그러나 그에 이르는 과정은 이 사건 판결과는 차이가 있다.

4. 慣習法에 대한 法院의 審査

가. 多數意見의 설시

이 사건 판결의 다수의견은 사회의 거듭된 관행으로 생성한 어떤 사회생활규범이 법적 규범으로 승인되기에 이르렀다고 하기 위하여는 그 사회생활규범은 헌법을 최상위 규범으로 하는 전체 법질서에 반하지 아니하는 것으로서 정당성과 합리성이 있다고 인정될 수 있는 것이어야 하고, 그렇지 아니한 사회생활규범은 비록 그것이 사회의 거듭된 관행으로 생성된 것이라고 할지라도 이를 법적 규범으로 삼아 관습법으로서의 효력을 인정할 수 없다고 전제하여, "상속회복청구권은 상속이 개시된 날부터 20년이 경과하면 소멸한다"는 내용의 관습의 존재는 인정하면서도, 이러한 관습은 소유권은 원래 소멸시효의 적용을 받지 않는다는 권리의 속성에 반할 뿐 아니라 진정상속인으로 하여금 참칭상속인에 의한 재산권침해를 사실상 방어할 수 없게 만드는 결과로 되어 불

---

36) 이 점에 관한 독일에서의 논의에 대하여는 클라우스 슐라이히 著/丁泰鎬 譯, 獨逸憲法裁判論, 미리교역, 2001, 단락번호 420 이하 참조(原著: Klaus Schlaich, Das Bundesverfassungsgericht, 3. Aufl., 1997). 특히 이 경우처럼 신법의 규정이 소급입법일 때에는 더욱 그러하다. 다른 한편 민사실무연구회에 참석하였던 김대원 재판연구관은 상속개시시부터 10년의 제척기간이 위헌이면 상속권침해를 안 날로부터 3년의 제척기간만 남게 되므로 3년의 제척기간만을 적용하면 될 것이지, 10년의 제척기간 대신 민법시행 전의 소멸시효를 적용할 필요는 없지 않는가 하는 의문을 제기하였다. 그러나 민법의 입법자는 관습법상의 6년 및 20년의 소멸시효를 3년 및 10년의 제척기간으로 각각 대체한 것이기 때문에 양자는 별개로 취급되어야 하고, 따라서 10년이 위헌이면 민법시행 전의 20년의 관습으로 돌아가야 하지, 3년의 제척기간만이 적용된다고는 볼 수 없을 것이다.

합리하고, 헌법을 최상위 규범으로 하는 법질서 전체의 이념에도 부합하지 아니하여 정당성이 없으므로, 위 관습에 법적 규범인 관습법으로서의 효력을 인정할 수 없다고 하였다.

이러한 다수의견의 의미는 반드시 명백한 것은 아니다. 아래 다.에서 다시 살펴본다.

나. 慣習法의 成立과 內容에 관한 法院의 審査

일반적으로 어떠한 관습 내지 관행이 관습법이라 하여 법규범으로서의 효력을 인정받기 위하여는 그러한 관행이 사실상 존재한다는 것 외에 법공동체의 구성원 사이에서 그러한 관행이 정당한 것으로서 법적으로 구속력이 있다고 하는 법적 확신 내지 법적 인식이 있어야 한다.[37]

그런데 관습이 관습법으로서 구속력이 있는 것으로 인정되기 위하여는 국가의 승인, 구체적으로는 법원의 판결을 필요로 하는가에 대하여는 견해의 대립이 있다. 관습이 관습법으로 승격하기 위하여는 법원의 승인이 있어야 한다는 견해에서는 오늘날 법을 정립하고 집행하는 것은 국가뿐이라는 점을 근거로 내세우면서, 선량한 풍속 기타 사회질서에 반하는 어떤 관습이 있는 경우에는 아무리 관습의 慣行性이 강하고 어쩌다 법적 확신 비슷한 관념까지 수반되어 있더라도 이것이 관습법으로서 인정되기 어렵다고 한다.[38] 이 사건에서의 반대의견에 대한 조무제 대법관의 보충의견도 관습법이 법원으로서 성립, 존속하기 위하여는 사실인 관습의 생성, 존속이라는 요건 외에 법적 확신의 구체적 표현 방법으로서의 법원의 판결이 필수적인 요건이 되기에, 그러한 판결이 처음부터 없었거나 있었더라도 후에 그 판결의 효력이 부정되면 그 사실인 관습의 존속이라는 요건만 남게 될 뿐 법적인 확신의 존속이라는 요건이 흠결되어 그 관습법은 성립, 존속의 근거를 잃게 되고 만다고 설명하고 있는 것도 이러한 의미로 이해된다. 그러나 반대의 견해에서는 이러한 견해는 국가만이 법을

---

37) 대법원 1983. 6. 14. 선고 80다3231 판결(集 31권 3집 민31); 郭潤直, 民法總則, 제 7 판, 博英社, 2002, 17면; 郭潤直/崔秉祚(註 29), 43면 등 일반적인 견해라고 보인다. 독일의 문헌으로서는 Larenz/Wolf(註 28), §3 23 등. 라틴어로는 전자를 "inveterata consuetudo", 후자를 "opinio necessitatis"라고 부른다. Staudinger/Coing(註 29), Einl zum BGB Rn. 239 참조.

38) 徐光民, "慣習法과 事實인 慣習", 考試界 1991. 8, 113면 이하. 이러한 司法的 承認說의 계보에 대하여는 金大彙(註 29), 222면 이하 참조. 위 책 224면 이하에서도 권한 있는 法官僚에 의한 승인으로써 효력 있는 규범이 된다는 가설이 관습법의 해명을 위하여 이론상, 실무상 적합하다고 생각된다고 하여 대체로 같은 취지이다.

정립할 수 있다고 하는 법실증주의적 이론으로서, 법원의 승인 이전에 이미 자생적인 관습법이 존재한다고 한다.[39)]

이 문제는 사실 애매한 측면이 있다. 즉 이론적으로는 관습법은 법원의 판결을 기다리지 않고 법적 확신이 있는 때에 성립한다고 보더라도, 실제 문제로서는 법원이 관습법이 존재한다고 선언하여야만 그러한 관습법의 존재가 확인되게 된다.[40)] 따라서 양 설 사이에는 실제적인 차이가 없다고도 할 수 있다. 특히 관습법은 법원의 승인이 있어야 성립한다는 견해를 따르더라도, 법적 공동체 내부에서 관습에 대한 법적 확신이 있는 경우에는 법원은 그러한 관습을 관습법으로 승인하여야 한다고 본다면 두 견해 사이에는 별다른 차이가 없다.

그렇지만 이론적으로는 관습법의 성립 시기와 그러한 관습법에 대한 법원의 사후적 심사 내지 승인을 구별하여야 한다고 생각된다. 즉 민법 제 1 조는 관습법 그 자체로서 구속력이 있다고 규정한 것이지 법원의 승인이 있어야만 관습법으로서 성립한다고 규정한 것은 아니다. 뿐만 아니라 법원의 승인이 있어야 관습법이 성립한다면 법원의 승인에 의한 관습법의 성립 시기는 그 관습법이 적용되어야 하는 사안보다 나중이 될 수밖에 없으므로, 결국 이러한 이론은 법원에 의한 소급입법을 허용하는 것이 되어 일반적으로 소급입법을 허용하지 않는 법의 기본 체계에 맞지 않는다. 실제로 관습법을 법원이 최초로 적용하는 경우에는 결과적으로 소급 적용이 되겠지만, 이미 존재하고 있는 관습법을 법원이 확인하는 것에 지나지 않는다면 소급입법은 아닌 것이다.[41)]

어쨌든 법원으로서는 관습법을 적용하기 위하여는 관습법의 성립 여부 내지 관습에 대한 일반인의 법적 확신의 존재 여부에 관하여 심사를 하여야 한다. 경우에 따라서는 판례가 일단 관습에 대한 법적 확신이 있다고 보아 관습법의 존재를 긍정하였다 하더라도, 사후에 그러한 판단이 잘못되었다고 할 때에는 판례 변경의 절차를 거쳐서 법적 확신이 없는 단순한 관습이라고 선언함으로써 결과적으로 관습법의 존재를 부정할 수도 있는 것이다. 나아가 일단 법

39) 郭潤直/崔秉祚(註 29), 47-48면; 李銀榮, 民法總則, 제 3 판, 博英社, 2004, 41면 등. 이것이 일반적인 견해라고 보인다. 朴駿緖/韓琫熙(註 29), 139면 등 참조. 또한 金旭坤, "관습법에 관한 硏究: 特히 우리 民法의 解釋을 中心으로", 崇田大 論文集 제 5 집 제 1 편, 1974, 369면은 켈젠(Kelsen)을 인용하여, 法適用機關과 관습법규범의 관계는 법적용기관과 성문법률의 관계와 전연 동일하다고 한다.

40) 郭潤直(註 37), 18면이 "法院의 判決에서 慣習法의 존재가 인정되는 때에, 그 慣習法은 그 慣習이 법적 확신을 얻어서 사회에서 행하여지게 된 때에 遡及해서, 즉 거슬러 올라가서, 관습법으로서 존재하고 있었던 것이 된다"고 하는 것은 이러한 의미라고 여겨진다.

41) 법원 판결의 소급효 문제에 관하여는 아래 7. 참조.

적 확신에 의하여 뒷받침되는 관습법의 성립이 인정되었다 하더라도 그 후 사정의 변경으로 인하여 그러한 법적 확신이 소멸하게 되면 관습법의 구속력은 더 이상 인정될 수 없게 된다.

그런데 이와 구별하여야 할 것이 일단 유효하게 성립한 관습법에 대하여 사후에 그 내용이 불합리하다고 하는 이유로 그 관습법의 구속력을 부정할 수 있는가 하는 점이다. 일단 유효하게 법적 확신에 의하여 뒷받침되는 관습법이라면 법원이 그 내용이 불합리하다는 이유만으로 그 구속력을 배제하는 것은 허용되지 않을 것이다.[42] 이는 관습법에 法源으로서의 효력을 인정하는 것과는 상치된다.[43]

그렇다고 하여 법원이 관습법의 내용에 관하여 전혀 심사할 수 없다는 것은 아니다. 아래에서 살펴보는 것처럼 관습법이 헌법에 저촉되는 경우는 물론이고 그 외의 다른 상위의 법규범 내지 법질서와 저촉될 때에는 설사 그러한 관습법에 대한 법적 확신이 존재한다고 하더라도 유효한 법규범으로서의 효력을 인정할 수는 없는 것이다.[44]

그런데 일부의 학자는 관습법의 성립요건으로서의 법적 확신을 우리 민법의 기초이념 내지 正當性으로 이해하여, 그러한 기초이념에 부합하지 않거나 정당성이 없는 관습은 관습법으로서 승인될 수 없다고 한다.[45] 그러나 이러한 견해는 관습법의 성립의 문제와 그 내용에 대한 심사의 문제를 혼동한 것으로서 정확하다고 하기 어렵다. 즉 법적 확신의 문제는 그 공동체 구성원들이 어떻게 생각하는가 하는 주관적인 문제로서, 그러한 관습법의 내용이 객관적으로

42) 郭潤直/崔秉祚(註 29), 47면은 "관습의 合理性(rationabilitas) 통제는 외부에서 판단하는 경우 다름아닌 공동체의 자치란 전제하에서 금지된다"고 서술하고 있다. 이 사건 판결의 반대의견도 관습법이 불합리하다거나 정당성이 없다는 등의 사유를 이유로 그 적용을 배제할 수는 없다고 지적하고 있다.

43) Larenz/Wolf(註 28), §3 Rn. 39는 확립된 판례에 대하여 관습법으로서의 지위를 인정할 수 없는 이유로서, 이를 관습법으로서 인정하게 되면 그 판례가 잘못된 것이라고 인식하게 된 경우에도 그 판례를 변경할 수 없다는 점을 들고 있다. 같은 취지, 郭潤直/崔秉祚(註 29), 63면; Staudinger/Coing(註 29), Einl zum BGB, Rn. 233 등 참조.

44) 관습법이 성문법에 대하여 보충적 효력만을 가지는 것인가, 아니면 성문법과 대등한 위치에서 성문법을 변경하는 효력을 가지는 것인가에 관하여는 논란이 있으나, 적어도 관습법보다 후에 성립한 성문법이 관습법을 변경할 수 있다는 점은 명백하다.

45) 李英俊(註 29), 20면은 「법적 확신」이란 개인의 존엄과 가치를 실현하는 자유민주주의적 기본 질서와의 부합성, 더 구체적으로는 우리 민법의 기초 이념에서 찾아야 한다고 하면서 이 사건 판결을 그러한 예로서 들고 있다. 그리고 李銀榮(註 39), 41면은 사회질서에 위반한 관습은 관습법으로 승인될 수 없는데, 그 이유는 국가기관이 그것을 승인하지 않기 때문이 아니라 법적 확신의 요소를 이루는 正當性이 결여되었기 때문이라고 한다.

타당한 것인가 하는 문제와는 구별되어야 하는 것이다.

물론 실제로는 이러한 일반인의 법적 확신의 존재 여부는 매우 확정하기 어려운 것이므로, 법원이 처음으로 어떤 관습이 관습법에 해당하는지 여부를 심리하는 경우에 그 관습의 내용이 불합리하다고 여긴다면 그 관습에 대한 법적 확신이 없다고 보아 관습법으로서의 효력을 부정하게 되기가 쉬울 것이다. 따라서 법원이 관습법의 존재를 최초로 심사하는 단계에서는 법원이 관습법의 구속력을 부정하게 되었다면 그것이 법적 확신의 부존재를 이유로 한 것인지, 아니면 내용상의 불합리를 이유로 한 것인지가 명백하지 않을 것이다. 나아가 일단 법원이 관습법의 존재를 긍정한 후에도 그 관습법의 내용이 불합리하다고 여기게 되면 이러한 관습은 변경되었다든지 소멸하였다고 판단하게 되기 쉬울 것이다.

그러나 이론적으로는 법적 확신의 문제와 내용의 합리성의 문제는 구별되어야 한다. 뿐만 아니라 이 사건에 있어서와 같이 과거의 판례가 관습법의 존재를 시인하고 있었던 경우에는, 그러한 관습법의 효력을 부정하기 위하여는 단순히 그 내용이 불합리하므로 법적 확신이 결여되어 있다고 할 수는 없고, 그러한 관습법의 성립이 인정될 수 없다는 점에 대하여 상세한 논증을 하든가, 아니면 관습법이 상위의 법규범에 저촉되므로 그 효력이 없다고 하였어야 할 것이다.[46)]

예컨대 현재 문제되고 있는, 宗中의 구성원이 성년 남자에 한하는가 하는 관습의 경우[47)]에 현재의 관점에서는 그러한 관습이 남녀 평등에 반하는 것으로서 불합리하다고 여겨질 수도 있다. 그러나 그렇다고 하여 이것이 법적 확신이 없는 것이므로 관습법으로서 성립하지 않았다고 할 수는 없을 것이다. 종중의 구성원이 성년 남자에 한한다는 것은 대법원의 판례도 여러 차례 확인하고 있는 바일 뿐만 아니라,[48)] 실제로도 그러한 법적 확신이 존재하였던 것으로 여

46) 金旭坤(註 39), 374-375면은, 관습법 성립의 소극적 요건으로서 관습법이 상위적인 선량한 사회질서에 반하는가 하는 점에 관하여 언급하면서, 선량한 풍속 기타 사회질서에 반하는 관습법은 효력이 없다고 할 수도 있겠으나, 여기서 社會秩序를 민법 제103조의 해석상 민법학자들이 말하는 것처럼 넓은 의미로 이해할 것이 아니라 「政治的·社會的 組織의 基本을 이루는 根本的인 上位的 秩序」라는 의미로 이해해야 할 것이라고 하는 것도 이러한 취지로 이해된다.

47) 이 점이 쟁점으로 된 사건이 2004. 3. 현재 대법원에 계속중이고(대법원 2002다1178호 종회회원확인 사건), 대법원은 2003. 12. 18. 이 사건에 관하여 공개변론을 열었다. 대법원 홈페이지(http://www.scourt.go.kr/kk_p.html, 최종방문 일자 2004. 3. 18.) 참조.

48) 대법원 1966. 7. 26. 선고 66다881 판결(集 14권 2집 민227); 1972. 9. 12. 선고 72다1090

겨진다. 그러므로 위와 같은 종중의 구성원에 관한 관습의 법적 효력을 부정하기 위하여는 그러한 관습이 단순히 불합리하므로 법적 확신이 없어 관습법으로서 성립하지 않았다고 할 수는 없고, 과거에는 그러한 법적 확신이 있었지만 현재로서는 그러한 법적 확신이 사라졌다든지, 그러한 관습은 헌법에 어긋난다는 등의 논증이 있어야 할 것이다.[49]

다. 다수의견의 평가

이 사건 다수의견은 어떠한 근거에서 상속회복청구권의 소멸시효에 관한 관습에 대하여 관습법으로서의 효력을 부정한 것인가? 얼핏 보기에는 다수의견은 이러한 관습은 관습법으로서 성립하지도 못하였다고 한 것으로 이해될 여지도 있다. 가령 다수의견이 "사회의 거듭된 관행으로 생성한 어떤 사회생활규범이 법적 규범으로 승인되기에 이르렀다고 하기 위하여는"이라고 설시하고 있는 점에 주목한다면, 다수의견이 관습은 법원의 승인이 있어야만 관습법으로 될 수 있다는 견해를 취하여, 상속회복청구권의 소멸시효에 관한 관습은 그러한 승인을 받을 수 없으므로 관습법으로서의 효력이 없다고 한 것으로 이해될 수도 있다. 또 다른 한편으로는 다수의견은 일부 학설이 주장하고 있는 것처럼[50] 관습법으로 인정되기 위하여는 정당성을 갖추어야 하는데, 위 관습은 그러한 정당성이 없으므로 역시 관습법으로서 성립하지 못하였다고 한 것처럼 보이기도 한다.

그러나 이러한 견해는 설득력이 없다. 다수의견은 바로 그 앞에서 "관습법이란 사회의 거듭된 관행으로 생성한 사회생활규범이 사회의 법적 확신과 인식에 의하여 법적 규범으로 승인 강행되기에 이른 것을 말하고, 그러한 관습법은 바로 법원(法源)으로서 법령과 같은 효력을 가져 법령에 저촉되지 아니하는 한 법칙으로서의 효력이 있"다고 설시하고 있는데, 이에 비추어 보면 다수의견

판결(集 20권 3집 민5) 등 다수. 최근의 판례로는 대법원 2002. 6. 28. 선고 2001다5296 판결(公 2002하, 1789) 등. 대법원 1992. 12. 11. 선고 92다30153 판결(公 1993상, 454)은 명시적으로 종중은 공동선조의 분묘수호, 제사, 종원 상호간의 친목을 목적으로 하여 공동선조의 후손 중 성년 이상의 남자를 종원으로 하여 구성되는 종족의 자연적 집단으로서 혈족 아닌 자나 여자는 종중의 구성원이 될 수 없다고 판시한다. 다만 우리 관습상 과연 성년 남자 모두에게 의결권이 있었는지는 의문이고, 호주 내지 한 집을 대표하는 가장에 한하여 의결권이 있었던 것이라는 견해가 있다. 郭潤直/鄭貴鎬, 民法注解 Ⅰ, 1992, 806면.

49) 이 점에 관하여는 郭潤直/鄭貴鎬(註 48), 806면; 李和淑, "宗中의 女性問題", 崔柄煜 停年紀念 現代民事法硏究, 法文社, 2002, 98면 이하 참조.

50) 위 註 45) 및 그 본문 참조.

도 관습법으로서 성립하기 위하여는 관행(관습)과 법적 확신만 있으면 충분하다고 보고 있는 것으로 여겨진다. 또 정당성이라는 요소를 관습법의 성립요건으로 보았다고 하는 것도 무리라고 생각된다. 다수의견은 이러한 정당성 여부의 판단을 관습이 성립하였다고 하는 시점을 기준으로 한 것이 아니라 오늘날의 시점을 기준으로 하여 판단하였다고 보이기 때문이다.

그러면 다수의견은 어떤 취지인가? 이는 그러한 관습이 관습법으로서의 성립요건은 갖추었다고 하더라도 헌법을 정점으로 하는 법질서 전체의 이념에 부합하지 않으므로 그 효력이 인정될 수 없다는 것으로 받아들여야 할 것이다. 그러나 이러한 다수의견의 설시는 왜 이러한 관습이 법질서 전체의 이념에 부합하지 않는지 구체적인 설명이 없다. 다만 소유권은 원래 소멸시효의 적용을 받지 않는다는 권리의 속성에 반할 뿐 아니라 진정상속인으로 하여금 참칭상속인에 의한 재산권침해를 사실상 방어할 수 없게 만드는 결과로 되어 불합리하다는 점만을 들고 있을 뿐이다. 그리하여 반대의견은 관습법이 불합리하다거나 정당성이 없다는 등의 사유를 이유로 판례변경을 통하여 그 적용을 배제할 수는 없다고 하면서 다수의견을 비판하고 있다.

추측컨대 이러한 다수의견은 반대의견이 지적하고 있듯이 개정 전의 민법 제999조 제 2 항의 "상속이 개시된 날로부터 10년" 부분을 위헌이라고 한 헌법재판소의 결정[51]을 염두에 둔 것으로 보인다. 그러나 위 헌법재판소 결정이 위헌이라고 한 개정 전 민법 제999조 제 2 항은 상속회복청구권의 제척기간을 상속이 개시된 날로부터 10년이라고 하였던 반면, 이 사건에서 문제되고 있는 관습은 상속회복청구권의 소멸시효를 상속이 개시된 날로부터 20년이라고 하였기 때문에 위 헌법재판소 결정이 바로 적용되기는 어렵다고 보아 헌법을 정점으로 하는 법질서 전체의 이념에 부합하지 않는다고 표현한 것이 아닌가 생각된다. 이렇게 본다면 대법원은 위 관습이 위헌이라는 판단을 내린 것이라고 해도 크게 틀린 것은 아닐 것이다.

법률이 위헌인가의 여부에 대한 최종적인 심판권한은 헌법재판소에 있지만(헌법 제111조 제 1 항 제 1 호), 여기서 말하는 법률은 형식적 의미의 법률이므로 관습법과 같은 불문법에 대한 위헌 여부의 판단 권한은 법원, 최종적으로는 대법원이 가지고 있다.[52] 문제는 과연 위 관습을 위헌이라고 볼 수 있는가 하

51) 위 註 3).

52) 趙炳勳, "違憲法律審判提請의 要件", 재판자료 제76집 憲法問題와 裁判[中], 1997, 204면.

는 점이다.

이를 위하여는 위 헌법재판소 2001. 7. 19. 결정[53]과, 헌법재판소 2002. 11. 28. 선고 2002헌마134 결정[54]을 살펴볼 필요가 있다.

5. 헌법재판소의 결정례

가. 헌법재판소 2001. 7. 19. 결정(제 1 결정)

제 1 결정은 상속회복청구권의 제척기간에 관하여 규정하고 있던 2002. 1. 14. 개정되기 전의 민법 제999조 제 2 항 중 "상속이 개시된 날부터 10년" 부분과 1990. 1. 13. 개정되기 전의 제999조에 의하여 준용되던 제982조 제 2 항 중 "상속이 개시된 날로부터 10년" 부분은 헌법에 위반된다고 선고하였다.[55] 헌법재판소는 상속회복청구권제도의 연혁, 종래의 판례 등을 상세히 기술한 다음, 대체로 다음과 같은 이유로 위 각 규정이 위헌이라고 하였다.

"이 법률조항이 상속관계의 조속한 확정을 위한 것이라 해도 10년이라는 비교적 단기간으로 진정한 상속인의 재산권을 빼앗아 참칭상속인에게 주는 결과는 부당하다. 특히 침해행위가 상속개시일부터 10년이 경과한 이후에 발생한 경우에는 참칭상속인은 침해와 동시에 상속재산을 취득하고, 진정상속인은 권리를 잃고 구제받을 길이 없게 되어 그 불합리성과 반윤리성은 특히 두드러진다. 침해행위가 상속개시일부터 10년이 경과하기 이전에 있다 하더라도 오늘날 피상속인이 사망한 경우 상속재산 상태를 상세히 파악하거나 조사하기가 쉽지 않으며 상속재산을 파악하였다 하더라도 상속인이 상속재산을 처분하기 전에는 상속등기를 하지 않은 채 재산권을 행사하거나 그대로 보유하는 경우가 많으므로, 문제점은 마찬가지이다. 결국 상속에 관한 법률관계의 조속한 확정을 위한 것이라 하더라도 그 권리행사기간을 상속개시일부터 10년의 제척기간으로 규정한 것은 적정한 기본권제한의 방법이라고 볼 수 없다.

또한 이 법률조항이 참칭상속인의 외관을 신뢰한 제 3 자를 보호하기 위한

---

53) 위 註 3). 이하 이를 '제 1 결정'이라고 부른다.

54) 헌판집 14-2, 756 이하. 이하 이를 '제 2 결정'이라고 부른다.

55) 1990. 1. 13. 개정되기 전의 민법 제982조 제 2 항은 "前項의 戶主相續回復請求權은 그 侵害를 안 날로부터 3年, 相續이 개시된 날로부터 10年을 經過하면 消滅한다"고 규정하고, 제999조는 "第982條의 規定은 財産相續權侵害에 관하여 이를 準用한다"고 규정하고 있었다. 그리고 1990. 1. 13. 개정된 민법 제999조 제 2 항은 "第 1 項의 相續回復請求權은 그 侵害를 안 날부터 3年, 相續이 개시된 날부터 10年을 經過하면 消滅한다"고 규정하고 있었다.

규정임을 감안하더라도, 제 3 자는 따로 보호받을 수 있는 법적 장치가 있는 반면, 진정상속인은 제척기간이 경과하면 아무런 보호도 받지 못하므로, 그로 인하여 보호하고자 하는 공익에 비하여 진정상속인의 불이익이 보다 크다고 할 수 있다.

한편 소유권에 기한 물권적 청구권의 일종인 상속인의 상속회복청구권에 대하여 상속개시일부터 10년이 경과하면 소유권에 기한 모든 권리청구의 기회를 박탈하고 더 나아가 소유권 자체를 상실하는 결과를 생기게 하는 것은, 상속에 의하여 재산권을 취득한 자와 그 밖의 원인에 의하여 재산권을 취득한 자를 합리적으로 차별한 것이라 할 수 없다."[56]

즉 제 1 결정이 위 각 규정을 위헌이라고 본 주된 이유는 진정상속인의 귀책사유의 유무나 참칭상속인의 침해행위가 언제 있었는지를 묻지 않고 일률적으로 상속개시일부터 10년의 제척기간으로 규정하고 있다는 점[57] 및 상속에 의하여 재산권을 취득한 자와 그 밖의 원인에 의하여 재산권을 취득한 자를 합리적인 근거 없이 다르게 취급하고 있다는 점[58]의 두 가지라고 할 수 있다.

나. 헌법재판소 2002. 11. 28. 결정(제 2 결정)

위와 같은 헌법재판소의 위헌결정이 있자, 2002. 1. 14. 개정된 민법 제999조 제 2 항은 상속회복청구권에 대한 10년의 제척기간의 기산점을 상속이 개시된 날이 아니라 상속권의 침해행위가 있은 날로 바꾸었다.[59] 그런데 위 개정규정이 제 1 결정의 취지를 제대로 반영한 것이 아니라는 주장이 제기되었다. 즉 헌법재판소가 위헌의 이유로 제시한 평등 원칙 위반의 문제는 개정규정에 의하여 해소되지 않았다는 것이다.[60]

이러한 상황에서 제 2 결정은 개정된 민법 제999조 제 2 항은 합헌이라고 하였다.

이 사건의 내용은 다음과 같다. 즉 청구인은 1975. 6. 2. 사망한 홍○태의

---

56) 이것은 제 2 결정이 제 1 결정을 요약한 바에 따른 것이다. 제 1 결정과 제 2 결정 당시에 헌법재판소 재판관의 인적 구성에는 아무런 변화가 없었고, 다만 제 1 결정의 주심 재판관은 김경일 재판관이었으나 제 2 결정의 주심 재판관은 김효종 재판관이었다.

57) 위 결정 4. 나. (2) (나) 부분.

58) 위 결정 4. 나. (3) 부분.

59) 개정된 제999조 제 2 항은 다음과 같다. "第 1 項의 相續回復請求權은 그 侵害를 안 날부터 3年, 相續權의 侵害行爲가 있은 날부터 10年을 經過하면 消滅된다."

60) 朴徹(註 10), 749면 이하.

상속인인데, 청구인을 제외한 나머지 상속인들(청구인의 모 및 동생들)이 1984. 4. 4. 망인의 소유였던 마산시 중성동 대 26.8㎡에 대하여 상속등기를 경료하였다. 그런데 청구인은 자신이 상속회복청구권을 행사하려 하여도 2002. 1. 14. 개정된 민법 제999조 제2항이 "상속권의 침해행위가 있은 날로부터 10년"이라고 규정하고 있어 불가능하다고 하면서, 이 조항은 재산권 등을 침해하는 것이며, 헌법재판소에 의하여 위헌으로 결정된 구 조항("상속개시일로부터 10년")을 제대로 개정하지 않은 것이라고 하여 헌법재판소에 2002. 2. 22. 헌법소원심판을 청구하였다.

그러나 헌법재판소는 대체로 다음과 같은 이유로 위 헌법소원심판청구를 기각하였다.

즉 위 개정된 조항은 개정 전 조항에 비교하여 볼 때 상속회복청구권자에게 유리하게 합리적인 정도로 기간이 연장된 것이며, 또 헌법재판소의 종전 위헌 결정 이유에서는 특히 침해가 "상속개시일부터 10년이 경과된 이후에 발생한 경우"에 발생하는 불합리성이 강조된 바 있고, 이것이 위헌결정에 이르게 된 하나의 중요 논거가 되었는데, 개정법은 침해행위로부터 기간이 시작되도록 하였으므로 그러한 불합리성을 원천적으로 방지하고 있으며, 상속제도나 상속권의 구체적 내용은 입법자가 입법정책적으로 결정할 사항으로서 원칙적으로 입법형성의 자유에 속하는데, 비록 개정된 조항의 기간은 다른 나라의 입법례에 비하면 여전히 짧은 것이라 할 수 있지만, 종전 규정보다도 상당히 연장된 것인 점을 감안하면 개정된 조항이 입법재량의 범위를 일탈한 것으로서 종전 규정과 똑같은 위헌성이 있다고 단정할 수 없다고 하였다.

또한 헌법재판소는 위 위헌결정은 종전의 조항이 평등원칙에도 위배된다고 하였으나, 이 부분 판단 역시 종전의 조항상의 기간이 지나치게 짧다는 전제 하에 이루어진 것이므로, 이 사건 조항에 의하여 그 기간이 합리적인 정도로 상당히 연장된 이상, 합리적인 이유가 없는 차별로써 평등원칙에 위배되거나 평등권을 침해하는 것이라 볼 수 없다고 하였다.

다. 헌법재판소 결정례의 평가

위와 같은 헌법재판소의 결정을 어떻게 평가할 것인가?

종래 대법원의 판례는 상속회복청구권은 상속에 의하여 상속재산을 구성하는 개개의 재산에 관하여 생기는 개별적 청구권의 집합에 불과한 것이라고 보아(이른바 集合權利說), 상속을 이유로 하여 상속재산의 반환을 청구하는 소는 그것이 포괄적으로 행하여지든, 상속재산 중의 특정재산에 대하여 개별적으로 행하여지든, 또는 참칭상속인에 대하여 행하여지든 제 3 취득자에 대하여 행하여지든 상속을 원인으로 하여 행하여지면 상속회복청구권의 행사로 보며, 물권적 반환청구권과의 경합을 인정하지 않는다. 따라서 상속회복청구권의 제척기간이 경과하면 따로이 물권적 청구권 등을 행사할 수 있는 여지는 없게 된다. 나아가 상속개시일로부터 10년을 경과한 후에 상속권의 침해가 있는 경우라도 10년의 제척기간 경과로 인하여 상속회복청구권은 소멸되었다고 보았다.[61)]

이러한 판례에 대하여는 진정한 상속인에게 너무 불리하여 불합리하다는 많은 비판이 제기되었고, 이를 해결하기 위하여 여러 가지의 이론이 주장되었다.[62)] 그러나 이러한 이론이 대법원에서 받아들여지지 않은 상태에서 헌법재판소는 위헌결정에 의하여 이 문제를 해결한 것이다. 이러한 해결방식이 최선의 것은 아니었을지 모르나, 대법원이 종래의 판례를 완강히 고수하고 있던 상황에서는 불가피한 것이었다고 여겨진다.

그러나 헌법재판소의 위 각 결정 이유를 분석하여 보면 몇 가지의 의문이 떠오른다. 첫째, 이 사건에서 평등의 원칙 위반이라고 한 것이 적절하였는가 하는 점이다. 제 2 결정은 제 1 결정이 구 민법 조항이 평등원칙에 위배된다고 한 것은 이 부분 판단 역시 구법 조항상의 기간이 지나치게 짧다는 전제하에 이루어진 것이므로, 이 사건 조항에 의하여 그 기간이 합리적인 정도로 상당히 연장된 이상, 합리적인 이유가 없는 차별로써 평등원칙에 위배되거나 평등권을 침해하는 것이라 볼 수 없다고 하였다. 제 1 결정의 해당 부분을 읽어보면 그와 같이 이해하는 것도 가능하다.[63)]

그러나 근본적으로 이 사건에서 평등의 원칙까지 끌어들일 필요가 있었는가 하는 점은 의문이다. 일반적으로 재산권의 취득 원인에 따라서 상속과 그 외의 경우를 이처럼 달리 규율하는 것이 입법론적으로 타당한가는 별론으로 하고,[64)]

---

61) 예컨대 대법원 1991. 12. 24. 선고 90다5740 전원합의체 판결(公 1992, 635). 이에 대하여 상세한 것은 尹眞秀(註 10) 참조.

62) 文興安, "상속회복청구권의 행사기간", 家族法研究 제15권 2호, 2001, 475면 이하는 이러한 이론들을 소개하고 있다.

63) 李相勳, "親族相續法에 관련된 憲法裁判所 決定評釋", 재판자료 제102집 家庭法院事件의 諸問題, 2003, 464면 참조. 반대: 朴徹(註 10), 749-750면.

64) 尹眞秀, "相續法 改正案의 課題와 問題點", 人權과 正義 1998. 9, 13면 이하; 尹眞秀(註 18), 206면; 郭京直(註 10), 317면; 朴徹(註 10), 751면 등은 이러한 관점에서 입법론적으로 상속회복청구권 내지 그 제척기간 규정은 폐지되어야 한다고 주장한다.

그것만으로 평등 원칙 위반이라고 하기는 어려울 것이다.[65] 나아가 제 2 결정에서는 제척기간이 짧으면 평등원칙 위반이고, 길면 평등원칙 위반이 아니라고 하나, 그처럼 제척기간의 장단에 의하여 평등원칙 위반 여부가 달라질 수 있는지도 의문이다.

그러면 제 1 결정이 위 개정 전의 민법 규정을 위헌이라고 본 다른 이유는 타당한 것인가? 제 1 결정은 대법원의 판례[66]를 인용하여, 상속회복청구권을 특별히 규정하고 이에 대하여 단기의 행사기간을 규정한 입법자의 의도는 조속한 기간 내에 상속재산에 관련된 법률관계의 불안을 해소시키고 거래의 안전을 도모하려는 데에 있다고 하면서도, 그 권리행사기간을 상속개시일부터 10년의 제척기간으로 규정한 것은 적정한 기본권제한의 방법이라고 볼 수 없다고 하였다. 그리고 이와는 별도로 참칭상속인의 외관을 신뢰한 제 3 자를 보호하기 위한 규정이라고 하는 경우에도 그로 인하여 보호하고자 하는 공익에 비하여 진정상속인의 불이익이 보다 크다고 하여 법익의 균형성에 어긋난다고 하였다.

그러나 우선 참칭상속인의 외관을 신뢰한 제 3 자의 보호라는 것은 위 제척기간 규정의 입법목적이라고 볼 수 없다. 상속회복청구권을 행사하는 경우에 그러한 제 3 자가 항상 존재하는 것도 아닐 뿐만 아니라, 그러한 제 3 자의 보호라는 것은 참칭상속인이 보호되는 결과로서 생기는 반사적인 효과에 불과하기 때문이다.[67]

나아가 제 1 결정은 조속한 기간 내에 상속재산에 관련된 법률관계의 불안을 해소시키고 거래의 안전을 도모하려는 데에 있다는 입법목적과 관련하여서는 주로 방법의 적정성 면에서 관찰하여 위헌이라고 하였다. 우선 이 결정이 침해가 상속개시일부터 10년이 경과된 이후에 발생한 경우에는 권리를 회복할 수 있는 방법이 재판상 불가능하게 된다고 지적하고 있는 것은 쉽게 수긍할

65) 朴徹(註 10), 732면은 상속을 보호하는 것이 헌법상의 요청이라고 하더라도 어떤 사람이 자신의 노력으로 모은 재산에 대한 권리보다 아무런 노력 없이 피상속인의 사망으로 승계받은 상속인의 권리를 더 보호해야 할 이유는 상상하기 어렵다고 하면서, 상속침해의 경우에 상속인의 보호가 약화되더라도 사회적 신뢰와 거래의 안전을 위하여 제한을 강화하는 것은 적정한 선을 넘지 않는 한 합리적일 수 있다고 한다. 尹眞秀, "相續制度의 憲法的 根據", 憲法論叢 제10집, 1999, 206면도 일반적으로 상속은 무상이라는 점에 비추어 보면, 취득에 비용이 소모되는 소득세나 기타 다른 재산에 대한 과세보다는 납세의무자인 상속인의 담세능력이 더 크다고 할 수 있으므로(應能負擔의 원칙) 상속세의 세율이 더 높아도 무방할 것이라고 한다.

66) 대법원 1994. 10. 21. 선고 94다18249 판결(公 1994하, 3072).

67) 郭京直(註 10), 316면도 같은 취지이다.

수 있다.[68] 그렇지만 일반적으로 진정상속인의 귀책사유의 유무나 참칭상속인의 침해행위가 언제 있었는지를 묻지 않고 일률적으로 상속개시일부터 10년의 제척기간으로 규정하고 있는 것만으로 위헌이라고 할 수 있는지는 반드시 명백하지 않다.

예컨대 헌법재판소 1997. 3. 27. 선고 95헌가14, 96헌가7 결정[69]은 민법 제847조 제1항이 친생부인의 소의 제소기간을 '그 출생을 안 날로부터 1년'이라고 규정하고 있는 것은 위헌이라고 하면서도, 스위스 가족법과 같이 친생부인의 소의 제소기간을 子의 출생 후 5년이 경과하면 특별한 사정이 없는 한 이를 제기할 수 없다고 규정하는 것은 무방하다고 하였다. 이 사건 판결에서도 반대의견은 상속회복청구권의 10년의 제척기간은 위헌인지 몰라도 20년의 소멸시효는 위헌이라고 볼 수 없다고 하고 있다. 기본적으로 이처럼 권리행사기간의 기산점과 그 장단에 따라서 위헌 여부가 문제되는 경우에 어느 경우에는 합헌이고 어느 경우에는 위헌이라고 하는 명백한 기준을 제시하기는 어렵다.

私見으로서는 제1결정이 위 민법 규정이 방법의 적절성 면에서 위헌이라고 한 것도 일리가 있지만, 이에 덧붙여서 이는 법익의 균형성에도 어긋난다고 하는 것이 더 설득력이 있었을 것으로 생각된다.[70] 즉 조속한 기간 내에 상속재산에 관련된 법률관계의 불안을 해소시키고 거래의 안전을 도모하려는 데에 있다는 것이 상속회복청구권의 제척기간 규정의 입법목적으로서 정당성이 인정될 수 있다고 하더라도, 참칭상속인이 자신이 정당한 상속인이 아님을 안 惡意者일 때에는 상속회복청구권의 제척기간 규정에 의하여 조속한 시간 내에

68) 대법원 1991. 12. 24. 선고 90다5740 전원합의체 판결(註 62)에서의 이재성, 배만운 대법관의 반대의견과, 尹眞秀(註 10), 501-502면 및 그 곳에서 인용하고 있는 문헌 등 참조.

69) 헌판집 9-1, 193 이하.

70) 제1결정도 기본권을 제한하는 입법을 함에 있어서는 입법목적의 정당성과 그 목적달성을 위한 방법의 적정성, 피해의 최소성, 그리고 그 입법에 의해 보호하려는 공공의 필요와 침해되는 기본권 사이의 균형성을 모두 갖추어야 하며, 이를 준수하지 않은 법률 내지 법률조항은 기본권제한의 입법한계를 벗어난 것으로서 헌법에 어긋난다고 보고 있다. 여기서 목적의 정당성이란 국민의 기본권을 제한하려는 입법의 목적이 헌법 및 법률의 체제상 그 정당성이 인정되어야 한다는 것을 의미하고, 방법의 적정성이란 그 목적의 달성을 위하여 그 방법이 효과적이고 적절하여야 한다는 것을 의미하며, 피해의 최소성이란 입법자가 선택한 기본권 제한의 조치가 입법목적 달성을 위하여 설사 적절하다 할지라도 가능한 한 보다 완화된 형태나 방법을 모색함으로써 기본권의 제한은 필요한 최소한도에 그치도록 하여야 한다는 의미이고, 법익의 균형성이란 그 입법에 의하여 보호하려는 공익과 침해되는 사익을 비교형량할 때 보호되는 공익이 더 커야 한다는 것을 의미한다. 헌법재판소 1992. 12. 24. 선고 92헌가8 결정(헌판집 4, 853 이하) 등. 이에 관하여 일반적으로는 成樂寅, 憲法學, 제4판, 法文社, 2004, 255면 이하 참조.

법률관계의 불안을 해소시킨다는 公益보다는 그로 인하여 발생하는 진정한 상속인의 재산권 상실이라는 침해되는 私益이 더 크기 때문에 허용될 수 없다고 하였어야 할 것이다.

물론 참칭상속인이 선의인 경우, 예컨대 후순위 상속인이 선순위 상속인의 존재를 모르고 자신이 진정한 상속인이라고 생각하여 상속재산을 점유하게 된 경우에는 나중에 선순위 상속인이 나타나서 상속회복청구권을 행사하게 되면 선의의 참칭상속인이 곤란한 처지에 빠질 수 있다. 이러한 경우에는 상속회복청구권의 제척기간이 법률관계의 불안을 해소시킨다는 기능이 두드러진다고 할 수 있다.[71] 그러나 참칭상속인이 악의로 상속권을 침해하였다면, 가령 사후에 진정한 상속인이 상속회복청구권을 행사할 수도 있다는 점에서 법률관계의 불안이 있다고 하더라도 이는 참칭상속인이 스스로 초래한 것이므로 그러한 법률관계의 불안을 해소시켜야 할 공익이라는 것은 없거나 있다고 하더라도 극히 미미한 데 반하여, 그로 인하여 발생하는 진정한 상속인의 재산권 상실이라는 사익은 매우 크다고 보아야 할 것이다.

종래 해석론으로서도 이와 같은 견해가 주장된 바 있다. 즉 참칭상속인이 분쟁의 대상이 되고 있는 상속재산을 자신이 상속한 것이 아님을 알면서도, 자신이 상속한 것이라고 주장하여 진정한 상속인의 권리를 침해하고 있을 때에는, 이러한 자가 상속회복청구권의 제척기간이 경과하였다고 주장하는 것은 신의칙에 비추어 허용되지 않는다고 보아야 한다는 것이다.[72]

---

71) 제1결정은 "일반적으로 참칭상속인은 악의 아니면 과실 있는 사람이다"라고 하고 있으나 (이유 4. 나. (2) (나)), 참칭상속인이 선의·무과실인 경우를 전혀 배제할 수는 없을 것이다. 朴徹(註 10), 733면은 통상적인 재산권 침해의 경우와 비교하여 참칭상속인을 보호하여야 할 선의의 참칭상속인 사례가 적을 것 같지 않다고 한다.

72) 尹眞秀(註 10), 502면 이하 참조. 같은 취지, 嚴東燮, "財産相續回復請求權에 관한 一考察", 啓明大學校 社會科學研究所 社會科學論叢 제4집, 1986, 234면 이하. 일본 최고재판소 1978(昭和 53). 12. 30. 大法廷 판결(民集 32-9, 1674)의 다수의견은, 자신이 상속인이 아닌 것을 알고 있으면서도 상속인이라고 칭하거나, 또는 그러한 자에게 상속권이 있다고 믿을 만한 합리적인 사유가 없음에도 불구하고 스스로 상속인이라고 칭하여 상속재산을 점유관리함에 의하여 상속재산을 침해하는 자는, 본래 상속회복청구제도가 대상으로서 생각하고 있는 자에는 해당하지 않는다고 해석하는 것이, 상속의 회복을 목적으로 하는 제도의 本旨에 비추어 상당하다고 하여 惡意 또는 과실 있는 참칭상속인은 상속회복청구권의 소멸시효를 원용할 수 없다고 하였다. 이 사건에서는 상속권의 침해를 안 날부터 5년의 소멸시효 적용 여부가 다투어졌다. 이 판결에 대한 근래의 문헌으로는 예컨대 門廣 乃里子, 相續回復請求權, 2000, 131면 이하; 副田隆中, "共同相續人における相續回復請求", 別冊 ジュリスト No. 162 家族法判例百選[第六版], 2002, 120면 이하 등이 있다. 그러나 헌법상으로뿐만 아니라 민법의 해석론으로서도 과실 있는 참칭상속인에 대하여까지 상속회복청구권의 소멸시효나 제척기간의 규정을 배제하는 것은 난점이 있다. 尹眞秀(註 10), 509면 참조.

다만 상속권 침해를 안 날로부터 진행되는 3년의 제척기간에 관하여도 이러한 이론을 관철할 것인지는 좀더 검토해 보아야 할 문제이다. 이 경우에는 진정상속인에게 3년의 기간 내에 상속회복청구권을 행사하라고 요구하는 것이 무리한 것은 아니므로 이 경우에까지 법익의 균형성이 파괴되었다고 할 수 있는지는 의문이다.73)

물론 제1결정도 이러한 점을 전혀 염두에 두지 않은 것은 아니다. 즉 제1결정은 "일반적으로 참칭상속인은 악의 아니면 과실 있는 사람이다. 따라서 이 사건 법률규정이 상속관계의 조속한 확정을 위한 것이라 해도 이러한 이념만을 위해 10년이라는 비교적 단기간으로 진정한 상속인의 재산권을 빼앗아 참칭상속인에게 주는 결과는 명백히 부당하다"고 하였다.74) 그러나 제1결정의 전체 취지에 비추어 볼 때 이는 방법의 적절성이 지켜지지 않았다는 점을 강조하는 것으로서 主論(ratio decidendi)이라기보다는 傍論(obiter dictum)에 불과하다고 여겨진다.75) 제2결정도 제1결정의 요지 가운데 이 부분은 포함시키지 않고 있다.76) 만일 제1결정이 이 점을 위헌 이유로 삼았다면 제2결정의 결론이 달라졌을 가능성을 배제할 수 없다. 제2결정의 청구인 주장에 의하면 제2결정의 참칭상속인들은 악의의 공동상속인으로 보이기 때문이다.77)

---

73) 헌법재판소 2004. 4. 29. 선고 2003헌바5 결정(헌판집 16-1, 509)도 3년의 제척기간은 위헌이 아니라고 한다. 다만 일본 최고재판소 1978(昭和 53). 12. 30. 大法廷 판결(註 72)은 일본 민법상 상속권의 침해를 안 날로부터 5년의 소멸시효 적용이 문제되었던 경우였다.

74) 이유 4. 나. (2) (나) 부분.

75) 主論(ratio decidendi)과 傍論(obiter dictum)의 구별 기준에 관하여는 尹眞秀, "獨逸法上 ≪判例≫의 意味 — 우리 法에의 示唆", 判例實務硏究 Ⅵ, 博英社, 2003, 220면 이하, 231면 이하 등 참조.

76) 위 註 57) 참조.

77) 다른 한편으로 제2결정에 대하여는 다음과 같은 의문을 제기할 수 있다. 즉 제2결정은 이 사건 헌법소원 심판청구인에 대하여 개정된 민법 제999조 제2항이 적용되는 것을 당연한 전제로 하고 있다. 그러나 상속회복청구권의 제척기간의 기산점을 상속이 개시된 날부터 10년으로 정하고 있는 개정되기 전의 민법 제982조, 제999조 제2항이 위헌으로 결정되었다면, 그 이전에 위 규정에 의하여 상속회복청구권의 제척기간이 만료되었다 하더라도 위 위헌결정에 의하여 위헌결정 이후에는 만료되지 않은 것으로 취급하여야 하고, 따라서 그 후 개정된 민법 제999조 제2항을 소급 적용하여 개정 민법 시행 당시에 이미 상속회복청구권이 소멸하였다고 보는 것은 헌법이 금지하고 있는, 전형적인 소급입법에 의한 재산권의 박탈(헌법 제13조 제2항)에 해당할 것이다. 위 개정된 민법 부칙 제2항도 이 법은 종전의 규정에 의하여 생긴 효력에 영향을 미치지 아니한다고 규정하여 불소급의 원칙을 택하고 있다. 이 문제는 위 제2결정에도 불구하고 법원에 의하여 해결되어야 할 것이다. 대법원 2003. 5. 30.자 2002카기129 결정(공보불게재)은 위 제2결정을 인용하여 개정된 민법 제999조 제2항에 대한 위헌제청신청을 기각하였으나, 그 결정문만으로는 이러한 점까지 고려한 것인지 잘 알 수 없다. 이 점에 대하여 김대원 재판연구관은 개정민법 시행 전에 상속이 개시된 경우에도 개정민법은 적용되고, 다만 그 제척기간은 개정민법 시행시부터라고 해석할

6. 이 사건 慣習의 違憲 여부

가. 이 사건 관습이 위헌인가?

이제까지 살펴본 것을 토대로 하여, 상속회복청구권이 상속개시된 날부터 20년의 소멸시효에 걸린다는 이 사건에서 문제되고 있는 관습이 위헌인지 여부를 따져 본다.

우선 위 헌법재판소의 결정례에 비추어 볼 때 위 관습을 위헌이라고 할 수 있는가?[78] 다시 말하여 제1 결정은 상속회복청구권의 제척기간을 상속개시일부터 10년으로 정한 것은 위헌이라고 하였는데, 그러면 상속회복청구권의 소멸시효를 상속개시일부터 20년으로 정한 것은 위헌인가 하는 점이다. 이 사건 판결의 반대의견은 위 제1 결정에서 위헌이라고 한 것은 상속회복청구권의 10년의 제척기간인 데 반하여 이 사건에서 문제되는 것은 20년의 소멸시효이므로 이는 위헌이라고 볼 수 없다고 주장하고 있다.

앞에서 살펴본 것처럼 제1 결정이 구 민법 규정을 위헌이라고 한 주된 이유는 상속회복청구권의 제척기간의 기산점이 일률적으로 상속개시일부터 진행된다는 점이라고 할 수 있다. 그런데 제척기간이 10년이라는 점이 위 결정에서 얼마나 중요하게 작용하였는지는 이 결정만으로는 명백하지 않다. 제1 결정 가운데에는 "단기의 제척기간"[79] 내지 "10년이라는 비교적 단기간"[80]이라는 표

수 있는 가능성도 있지 않는가라는 의문을 제기하였으나, 위 제1차 결정이 헌법불합치결정 아닌 단순위헌결정인 이상 소급입법은 원칙적으로 허용되지 않을 뿐만 아니라, 개정 민법 부칙 제2항의 해석상으로도 그러한 결론이 도출되기는 어려울 것이다. 그러나 가령 개정민법이 개정민법 시행 전에 개시된 상속에 대하여도 개정된 제척기간을 적용하더라도 그 기산점을 개정민법 시행일로 한다면 이는 不眞正遡及效의 입법으로서, 그 기간이 지나치게 짧거나 하지 않는 한 허용될 수 있을 것이다. 郭潤直/尹眞秀(註 30), 424면; 헌법재판소 1996. 12. 26. 선고 93헌바67 결정(헌판집 8-2, 800); 2001. 5. 31. 선고 99헌가18 등 결정 등 참조.

78) 헌법재판소의 위헌결정의 주문뿐만 아니라 주된 이유 내지 主論에도 헌법재판소법 제47조 제1항이 규정하고 있는 羈束力이 미치는가 하는 점에 관하여 필자는 이를 긍정하고 있고(尹眞秀, "相續의 單純承認 擬制規定에 대한 憲法不合致 決定의 문제점－특히 憲法不合致決定의 主文과 관련하여－", 헌법논총 제11집, 2000, 183-184면) 이것이 비교적 다수의 견해라고 보이지만(金命洙, "變形決定(限定合憲, 限定違憲 및 헌법불합치 결정)의 羈束力과 法院의 裁判", 裁判資料 제75집 憲法問題와 裁判(上), 1997, 527-528면 등 참조) 부정설도 있다. 그러나 부정설도 국가기관이나 지방자치단체는 통상 주문을 이유있게 하는 주된 논증의 견해나 법리를 가능한 한 존중하는 것이 바람직하다고 하므로(鄭宗燮, 憲法訴訟法, 제2판, 博英社, 2004, 178-179면), 특히 재판에 대한 헌법소원이 원칙적으로 인정되지 않는 우리나라의 현실에서 두 견해의 실제적인 차이는 그다지 크지 않다고 생각된다.

79) 이유 4. 나. (2) (가) 부분.

80) 이유 4. 나. (2) (나) 부분.

현이 나오기는 하지만, 그것이 얼마나 중요한 의미를 가지는 것인지는 잘 알 수 없다. 다만 제2결정은 개정된 민법 조항에 대하여 그것이 합헌이라는 이유 중 하나로서 다음과 같이 판시하고 있다.

"이 사건 조항은 종전 규정상의 "상속개시일로부터 10년"을 "침해행위가 있은 날로부터 10년"이라고 규정하여 종전보다 상속회복청구권자에게 유리하게 기간을 규정하였다. 그 연장된 범위는 침해행위가 있은 날이 상속개시일로부터 멀수록 늘어나며, 침해행위가 상속개시일로부터 10년이 된 때에 발생한다면 이 사건 조항에 의한 기간은 종전보다 10년이 길어진 것이고, 만일 침해행위가 상속개시일로부터 10년 후에 발생하면 종전보다 10년 이상의 기간이 늘어난 것이 된다. 그렇다면 이 사건 조항은 구법 조항에 비교하여 볼 때 합리적인 정도로 기간이 연장된 것이라 볼 것이다."[81)]

이러한 제2결정 이유에 따를 때에는 소멸시효 내지 제척기간이 상속개시일로부터 10년에서 20년으로 연장된다면 이러한 규정은 합헌이라는 결론을 도출할 가능성도 없지 않다. 그러나 이 점은 반드시 명백한 것은 아니고, 이 사건 반대의견도 위 제2결정을 인용하고 있지는 않다.[82)]

반면 사견과 같이 위 제척기간의 규정이 악의의 참칭상속인을 보호한다는 점에서 위헌성을 찾는다면, 기간의 장단은 그다지 중요하지 않다고 생각된다. 이 사건에서도 F가 호적정정허가신청을 하여 1993. 11. 2. E의 호적 중 1951. 5. 21. 사망의 기재를 말소하는 내용의 호적정정허가결정을 받은 점에 비추어 볼 때 참칭상속인인 F 외 5인은 악의였던 것으로 보인다. 따라서 이 사건 판결이 이 점을 이유로 들지는 않았지만 위 관습의 적용을 부정한 것은 결과에 있어서 타당하다고 생각된다.

나. 반대의견의 비판에 대하여

반대의견은 우선 조선민사령이 상속에 관한 사항은 관습에 의한다고 규정하고, 민법 부칙이 민법 시행 전에 있어서의 상속에 관한 법률관계에 관하여 민법 시행일 후에도 구법의 규정을 적용한다고 규정하고 있음을 들어서, 다수의견이 이 사건 관습이 민법 시행 전에도 불합리하고 정당성이 없어 법

81) 이유 3. 나. 부분.

82) 다른 한편 반대의견은 제1결정이 위헌으로 한 것은 제척기간인 반면, 이 사건에서 문제된 것은 소멸시효라는 점도 양자의 중요한 차이로 내세우고 있다. 그러나 이 점이 그 정도로 중요하다고는 생각되지 않는다.

적 규범인 관습법으로서의 효력을 인정할 수 없다고 하는 것이라면 이는 민법 부칙의 규정 취지에 정면으로 반하는 것이고, 이 사건 관습에 대하여 민법 시행 후 어느 시점부터 법적 규범인 관습법으로서의 효력을 인정할 수 없다고 하는 것이라면, 이 또한 민법 부칙이 민법 시행 전에 있어서의 상속에 관한 법률관계에 관하여 민법 시행 후에도 구법의 규정을 적용한다고 규정하고 있는 점에 비추어 민법 부칙의 규정 취지에 반하는 것이라 할 것이라고 비판하고 있다.

그러나 위 조선민사령이나 민법 부칙에서 말하고 있는 관습의 의미는 유효한 관습을 말하는 것이지, 헌법 내지 성문법에 반하여 효력이 없는 관습까지 의미하는 것은 아니라고 할 것이므로 조선민사령이나 민법 부칙만을 들어 다수의견을 비판할 수는 없을 것이다. 다만 그 효력 유무의 판단 기준시점이 언제인가 하는 점은 따져 볼 문제이나, 민법 시행 후에도 위 관습에 따라 상속회복청구권의 소멸시효가 완성될 시점의 헌법이나 성문법은 판단의 기준이 될 수 있을 것이다.

또 반대의견은 일반적으로 상속제도나 상속권의 구체적 내용은 입법자가 입법 재량의 범위 내에서 입법정책적으로 결정할 사항인 점이라는 점을 비판의 이유로 들고 있는데, 이는 일반론으로서는 수긍할 수 있지만,[83] 구체적인 경우에 입법의 위헌 여부를 판단함에 있어서는 결정적인 점은 되지 못한다.

그리고 반대의견은 독일, 스위스, 프랑스, 일본과 같은 경우에 상속회복청구권에 대하여 20년 또는 30년의 소멸시효를 규정하고 있음을 들어 다수의견을 비판하고 있다. 그러나 이러한 외국의 입법례는 그 전체적인 문맥에서 이해하여야 한다. 가령 프랑스에서는 상속회복청구권의 30년의 소멸시효는 제 3 자가 명백히 참칭상속인으로서 행동하지 않는 한 개시되지 않고, 독일의 경우에는 상속회복청구권을 개별적 권리의 집합이 아닌 독립적인 권리로 이해하고 있으며, 상속회복청구권에 대한 30년의 소멸시효는 상속권의 침해가 있을 때부터 진행한다. 뿐만 아니라 이러한 나라들에서의 상속회복청구권은 실제로 자주 이용되는 것이 아니다.[84] 그리고 일본의 20년의 소멸시효는 이 사건에서 문제되는 관습과 유사하기는 하지만, 일본에서는 헌법재판이 그다지 활성화되어 있

83) 위 제 2 결정도 개정된 제999조 제 2 항이 합헌이라는 이유의 하나로서 이 점을 들고 있다. 또 尹眞秀(註 65), 200면 이하 참조.

84) 尹眞秀(註 18), 179면, 185면, 205면 등.

지 않을 뿐만 아니라 앞에서 본 최고재판소 1978(昭和 53). 12. 30. 大法廷 판결[85]이 악의나 과실 있는 참칭상속인은 상속회복청구권의 소멸시효를 원용할 수 없게 하고 있는 것도 고려하여야 할 것이다.

나아가 반대의견은 취득시효의 예를 들어 이 사건 관습을 정당화하고 있다. 그러나 일반적으로 다른 나라에서는 상속회복청구권을 행사할 수 있는 동안은 참칭상속인은 취득시효를 주장할 수 없다고 이해되고 있다.[86] 뿐만 아니라 대법원 1997. 8. 21. 선고 95다28625 전원합의체 판결[87]의 다수의견은 이른바 惡意의 無斷占有者의 취득시효가 인정되는가에 관하여, 점유자가 점유 개시 당시에 소유권 취득의 원인이 될 수 있는 법률행위 기타 법률요건이 없이 그와 같은 법률요건이 없다는 사실을 잘 알면서 타인 소유의 부동산을 무단점유한 것임이 입증된 경우에도 특별한 사정이 없는 한 점유자는 타인의 소유권을 배척하고 점유할 의사를 갖고 있지 않다고 보아야 할 것이므로 이로써 소유의 의사가 있는 점유라는 추정은 깨어졌다고 한다. 이 판례는 형식적으로는 민법 제199조의 자주점유의 추정 규정의 적용범위에 관한 문제를 다룬 것이지만, 실질적으로는 악의의 무단점유자에게까지 취득시효를 인정하는 것은 법질서의 기본 이념에 어긋난다고 하는 판단을 기초로 하고 있다고 이해하여도 좋을 것이다. 그러므로 악의의 무단점유자에 대하여 시효취득을 인정하지 않는 반면, 상속회복청구권에 있어서는 실제로 참칭상속인이 언제 상속권을 침해하였는지, 다시 말하여 상속재산을 점유하기에 이르렀는지를 묻지 않고 상속이 개시된 때부터 10년이 경과하면 참칭상속인이 진정한 상속인으로 된다는 것은 법질서 전체의 관점에서는 일종의 評價矛盾(Wertungswiderspruch)이라고 하지 않을 수 없다.[88]

반대의견은 또한 과거의 법률에 대한 위헌 여부의 심사가 가능하다 하더라도 그 법률에 기초하여 일정한 법률관계가 형성되어 그것이 오랜 세월이 지나는 동안 사회적 승인을 얻어 하나의 법적 질서로서 확립되었을 경우에는, 이미 형성된 과거의 법률관계에 대한 판단을 위하여 그 법률에 대한 위헌 여부

---

85) 위 註 72) 참조.

86) 독일 민법 제2026조 참조. 일본의 판례는 참칭상속인의 취득시효 주장은 허용하지 않고, 참칭상속인으로부터의 제3취득자의 취득시효 주장은 허용하고 있다. 門廣 乃里子(註 72), 179면 이하 참조.

87) 公 1997하, 2501.

88) 尹眞秀(註 10), 508-509면 참조.

를 심사하는 것은 신중을 기하여야 할 것이라고 하면서, 구 관습법상 장자 상속의 관습법의 예를 들고 있다.

그러나 반대의견도 과거의 법률 내지 관습에 대한 위헌심사가 허용되지 않는다고 주장하고 있는 것은 아니다. 이는 결국 위헌 여부가 문제되는 과거의 법률 내지 관습에 대한 당사자의 신뢰를 어떤 형태로 보호할 것인가 하는 점에 귀착된다. 이에 관하여는 아래 판례의 불소급적 변경의 가부 문제와 관련하여 다시 살펴본다.

7. 판례의 불소급적 변경의 가부

가. 반대의견에 대한 조무제 대법관의 보충의견

위 보충의견은 관습법에 대한 위헌 여부의 심사 문제를 성문법률에 대한 위헌심사의 문제와 같이 보고서, 이 경우에는 헌법상의 법치주의 원칙에서 나온 법적 안정성 내지 신뢰보호원칙에 바탕을 둔 위헌결정의 불소급효원칙(헌법재판소법 제47조 제2항)의 정신에 따라 그 선언이 있는 날 이후로만 그 관습법의 효력이 상실되도록 함이 상당하다고 주장한다. 즉 관습법의 성립에는 법원의 판결이 필수적인 요건이므로, 그러한 판결이 처음부터 없었거나 있었더라도 후에 그 판결의 효력이 부정되면 그 사실인 관습의 존속이라는 요건만 남게 될 뿐 법적인 확신의 존속이라는 요건이 흠결되어 그 관습법은 성립, 존속의 근거를 잃게 되고, 이러한 결과는 특정한 성문법상의 법리에 관한 대법원의 판결이 사후에 변경되었을 경우와는 달라서 판결의 존속이 법규 자체의 성립, 존속과 직결되는 관습법 존립상의 특수성에 기인한다고 한다.

따라서 "상속회복청구권은 상속이 개시된 날로부터 20년이 경과되면 소멸한다"는 사실인 관습은 그에 법적 확신을 부여한 위의 판결들이 선고 존속됨으로써 관습법으로서 성립 존속되어 왔는데, 그 판결들이 변경된다면 이제부터 그 관습법은 소급적으로 존재하지 아니하는 결과로 되어 법적 안정성 내지 신뢰보호의 원칙을 해치게 되므로, 그 관습에 위헌적 요소가 있음이 확인된다고 하더라도 향후로는 그에게 법적 확신을 부여하지 아니하기로 판단하는 것만으로도 다수의견이 의도하는 바의 그 관습법에 관한 법적 처리는 달성되는 것이지, 더 나아가 그 관습법을 생성시킨 그 판결들의 효력을 모조리 상실시켜 종래의 그 관습법의 성립근거를 소급적으로 박탈하는 결과까지 낳게 하여서는 안 된다고 한다. 결국 그 관습법의 존립의 근거가 된 그 판결들은 위헌법률불소급효원칙의 정신에 비추어 변경됨이 없이 그대로 유지되어야 옳다는 것이다.

나. 위헌결정의 효력과의 관계

우선 위 보충의견이 관습법에 대한 위헌 여부의 심사 문제를 성문법률에 대한 위헌심사의 문제와 같이 보고 있는 것은 수긍할 수 있다. 이론적으로 양자는 그 종국적 심사 권한을 가진 기관이 어디인가에 차이가 있을 뿐 구조적으로는 법규범에 대한 위헌심사라는 점에서 차이가 없다. 그러나 관습법에 대한 위헌 판결의 효력을 헌법재판소법 제47조 제2항의 위헌결정의 불소급 원칙에 의거하여 설명하고 있는 것은 타당하다고 하기 어렵다.

먼저 이 사건 판결 자체가 위 개정 전 민법 조항이 위헌이라고 하는 제1결정의 효력을 이 사건에도 소급적용하고 있는데,[89] 위 보충의견은 이 점에 대하여는 아무런 반대의견을 내지 않고 있으면서도 위 관습법에 대한 위헌결정은 소급적용되어서는 안 된다고 하고 있는 것은 앞뒤가 맞지 않는다는 느낌이 든다.

뿐만 아니라 헌법재판소법 제47조 제2항이 말하고 있는 위헌결정의 불소급 원칙이라는 것은 형해화되었고, 현재는 위헌결정은 소급 적용되는 것이 원칙이라고 하여도 과언이 아니다. 이 사건 판결이 설시하고 있는 것처럼 대법원은 1993. 1. 15. 선고 92다12377 판결[90] 및 같은 날 선고된 91누5747 판결[91] 이래로 이 사건 판결에 이르기까지, 헌법재판소의 위헌결정의 효력은 위헌제청을 한 당해 사건, 위헌결정이 있기 전에 이와 동종의 위헌 여부에 관하여 헌법재판소에 위헌여부심판제청을 하였거나 법원에 위헌여부심판제청신청을 한 경우만이 아니라, 따로 위헌제청신청은 하지 아니하였지만 당해 법률 또는 법률의 조항이 재판의 전제가 되어 법원에 계속중인 사건과 위헌결정 이후에 위와 같은 이유로 제소된 일반 사건에도 미친다고 하여 일반적인 소급효를 인정하고 있다. 다만 예외적으로 행정처분의 확정력이 발생한 경

89) 이미 대법원 2001. 10. 9. 선고 99다17180 판결(公 2001하, 2422)이 제1결정의 소급적용 여부에 관하여 동일한 취지로 판시한 바 있다.

90) 公 1993상, 698.

91) 公 1993, 735.

우[92]라든지 확정판결의 기판력이 미치는 경우[93] 등과 같은 경우에는 그러한 소급효가 미치지 않는다고 하고 있을 뿐이다.[94]

보다 근본적으로는 위헌결정의 소급효를 원칙적으로 인정하지 않는 헌법재판소법의 규정이 헌법에 부합하는가를 따져 보아야 할 것이다. 필자는 여러 차례에 걸쳐서, 헌법재판소의 위헌결정에 소급효가 인정되어야 하는가의 여부는 헌법에 의하여 결정될 문제이고, 구체적으로는 법관은 헌법과 법률에 의하여 재판하도록 규정하고 있는 헌법 제103조, "모든 국민은 헌법과 법률이 정한 법관에 의하여 법률에 의한 재판을 받을 권리를 가진다"고 규정하고 있는 헌법 제27조 제1항, "국가는 개인이 가지는 불가침의 인권을 확인하고 이를 보장할 의무를 가진다"라고 규정하고 있는 헌법 제10조 후단, 평등의 원칙을 규정하고 있는 헌법 제11조 등으로부터 헌법재판소의 위헌결정은 소급효를 가져야 한다는 것은 헌법상의 명제라고 주장하였다.[95]

헌법재판소는 위헌결정의 소급효를 인정하지 않고 있는 헌법재판소법 제47조 제2항 본문의 규정은 위헌이 아니라고 하면서도,[96] 실제에 있어서는 위헌결정의 일종이라고 할 수 있는 헌법불합치결정의 소급효는 인정하는 등,[97] 위헌결정의 일반적인 소급효를 인정하는 것에 매우 접근하고 있다.

이 문제는 이 글의 주제와는 다소 거리가 있으므로 상세한 언급은 생략한다.

---

92) 대법원 1994. 10. 28. 선고 92누9463 판결(公 1994하, 3139).

93) 대법원 1993. 4. 27. 선고 92누9777 판결(公 1993하, 1609).

94) 자세한 것은 尹眞秀, "憲法裁判所 違憲決定의 遡及效", 裁判資料 제75집 憲法問題와 裁判[上], 1997, 635면 이하 참조.

95) 예컨대 尹眞秀(註 94); 尹眞秀, "相續의 單純承認 擬制規定에 대한 憲法不合致 決定의 遡及效가 미치는 範圍", 家族法硏究 제16권 2호, 2002 등 참조.

96) 헌법재판소 1993. 5. 13. 선고 92헌가10, 91헌바7, 92헌바24, 50(병합) 결정(헌판집 5-1, 226 이하); 2000. 8. 31. 선고 2000헌바6 결정; 2001. 12. 20. 선고 2001헌바7·14(병합) 결정(헌판집 13-2, 854 이하).

97) 예컨대 민법 제1026조 제2호에 대한 헌법불합치결정의 소급효를 제한한 2002. 1. 14. 개정민법 부칙 제3항에 대하여 헌법불합치결정에는 당연히 소급효가 인정되고 이를 전제로 하여 입법자에게 위헌법률을 합헌적인 상태로 개정할 의무를 부과하고 있으므로, 입법자가 헌법불합치결정에 의하여 위헌법률을 합헌적인 상태로 개정하면서 그 소급효를 제한하는 것은 원칙적으로 허용되지 않고, 다만 예외적으로 소급효를 인정하는 것이 법적 안정성 등 공익의 중대한 침해를 가져오는 경우에 한하여 소급효가 제한될 수 있다고 한 헌법재판소 2004. 1. 29. 선고 2002헌가22, 2002헌바40, 2003헌바19·46(병합) 결정 등 참조.

다. 관습법에 대한 판례변경에 있어서 소급효의 제한 문제

위 보충의견은 관습법의 존재에 관한 판례의 변경은 성문법상의 법리에 관한 대법원의 판례 변경과 달라서 소급효를 인정하여서는 안 된다고 주장한다.

그러나 우선 위와 같은 주장은 관습법이 法源으로서 성립, 존속하기 위하여는 법적 확신의 구체적 표현 방법으로서의 법원의 판결이 필수적인 요건이라는 것을 전제로 하고 있다. 그런데 이러한 전제 자체가 타당하다고 하기 어려움은 앞에서 살펴본 바와 같다.[98] 뿐만 아니라 소급효 인정 여부에 관하여 관습법의 존재에 관한 판례의 변경과 성문법상의 법리에 관한 판례의 변경을 구별할 근거가 박약하다. 이러한 경우에 소급효를 제한하여야 한다는 주장은 소급효를 인정하는 것이 신뢰 보호를 해친다는 것인데, 두 경우 모두 문제되는 것은 결국 변경된 종래의 판례에 대한 신뢰에 귀착되는 것이다.

다만 이론적으로는 관습법이 유효하게 성립하였으나, 사후에 사정의 변화로 인하여 그러한 관습법에 대한 법적 확신이 사라져서 판례가 그러한 관습법이 더 이상 존재하지 않게 되었다고 하는 경우에는 그 판례의 소급 적용은 제한될 여지가 있을 것이다. 이러한 경우에는 당사자들로서는 그러한 관습법이 여전히 구속력이 있다고 믿고 행동하였을 수 있기 때문이다.[99] 그러나 이 사건의 경우에는 그러한 관습법의 변경에 해당한다고 보기도 어려울 뿐만 아니라, 그와 같이 판례의 소급 적용을 제한하여야 할 특별한 사정이 있다고 보기도

---

98) 위 4. 나. 참조.

99) 독일연방대법원 제1민사부 1969. 10. 8. 판결(BGHZ 52, 365, 369 f.)도 방론으로서 판례의 변경이 기본적인 사실관계의 사후적인 변화에 기인하였고, 그 변경이 사실상의 의미에서 법률의 변경과 동등하며, 실질적인 정의나 법적 안정성의 이유가 부담을 지우거나 권리를 소멸시키는 소급효에 대립될 때에는 소급입법에 적용되는 원칙들이 판례의 변경에도 적용될 수 있다고 하였다. 그러나 영미법계에서는 판례에 의한 관습법의 변경이 있는 경우에도 그러한 관습법의 변경이 예견할 수 있는 것이었다면 소급 적용을 인정한다. 예컨대 유럽인권법원(European Court of Human Rights)의 SW v. United Kingdom 판결, (1996) 21 E.H.R.R. 363에서는 영국 귀족원(House of Lords)이 1991년에 配偶者 强姦(marital rape)은 처벌할 수 없다는 수백년 동안의 보통법상의 원칙을 폐기한 판결(R. v. R. [1991] 4 All E.R. 481)을 그 판결 선고 전에 배우자강간을 범한 피고인에게 소급적용하는 것이 유럽인권협약(European Convention of Human Rights) 제7조 제1항의 소급처벌 금지 규정에 위반되지 않는다고 하였고, 2001. 5. 14. 선고된 미국연방대법원의 Rogers v. Tennessee 판결, 121 S.Ct 1693, 149 L.Ed.2d 697에서는 피해자의 사망을 초래한 가해행위와 피해자의 사망이 1년과 1일 이내가 아니라면 가해자는 살인죄로 처벌될 수 없다고 하는 보통법상의 "1년 1일 규칙(year and a day rule)"을 테네시 주 대법원이 폐지하면서 이를 당해 사건에도 적용하는 것이 헌법상의 소급입법에 의한 처벌 금지조항에 어긋나지도 않고, 적법절차 조항에도 어긋나지 않는다고 하였다.

어렵다.

라. 장래적 판례변경의 문제

과거에는 판례가 변경된 경우에 그 판례는 판례 변경 전의 사안에 대하여 소급적용된다는 것이 당연하게 여겨졌다.[100] 그러나 근래에 이르러 이에 대한 의문이 제기되기 시작하여 다른 나라에서는 많은 논의가 있으며, 우리나라에서도 최근에 이에 관한 논의를 어느 정도 찾아볼 수 있다. 특히 이러한 논의가 활발해진 것은 대법원 1999. 7. 15. 선고 95도2870 전원합의체 판결[101]과 대법원 1999. 9. 17. 선고 97도3349 판결[102]을 계기로 하여서였다. 이들 판결에서는 종전의 판례에 의하면 처벌되지 않았던 행위가 판례 변경에 의하여 처벌될 수 있는 것으로 바뀐 경우에 위 판례 변경 전의 행위도 변경된 판례에 따라 처벌하는 것이 형벌불소급의 원칙에 어긋나는가 하는 점이 쟁점으로 되었다.

그러나 이들 판례들은 형사처벌의 근거가 되는 것은 법률이지 판례가 아니고, 형법 조항에 관한 판례의 변경은 그 법률조항의 내용을 확인하는 것에 지나지 아니하여 이로써 그 법률조항 자체가 변경된 것이라고 볼 수는 없으므로, 행위 당시의 판례에 의하면 처벌대상이 되지 아니하는 것으로 해석되었던 행위를 판례의 변경에 따라 확인된 내용의 형법 조항에 근거하여 처벌한다고 하여 그것이 헌법상 평등의 원칙과 형벌불소급의 원칙에 반한다고 할 수는 없다고 하였고,[103] 이들 판례에 대하여 학설상 활발한 논의가 벌어졌다.[104]

---

100) 미국 연방대법원의 Holmes 大法官은 Kuhn v. Fairmont Coal Co. 215 US 349, 372(1910)의 반대의견에서 "재판은 근 1,000년 동안 소급적으로 작용하였다(Judicial decisions have had retrospective operation for nearly a thousand years)"고 언명하였다.

101) 公 1999하, 1696.

102) 公 1999하, 2266.

103) 위 대법원 1999. 9. 17. 선고 97도3349 판결(註 102). 위 대법원 1999. 7. 15. 선고 95도2870 전원합의체 판결(註 103)에서의 다수의견에 대한 보충의견도 이와 같다. 반면 위 판결의 반대의견은 "다수의견이 변경하고자 하는 대법원판례가 구 건축법의 양벌규정이 행위자 처벌의 근거 규정이 될 수 없다고 일관되게 해석하여 옴으로써 국민의 법의식상 그러한 해석이 사실상 구속력이 있는 법률해석으로 자리잡게 되었다고 할 수 있음에도 불구하고 단지 다른 법률의 양벌규정과 해석을 같이 하려는 취지에서 국민에게 불이익한 방향으로 그 해석을 변경하고 그에 따라 위와 같은 대법원판례들을 소급적으로 변경하려는 것은 형사법에서 국민에게 법적 안정성과 예측가능성을 보장하기 위하여 소급입법 금지의 원칙을 선언하고 있는 헌법의 정신과도 상용될 수 없는 것이다"라고 주장하였다.

104) 이들 판례의 평석으로는 하태영, "被告人에게 不利한 判例變更과 遡及效禁止의 問題", 법률신문 제2811호(1999. 8. 12), 14면; 구모영, "판례의 변경과 소급효금지원칙", 比較刑事法研究 제2권, 2000, 171면 이하; 허일태, "피고인에게 불리한 판례의 변경과 소급효금지원칙", 刑事判例研究 제9권, 2001, 125면 이하 등이 있다. 또한 하태영, "被告人에게 不利한 判例變更과

일반적으로 이처럼 판례 변경을 장래에 향하여만 행하는 것을 장래적 판례변경(prospective overruling)이라고 한다. 그 예로서 자주 인용되는 것은 미국 연방대법원의 Great Northern Ry. Co. v. Sunburst Oil & Refining Co. 판결[105]이다. 이 사건에서는 몬태나 주의 철도 위원회가 철도 운송 요금을 책정하였는데 원고가 그 요금이 부당하다고 하여 철도위원회에 이의신청을 하였고, 이 이의신청이 받아들여졌다. 그러자 원고가 철도회사를 상대로 그 동안 지급한 운송요금과 철도위원회에서 새로이 책정한 운송요금 차액의 반환을 구하는 청구를 제기하였다. 그런데 몬태나 주 대법원에서는 1921년에 이러한 반환청구가 가능하다는 판결을 한 바 있었다.[106] 그러나 이 사건에서는 몬태나 주 대법원은 철도위원회에서 책정한 요금은 입법부에서 제정한 것과 마찬가지의 효과를 가지므로 철도위원회에서 나중에 그 요금이 불합리하다고 한 것은 그 이전의 거래에 영향을 미치지 않아야 하고, 따라서 이전의 판결은 잘못되었지만, 위 판결은 번복될 때까지는 법이므로 이 사건에는 적용되어야 하고 따라서 원고는 반환청구를 할 수 있다고 하였다.

이에 대하여 연방대법원은 법원이 자신의 판결을 소급적으로 적용할 것인가에 관하여 연방 헌법은 아무런 규정을 한 바 없다고 하면서, 州는 주 대법원의 판례가 나중에 변경되더라도 변경되기까지의 기간 동안에는 法이었다고 할 수도 있고, 아니면 법원이 판례를 변경하면 그 이전의 판례는 전혀 법이 아니었다고 할 수도 있는데, 몬태나 주 대법원이 전자의 견해를 취한 이상 연방대법원도 이를 존중하여야 한다고 판시하였다.

미국 외의 영미법계 국가에서도 이러한 장래적 판례변경의 예를 찾아 볼 수 있다.[107] 뿐만 아니라 최근인 1998. 10. 8.에는 대륙법계인 독일의 聯邦大法院(BGH)도 이와 같은 판결을 선고하였다.[108] 이 사건에서 문제되었던 것은 다음과 같다. 즉 독일의 판례는 1990년대에 들어서서 별다른 재산이 없는 사람이 자신의 배우자나 다른 친족을 위하여 많은 액수의 채무를 보증하는 것이 선량한 풍속에 위반된다고 하기에 이르렀다.[109] 그런데 이 사건에서는 피고가 자신

遡及效禁止의 問題", 慶南法學 제14집, 1998, 167면 이하; 장영민, "판례변경의 소급효(Ⅰ)", 法學論集(梨花女大), 제 4 권 4호, 2000. 2, 39면 이하 등 참조.

105) 287 US 358, 77 L.Ed. 360, 85 A.L.R. 254(1932).

106) Doney v. Northern Pacific Railway Co., 60 Mont. 209, 199 p. 432.

107) Mary Arden, "Prospective Overruling", (2004) Law Quarterly Review 7 ff.

108) NJW 1999, 58 = WM 1998, 2327.

109) 이 문제에 관한 독일에서의 논의에 관하여는 朴駿緖/尹眞秀, 註釋民法 總則(2), 제 3 판, 博

의 남편을 위하여 금융기관인 원고에 대하여 보증인이 된 것이 선량한 풍속에 위반되는가 하는 것이 쟁점이었는데, 피고는 보증계약 체결 당시 별다른 재산이나 수입이 없었던 반면 그 보증책임의 한도액은 100만 마르크에 달하여 재산과 보증액 사이에 현저한 불균형이 있었다. 그 후 피고는 자신의 어머니로부터 선행상속(Vorweggenommene Erbfolge)으로서 재산을 양도받아 어느 정도 재산을 가지게 되었다. 연방대법원 제 9 민사부는 채무자의 급부능력과 현저한 불균형을 이루는 의무를 발생시키는 보증계약은 그것이 주채무자로부터 보증인에게로의 재산 이전에 대하여 채권자를 보호할 필요가 있거나 보증인이 기대할 수 있는 상속재산의 가치 때문에 정당화되지 않는 한은 무효라고 하면서, 이 사건에서는 원고가 피고의 상속을 고려하여 보증계약을 체결하였다고 볼 수 없다고 하여 위 보증계약은 무효라고 하였다. 그러면서 방론으로서 그러한 보증계약에 따르는 의무가 장래의 재산 이전이나 기타의 재산취득, 특히 보증인의 상속과 같은 것을 포착하기 위한 것이면 이러한 제한된 책임의 목적은 계약에 의하여 규율될 수 있고, 장래 그러한 내용상의 제한을 포함하지 않는 보증계약은 더 이상 재산이전에 대한 방지 또는 보증인이 장래 취득할 재산에 대한 攻取라는 관점에서 유효한 것으로 볼 수 없으나, 당 재판부는 1999. 1. 1. 이후에 체결된 보증계약에 관하여 이를 적용할 것이라고 하였다.

그러나 이처럼 판례를 장래에 향하여 변경하는 것에는 문제가 많다. 미국에서는 특히 1960년대 이래 판례의 소급효를 특정 사건에만 미치게 하는 이른바 선택적 장래효(selective prospectivity)를 인정하는 연방대법원의 판결들이 선고되었으나,[110] 1980년대 이후에는 이처럼 소급효의 범위를 임의로 제한하는 것은 사법부의 기능에 맞지 않는다고 하여,[111] 새로운 판례는 원칙적으로 확정판결이 나지 않은 모든 사건에 적용된다고 하는 것으로 판례가 변경되었다.[112][113]

英社, 2001, 465면 참조. 좀더 상세한 것은 安春洙, "保證 등 재산없는 가족원에 의한 공동책임인수의 效力", 比較私法 통권 제 9 호, 1998, 285면 이하 참조. 연방헌법재판소의 판례에 비판적인 견해로는 예컨대 Matthias Ruffert, Vorrang der Verfassung und Eigenständigkeit des Privatrechts, 2001, S. 338 ff. 참조.

110) 刑事에 관하여는 Linkletter v. Walker, 14 L.Ed.2d 601(1965); Stovall v. Denno, 18 L.Ed.2d 1199(1967) 등. 民事에 관하여는 Chevron Oil Co. v. Huson, 30 L.Ed.2d 296(1971) 등.

111) 이러한 소급효의 임의적인 제한은 법원을 超立法部(superlegislature)로 만드는 것이라고 한 Harlan 대법관의 말은 자주 인용된다. Desist v. United States, 394 US 244, 22 L.Ed.2d 248, 89 S.Ct 1030(1969)에서의 반대의견.

112) 刑事에 관하여는 United States v. Johnson, 457 US 537, 73 L.Ed.2d 202, 102 S.Ct 2579(1982); Griffith v. Kentucky, 479 US 314, 93 L.Ed.2d 649, 107 S.Ct 708(1987) 등. 民事에 관하여는 James B. Beam Distilling Co., v. Georgia, 115 L.Ed.2d 481(1991); Harper v.

독일에서도 재판은 원래 그 재판이 있기 전의 과거에 일어났던 사건을 대상으로 하므로 소급적이고, 판례 변경을 일으키는 당해 사건에 관하여도 소급효가 미치지 않는다고 하면 누구도 시간과 노력 등을 들여서 판례에 도전하려고 하지 않을 것이며, 당해 사건에 관하여는 예외적으로 소급효를 인정한다면 이는 우연한 사정에 따라 결과가 달라지므로 정당화될 수 없는 자의적인 처리라고 한다는 비판이 있다.[114)]

위 독일연방대법원 1998. 10. 8. 판결(註 108)도 그 후인 2002. 5. 14.의 두 판결[115)]에 의하여 폐기되었다. 즉 이들 판결은 경제적으로는 의미가 없는 보증계약 내지 공동책임 인수 계약을 통하여 배우자 사이의 재산 이전으로부터 보호를 받고자 하는 채권자의 이익은 명시적인 책임의 제한이 있을 때에만 선량한 풍속 위반이 아니라고 할 수 있는 사유이며, 이는 1999년 1월 1일 전에 체결된 보증계약에도 적용된다고 하였다.[116)]

마. 판례의 변경과 신뢰 보호

따라서 일반적으로 판례 변경이 있으면 그러한 판례는 그 판례 변경이 있기 전에 일어난 사건에 대하여도 적용되어야 한다.[117)] 이것이 어떻게 정당화될 수 있는가에 관하여는 Dworkin의 이론을 원용할 수 있다.[118)] 그는 법실증주의자들이 법관은 법률의 적용상 모호한 영역에서는 재량(discretion)을 행사하는데 이때 법관의 재량의 기준은 법이 아니라고 보는 것을 비판하면서, 종전의 법이나 선례로는 해결할 수 없는 어려운 사건(hard case)에서는 법원은 법실증주의자들이 법이라고 인정하는 규칙(rule) 이외에 원리(principle)에 따라 재판하며, 이러한 원리도 법에 포함된다고 한다. 그리하여 상속인이 될 자가 피상속인인 자신의 조부를 살해한 경우에 위 손자의 상속권을 인정할 것인가가 문제된 사건[119)]에서, 뉴욕 주 대법원이 성문법의 규정이 없음에도 불구하고, "누구도 자신의

Virginia Department of Taxation, 113 S.Ct 2510(1993) 등.

113) 상세한 것은 尹眞秀, "美國法上 判例의 遡及效", 저스티스 28권 1호, 1995, 91면 이하 참조.

114) Franz Bydlinski, "Richterrecht über Richterrecht", in: Claus-Wilhelm Canaris u.a.(Hrsg.), 50 Jahre Bundesgerichtshof, Bd. 1, 2000, S. 50 ff. 또한 Herbert Schimansky, "Probleme aus der Rückwirkung höchstrichterlicher Rechtsprechung", WM 2001, 1889, 1892 참조.

115) BGHZ 151, 34; WM 2002, 1350.

116) 이들 판결들은 그 이유로서 이 점에 관하여 보호할 가치가 있는 신뢰가 형성되어 있지 않다는 점을 들었다.

117) 尹眞秀(註 113), 118면 이하 참조.

118) Taking Rights Seriously(1977).

119) Riggs v. Palmer, 115 N.Y. 506, 22 N.E. 188(1889).

불법으로부터 이익을 얻을 수 없다"는 원리에 의거하여 살인자의 상속권을 부정한 것과 같은 사례를 예로 들면서, 이 경우에 위의 원리가 법이 아니라면 당사자는 법원의 재량에 의하여 사후입법(ex post facto law)에 의하여 재산을 박탈당한 것이라고 할 수밖에 없다고 한다.[120)]

이처럼 원리를 법에 포함시킨다면 법원이 판례를 변경하더라도 이는 기존의 법 내지 원리에 의거한 것이고, 새로운 법을 만드는 것은 아니라고 하여야 할 것이다. 따라서 소급입법의 문제는 생기지 않는다.

그러나 이처럼 판례는 원칙적으로 소급적용된다고 본다면, 판례변경이 있은 경우에 종전의 판례를 신뢰하고 그에 따라 행동하였던 당사자에게는 불측의 손해를 입힐 우려가 있게 된다. 이러한 당사자의 신뢰를 보호하기 위한 방법을 모색할 필요가 있다. 이를 위하여 생각할 수 있는 것은 예컨대 형사사건에 있어서는 금지착오(형법 제16조)의 이론, 민사사건이나 노동사건에 있어서는 신의성실의 원칙 내지 권리남용의 이론 등을 들 수 있다.[121)]

이 점에 관하여 참고가 되는 것은 독일연방대법원의 다음과 같은 판례이다.[122)] 이 사건에서는 보증인이 보증계약서에 백지로 서명만을 하고 주채무자, 채권자, 보증금액 등은 나중에 채권자가 보충을 한 것이 유효한가가 문제되었는데, 종래 연방대법원의 판례는 이러한 백지서명에 의한 보증계약도 유효한 것으로 보았다. 그러나 이 판결에서 연방대법원은 이러한 판례를 변경하여 이러한 백지서명은 보증의 의사표시에 서면을 요구하는 독일 민법 제766조 제1문에 위반되고, 보증인이 상인이 아니면 보충권의 수여도 서면에 의하여야 하므로 이 사건에서의 보증은 무효라고 보았다. 문제는 이러한 판례의 변경이 이 당해 사건에도 소급적용될 수 있는가 하는 점인데, 연방대법원은 다음과 같이 설명하고 있다.

즉 최고법원의 판결은 법률과 동일시할 수 없으므로 법관이 종전에 표시하였던 견해로부터 벗어나는 것은 기본법 제20조 제3항[123)]에 어긋나는 것이

---

120) Dworkin(註 118), pp. 22-31. 尹眞秀(註 94), 682면 이하에 좀더 상세한 설명이 있다.

121) 尹眞秀(註 113), 120면 이하; 尹眞秀(註 94), 705면 이하. 기타 실체법상의 구제수단에 관하여 상세한 것은 Dieter Medicus, "Über die Rückwirkung von Rechtsprechung", NJW 1995, 2577 ff. 참조.

122) 독일연방대법원 제9민사부 1996. 2. 29. 판결(BGHZ 132, 119 ff.).

123) 독일 기본법 제20조 제3항은 "입법은 헌법합치적인 질서에, 행정권과 사법은 법률과 법에 기속된다(Die Gesetzgebung ist an die verfassungsmäßige Ordnung, die vollziehende Gewalt und die Rechtsprechung sind an Gesetz und Recht gebunden)"라고 규정하고 있는데 일반적으로 이

아니며, 법률행위의 효력에 영향을 주는 법원의 재판은 과거의 아직 완결되지 않은 사실관계에 작용하는 것으로서 이러한 부진정 소급효(unechte Rückwirkung)는 법률의 규정과 마찬가지로 원칙적으로 문제가 없으나, 연방헌법재판소의 판례[124)]를 인용하여 부진정 소급효도 법치국가의 원리에 의하여 제한될 수 있다고 한다. 즉 법치국가의 원리는 시민에게는 제 1 차적으로 신뢰 보호를 의미하는데, 당사자가 종전의 법률상태가 지속될 것을 믿었고 이러한 이익이 계약 상대방의 이익과 공공의 이익을 형량하더라도 우선되어야 한다면, 소급효는 법적으로 보호되는 지위를 침해하는 것이라고 한다. 뿐만 아니라 사법상으로는 민법 제242조의 신의성실의 원칙과 관련하여 법이 존속할 것이라는 보호할 가치가 있는 당사자의 신뢰는 적정하게 고려되어야 하고, 판례상 발전된 권리남용, 행위기초의 결여 또는 상실, 실효 등의 법제도는 양 당사자의 정당한 이익을 충분히 고려할 수 있게 한다고 한다. 그렇지만 다른 한편으로는 사법상의 쟁송에서 일방 소송당사자는 원칙적으로 법관이 자신에게 실체법상 귀속되는 청구권을 승인할 것을 청구할 권리가 있고, 그 당사자는 현재의 최고법원의 판례에 따르면 법이 그 당사자에게 유리한데도 새로운 판례에 따를 때에는 종래의 판례가 존속되리라고 신뢰하였다는 관점에서 볼 때 그 상대방에게 지나치게 부당하고 기대될 수 없는 가혹함을 가져올 때에만 자신에게 불리한 판결을 감수할 것을 기대될 수 있다는 것이다. 그리하여 이 판결은 결과적으로 이 사건은 그처럼 소급효가 제한될 수 있는 경우가 아니라 하여 소급적용을 인정하였다.[125)]

그러면 실제로 이러한 이론에 따라 판례의 소급효가 제한되는 실례를 찾아볼 수 있는가? 위 독일 연방대법원의 설시에서도 알 수 있는 것처럼 이는 법원이 자신이 인식하고 있는 최선의 법을 적용하여야 한다는 것에 대한 예외에 해당하고, 따라서 그러한 예가 많지는 않은 것 같으나 다음의 몇 가지는 그러한 예에 해당한다.

우선 우리나라의 판례로서는 대법원 1994. 10. 25. 선고 93다42740 판

규정은 법치국가의 원리(Rechtsstaatsprinzip)를 나타내는 것으로 이해되고 있다.

124) BVerfGE 63, 152, 175 등.

125) 이처럼 판례 변경의 소급효를 부진정 소급효로서 파악하는 것은 Medicus(註 121), 2582 f.의 견해를 참조한 것으로 보인다. 그러나 Medicus 자신은 계약이 체결되면 이는 그 자체로서 완결된 것이고, 따라서 계약체결 당시에는 없었던 서면 방식의 요구를 소급하여 적용하면 안 된다고 하여 이 판결에 비판적이다. Dieter Medicus, “Neues zur Rückwirkung von Rechtsprechung”, WM 1997, 2333, 2337 f. 참조.

결[126]을 들 수 있다. 이 사건에서는 헌법재판소 1990. 9. 3. 선고 89헌가95 결정[127]이 국세는 그 납부기한 전 1년 이내에 설정된 전세권 · 질권 · 저당권에 의하여 담보된 채권에도 우선하여 징수한다는 취지인 구 국세기본법(1974. 12. 21. 법률 제2679호) 제35조 제1항 제3호 중 "으로부터 1년"이라는 부분은 헌법에 위반된다고 선고하자, 금융기관인 원고가 그 결정이 있기 전인 1985년 10월부터 1989년 12월까지 사이에 피고 대한민국이 원고가 근저당권을 취득한 부동산의 경매절차에서 위 위헌으로 선고된 부분에 근거하여 원고의 근저당권 설정 이후에 납부기한이 도래한 국세 상당을 경락대금으로부터 교부받은 것이 부당이득이라 하여 그 반환을 청구하였다. 이 사건에서 대법원은 위헌결정의 소급효는 위헌결정 이후에 제소된 일반사건에도 미친다고 하면서도, "그 미치는 범위가 무한정일 수는 없고 법원이 위헌으로 결정된 법률 또는 법률의 조항을 적용하지는 않더라도 다른 법리에 의하여 그 소급효를 제한하는 것까지 부정되는 것은 아니라 할 것이며, 법적 안정성의 유지나 당사자의 신뢰보호를 위하여 불가피한 경우에 위헌결정의 소급효를 제한하는 것은 오히려 법치주의의 원칙상 요구되는 바라 할 것이다"라고 판시하여 결국 원고의 부당이득반환청구를 받아들이지 않았다. 그러나 그 사건에서 과연 구체적으로 어떤 법리에 의하여 위헌결정의 소급효를 제한하는 것인지를 밝히지는 않고 있다. 추측컨대 위 판결은 신의성실의 원칙 내지 권리남용의 법리에 의거한 것이 아닌가 생각된다.[128] 물론 이 판결은 직접적으로는 위헌결정의 소급효에 관한 것이고 판례의 소급효에 관한 것은 아니지만, 이러한 법리는 판례 변경의 경우에도 타당하다고 할 수 있다.

그리고 독일의 판례로서는 연방사회법원(Bundessozialgericht) 1980. 11. 18. 판결[129]을 들 수 있다. 이 사건에서는 사용자가 근로자에게 지급하는 돈 중 일부를 사회보험의 기여금으로서 납부하여야 하였는데, 이 사건에서 문제된 돈에 관하여는 연방재정법원(Bundesfinanzhof)이 1971년 전까지는 과세대상이 아니고 따라서 기여금 납부 대상도 아니라고 하다가, 1971년에 판례를 변경하여 이 돈은 과세대상이라고 하였다. 그러자 사회보험 당국은 1974년에 사용자인 원고에

126) 公 1994하, 3076.

127) 헌판집 2, 245 이하.

128) 尹眞秀(註 94), 707면 이하 참조. 다만 이는 뒤에서 보는 바와 같이 이미 완결된 사건에 대하여는 소급효가 미치지 않는다는 관점에서 설명할 수도 있다.

129) BSGE 51, 31.

게 1972년도의 기여금을 납부하라고 하였다. 연방사회법원은 위 판례는 사용자의 신뢰보호를 위하여 소급적용되어서는 안 되고, 사용자가 달라진 판례에 대하여 알게 된 때부터 납부하면 된다고 하였다. 이 판결은 그 이유로서 소멸시효가 완성하지 않은 기여금 청구는 원칙적으로 허용되지만, 신의성실의 원칙에 어긋날 때에는 허용되지 않을 수 있고, 독일 민법 제242조의 신의성실의 원칙은 공법상으로도 적용된다고 하였다.

소급효를 제한한 또 다른 판례로서는 연방노동법원 1990. 11. 20. 판결[130]이 인용된다. 이 사건에서는 사용자가 제정한 퇴직연금규정(Ruhegeldordnung)을 그보다 불리한 내용의 경영협약(Betriebsvereinbarung)에 의하여 대치할 수 없다는 변경된 판례가 소급적용되는가가 문제되었다. 연방노동법원은 이전에는 그러한 대치가 가능하다고 하다가 1986년의 대재판부(Großer Senat) 판결에 의하여 판례를 변경하여, 그러한 대치가 불가능하다고 하였다. 그런데 위 연방노동법원 판결은 이러한 판례는 1982년에 있은 경영협약에까지 소급적용되지는 않는다고 하였다. 즉 위 대재판부의 판례를 소급적용하면 당사자의 신뢰가 충분히 보호되지 않으며, 사법상의 거래에서 당사자들이 입법자가 명백히 규율하지 않은 법률문제에 관하여 수십 년간의 확립된 최고법원의 판례에 의존하였는데, 그 판례가 사후에 틀린 것으로 밝혀졌다면 과거에 그 판례가 존속할 것으로 믿고 법률적 행위와 경제적 처분을 한 사람을 보호해야 하지 않는가, 보호한다면 어느 범위에서 보호할 것인가가 문제로 된다고 하면서, 이 사건에서는 사용자와 경영위원회의 종래의 판례에 대한 신뢰가 근로자의 이익보다 우선한다고 하였다.

바. 이 사건의 경우

이 사건의 경우에는 이러한 신뢰보호의 문제는 생기지 않고, 따라서 판례의 소급효를 제한할 아무런 이유가 없다. 참칭상속인의 경우에는 그가 상속회복청구권의 소멸시효에 관한 관습을 신뢰하여 진정한 상속인의 상속권을 침해하였다고 볼 수도 없을 뿐만 아니라, 설사 참칭상속인에게 그러한 신뢰가 있었다 하더라도 이는 법률상 보호할 가치가 있는 신뢰라고는 할 수 없다. 그리고 참칭상속인으로부터의 전득자인 이 사건 피고의 경우에는 보호를 받을 필요가 있는 것이 아닌가 하는 의문이 있을 수 있으나, 앞에서도 살펴본 것처럼 이러한 전득자의 보호가 상속회복청구권의 소멸시효 내지 제척기간 규정의 목적이

130) BAGE 66, 228.

라고는 볼 수 없을 뿐만 아니라, 이러한 전득자가 상속회복청구권의 제척기간에 관한 관습을 신뢰하여 이 사건 부동산을 취득하였다고 보기도 어렵다.

다만 이 사건과 같은 경우가 아닌 다른 경우에는 판례 변경의 소급효를 제한하는 것을 고려하여 볼 필요는 있다. 예컨대 반대의견이 언급하고 있는 민법 시행 전의 장자상속의 관습법에 관하여 본다면 이는 오래 전에 완결된 사태로서, 이러한 경우에까지 소급효가 미치게 하는 것은 이른바 眞正遡及效(unechte Rückwirkung)로서 법치국가의 원리에 어긋난다고 보아야 할 것이다.[131)]

또 앞에서 언급한 종중의 구성원이 성년 남자에 한정되는가 하는 문제[132)]에 있어서는 가령 그러한 관습이 헌법상 남녀평등의 이념에 반하여 효력이 없다고 하더라도,[133)] 당사자들이 그러한 관습이 존재함을 전제로 하여 어떠한 처분행위를 하였고, 그 처분행위를 없던 것으로 하여 원상회복을 명한다면 당사자에게 가혹한 것이 된다는 특별한 사정이 있다면 그러한 처분행위를 한 사람의 신뢰는 보호할 필요성이 있지 않은가 생각해 볼 수 있다. 이 문제를 관습의 변경이라는 관점에서 본다면 더욱 그러하다. 즉 이러한 관습이 과거에는 그것이 타당하다는 법적 확신에 의하여 뒷받침되어 관습법으로서의 효력이 인정되었지만 현재에는 사회 관념의 변화로 인하여 그러한 법적 확신이 더 이상 타당성이 없게 되어 관습법으로서의 효력을 인정할 수 없게 되었다면 그러한 관습법의 존재를 믿고 행동한 사람을 보호할 필요성은 더욱 클 것이다. 당사자로서는 그러한 관습법의 변화를 확인하기가 어려웠을 것이기 때문이다.[134)]

8. 結　論

이 사건 판결 다수의견의 결론은 타당하다. 그러나 그 이론구성에 있어서는 상속회복청구권의 소멸시효에 관한 관습의 존재 그 자체를 부정하는 것이 간명하였을 것이다. 그리고 그러한 관습의 존재를 전제로 한다면 그 효력을 부정하는 것이 타당하다. 다만 다수의견의 이 점에 관한 이유 제시는 다소 불분명한 점이 있다.

---

131) 위 대법원 1994. 10. 25. 판결(註 126)도 이러한 관점에서 이해할 여지도 있다.
132) 위 註 47) 참조.
133) 이 문제는 또 다른 어려운 문제로서 여기서 결론을 내릴 수는 없다.
134) 위 다. 참조.

이 사건에서 문제되었던 상속회복청구권의 소멸시효에 관한 관습은 앞으로 더 이상 문제될 수 있는 경우가 많지는 않을 것으로 보인다. 그러나 이 판결은 이러한 구체적인 문제를 넘어서서 관습법의 효력에 대한 판단, 판례의 소급효 등을 둘러싸고 매우 시사하는 바가 많은 중요한 판례라 하겠다.

〈追記〉

대상판결에 대한 또 다른 판례평석으로서 李和淑, "相續回復請求權의 時效에 관한 慣習法의 效力", 家族法硏究 제18권 1호, 2004, 249면 이하; 李相旭, "상속회복청구권의 시효에 관한 일제시대 관습법의 정립과 왜곡", 家族法硏究 제18권 2호, 2004, 205면 이하가 있다. 이 글들의 내용은 반영하지 못하였다.

〈比較私法 제11권 제2호, 2004 = 民事裁判의 諸問題 제13권, 2004〉

〈追記〉

1. "相續回復請求權의 消滅時效에 관한 舊慣習의 效力", 松旻崔鍾泳大法院長在任紀念 21世紀司法의 展開, 2005, 351-363면은 이 글을 바탕으로 요약한 것이다.

2. 대상판결은 사건을 대구지방법원으로 환송하였는데, 환송 후의 대구지방법원 판결에 대하여 다시 상고가 제기되었고, 대법원은 다시 파기환송 판결을 내렸다. 대법원 2007. 4. 26. 선고 2004다5570 판결(미공간). 이에 대하여는 박세민, "민법시행 이전에 開始된 상속과 相續回復請求權의 除斥期間", 家族法硏究 제21권 3호, 2007, 311면 이하 참조.

3. 대법원 2005. 7. 21. 선고 2002다1178 전원합의체 판결(公 2005하, 1326)은 종중 구성원의 자격에 관한 대법원의 판례를 변경하면서 변경된 판례는 이 판결 선고 이후에 새로이 성립되는 법률관계에 대하여만 적용되고, 다만 판례를 변경하는 당해 사건에 한하여는 변경된 견해가 소급하여 적용된다고 하여 선택적 장래효의 이론을 정면으로 받아들였고, 대법원 2008. 11. 20. 선고 2007다27670 전원합의체 판결(公 2008하, 1727)은 제사주재자에 대한 종래의 관습에 관한 판례의 변경에 관하여 같은 취지로 판시하였다. 이 문제에 관하여는 文英和, "宗員의 資格을 成年男子로 제한하는 종래 慣習法의 效力", 松旻崔鍾泳大法院長在任紀念 21世紀 司法의 展開, 2005. 9, 421면 이하(판례지지); 김제완,

"團體 法理의 再照明: 宗中財産의 法的 性格", 人權과 正義 2006. 3, 140면 이하(판례반대); 尹眞秀, "變化하는 사회와 宗中에 대한 慣習", 사법 창간호, 2007, 26면 이하 등 참조.

超過特別受益이 있는 경우 具體的 相續分의 算定方法

Ⅰ. 序　　論

민법 제1008조는 "共同相續人 중에 被相續人으로부터 財産의 贈與 또는 遺贈을 받은 者가 있는 경우에 그 受贈財産이 自己의 相續分에 달하지 못한 때에는 그 不足한 部分의 限度에서 相續分이 있다"라고 규정한다. 이 규정의 취지는 공동상속인 중에 피상속인으로부터 재산의 증여 또는 유증과 같은 이른바 特別受益을 받은 경우에는, 이를 고려하여 具體的 相續分[1])을 산정하라는 것이다. 다시 말하여 특별수익자의 구체적 상속분은 민법 제1009조에 의한 법정 상속분에 따라 산정한 가액에서 특별수익을 공제한 것이 된다.[2])

---

1) 우리 民法上 相續分의 概念도 多義的으로 사용되고 있을 뿐만 아니라, 講學上의 具體的 相續分이라는 개념도 특별수익과 관련하여서는 논자에 따라 다르게 사용되고 있다. 예컨대 郭潤直, 相續法, 1997, 179면은 想定相續財産(상속재산의 가액에 특별수익의 가액을 더한 것)에 法定相續分을 곱한 가액을 구체적 상속분이라고 하고, 여기에서 상속인이 실제로 상속재산으로부터 취득할 수 있는 특별수익의 가액을 공제한 것을 取得分이라고 하는 반면, 金疇洙, 親族相續法, 第四全訂增補版, 1994, 536면은 위의 각 상속인의 취득분('相續分殘額'이라고 표현하고 있다)의 그 합계에 대한 비율을 구체적 상속분이라고 부른다. 다른 한편 朴秉濠, "相續分에 관한 諸問題", 家族法論集, 1996, 338면; 郭東憲, "相續分", 韓國民事法學會 편 民法學의 回顧와 展望, 1993, 1006면 등은 곽윤직 교수가 말하는 구체적 상속분을 '본래의 相續分', 취득분을 '구체적 상속분'이라고 한다. 여기서는 마지막의 용법에 따라 민법 제1008조가 말하는 "그 受贈財産이 自己의 相續分에 달하지 못한 때"의 상속분을 본래의 상속분으로, "不足한 部分의 限度에서 가지는 相續分"을 구체적 상속분이라고 부르기로 한다. 대법원 1995. 3. 10. 선고 94다16571 판결(公 1995상, 1577)도 같은 의미로 구체적 상속분이라는 용어를 사용하고 있다.

2) 郭潤直(註 1), 176-177면은 民法 제1008조가 그 정확한 규제내용이 무엇인지 알 수 없게

이를 보통 特別受益의 返還이라고 부르고 있으나,[3] 이러한 용어는 적절하다고 할 수 없다. 원래 로마법에서는 특별수익에 대하여 現物返還(collatio, Realkollation)의 원칙을 취하였으나,[4] 게르만법 및 이를 계승한 독일 민법(§2055)에서는 現物返還의 원칙을 택하지 아니하고 특별수익을 미리 이루어진 相續(vorweggenommene Erbfolge)으로 보아 그 가액을 상속분에 포함시키도록 하였으며,[5] 우리 민법도 이러한 태도를 취하고 있으므로,[6] 特別受益의 返還이라는 용어는 적절하지 않다.[7] 뒤에서 논하는 것처럼 특별수익이 본래의 상속분을 초과한 때에는 특별수익자가 그 초과특별수익을 반환하여야 하는가가 문제되는데, 이러한 문제와의 구별을 위하여서도 반환이라는 용어는 부적절하다. 그러므로 독일 민법과 같이 調整(Ausgleich, Ausgleichung)[8]이라고 하는 것이 옳다고 생각된다.[9] 나아가 이를 返還義務 또는 調整義務(Ausgleichungspflicht)라고 부르기도 하나, 이는 엄밀한 의미에서는 의무라기보다는 특별수익을 고려하여 상속재산을 분할하여야 할, 상속인들 사이의 法律上의 債權債務關係(gesetzliches Schuldverhältnis)라고 보는 것이 적절할 것이다.[10]

되어 있다고 비판한다.

3) 金疇洙(註 1), 533면; 朴秉濠(註 1), 333면 등. 일본에서는 일반적으로 持戻(もちもとし)라고 부르고 있으나, 초기에는 返還이라는 용어도 쓰였고, 이는 프랑스 民法上의 rapport라는 단어를 번역한 것이라고 한다. 李垠廷, "特別受益 返還의 法理에 관한 硏究", 1996년도 高麗大學校 博士學位論文, 42면 註 76)의 引用文獻 참조.

4) 로마법상 家父長權(pater potestas)에서 면제된 子는 원래는 상속권이 없었으나, 후에 法務官法에 의하여 아직 면제되지 않은 다른 相續人(sui heredes)과 함께 상속인이 되었는데, 이때 상속개시 전에 면제를 받지 않은 다른 상속인이 취득한 재산은 상속재산에 포함됨에 반하여, 면제된 子가 취득한 재산은 자신의 재산으로 인정되어 상속재산에 포함되지 않는 불합리를 시정하기 위하여, 면제된 子가 취득한 재산을 상속재산에 합산시키도록 하였다. 郭潤直(註 1), 175면; Kunkel/Selb, Römisches Recht, 4. Aufl., 1987, §177 등 참조.

5) 이른바 Idealkollation. Lange/Kuchinke, Lehrbuch des Erbrechts, 4. Aufl., 1995, §15 Ⅲ 2. 참조. 이를 計算充當主義 또는 價額返還主義라고 부른다.

6) 프랑스 民法 제858조는 價額返還(rapport en valeur) 외에 예외적으로 現物返還(rapport en nature)을 인정하고 있다. Mazeaud/Breton, Leçons de droit civil, tome quatrième, deuxiemè éd., successions les libéralités, 1982, n°s 1658 et suiv. 참조.

7) 郭潤直(註 1), 180-181면 참조. 金疇洙 외, 註釋 相續法 上(李凞培 집필부분), 183면은 返還義務라는 용어가 적절성을 결한 것인지도 모른다고 하면서도 이미 관례화되어 있으므로 이 用語例를 따른다고 한다.

8) 다만 獨逸 民法 제2057a조는 우리 민법상의 寄與分(제1008조의2)도 調整의 일종으로 취급하고 있다.

9) 郭潤直(註 1), 180-181면 참조. 그러나 李垠廷(註 3), 43-44면은 의미상으로는 '返還'보다는 '調整'이 보다 명확할지도 모르나, 만약 調整이라는 개념을 쓰게 되면 독일 민법의 'Ausgleichung'을 번역한 것과 혼동을 일으킬 우려가 있기 때문에 '반환'이라는 개념을 사용한다고 한다.

10) MünchKomm/Dütz, 2. Aufl., 1989, §2050 Rdnr. 17. Staudinger/Olaf Werner, §2050 Rz. 5도 대체로 같은 취지이다.

왜 이러한 특별수익에 의한 상속분의 조정이 인정되는가? 이는 공동상속인들 사이의 衡平 내지 公平을 꾀한다는 점과 함께,[11] 상속인들을 평등하게 취급하려는 피상속인의 推定的 意思(mutmaßlicher Wille)도 고려한 것이라고 여겨진다.[12] 다만 원칙적으로 법정상속의 경우에만 직계비속에 한하여 특별수익자의 조정을 인정하고, 나아가 그 조정의 대상이 되는 특별수익도 生前處分으로 제한하고 있는 獨逸(§2050)과는 달리 遺贈도 특별수익에 포함시키는 우리 민법의 해석으로서는 이러한 피상속인의 추정적 의사를 고려하는 데에는 다소 난점이 있다. 다시 말하여 피상속인이 공동상속인 중 일부에 대하여만 유증을 한 경우에는 이는 오히려 그 受遺者를 다른 공동상속인보다 우대하려는 의사에 기인한 것이라고 봄이 합리적일 것이고, 따라서 유증도 특별수익에 포함시키는 것은 이러한 피상속인의 추정적 의사와는 다소 상반되는 면이 있는 것이다.[13] 나아가 우리 민법은 많은 외국의 立法例[14]와는 달리 피상속인에 의한 調整의 免除도 인정하지 않고 있다.[15]

한편 大法院의 判例는 민법 제1008조의 의의에 관하여, "이는 공동상속인 중에 피상속인으로부터 재산의 증여 또는 유증을 받은 특별수익자가 있는 경우에 공동상속인들 사이의 공평을 기하기 위하여 그 수증재산을 상속분의 선급으로 다루어 구체적인 상속분을 산정함에 있어 이를 참작하려는 데 그 취지가 있다"고 한다.[16]

종래 우리나라에서는 이러한 특별수익이 그다지 관심의 대상이 되지 못하였던 것 같다. 특히 초과특별수익자가 있는 경우의 구체적 상속분 산정방법에 관하여는 이때까지의 많지 않은 논의도 문제의 핵심을 지적하지 못하고 있는 다소 혼란된 상태에 있어서, 이 점에 관하여 좀더 명확히 할 필요가 있다고 생각된다. 따라서 이 글에서는 주로 특별수익이 본래의 상속분을 초과한 경우,

11) 郭潤直(註 1), 172면; 李凞培(註 7), 주석 상, 184면; Lange/Kuchinke(註 5), §15 Ⅲ 1; Kipp · Coing, Erbrecht, 14. Aufl., 1990, §120 Ⅰ 등.

12) MünchKomm/Dütz, §2050 Rdnr. 1; Ebenroth, Erbrecht, 1992, Rz. 779; 有地 亨, 新版注釋民法 27, 1989, 213면; 李凞培(註 7), 1008면 등 참조.

13) 프랑스 民法 제843조는, 遺贈은 피상속인이 반대의 의사를 표시하지 않는 한 원칙적으로 특별수익에서 제외하고 있다.

14) 獨逸 民法 제2050조 제1항; 프랑스 民法 제843조; 日本 民法 제903조 제1항 등.

15) 그러나 학설상으로는 이러한 피상속인에 의한 조정의 면제를 인정하는 견해가 유력하다. 郭潤直(註 1), 200면; 李凞培(註 7), 221-222면; 李垠廷(註 3), 97-98면 참조.

16) 대법원 1995. 3. 10. 선고 94다16571 판결(註 1). 같은 취지로 대법원 1995. 6. 30. 선고 93다11715 판결(公 1995하, 2533); 1996. 2. 9. 선고 95다17885 판결(公 1996상, 904) 등이 있다.

즉 이른바 超過特別受益을 얻고 있는 受益者(超過特別受益者)가 있는 경우의 법률관계에 대하여 살펴보려고 한다. 이를 위하여는 우선 특별수익이 본래의 상속분을 초과하지 않는 경우의 구체적 상속분 산정방법을 살펴본 다음(아래 Ⅱ), 이어서 초과특별수익자가 자기의 상속분을 초과한 특별수익부분을 반환할 의무가 있는지에 관한 논쟁에 대하여 언급하고(아래 Ⅲ), 마지막으로 초과특별수익자가 있는 경우의 구체적 상속분 산정방법에 대하여 종래의 논의를 검토한 다음 私見을 밝혀 보고자 한다(아래 Ⅳ).

Ⅱ. 特別受益이 本來의 相續分을 超過하지 않는 경우의 具體的 相續分의 算定方法

1. 概　　要

그러면 상속인에 대한 특별수익이 있을 때에는 구체적 상속분은 어떻게 산정하는가? 그 원칙은 [被相續人이 相續開始 당시 가지고 있었던 財産의 價額], 즉 본래의 의미에서의 相續財産 價額에 [特別受益인 贈與의 價額][17]을 가산한 이른바 想定相續財産에[18] 각 공동상속인별로 법정상속분을 곱하여 얻은 가액(즉 本來의 相續分)에서 각 상속인의 특별수익의 액(遺贈과 贈與를 합산한 것)을 공제하여 남은 액수를 具體的 相續分으로 한다.[19]

이를 公式으로 나타낸다면 다음과 같다.

E = (A + B) × C − (B + D)

A: 相續開始 당시에 현존하는 相續財産의 價額

B: 特別受益인 生前贈與의 價額

A + B: 想定相續財産

C: 法定相續分

---

17) 特別受益 가운데 遺贈財産은 相續財産에 포함되어 있으므로 따로 가산하지 않는다. 대법원 1995. 3. 10. 판결(註 1) 참조.

18) 郭潤直(註 1), 181면; 李凞培(註 7), 188면 등. 看做相續財産 또는 擬制相續財産이라고 부르기도 한다.

19) 金疇洙(註 1), 536면; 朴秉濠(註 1), 338면. 대법원 1995. 3. 10. 판결(註 1)도 같은 취지이다.

(A + B) × C: 本來의 相續分

D: 遺贈의 價額

E: 具體的 相續分

우선 구체적인 사례를 들어 위 공식에 따라 그 算定方法의 개요를 설명하고, 이어서 세부적으로 문제되는 점을 간단히 살펴본다.

[事例 1]

被相續人 甲이 1996. 8. 30. 사망하였는데, 그의 상속인으로는 처 乙, 자녀 丙, 丁, 戊가 있다. 사망 당시의 상속재산은 7억원인데, 甲은 처 乙에게는 2억원을 유증하였고, 생전에 丙에게는 婚姻資金으로 1억원, 丁에게는 사업자금으로 1억원을 주었다.

A(상속재산): 7억원.

B(증여액): 1억원 + 1억원 = 2억원.

상정상속재산: 7억원 + 2억원 = 9억원.

C(법정상속분): 乙 $\frac{1.5}{1.5+1+1+1} = \frac{3}{9}$. 丙, 丁, 戊 각 $\frac{1}{1.5+1+1+1} = \frac{2}{9}$.

본래의 상속분: 乙 9억원 × $\frac{3}{9}$ = 3억원. 丙, 丁, 戊 각 9억원 × $\frac{2}{9}$ = 2억원.

D(유증액): 2억원.

E(구체적 상속분)

乙: 3억원 − 2억원(유증액) = 1억원.

丙: 2억원 − 1억원(증여액) = 1억원.

丁: 2억원 − 1억원(증여액) = 1억원.

戊: 2억원.

2. 相續債務를 相續財産에 포함시킬 것인지 여부

구체적 상속분의 산정 기초로서의 상속재산에 積極財産 외에 消極財産인 相續債務를 포함시킬 것인가가 문제되는데, 국내의 學說[20] 및 判例[21]는 모두

20) 郭潤直(註 1), 181-182면; 金疇洙(註 1), 536면; 朴秉濠(註 1), 339면; 李凞培(註 7), 213-214면 등.

21) 대법원 1995. 3. 10. 판결(註 1).

"피상속인이 상속개시 당시에 가지고 있던 재산의 가액"은 상속재산 가운데 적극재산의 전액을 가리키고(이른바 分離說), 상속의 대상이 되는 적극재산으로부터 소극재산, 즉 피상속인이 부담하고 있던 상속채무를 공제한 차액에 해당하는 純財産額(이른바 控除說)이 아니라고 한다. 그 근거로서는 첫째, 清算節次를 도외시하고 있는 현행상속법의 상속개시 후의 현실적 절차를 생각하면 분리설이 적절한 방법이고, 둘째, 순재산액을 기초로 하면 자기의 법정상속분을 넘는 특별수익을 얻은 초과특별수익자는 상속채무를 전혀 부담하지 않게 되어 심히 균형을 잃게 되며, 셋째, 피상속인이 특별수익을 준 행위에는 채무의 분담을 면제하는 의사까지 포함되어 있다고 추측할 수는 없고, 넷째, 상속채무를 공제하여 계산하는 경우에는 공동상속인 사이에서 상속채무액을 확정하는 것이 불가능할 뿐만 아니라 상속채권자와의 사이에 채무의 존부에 관해서 다툼이 있는 경우에는 상속재산분할이 곤란하고 복잡하게 된다는 점을 든다. 이 밖에 민법이 遺留分의 산정에 관하여는 제1113조 제 1 항에서 채무의 전액을 공제한다는 점을 명시하고 있음에도 제1008조에서는 그에 관하여 언급이 없다는 점을 들기도 한다.[22] 판례는 위 둘째의 근거만을 들고 있다.[23]

이처럼 상속채무를 상속재산의 가액 산정에서 제외한다면 이는 공동상속인들 사이에서 어떻게 분배되는가에 관하여도 논의가 있으나, 국내의 학설[24] 및 판례[25]는 각 共同相續人이 본래의 法定相續分에 따라 分擔한다고 보고 있다.[26]

3. 相續財産 및 贈與價額의 評價時點

상속재산 및 특별수익은 어느 시점을 기준으로 하여 평가하는가? 이에 관하여는 여러 가지의 설이 대립한다. 주로 相續開始時와 相續財産 分割時 중 어느 것을 기준으로 할 것인가가 문제되며, 이 외에 특별수익의 평가에 관하여는

22) 郭潤直(註 1), 182면.
23) 대법원 1995. 3. 10. 판결(註 1).
24) 郭潤直(註 1), 201면; 金疇洙(註 1), 536면; 朴秉濠(註 1), 339면; 李凞培(註 7), 216면; 林完圭 · 金昭英, "相續財産分割審判", 家庭法院事件의 諸問題, 裁判資料 제62집, 718면 등.
25) 대법원 1995. 3. 10. 판결(註 1).
26) 獨逸 民法의 解釋으로는 공동상속인은 상속채권자에 대하여는 連帶債務를 부담하지만, 공동상속인 내부에서는 구체적 상속분의 비율에 따라 분담한다고 보는 것이 통설이나(Erman/Schlüter, 8. Aufl., 1989, §2058 Rz. 6 등), 이는 특별수익자에게 부당한 이익을 준다는 이유로 법정상속분에 따라야 한다는 반대설도 있다(MünchKomm/Dütz, §2058 Rdnr. 6).

履行時說도 주장된다.

통설은 구체적 상속분의 산정을 위한 상속재산 및 특별수익의 평가시점은 상속개시시라고 한다.[27] 이 설의 근거로서는 기여분에 관한 민법 제1008조의2가 상속개시 당시를 기준으로 하고 있는 점, 상속재산 분할시를 기준으로 한다면 분할시까지 구체적 상속분이 물가변동에 따라 부단히 변화하게 되어 불안정하다는 점, 상속재산 분할 이전에도 각 공동상속인은 개개의 상속재산에 대한 지분이나 상속분에 대한 양도가 허용되므로 구체적 상속분은 상속개시와 동시에 확정되어야 한다고 하는 점을 든다. 다만 이 설에서도 구체적 분할을 위하여는 다시 상속재산 분할시를 기준으로 하여야 한다고 주장한다. 대법원 1997. 3. 21.자 96스62 결정[28]은 특별수익을 고려하여 상속인별로 고유의 법정상속분을 수정하여 구체적 상속분을 산정함에 있어서는 상속개시시를 기준으로 상속재산과 특별수익재산을 평가하여 이를 기초로 하여야 할 것이고, 다만 법원이 실제로 상속재산분할을 함에 있어 분할의 대상이 된 상속재산 중 특정의 재산을 1인 및 수인의 상속인의 소유로 하고 그의 상속분과 그 특정의 재산의 가액과의 차액을 현금으로 정산할 것을 명하는 소위 代償分割의 방법을 취하는 경우에는 분할의 대상이 되는 재산을 그 분할시를 기준으로 하여 재평가하여 그 평가액에 의하여 정산을 하여야 한다고 판시하였다.[29]

반면 분할시를 기준으로 하여야 한다는 설은 상속개시시에 구체적 상속분이 확정되면 안정된다고 하는 것은 단지 관념적인 것에 지나지 않고, 상속분의 산정은 상속분할을 위하여 필요한 것이라는 점 등을 근거로 든다.[30]

또 다른 설은 구체적 상속분의 산정을 위한 상속재산 자체의 평가에 관하여는 상속개시시설을, 분할에 관하여는 분할시설을 따르면서도, 특별수익인 증여가액의 평가시점에 관하여는 증여의 이행시설을 주장한다. 다만 이행시부터 상속개시시까지 물가나 화폐가치가 변동하는 점을 고려하여, 증여가액을 일단 증여시의 가액으로 평가하고 이를 物價指數에 따라서 상속개시시의 가액으로 환산한다고 한다.[31]

---

27) 金疇洙(註 1), 535면; 李凞培(註 7), 209면; 林完圭 · 金昭英(註 24), 712면 등.

28) 公 1997, 1228.

29) 위 대법원 결정 이전의 하급심 판결례도 상속개시시설을 따르고 있다. 광주고등법원 1989. 6. 9. 선고 88르367 판결(하급심판결집 1989, 2권 607면); 서울고등법원 1991. 1. 18. 선고 89르2400 판결(하급심판결집 1991, 1권 640면 등).

30) 朴秉濠(註 1), 337면.

31) 郭潤直(註 1), 192-193면. 相續財産 자체의 評價에 관하여는 같은 책 256면 참조.

그런데 상속개시시를 기준으로 한다고 하더라도 金錢이 증여된 경우에는 그 금전의 상속개시 당시의 시가를 평가함에 있어 物價의 變動을 고려하지 않을 수 없다.[32] 하급심 판결례 가운데에도 금전이 증여된 경우에 이를 수증 당시의 금액에 消費者 物價指數를 참작하여 산정하여야 한다고 한 것이 있다.[33]

그런데 통설과 같이 상속개시시설을 따른다고 하더라도, 물가의 변동과는 관계없이 예컨대 증여를 받은 건물이 상속개시 당시에는 이미 멸실되어 버렸다고 하는 것처럼, 증여목적물의 객관적 가치 자체에 변동이 있는 경우는 어떠한가?

이에 관하여 국내의 학설은 일본 민법 제904조와 마찬가지로 受贈者의 行爲에 의한 贈與物의 滅失 또는 價額의 增減이 있는 경우에는 멸실이나 증감이 없는 상태대로 존재한다고 보아, 이 상태의 목적물을 상속개시시의 시가로 평가한다고 하는 설명이 유력하다.[34] 따라서 예컨대 수증자의 過失로 증여물이 멸실되었다 하더라도 그 증여물이 존재하는 것으로 보아 평가를 하고, 또 수증자가 수증건물을 增築한 경우에는 그 증축이 없었던 것으로 보아 평가를 한다고 한다.

반면 수증자의 행위에 의하지 않고, 예컨대 天災地變에 의하여 목적물이 멸실된 경우에는 특별수익이 있는 것으로 보아 상속액에 가산한다면 가혹하므로 수증을 받지 않은 것으로 보아야 하고, 마찬가지로 自然力에 의하여 목적물의 증감이 있는 경우에는 그 증감된 상태대로 상속개시 당시의 시가를 평가하면 된다고 하며, 또 목적물이 자연히 朽廢된 경우에는 수증자는 그로 인한 이익을 얻은 것이므로 수증 당시의 상태대로 있는 것으로 보아 평가하여야 한다고 한다.

독일 민법 제2055조 제 2 항은 증여의 가액은 증여시를 기준으로 하여야 한다고 규정하고 있다. 이에 따라 통설은 증여시를 기준으로 하여 평가하되 증여 후의 물가변동을 고려하여야 하며, 증여 후의 목적물의 변화는 그에 대한 위험은 受贈者가 부담한다는 이유로 고려하지 않는다고 하고 있다.[35] 그러나 위 규정은 증여 후의 목적물의 변화에 대한 위험은 受贈者가 부담하여야 한다

32) 金疇洙(註 1), 535면도 금전이 증여된 경우에는 상속개시시의 시가로 환산평가하여야 한다고 하고 있어 같은 취지로 보인다.

33) 서울고등법원 1991. 1. 18. 판결(註 29). 遺留分의 算定에 있어서 特別受益의 評價에 관한 日本 最高裁判所 1976. 3. 18. 판결(民集 30-2, 111)도 같은 취지이다.

34) 郭潤直(註 1), 193면; 金疇洙(註 1), 535면; 李凞培(註 7), 210면 등.

35) MünchKomm/Dütz, §2055 Rdnr. 12, 13.

는 취지일 뿐이라고 하여, 상속개시시를 기준으로 목적물의 가액을 평가하여야 한다는 반대설도 있다.[36]

Ⅲ. 超過特別受益者의 返還義務 여부

위의 [事例 1]은 특별수익액이 본래의 상속분을 초과하지 않는 경우이다. 그러면 특별수익액이 본래의 상속분을 초과하는 경우는 어떻게 되는가? 이 점에 관하여 살펴보기 위하여는 우선 특별수익액이 본래의 상속분을 초과하는 경우에 그 특별수익자가 초과분을 다른 공동상속인들에게 반환할 의무가 있는가를 따져볼 필요가 있다. 원래 민법 제정 당시의 제1008조에는 현재의 제1008조에 해당하는 본문 외에 "그러나 受贈財産이 相續分을 超過한 境遇에는 그 超過分의 返還을 要하지 않는다"는 단서가 붙어 있었는데, 1977. 12. 31. 민법이 개정되면서 이 단서가 삭제되어 버렸고, 이로 인하여 초과특별수익자는 특별수익 중 자신의 상속분을 초과하는 부분을 반환하여야 할 의무가 있는가에 관하여 논란이 생기게 되었다.

一說은 민법이 위와 같이 제1008조 단서를 삭제하였으므로, 수증재산이 상속분을 초과할 경우에는 그 초과분을 반환하여야 한다고 주장한다.[37] 명시적 규정이 없으므로 반환을 인정하는 것이 형평에 적합하다는 주장도 있다.[38] 다만 이 설도 초과특별수익자가 상속포기를 하면 반환의무를 지지 않으므로 단서규정을 삭제한 의의는 없다고 한다. 원래 이 문제는 일본에서도 논란이 있던 것으로서, 일본에서도 반환을 인정하는 것이 형평에 적합하다고 하는 설이 있다.[39]

그러나 반대설은 1977년의 개정 민법이 위 단서 규정을 삭제한 것은 민법

36) Staudinger/Olaf Werner, §2055 Rz. 8, 9.

37) 金疇洙(註 1), 536면. 같은 취지로 金基洙, "相續分割과 特別受益 · 特別寄與 및 債務의 相續分", 月刊考試 1988. 5, 207면; 韓琫熙, "特別受益 · 寄與分 · 遺留分", 考試硏究 1994. 1, 185면 등.

38) 李垠廷(註 3), 5면.

39) 이 설의 근거로서는 다음과 같은 점을 든다. 첫째, 반환의무가 없음을 규정하지 않은 경우에도 반환의무가 없음을 속단하는 것은 의문이고, 둘째, 증여 또는 유증의 반환이 '被相續人의 意思'를 기초로 하고 있다고 볼 때, 피상속인의 불명확한 의사표시를 기초로 하여 다른 공동상속인 간의 형평을 해치면서까지 반환의무가 없음을 단정하는 것은 불합리하며, 셋째, 피상속인은 생전에 그의 상속재산을 예상하기 어려우므로 초과특별수익을 반환하지 않는 것은 상속인 간의 형평을 깨뜨린다고 한다. 岩田健次, "特別受益分の持戻について", 關西大學法學論集 第13卷 4-6 合併號, 210-211면. 李垠廷(註 3), 5면 註 7)에서 재인용.

이 유류분에 관한 규정을 신설함에 따라 유류분액을 침해한 액만큼은 반환하여야 한다는 취지에서이므로, 유류분을 침해하지 않는 이상은 초과분이 있더라도 반환할 필요가 없다고 보아야 한다고 주장한다.[40] 그 근거를 반환하라고 하여도 당해 수익자는 상속을 포기하고 상속분을 초과하는 특별수익을 차지하는 것으로 만족할 수 있다는 데서 찾는 설도 있다.[41] 같은 취지의 하급심 판결례도 있다.[42][43]

생각건대 민법의 체계, 특히 민법이 遺留分制度를 인정하고 있음에 비추어 본다면, 단순히 특별수익이 상속분을 초과하였다는 이유만으로 반환의무가 있다고 볼 수는 없다. 만일 그와 같이 본다면 적어도 공동상속인들 사이에서는 민법이 인정하는 유류분이 아무런 의미가 없게 된다. 다시 말하여 민법은 피상속인의 유증 또는 증여로 인하여 그 유류분에 부족이 생긴 때에 유류분의 반환을 인정하고 있는데(제1115조 제1항), 그 유증 또는 증여가 공동상속인에 대한 것일 때에는 그 유증 또는 증여의 가액이 그 공동상속인의 본래의 상속분을 넘기만 하면 다른 공동상속인의 유류분이 침해되었는지 여부에 관계없이 반환을 청구할 수 있다는 것이 되어, 공동상속인들 사이에서는 유류분에 관한 규정이 死文化된다는 결과가 되나, 이는 받아들일 수 없는 결론이다. 물론 반환의무를 긍정한다고 하더라도 초과특별수익자가 상속을 포기하는 경우에는 반환의무가 없게 되고 따라서 이 경우에는 유류분에 관한 규정이 적용될 수 있다고 할지도 모르지만, 입법자가 이러한 예외적인 경우에 적용될 것을 예상하여 유류분제도를 만들었다고 생각되지는 않는다. 뿐만 아니라 원래 우리 민법은 財産權 處分의 自由 및 遺言의 自由를 인정하고 있고, 따라서 피상속인은 임의로 유증을 하거나 또는 생전의 증여를 할 수 있으며, 다만 그에 대한 제한으로서 유류분제도를 인정하고 있을 뿐이다. 그런데 위와 같이 특별수익자의 특별수익이 본래의 상속분을 초과하기만 하면, 유류분의 침해가 있었는지 여부를 가리지 않고 그 초과분의 반환의무가 있다고 하는 것은 피상속인의 자유를

40) 朴秉濠(註 1), 338-339면; 李凞培(註 7), 190면; 林完圭·金昭英(註 24), 716면. 鄭德興, "寄與分의 決定과 相續分의 修正", 司法論集 제25집, 1994, 80면도 超過特別受益者의 返還義務를 부정한다.

41) 郭潤直(註 1), 194-195면.

42) 註 29)의 광주고등법원 1989. 6. 9. 선고 88르367 판결(이 판결에는 筆者가 裁判部의 一員으로서 관여하였다); 서울고등법원 1991. 1. 18. 선고 89르2400 판결.

43) 일본의 통설도 대체로 이와 같다. 谷口知平·久貴忠彦, 新版 注釋民法(27), 1989, 217면(有地 亨 집필) 참조.

지나치게 제한하는 것이 되어 부당하다.

다른 말로 표현한다면 초과특별수익자의 반환의무를 인정하는 것은 피상속인의 의사에도 반한다는 것이 된다. 독일 민법 제2056조는 명문으로 초과특별수익자의 반환의무를 부정하고 있는데, 그 근거는 이를 반환시키는 것은 피상속인의 추정적 의사에도 부합하지 않을 뿐만 아니라, 초과특별수익자가 자신의 재산으로 믿고 이미 소비하여 버렸을 수도 있는 초과특별수익분을 반환하게 한다는 것은 불공평하다는 데 있다.44)

다른 한편 형식적으로 보더라도 민법 제1115조는 유류분에 부족이 생긴 때에는 유류분권리자가 부족한 한도 내에서 반환을 청구할 수 있음을 明文으로 규정하고 있는데, 이러한 명문규정이 없는 초과특별수익의 경우에는 본래의 상속분을 초과한다는 이유만으로 당연히 반환의무가 있다는 결론을 내릴 수도 없다. 반대설은 반환의무가 없다는 명문 규정이 없음에도 불구하고 반환의무가 없다고 속단하는 것은 의문이라고 하나,45) 오히려 반환의무를 긍정하려면 원칙적으로 명문의 근거를 필요로 한다고 생각된다.

그러므로 1977년의 민법개정시에 제1008조 단서를 삭제한 것은 반환의무 부정설이 설명하는 것처럼, 당시 유류분제도를 신설하면서 유류분을 침해한 경우에는 반환의무가 있다는 취지에서라고 보아야 할 것이다.46) 그러나 이를 삭제함으로써 해석상 혼란이 일어난 점에 비추어 보면, 구태여 위 단서를 삭제할 필요가 있었는지는 의문이다. 다만 입법자의 의사를 善解한다면 위 단서를 남겨두면 유류분을 침해하는 경우에도 그 반환의무가 없다는 오해를 불러일으킬 것을 막으려고 하였을지도 모른다.

Ⅳ. 超過特別受益者가 있는 경우의 具體的 相續分 算定

1. 從來의 論議

이처럼 초과특별수익자가 초과특별수익분을 원칙적으로는 반환하지 않는

44) MünchKomm/Dütz, §2056 Rdnr. 1; Staudinger/Olaf Werner, §2056 Rz. 1. 등 참조.

45) 註 38)의 본문 참조.

46) 李根植, "改正家族法의 問題點", 司法行政 1979. 4, 21면 참조.

다고 한다면, 구체적 상속분은 어떻게 산정하여야 할 것인가? 이 점에 관하여 논하고 있는 국내의 문헌은 그다지 많지 않다.

가. 郭潤直 敎授의 주장

비교적 상세한 것이 곽윤직 교수의 설명이다.47)

곽윤직 교수는 주로 일본의 학설을 인용하여 이 문제에 관한 3가지의 학설이 있다고 소개하고 있다. 즉 제 1 설은 초과특별수익자가 있으면 그 자를 부존재로 의제하여 다른 공동상속인 사이에서만 구체적 상속분을 산정한다는 설이고, 제 2 설은 공동상속인에게 초과특별수익자가 없는 것과 같은 방법으로 상속재산으로부터의 구체적 상속분48)을 산출한 다음 초과특별수익자 이외의 자에 관하여 이 구체적 상속분의 비율로 상속재산을 분배하여야 한다는 설이며, 제 3 설은 초과특별수익액을 초과특별수익자 이외의 자가 그들의 상속분(추상적 상속분)에 따라서 안분하여 부담하게 하는 것인데, 제 2 설이 가장 무난하지만, 실제에 있어서는 어느 설에 의하여도 상관없다고 한다.

곽윤직 교수가 들고 있는 구체적인 예에 따라 위의 각 설을 설명하여 보면 다음과 같다.

[事例 2]

피상속인 甲은 4억 2,000만원의 재산을 남기고 사망하였으며, 상속인으로서 배우자 乙과 A, B, C, D의 네 자녀가 있다. 그리고 甲으로부터 A는 1억 8,000만원, B는 1억 2,000만원, C는 5,000만원의 생전증여를 각 받았고, D는 1억 5,000만원의 유증을 받았다.

(가) 먼저 위 [事例 1]에서와 같은 방법으로 각 상속인의 구체적 상속분을 계산하면 다음과 같다.

(i) 想定相續財産: 4억 2,000만원 + 1억 8,000만원 + 1억 2,000만원 + 5,000만원 = 7억 7,000만원.

(ii) 法定相續分: 乙 $\frac{3}{11}$, A, B, C, D 각 $\frac{2}{11}$.

47) 郭潤直(註 1), 195-200면.

48) 郭潤直 敎授의 용어로는 實際의 取得額.

(iii) 本來의 相續分: 乙 7억 7,000만원 × $\frac{3}{11}$ = 2억 1,000만원.

A, B, C, D 각 7억 7,000만원 × $\frac{2}{11}$ = 1억 4,000만원.

(iv) 具體的 相續分: 乙 2억 1,000만원.

A 1억 4,000만원 − 1억 8,000만원 = −4,000만원.

B 1억 4,000만원 − 1억 2,000만원 = 2,000만원.

C 1억 4,000만원 − 5,000만원 = 9,000만원.

D 1억 4,000만원 − 1억 5,000만원 = −1,000만원.

이처럼 A와 D의 두 사람의 초과특별수익자가 발생하였으므로, 이들의 초과특별수익을 어떻게 처리할 것인가가 문제된다.

(나) 제 1 설에 따를 경우

제 1 설에 의하면 초과특별수익자인 A와 D는 부존재로 하여 계산한다.

(i) 想定相續財產: 4억 2,000만원 + 1억 2,000만원 + 5,000만원 − 1억 5,000만원 = 4억 4,000만원.49)

(ii) 法定相續分: 乙 $\frac{3}{7}$, B, C 각 $\frac{2}{7}$.

(iii) 本來의 相續分

乙 4억 4,000만원 × $\frac{3}{7}$ = 1억 8,857만 1428원.50)

B, C 각 4억 4,000만원 × $\frac{2}{7}$ = 1억 2,571만 4,285원.

(iv) 具體的 相續分

乙 1억 8,857만 1428원.

B 1억 2,571만 4,285원 − 1억 2,000만원 = 571만 4,285원.

C 1억 2,571만 4,285원 − 5,000만원 = 7,571만 4,285원.

(다) 제 2 설에 따를 경우

(i) 우선 위 (가)에서 산출한 각 상속인의 구체적 상속분은 乙 2억 1,000만원, B 2,000만원, C 9,000만원이므로, 그 비율은 다음과 같다.

49) 초과특별수익자인 A에 대한 증여액 1억 8,000만원뿐만 아니라 D에 대한 유증액 1억 5,000만원도 상속재산에서 제외된다.

50) 원 미만 버림.

$$乙: \frac{2억1,000만원}{2억1,000만원+2,000만원+9,000만원} = \frac{65.625}{100}$$

$$B: \frac{2,000만원}{2억1,000만원+2,000만원+9,000만원} = \frac{6.25}{100}$$

$$C: \frac{9,000만원}{2억1,000만원+2,000만원+9,000만원} = \frac{28.125}{100}$$

(ii) 상속재산에서 D에 대한 유증액을 공제한 액수에 위의 비율을 곱하여 구체적 상속분을 산정한다.

乙: (4억 2,000만원 − 1억 5,000만원) × $\frac{65.625}{100}$ = 1억 7,718만 7,500원.

B: 2억 7,000만원 × $\frac{6.25}{100}$ = 1,687만 5,000원.

C: 2억 7,000만원 × $\frac{28.125}{100}$ = 7,593만 7,500원.

(라) 제 3 설에 따를 경우

(i) A와 D의 초과특별수익액은 5,000만원(4,000만원 + 1,000만원)이다.

(ii) 이를 乙, B, C의 각 법정상속분(乙 $\frac{3}{7}$, B, C 각 $\frac{2}{7}$)에 따라 나누면

乙: 5,000만원 × $\frac{3}{7}$ = 2,142만 8,572원.[51)]

B, C: 각 5,000만원 × $\frac{2}{7}$ = 1,428만 5,715원.

(iii) 위 (가)에서 산출한 각 상속인의 구체적 상속분에서 이를 뺀다.

乙: 2억 1,000만원 − 2,142만 8,572원 = 1억 8,857만 1,428원.

B: 2,000만원 − 1,428만 5,714원 = 571만 4,285원.

C: 9,000만원 − 1,428만 5,714원 = 7,571만 4,285원.

여기서 유의할 것은 제 1 설에 의한 산정결과와 제 3 설에 의한 산정결과가 같다는 것이다. 이 점에 대하여는 뒤에서 다시 언급한다(후술 4. 참조).

나. 기타의 학설

반면 위의 주장과 다른 것으로는 다음과 같은 설명이 있다. 즉 초과특별수익자가 있는 경우 그 초과액을 다른 상속인이 부담하는 방법에 관하여, 초과수익자 이외의 상속인에게 그 구체적 상속분의 비율로 초과액을 부담시키는 방법과, 초과수익자는 상속인이 아닌 것으로 취급하여 다른 상속인만으로 법정상

51) 원 미만 올림.

속분을 산정하는 방법이 있는데, 앞의 방법에 의할 경우 증여나 유증을 받지 못하여 구체적 상속분이 많은 상속인이 초과부분까지 많이 부담하게 되어 불공평하므로 뒤의 방법에 의하는 것이 공평, 간명하고 피상속인의 통상의 의사에도 합치할 것이라고 한다.[52)]

이 밖에는 더 이상 상세한 논의를 찾아보기 어렵고,[53)] 다만 구체적 상속분을 산정함에 있어서 앞에서 살펴본 각 방법 중에 어느 한 가지에 따르고 있을 뿐이어서,[54)] 견해의 대립이 있을 수 있다는 점을 의식한 것인지도 불분명하다.

다. 判 例

이에 관한 대법원의 판례는 찾아보기 어렵고, 하급심 판결례로서는 광주고등법원 1989. 6. 9. 선고 88르367 판결(註 29)이 초과특별수익자가 부존재하는 것으로 보아 다른 상속인만으로 상속분을 산정한 반면, 서울고등법원 1991. 1. 18. 선고 89르2400 판결(註 29)과, 서울가정법원 1994. 4. 21.자 92느7359 심판(하급심판례집 1994 제1권 863면 이하)은 초과특별수익자를 포함하여 산정한 구체적 상속분의 비율에 따라 초과특별수익자를 제외한 나머지 상속인들의 구체적 상속분을 산정하였다.

2. 獨逸 民法의 규정

여기서 외국에서의 논의, 보다 구체적으로는 獨逸 및 日本에서의 논의를 살펴보기로 한다.

우선 獨逸 民法 제2056조는 이 문제를 입법적으로 명백히 해결하고 있다.

52) 林完圭・金昭英(註 24), 716-717면. 法院實務提要 家事(改正增補), 1994, 831-832면(金能煥 집필)은, 이러한 두 가지 방법이 있다고 하면서 각 방식에 따른 산정례를 소개하고 있으나, 어느 방법이 타당한지에 관하여는 명백한 견해를 밝히고 있지 않다.

53) 다만 李根廷(註 3), 187면 註 447)은 상속분의 산정방식에는 여러 가지 견해가 있으나 그 결과는 같다고 설명하는데, 이는 정확하지 않다.

54) 예컨대 鄭德興(註 40), 80면; 金疇洙(註 1), 537-538면; 申榮鎬, "寄與分과 相續分의 算定", 人權과 正義 1991. 8, 36-37면은 위 (1)에서 살펴본 3가지 설 가운데 제2설(구체적 상속분의 비율에 따라 산정하는 설)에 따라 산정하고 있는 반면, 朴秉濠(註 1), 341-342면; 李凞培(註 7), 221면 등은 제1설(초과특별수익자는 부존재한다고 의제하는 방법)에 따라 계산하고 있다. 그러나 위의 각 문헌이 들고 있는 사례들은 超過特別受益者 이외의 다른 特別受益者가 존재하지 않는 경우이어서, 어느 방식에 의하더라도 결과의 차이는 생기지 않는다. 後述 4. 참조.

즉 한 공동상속인이 상속재산 분할시에 귀속될 것보다 더 많은 수익(Mehrempfang)을 받았으면 그는 그 초과액을 반환할 필요가 없으며, 그 경우 상속재산의 분할에 있어서는 초과특별수익자에 대한 특별수익의 가액과 그의 상속분은 계산에서 고려되지 않는다(außer Ansatz bleiben).

구체적인 예를 들어 설명하면 다음과 같다.

[事例 3][55)]

상속재산은 60,000 DM이고, 공동상속인은 直系卑屬인 A, B, C 3인인데,[56)] 그 법정상속분은 A $\frac{1}{2}$, B와 C는 각 $\frac{1}{4}$이다. A가 얻은 특별수익은 12,000 DM이고, B가 얻은 특별수익은 30,000 DM이다.

이 경우 想定相續財産(Teilungsmasse)은 102,000 DM(60,000 DM + 12,000 DM + 30,000 DM)이고(독일 민법 제2055조 제1항), 각자의 법정상속분에 따르면 A의 본래의 相續分(Anteil)은 51,000 DM(102,000 × $\frac{1}{2}$)인데, 여기서 특별수익 12,000 DM을 공제하면 결국 구체적 상속분은 39,000 DM이 되며, B의 본래의 상속분은 25,500 DM(102,000 × $\frac{1}{4}$)이나 여기서 특별수익 30,000 DM을 공제하면 남는 것이 없게 된다. 한편 C의 구체적 상속분은 본래의 상속분인 25,500 DM(102,000 × $\frac{1}{4}$)이 된다.

그러므로 여기서 B를 제외하고 A와 C만이 상속한다고 보아 다시 계산하면, 상정상속재산은 72,000 DM(60,000 DM + 12,000 DM)이 되고, A의 법정상속분은 $\frac{2}{3}$, C의 법정상속분은 $\frac{1}{3}$이므로, A의 구체적 상속분은 36,000 DM(72,000 DM × $\frac{2}{3}$ − 12,000 DM)이 되고, C의 구체적 상속분은 24,000 DM이 된다.

독일의 문헌은 이를 다음과 같이 설명하기도 한다. 즉 초과특별수익자가 있는 경우와 그가 없다고 의제하여 산정하는 것을 비교하면, 초과특별수익자를 제외함으로써 상정상속재산은 감소하고 분모(Nenner)는 달라지지만, 나머지 상

55) MünchKomm/Dütz, §2056 Rdnr. 8 참조.

56) 獨逸 民法上 配偶者의 相續分은 夫婦財産制(Güterstand)에 따라 다른데(§§1931, 1371), 獨逸民法은 특별수익으로 인한 調整義務者를 直系卑屬에 한정하고 있으므로 特別受益에 관하여는 배우자는 고려할 필요가 없다. 그러므로 배우자가 직계비속과 공동으로 상속할 때에는 그 배우자는 직계비속의 특별수익과 관계없이 상속재산 중 자신의 상속분에 따라 상속하며, 배우자의 상속분을 공제한 나머지 상속재산 및 직계비속에 대한 특별수익을 기초로 하여 나머지 상속인들의 구체적 상속분을 산정한다. 구체적인 실례는 Schlüter, Erbrecht(Prüfe dein Wissen), 8. Aufl., 1994, Fall 330(S. 208 f.) 참조.

속인들 사이의 본래의 지분 비율이 달라지는 것은 아니라고 한다.[57] 그리고 이러한 방법에 의하여 다시 超過特別受益者가 생기면, 또다시 같은 방법으로 그를 제외하고 구체적 상속분을 산출한다.[58]

3. 日本에서의 論議

일본 민법 제903조 제2항은 "遺贈 또는 贈與의 價額이 相續分의 價額과 같거나 또는 그를 초과하는 때에는 受遺者 또는 受贈者는 그 相續分을 받을 수 없다"라고 규정하고 있을 뿐, 이러한 초과특별수익자가 있는 경우에 상속분을 어떻게 산정할 것인가 하는 점에 대하여는 아무런 규정을 두지 않고 있어서 학설상 논의가 많고, 이러한 논의가 우리나라의 학설에도 영향을 주고 있다.

그런데 이러한 논의를 제대로 이해하기 위하여는 먼저 일본 민법상 상속인들의 법정상속분에 관한 규정이 우리 민법과는 상이함에 유의하여야 한다. 특히 중요한 것은 우리 민법은 배우자의 상속분을 다른 공동상속인들의 상속분에 5할을 가산하고 있음에 대하여, 일본 민법은 배우자가 피상속인의 子와 공동으로 상속할 때에는 상속재산의 1/2을, 피상속인의 직계존속과 공동으로 상속할 때에는 상속재산의 2/3를, 피상속인의 형제자매와 공동으로 상속할 때에는 상속재산의 3/4을 각 상속하도록 되어 있으며 다른 공동상속인들은 배우자가 상속한 나머지를 원칙적으로는 균등한 비율로 상속한다(일본 민법 900조).[59]

일본에서의 이에 관한 학설은 대체로 다음의 4가지로 분류할 수 있다.

제1설(超過特別受益者 不存在 擬制說): 상속개시시의 재산을 초과특별수익자 이외의 공동상속인이 초과특별수익자를 제외한 상속분으로 나눈다고 해석하는 설로서, 초과특별수익자가 상속을 포기한 것과 동일시하여 상속분을 산정한다고 한다.[60] 이 설은 그 근거로서 이러한 방법이 특별수익의 가액을 포함하여 전 상속이익의 공평이 도모되고, 일본 민법 제903조 제1항이 "그 殘額으로써 그 者의 相續分으로 한다"고 하는 법문의 해석에도 부합한다고 한다.

---

57) Staudinger/Olaf Werner, §2056 Rz. 6; MünchKomm/Dütz, §2056 Rdnr. 6; BGB-RGRK/Kregel, 12. Aufl., 1974, §2056 Rz. 2.

58) MünchKomm/Dütz, §2056 Rdnr. 9.

59) 다만 嫡出이 아닌 子의 상속분은 嫡出인 子의 상속분의 1/2이고, 부모의 一方만을 같이하는 형제자매의 상속분은 부모의 雙方을 같이하는 형제자매의 상속분의 1/2이다.

60) 小石壽夫, "相續分の算定", 判例タイムズ No. 148, 35면; 貝阿彌 誠, "法定相續分と具體的相續分", 判例タイムズ No. 688, 44면 등.

제 2 설(具體的 相續分 基準說): 상속개시시의 재산에 관하여, 초과특별수익자 이외의 공동상속인의 구체적 상속분의 비율에 따라 각자의 현실상속분을 산정한다고 하는 설이다.[61] 초과특별수익액을 구체적 상속분의 비율에 따라 나머지 공동상속인들이 부담하더라도 마찬가지의 결과가 된다.[62] 이 설은 그 근거로서 이러한 방법이 일본 민법 제903조의 문언에 충실하고, 초과특별수익자가 없는 경우의 산정방법과도 整合性을 가진다고 한다. 이 설이 현재로서는 다수설로 보인다.

제 3 설(本來의 相續分 基準說): 초과특별수익액을 초과특별수익자 이외의 공동상속인이 그 본래의 상속분(지정 또는 법정상속분)에 의하여 부담한다고 해석하는 설이다.[63] 이 설은 그 근거로서 이 방법에 의하여야만 초과특별수익자 아닌 나머지 상속인들의 最終的 相續利益(구체적 상속분 + 특별수익)이 평등하게 된다고 한다.

제 4 설(配偶者 優待說): 초과특별수익자가 血族相續人인 경우에는 초과특별수익액을 초과특별수익자 아닌 나머지 공동상속인 중에서 배우자를 제외한 나머지 상속인이 부담한다고 하는 설이다. 그 근거는 혈족상속인과 배우자는 系列을 달리 하기 때문에, 혈족상속인의 특별수익이 배우자에게 손해를 끼쳐서는 안 된다고 하는 데 있다고 한다. 이 설은 다시 그 부담비율이 구체적 상속분이라고 해석하는 견해[64]와, 본래적 상속분이라고 해석하는 견해[65]로 나누어진다.

이 또한 이해의 편의를 위하여 구체적인 사례를 들어 살펴본다.

[事例 4][66]

甲이 상속재산으로 금 1억 800만円을 남기고 사망하였는데, 상속인으로는 처 乙과 그 사이의 자녀 A, B, C, D, E의 6인이 있다. A는 영업자금으로 금

61) 園田 格, “相續分の算定”, 家族法大系 Ⅵ, 288면; 有地 亨(註 12), 238면; 島津一郎 編, 基本法コメンタール 相續 第三版(別冊法學セミタ-No. 92), 57면(沼辺愛一); 林 良平・大森政輔 編, 注解 判例民法 4(親族法・相續法), 1992, 625면(橘 勝致); 松原正明, 先例判例 相續法 Ⅰ(遺產分割), 1994, 311면 등.

62) 有地 亨(註 12), 237면 참조.

63) 川井 健, “相續分の算定”, 谷口知平・加藤一郎 編, 新民法演習 5(親族・相續), 1968, 205-207면.

64) 山崎邦彦, “民法903條をめぐって”, エコノミア 24호 70면. 松原正明(註 61), 311-312면에서 再引用.

65) 中川善之助・泉 久雄, 相續法(第三版), 1988, 245면. 松原正明(註 61), 311-312면에서 재인용. 또한 有泉 亨, 新版 親族法・相續法, 1970, 164면도 같은 취지인 듯하다.

66) 沼辺愛一(註 61), 55면 참조.

1,800만円을, B는 결혼의 지참금으로 900만円을 각각 甲으로부터 생전에 증여 받았다. 또 갑은 E에게 1,500만円을 유증하였다. 그러므로 상정상속재산은 1억 800만円 + 1, 800만円 + 900만円 = 1억 3,500만円이고, 각자의 상속분은 배우자인 乙이 $\frac{1}{2}$이며, 나머지 상속인들은 각 $\frac{1}{10}(\frac{1}{2} \times \frac{1}{5})$이 된다.

(1) 이 경우 각자의 구체적 상속분을 계산하여 보면 다음과 같다.

乙: 1억 3,500만円 × $\frac{1}{2}$ = 6,750만円.

A: 1억 3,500만円 × $\frac{1}{10}$ − 1,800만円 = −450만円.

B: 1,350만円 − 900만円 = 450만円.

C: 1,350만円.

D: 1,350만円.

E: 1,350만円 − 1,500만円 = −150만円.

이 경우 A와 E, 두 사람의 초과특별수익자가 600만円(450만円 + 150만円)의 초과특별수익을 얻고 있으므로 위의 각 설에 따라 나머지 공동상속인들의 구체적 상속분을 산정하여 본다.

(2) 제 1 설에 의할 경우

이 경우에는 상정상속재산 1억 800만円 + 900만円 − 1,500만円 = 1억 200만円[67]이고, 상속분은 乙이 $\frac{1}{2}$, A와 E는 각 0이며 B, C, D는 각 $\frac{1}{6}(\frac{1}{2} \times \frac{1}{3})$이 된다.

그러므로 각자의 具體的 相續分은 다음과 같다.

乙: 1억 200만円 × $\frac{1}{2}$ = 5,100만円.

A: 0(다만 생전증여 1,800만円)

B: 1억 200만円 × $\frac{1}{6}$ − 900만円 = 800만円(이외에 생전증여 900만円)

C: 1억 200만円 × $\frac{1}{6}$ = 1,700만円.

D: 1억 200만円 × $\frac{1}{6}$ = 1,700만円.

E: 0(다만 遺贈 1,500만円)

---

67) 超過特別受益者 A에 대한 증여 1,800만円뿐만 아니라 E에 대한 유증액 1,500만円도 공제한다.

(3) 제 2 설에 의할 경우

위 (1)에서 산출된 구체적 상속분의 비율을 계산하여 보면 다음과 같다.

乙: $\frac{6,750}{6,750+450+1,350+1,350}=\frac{15}{22}$

A: 0

B: $\frac{450}{6,750+450+1,350+1,350}=\frac{1}{22}$

C: $\frac{1350}{6,750+450+1,350+1,350}=\frac{3}{22}$

D: $\frac{1350}{6,750+450+1,350+1,350}=\frac{3}{22}$

E: 0

그러므로 이 비율에 따라 각자의 구체적 상속분을 계산하여 보면 다음과 같다.

乙: (10,800만円 − 1,500만円)[68] × $\frac{15}{22}$ = 6,340 $\frac{10}{11}$ 만円.

A: 0(다만 생전증여 1,800만円)

B: (10,800만円 − 1,500만円) × $\frac{1}{22}$ = 422 $\frac{8}{11}$ 만円.

C: (10,800만円 − 1,500만円) × $\frac{3}{22}$ = 1,268 $\frac{2}{11}$ 만円.

D: (10,800만円 − 1,500만円) × $\frac{3}{22}$ = 1,268 $\frac{2}{11}$ 만円.

E: 0(다만 유증 1,500만円)

(4) 제 3 설에 따를 경우

A와 E의 초과특별수익액의 합계는 600만円(450만円 + 150만円)이고, 이들을 제외한 나머지 상속인들의 본래의 상속분의 비율은 다음과 같다.

乙: $\frac{5}{5+1+1+1}=\frac{5}{8}$

B, C, D: 각 $\frac{1}{5+1+1+1}=\frac{1}{8}$

그러므로 이 비율에 따라 이들이 분담할 초과특별수익액을 산출하면 乙은

68) 구체적 상속분을 기준으로 하므로 상속재산에서 유증액을 공제하여 현실적인 분배대상인 재산액을 산출하며, 또 특별수익인 생전증여는 따로 가산하지 않는다.

375万円(600万円 × $\frac{5}{8}$), B, C, D는 각 75万円(600万円 × $\frac{1}{8}$)이 되고, 따라서 이를 위 (1)에서 산출한 구체적 상속분에서 공제하는 방법으로 각 상속인들의 구체적 상속분을 계산하면 다음과 같다.

乙: 6,750万円 − 375万円 = 6,375万円.

A: 0 (다만 생전증여 1,800万円)

B: 450万円 − 75万円 = 375万円.

C: 1,350万円 − 75万円 = 1,275万円.

D: 1,350万円 − 75万円 = 1,275万円.

E: 0

(5) 제 4 설에 따를 경우

이때에는 배우자인 乙은 초과특별수익액을 부담하지 않으므로 위 (1)에서 산출된 6,750万円이 그대로 구체적 상속분이 된다. 그리고 B, C, D가 초과특별수익액을 부담하게 된다.

(가) 그 분담비율을 구체적 상속분의 비율에 의하는 경우에는 다음과 같이 된다.

B의 분담액: 600万円 × $\frac{1}{7}$(=$\frac{450}{450+1,350+1,350}$) = 85$\frac{5}{7}$万円.

C의 분담액: 600万円 × $\frac{3}{7}$(=$\frac{1350}{450+1,350+1,350}$) = 257$\frac{1}{7}$万円.

D의 분담액: 257$\frac{1}{7}$万円.

그러므로 이를 위 (1)에서 산출한 구체적 상속분에서 공제하는 방법으로 각 상속인들의 구체적 상속분을 계산하면 다음과 같다.

乙 : 6,750万円.

A : 0(다만 생전증여 1, 800万円)

B : 450万円 − 85$\frac{5}{7}$万円 = 364$\frac{2}{7}$万円(다만 생전증여 900万円).

C : 1,350万円 − 257$\frac{1}{7}$万円 = 1092$\frac{6}{7}$万円.

D : 1,350万円 − 257$\frac{1}{7}$万円 = 1092$\frac{6}{7}$万円.

E : 0(다만 유증 1,500万円)

(나) 분담비율을 본래의 상속분에 의하는 경우에는 B, C, D가 각 초과특별수익 600만円을 $\frac{1}{3}$의 비율로 분담하므로 그 분담액은 각 200만円(600만円 × $\frac{1}{3}$)이 되고, 따라서 공동상속인들의 구체적 상속분은 다음과 같다.

乙: 6,750만円.

A: 0(다만 생전증여 1,800만円)

B: 450만円 － 200만円 = 250만円(다만 생전증여 900만円)

C: 1,350만円 － 200만円 = 1,150만円.

D: 1,350만円 － 200만円 = 1,150만円.

E: 0(다만 유증 1,500만円)

4. 小　結

그러면 우리 민법의 해석으로서는 과연 어느 설이 타당한가? 이 문제에 대하여 결론을 내리기에 앞서서, 먼저 다음의 몇 가지 점을 명백히 할 필요가 있다.

먼저 우리나라에서의 논의는 일본의 학설의 영향을 많이 받고 있음은 앞에서 살펴본 바에 의하여 명백하다. 그러나 법정상속분에 관한 우리 민법과 일본 민법의 구조적 차이로 인하여, 일본의 학설을 그대로 우리나라에는 적용할 수 없다. 그런데도 종래에는 이 점이 명백하게 인식되고 있었던 것 같지는 않다. 다시 말하여 일본 민법에서는 배우자의 상속분이 공동상속인의 수에 따라 정해지는 것이 아니라 전체 상속재산에 대한 일정 비율로 되어 있음에 반하여, 우리 민법은 상속인의 상속분은 그 상속인의 수에 따라, 즉 頭數에 따라 결정되며, 다만 배우자의 상속분은 그에 1/2을 가산하는 데 지나지 않기 때문에 상황이 다를 수밖에 없다.

구체적으로 본다면 먼저 일본에서 주장되는 설 가운데 이른바 配偶者 優待說은 우리 민법에서는 주장될 여지가 없는 이론이라고 생각된다. 일본에서 이러한 주장이 나오게 된 것은 배우자의 상속분이 전체 상속재산에 대한 일정 비율로 되어 있다는 점에 근거한 것이나,[69] 우리나라에서는 배우자의 상속분은

69) 일본에서는 相續 拋棄의 效力에 관한 제939조가 개정되기 전까지는 배우자 아닌 공동상속인의 상속포기가 배우자인 상속인에게 어떤 영향을 미치는가에 관하여 의견대립이 있었다.

공동상속인의 수에 따라 결정되기 때문에 이러한 설은 성립할 여지가 없다. 국내의 학설이 일본의 이러한 견해를 소개하고 있지 않은 것도 이 때문이라고 생각된다.

다음으로 우리나라의 학설 가운데에는 超過特別受益者 不存在 擬制說과 本來의 相續分 基準說을 별개의 것으로 소개하고 있는 것이 있으나,[70] 위의 [事例 2]나 다음의 [事例 5]에서 보듯이, 日本 民法과는 달리 우리 민법상으로는 兩者는 항상 같은 결과를 가져온다. 즉 앞의 설이 주장하는 방식에 의할 때에는 초과특별수익자 아닌 공동상속인들의 본래의 상속분의 비율은 초과특별수익자를 빼고 산정한 본래의 상속분의 비율(즉 법정상속분의 비율)과 같고, 다만 뒤의 본래의 상속분에서 특별수익만을 공제한 것인데, 뒤의 說이 주장하는 방식에 의하면 초과특별수익자를 넣어서 산정한 구체적 상속분에서 超過特別受益을 각 법정상속분의 비율로 분담한 액수를 공제한 것으로서, 여기에 각 상속인들의 특별수익을 가산하면 결국 앞의 說에 따른 방식으로 산출한 본래의 상속분이 되기 때문이다.[71] 다만 실제 계산에 있어서는 가령 원 미만의 端數가

예컨대 상속인으로 배우자 A와 子 B, C가 있는데(위 3인이 공동상속을 하게 되는 경우에는 당시의 법에 따라 배우자인 A가 전체 상속재산의 1/3을 가지고, 나머지 2/3를 B와 C가 균분하여 각 1/3을 가진다), C가 상속을 포기한 경우에 관하여 다음과 같은 3가지의 주장이 있었다. 제 1 설은 이는 배우자인 A에는 영향을 미치지 않고, 따라서 A의 상속분은 C의 상속포기에 관계없이 상속재산의 1/3이고, B의 상속분만이 상속재산의 1/3에서 2/3로 증가한다는 설(이른바 株分け說)이고, 제 2 설은 C의 상속분이 A와 B의 구체적 상속분에 따라 A와 B에게 각 1 : 1로 귀속되어 결국 A, B의 상속분이 각 1/2로 된다는 설(이른바 頭分け說)이며, 제 3 설은 C의 상속분이 법정상속분에 따라 A와 B에게 1 : 2의 비율로 귀속되어 결국 A가 4/9, B가 5/9를 취득하게 된다는 것이다. 개정된 일본 민법 제939조는 "상속을 포기한 자는, 그 상속에 관하여는 처음부터 상속인으로 되지 않았던 것으로 간주한다"고 규정하여 결과적으로 제 1 설을 채택한 것이 되었다. 이상의 설명은 谷口知平 · 久貴忠彦, 新版 注釋民法 27, 1989, 600-603면(山木戸克己 · 宮井忠夫 집필) 참조. 本文의 配偶者 優待說은 위와 같은 학설 중 株分け說과 맥락을 같이하는 것이다. 沼辺愛一(註 62), 56-57면 참조.

70) 郭潤直(註 1), 196면 이하. 우리 민법상으로는 지정상속분이라는 개념은 인정되고 있지 않으므로 本來의 相續分 基準說은 결국 法定相續分 基準說이라고 할 수 있다.

71) 그 證明은 다음과 같다.

초과특별수익자가 존재하는 경우에 초과특별수익자 아닌 나머지 공동상속인들의 본래의 상속분 S_1, S_2, S_3 ⋯ 을 합한 금액을 S라고 하고, 초과특별수익자를 제외한 경우의 想定相續財産을 T라고 하면, 超過特別受益은 결국 $S-T$가 된다. 다른 한편 초과특별수익자가 존재하는 경우 각 상속인의 본래의 상속분 S_1, S_2, S_3 ⋯ 을 이들의 합계 S로 나눈 것은 결국 초과특별수익자가 존재하지 않는다고 의제하는 경우의 법정상속분과 같다.

이 법정상속분을 X_1, X_2, X_3 ⋯ 이라고 하고(단 $X_1 + X_2 + X_3 + \cdots = 1$), 그들의 특별수익을 Y_1, Y_2, Y_3⋯이라고 하자. 그러면 $S_1 = S \times X_1$, $S_2, = S \times X_2$, $S_3 = S \times X_3$ 등으로 나타낼 수 있다.

이 경우 제 1 설에 의할 경우의 각 상속인들의 구체적 상속분(U)은 다음과 같다.

$U_1 = T \times X_1 - Y_1$, $U_2 = T \times X_2 - Y_2$, $U_3 = T \times X_3 - Y_3 \cdots$

다른 한편 제 3 설에 의할 경우에는 각 상속인들의 구체적 상속분(V)은 다음과 같다.

생기는 때에는, 어느 방식을 취하는가에 따라 약간의 차이가 생길 수 있으나, 원리적으로는 兩者 사이에 차이가 없다.

그러므로 우리 민법의 해석론으로서 가능한 것은 결국 超過特別受益者 不存在 擬制說과, 具體的 相續分 基準說의 두 가지라고 하겠다. 그리고 앞의 說은 초과특별수익을 각 공동상속인들이 법정상속분에 따라 부담하는 것과 마찬가지이고, 뒤의 說은 초과특별수익을 각 공동상속인들이 구체적 상속분의 비율에 따라 부담하는 것과 같다. 그런데 이 두 가지 방법 또한 실제로 차이가 생기는 것은 초과특별수익자를 제외한 나머지 상속인들 가운데 특별수익자가 있는 경우에 한한다. 나머지 상속인들 사이에 특별수익자가 없으면 기준이 되는 法定相續分과 구체적 상속분의 비율은 같기 때문이다.

그러면 위 두 가지 방법 가운데 어느 것이 타당할 것인가?

여기서 다시 한 번 알기 쉬운 예를 들어 살펴본다.

[事例 5][72)]

공동상속인으로는 처인 甲, 子인 乙, 丙이 있고, 상속개시 당시의 상속재산의 가액이 6,000만원이며, 甲은 8,000만원을 증여받고, 乙은 3,000만원을 유증받았다.

이 경우 想定相續財産은, 1억 4,000만원(6,000만원 + 8,000만원)이고, 본래의 상속분은 甲 6,000만원(1억 4,000만원 × $\frac{3}{7}$), 乙, 丙 각 4,000만원(1억 4,000만원 × $\frac{2}{7}$)이다. 여기서 특별수익을 공제하면 구체적 상속분은 甲 −2,000만원(6,000만원 − 8,000만원), 乙 1,000만원(4,000만원 − 3,000만원), 丙 4,000만원이 된다.

여기서 먼저 超過特別受益者 不存在 擬制說에 따라 甲을 제외하고 다시 구체적 상속분을 산정하면, 想定相續財産은 6,000만원인데 乙, 丙의 법정상속분은 각 $\frac{1}{2}$이므로 본래의 상속분은 각 3,000만원이고, 여기서 乙의 유증액을 공제하면 결국 구체적 상속분은 乙 0(다만 유증 3,000만원은 별도), 丙 3,000만원이 된다.[73)]

$V_1 = (S_1 - Y_1) - (S - T) \times X_1 = (S_1 - S \times X_1) + T \times X_1 - Y_1$

그런데, $S \times X_1 = S_1$이므로, 결국 $V_1 = T \times X_1 - Y_1 = U_1$이 되고, 마찬가지로 $V_2 = U_2$, $V_3 = U_3$⋯이 되어 결국, 제1설과 제3설은 같은 것이 된다.

72) 法院實務提要 家事(註 52), 832면 참조.

73) 초과특별수익액을 각 공동상속인들의 법정상속분에 따라 부담시키는 방식에 의하여 계산하더라도 결과는 같다. 즉 초과특별수익액은 2,000만원인데, 甲을 제외한 乙, 丙의 각 법정상

반면 구체적 상속분 기준설에 따르면, 甲의 초과특별수익액 2,000만원 중 乙의 부담액은 400만원(2,000만원 × $\frac{1,000}{1,000+4,000}$), 丙의 부담액은 1,600만원(2,000만원 × $\frac{4,000}{1,000+4,000}$)이 되어, 최종적인 구체적 상속분은 乙이 600만원(1,000만원 - 400만원), 丙이 2,400만원(4,000만원 - 1,600만원)이 된다.

위의 계산결과에 의하면, 具體的 相續分 基準說이 특별수익을 받은 공동상속인에게 더 유리한 결과가 됨을 알 수 있다. 다시 말하여 具體的 相續分 基準說에 의하면, 초과특별수익자가 없는 경우에는 초과특별수익자 아닌 다른 특별수익자가 얻는 최종적 이익, 즉 「具體的 相續分에 特別受益을 합산한 액」과, 특별수익자 아닌 다른 공동상속인이 얻는 최종적 이익(즉 具體的 相續分)의 비율이 그들 사이의 법정상속분의 비율과 같게 되는 반면, 초과특별수익자가 있는 경우에는 초과특별수익자 아닌 다른 특별수익자가 얻는 이익의 다른 공동상속인이 얻는 이익에 대한 비율이 법정상속분보다 높게 된다. 그러나 超過特別受益者 不存在 擬制說에 의할 때에는, 초과특별수익자가 있거나 없거나 관계없이 초과특별수익자 아닌 특별수익자와 다른 공동상속인의 본래의 상속분의 비율이 항상 법정상속분의 비율과 같게 된다.

위 두 가지 방법 가운데 어느 것이 타당한 것인지를 결정하기 위하여는 구체적 상속분을 산정함에 있어서 특별수익에 의한 조정을 인정하는 근거를 다시 한 번 생각하여 볼 필요가 있다. 序論에서 언급한 것처럼, 특별수익에 의한 조정의 근거는 제 1 차적으로는 공동상속인들 사이의 衡平 내지 公平을 꾀한다는 점에 있다. 이를 다른 말로 표현한다면, 특별수익이 존재하는 경우에도 각 공동상속인들이 얻는 이익, 즉 구체적 상속분과 특별수익을 합한 액수의 비율은 원래의 법정상속분의 비율과 같아야 하는 것이 공동상속인들 사이의 형평의 원칙에 부합하는 것이다. 共同相續人들이 동일한 法定相續分을 가지고 있는 경우라면, 구체적 상속분과 特別受益을 합한 액수 또한 같아야 하는 것이다.

그런데 앞의 [事例 5]에서는 구체적 상속분 기준설에 의할 때에는 특별수익자인 乙의 구체적 상속분은 600만원이고 유증액은 3,000만원이어서 결국 합계 3,600만원의 이익을 얻는 반면, 특별수익자 아닌 丙은 2,400만원의 구체적 상속분밖에 받지 못하게 되어 심한 불균형을 보이게 된다. 한편 超過特別受益

속분은 각 1/2이므로 乙, 丙의 각 부담액은 각 1,000만원이고, 따라서 이를 乙, 丙의 각 구체적 상속분에서 공제하면 乙 0(1,000만원 - 1,000만원), 丙 3,000만원(4,000만원 - 1,000만원)이 된다.

者 不存在 擬制說에 의할 때에는 특별수익자인 乙은 3,000만원의 유증을 받고, 특별수익자 아닌 丙은 3,000만원의 상속을 받게 되어, 양자 사이에 그러한 불균형이 생기지 않는다.[74]

이를 다른 말로 바꾸어 말한다면, 초과특별수익자가 처음부터 존재하지 않는 경우에는 공동상속인들 사이에서 구체적 상속분과 특별수익을 합한 이익의 비율이 법정상속분의 비율로 유지되는 데 반하여, 초과특별수익자가 있는 경우에는 구체적 상속분 기준설에 의하는 한 법정상속분의 비율과는 달라지게 되고, 따라서 초과특별수익자가 존재한다는 우연한 사정에 의하여 특별수익자와 특별수익자 아닌 자 사이의 이익취득 비율이 달라지게 된다. 독일의 학설이 초과특별수익자를 넣고 계산하는 경우와 그를 제외하고 계산하는 경우에 나머지 상속인들 사이의 상속분의 비율이 동일하여야 한다고 하면서, 그와 같이 보지 않으면 重大한 不公平(grobe Unbilligkeit)이 생긴다고 설명하고 있는 것[75]도 같은 취지라고 생각된다. 다른 측면에서 본다면 구체적 상속분 기준설에 의할 때에는 특별수익자 상호간에도 특별수익을 더 많이 얻은 자가 초과특별수익을 더 적게 부담하는 결과가 되는데, 이는 특별수익이 있더라도 相續債務는 법정상속분의 비율에 따라 부담한다는 것[76]과도 균형이 맞지 않는다.[77]

具體的 相續分 基準說을 지지하는 논자들은 이 說이 초과특별수익자가 없는 경우의 算定方法과 정합성이 있으며, 반대로 초과특별수익자 부존재 의제설을 취하게 되면 초과특별수익자가 있는 때에는 그들의 특별수익이 다른 상속인들의 구체적 상속분을 산출하는 데 있어서 전혀 무관하다는 점을 근거로 든다.[78] 그러나 이러한 점은 구체적 상속분 기준설을 뒷받침할 만한 논거로서는 매우 불충분하다고 생각된다.

다만 超過特別受益者 不存在 擬制說에 의할 때에는 원래의 초과특별수익자를 빼고 산정하였더니 또다시 초과특별수익자가 나올 수가 있고, 이때에는 다시 이 자를 빼고 같은 방법으로 계산을 되풀이하여야 하여야 하지만,[79] 이는 다소 번거로울 뿐 원리상의 중대한 문제점이라고는 할 수 없다.

---

74) 일본에서 本來의 相續分 基準說을 주장하고 있는 川井 健(註 63), 206면도 이 점을 지적하고 있다. 私見으로는 일본 民法의 解釋으로서는 이 설이 가장 설득력이 있다고 생각된다.

75) BGB-RGRK/Kregel, §2056 Rz. 2.

76) 위 Ⅱ. 2. 참조.

77) 註 52)의 본문 참조.

78) 有地 亨(註 12), 238면; 郭潤直(註 1), 200면 등.

79) 위 註 58)의 本文 참조.

V. 結　　論

이제까지 특별수익이 있는 경우 구체적 상속분의 산정방법을 특히 초과특별수익자가 있는 경우를 중심으로 하여 살펴보았다. 이를 요약하여 본다면 다음과 같다.

우리 민법이 特別受益으로 인한 調整을 인정하고 있는 근거는 공동상속인들 사이의 衡平 내지 公平을 꾀한다는 점과 함께, 상속인들을 평등하게 취급하려는 피상속인의 推定的 意思도 고려한 데 있다. 그런데 우리 민법은 이른바 計算充當主義 또는 價額返還主義를 택하고 있으므로, 그 구체적인 실행에 있어서는 相續財産 價額에 特別受益인 贈與의 價額을 가산하고 여기에 각 공동상속인별로 법정상속분을 곱하여 얻은 본래의 상속분에서 각 상속인의 특별수익의 액을 공제하여 남은 액수를 구체적 상속분으로 한다.

문제는 각 공동상속인들의 특별수익이 본래의 상속분을 초과하는 경우이다. 이때 초과특별수익자는 그 초과특별수익을 다른 상속인들에게 반환하여야 한다는 주장도 있으나, 유류분제도와의 관계나, 피상속인의 추정적 의사를 고려한다면 그 초과특별수익이 다른 상속인들의 유류분을 침해하지 않는 한 반환의무를 인정할 필요는 없을 것이다.

이처럼 초과특별수익자가 초과특별수익분을 반환할 필요가 없다고 한다면, 그 경우 구체적 상속분은 어떻게 산정하여야 할 것인가에 관하여는, 우리 민법의 해석상으로는 초과특별수익자가 처음부터 존재하지 않는 것으로 의제하여 나머지 상속인들 사이에서 상속분을 산정하여야 한다는 超過特別受益者 不存在 擬制說과, 초과특별수익자를 포함하여 산정한 구체적 상속분의 비율에 따라 구체적 상속분을 정한다는 具體的 相續分 基準說의 두 가지 주장이 있을 수 있으나, 상속인들 사이의 공평을 꾀한다는, 특별수익으로 인한 조정제도의 기본취지를 고려하여 볼 때에는 앞의 설이 타당하다고 하겠다.

〈서울대학교 法學 제38권 제2호(통권 104호), 1997〉

〈追記〉

현재 실무상으로는 超過特別受益者 不存在 擬制說(法定相續分 基準說)이

정착된 것으로 보인다. 서울지방법원 1999. 3. 31. 선고 97가합20231 판결(下集 1999년 1권 250); 서울가정법원 2003. 6. 26. 선고 2001느합86 심판(下集 2003년 1권 304); 서울고등법원 2006. 10. 24. 선고 2004르1714·1721 판결(미간행) 등 참조.

相續財產 分割에 있어서 超過特別受益의 取扱 *

— 서울고등법원 1991. 1. 18. 선고 89르2400 판결 ** —

[사실관계]

이 사건의 피상속인인 A는 처인 B와의 사이에 피청구인 Y_2(장남), Y_3(장녀), Y_4(차녀)를 낳고, 위 B가 사망하자 다시 피청구인 Y_1과 혼인하여 그녀와의 사이에 피청구인 Y_5(차남), Y_6(3녀), Y_7(3남)을 낳았으며, 다른 한편 C와 내연관계를 맺어 그 사이에 청구인 X_1(4녀), X_2(4남)를 낳고, 1987. 2. 27. 사망하여, Y_2가 호주상속을 하였다. 당시 딸들 중 Y_3은 출가하였다가 이혼하여 친가에 복적하였고, Y_6은 혼인한 출가녀이며, X_1은 미혼인 상태였다.

청구인들이 피청구인들을 상대로 A의 사망으로 인한 상속재산의 분할을 청구하여 나온 것이 이 사건 대상판결이다. 이 판결에 대하여는 피청구인들이 상고를 제기하였으나, 대법원은 1991. 4. 26. 상고이유서 미제출을 이유로 상고를 기각하여 이 판결이 그대로 확정되었다.

[판결의 요지]

1. 相 續 分

상속인들의 법정상속분은 개정전 민법(1990. 1. 13. 법률 제4233호로 개정되기 전의 것)에 따라 처인 Y_1, 호주상속인인 장남 Y_2는 각 $\frac{6}{34}$, 청구인들 및 피청구

* 대상판결 관련 자료를 구하는 데 도움을 준 서울고등법원 이태종 판사님께 감사의 뜻을 표한다.

** 하급심판결집 1991년 제1권 640면.

인 Y_3, Y_5, Y_7은 각 $\frac{4}{34}$, 피청구인 Y_4, Y_6은 각 $\frac{1}{34}$이 된다.

2. 相續財産의 範圍 및 相續財産의 價額

가. 상속재산인 부동산의 상속개시 당시의 가액은 금 5,441,287,880원이다.

나. 피상속인의 예금채권 45,067,745원은 가분채권으로서 상속개시와 동시에 공동상속인들에게 상속분에 따라 법률상 당연히 분할되어 귀속되므로 상속재산에 포함되지 않는다.

다. 상속재산 분할의 대상이 되는 상속재산은 상속개시 당시 피상속인이 가지는 재산만에 국한되므로 A의 사망 후 Y_2가 상속재산 중 가옥에 대한 임대보증금을 증액하여 추가 임대보증금 4,000,000원을 수령하여 보관하고 있다 하더라도 이는 분할의 대상이 되는 상속재산에 포함되지 아니한다.

라. Y_2가 A 사망 후 1988. 2.까지 수령한 임료 중 관리비를 제외한 금 62, 265,710원은 1988. 3. 공동상속인들의 협의에 따라 공동상속인들의 법정상속지분에 따라 이를 분할하였으므로 이는 분할의 대상이 되는 상속재산에서 제외된다.

마. 위 상속재산에 관하여 설정된 근저당권의 피담보채무(A가 연대보증인으로 되어 있다)와, 위 상속재산에 관하여 부담하는 임대보증금반환채무는 상속개시와 동시에 공동상속인들에게 법정상속지분에 따라 법률상 당연히 분할되어 승계되므로 상속재산의 분할에 있어 피상속인의 채무는 고려될 성질의 것이 아니다.

바. 청구인들 및 피청구인들이 공동상속인이 되어 재산을 상속함에 따라 부과될 상속세 및 방위세는 상속인들이 재산을 상속함을 전제로 부과되는 것으로 그 전제되는 상속재산의 분할에는 고려될 성질의 것이 아니다.

3. 特別受益

가. 特別受益의 價額

상속인들이 받은 특별수익 가운데 부동산은 상속개시 당시의 가액으로 평가하고, 현금은 증여 당시의 금액에 소비자 물가지수를 가산하여 평가하는데, 액은 다음과 같다.

X_1: 180, 998, 988원 X_2: 5,042,587원 Y_2: 399,612,680원

Y_3: 1,050,454,474원 Y_4: 1,058,788,080원 Y_5: 3,044,481,000원

Y_7: 591,948,760원

나. Y_5의 특별수익이 상속개시일로부터 1년 이전인 1983. 8.경 증여받은 것이라 하여도 민법 제1008조에 의하면 특별수익재산으로 상속재산가액에 가산되는 증여에 대하여 그 증여의 시기를 제한한 바 없으므로 이는 특별수익에 포함된다.

다. A가 재산형성을 함에 있어서 Y_1이 배우자로서 기여한 바 있다고 인정하기에 부족할 뿐만 아니라, 당시 시행되던 개정전 민법에는 상속재산의 분할에 있어 기여분을 고려하도록 규정되어 있지 않으므로 이는 구체적 상속분을 정함에 있어 고려될 수 없다.

4. 具體的 相續分의 산정

가. 구체적 상속분의 산정

상속분할의 대상이 되는 상속재산 가액이 합계 금 5,441,287,880원이 되고 특별수익의 가액이 합계 금 6,331,326,569원이므로 이를 합한 看做相續財産은 금 11,772,614,449원(5,441,287,880원 + 6,331,326,569원)이 된다.

위 看做相續財産에 상속인들 각자의 법정상속지분을 곱한 일응의 상속분은 다음과 같다.

X_1, X_2, Y_3, Y_5, Y_7: 각 11,772,614,449원 $\times \frac{4}{34}$ = 1,385,013,464원

Y_1, Y_2: 각 11,772,614,449원 $\times \frac{6}{34}$ = 2,077,520,196원

Y_4, Y_6: 각 11,772,614,449원 $\times \frac{1}{34}$ = 346,253,366원

여기에서 상속인들 각자의 특별수익을 공제한 구체적 상속분은 다음과 같다.

(1) X_1: 1,385,013,464원 − 180,998,988원 = 1,204,014,476원

(2) X_2: 1,385,013,464원 − 5,042,587원 = 1,379,970,877원

(3) Y_1: 2,077,520,196원

(4) Y_2: 2,077,520,196원 − 399,612,680원 = 1,677,907,516원

(5) Y_3: 1,385,013,464원 − 1,050,454,474원 = 334,558,990원

(6) Y_4: 346,253,366원 − 1,058,788,080원 = −712,534,714원

(7) Y_5: 1,385,013,464원 − 3,044,481,000원 = −1,659,470,536원

(8) Y_6: 346,253,366원

(9) Y_7: 1,385,013,464원 − 591,948,760원 = 793,064,704원

나. 超過特別受益의 返還 여부

Y_4, Y_5는 특별수익이 일응의 상속분보다 초과하는 초과특별수익자에 해당되나 그 초과액에 대하여 반환의무를 정한 민법상의 규정도 없을뿐더러, 다액의 특별수익자가 있는 경우에 대하여는 유류분제도에 의하여 다른 공동상속인들이 상속으로부터 배제되는 것을 보호하고 있으므로 그 반환의무가 없고, 따라서 이들의 구체적 상속분(율)은 없음(0)에 귀착된다.

다. 나머지 상속인들의 구체적 상속분율

청구인들 및 나머지 피청구인들의 구체적 상속분율은 각 그 해당 구체적 상속분을 청구인들 및 나머지 피청구인들의 구체적 상속분의 합계 금 7,813, 290,125원으로 나눈 것과 같다.[1)]

5. 결　　론

그리하여 대상판결은 이 사건 분할의 대상이 되는 상속재산인 부동산을 현물분할하는 것은 불가능하고 경매분할함이 상당하다고 하여, 이를 모두 경매에 붙여 그 경매대금에서 경매절차비용을 공제한 금액을 청구인들 및 피청구인들에게 위 다.의 구체적 상속분율에 따라 분할할 것을 명하였다.

[硏　　究]

Ⅰ. 序　　論

이 사건 대상 판결은 공동상속인 중 특별수익자의 특별수익이 본래의 상속분을 초과하는 이른바 초과특별수익자인 경우에 상속재산을 어떻게 분할할 것인가 하는 점을 다루고 있다. 이 점에 관하여는 아직까지 대법원의 판례가 나와 있지 않고, 공간된 하급심 판례 가운데에도 이 점을 다루고 있는 것은 많

1) 그 구체적 비율은 대상 판결 첨부 별지 제4목록에 기재되어 있으나, 공간된 판결문에는 이 별지목록이 누락되어 있다. 참고로 이를 표시하면 다음과 같다.
X_1: 0.15409826804　X_2: 0.17661840977　Y_1: 0.26589569346
Y_2: 0.21475044304　Y_3: 0.04281992015　Y_4: 0　Y_5: 0　Y_6: 0.04431594891
Y_7 :0.1015020166

지 않다. 여기서는 우선 상속재산의 범위, 상속재산 및 특별수익의 평가 방법 등에 대하여 대상판결이 판시하고 있는 사항에 한하여 간단히 언급하고, 이어서 초과특별수익자가 있는 경우에 상속재산을 어떻게 분할할 것인가 하는 점을 중점적으로 살펴본다.

Ⅱ. 相續財産 分割의 對象이 되는 相續財産의 範圍

1. 可分債權

대상판결은 우선 可分債權인 피상속인의 예금채권은 상속개시와 동시에 공동상속인들에게 법정상속분에 따라서 법률상 당연히 분할되어 귀속된다는 이유로 상속재산 분할의 대상이 아니라고 하였다.

이 점에 관하여 일본에서는 학설과 판례의 대립이 있다.[2] 즉 공동상속채권은 상속재산 분할을 기다릴 것도 없이 당연히 분할된다는 전제에 서서 가분채권은 항상 상속재산분할의 대상이 되지 않는다고 보는 견해가 있는 반면, 공동상속채권이 분할채권이기는 하지만 일본 민법 제912조(우리 민법 제1017조와 같다)의 취지 등에 비추어 가분채권도 상속재산분할의 대상에 포함된다는 견해 및 상속채권이 분할채권이 아님을 전제로 하여 상속재산 분할의 대상이 된다는 견해 등이 주장되고 있다.

우리나라의 학설로는 가분채권은 원칙적으로 상속재산 분할의 대상이 되지 않지만, 공동상속인 사이에 가분채권을 분할의 대상으로 하는 내부적 합의가 있고 가분채권을 포함시켜 분할하는 것이 공동상속인 사이의 구체적 공평 실현에 도움이 되는 경우에는 상속재산 분할의 대상에 포함시켜도 무방하다는 견해[3]와 당사자 사이에 이의가 없는 경우에는 가분채권을 협의분할의 대상으로 할 수 있다는 견해[4]가 있다.

생각건대 가분채권이 상속에 의하여 당연히 분할채권이 되는지에 관하여도 논란이 있으나, 이를 긍정한다고 하더라도 상속재산의 분할대상에서 가분채

2) 일본에서의 논의에 관하여 상세한 것은 松原正明, 相續法 Ⅰ, 1994, 401면 참조.

3) 金昌鍾, "相續財産의 分割", 相續法의 諸問題, 裁判資料 제78집, 1998, 187면; 林完圭 · 金昭英, "相續財産分割審判", 家庭法院事件의 諸問題, 裁判資料 제62집, 1993, 704면.

4) 李和淑, 註釋 相續法(上), 385면.

권을 제외할 이유는 없다. 만일 이를 상속재산 분할의 대상에서 제외한다면 가분채권의 귀속에 관한 당사자의 분쟁이 해결되지 않고 계속될 우려가 있으므로, 상속재산 분할의 절차에서 일괄하여 처리하는 것이 바람직할 것이기 때문이다. 다만 이 경우에는 상속인들 사이에 상속재산이 분할되면 채무자에게 대항하기 위하여는 대항요건으로서 통지를 필요로 한다고 보아야 할 것이다.[5] 특히 이 사건과 같은 예금채권의 경우에는 현재 금융기관의 실무도 공동상속인들 전원의 예금지급청구가 있을 때에만 금융기관이 이에 응하고 있다고 하므로,[6] 이 점에서도 예금채권을 상속재산 분할의 대상으로 삼는 것이 바람직할 것이다.

2. 可分債務

가분적인 상속채무가 상속재산분할의 대상이 되는가에 대하여도 견해가 나뉘지만 이에 관하여는 부정설이 우세하다. 즉 분할채무설의 입장에서는 가분채무는 상속개시와 동시에 공동상속인에게 그 상속분에 따라 당연분할된다고 하고, 불가분채무로 보는 입장에서는 채권자의 승낙이 없이는 분할의 효력이 생기지 않는다고 한다.[7]

대법원 1997. 6. 24. 선고 97다8809 판결[8]은, 금전채무와 같이 급부의 내용이 가분인 채무가 공동상속된 경우, 이는 상속 개시와 동시에 당연히 법정상속분에 따라 공동상속인에게 분할되어 귀속되는 것이므로 상속재산 분할의 대상이 될 여지가 없고, 위와 같이 상속재산 분할의 대상이 될 수 없는 상속채무에 관하여 공동상속인들 사이에 분할의 협의가 있는 경우라면 이는 면책적 채무인수의 성질을 가지므로 채권자의 승낙을 필요로 하고, 상속재산 분할의 소급효를 인정하는 민법 제1015조가 적용될 여지는 없다고 한다.

---

5) 李和淑(註 4), 385면 참조.

6) 韓國金融硏修院 編(吳時正・林承瑞・金成泰 집필), 受信實務法律, 1995, 182면. 이는 대체로 일본의 실무례와 같다. 松本 久, "預金債權の相續", 裁判實務大系 22 金融信用供與取引訴訟法, 1993, 150면 참조.

7) 林完圭・金昭英(註 3), 704면; 金昌鍾(註 3), 3면 등. 일본에서의 논의에 관하여는 松原正明(註 2), 405면 참조.

8) 公 1997하, 2285.

3. 相續開始 후 相續財產으로부터 수취한 借賃

상속재산인 부동산의 차임, 예금의 이자 등 상속재산으로부터 발생하는 법정과실과 같은 수익이 상속재산 분할의 대상이 되는가에 관하여도 일본에서는 견해가 대립한다.[9] 그런데 상속분할의 소급효를 근거로 하여 상속재산을 취득한 자가 당연히 그로부터 발생하는 수익까지 취득한다고 하면, 심리에 나타나지 않은 수익의 다과에 따라 공동상속인 사이의 형평을 해할 우려가 있고, 반대로 이를 상속재산과 같이 본다고 하더라도 과실은 그 내용이 복잡다양하고, 당사자가 협력하지 않으면 이를 법원이 파악하기도 어려워 심리에 지장이 생길 우려가 많다. 그러므로 이 두 가지 점을 고려한다면 이러한 법정과실 내지 수익은 원칙적으로는 상속재산 분할의 대상이 아니고, 필요하다면 공유물 분할의 절차에 의하여 처리하여야 할 것이지만, 공동상속인 전원의 동의가 있는 경우에는 상속재산 분할의 대상으로 할 수 있다고 봄이 상당할 것이다.[10]

대상판결에서는 상속개시 후 상속인 중 1인이 상속부동산의 임차인으로부터 증액하여 수령한 추가 임대보증금에 대하여는, 상속재산 분할의 대상이 되는 상속재산은 상속개시 당시 피상속인이 가지는 재산만에 국한된다는 이유로 분할의 대상이 아니라고 하였으나, 우선 위와 같은 증액된 임대보증금은 다른 공동상속인들에 의한 추인이 있지 않는 한 그 자체 공동상속인 전체에 대하여 당연히 효력이 있는 것은 아니므로, 상속재산 분할의 대상이 되기는 어려울 것이다.

대상판결은 그 외의 상속개시 후에 수령한 借賃에 관하여는 공동상속인들의 협의에 따라 공동상속인들의 법정상속지분에 따라 이를 분할하였으므로 이는 분할의 대상이 되는 상속재산에서 제외된다고 하여, 이러한 합의가 없었다면 분할 대상이 될 수 있는 여지가 있는 것처럼 판시하고 있다.

---

9) 상세한 것은 松原正明(註 2), 423면 이하 참조.

10) 林完圭 · 金昭英(註 3), 707면; 金昌鍾(註 3), 6면 등. 金疇洙, 親族相續法(第 4 全訂再增補版), 1997, 553면; 李庚熙, "共同相續人의 平等을 위한 相續財產分割法理에 관한 硏究", 南松韓琫熙敎授華甲紀念 現代民法의 課題와 展望, 1994, 700면은 일반적으로 긍정설을 지지한다.

Ⅲ. 相續財産 및 贈與價額의 評價時點

상속재산 분할을 위하여는 상속재산 및 공동상속인이 피상속인으로부터 받은 특별수익의 가액을 구체적으로 평가하여야 하는데, 이는 어느 시점을 기준으로 하여야 하는가? 이에 관하여는 여러 가지의 설이 대립하는데, 주로 상속개시시와 상속재산 분할시 중 어느 것을 기준으로 할 것인가가 문제되며, 이 외에 특별수익의 평가에 관하여는 이행시설도 주장된다.

통설은 구체적 상속분의 산정을 위한 상속재산 및 특별수익의 평가시점은 상속개시시라고 한다.[11] 이 설의 근거로서는 기여분에 관한 민법 제1008조의 2가 상속개시 당시를 기준으로 하고 있는 점, 상속재산 분할시를 기준으로 한다면 분할시까지 구체적 상속분이 물가변동에 따라 부단히 변화하게 되어 불안정하다는 점, 상속재산 분할 이전에도 각 공동상속인은 개개의 상속재산에 대한 지분이나 상속분에 대한 양도가 허용되므로 구체적 상속분은 상속개시와 동시에 확정되어야 한다고 하는 점을 든다. 다만 이 설에서도 구체적 분할을 위하여는 다시 상속재산 분할시를 기준으로 하여야 한다고 주장한다.

반면 분할시를 기준으로 하여야 한다는 설은, 상속개시시에 구체적 상속분이 확정되면 안정된다고 하는 것은 단지 관념적인 것에 지나지 않고, 상속분의 산정은 상속분할을 위하여 필요한 것이라는 점 등을 근거로 든다.[12]

또 다른 설은 구체적 상속분의 산정을 위한 상속재산 자체의 평가에 관하여는 상속개시시설을, 분할에 관하여는 분할시설을 따르면서도, 특별수익인 증여가액의 평가시점에 관하여는 증여의 이행시설을 주장한다. 다만 이행시부터 상속개시시까지 물가나 화폐가치가 변동하는 점을 고려하여, 증여가액을 일단 증여시의 가액으로 평가하고, 이를 物價指數에 따라서 상속개시시의 가액으로 환산한다고 한다.[13]

대상판결은 상속개시시설을 따르고 있다.

대법원 1997. 3. 21.자 96스62 결정[14]은, 특별수익을 고려하여 상속인별로

11) 金疇洙(註 10), 558면; 李凞培, 註釋 相續法 (上), 1996, 209면; 林完圭 · 金昭英(註 3), 712면; 金昌鍾(註 3), 4면; 權은민, "相續分, 寄與分, 特別受益", 相續法의 諸問題(註 3), 555-556면 등.

12) 朴秉濠, "相續分에 관한 諸問題", 家族法論集, 1996, 337면.

13) 郭潤直, 相續法, 1997, 192-193면. 상속재산 자체의 평가에 관하여는 같은 책 256면 참조.

14) 公 1997, 1228.

고유의 법정상속분을 수정하여 구체적 상속분을 산정함에 있어서는 상속개시시를 기준으로 상속재산과 특별수익재산을 평가하여 이를 기초로 하여야 할 것이고, 다만 법원이 실제로 상속재산분할을 함에 있어 분할의 대상이 된 상속재산 중 특정의 재산을 1인 및 수인의 상속인의 소유로 하고 그의 상속분과 그 특정의 재산의 가액과의 차액을 현금으로 정산할 것을 명하는 소위 代償分割의 방법을 취하는 경우에는 분할의 대상이 되는 재산을 그 분할시를 기준으로 하여 재평가하여 그 평가액에 의하여 정산을 하여야 한다고 판시하였다.[15)]

그런데 상속개시시를 기준으로 한다고 하더라도, 금전이 증여된 경우에는 그 금전의 상속개시 당시의 시가를 평가함에 있어서는 물가의 변동을 고려하지 않을 수 없다.[16)]

대상판결은 위와 같은 취지에서, 상속재산 및 특별수익의 평가는 원칙적으로 상속개시시를 기준으로 하면서도, 특별수익으로서 금전이 증여된 경우에 이를 수증 당시의 금액에 소비자 물가지수를 참작하여 산정하여야 한다고 한다.[17)]

Ⅳ. 特別受益이 있는 경우 具體的 相續分의 算定方法[18)]

1. 特別受益의 意義

민법 제1008조는, “共同相續人 중에 被相續人으로부터 財産의 贈與 또는 遺贈을 받은 者가 있는 경우에 그 受贈財産이 自己의 相續分에 달하지 못한 때에는 그 不足한 部分의 限度에서 相續分이 있다”라고 규정한다. 이 규정의

15) 이 대법원 판결 이전의 광주고등법원 1989. 6. 9. 선고 88르367 판결(하급심판결집 1989, 2권 607면)도 상속개시시설을 따르고 있다.

16) 權은민(註 11), 52-53면. 金疇洙(註 10), 535면도 금전이 증여된 경우에는 상속개시시의 시가로 환산평가하여야 한다고 하고 있다.

17) 그러나 金能煥, “遺留分返還請求”, 相續法의 諸問題(註 3), 34-35면은 유류분반환청구의 대상이 되는 증여의 산정에 관하여, 우리 판례는 화폐가치의 변동을 사정변경의 사유로 인정하지 않는 취지이므로, 증여 당시의 금액을 상속개시시의 화폐가치로 환산하여야 한다는 견해에 찬성하기 어렵고, 실제의 증여액에 증여일로부터 상속개시일까지의 시중금리 상당액을 더한 돈을 상속개시 당시에 있어서의 평가액으로 보아야 할 것이라고 한다.

18) 이하의 서술은 尹眞秀, “超過特別受益이 있는 경우 具體的 相續分의 算定方法”, 서울대학교 法學 제38권 2호(통권 104호), 1997, 92면 이하를 요약한 것이다.

취지는, 공동상속인 중에 피상속인으로부터 재산의 증여 또는 유증과 같은 이른바 특별수익을 받은 경우에는, 이를 고려하여 구체적 상속분[19]을 산정하라는 것이다. 다시 말하여 특별수익자의 구체적 상속분은 민법 제1009조에 의한 법정 상속분에 따라 산정한 가액에서, 특별수익을 공제한 것이 된다.

이를 보통 특별수익의 반환이라고 부르고 있으나,[20] 현실적으로 특별수익 내지 그 가액을 반환하는 것이 아니라,[21] 게르만법 및 이를 계승한 독일 민법(§2055)과 같이 특별수익을 미리 이루어진 상속(vorweggenommene Erbfolge)으로 보아 그 가액을 상속분에 포함시키도록 하고 있으므로,[22] 특별수익의 반환이라는 용어는 적절하지 않다.[23] 뒤에서 논하는 것처럼 특별수익이 본래의 상속분을 초과한 때에는 특별수익자가 그 초과특별수익을 반환하여야 하는가가 문제되는데, 이러한 문제와의 구별을 위하여서도 반환이라는 용어는 부적절하다. 그러므로 독일 민법과 같이 調整(Ausgleich, Ausgleichung)[24]이라고 하는 것이 옳다고 생각된다.[25]

---

19) 우리 민법상 강학상의 구체적 상속분이라는 개념도 특별수익과 관련하여서는 논자에 따라 다르게 사용되고 있다. 예컨대 郭潤直(註 13), 179면은 想定相續財産(상속재산의 가액에 특별수익의 가액을 더한 것)에 법정상속분을 곱한 가액을 구체적 상속분이라고 하고, 여기에서 상속인이 실제로 상속재산으로부터 취득할 수 있는, 특별수익의 가액을 공제한 것을 取得分이라고 하는 반면, 金疇洙(註 10), 親族相續法, 第四全訂增補版, 1994, 536면은 위의 각 상속인의 취득분('相續分殘額'이라고 표현하고 있다)의 그 합계에 대한 비율을 구체적 상속분이라고 부른다. 다른 한편 朴秉濠(註 12), 338면; 郭東憲, "相續分", 韓國民事法學會 편 民法學의 回顧와 展望, 1993, 1006면 등은 곽윤직 교수가 말하는 구체적 상속분을 '본래의 상속분', 취득분을 '구체적 상속분'이라고 한다. 여기서는 마지막의 용법에 따라 민법 제1008조가 말하는 "그 受贈財産이 自己의 相續分에 달하지 못한 때"의 상속분을 본래의 상속분으로, "不足한 部分의 限度에서 가지는 相續分"을 구체적 상속분이라고 부르기로 한다. 대법원 1995. 3. 10. 선고 94다16571 판결(公 1995상, 1577)도 같은 의미로 구체적 상속분이라는 용어를 사용하고 있다.

20) 일본에서는 일반적으로 持戻(もちもとし)라고 부르고 있으나, 초기에는 반환이라는 용어도 쓰였고, 이는 프랑스 民法上의 rapport라는 단어를 번역한 것이라고 한다. 李垠廷, "特別受益返還의 法理에 관한 研究", 1996년도 高麗大學校 博士學位論文, 42면 註 76)의 引用文獻 참조.

21) 원래 로마法에서는 특별수익에 대하여 현물반환(collatio, Realkollation)의 원칙을 취하였다. 이에 대하여는 郭潤直(註 13), 175면; Kunkel/Selb, Römisches Recht, 4. Aufl., 1987, §177 등 참조. 프랑스 民法 제858조는 가액반환(rapport en valeur) 외에 예외적으로 현물반환(rapport en nature)을 인정하고 있다. Mazeaud/Breton, Leçons de droit civil, tome quatrième, deuxiemè éd., successions les libéralités, 1982, n°s 1658 et suiv. 참조.

22) 이른바 Idealkollation. Lange/Kuchinke, Lehrbuch des Erbrechts, 4. Aufl., 1995, §15 Ⅲ 2. 참조. 이를 계산충당주의 또는 가액반환주의라고 부른다.

23) 郭潤直(註 13), 180-181면 참조. 李凞培(註 11), 183면은 반환의무라는 용어가 적절성을 결한 것인지도 모른다고 하면서도 이미 관례화되어 있으므로 이 용어례를 따른다고 한다.

24) 다만 독일 민법 제2057a조는 우리 민법상의 寄與分(제1008조의2)도 조정의 일종으로 취급하고 있다.

25) 郭潤直(註 13), 180-181면 참조. 같은 취지로 權은민(註 11), 44면. 그러나 李垠廷(註 20),

이러한 특별수익에 의한 상속분의 조정을 인정하는 이유는, 공동상속인들 사이의 형평 내지 공평을 꾀한다는 점과 함께,[26] 상속인들을 평등하게 취급하려는 피상속인의 추정적 의사(mutmaßlicher Wille)도 고려한 것이라고 여겨진다.[27]

대법원의 판례는 민법 제1008조의 의의에 관하여, "이는 공동상속인 중에 피상속인으로부터 재산의 증여 또는 유증을 받은 특별수익자가 있는 경우에 공동상속인들 사이의 공평을 기하기 위하여 그 수증재산을 상속분의 선급으로 다루어 구체적인 상속분을 산정함에 있어 이를 참작하려는 데 그 취지가 있다"고 한다.[28]

2. 具體的 相續分의 算定方法

상속인에 대한 특별수익이 있을 때에는 구체적 상속분은 다음과 같이 산정한다. 즉 [피상속인이 상속개시 당시 가지고 있었던 재산의 가액], 즉 본래의 의미에서의 상속재산 가액에 [특별수익인 증여의 가액][29]을 가산한 이른바 상정상속재산[30]에, 각 공동상속인별로 법정상속분을 곱하여 얻은 가액(즉 본래의 상속분)에서 각 상속인의 특별수익의 액(유증과 증여를 합산한 것)을 공제하여 남은 액수를 구체적 상속분으로 한다.[31]

이를 공식으로 나타낸다면 다음과 같다.

$$E = (A + B) \times C - (B + D)$$

43-44면은 의미상으로는 '반환'보다는 '조정'이 보다 명확할지도 모르나, 만약 조정이라는 개념을 쓰게 되면 독일 민법의 'Ausgleichung'을 번역한 것과 혼동을 일으킬 우려가 있기 때문에 '반환'이라는 개념을 사용한다고 한다.

26) 郭潤直(註 13), 172면; 李凞培(註 11), 주석 상, 1008; Lange/Kuchinke(註 22), §15 Ⅲ 1; Kipp · Coing, Erbrecht, 14. Aufl., 1990, §120 Ⅰ등.

27) MünchKomm/Dütz, §2050 Rdnr. 1; Ebenroth, Erbrecht, 1992, Rz. 779; 有地 亨, 新版注釋民法 27, 1989, 213면; 李凞培(註 11), 1008면 등 참조.

28) 대법원 1995. 3. 10. 판결(註 19). 같은 취지로 대법원 1995. 6. 30. 선고 93다11715 판결(公 1995하, 2533); 1996. 2. 9. 선고 95다17885 판결(公 1996상, 904) 등이 있다.

29) 특별수익 가운데 유증재산은 상속재산에 포함되어 있으므로 따로 가산하지 않는다. 대법원 1995. 3. 10. 판결(註 19) 참조.

30) 郭潤直(註 13), 181면; 李凞培(註 11), 188면 등. 대상판결은 이를 간주상속재산이라고 부르고 있다.

31) 金疇洙(註 10), 536면; 朴秉濠(註 12), 338면. 대법원 1995. 3. 10. 판결(註 19)도 같은 취지이다.

A: 상속개시 당시에 현존하는 상속재산의 가액

B: 특별수익인 생전증여의 가액

A + B: 상정상속재산

C: 법정상속분

(A + B) × C: 본래의 상속분

D: 유증의 가액

E: 구체적 상속분

구체적인 사례를 들어 위 공식에 따라 그 算定方法의 개요를 설명하면 다음과 같다.

[사례 1]

피상속인 甲이 1996. 8. 30. 사망하였는데 그의 상속인으로는 처 乙, 자녀 丙, 丁, 戊가 있다. 사망 당시의 상속재산은 7억원인데, 甲은 처 乙에게는 2억원을 유증하였고, 생전에 丙에게는 혼인자금으로 1억원, 丁에게는 사업자금으로 1억원을 주었다.

A(상속재산): 7억원.

B(증여액): 1억원 + 1억원 = 2억원.

상정상속재산: 7억원 + 2억원 = 9억원.

C(법정상속분):

乙 $\frac{1.5}{1.5+1+1+1} = \frac{3}{9}$. 丙, 丁, 戊 각 $\frac{1}{1.5+1+1+1} = \frac{2}{9}$.

본래의 상속분:

乙 9억원 × $\frac{3}{9}$ = 3억원. 丙, 丁, 戊 각 9억원 × $\frac{2}{9}$ = 2억원.

D(유증액): 2억원.

E(구체적 상속분)

乙: 3억원 − 2억원(유증액) = 1억원.

丙: 2억원 − 1억원(증여액) = 1억원.

丁: 2억원 − 1억원(증여액) = 1억원.

戊: 2억원.

V. 超過特別受益의 返還 여부

위의 [사례 1]은 특별수익액이 본래의 상속분을 초과하지 않는 경우이다. 그러면 특별수익액이 본래의 상속분을 초과하는 경우는 어떻게 되는가? 이 점에 관하여 살펴보기 위하여는, 우선 특별수익액이 본래의 상속분을 초과하는 경우에 그 특별수익자가 초과분을 다른 공동상속인들에게 반환할 의무가 있는가를 따져볼 필요가 있다. 원래 민법 제정 당시의 제1008조에는 현재의 제1008조에 해당하는 본문 외에 "그러나 受贈財産이 相續分을 超過한 境遇에는 그 超過分의 返還을 要하지 않는다"는 단서가 붙어 있었는데, 1977. 12. 31. 민법이 개정되면서 이 단서가 삭제되어 버렸고, 이로 인하여 초과특별수익자는 특별수익 중 자신의 상속분을 초과하는 부분을 반환하여야 할 의무가 있는가에 관하여 논란이 생기게 되었다.

1설은 민법이 위와 같이 제1008조 단서를 삭제하였으므로, 수증재산이 상속분을 초과할 경우에는 그 초과분을 반환하여야 한다고 주장한다.[32] 명시적 규정이 없으므로 반환을 인정하는 것이 형평에 적합하다는 주장도 있다.[33] 다만 이 설도 초과특별수익자가 상속 포기를 하면 반환의무를 지지 않으므로 단서규정을 삭제한 의의는 없다고 한다. 원래 이 문제는 일본에서도 논란이 있던 것으로서, 일본에서도 반환을 인정하는 것이 형평에 적합하다고 하는 소수설이 있다.[34]

그러나 반대설은 1977년의 개정 민법이 위 단서 규정을 삭제한 것은 민법이 유류분에 관한 규정을 신설함에 따라 유류분액을 침해한 액만큼은 반환하여야 한다는 취지에서이므로, 유류분을 침해하지 않는 이상은 초과분이 있더라

32) 金疇洙(註 10), 536면. 같은 취지로 金基洙, "相續分割과 特別受益 · 特別寄與 및 債務의 相續分", 月刊考試 1988. 5, 207면; 韓琫熙, "特別受益 · 寄與分 · 遺留分", 考試硏究 1994. 1, 185면 등.

33) 李垠廷(註 20), 5면.

34) 이 설의 근거로서는 다음과 같은 점을 든다. 첫째, 반환의무가 없음을 규정하지 않은 경우에도 반환의무가 없음을 속단하는 것은 의문이고, 둘째, 증여 또는 유증의 반환이 '피상속인의 의사'를 기초로 하고 있다고 볼 때, 피상속인의 불명확한 의사표시를 기초로 하여 다른 공동상속인 간의 형평을 해치면서까지 반환의무가 없음을 단정하는 것은 불합리하며, 셋째, 피상속인은 생전에 그의 상속재산을 예상하기 어려우므로 초과특별수익을 반환하지 않는 것은 상속인 간의 형평을 깨뜨린다고 한다. 岩田健次, "特別受益分の持戻について", 關西大學法學論集 第13卷 4-6 合併號, 210-211면. 李垠廷(註 20), 5면 註 7)에서 재인용.

도 반환할 필요가 없다고 보아야 한다고 주장한다.[35] 그 근거를 반환하라고 하여도 당해 수익자는 상속을 포기하고 상속분을 초과하는 특별수익을 차지하는 것으로 만족할 수 있다는 데서 찾는 설도 있다.[36] 대상판결도 초과특별수익의 반환의무를 부정하고 있다.[37]

생각건대 민법의 체계, 특히 민법이 遺留分制度를 인정하고 있음에 비추어 본다면, 단순히 특별수익이 상속분을 초과하였다는 이유만으로 반환의무가 있다고 볼 수는 없다. 만일 그와 같이 본다면 적어도 공동상속인들 사이에서는 민법이 인정하는 유류분이 아무런 의미가 없게 된다. 다시 말하여 민법은 피상속인의 유증 또는 증여로 인하여 그 유류분에 부족이 생긴 때에 유류분의 반환을 인정하고 있는데(제1115조 제1항), 그 유증 또는 증여가 공동상속인에 대한 것일 때에는 그 유증 또는 증여의 가액이 그 공동상속인의 본래의 상속분을 넘기만 하면 다른 공동상속인의 유류분이 침해되었는지 여부에 관계없이 반환을 청구할 수 있다는 것이 되어, 공동상속인들 사이에서는 유류분에 관한 규정이 死文化된다는 결과가 되나, 이는 받아들일 수 없는 결론이다. 물론 반환의무를 긍정한다고 하더라도 초과특별수익자가 상속을 포기하는 경우에는 반환의무가 없게 되고 따라서 이 경우에는 유류분에 관한 규정이 적용될 수 있다고 할지도 모르지만, 입법자가 이러한 예외적인 경우에 적용될 것을 예상하여 유류분제도를 만들었다고 생각되지는 않는다. 뿐만 아니라 원래 우리 민법은 재산권 처분의 자유 및 유언의 자유를 인정하고 있고, 따라서 피상속인은 임의로 유증을 하거나 또는 생전의 증여를 할 수 있으며, 다만 그에 대한 제한으로서 유류분제도를 인정하고 있을 뿐이다. 그런데 위와 같이 특별수익자의 특별수익이 본래의 상속분을 초과하기만 하면, 유류분의 침해가 있었는지 여부를 가리지 않고 그 초과분의 반환의무가 있다고 하는 것은 피상속인의 자유를 지나치게 제한하는 것이 되어 부당하다.[38]

다른 말로 표현한다면 초과특별수익자의 반환의무를 인정하는 것은 피상속인의 의사에도 반한다는 것이 된다. 독일 민법 제2056조는 명문으로 초과특

35) 朴秉濠(註 12), 338-339면; 李凞培(註 11), 190면; 林完圭 · 金昭英(註 3), 716면; 權은민(註 11), 45면. 鄭德興, “寄與分의 決定과 相續分의 修正”, 司法論集 제25집, 1994, 80면도 초과특별수익자의 반환의무를 부정한다. 일본의 통설도 대체로 이와 같다. 有地 亨(註 27), 217면 참조.

36) 郭潤直(註 13), 194-195면.

37) 註 15)의 광주고등법원 1989. 6. 9. 선고 88르367 판결도 같은 취지이다.

38) 尹眞秀(註 18), 100면 참조.

별수익자의 반환의무를 부정하고 있는데, 그 근거는 이를 반환시키는 것은 피상속인의 추정적 의사에도 부합하지 않을 뿐만 아니라, 초과특별수익자가 자신의 재산으로 믿고 이미 소비하여 버렸을 수도 있는 초과특별수익분을 반환하게 한다는 것은 불공평하다는 데 있다.[39]

다른 한편 형식적으로 보더라도 민법 제1115조는 유류분에 부족이 생긴 때에는 유류분권리자가 부족한 한도 내에서 반환을 청구할 수 있음을 明文으로 규정하고 있는데, 이러한 명문규정이 없는 초과특별수익의 경우에는 본래의 상속분을 초과한다는 이유만으로 당연히 반환의무가 있다는 결론을 내릴 수도 없다. 반대설은 반환의무가 없다는 명문 규정이 없음에도 불구하고 반환의무가 없다고 속단하는 것은 의문이라고 하나,[40] 오히려 반환의무를 긍정하려면 원칙적으로 명문의 근거를 필요로 한다고 생각된다.

그러므로 1977년의 민법개정시에 제1008조 단서를 삭제한 것은 반환의무부정설이 설명하는 것처럼, 당시 유류분제도를 신설하면서 유류분을 침해한 경우에는 반환의무가 있다는 취지에서라고 보아야 할 것이다.[41] 그러나 이를 삭제함으로써 해석상 혼란이 일어난 점에 비추어 보면, 구태여 위 단서를 삭제할 필요가 있었는지는 의문이다. 다만 입법자의 의사를 善解한다면 위 단서를 남겨두면 유류분을 침해하는 경우에도 그 반환의무가 없다는 오해를 불러일으킬 것을 막으려고 하였을지도 모른다.

Ⅵ. 超過特別受益이 있는 경우 具體的 相續分의 算定方法

1. 종래의 논의

이처럼 초과특별수익자가 초과특별수익분을 원칙적으로는 반환하지 않는다고 한다면, 구체적 상속분은 어떻게 산정하여야 할 것인가? 이 점에 관하여 논하고 있는 국내의 문헌은 그다지 많지 않다.

---

39) MünchKomm/Dütz, §2056 Rdnr. 1; Staudinger/Olaf Werner, §2056 Rz. 1 등 참조.

40) 註 34) 참조.

41) 李根植, "改正家族法의 問題點", 司法行政 1979. 4, 21면 참조.

가. 郭潤直 教授의 주장

비교적 상세한 것이 곽윤직 교수의 설명이다.[42)]

곽윤직 교수는 주로 일본의 학설을 인용하여, 이 문제에 관한 3가지의 학설이 있다고 소개하고 있다. 즉 제 1 설은 초과특별수익자가 있으면 그 자를 부존재로 의제하여 다른 공동상속인 사이에서만 구체적 상속분을 산정한다는 설이고,[43)] 제 2 설은 공동상속인에게 초과특별수익자가 없는 것과 같은 방법으로 상속재산으로부터의 구체적 상속분[44)]을 산출한 다음 초과특별수익자 이외의 자에 관하여 이 구체적 상속분의 비율로 상속재산을 분배하여야 한다는 설이며,[45)] 제 3 설은 초과특별수익액을 초과특별수익자 이외의 자가 그들의 상속분(추상적 상속분)에 따라서 안분하여 부담하게 하는 것인데,[46)] 제 2 설이 가장 무난하지만, 실제에 있어서는 어느 설에 의하여도 상관없다고 한다.

구체적인 예에 따라 위의 각 설을 설명하여 보면 다음과 같다.

[사례 2][47)]

피상속인의 공동상속인으로는 처인 甲, 子인 乙, 丙이 있고, 상속개시 당시의 상속재산의 가액이 6,000만원이며, 甲은 8,000만원을 증여받고, 乙은 3,000만원을 유증받았다.

이 경우 상정상속재산은 1억 4,000만원(6,000만원 + 8,000만원)이고, 본래의 상속분은 甲 6,000만원(1억 4,000만원 × 3/7), 乙, 丙 각 4,000만원(1억 4,000만원 × 2/7)이다. 여기서 특별수익을 공제하면, 구체적 상속분은 甲 − 2,000만원(6,000만원 − 8,000만원)이 되어 초과특별수익자에 해당하고, 乙 1,000만원(4,000만원 − 3,000만원), 丙 4,000만원이 된다.

여기서 먼저 제 1 설에 따라 甲을 제외하고 다시 구체적 상속분을 산정하면, 상정상속재산은 6,000만원인데, 乙, 丙의 법정상속분은 각 1/2이므로 본래의 상속분은 각 3,000만원이고, 여기서 乙의 유증액을 공제하면 결국 구체적

42) 郭潤直(註 13), 195-200면.
43) 이를 超過特別受益者 不存在 擬制說이라고 한다.
44) 郭潤直 教授의 용어로는 실제의 취득액.
45) 이를 具體的 相續分 基準說이라고 한다.
46) 이를 本來의 相續分 基準說이라고 한다.
47) 法院實務提要 家事(改正增補), 1994, 832면(金能煥 집필) 참조.

상속분은 乙 0(다만 유증 3,000만원은 별도), 丙 3,000만원이 된다.

반면 제 2 설에 따르면 乙과 丙의 구체적 상속분은 乙 1,000만원 丙 4, 000만원이므로 그 비율은 1 : 4이고, 다른 한편 상속재산에서 乙에 대한 유증액 3,000만원을 공제하면 3,000만원이 되므로, 여기에 위 비율을 곱하여 乙, 丙의 구체적 상속분을 산정하면 乙 600만원(3,000만원 × 1/5), 丙 2,400만원(3,000만원 × 4/5)이 된다.

위 제 2 설은 초과특별수익자의 초과특별수익을 나머지 상속인들이 그 구체적 상속분의 비율에 따라 부담하는 것이라고 바꾸어 설명할 수도 있다. 위 예에서는 甲의 초과특별수익액 2,000만원 중 乙의 부담액은 400만원(2,000만원 × 1/5), 丙의 부담액은 1,600만원(2,000만원 × 4/5)이 되어, 최종적인 구체적 상속분은 앞의 계산방법과 마찬가지로 乙이 600만원(1,000만원 − 400만원), 丙이 2,400만원(4,000만원 − 1,600만원)이 된다.

그리고 제 3 설에 따를 때에는 초과특별수익액은 2,000만원인데, 甲을 제외한 乙, 丙의 각 법정상속분은 각 1/2이므로 乙, 丙의 각 부담액은 각 1,000만원이고, 따라서 이를 乙, 丙의 각 구체적 상속분에서 공제하면 乙 0(1,000만원 − 1,000만원), 丙 3,000만원(4,000만원 − 1,000만원)이 되어 결국 제 1 설과 같게 된다. 이 점은 우연의 일치가 아니고 뒤에서 설명하는 것처럼 언제나 그렇게 된다.[48]

나. 기타의 학설

반면 위의 주장과 다른 것으로는 다음과 같은 설명이 있다. 즉 초과특별수익자가 있는 경우 그 초과액을 다른 상속인이 부담하는 방법에 관하여, 초과수익자 이외의 상속인에게 그 구체적 상속분의 비율로 초과액을 부담시키는 방법(즉 구체적 상속분 기준설)과, 초과수익자는 상속인이 아닌 것으로 취급하여 다른 상속인만으로 법정상속분을 산정하는 방법(초과특별수익자 부존재 의제설)이 있는데, 앞의 방법에 의할 경우 증여나 유증을 받지 못하여 구체적 상속분이 많은 상속인이 초과부분까지 많이 부담하게 되어 불공평하므로 뒤의 방법에 의하는 것이 공평, 간명하고 피상속인의 통상의 의사에도 합치할 것이라고 한

48) 郭潤直(註 13), 195면 이하가 들고 있는 예에서는 제 1 설과 제 3 설 사이에 약간의 차이가 있으나, 이는 계산 과정에서 10,000원 미만을 버린 때문이고, 원리상으로는 차이가 없어야 한다. 위 예에 의하여 계산한 尹眞秀(註 18), 102면 참조.

다.[49)]

이 밖에는 더 이상 상세한 논의를 찾아보기 어렵고,[50)] 다만 구체적 상속분을 산정함에 있어서 앞에서 살펴본 각 방법 중에 어느 한 가지에 따르고 있을 뿐이어서,[51)] 견해의 대립이 있을 수 있다는 점을 의식한 것인지도 불분명하다.

다. 判　例

이에 관한 대법원의 판례는 찾아보기 어렵고, 하급심 판결례로서는 이 사건 대상판결 및 서울가정법원 1994. 4. 21.자 92느7359 심판[52)]은 구체적 상속분 기준설에 의하고 있는 반면, 광주고등법원 1989. 6. 9. 선고 88르367 판결(註 15)은 초과특별수익자 부존재 의제설에 따르고 있다.

2. 獨逸 民法의 규정

여기서 독일 및 일본에서의 논의를 살펴보기로 한다.

우선 독일 민법 제2056조는 이 문제를 입법적으로 명백히 해결하고 있다. 즉 한 공동상속인이 상속재산 분할시에 귀속될 것보다 더 많은 수익(Mehrempfang)을 받았으면 그는 그 초과액을 반환할 필요가 없으며, 그 경우 상속재산의 분할에 있어서는 초과특별수익자에 대한 특별수익의 가액과 그의 상속분은 계산에서 고려되지 않는다(außer Ansatz bleiben). 즉 명문으로 초과특별수익자 부존재 의제설을 규정하고 있다.[53)]

독일의 문헌은 이를 다음과 같이 설명하기도 한다. 즉 초과특별수익자가 있는 경우와 그가 없다고 의제하여 산정하는 것을 비교하면, 초과특별수익자를

49) 林完圭・金昭英(註 3), 716-717면. 法院實務提要 家事(註 47), 831-832면은, 이러한 두 가지 방법이 있다고 하면서 각 방식에 따른 산정례를 소개하고 있으나, 어느 방법이 타당한지에 관하여는 명백한 견해를 밝히고 있지 않다.

50) 다만 李垠廷(註 20), 187면 註 123은, 상속분의 산정방식에는 여러 가지 견해가 있으나 그 결과는 같다고 설명하는데, 이는 정확하지 않다.

51) 예컨대 鄭德興(註 35), 80면; 金疇洙(註 10), 537-538면; 申榮鎬, "寄與分과 相續分의 算定", 人權과 正義 1991. 8, 36-37면은 위 (1)에서 살펴본 3가지 설 가운데 제 2 설(구체적 상속분 기준설)에 따라 산정하고 있는 반면, 朴秉濠(註 12), 34-342면; 李凞培(註 11), 221면 등은 제 1 설(초과특별수익자 부존재 의제설)에 따라 계산하고 있다. 그러나 위의 각 문헌이 들고 있는 사례들은 초과특별수익자 이외의 다른 특별수익자가 존재하지 않는 경우이어서, 어느 방식에 의하더라도 결과의 차이는 생기지 않는다. 후술 4. 참조.

52) 하급심판례집 1994년 제 1 권 863면 이하.

53) 그 구체적인 계산방법에 관하여는 尹眞秀(註 18), 105면 참조.

제외함으로써 상정상속재산은 감소하고 분모(Nenner)는 달라지지만, 나머지 상속인들 사이의 본래의 지분 비율이 달라지는 것은 아니라고 한다.[54] 그리고 이러한 방법에 의하여 다시 초과특별수익자가 생기면, 또다시 같은 방법으로 그를 제외하고 구체적 상속분을 산출한다.[55]

3. 日本에서의 論議

일본 민법 제903조 제2항은 "遺贈 또는 贈與의 價額이 相續分의 價額과 같거나 또는 그를 초과하는 때에는 受遺者 또는 受贈者는 그 相續分을 받을 수 없다"라고 규정하고 있을 뿐, 이러한 초과특별수익자가 있는 경우에 상속분을 어떻게 산정할 것인가 하는 점에 대하여는 아무런 규정을 두지 않고 있어서 학설상 논의가 많다.

그런데 이러한 논의를 제대로 이해하기 위하여는 먼저 일본 민법상 상속인들의 법정상속분에 관한 규정이 우리 민법과는 다르다는 점에 유의하여야 한다. 특히 중요한 것은 우리 민법은 배우자의 상속분을 다른 공동상속인들의 상속분에 5할을 가산하고 있음에 대하여, 일본 민법은 배우자가 피상속인의 子와 공동으로 상속할 때에는 상속재산의 1/2을, 피상속인의 직계존속과 공동으로 상속할 때에는 상속재산의 2/3를, 피상속인의 형제자매와 공동으로 상속할 때에는 상속재산의 3/4을 각 상속하도록 되어 있으며 다른 공동상속인들은 배우자가 상속한 나머지를 원칙적으로는 균등한 비율로 상속한다(일본 민법 제900조).[56]

일본에서의 이에 관한 학설은 대체로 다음의 4가지로 분류할 수 있다.

제1설(초과특별수익자 부존재 의제설): 상속개시시의 재산을 초과특별수익자 이외의 공동상속인이 초과특별수익자를 제외한 상속분으로 나눈다고 해석하는 설로서, 초과특별수익자가 상속을 포기한 것과 동일시하여 상속분을 산정한다고 한다.[57] 이 설은 그 근거로서 이러한 방법이 특별수익의 가액을 포함하여 전 상속이익의 공평이 도모되고, 일본 민법 제903조 제1항이 "그 殘額으로써

54) Staudinger/Olaf Werner, §2056 Rz. 6; MünchKomm/Dütz, §2056 Rdnr. 6; BGB-RGRK/Kregel, 12. Aufl., 1974, §2056 Rz. 2.

55) MünchKomm/Dütz, §2056 Rdnr. 9.

56) 다만 嫡出이 아닌 子의 상속분은 嫡出인 子의 상속분의 1/2이고, 부모의 일방만을 같이하는 형제자매의 상속분은 부모의 쌍방을 같이하는 형제자매의 상속분의 1/2이다.

57) 小石壽夫, "相續分の算定", 判例タイムズ No. 148, 35면; 貝阿彌 誠, "法定相續分と具體的相續分", 判例タイムズ No. 688, 44면 등.

그 者의 相續分으로 한다"고 하는 법문의 해석에도 부합한다고 한다.

제 2 설(구체적 상속분 기준설): 상속개시시의 재산에 관하여 초과특별수익자 이외의 공동상속인의 구체적 상속분의 비율에 따라 각자의 현실상속분을 산정한다고 하는 설이다.[58] 초과특별수익액을 구체적 상속분의 비율에 따라 나머지 공동상속인들이 부담하더라도 마찬가지의 결과가 된다.[59] 이 설은 그 근거로서 이러한 방법이 일본 민법 제903조의 문언에 충실하고, 초과특별수익자가 없는 경우의 산정방법과도 整合性을 가진다고 한다. 이 설이 현재로서는 다수설로 보인다.

제 3 설(본래의 상속분 기준설): 초과특별수익액을 초과특별수익자 이외의 공동상속인이 그 본래의 상속분(지정 또는 법정상속분)에 의하여 부담한다고 해석하는 설이다.[60] 이 설은 그 근거로서 이 방법에 의하여야만 초과특별수익자 아닌 나머지 상속인들의 최종적 상속이익(구체적 상속분 + 특별수익)이 평등하게 된다고 한다.

제 4 설(배우자 우대설): 초과특별수익자가 血族相續人인 경우에는, 초과특별수익액을 초과특별수익자 아닌 나머지 공동상속인 중에서 배우자를 제외한 나머지 상속인이 부담한다고 하는 설이다. 그 근거는 혈족상속인과 배우자는 系列을 달리 하기 때문에, 혈족상속인의 특별수익이 배우자에게 손해를 끼쳐서는 안 된다고 하는 데 있다고 한다. 이 설은 다시 그 부담비율이 구체적 상속분이라고 해석하는 견해[61]와, 본래적 상속분이라고 해석하는 견해[62]로 나누어진다.[63]

4. 小　　結

그러면 우리 민법의 해석으로서는 과연 어느 설이 타당한가? 이 문제에

58) 園田 格, "相續分の算定", 家族法大系 Ⅵ, 288면; 有地 亨(註 27), 238면; 島津一郎 編, 基本法コメンタ-ル 相續 第三版(別冊法學セミタ- No. 92), 57면(沼辺愛一); 林 良平・大森政輔 編, 注解 判例民法 4(親族法・相續法), 1992, 625면(橘 勝致); 松原正明(註 2), 311면 등.

59) 有地 亨(註 27), 237면 참조.

60) 川井 健, "相續分の算定", 谷口知平・加藤一郎 編, 新民法演習 5(親族・相續), 1968, 205-207면.

61) 山崎邦彦, "民法903條をめぐって", エコノミア 24號 70面. 松原正明(註 2), 311-312면에서 再引用.

62) 中川善之助・泉 久雄, 相續法(第三版), 1988, 245면. 松原正明(註 2), 311-312면에서 재인용.

63) 구체적인 사례에 있어서 위 각 설에 따른 계산례는 尹眞秀(註 18), 107-110면 참조.

대하여 결론을 내리기에 앞서서, 먼저 다음의 몇 가지 점을 명백히 할 필요가 있다.

먼저 우리나라에서의 논의는 일본의 학설의 영향을 많이 받고 있음은 앞에서 살펴본 바에 의하여 명백하다. 그러나 법정상속분에 관한 우리 민법과 일본 민법의 구조적 차이로 인하여, 일본의 학설을 그대로 우리나라에는 적용할 수 없다. 그런데도 종래에는 이 점이 명백하게 인식되고 있었던 것 같지는 않다. 다시 말하여 일본 민법에서는 배우자의 상속분이 공동상속인의 수에 따라 정해지는 것이 아니라 전체 상속재산에 대한 일정 비율로 되어 있음에 반하여, 우리 민법은 상속인의 상속분은 그 상속인의 수에 따라, 즉 頭數에 따라 결정되며 다만 배우자의 상속분은 그에 1/2을 가산하는 데 지나지 않기 때문에, 상황이 다를 수밖에 없다.

구체적으로 본다면 먼저 일본에서 주장되는 설 가운데 이른바 배우자 우대설은 우리 민법에서는 주장될 여지가 없는 이론이라고 생각된다. 일본에서 이러한 주장이 나오게 된 것은 배우자의 상속분이 전체 상속재산에 대한 일정 비율로 되어 있다는 점에 근거한 것이나,[64] 우리나라에서는 배우자의 상속분은 공동상속인의 수에 따라 결정되기 때문에 이러한 설은 성립할 여지가 없다. 국내의 학설이 일본의 이러한 견해를 소개하고 있지 않은 것도 이 때문이라고 생각된다.

다음으로 우리나라의 학설 가운데에는, 초과특별수익자 부존재 의제설과 본래의 상속분 기준설이 서로 다른 것으로 소개하고 있는 것이 있으나,[65] 위의

64) 일본에서는 상속 포기의 효력에 관한 제939조가 개정되기 전까지는 배우자 아닌 공동상속인의 상속 포기가 배우자인 상속인에게 어떤 영향을 미치는가에 관하여 의견대립이 있었다. 예컨대 상속인으로 배우자 A와 子 B, C가 있는데(위 3인이 공동상속을 하게 되는 경우에는 당시의 법에 따라 배우자인 A가 전체 상속재산의 1/3을 가지고, 나머지 2/3를 B와 C가 균분하여 각 1/3을 가진다), C가 상속을 포기한 경우에 관하여 다음과 같은 3가지의 주장이 있었다. 제1설은 이는 배우자인 A에는 영향을 미치지 않고, 따라서 A의 상속분은 C의 상속 포기에 관계없이 상속재산의 1/3이고, B의 상속분만이 상속재산의 1/3에서 2/3로 증가한다는 설(이른바 株分け說)이고, 제2설은 C의 상속분이 A와 B의 구체적 상속분에 따라 A와 B에게 각 1 : 1로 귀속되어 결국 A, B의 상속분이 각 1/2로 된다는 설(이른바 頭分け說)이며, 제3설은 C의 상속분이 법정상속분에 따라 A와 B에게 1 : 2의 비율로 귀속되어 결국 A가 4/9, B가 5/9를 취득하게 된다는 것이다. 개정된 일본 민법 제939조는 "상속을 포기한 자는, 그 상속에 관하여는 처음부터 상속인으로 되지 않았던 것으로 간주한다"고 규정하여 결과적으로 제1설을 채택한 것이 되었다. 이상의 설명은 谷口知平・久貴忠彦, 新版 注釋民法 27, 600-603면(山木戸克己・宮井忠夫 집필) 참조. 본문의 배우자 우대설은 위와 같은 학설 중 株分け說과 맥락을 같이하는 것이다. *沼辺愛一*(註 58), 56-57면 참조.

65) 郭潤直(註 13), 196면 이하. 우리 민법상으로는 지정상속분이라는 개념은 인정되고 있지 않

[사례 2]에서 보듯이, 일본 민법과는 달리 우리 민법상으로는 양자는 항상 같은 결과를 가져온다. 즉 앞의 설이 주장하는 방식에 의할 때에는 초과특별수익자 아닌 공동상속인들의 본래의 상속분의 비율은 초과특별수익자를 빼고 산정한 본래의 상속분의 비율(즉 법정상속분의 비율)과 같고, 다만 뒤의 본래의 상속분에서 특별수익만을 공제한 것인데, 뒤의 설이 주장하는 방식에 의하면 초과특별수익자를 넣어서 산정한 구체적 상속분에서 초과특별수익을 각 법정상속분의 비율로 분담한 액수를 공제한 것으로서, 여기에 각 상속인들의 특별수익을 가산하면 결국 앞의 설에 따른 방식으로 산출한 본래의 상속분이 되기 때문이다.[66] 다만 실제 계산에 있어서는 가령 원 미만의 단수가 생기는 때에는, 어느 방식을 취하는가에 따라 약간의 차이가 생길 수 있으나, 원리적으로는 양자 사이에 차이가 없다.

그러므로 우리 민법의 해석론으로서 주장될 수 있는 것은 결국 초과특별수익자 부존재 의제설과 구체적 상속분 기준설의 두 가지라고 하겠다. 그리고 앞의 설은 초과특별수익을 각 공동상속인들이 법정상속분에 따라 부담하는 것과 마찬가지이고, 뒤의 설은 초과특별수익을 각 공동상속인들이 구체적 상속분의 비율에 따라 부담하는 것과 같다. 그런데 이 두 가지 방법 또한 실제로 차이가 생기는 것은, 초과특별수익자를 제외한 나머지 상속인들 가운데 특별수익자가 있는 경우에 한한다. 나머지 상속인들 사이에 특별수익자가 없으면 기준이 되는 법정상속분과 구체적 상속분의 비율은 같기 때문이다.

그러면 위 두 가지 방법 가운데 어느 것이 타당할 것인가?

위 [사례 2]의 경우에는 초과특별수익자 부존재 의제설에 따를 때에는 구체적 상속분은 乙 0(다만 유증 3,000만원은 별도), 丙 3,000만원이 되는 반면, 구체적 상속분 기준설에 의할 때에는 최종적인 구체적 상속분은 乙이 600만원(1,000만원 − 400만원), 丙이 2,400만원(4,000만원 − 1,600만원)이 되어, 구체적 상속분 기준설이 특별수익을 받은 공동상속인에게 더 유리한 결과가 됨을 알 수 있다. 다시 말하여 구체적 상속분 기준설에 의하면, 초과특별수익자가 없는 경우에는 초과특별수익자 아닌 다른 특별수익자가 얻는 최종적 이익, 즉「구체적 상속분에 특별수익을 합산한 액」과, 특별수익자 아닌 다른 공동상속인이 얻는 최종적 이익(즉 구체적 상속분)의 비율이 그들 사이의 법정상속분의 비율과 같게 되는 반

으므로 본래의 상속분 기준설은 결국 법정상속분 기준설이라고 할 수 있다.

66) 그 수학적인 증명은 尹眞秀(註 18), 112면 註 71 참조.

면, 초과특별수익자가 있는 경우에는 초과특별수익자 아닌 다른 특별수익자가 얻는 이익의 다른 공동상속인이 얻는 이익에 대한 비율이 법정상속분보다 높게 된다. 그러나 초과특별수익자 부존재 의제설에 의할 때에는 초과특별수익자가 있거나 없거나 관계없이 초과특별수익자 아닌 특별수익자와 다른 공동상속인의 본래의 상속분의 비율이 항상 법정상속분의 비율과 같게 된다.

위 두 가지 방법 가운데 어느 것이 타당한 것인지를 결정하기 위하여는 구체적 상속분을 산정함에 있어서 특별수익에 의한 조정을 인정하는 근거를 다시 한 번 생각하여 볼 필요가 있다. 위 Ⅳ. 1.에서 언급한 것처럼, 특별수익에 의한 조정의 근거는 제1차적으로는 공동상속인들 사이의 형평 내지 공평을 꾀한다는 점에 있다. 이를 다른 말로 표현한다면, 특별수익이 존재하는 경우에도 각 공동상속인들이 얻는 이익, 즉 구체적 상속분과 특별수익을 합한 액수의 비율은 원래의 법정상속분의 비율과 같아야 하는 것이 공동상속인들 사이의 형평의 원칙에 부합하는 것이다. 공동상속인들이 동일한 법정상속분을 가지고 있는 경우라면, 구체적 상속분과 특별수익을 합한 액수 또한 같아야 하는 것이다.

그런데 앞의 [사례 2]에서는 구체적 상속분 기준설에 의할 때에는 특별수익자인 乙의 구체적 상속분은 600만원이고 유증액은 3,000만원이어서 결국 합계 3,600만원의 이익을 얻는 반면, 특별수익자 아닌 丙은 2,400만원의 구체적 상속분밖에 받지 못하게 되어 심한 불균형을 보이게 된다. 한편 초과특별수익자 부존재 의제설에 의할 때에는 특별수익자인 乙은 3,000만원의 유증을 받고, 특별수익자 아닌 丙은 3,000만원의 상속을 받게 되어, 양자 사이에 그러한 불균형이 생기지 않는다.[67]

이를 다른 말로 바꾸어 말한다면, 초과특별수익자가 처음부터 존재하지 않는 경우에는 공동상속인들 사이에서 구체적 상속분과 특별수익을 합한 이익의 비율이 법정상속분의 비율로 유지되는 데 반하여, 초과특별수익자가 있는 경우에는 구체적 상속분 기준설에 의하는 한 법정상속분의 비율과는 달라지게 되고, 따라서 초과특별수익자가 존재한다는 우연한 사정에 의하여 특별수익자와 특별수익자 아닌 자 사이의 이익취득 비율이 달라지게 된다. 독일의 학설이 초과특별수익자를 넣고 계산하는 경우와 그를 제외하고 계산하는 경우에 나머지 상속인들 사이의 상속분의 비율이 동일하여야 한다고 하면서, 그와 같이 보지

67) 일본에서 本來의 相續分 基準說을 주장하고 있는 川井 健(註 60), 206면도 이 점을 지적하고 있다. 私見으로는 일본 民法의 解釋으로서는 이 설이 가장 설득력이 있다고 생각된다.

않으면 중대한 불공평(grobe Unbilligkeit)이 생긴다고 설명하고 있는 것[68]도 같은 취지라고 생각된다. 다른 측면에서 본다면 구체적 상속분 기준설에 의할 때에는 특별수익자 상호간에도 특별수익을 더 많이 얻은 자가 초과특별수익을 더 적게 부담하는 결과가 되는데, 이는 특별수익이 있더라도 상속채무는 법정상속분의 비율에 따라 부담한다는 것[69]과도 균형이 맞지 않는다.[70]

구체적 상속분 기준설을 지지하는 논자들은 이 說이 초과특별수익자가 없는 경우의 산정방법과 정합성이 있으며, 반대로 초과특별수익자 부존재 의제설을 취하게 되면 초과특별수익자가 있는 때에는 그들의 특별수익이 다른 상속인들의 구체적 상속분을 산출하는 데 있어서 전혀 무관하다는 점을 근거로 든다.[71] 그러나 이러한 점은 구체적 상속분 기준설을 뒷받침할 만한 논거로서는 매우 불충분하다고 생각된다.

다만 초과특별수익자 부존재 의제설에 의할 때에는 원래의 초과특별수익자를 빼고 산정하면 또다시 초과특별수익자가 나올 수가 있고, 이때에는 다시 이 자를 빼고 같은 방법으로 계산을 되풀이하여야 하여야 하지만,[72] 이는 다소 번거로울 뿐 원리상의 중대한 문제점이라고는 할 수 없다.

Ⅶ. 結 論

이제까지 대상판결을 중심으로 하여 상속재산 분할에 관한 여러 가지 쟁점을 살펴보았다. 대상판결은 상속재산 분할에 관한 여러 가지 문제를 비교적 상세하게 다루고 있으나, 금전채권을 상속재산 분할에서 제외한 점 및 초과특별수익이 있는 경우 구체적 상속분의 산정 방법에 관하여 구체적 상속분 기준설을 따른 점은 찬성하기 어렵다.

〈判例月報 1998. 6 = 家族法研究 제12호, 1998〉

68) BGB-RGRK/Kregel, §2056 Rz. 2.

69) 郭潤直(註 13), 201면; 金疇洙(註 10), 536면; 朴秉濠(註 12), 339면; 李凞培(註 11), 216면; 林完圭・金昭英(註 3), 718면; 대법원 1995. 3. 10. 판결(註 19) 등 참조.

70) 尹眞秀(註 18), 113-114면 참조.

71) 郭潤直(註 13), 200면 등.

72) 위 註 55)의 本文 참조.

〈追記〉

註 16)의 본문에서 언급한, 금전이 증여된 경우 그 상속개시 당시의 시가를 평가하는 문제에 대하여, 대법원 2009. 7. 23. 선고 2006다28126 판결(公2009하, 1435)은 그 증여받은 금액을 상속개시 당시의 화폐가치로 환산하여 이를 증여재산의 가액으로 봄이 상당하고, 그러한 화폐가치의 환산은 증여 당시부터 상속개시 당시까지 사이의 물가변동률을 반영하는 방법으로 산정하는 것이 합리적이라고 하였다.

相續法上의 法律行爲와 債權者取消權*

－相續 抛棄 및 相續財産 協議分割을 중심으로－

Ⅰ. 序 論

상속재산에 관한 상속인의 법률행위가 채권자취소권의 대상이 되는가가 문제되는 경우가 있다. 예컨대 채무자가 채무가 많아서 이를 다 변제할 수 없는데 마침 상속을 받게 되었으며, 상속재산 가운데에는 소극재산보다 적극재산이 많아서 이를 가지고 자신의 채권자에게 채무를 변제할 수 있는데, 채무자가 상속을 포기하면 채무자의 채권자는 채무자가 그대로 상속을 승인한 경우와 비교하여 손해를 입게 된다. 이 경우에 상속인의 채권자가 상속인의 상속 포기 행위가 채권자를 해하는 詐害行爲라 하여 채권자취소권의 규정(민법 제406조)에 기하여 이를 취소할 수 있는가 하는 점을 생각해 볼 수 있다. 거꾸로 상속재산만으로는 상속채권자(피상속인의 채권자)에 대한 채무를 다 변제할 수 없지만, 상속인에게 고유의 재산이 있어서 상속인이 상속을 승인하면 상속채권자가 채권을 변제받을 수 있는데, 상속인이 이를 피하기 위하여 상속을 포기한 경우에 상속채권자가 상속 포기를 취소할 수 있는가도 따져 볼 필요가 있다.

그리고 상속인이 상속을 승인한 이후에 공동상속인 사이에서 상속재산을 협의분할하면서 실질적으로 자신의 상속분에 미치지 못하는 몫만을 분할받음으로써 채권자에게 손해가 되는 경우도 있을 수 있다. 이때 상속인의 채권자 또

* 이 글을 쓰는 데 필요한 자료를 제공하여 주신 부산고등법원 이인재 부장판사님, 대법원 재판연구관 이태종 부장판사님, 서울대학교 법과대학의 김재형 교수님, 내용에 관하여 조언하여 주신 서울대학교 법과대학의 최병조 교수님과 남효순 교수님께 감사의 뜻을 표한다.

는 상속채권자가 이러한 상속재산의 협의분할을 취소할 수 있는가도 문제된다.

이제까지 국내에서는 상속의 포기가 채권자취소권의 대상인 사해행위가 되는가에 관하여는 어느 정도 논의되어 왔으나, 상속재산 분할협의가 취소의 대상이 되는가에 관하여는 일부 하급심 판결례를 제외하고는 거의 논의되지 않았다. 그러나 외국에서는 이 두 가지 문제가 이전부터 많이 논의되어 왔다. 그런데 최근 대법원은 상속재산의 분할협의는 채권자취소권 행사의 대상이 될 수 있다는 판결을 선고하였다.[1]

이하에서는 위 판결을 계기로 하여 상속의 포기 및 상속재산의 협의분할과 같은 상속법상의 법률행위가 채권자취소권에 의한 사해행위 취소의 대상이 되는지에 관하여 살펴보기로 한다. 논의의 순서로서는 우선 국내에서의 상황을 알아보고, 이어서 프랑스, 독일 및 일본에서의 논의를 소개한 다음, 마지막으로 私見을 제시하고자 한다.

Ⅱ. 國內에서의 論議

1. 學　　說

우선 상속의 포기가 채권자취소권에 의한 취소의 대상이 될 수 있는가에 관하여 국내의 학설은 거의 부정적인 태도를 취하고 있고, 이를 긍정하는 견해는 찾아보기 어렵다. 예컨대 이 문제를 비교적 자세하게 다루고 있는 한 논문[2]은 다음과 같이 설명한다. 즉 상속의 승인이나 포기는 신분행위라기보다는 재산적 성격이 강하지만 사해행위는 되지 않는데, 채권자는 재산분리, 상속파산에 의하여 구제받을 수 있으며, 고유재산이 감소하는 것은 아니고, 상속채권자도 상속재산을 목적으로 하지 않으므로 사해행위 취소를 부정할 수 있다고 한다. 또한 자기의 직접적인 채무가 아닌 채무를 거절할 권리가 있는 것이고, 채권자가 합리적으로 기대할 수 있는 책임재산은 채무자 개인의 고유재산뿐이며 그 외에 상속재산으로 자기의 채권을 확보하기 위하여 채권자를 개입시킬 수 있는 권리는 없으므로 상속 포기는 채권자취소권의 대상이 될 수 없다는 것이다.

1) 대법원 2001. 2. 9. 선고 2000다51797 판결(公 200상, 615).

2) 편지원, "相續財産의 承認 및 抛棄와 債權者取消權", 家族法硏究 제 7 호, 1993, 127면, 145-146면.

이 외에도 부정설은 여러 가지 근거를 들고 있다. 즉 상속의 승인 또는 포기를 할 수 있는 권리는 상속인만이 할 수 있는 행사상의 일신전속권이라거나 인격권적인 성질을 가지는 것이라는 점,[3] 상속의 포기 여부는 전적으로 상속인의 자유이기 때문에 채권자취소권의 대상이 될 수 없다는 점,[4] 취소의 객체인 법률행위는 재산권을 목적으로 하는 것이라야 하는데 상속의 포기는 신분행위 내지 신분법상의 행위라거나,[5] 직접 재산권 자체를 목적으로 하지 않고,[6] 간접적으로는 재산상의 이익에 영향을 미치더라도 채무자의 자유에 맡겨야 한다는 점[7] 등이 근거로서 제시되고 있다.

다른 한편 상속재산의 분할협의가 채권자취소권에 의한 취소 대상이 되는가에 관하여는 국내에서 종래 별다른 논의가 없었다. 다만 이에 관한 일본에서의 논의를 소개한 것이 있고,[8] 이를 긍정한 위 대법원 2001. 2. 9. 선고 2000다51797 판결(註 1)이 선고된 후 이에 반대하는 판례평석[9]이 발표된 바 있다. 위 판례평석에서는 상속재산의 협의분할은 재산권을 목적으로 하는 법률행위이기는 하지만, 채무자가 상속재산의 협의분할에 의하여 자신의 상속분을 포기한 것은 자기 재산에 관한 처분행위를 한 것으로 인정할 수 없는데, 상속인은 분할로 인하여 상속재산을 취득하게 된 때에 비로소 상속개시시에 소급하여 재산권을 취득한 것이 되기 때문이라고 한다.[10] 그리고 상속재산의 분할과정에서 자신의 상속분을 포기하거나 다른 상속인에게 양도하는 것은 상속인의 재산상의 이익에 영향을 미치는 행위이기는 하나 채무자의 자유에 맡겨야 하는 행위이고, 상속인의 상속재산의 포기나 양도로 인하여 상속인의 재산상태가 채권자취소권의 요건인 적극재산이 감소하거나 소극재산이 증가한 경우라고 할

---

3) 金疇洙, 親族・相續法, 第5全訂版, 1998, 575면은 앞의 점을 근거로 들고 있고, 金容漢, 親族相續法論, 全訂4版, 1981, 374-375면은 뒤의 점을 근거로 들고 있으며, 朴秉濠, 相續法, 서울대학교 법과대학 교재, 1995, 390면은 두 가지 점을 다 같이 들고 있다.

4) 裵慶淑・崔錦淑, 親族相續法講義, 2000, 543면.

5) 金能煥, 民法注解 IX, 1995, 818면; 金亨培, 債權總論, 第2版, 1998, 403면.

6) 郭潤直, 債權總論, 新訂(修正版), 1999, 190면.

7) 金曾漢・金學東, 債權總論, 第6版, 1998, 196면; 李相京, 註釋債權總則, 第3版, 2000, 64면 등.

8) 金昌鍾, "相續財産의 分割", 相續法의 諸問題, 裁判資料 제78집, 1998, 237면.

9) 田慶根, "相續財産의 分割과 債權者取消權", 家族法硏究 제15권 1호, 2001, 517면 이하.

10) 위 논문 534-535면은 민법의 규정에 따르면 상속재산의 분할로 인하여 상속인이 취득하게 되는 피상속인의 재산은 다른 공동상속인을 거치지 아니하고 피상속인으로부터 직접 취득하는 것이며, 따라서 상속재산의 분할과정에서 자신의 상속분을 포기하거나 다른 공동상속인에게 양도한 경우에도 그 상속인의 재산이 이전된 것으로 볼 수는 없고, 따라서 채무자인 상속인의 재산임을 전제로 하여 그 재산을 다른 공동상속인에게 양도하는 법률행위가 사해행위가 된다고 하는 것은 상속재산의 귀속에 관한 법리를 오해한 것이라고도 설명하고 있다.

수 있을지도 의문이라고 한다.[11]

2. 判 例

상속의 포기가 채권자취소권에 의한 취소의 대상이 되는가에 관하여 직접 판시한 대법원 판례는 보이지 않는다. 다만 하급심 판결례로서 광주고등법원 1979. 6. 22. 선고 78나79 판결[12]이, 재산상속의 포기는 일신전속적 권리이므로 사해행위 취소의 대상이 되는 권리가 아니라고 한 것이 있다. 그리고 위 대법원 2001. 2. 9. 선고 2000다51797 판결(註 1)의 제 1 심 판결[13]은 상속재산의 협의분할이 사해행위 취소의 대상이 되지 않는다고 하면서, 그 근거로서 "사해행위의 취소는 재산권을 목적으로 한 법률행위를 그 대상으로 하는바, 간접적으로 채무자의 재산상의 이익에 영향을 미칠 수 있는 법률행위라 하더라도 직접 재산권 자체를 목적으로 하지 않는 혼인·이혼 혹은 상속의 승인이나 포기, 상속재산의 협의분할과 같은 가족법상의 법률행위는 사해행위 취소의 대상이 아니라고 할 것이므로"라고 판시한 바 있다.

그리고 상속재산의 협의분할에 관하여는 위 대법원 2001. 2. 9. 선고 2000다51797 판결(註 1)이 선고되기 전에 이를 부정한 하급심 판결례가 있었다. 즉 울산지방법원 1998. 5. 20. 선고 97가합7901 판결[14]은, "채권자취소권제도는 채권의 공동담보를 보전시킴으로써 채권자를 보호하기 위한 것으로서 그 취소의 대상인 법률행위는 직접 채무자의 일반재산을 구성하는 권리에 관한 것이어야 하고, 간접적으로는 채무자의 재산상의 이익에 영향을 미치는 법률행위라도 재산권 자체를 직접적인 목적으로 하지 않는 신분법상의 법률행위는 그 대상이 될 수 없다"고 보았다. 그리하여 협의분할의 효과는 상속개시된 때에 소급하여 생기므로, 상속인간의 협의에 의해 법정상속분을 초과하여 상속재산을 취득한 상속인은 피상속인으로부터 직접 상속받은 것이지, 공동상속인으로부터 증여를 받은 것으로 보기는 어렵다고 한다. 따라서 이미 무자력 상태에 있는 채무자가 그의 유일한 재산이라고 할 수 있는 상속재산의 법정상속지분을 협의분할의 방식으로 포기함으로써 다른 상속인에게 그 법정상속지분을 초과하여 상속재

11) 田慶根(註 9), 531면 이하.
12) 高集 1979민, 365.
13) 부산지방법원 1999. 12. 16. 선고 99가단51766 판결.
14) 下集 1998-1, 47.

산을 취득하게 하더라도, 그와 같은 협의분할 행위는 신분법상의 법률행위일 뿐 아니라 상속재산의 무상양도에 해당한다고 할 수도 없어서 사해행위의 대상이 된다고 할 수 없다고 하였다.

이에 반하여 위 대법원 2001. 2. 9. 선고 2000다51797 판결(註 1)은 상속재산의 협의분할도 사해행위 취소의 대상이 될 수 있다고 한다. 즉 "상속재산의 분할 협의는 상속이 개시되어 공동상속인 사이에 잠정적 공유가 된 상속재산에 대하여 그 전부 또는 일부를 각 상속인의 단독소유로 하거나 새로운 공유관계로 이행시킴으로써 상속재산의 귀속을 확정시키는 것으로 그 성질상 재산권을 목적으로 하는 법률행위이므로 사해행위취소권 행사의 대상이 될 수 있다"는 것이다.

이 사건의 내용은 상속재산을 협의분할함에 있어서 공동상속인 중 1인은 전혀 분할을 받지 않는 것으로 되자, 상속개시 전에 위 공동상속인에게 돈을 대여하여 주었던 채권자가 공동상속의 협의분할에 대하여 취소를 청구한 것이다.

Ⅲ. 外國에서의 論議(1) — 프랑스 및 獨逸

1. 프 랑 스

프랑스에서는 이 문제는 입법적으로 해결되어 있다고 할 수 있다.

가. 相續의 抛棄

상속의 포기에 관하여, 프랑스 민법 제788조는 다음과 같이 규정한다.

"채권자에게 손해를 가하면서 포기하는 자의 채권자는 채무자의 이름으로 채무자에 갈음하여 상속을 승인하는 것을 법원으로부터 허가받을 수 있다. 이 경우에 포기는 채권자를 위하여서만, 그리고 그의 채권액을 한도로 하여서만 무효로 된다: 포기는 포기를 한 상속인의 이익을 위하여는 무효로 되지 않는다."[15)]

---

15) 원문은 다음과 같다.

"Les créanciers de celui qui renonce au préjudice de leurs droits, peuvent se faire autoriser en justice à accepter la succession du chef de leur débiteur, en son lieu et place. Dans ce cas, la renonciation n'est annulée qu'en faveur des créanciers, et jusqu'à concurrence seulement de leurs créances: elle ne l'est pas au profit de l'héritier qui a renoncé."

이 규정은 채권자취소권(action paulienne)을 규정하고 있는 프랑스 민법 제1167조와는 달리 채권자를 해하는 채무자의 행위를 다툴(attaquer) 수 있다고는 하고 있지 않지만, 프랑스의 학설은 일치하여 이 제788조의 규정이 상속의 포기가 채권자취소권 행사의 대상이 된다는 의미라고 보고 있다.[16)]

권위 있는 프랑스의 한 교과서에서는 다음과 같이 설명한다. 즉 상속의 포기가 채권자취소권 행사의 대상이 될 수 있는가에 관하여, 다음과 같은 이유로 이에 반대할 수도 있다고 한다. 상속에 있어서 상속인이 상속을 승인하는가 포기하는가 여부의 선택(option)은 전적으로 그의 인격에 부착되어 있는 것인데, 왜냐하면 이 선택은 상속인으로 하여금 친족법상의 의무를 이행할 수 있게 하는 것이기 때문이라는 것이다. 그러나 이에 대하여는 이른바 그러한 의무라고 하는 것의 이행은 재산을 상속한 사람(héritier *in bonis*)에게만 허용될 수 있는 無償行爲(libéralité)를 구성한다고 반박할 수 있다는 것이다.

나아가 이 제788조의 규정이 상속의 포기에 관하여만 규정하고 있는 것이 채권자취소권을 포기에만 한정하여 인정하는 것이 아닌가 하는 문제가 제기되는데, 프랑스의 古法상은 상속인이 취하는 모든 행위에 대하여 채권자취소권이 부여되었고, 프랑스 민법의 이유서를 보더라도 입법자가 전통과 결별하려는 의도를 가졌다고는 보이지 않는다고 한다. 그럼에도 불구하고 포기의 경우에 관하여만 채권자취소권의 규정을 둔 것은 다음과 같은 이유라고 한다. 즉 채권자취소권은 재산의 감소행위에 대하여만 인정되고, 재산 증가의 거부에 대하여는 인정되지 않는데, 상속재산은 상속이 개시되자마자 상속인에게 취득되는 것이므로 포기를 하는 상속인은 그 재산을 감소시키는 것이지만, 그럼에도 불구하고 이를 밝히는 것이 무용하지는 않기 때문이라는 것이다.[17)18)]

그리고 상속의 포기를 취소할 수 있는 것은 제788조의 법문과 같이 상속

---

16) Grimaldi, Droit civil, Successions, 4e éd., 1996, n° 438; Mazeaud/Mazeaud, LeÇons de droit civil, T. 4, Vol. 2, 4e éd., 1982, Successions Libéralités, par André Breton, n° 1077; Donnier, Art. 784 à 792 in: Juris-Classeur Civil, 1988, n° 79.

17) Mazeaud/Mazeaud(註 16), n° 1077. 大島俊之, "相續放棄と債權者取消權 1", 法律時報 제57권 8호, 1985, 119-120면 이하는 프랑스 및 루이지애나의 문헌들을 인용하면서, 프랑스 민법이 제788조의 규정을 별도로 둔 것은 과거 로마법 시대에는 상속의 포기가 사해행위 취소의 대상이 되지 않았기 때문에 이를 명확히 하기 위한 것이라고 설명한다.

18) 그러나 실제에 있어서 프랑스에서 상속의 포기 외에 채권자취소권의 대상이 되는 것은 상속의 單純承認(Acceptation pure et simple)뿐이고, 상속의 限定承認(Acceptation sous bénéfice d'inventaire)은 채무자의 재산을 감소시키는 것이 아니기 때문에 채권자취소권의 대상이 되지 않는다. Grimaldi(註 16), n° 497 et suiv. 참조.

인의 채권자뿐이고, 상속재산에 대한 채권자(피상속인의 채권자)는 상속의 포기를 취소할 수 없으며,[19] 상속인의 채권자 가운데도 상속 포기 이전에 채권을 취득한 사람에 한정되고, 상속 포기 후에 채권을 취득한 사람은 채권자취소권을 행사할 수 없다. 왜냐하면 그러한 채권자는 이미 상속재산을 상실한 채무자와 거래한 것이기 때문이다.[20]

또한 제788조는 채권자취소권 일반에 관한 제1167조와는 달리 채무자의 詐害(fraude)의 의사에 관하여 언급하고 있지 않기 때문에 상속의 포기를 취소하기 위하여는 채무자의 사해의 의사가 요구되는가 하는 점이 문제된다. 이 점은 일반적으로 긍정되고 있다.[21] 여기서 사해의 의사란 채권자에게 손해가 생긴다는 것을 알기만 하면 되는데, 이러한 손해의 요건은 별로 중요하지 않다. 왜냐하면 채무자인 상속인이 무자력인 반면 상속재산 가운데 적극재산이 소극재산을 초과하는 경우에는 채권자에게 손해가 생긴다는 것이 명백하기 때문이다.[22]

한편 이처럼 상속의 포기가 사해행위 취소의 대상이 된다는 것은 프랑스 민법의 영향을 받은 여러 나라(이탈리아, 캐나다의 퀘벡 주, 미국의 루이지애나 주 등)뿐만 아니라 스위스에서도 인정되고 있다.[23]

나. 相續財産 分割

프랑스 민법 제882조는 상속재산 분할(partage)과 채권자의 관계에 대하여 특별 규정을 두고 있다.

"공동분할인의 채권자는 분할이 자신의 권리를 해치면서 이루어지는 것을 막기 위하여, 자신이 참가하지 않고 분할이 이루어지는 데 대하여 이의를 제기할 수 있다: 채권자는 자신의 비용으로 분할에 참가할 권리를 가진다; 그러나 채권자는 그 이의에도 불구하고 채권자 없이 이루어진 경우가 아니면 완료된 분할을 다툴 수 없다."[24]

이 규정에 의하면 상속재산 분할에 대하여 채권자가 채권자취소권을 행사

---

19) Mazeaud/Mazeaud(註 16), n° 1077.

20) Donnier(註 16), n° 80.

21) Mazeaud/Mazeaud(註 16), n° 1077; Donnier(註 16), n° 80; Grimaldi(註 16), n° 498.

22) Grimaldi(註 16), n° 498; Donnier(註 16), n° 82.

23) 大島俊之(註 17), 118면 이하 참조.

24) "Les créanciers d'un copartageant, pour éviter que le partage ne soit fait en fraude de leurs droits, peuvent s'opposer à ce qu'il y soit procédé hors de leur présence: ils ont le droit d'y intervenir à leurs frais; mais ils ne peuvent attaquer un partage consommé, à moins toutefois qu'il n'y ait été procédé sans eux et au préjudice d'une opposition qu'ils auraient formée."

할 수 있는 것은 채권자가 이의를 제기하였음에도 불구하고 채권자의 참가 없이 분할이 이루어진 때에 한정되게 된다.[25] 원래 프랑스 민법이 제정되기 전의 普通法(droit commun)은 상속재산 분할에 대하여도 채권자가 제한 없이 채권자취소권을 행사할 수 있다고 보고 있었다. 그러나 프랑스 민법은 이러한 전통과는 달리 채권자취소권의 행사를 제한하는 것을 택하였다. 그 이유는 입법자가 상속재산의 분할은 매우 중요하고 복잡하며, 많은 사람들의 이해관계에 영향을 미치기 때문에, 보통의 법률행위와 마찬가지의 요건 하에 채권자가 그 취소를 요구할 수 없다고 평가하였기 때문이라고 한다.[26]

채권자가 이의를 제기하였음에도 불구하고 그 채권자의 참가 없이 분할이 이루어졌을 때에는 채권자는 제882조에 의하여 채권자취소권을 행사할 수 있는데, 이 경우의 채권자취소권은 채권자가 사해의 의사를 증명할 필요가 없다는 점에서 일반적인 채권자취소권과는 다른 특징이 있다. 즉 채권자의 참여 없이 분할이 이루어졌다는 점에서 사해의 의사는 추정되고, 이러한 추정은 반대사실의 증명에 의하여 깨어지지 않는다.[27]

다른 한편 이처럼 제882조는 채권자의 이의가 존중되지 않았을 경우에 한하여 채권자의 사해행위 취소를 인정하고 있으나,[28] 판례는 일정한 경우에는 채권자가 이의를 하지 않았어도 사해행위 취소를 할 수 있다고 인정하고 있다. 즉 상속인들이 채권자가 이의를 제기하는 권리를 행사하는 것을 방해하기 위하여 공동으로 사해의 의사를 가지고(concert frauduleux) 분할을 서둘렀을 때에는 채권자는 제882조에 관계없이 채권자취소권을 행사할 수 있다고 한다.[29] 이 점에 관하여 프랑스의 판례는 "공동분할자들의 공동의 사해의 의사의 결과로 채권자가 분할에 대하여 이의를 제기할 수 없는 상태에 빠졌을 때에는 민법 제882조는 적용이 중지된다"고 설시한다.[30][31]

25) 제882조는 협의분할(partage amiable)이건 재판상 분할(partage judiciaire)이건 다같이 적용된다. Behar-Touchais, Art. 882, in: Juris-Classeur Civil, 1993, n° 6.

26) Mazeaud/Mazeaud(註 16), n° 1776. Behar-Touchais(註 25), n° 2는, 상속재산의 분할은 매우 복잡한 행위여서 채권자의 정당한 이익을 무시하지 않으면서도 분할의 안정성을 확보하려는 것이 법률의 의도라고 설명한다.

27) Mazeaud/Mazeaud(註 16), n° 1780; Behar-Touchais(註 25), n° 52 참조.

28) 이 이외의 다른 구제방법이 인정되지 않는다는 의미에서 非競合의 原理(Principe du non-cumul)라고 부른다.

29) Mazeaud/Mazeaud(註 16), n° 1780; Behar-Touchais(註 25), n° 77 et suiv.

30) Cass. Req., 14 févr. 1870: DP 1871, 1, p. 21 등. Behar-Touchais(註 25), n° 78 이하에 이에 관한 판례가 소개되어 있다.

31) 이 밖에도 상속재산 분할이 가장된 것(fictif)일 때에는 채권자는 채권자취소권이 아니라 통

2. 獨　　逸

독일에서는 상속의 포기(Ausschlagung)를 채권자가 취소할 수 있는가[32]에 관하여 논의되고 있을 뿐 상속재산의 분할(Auseinandersetzung)을 채권자가 취소할 수 있는가에 관한 논의는 찾아보기 어렵다.[33]

가. 現在의 狀況

현재의 학설은 상속의 포기는 채권자취소권에 의한 취소 대상이 되지 않는다는 데 일치하고 있다.[34] 그런데 그 근거의 설명에는 다소 차이가 있다.

상속법의 교과서나 주석서는 그 근거를 상속의 포기는 고도로 인격적(höchst-persönlich)인 성질을 가지고 있다거나, 민법이 상속의 포기 여부를 오로지 상속인만이 결정할 수 있도록 하였다는 점에서 찾고 있다. 이 점에 관하여 비교적 상세하게 설명하고 있는 Kipp · Coing의 교과서는 다음과 같이 서술하고 있다.[35]

"상속의 승인과 포기는 재산법적 의미를 가지는 의사표시이다; 그렇지만 이는 강한 인격적인 특징을 가지고 있다. 왜냐하면 상속을 승인할 것인가 포기할 것인가 하는 문제를 분별 있게 생각하는 사람은 단지 자신의 금전적 이익에 따라서만 판단하는 것이 아니라, 자신의 피상속인과의 관계 및 자기가 상속을 포기할 경우에 상속재산이 귀속될 사람과의 관계에 따라 판단하기 때문이다. 그러므로 배우자는 어떤 부부재산제도를 따르느냐에 관계없이 독자적으로 상속의 승인과 포기 여부에 대하여 결정하여야 한다(제1432조, 제1455조). 파산절차에서는 파산자는 단독으로 승인이나 포기 여부에 대하여 결정하여야 한다(파산법 제9조). 상속의 포기는 증여가 아니다(제517조). 상속의 포기는 포기자의 채권자

모허위표시임의 확인을 구하는 소송(un action en déclaration de simulation)을 제기할 수 있다. Behar-Touchais(註 25), n° 85 et suiv.; Grimaldi(註 16), n° 840 등 참조.

32) 독일의 債權者取消權 제도에 관하여는 閔日榮, "獨逸의 債權者取消制度", 裁判資料 제48집, 1989, 5면 이하 참조.

33) 그러나 공동상속인이 다른 공동상속인에게 부동산 중 자신의 상속분을 양도하는 것이 취소대상이 된다는 데 대하여는 의문이 없다. Kilger/Huber, Anfechtungsgesetz, 8. Aufl., 1995, §7 Ⅲ 3) e) 참조.

34) Kipp · Coing, Erbrecht, 14. Bearbeitung, 1990, §87 Ⅴ(S. 487 f.); Lange/Kuchinke, Lehrbuch des Erbrechts, 4. Aufl., 1995, §8 Ⅳ 1(S. 188); Brox, Erbrecht, 16. Aufl., 1996, Rz. 293(S. 197); Schlüter, Erbrecht, 13. Aufl., 1996, Rz. 450(S. 177); MünchKomm/Leipold, 3. Aufl., 1997, §1942 Rz. 14; Kilger/Huber(註 33), §1 Ⅲ 2; Staudinger/Otte(2000), §1942 Rz. 11, 15 등.

35) 위 註 34) 참조.

에 의하여 파산절차 내에서건 파산절차 밖에서건 (증여로서뿐만 아니라 다른 어떤 권원에 의하여서도) 취소될 수 없다. 이는 독일 민법의 상속재산의 취득에 관한 구성으로부터 필연적으로 도출되는 것은 아니고, 상속인의 결정이 그의 채권자로부터 영향을 받아서는 안 된다는 생각에서 나오는 것이다."(각주 생략)

다른 한편 채권자취소권법(Anfechtungsgesetz)[36]의 주석서는 상속의 포기가 채권자취소권의 대상이 되지 않는 이유를, 이는 채무자의 재산을 감소시키는 것이 아니고, 청약에 대하여 승낙을 하지 않거나 증여를 받아들이지 않는 것과 같이 채무자의 재산을 증가시키지 않는 것에 그치기 때문이라고 설명하고 있다.[37]

나. 과거의 논쟁

그런데 과거에는 이 문제에 관하여 논쟁이 벌어진 바 있었고, 이 논쟁을 살펴보면 이 문제의 핵심이 어디에 있는지를 잘 이해할 수 있다.

상속의 포기가 채권자취소권의 대상이 된다고 주장한 거의 유일한 견해는 Hellwig가 1911년에 발표한 한 논문이고,[38] 이에 대하여 Kipp[39]와 Seuffert[40]가 반론을 전개하였다. 유감스럽게도 Hellwig의 논문을 직접 보지는 못하였으나, Kipp와 Seuffert의 논문에 의하여 대체적인 내용은 짐작할 수 있다.

Hellwig는 그 당시의 정설과는 반대로 상속의 포기도 채권자취소권의 대상이 될 수 있다고 주장하면서, 대체로 다음의 두 가지 점을 근거로 내세웠던 것으로 보인다. 첫째, 채무자인 상속인은 상속의 개시와 동시에 법률의 규정에 의하여 상속재산을 취득하므로 상속을 포기하는 것은 결국 책임재산을 감소시키는 것이고, 따라서 이는 채권자취소권의 대상이 되는 사해행위에 해당한다. 둘째, 당시의 정설은 당시의 파산법(Konkursordnung) 제9조가 파산선고 전에 파산자에게 귀속된 상속재산의 승인 또는 포기는 파산자만이 할 수 있다고 규

36) 정확한 명칭은 Gesetz, betreffend die Anfechtung von Rechtshandlungen eines Schuldners außerhalb des Konkursverfahrens.

37) Kilger/Huber(註 33), §1 Ⅲ 2).

38) "Erbschaftsausschlagung und Gläubigeranfechtung", Festschrift der Berliner juristichen Fakultät für F. v. Martitz zum 50jährigen Doktorjubiläum, 1911, S. 157 ff. 다만 그 이전에도 이러한 견해가 전혀 없지는 않았다고 한다. 바로 다음 註에서 인용하고 있는 Kipp의 논문 11면 註 2) 및 그 본문 참조.

39) "Erbschaftsausschlagung und Gläubigeranfechtung", JW(Juristische Wochenschrift) 1912, 11 ff.

40) "Erbschaftsausschlagung und Gläubigeranfechtung", LZ(Leipziger Zeitschrift für Handels-, Konkurs-, und Versicherungsrecht), 1912, 19 ff.

정하고 있었던 것[41])을 근거로 하여 채권자취소권에 의한 취소도 부정하고 있지만, 파산법 제42조에 의하면 파산선고 후에 행하여진 채무자의 유효한 법률적 행위(Rechtshandlung)도 파산관재인이 부인할 수 있다고 규정하고 있는데, 이 규정은 파산선고 후에 있은 상속의 포기에 대하여도 유추적용될 수 있다.

이러한 Hellwig의 주장에 대하여, Seuffert는 상속재산의 포기에 대한 채권자취소권의 행사를 인정하기 위한 입법론으로서는 Hellwig의 주장이 이용될 수 있을지 모르지만 해석론으로서는 인정될 수 없다고 하면서, 다음과 같이 반론을 폈다.[42])

첫째, 상속을 승인하기 전에는 상속인의 채권자는 아직 상속재산에 대하여 강제집행을 할 수 없으므로(독일 민사소송법 제778조 제 2 항), 상속의 포기는 책임재산의 감소에 해당하지 않는다.

둘째, 독일 민법 이유서가 상속의 포기가 있으면 포기자는 전혀 상속인이 아니었던 것으로 다루어지기 때문에 상속을 아직 포기하지 않은 상태에서 상속재산이 상속인에게 이전된다는 것은 형식적인 의미밖에 없고, 따라서 독일 민법에서의 상속의 포기는 상속인이 상속재산을 취득하려면 별도의 행위를 하여야 하는 법제에 있어서와 마찬가지로 이미 취득한 재산을 포기하는 것이 아니라 제시된 재산을 받지 않는 것과 동일한 의미를 가진다고 설명하고 있는 것을 인용하면서, 독일 민법상의 상속재산의 취득과 포기는 로마법상의 상속재산의 부여(delatio hereditatis) 및 상속 거절의 의사표시(repudiatio hereditatis)와 동일한 경제적인 의미를 가지며, 채권자취소권에 관하여는 법률적인 구성이 아니라 경제적인 의미를 고려하여야 하는데, 로마법에서는 상속 거절의 의사표시는 채권자취소권의 대상이 될 수 없었다고 한다.[43])

---

41) 독일 파산법 제 9 조: Die Annahme oder Ausschlagung einer vor der Eröffnung des Verfahrens dem Gemeinschuldner angefallenen Erbschaft sowie eines vor diesem Zeitpunkte dem Gemeinschuldner angefallenen Vermächtnisses steht nur dem Gemeinschuldner zu. Das gleiche gilt von der Ablehnung der fortgesetzen Gütergemeinschaft.

이 독일 파산법은 화의법과 함께 1994. 4. 21. 제정되어 1999. 1. 1.부터 시행된 도산법(Insolvenzordnung)에 의하여 대체되었는데, 이 도산법 제83조 제 1 항도 대체로 비슷한 취지이다.

42) Seuffert(註 40) 참조.

43) 로마법에서는 상속재산의 귀속에 있어서 家內相續人(heredes domestici)과 家外相續人(extranei heredes)을 달리 취급하였다. 가내상속인은 특별한 행위가 없어도 법률상 당연히 상속재산을 취득하였다{다만 법무관법상으로는 상속 포기의 권리가 인정되었다. 崔秉祚, 로마法硏究(Ⅰ), 1995, 428면 註 36) 참조}. 반면 가외상속인은 상속재산을 취득하기 위하여는 별도의 행위를 하여야 하였고, 또 상속재산을 취득하지 않겠다는 의사를 표시할 수도 있었다. 郭潤直, 相續法, 1997, 290-291면; Jörs/Kunkel/Honsell, Römisches Recht, 4. Aufl., 1987, S. 469 ff. 참조.

셋째, 파산법이 일면에서는 파산자의 상속 포기를 허용하면서 다른 한편으로는 파산관재인에 의한 취소를 허용한다고 보는 것은 매우 이상하고, 파산법 제42조의 규정은 파산법 제 7 조가 파산개시 후에 파산자가 한 행위는 파산관재인에 대하여는 효력이 없다고 하면서도 등기의 공신력(독일 민법 제892조, 제893조) 등 때문에 파산자가 재산을 처분할 수 있도록 규정하고 있는 데 대비한 규정이므로, 파산법 제 9 조의 경우에 제42조를 유추적용할 수는 없다고 한다.

이처럼 Seuffert가 주로 법적 구성(Konstruktion)의 문제와 관련하여 논의를 편 반면, Kipp는 상속 포기의 취소불가능성(Unanfechtbarkeit)은 이러한 법적 구성의 면보다는 상속인의 결정이 그의 채권자로부터 영향을 받아서는 안 된다는 실제적인 이유에 근거한다고 한다.[44]

우선 자신은 상속인은 상속에 의하여 재산을 취득하고, 포기에 의하여 이를 상실한다고 하는 Hellwig의 견해에 동조하며, 독일 민법 제1953조[45]의 의제는 차순위 상속인과 상속재산에 대한 채권자 사이의 관계만을 규율할 뿐 이 사실을 없애는 것은 아니라고 한다. 그러나 이것으로부터 법률이 채권자에 의한 취소를 허용한다는 결론을 이끌어내는 것을 의도하였다고는 말할 수 없다고 한다. 처가 상속을 승인하거나 포기함에 있어서 배우자의 동의 없이 혼자서 결정할 수 있다는 당시의 독일 민법 제1403조, 제1453조의 규정이 상속 포기의 취소가 불가능하다는 데 대한 결정적인 근거가 될 수는 없지만, 이러한 규정의 기본 경향은 상속의 승인이나 포기 여부가 단순히 경제적인 관점에서만 결정되는 것이 아니라는 것이라고 한다. 이는 단지 상속의 승인 또는 포기가 유리한가 여부에 따른 계산문제가 아니고, 여기에는 피상속인과 얼마나 밀접하였는가, 친구가 친족을 건너뛰어 자신을 상속인으로 지명한 데 내심으로 동의하였는가 하는 등의 여러 가지 계량할 수 없는 요소들이 작용한다고 한다. 입법자는 처에게 남편의 반대에도 불구하고 상속의 포기 여부에 관한 완전한 자유를 보장하려고 하였는데, 채무자가 자신의 채권자에 대한 관계에 있어서도 상속의 승인 및 포기 여부에 관하여 이와 동일한 자유를 가지고 결정할 수 있어야 한다는 것이 자명한 것은 아니지만, 채무자에게 처와 동일한 범위에서 결

44) Kipp(註 39) 참조.

45) 독일 민법 제1953조

제 1 항: 상속의 포기가 있으면 포기자에 대한 상속재산의 귀속은 없었던 것으로 취급한다.

제 2 항: 상속재산은 포기자가 상속개시 당시에 생존하지 않았더라면 상속인이 되었을 자에게 귀속된다; 상속재산의 귀속은 상속개시와 함께 일어난 것으로 취급된다.

정의 자유를 부여한다면 이는 입법자의 기본 사유에 충실한 것이라고 한다.

또한 독일 민법 제517조는 상속의 포기는 증여가 아니라고 규정하고 있는데, 이 규정을 상속이나 유증의 포기가 재산의 감소가 아니라는 것에 의하여 설명할 수는 없지만, 이것이 재산의 감소라는 것은 순전히 구성적인 관찰에 의한 것이고, 경제적 · 실질적 관찰에 의하면 상속의 포기나 유증의 포기는 재산취득의 거절이며, 이러한 점에서 이 규정 또한 중요하고 의미 있는 규정이라고 한다.

그리고 파산법 제 9 조의 규정은 파산관재인이 파산선고 전에 발생한 상속에 관하여 상속인인 파산자가 이를 포기할 것인가의 여부를 결정하는 것을 부정하였는데, 이는 상속의 승인이나 포기가 자신의 채권자에 대하여 아무런 고려를 하지 않고서 주권적인 결정이 맡겨져야 한다는, 고도로 인격적인 고려가 작용하였기 때문이라고 한다. 이에 대하여 Hellwig가 파산자가 한 상속의 포기가 파산관재인에 의한 취소의 대상이 된다고 주장하는 것은 받아들일 수 없다고 한다.

요컨대 Kipp는 상속의 취소가 채권자취소권의 대상이 될 수 없다고 하는 것은 법률적 구성에 근거한 것이 아니라, 법률의 규정들과 그 근본 생각, 즉 채무자는 자신의 채권자에 대한 관계에서 상속재산이나 유증을 받아들여야 할 책무가 있는 것이 아니며 자신의 채권자에 대하여는 전혀 개의치 않고 승인이나 포기에 대하여 결정할 수 있어야 한다는 것에서 유래한다고 보고 있다.

Ⅳ. 外國에서의 論議(2) — 일본

여기서는 우리나라와 법률규정이 거의 같은 일본의 경우에 관하여 살펴본다. 그 결과를 미리 이야기한다면 상속의 포기에 관하여는 채권자취소권의 대상이 되지 않는다는 것이 다수의 견해이고, 판례도 이와 같다. 그러나 근래에는 상속의 포기도 채권자취소권의 대상이 될 수 있다는 의견이 점차 유력하여지고 있다. 반면 상속재산의 협의분할에 대하여는 대부분의 학자가 채권자취소권의 대상이 될 수 있다고 보고 있으며, 최근의 판례도 이를 지지하였다. 그러나 구체적으로 어떤 경우에 채권자취소권의 행사를 인정할 것인가에 관하여는 견해의 대립이 있다.

1. 相續의 抛棄

가. 學 說

일본 민법에는 상속의 포기[46]가 채권자취소권의 대상이 될 수 있는가에 관하여 명문의 규정이 없다.[47] 일본 민법 시행 초기에는 프랑스의 영향을 받아서 이를 긍정하는 견해가 유력하였으나, 그 후에는 독일의 학설의 영향을 받아서 이를 부정하는 학설이 등장하였고, 그 후에는 이러한 부정설이 지배적인 학설이 되었으나, 근래에는 다시 긍정설이 등장하였다.[48]

부정설의 근거는 여러 가지인데, 상속 포기에 대하여 채권자취소권의 행사를 인정하면 상속인의 포기의 자유가 침해되고 상속인에 대하여 상속의 승인을 강제하는 것이 된다는 것, 상속의 포기는 "재산권을 목적으로 하지 않는 법률행위"(일본 민법 제424조 제2항)이어서 채권자취소권의 대상이 될 수 없다는 것, 상속의 포기는 신분행위라는 것, 상속 포기를 할 것인가 아닌가의 판단에 있어서 상속인은 채권자와 관계없는 요소도 고려한다고 하는 것, 상속의 포기에는 소급효가 있어서 포기자는 처음부터 상속인이 아닌 것으로 되므로 상속 포기는 재산을 감소시키는 행위가 아니라는 것, 채권자는 채무자의 고유재산만을 기대하였고, 채무자인 상속인이 상속을 승인하는 것에 관한 채권자의 기대는 보호할 가치가 없다는 것, 상속인과 채권자 사이의 이익의 조정은 財産分離制度에 의하여야 하고, 사해행위취소권이 개입할 여지는 없다는 것 등을 든다.[49]

반면 긍정설 가운데에는 어느 범위에서, 즉 어떤 채권자가 취소를 청구할 수 있는가에 관하여 다소 견해가 나뉜다.

1설은 상속인의 채권자 가운데 상속개시시부터 상속의 포기가 있을 때까지 발생한 채권을 가진 자에 관하여는 채권자취소권의 적용을 인정하여야 한

---

46) 일본 민법은 상속의 '放棄'라는 용어를 사용하고 있다. 이하에서는 우리 민법의 용어에 따라 포기라고 표현하기로 한다.

47) 1890년에 제정되었다가 1898년에 폐지된 日本 舊民法 財産取得編 제339조는 프랑스 민법과 같이 상속의 放棄(抛棄)를 취소할 수 있다고 규정하고 있었으나, 1898년 시행된 일본 민법은 이러한 규정을 두지 않고 있다. 그 경위에 관하여는 大島俊之(註 17), 117면; 前田陽一, "相續法と取引法", 椿壽夫教授古稀記念 現代取引の基礎的課題, 1999, 662-665면.

48) 大島俊之, "相續放棄と債權者取消權 2", 法律時報 제57권 9호, 1985, 118-120면; 前田陽一(註 47), 666-668면 참조.

49) 大島俊之(註 48), 119면; 同, "相續放棄と詐害行爲", 判例タイムズ No. 688, 1989, 15-16면의 서술 참조.

다고 주장한다.[50] 이 설은 프랑스 민법과 같은 특별한 규정이 없는 일본에서는 상속의 포기가 상속채권자는 물론 상속인의 채권자에 대하여도 상속인 고유의 책임재산에 변동이 없는 한 사해행위가 되지 않는다고 하면서도, 상속재산의 협의분할은 상속인의 채권자에 대하여 제한적으로 채권자취소권의 대상이 될 수 있고, 상속재산의 분할에 의한 배당 0과 동일한 기능을 가지는 상속의 포기에 관하여도 이를 채권자취소권의 대상으로 인정하여야 한다고 한다.

반면 다른 설은 일반적으로 상속인의 채권자에 의한 채권자취소권의 행사를 인정하여야 한다고 주장한다.[51] 이 설은 부정설이 드는 여러 가지 근거를 상세하게 비판하고 있다. 첫째, 일본 민법에는 프랑스 민법과 같이 상속의 포기에 관하여 채권자취소권의 행사를 인정하는 개별규정이 없다는 점에 대하여는, 프랑스 민법에서도 이러한 규정은 연혁상의 이유 때문에 주의적으로 둔 것에 지나지 않는다고 한다. 둘째, 취소를 인정하면 상속인의 포기의 자유가 침해된다고 하는 데 대하여는, 이를 인정하지 않으면 채권자를 해하는 자유를 상속인에 대하여 인정하는 것으로 되어서 부당하다고 한다. 셋째, 부정설에서는 상속의 포기는 '재산권을 목적으로 하지 않는 법률행위'(일본 민법 제424조 제2항)라거나 직접 재산권을 목적으로 하는 것이 아니라는 점, 또는 신분행위이므로 취소를 인정하지 않아야 한다고 주장하나, 상속의 포기는 재산권을 목적으로 하는 행위로서 신분행위가 아니고, 직접 또는 간접의 기준은 애매한 개념이라고 한다. 그리고 상속 포기를 할 것인가 아닌가를 결정함에 있어서 상속인은 채권자와는 무관계한 요소도 고려한다는 점에 대하여는 그러한 것은 상속의 승인이나 포기에만 특유한 요소는 아니며, 그러한 사정만으로 채권자취소권의 대상이 될 수 없다고 할 근거가 될 수는 없다고 한다. 넷째, 상속의 포기에 소급효가 있으므로 포기자는 처음부터 상속인이 아닌 것으로 되고 따라서 상속포기는 재산을 감소시키는 행위가 아니라고 하는 점에 대하여는, 포기의 소급효를 규정한 일본 민법 제939조는 법적 의제에 지나지 않으며, 이를 상속인은 상속개시시부터 상속인의 재산에 속하는 일체의 권리의무를 승계한다고 하는 일본 민법 제896조보다 중시하는 것은 적절하지 않다고 한다. 다섯째, 채권자는 채무자의 고유재산만을 기대한 것이고, 채무자가 상속을 승인하는 것에 관

50) 竹屋芳昭, "相續の放棄と詐害行爲取消權", 民商法雜誌 제73권 1호, 1975, 91면 이하. 또한 谷口知平, 注釋民法(25), 1970, 359면도 같은 취지이다.

51) 大島俊之(註 48), 120면 이하 참조. 같은 취지로 吉田邦彦, "相續放棄と詐害行爲取消權", 別冊 ジュリスト No. 99 家族法判例百選(第四版), 1988, 205면.

한 채권자의 기대는 보호할 가치가 없다는 점에 대하여는, 우선 채권자가 상속개시 후에 채권을 취득한 경우에는 채무자가 상속을 승인할 것을 채권자가 기대하는 것은 지극히 정상적이고, 채권자측의 기대와 채무자측의 害意를 비교교량한다면 가치판단은 상속 포기의 취소를 인정하는 쪽으로 기운다고 한다. 그리고 채권자가 상속개시 전에 채권을 취득한 경우라도, 상속개시 후에는 채무자가 상속을 승인할 것을 채권자가 기대하는 것은 당연하고, 상속개시 전부터 채권자가 상속재산을 기대한 경우에도 이와 가치판단을 달리 할 이유는 없다고 한다. 여섯째, 제 2 종의 財産分離制度(일본 민법 제950조)는 상속재산에 소극재산이 많은 경우에 상속인의 채권자를 보호하기 위한 제도이고, 이 제도만으로는 상속재산에 적극재산이 많음에도 불구하고 채무자(상속인)가 상속 포기를 한 경우에 상속인의 채권자를 보호하기에는 불충분하다고 한다.

그러나 이 설에서도 상속채권자(피상속인의 채권자)에 대한 관계에서까지 상속 포기의 취소를 인정할 이유는 없다고 한다. 즉 상속의 포기가 상속채권자에 대하여 사해행위가 되지 않는 이유로서는 상속의 포기제도의 목적을 강조하여야 하고, 또 그것으로 충분하다는 것이다.[52)]

나. 判　　例

이전의 일본 大審院 판결례 및 하급심 판결 가운데에도 상속의 포기는 채권자취소권의 대상이 되지 않는다고 한 것이 있었는데,[53)] 最高裁判所도 1974. 9. 20. 판결[54)]에서 이를 부정하였다.

사건의 내용은 상속채권자(피상속인의 채권자)가 상속인의 상속 포기에 대하여 채권자취소권에 기하여 이를 취소하겠다고 주장한 것이었는데, 제 1 심 및 제 2 심은 모두 이를 부정하였고, 최고재판소도 같은 태도를 취하였다. 그 이유는 다음과 같다.

"상속의 포기와 같은 신분행위에 관하여는 민법 제424조의 사해행위취소권 행사의 대상이 되지 않는다고 해석함이 상당하다. 왜냐하면 위 취소권 행사의 대상으로 되는 행위는 적극적으로 채무자의 재산을 감소시키는 행위일 것

---

52) 大島俊之(註 48), 116-117면에서 竹屋芳昭(註 50), 94면을 인용하면서 이와 같이 주장한다. 吉田邦彦(註 51), 205면도 상속채권자의 기대를 취소를 인정하여야 할 정도로 중시할 것은 아니라고 한다.

53) 大審院 1935(昭和 10). 7. 13. 판결. 法律新聞 3876호 6면; 東京高判 1955(昭和 30). 5. 31. 下民集 6-5, 1051.

54) 民集 28-6, 1202.

을 요하고, 소극적으로 그 증가를 방해하는 데 지나지 않는 것을 포함하지 않는다고 해석되는바, 상속의 포기는 상속인의 의사나 법률상의 효과에 있어서도 이를 旣得財産을 적극적으로 감소시키는 행위라고 하기보다는 차라리 소극적으로 그 증가를 방해하는 행위에 지나지 않는다고 보는 것이 타당하다. 또한 상속의 포기와 같은 신분행위에 관하여는 타인의 의사에 의하여 이를 강제하여야 할 것은 아니라고 해석되는바, 가령 상속의 포기를 사해행위라고 하여 취소할 수 있다고 한다면 상속인에 대하여 상속의 승인을 강제하는 것과 같은 결과가 되어, 그 부당함은 명백하다."

이 판결 자체는 상속채권자에 의한 상속 포기의 취소가 허용되는가 하는 문제에 관한 것이지만, 그 이유는 상속인의 채권자에 의한 취소에도 그대로 적용될 수 있다. 이 판결에 대하여는 모든 학설이 그 결과는 타당한 것이라고 보고 있다. 그러나 그 이유의 설시는 잘못되었다거나 부적절하다고 하는 비판이 많다.

우선 상속의 포기를 신분행위라고 보는 데 대하여는, 상속인의 지위의 취득은 재산권의 취득에 다름 아니므로 이러한 의미에서 상속의 포기에 신분행위의 성질이 있다고 보기는 어렵다고 한다.[55] 그리고 상속 포기의 효과로서 피상속인의 상속재산이 적극·소극재산을 포함하여 상속인에게 귀속하지 않게 되므로 상속인의 재산에 변동이 없게 되는 것을 강조하고 있으나, 그러한 이유는 상속인의 채권자에 대하여 말할 수 있는 것이고, 무자력의 피상속인의 채권자에게 있어서는 상속의 포기는 상속인의 채권자로서의 지위를 잃게 되는 것이므로 상속인의 일반재산의 증감과는 관계가 없다고 한다.[56]

2. 相續財産의 協議分割

가. 學 說

상속재산의 협의분할에 대하여는, 상속의 포기와는 달리 대부분의 학설이 사해행위 취소의 대상이 된다고 보고 있으며, 이를 부정하는 견해는 오늘날은 거의 찾아볼 수 없다.

이를 부정하는 과거의 거의 유일한 학설은 공동상속인의 1인이 특히 다액

55) 飯原一乘, "相續の放棄と詐害行爲取消權", 判例タイムズ No. 322, 1975, 96면. 또한 池田恒男, "相續の放棄に對し被相續人の債權者は詐害行爲取消權を行使できない", 法學協會雜誌 제93권 4호, 1976, 619면.

56) 竹屋芳昭(註 50), 94면.

의 상속채무를 부담하는 것과 같이 분할이 행하여진 때에, 그 자의 채권자가 채권자취소권을 행사할 수 있는가의 의문이 있으나, 이러한 경우에는 재산분리의 방법에 의하는 것이 정도라고 하여 이를 부정하여야 한다고 주장한다.[57)]

그러나 대부분의 학설은 이를 긍정한다. 우선 상속의 포기가 채권자취소권의 대상이 된다고 하는 견해는 상속재산의 협의분할도 채권자취소권의 대상이 된다고 한다.[58)] 그리고 상속의 포기가 채권자취소권의 대상이 되지 않는다고 하는 견해도, 상속재산의 협의분할은 상속의 포기와 본질적으로 달라서 채권자취소권의 대상이 된다고 보고 있다.

이에 대하여 비교적 자세하게 설명하고 있는 문헌은 다음과 같이 주장한다.[59)] 즉 상속의 포기는 등기의 유무를 묻지 않고 누구에 대해서도 효력을 가지지만, 상속재산 분할의 결과 부동산을 취득한 상속인은 등기를 마치지 않으면 당해 부동산에 관하여 상속재산 분할 후 권리를 취득한 제 3 자에 대하여 자기의 본래의 법정상속분을 초과하는 권리의 취득을 대항하지 못하고, 또한 상속 포기의 유무는 가정재판소에서 확인할 수 있으며 원칙적으로 3개월의 기간 내에 마쳐야 하는 데 반하여, 상속재산 분할의 유무를 아는 것은 제 3 자에게 곤란하고, 이를 마치지 않으면 안 되는 기간 제한이 없다고 한다. 또한 상속의 포기는 상속인의 기본적 인권에 관계된다고 말할 수 있는 등 상속인 개인의 인격에 밀착되어 있으므로, 포기가 상속채권자를 해치는 것과 같은 결과를 가져온다고 하는 형태로 되는 경우에도 포기의 자유 그 자체는 빼앗을 수 없지만, 상속재산 분할의 자유는 그렇게까지 말할 수 없다고 한다. 그 이유는 상속 포기는 공적 기관인 가정재판소의 수리심판이라고 하는 公證行爲를 얻지 않으면 안 되지만, 상속재산 분할협의는 그 방식에 제약이 없고 공동상속인 사이에 비밀리에 행하여지기 때문에 거래적인 면이 강하여 양자는 크게 다르다고 한다. 또한 상속개시에 따라 상속재산이 공동상속인 사이에 공유상태로 된다고 하는 것도 無主物을 인정하지 않으려는 법정책상의 일시적인 결과에 지나지 않고, 원칙적으로 3개월 내에 상속인의 상속재산에 대한 선택권 행사를 물을 수 있는 상속 포기의 경우와, 상속개시 후 언제라도 가능한 상속재산 분할협의의 경우와는 의미가 다른 것이 명백

57) 中川善之助 編 註釋相續法(上), 1955, 199면(有泉 亨).

58) 大島俊之, “遺産分割協議(事實上の相續放棄)と債權者取消權”, ジュリスト No. 1179(平成11年度 重要判例解說), 2000(平成 12), 80-81면; 吉田邦彦(註 51), 205면.

59) 千藤洋三, “遺産分割協議が詐害行爲取消權行使の對象とされた事例”, 判例評論 494호(判例時報 1700호), 2000, 31면 이하.

하며, 상속재산 분할협의의 효과가 소급한다고 하여도 이미 취득한 상속인 사이의 공유재산을 분할하는 행위로서 그 실질은 재산의 분배이므로 이는 채무자의 일반재산의 증가를 방해하는 것에 지나지 않는다고 말할 수는 없다고 한다.[60]

그런데 이처럼 상속재산 분할협의가 채권자취소권의 대상이 된다는 점에 대하여는 거의 견해가 일치하고 있으나, 구체적으로 어떤 채권자가 어떤 경우에 취소를 청구할 수 있는가 하는 점에 대하여는 견해가 갈린다.

우선 상속인의 채권자와 상속채권자를 구별하여야 할 것인가, 또 상속인의 채권자 중에서도 상속개시 전에 채권을 취득한 채권자와 상속개시 후에 비로소 상속인에 대하여 채권을 취득한 채권자를 구별하여야 할 것인가가 문제된다. 우선 상속채권자의 경우에 可分의 상속채무는 당연 분할된다는 판례에 따를 때에는 상속재산 분할에 의하여 상속채권자는 불이익을 입을 우려가 있고, 다른 한편으로 상속개시 전에 상속인으로 될 지위에 있는 자에 대하여 채권을 취득한 자는, 비록 상속이 개시되면 상속재산에 의하여 자기 채권의 만족을 받을 수 있다는 기대를 가지게 된다고 하더라도, 그 기대를 보호할 필요성은 상속채권자의 보호필요성에 비하여 크지 않으며, 상속개시 후에 상속인에 대하여 채권을 가지게 된 자의 보호필요성은 이 양자의 중간에 있다는 견해가 있다.[61] 이와는 반대로 상속채권자는 상속 승인 후에는 상속인의 고유재산을 목표로 할 수 있다는 기대가 생긴다고 말할 수는 있지만, 그 보호의 필요성은 작다고 하는 견해도 있다.[62] 또한 상속채권자와 상속인의 채권자가 다 같이 채권자취소권을 행사할 수 있다고 하는 견해도 주장된다.[63]

다른 한편으로 프랑스 민법과 같이 제한적인 요건하에서만 채권자취소권

---

60) 이 밖에도 채권자취소권 행사에 관하여 상속의 포기와 상속재산 협의분할을 구분하여 후자에 관하여 채권자취소권 행사를 긍정하는 것으로는 飯原一乘(註 55), 98-99면; 竹屋芳昭(註 50), 96-100면; 池田恒男, "相續放棄と詐害行爲取消權", 別册 ジュリット No. 132 家族法判例百選(第五版), 1995, 209면; 中川良延, "遺産分割協議が詐害行爲にあたるとされた事例", 判例評論 242호(判例時報 916호), 1979, 162면; 道垣內弘人, "遺産分割協議と詐害行爲取消權", 法學敎室 No. 233, 2000, 146-147면; 佐久間邦夫, "遺産分割協議と詐害行爲取消權", 法曹時報 제53권 7호, 2001, 247면 등 참조. 이 외에 상속재산 협의분할에 대한 채권자취소권의 행사를 긍정하는 것으로 工藤祐巖, "遺産分割協議と詐害行爲取消權", NBL No. 694, 74-75면; 潮見佳男, "遺産分割協議と詐害行爲取消權", 銀行法務 21 No. 572, 57면 이하; 塩崎勤, "遺産分割協議と詐害行爲取消權", 判例タイムズ No. 1036 平成11年度主要民事判例解說, 2000, 72면 이하 등이 있다.

61) 中川良延(註 60), 160-162면 참조. 潮見佳男(註 60), 61면도 취소채권자의 속성에 따른 고려가 필요하다고 한다.

62) 工藤祐巖(註 60), 75면. 大島俊之(註 58), 81면은 상속인의 채권자에 한하여 채권자취소권에 기한 취소를 인정하여야 한다고 주장한다.

63) 竹屋芳昭(註 50), 96-100면; 千藤洋三(註 59), 210면; 吉田邦彦(註 51), 205면 등.

을 인정하여야 한다는 견해도 있다. 즉 공동상속인의 채권자 및 상속채권자가 분할에 참가할 것을 청구한 후에 그들을 참가시키지 않고서 분할을 행한 경우에 관하여는 일본 민법 제260조의 규정이 있고,[64] 상속재산 분할에 관하여도 同條가 적용되는데, 이를 채권자취소권이라고 해석한다면 그보다 엄중한 요건이 없는 모든 경우에 채권자취소권을 인정하는 것은 타당하지 않고, 원칙적으로 채권자취소권 행사의 요건은 민법 제260조의 채권자의 청구와 그 분할에서의 제외라고 하는 것이 된다고 한다. 이 견해는 그와 같이 해석하는 실질적인 이유로서, 상속인의 채권자가 상속재산으로부터 변제를 받는 것은 특별한 행운이고, 이를 특히 강하게 보호함으로써 분할의 안정성을 해칠 것은 아니며, 상속채권자는 분할 전의 상속재산 전체에 관하여 집행할 수 있다고 해석한다면, 이를 게을리한 부지런하지 않은 상속채권자를 채권자취소권에 의하여 특별히 보호할 필요는 없다고 한다. 다만 프랑스의 판례가 인정하고 있는 예외적인 경우에만 채권자취소권을 행사할 수 있도록 하여야 한다고 한다.[65]

그러나 다른 설은 그러한 제한 없이 일반적으로 채권자취소권을 인정하여야 한다고 주장한다. 즉 상속인은 상속재산 분할에 대하여 채권자에게 통지하여야 할 의무도 없고, 따라서 분할의 협의가 이루어진 사실을 알지 못하는 채권자도 있을 수 있는데, 그러한 자도 포함하여 일반적으로 채권자의 참가 신청이 없었다는 이유만으로 채권자취소권의 행사를 부정하는 것은 심히 의문이라는 것이다.[66]

나. 判 例

이 문제에 관하여는 종래 이를 긍정하는 하급심 판결례가 있었는데,[67] 최

64) 일본 민법 제260조는 다음과 같이 규정하고 있다.
제260조(분할에의 참가) ① 공유물에 대하여 권리를 가지는 자 및 각 공유자의 채권자는 자기의 비용으로 분할에 참가할 수 있다(共有物ニ付キ權利ヲ有スル者及ヒ各共有者ノ債權者ハ自己ノ費用ヲ以テ分割ニ參加スルコトヲ得).
② 전항의 규정에 의하여 참가의 청구가 있음에도 불구하고 그 참가를 기다리지 아니하고 분할을 한 때에는 그 분할은 이로써 참가를 청구한 자에게 대항할 수 없다(前項ノ規定ニ依リテ參加ノ請求アリタルニ拘ハラス其參加ヲ待タスシテ分割ヲ爲シタルトキハ其分割ハ之ヲ以テ參加ヲ請求シタル者ニ對抗スルコトヲ得ス).

65) 星野英一, "遺産分割の協議と調停", 中川善之助教授還曆記念 家族法大系 Ⅵ, 1960, 376면. 이를 지지하는 것으로 吉田邦彦(註 51), 205면이 있다. 또한 竹屋芳昭(註 50), 99-100면은 상속인의 채권자에 한하여 일본 민법 제260조에 의하여야 한다고 한다.

66) 中川良延(註 60), 161-162면. 같은 취지, 千藤洋三(註 59), 211면; 佐久間邦夫(註 60), 245-246면 등.

67) 奈良地判 1952(昭和 27). 11. 8. 판결(下民集 3-11, 1582); 神戸地判 1978(昭和 53). 2. 10. 판

고재판소도 1999년에 이를 긍정하였다.[68]

이 사건의 내용은 상속개시 후 상속인 중 1인에 대하여 연대보증채권을 가진 채권자가 그 연대보증채무자에게는 아무런 재산이 돌아가지 않도록 한 상속재산 분할의 취소를 청구한 사건이다. 1심과 2심은 모두 원고의 청구를 인용하였고, 최고재판소도 피고의 상고를 기각하였다. 그 판결이유는 다음과 같다.

"공동상속인 사이에 성립한 상속재산 분할협의는 사해행위취소권 행사의 대상으로 될 수 있다고 해석함이 상당하다. 생각건대 상속재산 분할협의는 상속의 개시에 의하여 공동상속인의 공유로 된 상속재산에 관하여, 그 전부 또는 일부를 각 상속인의 단독소유로 하거나 또는 새로운 공유관계로 이행시키는 것에 의하여 상속재산의 귀속을 확정시키는 것으로서, 그 성질상 재산권을 목적으로 하는 법률행위라고 할 수 있기 때문이다. 그렇다면 위의 사실관계에 있어서는 원고는 이 사건 상속재산 분할협의를 사해행위로서 취소할 수 있다고 한 원심의 판단은 정당하다고 시인될 수 있다."[69]

이 판결에 대하여 발표된 평석 가운데에는 그 결과에 대하여 반대하는 견해를 찾아보기 어렵다.[70] 다만 이 판결은 상속개시 후에 상속인에 대하여 채권을 취득한 자가 채권자취소권을 행사한 경우에 관한 것으로서, 그 이외의 다른 채권자에 대하여는 판단이 달라질 가능성까지 부정한 것은 아니라고 하는 견해도 있다.[71]

Ⅴ. 私　　見

이 문제에 관하여 결론부터 말한다면, 상속의 포기나 상속재산의 협의분할은 모두 사해행위 취소의 대상이 된다고 보아야 할 것이다. 다만 상속의 포기에 대하여는 상속인의 채권자만이 채권자취소권을 행사할 수 있고, 상속채권자(피상속인의 채권자)는 채권자취소권을 행사할 수 없으나, 상속재산의 협의분할

결(判例時報 900호, 95면).

68) 1999(平成 11). 6. 11. 판결(民集 53-5, 899).

69) 이 판결은 상고이유에서 원심의 판단이 상속의 포기는 사해행위취소권 행사의 대상이 되지 않는다고 한 위 최고재판소 1974(昭和 49). 9. 20. 판결(註 54)에 위반된다고 한 데 대하여, 위 판례는 사안을 달리하여 이 사건에 적절하지 않다고 배척하였다.

70) 註 60)에 인용된 道垣內弘人, 佐久間邦夫, 工藤祐巖, 潮見佳男, 塩崎勤의 평석 및 大島俊之(註 58) 등 참조.

71) 工藤祐巖(註 60), 75면.

에 관하여는 이와 같이 구별할 필요가 없다.

1. 相續의 抛棄와 債權者取消權

가. 相續債權者와 相續人의 債權者의 區別

상속의 포기를 채권자취소권에 기하여 취소할 수 있는가 하는 문제에 있어서 상속채권자와 상속인의 채권자는 구별할 필요가 있다.

상속재산 가운데 소극재산은 많은 반면 적극재산은 적은데, 선순위의 상속인이 상속을 승인하면 그 상속인의 고유재산에 의하여 상속채권자가 상속재산만으로부터 변제를 받는 것보다 더 많이 변제를 받을 수 있다고 하더라도, 선순위의 상속인이 상속을 포기하는 것이 상속채권자에 의한 사해행위 취소의 대상은 될 수 없다. 이 경우에 채권자취소권의 행사를 인정하면 상속인으로 하여금 소극재산이 더 많은 상속재산의 승계를 강요하는 것이 되어 상속의 포기를 인정하는 제도의 취지 자체에 어긋나기 때문이다.

원래 상속의 포기는 상속재산 가운데 소극재산이 적극재산보다 많은 경우에 상속에 의한 재산의 승계를 강제하면 상속인의 이익을 해치기 때문에 상속인이 그러한 승계를 피할 수 있도록 하기 위하여 마련된 제도라고 할 수 있다.[72] 그런데 이러한 상황에서 상속인이 상속을 포기하였는데, 상속채권자가 그러한 포기로 인하여 자신에게 손해가 생긴다고 하여 이를 취소할 수 있다고 하면 그 제도의 목적에 정면으로 반하는 것이다.

이를 다른 말로 설명한다면, 이러한 경우에 상속 포기가 사해행위 취소의 대상이 된다고 하는 것은 상속채권자가 상속인으로 하여금 상속채무를 승계하도록 강제하는 것이 된다. 그러나 채권자취소권의 목적은 책임재산의 감소를 방지하는 데 있는 것이지, 채무의 승계를 강제하는 데 있는 것은 아니다. 또 이처럼 채무의 승계를 강제하는 것은 누구도 자신의 의사나 책임 있는 사유에 기하지 않고 채무를 부담하여서는 안 된다는 법의 기본원칙에도 어긋나는 것이다. 따라서 상속채권자에 의한 채권자취소권의 행사는 채권자취소권의 다른 요건을 따져 볼 필요 없이 허용되지 않는다.

반면 상속인의 채권자에 의한 상속 포기의 취소는 이와는 양상을 달리한다. 이때에는 채권자취소권의 피보전채권은 상속과는 관계없이 성립하는 것이

72) 郭潤直(註 43), 289-290면.

므로 채무 승계를 강제한다는 문제는 생기지 않는다. 물론 상속재산 가운데 채무가 포함되어 있을 수도 있으나, 상속인의 채권자가 상속 포기의 취소를 주장하는 경우는 상속재산 가운데 적극재산이 소극재산을 초과하는 경우일 것이므로 결과적으로 상속인이 채무를 승계한다고 하더라도 그것만으로 상속인에게 불이익이 있다고는 할 수 없다. 물론 상속의 포기는 소극재산이 적극재산을 초과하는 경우에만 인정되는 것은 아니고, 그 반대의 경우에도 가능하다. 그러나 후자의 경우에는 상속채무로부터 상속인을 보호하기 위한 것이라기보다는 상속인의 의사를 존중하기 위하여 포기의 자유를 인정하는 것이므로, 소극재산이 적극재산을 초과하는 전자의 경우와는 달라서 이때에는 포기의 취소를 인정한다고 하더라도 상속인의 보호에 위험을 가져온다거나 상속의 포기제도 자체의 목적에 반한다고는 할 수 없다. 문제는 이러한 경우에 상속인의 자유 의사의 존중과 상속인의 채권자 보호라는 두 가지 이익을 어떻게 조화시킬 것인가 하는 점에 있을 뿐이다.

나. 相續 抛棄의 法律的 性質

상속의 포기가 사해행위 취소의 대상이 되지 않는다고 보는 견해 중에는 그 근거를 이는 신분행위라거나 직접 재산권 자체를 목적으로 하지 않는다고 하는 것들이 있다. 이러한 논의는 우리 민법 제406조 제1항이 "財産權을 目的으로 한 法律行爲"만을 채권자취소권의 대상으로 규정하고 있기 때문에 상속의 포기는 재산권을 목적으로 하는 법률행위가 아니어서 사해행위 취소의 대상이 될 수 없다는 취지이다.

그러나 이러한 주장은 정당하지 않다고 생각된다. 우선 상속법이 가족법 내지 신분법인가 아니면 재산법인가에 관하여 견해의 대립이 있고,[73] 신분행위라는 개념 자체를 인정하여야 할 것인가에 관하여도 논란이 있다.[74] 그러나 여

---

73) 郭潤直(註 43), 53면 이하는 우리의 현행 상속법은 재산법이라고 한다.

74) 신분행위 개념을 체계적으로 제창한 것은 일본의 中川善之助 교수이다. 그는 신분행위는 재산법상의 법률행위(재산행위)와는 다른 특성이 있다고 하면서, 신분행위를 형성적 신분행위·지배적 신분행위 및 부수적 신분행위의 3가지로 나누었다(親族法, 1959, 21면 이하). 형성적 신분행위란 혼인·입양·인지 등과 같이 직접 신분의 창설·폐지·변경을 지향하는 법률행위를 말하고, 지배적 신분행위란 친권자로서의 행위 등과 같이 자기의 신분에 기하여 타인의 身上에 신분적 지배를 하는 행위를 말하며, 부수적 신분행위란 부부재산계약·이혼에 있어서의 재산분할이나 자의 監護者에 관한 합의·상속의 승인포기 등과 같이 신분행위에 부수한 행위를 말한다고 한다. 상속의 포기를 신분행위라고 하는 것은 이러한 견해에 따른 것이다. 그러나 근래 일본에서는 이러한 신분행위 개념에 대하여 비판적인 견해가 많다. 泉久雄, "身分行

기서 이러한 문제까지 다루지 않더라도, 상속의 포기는 명백하게 재산권을 목적으로 한 법률행위에 해당한다고 보아야 할 것이다.

과거에는 호주상속제도가 있었으므로 호주상속은 호주라는 친족법상의 지위를 승계하는 것이어서 상속의 포기가 신분행위라고 할 수 있는 여지가 있었다. 그러나 1990년에 민법이 개정되면서 호주상속제도가 호주승계제도로 바뀐 다음부터는 상속은 재산상속에 국한되게 되었고, 따라서 상속의 효과는 피상속인의 재산상의 지위 내지 권리와 의무를 상속인이 승계하는 것에 한정되게 되었으므로 상속의 포기도 피상속인의 재산상의 지위를 승계하지 않는 것에 불과하게 된 것이다.

상속법을 가족법의 일종이라고 보고, 상속의 포기에 관하여 채권자취소권의 목적이 될 수 없다고 주장하는 김주수 교수도, 상속의 승인이나 포기는 신분행위가 아니라 재산상의 법률행위라고 보고 있다.[75]

나아가 직접 재산권 자체를 목적으로 하지 않는 행위라고 하는 주장의 경우에는 직접과 간접의 구별이 무엇을 기준으로 하는지 반드시 명확하지 않으나, 상속의 포기는 직접 피상속인의 재산에 관한 권리와 의무를 승계하지 않겠다는 의사표시이므로 직접 재산권 자체를 목적으로 하는 법률행위가 아니라고도 할 수 없다.[76]

결국 상속 포기의 성질 그 자체를 근거로 하여 상속 포기가 사해행위 취소의 대상이 될 수 없다고는 할 수 없다.

다. 責任財産을 減少시키는 행위인지 여부

부정설의 주된 논거의 하나는 상속의 포기는 책임재산을 적극적으로 감소시키는 행위라고 하기보다는 차라리 소극적으로 그 증가를 방해하는 행위에 지나지 않는다는 점이다. 예컨대 증여의 거절이나 유리한 계약을 체결하겠다는

爲", 民法講座 7, 1984, 1면 이하; 前田陽一, "身分行爲と公序良俗", 椿壽夫/伊藤進 編 公序良俗違反の研究, 1995, 355면 이하 등 참조.

75) 金疇洙(註 3), 575-576면. 또한 독일의 Kipp · Coing의 설명도 이와 같다. 위 註 35)의 본문 참조.

76) 이와 달리 호주승계의 포기(민법 제991조)는 호주라는 친족법상의 지위 내지 신분을 포기하는 것이므로 재산권을 목적으로 하는 행위라고는 할 수 없다. 또 호주상속의 포기에 민법 제1008조의 3이 규정하는 禁養林野 등의 권리 상실이라는 효과가 수반된다고 하더라도(현행법상 호주가 반드시 민법 제1008조의 3이 규정하고 있는 "祭祀를 主宰하는 자"에 해당하는가에 관하여도 다툼이 있다), 이는 간접적인 것이므로 사해행위 취소의 대상이 되지 않는다고 하겠다.

청약에 대하여 승낙하지 않는 것은 단순히 그 증가를 방해하는 것에 불과하고 책임재산을 적극적으로 감소시키는 것은 아니므로, 사해행위 취소의 대상이 되지 않는다는 것이다.[77)]

그러나 사해행위 취소의 대상이 되려면 책임재산을 적극적으로 감소시키는 행위라야 하고, 소극적으로 그 증가를 방해하는 행위는 그 대상이 되지 않는다는 주장을 받아들인다고 하더라도, 상속의 포기가 책임재산을 적극적으로 감소시키는 행위에 해당하지 않는다고 단정할 수는 없다. 민법 제1005조에 의하면 상속인은 상속개시된 때로부터 피상속인의 재산에 관한 권리의무를 승계하기 때문에, 상속인은 상속의 포기나 승인이 있기 전이라도 일단 피상속인으로부터 상속재산을 취득하게 되며, 상속을 승인한 때에야 비로소 상속재산을 취득하는 것은 아니다.[78)] 따라서 상속의 포기는 일단 취득한 재산을 상실시키는 효과가 있는 것으로서, 이를 가리켜 책임재산의 감소가 아니라고 하기는 어렵다. 민법 제1042조가 상속 포기의 소급효를 인정하고 있으므로 상속의 포기가 있으면 포기자는 처음부터 상속을 하지 않은 것으로 되기는 하지만, 그렇다고 하여 상속인이 일단 재산을 상속하였던 사실 자체를 부정할 수는 없다.

독일의 경우에는 부정설을 주장하는 Seuffert가 지적하듯이, 독일 민사소송법 제778조 제2항은 상속을 승인하기 전에는 상속인의 채권자는 아직 상속재산에 대하여 강제집행을 할 수 없다는 규정을 두고 있으므로, 상속의 승인 여부가 확정되지 않은 상태에서는 상속재산이 상속인의 책임재산에 편입되지 않았다고 말할 수 있는 여지가 있다. 그러나 우리 법에는 이에 상당하는 규정이 없다. 다만 민사소송법 제211조는 당사자가 사망한 때에는 소송절차는 중단되고, 상속인은 상속을 포기할 수 있는 때까지는 소송절차를 수계하지 못한다고 규정하고 있을 뿐이나, 이 규정만으로 상속의 포기가 있을 때까지는 상속재산

---

77) Kilger/Huber(註 33), §1 Ⅲ 2 참조.

78) 헌법재판소 1998. 8. 27. 선고 96헌가22, 97헌가2·3·9, 96헌바81, 98헌바24·25 결정(헌법재판소판례집 10-2, 339)이, 상속인이 상속개시 있음을 안 날로부터 3월 내에 단순승인이나 한정승인 또는 포기를 할 수 있다고 규정하고 있는 민법 제1019조 제1항에 대하여 위헌 내지 헌법불합치결정을 하지 않고, 상속의 단순승인의제를 규정한 민법 제1026조 제2호에 대하여 헌법불합치결정을 한 것도 이 점을 간과한 때문으로 생각된다. 민법 제1026조 제2호가 효력을 상실하더라도, 이미 민법 제1005조에 의하여 채무를 승계한 상속인이 새로이 상속 포기나 한정승인을 할 수 없는 한 자신의 재산에 의하여 상속채무를 변제하여야 하는 상황에서 벗어날 수 없기 때문이다. 위 결정의 문제점에 대하여는 尹眞秀, "相續의 單純承認 擬制規定에 대한 憲法不合致 決定의 문제점", 憲法論叢 제11집, 2000, 179면 이하; 郭宗勳, "法定單純承認 規定 憲法不合致決定의 問題點", 법률신문 제2989호(2001. 6. 25), 12-13면 등 참조.

이 상속인의 책임재산에 편입되지 않았다고 말할 수는 없을 것이다.

그럼에도 불구하고 부정설이 상속의 포기가 책임재산을 감소시키는 행위가 아니라고 주장하는 것은 다음과 같이 이해하기 때문이라고 생각된다. 즉 상속을 포기하면 그 소급효에 의하여 포기자는 처음부터 상속인이 아니었던 것으로 되기 때문에 상속재산이 상속개시와 동시에 상속인에게 이전된다는 것은 형식적이고 잠정적인 것에 불과하고, 상속재산은 상속을 승인하였거나 포기할 수 없게 되었을 때 실질적·확정적으로 상속인에게 이전되는 것이라는 것이다.

그와 같이 이해하는 것이 전혀 불가능하다고는 할 수 없다. 그러나 그와 반대로 이해하는 것도 얼마든지 가능하며, 오히려 현행법의 규정상으로는 후자와 같이 이해하는 것이 더 자연스럽다. 적어도 전자와 같은 관점을 내세워서 상속의 포기가 취소의 대상이 될 수 없다고 하는 것은 결정적인 근거는 될 수 없는 것이다.[79]

라. 拋棄의 自由와 債權者의 利益 保護

실제로 부정설의 가장 중요한 근거는 이를 인정하게 되면 상속을 강제하는 것이 되어 상속 포기의 자유를 침해한다는 데 있다고 생각된다. 확실히 민법은 상속의 승인 및 포기 여부의 선택권을 상속인에게 부여하고 있고, 상속인은 그에 관한 선택의 자유를 가지고 있다. 그리하여 상속재산 가운데 소극재산이 적극재산보다 많은 경우에도 상속인은 이를 승인할 수 있고, 반면 적극재산이 소극재산보다 많은 경우에도 상속인은 이를 포기할 수도 있다. 즉 상속인으로서는 상속 포기 여부를 결정함에 있어서 상속재산의 구성과 같은 경제적 측면뿐만 아니라, 피상속인과의 관계라든지, 상속에 관한 자신의 가치관 기타 여러 사정을 종합하여 판단을 내릴 수 있고, 이러한 점에 관한 상속인의 자유는 존중되어야 한다.

그러나 그 상속 포기 여부가 제3자인 채권자의 이해관계에 영향을 미칠 때에도 상속인의 자유가 우선하는 것인가 하는 점은 다시 생각해 보아야 한다. 채무자는 한정승인 등에 의하여 책임(Haftung)이 제한되거나 배제되지 않는 한은 채권자에 대하여 자신의 재산으로써 채무를 변제하여야 할 의무를 부담하는 것이다. 그러므로 채무자가 자신의 고유재산만으로는 채무를 변제하기에 부

79) 독일에서 부정설을 따르는 Kipp, Coing 등도 법적 구성의 면은 이 문제에 관하여 결정적인 것은 아니라고 하고 있음은 앞에서 언급하였다. Ⅲ. 2. 가, 나 참조.

족한 상태에서 상속재산을 취득하여 이를 가지고 채무를 변제할 수 있는 경우에, 상속을 포기한다면 이는 채권자에 대한 의무에는 반하는 행위라고 하지 않을 수 없다. 그러면 이러한 상황에서 상속인의 포기의 자유가 우선한다고 보아 상속의 포기는 사해행위 취소의 대상이 될 수 없다고 볼 것인가, 아니면 채권자에 대한 변제 의무가 우선한다고 보아 채권자가 상속의 포기를 취소할 수 있다고 볼 것인가?

사견으로서는 이러한 때에도 채무자의 상속 포기의 자유가 채권자에 대한 변제 의무보다 우선하는 정도로 중요한 의미를 가지는 것이라고는 생각하지 않는다. 채무자가 자신이 상속을 포기하면 채권자에게 손해가 생긴다는 것을 알면서도 상속을 포기하였는데도 이를 그대로 방치할 수밖에 없다는 것은 부당한 것이다.

그런데 이에 대한 반론으로서는 원래 채권자는 채무자의 고유재산만을 염두에 두고 채무자와 채권관계를 맺은 것이므로 그 후 채무자가 상속을 받은 것은 우연한 행운이고, 따라서 이러한 경우에 채권자가 채무자의 상속재산으로부터 자신의 채권을 만족받을 수 있다고 기대하였다 하더라도 이러한 기대까지 보호할 필요는 없다고 하는 주장이 있다.[80] 그러나 이러한 주장은 그다지 설득력이 없다. 채무자가 채무를 변제함에 있어서 그 기초가 되는 책임재산은 반드시 채권 성립 당시의 그것에 국한되는 것은 아니다. 가령 채무자가 채권 성립 이후에 취득한 재산을 처분함으로써 채무자의 총재산이 감소하여 채권을 변제하기에 부족하게 되면 이는 채권자를 해하는 사해행위가 될 수 있는 것이고, 그 처분한 재산이 채권 성립 이후에 취득하였던 것이라는 이유만으로 사해행위가 아니라고 할 수는 없는 것이다. 이는 채무자의 재산 취득 원인이 상속이라고 하여 다를 이유는 없다. 다만 상속 포기의 경우에는 채무자의 상속 포기의 자유를 고려하여야 한다는 점에서 다른 경우와 다르다고 말할 수는 있겠으나, 이 또한 다른 경우와 질적으로 크게 차이가 있다고는 할 수 없다. 전형적으로 사해행위에 해당하는 증여의 경우를 놓고 보더라도, 어느 재산의 소유자는 그 재산을 타인에게 증여할 자유를 가지는 것이다. 다만 그 증여가 자신에 대한 채권자의 이익을 침해할 때에는 그 증여가 사해행위라 하여 취소됨으로써 결과적으로 증여의 자유가 제한되는 것이다. 상속의 포기가 사해행위라 하여 이를 취소하는 것도 이와 별로 다를 바가 없는 것이다.

---

80) 위 註 49)의 본문 참조.

그런데 이러한 논의는 직접적인 법률의 규정을 근거로 제시하지 않고 있어서 포기의 자유를 더 중요한 것으로 생각하는 견해와, 채권자에 대한 의무의 이행을 더 우선시키는 견해 어느 쪽도 상대방을 결정적으로 설득하지 못하고 있다. 그러므로 이 문제에 관하여 법률의 규정은 어느 쪽에 더 가까운지를 살펴볼 필요가 있다.

앞에서 살펴본 것처럼 독일의 학설이 상속의 포기에 관하여 채권자취소권의 행사를 부정하는 주된 근거의 하나는, 과거의 독일 파산법(Konkursordnung) 제 9 조가 파산선고 전에 파산자에게 귀속된 상속재산의 승인 또는 포기는 파산자만이 할 수 있다고 규정하고 있었다는 데 있었다. 이 규정에 따르면 파산선고가 있은 후에도 상속의 승인 또는 포기 여부를 결정하는 것은 파산자의 일신전속적인 권리로서, 채권자의 이익을 대변하여야 하는 파산관재인이 관여할 수 없다는 것이 된다. 이는 당연히 채권자취소권의 행사 여부에 관한 해석에도 중대한 영향을 미치게 된다. 다시 말하여 파산절차 내에서 파산자의 상속의 포기의 자유가 파산관재인의 영향을 받지 않는 것이라면, 파산절차 외에서 채무자가 상속을 포기하는 것도 채권자의 영향을 받지 않는다고 보아야 하고, 따라서 사해행위 취소의 대상이 되지 않는다고 보는 것이 수미일관한 태도이다.[81]

그런데 독일의 파산법을 계수한 것으로 평가되는 우리 파산법 제 9 조는 상속의 포기에 관하여 독일 파산법과는 다른 태도를 취하고 있다. 즉 동조 제 1 항은 "破産宣告 전에 破産者를 위하여 相續開始가 있은 경우에 破産者가 破産宣告 후에 相續의 拋棄를 한 때라도 破産財團에 대하여는 限定承認의 효력을 가진다"고 규정하고, 제 2 항은 "破産管財人은 前項의 規定에 불구하고 相續拋棄의 效力을 認定할 수 있다. 이 경우에는 拋棄가 있은 것을 안 날로부터 3 月 이내에 그 뜻을 法院에 申告하여야 한다"고 규정한다.[82] 이 규정의 취지는

---

81) 원래 채권자취소권의 제도는 파산법상의 부인권 제도와 그 기능을 같이 하는 것으로서, 연혁적으로도 양자는 로마법상의 actio Pauliana에서 같이 갈라져 나온 것이다. 金能煥, 民法注解 Ⅸ, 1995, 799-800면 참조.

82) 파산법 제 8 조는 파산선고 전에 파산자를 위하여 상속개시가 있은 경우에 파산자가 파산선고 후에 한 단순승인은 파산재단에 대하여는 한정승인의 효력만을 가진다고 규정하고 있다. 파산법 제 8 조와 제 9 조가 파산선고 전에 상속개시가 있은 경우에 관하여만 규정하고 있는 것은, 파산법 제 6 조가 파산재단의 범위를 파산자가 파산선고시에 가진 재산으로 한정하고 있어서, 파산선고 후에 파산자가 상속에 의하여 취득한 재산은 이른바 자유재산으로서 파산자가 자유로 처분할 수 있기 때문이다. 일본 파산법에 관한 齋藤秀夫・麻上正信・林屋札二 編, 注解破産法 第三版 上卷, 1998, 69면(小室直人・中殿政男) 참조. 우리 파산법 제 6 조, 제 8

파산선고 후의 승인이나 포기를 파산자의 자유에 맡기면 파산재단의 범위가 감소되어 파산자의 채권자에게 불공평한 경우가 생기는 것을 막기 위한 것이다.[83] 다른 말로 한다면, 파산선고 후에는 파산자의 상속 포기의 자유가 채권자를 위하여 제한되어, 파산자의 상속 포기가 있더라도 그에는 한정승인의 효력밖에 인정되지 않는 것이다.[84]

이러한 파산법의 규정에 비추어 보면 민법의 채권자취소권에 관하여도 채무자의 상속 포기의 자유는 채권자의 이익을 위하여 제한되어야 한다고 보는 것이 전체 법체계에 부합하는 해석이라고 보아야 할 것이다. 파산절차 내에서이건 파산절차 외에서 채권자취소권의 행사가 문제되는 경우이건 채무자가 자신의 재산으로 채무를 변제하지 못하는 상황이라는 점에 있어서는 마찬가지인데, 파산절차에서는 파산자의 포기의 자유가 제한되지만, 채권자취소권의 행사에 있어서는 채무자의 상속 포기의 자유가 채권자에 대한 관계에 있어서도 보장되어야 한다면 이는 평가모순이라고 하지 않을 수 없다. 그러므로 채무자가 상속재산 가운데 적극재산이 소극재산을 초과하는데도 상속을 포기한다면 채권자는 사해행위라 하여 이를 취소할 수 있다고 보아야 하는 것이다. 종래 우리나라나 일본에서 이 문제를 논함에 있어서 이러한 파산법의 규정을 언급하고 있는 문헌을 찾지 못하였는데, 왜 이에 관하여 주의를 돌리지 않았는지 의아한 생각이 든다.

이처럼 상속의 포기에 대하여도 채권자취소권을 행사할 수 있다고 한다면, 그 행사의 구체적인 방법은 수익자라고 할 수 있는 다른 공동상속인이나 후순위상속인을 상대방으로 하여 상속 포기의 취소를 청구하고,[85] 수익자가 상속을 원인으로 하여 취득한 재산 내지 상속의 포기로 인하여 증가된 상속분의 반환을 청구하는 것이 될 것이다.

조 및 제9조의 규정은 일본 파산법의 각 해당 조문과 같다.

83) 일본 파산법에 관한 齋藤秀夫 등(註 82), 88면(小室直人·高階貞男) 참조.

84) 파산법 제9조 제2항이 파산관재인이 상속 포기의 효력을 인정할 수 있도록 한 것은, 상속재산이 채무초과인 경우에는 상속의 포기를 인정하더라도 불이익이 없기 때문이다. 일본 파산법에 관한 齋藤秀夫(註 82), 89면(小室直人·高階貞男) 참조.

85) 위 광주고등법원 1979. 6. 22. 선고 78나79 판결(註 12)은 채권자가 채무자인 포기자를 상대로 하여 채권자취소소송을 제기한 데 대하여 채무자인 포기자는 취소소송의 피고적격을 가지고 있지 않으므로 부적법하다고 하였다. 반면 위 일본 最高裁判所 1974. 9. 20. 판결(註 54)에서는 상속채권자가 상속을 포기한 자를 상대로 하여 상속 포기의 취소를 주장하였으나, 최고재판소는 당사자적격 문제에 대하여는 언급하지 않았다.

2. 相續財産의 協議分割

가. 詐害行爲 취소의 가부

이처럼 상속의 포기가 사해행위 취소의 대상이 된다고 한다면, 상속재산의 협의분할 또한 그 대상이 될 수 있음은 명백하다. 상속의 포기에 관한 부정설이 주장하듯이, 상속 포기의 경우에는 민법 제1005조에 의하여 상속개시와 동시에 상속재산이 상속인에게 이전된다고 하더라도, 상속인이 상속을 포기할 수 있는 한은 그 이전은 잠정적일 뿐 아직 확정적인 것이라고는 할 수 없으며, 상속인이 상속을 포기할 수 없게 되어야 그 재산 이전이 확정적인 것으로 되는 측면이 있다. 그런데 상속재산 분할의 경우에는 일단 상속인이 상속재산을 확정적으로 취득한 것을 전제로 하여 그 상속재산을 분할하는 것이므로, 그 결과 상속인의 재산이 줄어들게 되면 이는 책임재산을 감소시키는 것으로서 사해행위가 될 수 있다는 데 의문의 여지가 없는 것이다.

그런데 이에 대하여는 상속재산 분할의 소급효에 관한 민법 제1015조를 근거로 하여, 상속재산의 분할로 인하여 상속인이 취득하게 되는 피상속인의 재산은 다른 공동상속인을 거치지 아니하고 피상속인으로부터 직접 취득하는 것이며, 상속재산의 분할과정에서 자신의 상속분을 포기하거나 다른 공동상속인에게 양도한 경우에도 그 상속인의 재산이 이전된 것으로 볼 수는 없으므로 채무자인 상속인의 재산임을 전제로 하여 그 재산을 다른 공동상속인에게 양도하는 법률행위가 사해행위가 된다고 하는 것은 상속재산의 귀속에 관한 법리를 오해한 것이라고 하는 비판이 있음은 앞에서 보았다.[86] 그러나 이러한 논의는 정당하다고 생각되지 않는다. 상속재산의 협의분할이 채권자를 해하는 사해행위에 해당할 수 있다고 하는 견해는 상속재산의 협의분할이 있기 전의 상태와 있은 후의 상태를 비교하여 분할로 인하여 채무자의 책임재산이 감소하였다면 이를 취소함으로써 분할 전의 상태를 회복하려고 하는 것이다. 그런데 상속재산 분할에 소급효가 있음을 들어 사해행위가 아니라고 하는 견해는 분할이 있은 후의 상태만을 염두에 두어서, 상속개시와 동시에 분할된 것과 마찬가지라고 취급하여야 한다고 주장하는 것이 된다. 그러나 이러한 소급효의 규정은 법률적인 의제에 불과하고, 실질에 있어서 상속의 개시에 의하여 채무자

86) 田慶根(註 9), 534-535면.

의 책임재산이 증가한 바 있다는 사실 그 자체를 부정할 수는 없는 것이다.

대법원 1985. 10. 8. 선고 85누70 판결[87] 등 일련의 판례는 이러한 상속재산 분할의 소급효를 근거로 하여, 법정상속분을 초과하여 분배를 받은 상속인이 다른 상속인들로부터 증여를 받은 것이 아니라고 하고 있다. 그러나 이러한 판례들은 법정상속분을 초과하여 분배를 받은 상속인이 증여세를 납부하여야 하는가 하는 쟁점에 관한 것으로서, 상속재산의 협의분할이 사해행위에 해당하는가 여부의 판단에 있어서 직접 적용될 수 있는 것은 아니다.

나아가 이 경우에 미리 채권자가 상속재산의 협의분할에 참가하겠다고 요구하여야 하는 것은 아니다. 일본 민법에는 공유재산의 분할에 관하여 채권자가 참가를 요구할 수 있다는 제260조의 규정이 있기 때문에 채권자가 그러한 요구를 한 경우에만 사해행위 취소를 주장할 수 있다는 견해가 주장될 여지가 있으나, 우리 민법에는 그와 같은 규정이 없기 때문에 그러한 견해는 주장될 여지가 없다.

나. 相續債權者도 取消權을 가지는지 여부

그런데 여기서 한 가지 따져 보아야 할 것은 상속재산 협의분할의 사해행위 취소를 주장할 수 있는 사람이 상속 포기의 경우와 마찬가지로 상속인의 채권자에 한하는가, 아니면 상속채권자도 이를 주장할 수 있는가 하는 점이다. 일본의 경우에는 상속채권자는 이를 주장할 수 없다고 하는 견해[88]와 채권자의 속성을 따져 보아야 한다는 견해[89]가 있는 것은 앞에서 보았다. 그러나 상속재산의 협의분할에 대하여는 상속인의 채권자뿐만 아니라 상속채권자도 채권자취소권을 행사할 수 있다고 보아야 할 것이다. 상속 포기의 경우에 상속채권자에 대하여는 채권자취소권을 인정하지 않는 주된 근거는 상속채권자가 상속인에 대하여 상속채무의 승계를 강요할 수 없다고 하는 점에 있다.[90] 그러나 상속재산을 협의분할하는 단계에서는 상속인에 의한 상속채무의 승계는 이미 확정된 것이므로 상속채무의 승계를 강요한다는 문제는 생기지 않는다. 따라서 상속채권자도 상속인의 채권자와 마찬가지로 취소권자에 포함시키는 것이 상당하다. 프랑스 민법 제882조의 해석에 있어서도 법문상으로는 그 적용이 "공

87) 公 1985, 1492.
88) 위 註 62) 및 그 본문 참조.
89) 위 註 61) 및 그 본문 참조.
90) 위 V. 1. 가 참조.

동분할인의 채권자(Les créanciers d'un copartageant)"에 국한되어 있음에도 불구하고 상속인이 단순승인을 하면 상속채권자는 상속인의 채권자가 된다는 이유로 상속채권자에 대하여도 위 조항이 적용된다고 보고 있다.[91)]

다. 具體的 相續分과의 관계

다만 상속재산의 협의분할이 사해행위가 될 수 있다고 하여도, 어느 경우에 어느 범위에서 사해행위가 성립하는가는 여러 가지 사정을 참작하여야 한다. 특히 법정상속분과 특별수익, 기여분 등을 고려하여 산정한 구체적 상속분에 차이가 있는 경우에는, 협의분할로 인하여 채무자의 책임재산이 감소되었는지 여부는 재산분할의 결과가 구체적 상속분에 미달하였는가 여부를 가지고 판단하여야 하고, 그 취소의 범위도 그 미달하는 부분에 한정되어야 할 것이다.[92)] 왜냐하면 이러한 경우에 분할의 결과 법정상속분과 구체적 상속분의 차이가 다른 공동상속인들에게 돌아갔다고 하더라도, 이는 원래 특별수익제도 내지 기여분제도 등의 취지상 당연히 다른 공동상속인들에게 귀속되어야 하는 것이고, 채무자의 책임재산에 속하는 것이라고는 볼 수 없기 때문이다.

위 대법원 2001. 2. 9. 판결(註 1)도, "이미 채무초과 상태에 있는 채무자가 상속재산의 분할협의를 하면서 상속재산에 관한 권리를 포기함으로써 결과적으로 일반 채권자에 대한 공동담보가 감소되었다 하더라도, 그 재산분할결과가 위 구체적 상속분에 상당하는 정도에 미달하는 과소한 것이라고 인정되지 않는 한 사해행위로서 취소되어야 할 것은 아니고, 구체적 상속분에 상당하는 정도에 미달하는 과소한 경우에도 사해행위로서 취소되는 범위는 그 미달하는 부분에 한정하여야 한다. 이때 지정상속분이나 기여분, 특별수익 등의 존부 등 구체적 상속분이 법정상속분과 다르다는 사정은 채무자가 주장·입증하여야 할 것이다"고 판시하고 있다.[93)][94)]

91) Behar-Touchais(註 25), n° 16 et suiv.; Mazeaud/Mazeaud(註 16), n° 1777; Grimaldi(註 16), n° 838. 그러나 한정승인을 한 경우에도 위 조문이 적용되는지에 관하여는 다툼이 있다. Behar-Touchais(註 25), n° 17 참조.

92) 千藤洋三(註 59), 210면; 佐久間邦夫(註 60), 249면 등 참조.

93) 그러나 위 판결이 공동상속인의 상속분은 그 유류분을 침해하지 않는 한 피상속인이 유언으로 지정한 때에는 그에 의한다고 하면서 지정상속분이라는 용어를 사용하고 있는 것은 문제가 있다. 일본 민법 제902조 제1항은 [지정상속분]이라는 표제 아래, 피상속인은 유언으로 공동상속인의 상속분을 정하거나 또는 그것을 정하는 것을 제3자에게 위탁할 수 있다고 규정하고 있고, 우리나라에서도 金疇洙(註 3), 534면 등은 지정상속분이라는 용어를 쓰면서, 민법에서는 유증의 자유가 인정되고 있으므로 상속인에게 법정상속과 다른 비율에 의한 상속

Ⅵ. 結　　論

종래 우리나라나 일본에서는 상속의 포기는 사해행위 취소의 대상이 되지 않는다고 하는 견해가 유력하였다. 이는 기본적으로는 독일의 학설의 영향을 받아서 포기의 자유를 중요시한 때문이라고 할 수 있다. 그러나 현행법의 해석, 특히 파산법 제 9 조에 비추어 보면 상속인에게 인정되는 포기의 자유가 채권자의 이익 보호보다 더 중요하다고 볼 별다른 근거가 없다. 따라서 상속의 포기는 사해행위 취소의 대상이 될 수 있다고 보아야 할 것이다. 다만 이를 주장할 수 있는 것은 상속인의 채권자에 한하고, 상속채권자는 이를 주장할 수 없다고 보아야 한다.

그리고 상속재산의 협의분할 또한 사해행위 취소의 대상이 될 수 있다. 이 경우에는 그 취소권자를 상속인의 채권자로 한정할 필요가 없다. 다만 이때 사해행위 여부의 판단에 있어서는 구체적 상속분이 기준이 되어야 할 것이다.

〈私法硏究 제 6 집, 2001〉

〈追記〉

1. 종전의 파산법 제 9 조 제 1 항은 2005년 제정된 채무자회생 및 파산에

분을 지정하는 유언을 할 수 있다고 설명한다. 그러나 우리 민법은 위와 같은 조문 자체를 두고 있지 않으며, 상속인에 대한 포괄적 유증이 인정되어 실질적으로 상속분을 지정하는 것과 같은 효과가 있다 하더라도 이는 근본적으로는 유증의 효과일 뿐이고, 포괄수유자의 지위는 여러 가지로 상속인의 지위와 다르므로(예컨대 유증에는 조건이나 부담을 붙일 수 있고, 수유자가 상속개시 전에 사망한 경우에는 대습상속이 인정되지 않는 점 등) 지정상속분이라는 용어는 바람직하다고 할 수 없다. 朴秉濠, "相續分에 관한 諸問題", 家族法論集, 1996, 322면 이하; 崔秉祚, "包括的 遺贈의 效果", 民事判例硏究 9, 197면 이하; 郭潤直(註 43), 157-158면 등 참조.

94) 다른 한편으로 이 사건에서는 상속인의 채권자인 원고가 채무자를 포함한 공동상속인 전원을 상대로 하여 상속재산 협의분할의 취소를 청구하였고, 제 2 심 판결은 이를 받아들였으며, 대법원도 이 점은 특별히 문제삼지 않고 있다. 그러나 종래의 판례(대법원 1961. 11. 9. 선고 4293민상263 판결, 集 9권 민65 등)나 통설에 의하면 사해행위취소소송에 있어서 채무자는 그 상대방이 될 수 없다고 보고 있으며, 사해행위취소소송에서의 상대방이 누구인가 하는 것은 당사자적격에 관한 문제로서 직권조사사항에 속하므로(대법원 1967. 12. 26. 선고 67다1839 판결, 集 15권 3집 민417 참조), 대법원이 이 점을 간과한 것은 잘못이라고 하겠다. 위 일본 最高裁判所 1999(平成 11). 6. 11. 판결(註 68)에서는 채무자 아닌 다른 공동상속인만이 피고로 되었다.

관한 법률 제386조 제 1 항으로 바뀌었다. 다만 “파산자”라는 용어는 “채무자”로 변경되었다.

2. Rainer Frank, “Der Verzicht auf erbrechtlichen Erwerb zum Nachteil der Gläubiger”, Festschrift für Dieter Leipold zum 70. Geburtstag, 2009, S. 983 ff.는 상속의 포기에 대하여 채권자취소권의 행사를 인정하지 않고 유류분반환청구권에 대한 압류도 제한적으로만 허용하고 있는 독일 법의 태도를 비판하면서, 입법론적으로는 상속의 포기에 대하여 채권자취소권과 도산법상의 부인권의 행사를 인정하고 있는 프랑스법의 해결 방식이 더 설득력이 있다고 주장한다. 註 15)의 프랑스 민법 제788조는 2006년의 개정에 의하여 제779조로 바뀌었고, 표현도 다소 달라졌으나 기본적인 내용에는 차이가 없다.

3. 서울중앙지방법원 2008. 10. 10. 선고 2007가단433075 판결(각공 2009상, 11)은 채무자의 상속 포기가 채권자취소권의 대상이 될 수 없다고 하였다. 위 판결은 채무자는 애당초 상속재산을 취득한 바 없으므로 소극적으로 총재산의 증가를 방해한 것에 불과하고, 또 상속 포기나 승인과 같은 신분법상의 법률행위는 그 성질상 일신전속적 권리로서 타인의 의사에 의하여 강요될 수 없는데, 만일 상속 포기가 채권자취소권의 대상으로 된다면 이는 상속인에 대하여 상속승인을 강요하는 것과 같은 결과가 되어 부당하다고 하였다.

4. 최성경, “상속의 승인 및 포기와 채권자취소권”, 외법논집 제26집, 2007, 109면 이하는 상속의 포기는 채권자취소권의 대상이 되지 않지만, 상속의 승인 중 민법 제1026조 제 1 호와 제 3 호에 의한 경우는 취소의 대상이 되며, 제 2 호와 명시적인 승인의 경우는 취소의 대상이 되지 않는다고 한다.

5. 스위스 민법(ZGB) 제578조 제 1 항은 채무초과인 상속인이 상속재산이 채권자의 집행대상이 되지 않도록 하기 위한 목적으로 상속을 포기하면 채권자나 파산관재인은 6개월 내에 포기를 취소할 수 있다고 규정하고 있다. 이는 파산법상의 취소권과는 별개의 권리이다. 그리고 오스트리아의 확립된 판례는 상속인의 상속 포기가 채권자취소권법(Anfechtungsordnung)에 의한 취소 대상이 된다고 보고 있고,[95] 학설도 이를 지지하고 있다.[96]

95) 오스트리아 대법원(OGH) 1999. 11. 23. 판결(사건번호 1Ob131/99t); 2006. 5. 16. 판결(사건번호 1Ob25/06t) 등. 이들 판례는 오스트리아 연방총리실 법률정보체계 사이트(http://www.ris.bka.gv.at/Jus/)에서 사건번호로 검색할 수 있다.

96) Rummel/Welser, Kommentar zum ABGB, 3. Aufl., 2000, §799 Rz. 37; Schwimman/Eccher, ABGB PraxisKommentar, 3. Aufl., 2006, §805 Rz. 8 등.

相續債務를 뒤늦게 발견한 相續人의 保護

Ⅰ. 序　論

민법 제1005조는 상속이 개시되면 상속인이 바로 피상속인의 재산에 관한 포괄적인 권리와 의무를 승계하는 것으로 규정함으로써, 이른바 법정취득 또는 당연취득의 원칙(Grundsatz des ipso-iure Erwerbs, Grundsatz des Vonselbsterwerbs)을 채택하고 있다. 입법례로서는 이러한 법정취득의 원칙 외에도 영미법에 있어서처럼 상속재산 관리인과 같은 인격 대표자(personal representative)가 채무를 청산하고 나머지 재산을 상속인이 취득하게 하는 것(estate administration), 오스트리아 법처럼 상속재산을 우선 법원이 관리하고 상속인의 신청에 따라 법원이 상속인에게 상속하게 하는 것과 같이 상속인의 의사에 따라 상속이 개시되게 하는 것(Erwerb durch Antritt) 등 여러 가지가 있다.

일반적으로 법정취득제도의 장점으로는 상속인이 상속에 관하여 무관심하거나 또는 아무런 의사를 나타내지 않더라도 상속의 승인이라는 결과를 가져오므로 상속채권자의 이익에 더 부합하고, 상속인은 대체로 상속을 받는 것이 보통이어서 상속의 포기는 예외이므로 상속인이 침묵하면 상속을 받는 것으로 하는 것이 더 실제적이며, 법정취득의 원칙은 법원이나 상속재산 관리인 등을 개입시키지 않으므로 더 간편하다는 것을 든다.[1)]

그러나 이러한 법정취득제도에 따를 때에는, 상속인이 자신의 의사에 반하

1) Lange/Kuchinke, Lehrbuch des Erbrechts, 4. Aufl., 1995, §8 Ⅰ 3; 谷口知平, 新版 注釋民法 27, 1989, 430면. Staudinger/Otte · Marotzke, Kommentar zum Bürgerlichen Gesetzbuch mit Einführungsgesetz und Nebengesetz, 12. Aufl., §1942 Rn. 2도 대체로 같은 취지이다.

여 상속을 받게 되는 경우가 생길 수 있다. 특히 상속재산 가운데 채무가 적극재산을 초과하는 경우에는 상속인은 상속에 의하여 부담만을 지게 된다. 그러므로 이러한 법정취득제도를 따르는 나라들은 상속인으로 하여금 상속의 포기나 한정승인을 할 수 있는 기회를 부여함으로써, 자신이 원하지 않는 상속으로부터 벗어날 수 있도록 하고 있다. 우리 민법도 상속인이 상속개시 있음을 안 날로부터 3월 내에 단순승인이나 한정승인 또는 포기를 할 수 있고, 가정법원은 이해관계인이나 검사의 신청에 의하여 그 기간을 연장할 수 있도록 하고 있다(제1019조 제 1 항). 위와 같이 상속의 승인이나 포기를 할 수 있는 기간을 일반적으로 考慮期間 또는 熟慮期間이라고 부른다.

그러나 이와 같이 우리 민법이 규정하고 있는 승인 또는 포기 여부를 결정하기 위한 고려기간 또는 숙려기간은 지나치게 짧고, 그 기간이 지나 버리면 상속인은 더 이상 상속채무를 면할 길이 없게 된다는 점에서 문제점이 있다. 즉 상속인이 상속채무가 있다는 사실을 알지 못하였거나, 또는 상속의 포기나 한정승인과 같은 제도가 있음을 알지 못하여 위의 고려기간 내에 아무런 조치를 취하지 않고 있다가, 뒤늦게서야 상속재산 중 적극재산을 초과하는 액수의 상속채무가 있다는 사실을 알게 된 경우에는, 상속인은 원래는 자신과 전혀 관계없었던 채무를 이행하여야만 하는 딱한 사정에 놓이게 되는 것이다.

이러한 문제점을 해결하기 위하여 근래에 몇 가지의 주장이 제기되었다. 그 중 한 가지는 위의 고려기간의 기산점을 상속인이 상속채무 등 상속재산의 존재를 알았던 때로 보아야 한다는 주장이고, 다른 한 가지는 비교적 최근에 대두된 것으로서, 위와 같이 고려기간이 도과하면 상속인이 단순승인을 한 것으로 의제하는 것은 헌법에 위배된다는 것이다.

그러나 위와 같은 주장들에는 어느 것이나 난점이 있어 쉽게 받아들이기는 어렵다고 생각된다. 그리하여 필자는 이처럼 상속인이 상속채무가 있음을 알지 못하여 위 고려기간을 도과함으로써 단순승인을 한 것으로 의제되어 상속채권자로부터 책임을 추궁당하는 경우에, 상속인을 구제하는 방법으로서 상속인은 착오를 이유로 하는 법정단순승인의 취소를 할 수 있다고 주장하고자 한다.

이 글에서는 먼저 법정취득주의를 취하는 다른 나라들, 즉 프랑스, 독일 및 일본에서 채무 초과의 상속재산이 있는 경우에 상속인을 어떻게 보호하고 있는가 하는 점을 우리나라와 비교하여 살펴보고(아래 Ⅱ), 이어서 고려기간의 기산점에 관한 종래의 논의를 소개하고 평가한 다음(아래 Ⅲ.), 단순승인의 의제가 위헌이라는 주장에 대하여 간단히 언급하기로 한다(아래 Ⅳ.).

그리고 마지막으로 법정단순승인의 취소에 관한 필자의 사견을 전개하여 본다(아래 Ⅴ.).

Ⅱ. 債務超過의 相續財産과 相續人의 保護에 관한 立法例

1. 프 랑 스

프랑스 민법도 우리 민법과 마찬가지로 법정취득주의를 취하고 있다. 프랑스 민법은 상속(succession)을 소유권취득 사유의 하나로 다루고 있는데, 우선 소유권취득에 관한 총칙규정인 제711조는 "물건에 대한 소유권은 상속, 생존자간의 증여, 또는 유언 및 채무의 효력에 의하여 취득되고 승계된다(La propriété des biens s'acquiert et se transmet par succession, par donation entre vifs ou testmentaire, et par l'effet des obligations)"고 규정하고 있다. 그리고 상속의 개시에 관한 제718조는 "상속은 自然死 및 民事死에 의하여 개시된다(Les successions s'ouverent par la mort naturelle et par la mort civile)"고 규정하여[2] 상속인이 상속개시에 의하여 바로 물건의 소유권을 취득함을 명시하고 있다. 뿐만 아니라 프랑스 민법 제781조가 "상속인이 상속개시 후에 상속을 포기하거나 명시적 또는 묵시적으로 승인하지 않고 사망한 때에는, 그의 상속인이 상속인 대신 승인을 하거나 포기를 할 수 있다(Lorsque celui à qui une succession est échue est décédé sans l'avoir répudiée ou sans l'avoir acceptée éxpressément ou tacitement, ses héritiers peuvent l'accepter ou la répudier de son chef)"라고 규정하고 있는 것도, 상속인이 상속에 의하여 바로 피상속인의 권리를 승계한다는 것을 전제로 하는 것이다.[3]

그러나 다른 한편 프랑스 민법은 우리 민법과 마찬가지로 일단 상속을 한

2) 民事死(la mort civile)는 重刑을 받은 사람의 法的 能力을 빼앗는 제도였으나, 1854년의 법률에 의하여 폐지되었다. Mazeaud/Breton, Leçons de droit civil, tome quatrième, deuxiemè éd., successions les libéralités, 1982, n° 669; 郭潤直, 相續法, 1997, 14-15면 참조.

3) Ferid, Frankreich, Grundzüge Rz. 232 in: Ferid/Firsching(hrsg.), Internationales Erbrecht, Lfg. XVIII, Januar 1982.

상속인에게 상속의 단순승인(acceptation pure et simple)과 한정승인(acceptation sous bénéfice d'inventaire) 및 포기(renonciation)의 3가지 중 하나를 선택할 수 있는 선택권(option)을 주고 있다(제774조 이하). 그리하여 프랑스 민법 제795조는 상속인에게 상속재산 목록을 작성하기 위하여 상속개시된 때부터 3월의 유예기간을 주고 있다. 그리고 상속인에게는 상속의 승인 또는 포기 여부를 결정하기 위하여 위 3월의 기간 내에 상속재산 목록이 작성된 때에는 그때부터, 그 기간 내에 상속재산 목록이 작성되지 않았으면 3월이 경과한 때부터 다시 40일이라는 유예기간이 부여된다. 위의 유예기간 내에 상속채권자가 상속인에게 청구를 하면 상속인은 연기의 항변(exception dilatoire)을 주장할 수 있다.[4] 그러나 40일의 유예기간이 경과하였다고 하여 상속인이 더 이상 승인 또는 포기를 할 수 없는 것은 아니며, 프랑스 민법 제789조는, 상속을 승인하거나 포기할 수 있는 권한은 부동산 시효취득에 필요한 최장의 기간(즉 30년)의 시효에 걸린다고 규정하고 있다.[5] 그러므로 상속인은 상속이 개시된 때부터 30년 내에는, 상속의 승인 또는 포기를 할 수 있다.

문제는 상속인이 위의 30년이 경과하도록 승인도 포기도 하지 않았으면 어떻게 되는가 하는 점인데, 이에 관하여는 학설상 논란이 많으나, 프랑스의 판례는 19세기 이래로 상속인이 상속을 포기한 것으로 보고, 다만 묵시적인 승인은 가능하다고 보고 있다.[6]

2. 獨 逸

독일 민법도 법정취득의 원칙을 취하면서 상속인에게 상속의 포기를 인정하고 있다. 즉 독일 민법 제1942조 제 1 항은 상속재산은 지정된 상속인이 상속을 포기할 수 있는 권리에 관계없이 상속인에게 이전된다고 규정하는 한편,[7] 제1944조는 상속인이 상속재산의 이전(Anfall)과 상속인으로 지정된 사유(Berufungsgrund)를 안 때부터 6주 내에만 상속을 포기(Ausschlagung)할 수 있고, 피상속인의 최종 주소가 외국이었거나 상속인이 포기기간의 개시 당시 외국에 있

4) Mazeaud/Breton(註 2), n° 1085.

5) La faculté d'accepter ou de répudier une succession se prescrit par le laps de temps requis pour la prescription la plus longue des droits immobiliers.

6) Civ. 13 juin 1855, D. 1855.1.253; Civ. 13 févr. 1911 등. Mazeaud/Breton(註 2), n° 1082 참조.

7) 다만 국가는 그에게 귀속되는 상속재산을 포기하지 못한다. 독일 민법 제1942조 제 2 항.

었던 때에는 포기기간을 6월로 하고 있다. 위 포기기간이 경과하면 상속인은 더 이상 포기할 수 없고, 이때에는 상속을 승인한 것으로 간주된다(제1943조 제 1 항). 독일 민법상 상속의 승인은 우리 법상의 단순승인과 마찬가지의 효력이 있으며, 프랑스 민법이나 우리 민법과 같은 한정승인제도는 존재하지 않는다.

그러나 이처럼 상속인이 포기기간을 경과하여 더 이상 포기할 수 없게 되었다 하더라도 그에게 구제수단이 없는 것은 아니다. 즉 상속인은 상속재산의 관리(Nachlaßverwaltung)나 상속재산의 파산(Nachlaßkonkurs)[8]을 신청할 수 있고, 이러한 상속재산 관리 또는 상속재산의 파산의 절차가 개시되면 상속인의 상속채무에 대한 책임은 상속재산에 한정되게 된다(제1975조). 상속인이 상속재산의 관리나 상속재산의 파산을 신청할 수 있는 시기에는 제한이 없고,[9] 다만 법원이 상속채권자의 신청에 의하여 상속인에게 기한을 정하여 상속재산의 목록을 제출할 것을 명하였으나 상속인이 그 기간 내에 목록을 제출하지 않은 때에는 상속인은 무제한의 책임을 지게 되며(제1994조 제 1 항), 이때에는 상속재산의 관리신청을 할 수 없게 된다(제2013조 제 1 항).[10][11]

3. 日 本

일본 민법도 독일이나 프랑스 민법과 마찬가지로 법정취득의 원칙을 택하면서(제896조), 상속인이 상속에 대하여 상속의 단순승인뿐만 아니라 한정승인 또는 포기를 할 수 있도록 규정하고 있는데, 이러한 승인이나 포기를 할 수 있는 기간은 상속인이 자기를 위하여 상속의 개시가 있음을 안 날로부터 3월 이

8) 1994. 10. 5. 공포된 도산법(Insolvenzordnung)은 과거의 파산절차와 화의절차를 대치하고 있고, 같은 날 공포된 도산법 시행법(Einführungsgesetz zur Insolvenzordnung) 제32조는 민법상의 상속재산 파산을 상속재산 도산절차(Nachlaßinsolvenzverfahren)로 개정하였으나, 위 도산법은 1999. 1. 1.에야 시행되므로 그 전까지는 종래의 민법과 파산법 등이 그대로 적용된다. 상속재산의 파산에 관한 한은 새로운 도산법도 종전의 파산법과 큰 차이를 보이지 않고 있다. J. Kramer, Das neue Insolvenzrecht, 1995, S. 516; Lange/Kuchinke(註 1), §49 Ⅳ 1 참조.

9) 뿐만 아니라 독일 민법 제1980조 제 1 항은 상속인에게 상속재산의 채무 초과를 알게 되면 지체 없이 파산신청 또는 화의신청을 할 의무를 부과하고, 이 의무를 위반하면 채권자에 대하여 손해배상을 하여야 한다고 규정한다. 다른 한편 상속채권자가 상속재산의 관리나 상속재산의 파산을 신청하는 경우에는 상속재산의 승인이 있은 때로부터 2년이 경과하지 않아야 한다. 독일 민법 제1981조 제 2 항 제 2 문 및 독일 파산법(Konkursordnung) 제220조.

10) 이 경우에도 상속재산의 파산신청은 가능하다. 파산법(Konkursordnung) §§216, 217 참조.

11) 이 이외에 상속인은 상속재산에 관하여 화의(Vergleich)를 신청할 수도 있다. 화의법(Vergleichsordnung) §113 Abs. 1 Nr. 4.

내이고, 다만 이해관계인 또는 검찰관의 청구에 의하여 가정재판소가 그 기간을 伸長할 수 있다(제915조 제1항).[12] 이러한 승인·포기를 할 수 있는 기간 내에 한정승인이나 포기를 하지 않은 때에는 상속인은 단순승인을 한 것으로 간주된다(제921조 제2호). 따라서 일본 민법에서는 원칙적으로 위 3월의 기간이 경과하면 상속인은 상속채권자에 대하여 무한의 책임을 부담하여야 한다.

그리고 상속재산의 파산에 관하여는 일본 민법에 별다른 규정이 없고 파산법이 이를 규율하고 있는데, 상속재산을 가지고 상속채권자 및 受遺者에 대한 채무를 완제할 수 없을 때에는 법원은 신청에 의하여 파산을 선고한다(일본 파산법 제129조). 그 신청은 일본 민법 제941조의 규정에 의하여 재산분리의 청구를 할 수 있는 동안에 한하여 할 수 있고, 그 기간 내에 한정승인이나 재산분리가 있은 경우에는 상속채권자 및 受遺者에 대한 변제가 아직 종료하지 않은 때에도 할 수 있다(제131조). 그런데 일본 민법 제941조의 규정에 의한 재산분리의 청구[13]를 할 수 있는 기간은 원칙적으로 상속개시의 때부터 3월 이내이지만, 상속재산이 상속인의 고유재산에 혼합되지 않은 때에는 위의 3월의 기간 만료 후에도 청구를 할 수 있으므로, 상속재산의 파산 신청도 마찬가지로 상속재산이 상속인의 고유재산에 혼합되지 않은 한 상속개시의 때부터 3월이 경과하여도 가능하다.

4. 우리 法과의 비교

우리 민법은 대체로 일본 민법과 유사하다. 즉 상속인은 상속개시 있음을 안 날로부터 3월 내에 단순승인이나 한정승인 또는 포기를 할 수 있고, 가정법원은 이해관계인 또는 검사의 청구에 의하여 그 기간을 연장할 수 있으며(제1019조 제1항),[14] 상속인이 위 기간 내에 한정승인 또는 포기를 하지 않았으면

12) 일본 민법 제916조는 상속인이 승인 또는 포기를 하지 않고 사망한 때에는 승인 또는 포기를 위한 기간은 상속인의 상속인이 자리를 위하여 상속의 개시가 있음을 안 때로부터 기산한다고 규정하고, 제917조는, 상속인이 무능력자인 때에는 위 승인 또는 포기를 위한 기간은 그 법정대리인이 무능력자를 위하여 상속의 개시가 있음을 안 때로부터 기산한다고 규정한다.

13) 이는 상속채권자 또는 수유자의 청구에 의하여 이루어지는 재산분리로서, 상속인의 채권자의 청구에 의하여 이루어지는 재산분리(제2종의 재산분리)와 대비하여 제1종의 재산분리라고 한다.

14) 민법 제1020조는 상속인이 무능력자인 때에는 위 기간은 그 법정대리인이 무능력자를 위하여 상속의 개시가 있음을 안 때로부터 기산한다고 규정하고, 제1021조는 상속인이 승인이

상속인은 단순승인을 한 것으로 의제된다(제1026조 제2호). 따라서 상속인이 위 고려기간 내에 한정승인이나 포기를 하지 않으면 상속인은 상속채무에 대하여 모든 책임을 질 수밖에 없다.

그리고 상속재산의 파산에 관한 파산법의 규정도 대체로 일본 파산법의 규정과 비슷하나, 세부적인 점에서는 차이가 있다. 즉 파산법 제119조는 상속재산으로써 상속채권자 및 수유자에 대한 채무를 완제할 수 없는 때에는 법원은 신청에 의하여 결정으로써 파산을 선고한다고 규정하고, 제121조는 상속재산에 대하여는 민법 제1045조의 규정에 의하여 재산의 분리를 청구할 수 있는 기간에 한하여 파산신청을 할 수 있으며, 그 사이에 한정승인 또는 재산분리가 있은 경우에는 상속채권자 및 受遺者에 대한 변제가 아직 종료하지 아니한 경우에도 신청을 할 수 있다고 규정한다. 그런데 상속재산의 분리에 관한 우리 민법 제1045조의 규정은 일본 민법 제941조와는 다소 차이가 있어 결과적으로 파산신청의 시기에 있어서도 차이가 생긴다. 즉 우리 민법 제1045조는 상속개시된 날로부터 3월 내에 상속재산과 상속인의 고유재산의 분리를 청구할 수 있고(제1항), 상속인이 상속의 승인이나 포기를 하지 아니한 동안은 위 기간 경과 후에도 재산의 분리를 청구할 수 있도록 하고 있으므로(제2항), 결국 상속재산에 관하여 파산신청을 할 수 있는 것은 상속인이 상속의 승인이나 포기를 할 수 있는 제1019조 제1항의 기간 동안으로 한정된다. 위 기간을 경과하면 제1026조 제2호에 의하여 단순승인한 것으로 의제되기 때문이다.

이러한 우리 법의 규정을 다른 나라와 비교하여 본다면, 우리나라의 법이 상속인에 대하여 가장 불리하게 되어 있다고 하지 않을 수 없다. 프랑스에서는 상속인이 30년 이상 상속의 승인이나 포기를 하지 않고 있으면 판례상 결과적으로 상속의 포기를 한 것으로 보고 있고, 독일에서는 상속의 포기를 할 수 있는 기간이 원칙적으로 6주(예외적으로 6월)이어서 우리나라보다도 짧기는 하지만, 위 기간이 경과한 후에도 상속인이 상속재산의 관리나 파산신청을 함으로써 상속채무에 대하여 무한책임을 지지 않을 수 있는 길이 열려 있다. 일본에서도 상속채권자에 대한 상속인의 지위가 대체로 우리나라와 같지만, 일본 파산법에 의하면 상속재산이 상속인의 고유재산에 혼합되지 않은 때에는 비록

나 포기를 하지 않고 사망한 때에는 위 기간은 상속인의 상속인이 자기를 위하여 상속의 개시가 있음을 안 때로부터 기산한다고 규정하고 있다.

상속포기 등을 위한 고려기간이 경과하더라도 파산신청을 할 수 있다.[15] 반면 우리 법상으로는 위의 고려기간이 경과하면 파산신청마저 불가능하게 되므로 그 한도에서는 차이가 있다.

나아가 일본이나 우리나라에서는 입법론으로서 상속인에게 뜻하지 않은 손해를 지지 않게 하고, 채권자에게 지나친 이득을 얻지 못하게 하기 위해서 상속인의 다른 의사표시가 없는 경우에는 한정승인을 한 것으로 보는 것이 타당하다고 하는 이른바 限定承認 本則論이 주장되고 있다.[16] 그러나 한정승인을 원칙으로 하는 것에 문제점이 없다고는 할 수 없다. 한정승인의 절차가 진행되기 위하여는 상속인이 상속재산의 목록을 첨부하여 법원에 한정승인의 신고를 하여야 하고(제1030조), 한정승인자가 상속채권자와 수유자에 대하여 채권 또는 수유의 신고를 할 것을 공고하고(제1032조) 변제하여야 할 뿐만 아니라, 필요한 경우에는 감정(제1035조 제 2 항), 경매(제1037조) 등의 여러 절차를 거쳐야 하는데, 실제로 한정승인의 필요성이 있는 경우는 그다지 많지 않고, 대부분의 경우에는 한정승인절차 없이도 상속재산에 의하여 상속채무를 모두 변제할 수 있으므로, 모든 경우에 예외 없이 한정승인의 절차를 거치게 한다는 것은 불필요하게 상속에 드는 비용만을 증가시키고 상속절차를 번거롭게 만드는 것이 되기 때문이다.[17] 그러므로 단순승인을 원칙으로 하고 다만 상속인의 보호를 위하여 필요한 경우에만 법원 등 제 3 자가 개입하여 상속인이 상속재산의 범위 내에서만 상속채무에 대하여 책임을 지게 하는 것으로도 충분하다고 생각된다. 다만 우리나라의 법이 그와 같이 합리적으로 되어 있는가 하는 것은 또 다른 문제이다.

---

15) 다만 일본에서는 상속재산의 파산이 있은 경우에 상속인이 상속채무에 대하여 면책되는가 하는 점에 대하여는 논란이 있다. 이는 상속재산의 파산에 있어서 파산자를 상속재산으로 보는가, 아니면 상속인으로 보는가 하는 점과도 관련이 있는데, 일본에서는 상속재산파산에 한정승인의 효과를 인정한다는 규정이 없어서 상속인으로서는 상속재산 파산이 있더라도 별도로 한정승인을 하지 않는 한 파산종결 후에 자기의 고유재산에 대하여 강제집행을 당할 우려가 있으므로, 상속재산 파산에 있어서는 상속인에 대하여 면책에 관한 파산법의 규정을 유추적용함이 타당하다고 한다. 齋藤秀夫/麻上正信 編, 注解破産法, 改訂 第二版, 1994, 713면(林屋札二 = 宮川知法).

16) 朴秉濠, 家族法, 全訂版(韓國放送通信大學敎材), 1991, 391면; 金疇洙, 親族・相續法, 第四全訂增補版, 1991, 565면; 郭潤直(註 2), 315면. 日本의 학설에 대하여는 右近健男, "債務の相續", 民法講座 7, 1984, 430면 이하 참조.

17) Staudinger/Otte・Marotzke, §1942 Rz. 2 참조.

Ⅲ. 考慮期間의 起算點

상속인이 예상하지 못했던 상속채권자가 사후에 출현함으로 말미암아 곤란을 겪는 사태는 상속인에게 한정승인 또는 상속포기의 기회를 최대한 넓게 부여하여 줄 수 있으면 대체로 방지할 수 있다. 이러한 결과를 얻기 위하여 국내외에서 주장되고 있는 이론이 고려기간의 기산점인, "상속인이 상속개시 있음을 안 날"을 상속인이 상속재산 내지 상속채무의 존재를 알고 있을 때로 보아야 한다는 주장이다.

1. 우리나라의 판례와 학설

가. 판 례

대법원의 확립된 판례는 민법 제1019조 제1항 소정의 "상속개시 있음을 안 날"이라고 함은 상속개시의 원인되는 사실의 발생을 알고 또 이로써 자기가 상속인이 되었음을 안 날을 말하고, 상속재산 또는 상속채무 있음을 안 날 또는 상속포기제도를 안 날을 의미하는 것은 아니라고 한다.[18] 이 가운데 비교적 자세하게 이유를 설시하고 있는 대법원 1988. 8. 25.자 88스10 · 11 · 12 · 13 결정을 살펴본다.

위 결정에 나타난 사건의 내용은 다음과 같다. 위 사건에서는 상속인들이 법원에 재산상속포기의 신청을 하였으나 법원이 이를 받아들이지 않자 상속인들이 항고 및 재항고를 하였는데, 재항고인들의 주장에 따른다면 그 사건의 피상속인은 1982. 1. 26. 사망 직전에 모든 재산을 장남에게 상속하여 주겠다고 유언하였으므로 그 유언의 효력에 의하여 자신들에게는 재산상속이 개시되지 않은 것을 믿고 있다가, 1987. 2. 17. 서울민사지방법원으로부터 채권자인 은행이 자신들을 상대로 제기한 상속채무청구소송의 변론기일 소환장을 송달받고 이때 비로소 피상속인의 채무가 재항고인들에게 상속되었음을 알고서 이로부터 3월 내에 재산상속의 포기신고를 하였다는 것이다.

---

18) 대법원 1969. 4. 22. 선고 69다232 판결(集 17권 2집 민54); 1984. 8. 23.자 84스17-25 결정(公 1984, 1723); 1986. 4. 22.자 86스10 결정(公 1986, 872); 1988. 8. 25.자 86스10 · 11 · 12 · 13 결정(公 1988, 1240); 1991. 6. 11.자 91스1 결정(公 1991, 1925) 등.

이 사건에서 재항고인들은 위 재산상속의 포기신고가 적법하다는 이유로서, ① 법률전문가가 아닌 일반인으로서는 상속의 승인이나 포기에 관한 민법의 규정을 알지 못하는 경우가 대부분이고 재항고인들도 위 변론기일 소환장을 받고 이때 비로소 피상속인의 채무가 재항고인들에게 상속됨을 알게 되었고, ② 피상속인의 재산 중 적극적 재산보다 소극적 재산이 더 많을 경우에는 재산상속을 포기하는 것으로 해석하는 것이 사리에 맞으며, ③ 적극적 재산이건 소극적 재산이건 상속할 재산이 없는 것으로 확실히 믿고 있던 중 상속할 재산이 의외로 발견된 경우에는 이를 안 날로부터 그 상속의 승인 또는 포기의 의사를 표시할 수 있는 기간을 진행시킴이 마땅하다고 주장하였다.

그러나 대법원은 먼저 일반론으로서 "민법 제1019조 제1항 본문에 의하면 재산상속인은 상속개시 있음을 안 날로부터 3월 내에 상속을 포기할 수 있게 규정되어 있는바 여기에서 상속개시 있음을 안 날이라 함은 상속인이 상속개시의 원인되는 사실의 발생(즉 피상속인의 사망)을 앎으로써 자기가 상속인이 되었음을 안 날을 말하는 것이지 상속재산의 유무를 안 날을 뜻하거나 상속포기제도를 안 날을 의미하는 것은 아니다"라고 판시하였다. 그리고 구체적으로 위의 재항고이유에 대하여는, 법률은 이를 알지 못하였다는 사유만으로 그 적용이 배제될 수 없는 것이고, 상속의 포기는 민법에 그 방식이 법정되어 있으므로 이에 따라서 행하여져야 유효한 것이며 그렇지 못한 경우에는 효력이 없고, 또 상속포기에 관한 민법의 규정은 상속개시 있음을 안 날을 기산일로 하여 3개월간의 고려기간을 주고, 이 기간 동안 상속재산의 유무를 조사하고 상속포기 여부의 결정을 할 시간을 주고 있는 것이며 상속재산을 안 날로부터 기산하려는 규정은 아니라고 하여 결국 재항고를 기각하였다.

나. 학 설

종래의 학설로서는 판례와 마찬가지로 고려기간의 기산점인 「상속개시 있음을 안 날」이란 상속인이 상속개시의 사실과 자기가 상속인이 된 사실을 인식한 날이며, 다만 사실의 오인 또는 법률의 부지로 인하여 자기가 상속인이 된 사실을 인식하지 못하였을 경우에는 위 고려기간이 진행되지 않는다고 하는 견해[19]가 주장되고 있었다.

---

19) 金疇洙(註 16), 568면; 同, 註釋 相續法(下), 1996, 452면 등.

그런데 근래에는 상속승인 또는 포기를 위한 고려기간은 상속인이 상속개시사실과 자기가 상속인인 사실을 아는 외에 적극재산 또는 소극재산의 존재를 안 때로부터 기산한다고 해석하여야 한다는 견해가 유력하게 주장되고 있다.[20] 이 견해는 그 근거로서 우리나라의 일반국민의 법의식에 비추어 볼 때 피상속인의 사망 당시 적극재산도 채무도 없는 것으로 인식되는 상황에서 장차 채권자가 나타날 경우에 대비하여 미리 한정승인이나 포기의 신고를 할 것을 기대하기는 대단히 어렵고, 상속인이 상속재산은 없다고 믿고 있는 동안에는 승인·포기를 위한 고려를 한다는 것 자체가 무의미하기 때문이라고 하는 점을 들고 있다. 그리고 위와 같은 해석이 상속인을 보호하기 위한 것인 이상 상속재산의 존재를 안다는 것은 엄격하게 해석할 것이며, 재산의 존재를 추측하는 정도로는 부족하고 그 존재를 확인하는 정도의 인식이 필요하며, 또 상속재산의 사소한 일부(예컨대 의복이나 신변잡물)의 존재를 안 것으로는 부족하고 적어도 승인·포기를 위한 고려를 필요하게 하는 정도의 적극·소극재산의 존재를 안 때에 비로소 고려기간이 기산되는 것으로 보아야 한다고 한다.[21]

2. 日本의 판례와 학설

위와 같은 우리나라의 판례나 학설은 일본의 판례와 학설에서 그 근원을 찾아볼 수 있다.[22]

가. 판　　례

일본의 판례는 몇 차례에 걸쳐 변화를 거듭하였다.

초기의 판례는 일본 민법 제915조 제1항(1947년의 개정 전 제1017조 제1항)의 3월의 이른바 숙려기간의 기산점인 「자기를 위하여 상속의 개시가 있음을 안 때」는 「상속재산 있음을 발견한 때」가 아니라 「상속의 개시 있음을 안 때」

20) 孫智烈, "民法 第1019條 1項의 考慮期間의 起算點", 民事判例研究 Ⅹ, 1988, 237면; 朴秉濠(註 16), 392면; 郭潤直(註 2), 298면 등.

21) 孫智烈(註 20), 236-237면.

22) 이하의 서술은 中田裕康, "民法九一五條一項所定の熟慮期間の起算點", 法學協會雜誌 제103권 9호, 1986, 1875면 이하 및 太田武男, "相續放棄熟慮期間の起算點", 判例における法理論の展開(民商法雜誌 創刊五十周年記念論集 Ⅰ, 1985, 89면 이하를 주로 참조하였다.

라고 하여 이른바 "상속개시 覺知時說"을 택하였다.[23] 그러다가 大審院 1926(大正 15). 8. 3. 판결[24]은, 위 「자기를 위하여 상속의 개시가 있음을 안 때」라 함은 「상속인이 상속개시의 원인사실의 발생을 알고, 또한 그로 인하여 자신이 상속인으로 된 것을 안 때」라고 하여 이른바 "상속인인 사실 覺知時說"을 채택하였고, 그 후의 판례는 대체로 이를 따랐다.

그러다가 1970년대에 들어서서 일본의 하급심 판례 가운데에는 이러한 종래의 판례와는 달리, 위의 숙려기간의 기산점은 이처럼 상속인이 상속개시의 사실을 알고 또 자신이 상속인으로 된 것을 안 것 외에, 상속재산, 그 중에서도 상속채무의 존재를 인식한 때라고 하는, 이른바 "상속재산의 존부·상황 등 覺知時說" 또는 "상속재산 認識必要說"에 의하는 것들이 나타났다. 그 대표적인 예가 大阪高等裁判所 1979(昭和 54). 3. 22. 決定[25]이다.

이 사건의 사실관계는 다음과 같다. 즉 이 사건의 피상속인은 상속인인 처 및 자녀들과 별거하면서 연락을 끊고 있다가 사망하였는데, 상속인들은 1976. 2. 3. 경찰로부터 연락을 받아 피상속인의 사망 사실을 알고 경찰로부터 화장된 피상속인의 유골과 의복 등을 인도받았으나, 피상속인에게는 다른 적극재산이 없어 상속인들로서도 상속을 전혀 염두에 두지 않고 있었다. 그런데, 피상속인이 사망한 후 약 2년 반이 지난 1978. 7. 24.에, 信用保證協會가 피상속인에 대한 구상채권의 지급을 구하는 소송을 제기하여 그 소장이 같은 해 8.경 상속인들에게 송달됨으로써 상속인들이 상속채무의 존재사실을 알고, 같은 해 9. 8. 재판소에 상속포기의 신고를 하였으나 재판소는 상속포기신고기간을 도과하였다는 이유로 이를 수리하지 아니하였다. 이에 대하여 상속인들이 항고를 하자, 위 결정은 다음과 같이 판시하여 원심판을 취소하였다.

"당 재판소는 상속의 근거, 채무의 상속의 성질, 상속포기제도 및 단순승인의제의 취지 등에 관하여 다음과 같이 재검토를 가하여, 상속재산으로서 적극재산이 전혀 없고 소극재산만이 잔존하는 경우에 대처하기 위하여 위와 같은 종래의 해석취급을 변경하는 것으로 하고, 민법 제915조 제1항의 「상속의 개시가 있음을 안 때」라고 하기 위하여는 상속인에 있어서 피상속인의 사망의 사실을 알고 또 자기가 상속인인 사실을 안 것에 덧붙여, 적어도 적극재산의 일부

23) 예컨대 大審院 1921(大正 10). 10. 20. 判決(民錄 27輯 1807).

24) 民集 5-10, 679.

25) 判例時報 938호, 51면.

또는 소극재산의 존재를 확실히 알 것을 요한다고 해석하여야 할 것이라고 생각한다."[26]

위 판례 이래로 하급심에서는 같은 취지의 것이 여러 개 나왔는데, 이러한 상황에서 일본의 최고재판소는 1984(昭和 59). 4. 27. 판결[27]에서 이에 관한 태도를 분명히 하였다.

이 판결의 사실관계는 다음과 같다. 이 사건의 제1심 피고인 A(피상속인)는 그 처와의 사이에 자녀들을 낳았으나, 일정한 직업도 없이 도박에 열중하여 가정에 분쟁이 끊이지 않다가 마침내 1966년과 1967년에 처와 자녀들이 가출하게 되었고 그 후 A와 가족들 간은 전혀 왕래가 없게 되었으며, A는 1970년경에 그 처와도 이혼하였다. A는 그 후 생활보호를 받으며 따로 살다가, 1977년에 원고 X에 대한 제3자의 준소비대차상의 채무를 연대보증하였다. X는 1978년 A에 대하여 위 연대보증채무의 이행을 구하는 이 사건 소송을 제기하여, 제1심은 1980. 2. 22. X 전부승소의 판결을 내렸으나, A는 위 판결이 송달되기 전인 같은 해 3. 5.에 사망하였다. A는 사망 당시 醫療扶助를 받아 입원중이었고, 자녀들 중 1인(피고 Y_1)은 A의 사망에 입회하였으나 나머지 자녀들(피고 Y_2, Y_3 등)은 입회하지도 않았으며, 위 자녀들은 A에게 위와 같은 채무가 있다는 사실이나 당시 소송 계속중이라는 사실을 전혀 몰랐다.

그 후 X가 1980. 7.에 소송수계의 신청을 하자, 제1심 법원은 1981. 2. 9. 소송수계의 결정을 하고 그 결정정본 및 제1심판결정본 등을 피고 Y_1, Y_2, Y_3에게 송달하였다. 그러자 피고들은 항소를 제기함과 아울러 1981. 4. 17.에 상속포기의 신고를 하였다.

이 사건에서 항소심은 위 大阪高等裁判所 1979(昭和 54). 3. 22. 決定(註 25)과 마찬가지로, 숙려기간의 기산점은 상속할 적극 또는 소극재산의 전부 또는 일부의 존재를 인식한 때이므로 피고들의 상속포기는 유효하다고 하여, 제1심 판결을 취소하고 원고 X의 청구를 기각하였다.

최고재판소는 X의 상고를 기각하였으나, 그 이유는 원심판결과는 달랐다. 다시 말하여 숙려기간의 기산점은 원칙적으로는 종래의 판례와 마찬가지로 상속인인 사실을 알았을 때라고 하면서도, 숙려기간의 도과가 상속재산이 전혀 없

26) 여기서 말하는 종래의 해석취급이란, 상속인이 피상속인 사망의 사실 및 그에 의하여 자기가 상속인으로 된 사실을 안 때부터 숙려기간이 진행하고, 그 외에 상속재산의 존부나 범위를 확실히 알 필요가 없다고 하는 견해를 의미한다.

27) 民集 38-6, 689.

다고 오신한 때문이고, 그 오신에 상당한 이유가 있는 때에는 예외적으로 상속재산의 존재를 인식한 때로부터 고려기간을 기산하여야 한다는 것이다. 이 부분에 관한 판결이유는 다음과 같다.

"민법 915조 1항 본문이 상속인에 대하여 단순승인이나 한정승인 또는 포기를 함에 있어서 3개월의 기간(이하 「숙려기간」이라 한다)을 허여하고 있는 것은, 상속인이 상속개시의 원인인 사실 및 이에 의하여 자기가 법률상 상속인으로 된 사실을 안 경우에는 통상 위 사실을 안 때로부터 3개월 이내에 조사하는 것 등에 의하여 상속할 적극 및 소극재산(이하 「상속재산」이라 한다)의 유무, 그 상황 등을 인식하였거나 또는 인식할 수 있으며, 따라서 단순승인이나 한정승인 또는 포기의 어느 것인가를 선택할 전제조건이 구비된다고 하는 생각에 터잡고 있는 것이므로, 숙려기간은 원칙으로는 상속인이 위 각 사실을 안 때로부터 기산하여야 하지만, 상속인이 위 각 사실을 안 경우에도 위 각 사실을 안 때로부터 3개월 이내에 한정승인 또는 상속포기를 하지 않은 것이 피상속인에게 상속재산이 전혀 존재하지 않는다고 믿은 때문이고, 또한 피상속인의 生活歷, 피상속인과 상속인 사이의 교제상태, 기타 제반의 상황으로 보아 당해 상속인에 대하여 상속재산의 유무의 조사를 기대하는 것이 현저히 곤란한 사정이 있고, 상속인에게 위와 같이 믿는 데 상당한 이유가 있다고 인정되는 때에는, 상속인이 위 각 사실을 안 때부터 숙려기간을 기산하여야 한다고 하는 것은 상당하지 않다고 할 것이며, 숙려기간은 상속인이 상속재산의 전부 또는 일부의 존재를 인식한 때 또는 통상 이를 인식할 수 있었을 때부터 기산하여야 한다고 해석함이 상당하다."

그리하여 이 사건에서는 Y들이 A의 사망 사실 및 그에 의하여 자기가 상속인으로 된 사실을 안 당시에 A의 상속재산이 전혀 존재하지 않는다고 믿었고, 그 때문에 위 각 사실을 안 때부터 기산하여 3개월 이내에 한정승인 또는 상속포기를 하지 않은 것이고, Y들이 이 사건 제1심 판결정본의 송달을 받고 이 사건 연대보증채무의 존재를 안 때까지 사이에는 상속재산의 존재를 인식하는 것이 현저히 곤란하였고, 상속재산이 전혀 존재하지 않는다고 믿은 데 상당한 이유가 있다고 하여 피고들의 상속포기는 유효하다고 하였다.

결국 위 최고재판소 판결은 원칙과 예외를 구분하여, 원칙적으로는 상속인이 상속개시사실 및 그에 의하여 자기가 상속인으로 된 사실을 안 때부터 숙려기간은 진행하지만, 예외적으로는 상속인이 피상속인에게 상속재산이 전혀 존재하지 않는다고 믿었고 또 그와 같이 믿은 데 상당한 이유가 있는 때에는, 상속인이 상속재산의 전부 또는 일부의 존재를 인식한 때 또는 통상 이를 인식할 수 있었을 때부터 숙려기간이 진행한다고 하는 일종의 절충설을 택한 것이다.

그러나 위 판결에는 宮崎梧一 재판관의 반대의견이 있다. 그 반대의견은 숙려기간의 기산점은 「상속인이 상속의 원인사실 및 그에 의하여 자기가 법률상 상속인으로 된 사실을 각지한 때」라고 하면서, 다음과 같이 주장한다. 위와 같이 예외를 인정하는 다수의견은, 법해석의 영역으로부터 입법론으로 넘어간 것이고 현저히 법적 안정성을 해치는 것이며, 그러한 사정을 알지 못하는 상속채권자 등에 대하여 불측의 손해를 줄 우려가 있고, 뿐만 아니라 상당성이 있는가 여부를 둘러싸고 상속인과 상속채권자 사이에 무용의 분쟁을 야기할 우려도 있다고 한다. 그리고 피상속인이 적극·소극의 일체의 상속재산을 가지지 않는다고 하는 경우는 지극히 희유한 일이므로, 그러한 예외의 경우라고 오신한 상속인에 대하여 한정승인 또는 포기의 절차를 취하여야 한다고 요구하여도 현저히 불합리하다고는 생각되지 않는다고 한다.

나. 학 설

일본의 종래의 학설은, 대체로 종래의 판례와 마찬가지로, "상속인인 사실 覺知時說"을 지지하는 정도였다.[28] 그러다가 위 大阪高等裁判所 1979(昭和 54). 3. 22. 決定(註 25)을 계기로 하여 활발한 토론이 벌어지게 되었다. 그리하여 한때에는 위 大阪高等裁判所의 결정과 마찬가지로 "상속재산의 존부·상황 등 覺知時說"을 지지하는 것이 다수설이었다. 한 논자는 상속의 승인·포기의 제도는 상속인의 의사를 존중하는 제도로서, 상속인이 상속의 효과를 최종적으로 수락 또는 판단하기 위하여는 그 상속에 관하여 어느 정도의 정보·판단자료가 전제로 되어야 하는데, 이러한 기본적 사정은 종래의 통설·판례와 같이 상속개시의 원인된 사실 및 그에 의하여 자기가 상속인으로 된 사실의 발생을 안 것만으로는 불충분하고, 상속인이 상속의 승인·포기의 의사결정을 하기 위하여는 어느 정도의 상속재산에 대한 인식이 없으면 안 되며, 그 인식은 상세한 상속재산의 구체적인 종류·액에 관한 것은 아니더라도 적극재산 및 소극재산의 존부, 특히 최소한도로서 소극재산의 존부의 인식이어야 한다고 주장한다.[29]

---

28) 中田裕康(註 22), 1884면의 문헌 소개 참조.

29) 中川 淳, 判例時報 954호(判例評論 254호), 1980, 166-167면. 기타 이러한 설을 지지하는 문

그러나 이처럼 일반적으로 상속재산의 인식을 요구하는 데 반대하여, 원칙적으로는 상속재산의 인식을 요하지 않고 예외적인 경우에만 상속재산의 인식이 있어야 한다고 하는 견해도 주장되었다. 즉, 종래의 판례·통설의 해석은 상속의 개시 후에 유산이 확정적으로 누구에게 귀속하는가 하는 점에 관하여, 상속인의 주관이 개입하는 여지를 한정하고, 적절하게 객관화하였다고 하면서, 모든 상속관계의 원점이 부동적으로 되는 것은 바람직하지 않다고 한다. 그리하여 통상의 상속에 관하여는 종래의 판례·통설에 의한 숙려기간을 「원칙」으로 하면서, 적극상속재산이 전무 또는 그에 가까운 상속에 관하여는, 대담하고 솔직하게 예외를 인정하는 것이 옳다고 한다.[30)]

그러다가 위 最高裁判所 1984(昭和 59). 4. 27. 판결(註 27)이 나온 뒤에는 오히려 위의 판례를 지지하는 견해가 유력하게 되었다.[31)] 이에 관하여 가장 상세하게 논하고 있는 中田裕康의 설명은 다음과 같다. 즉 일본 민법 제915조의 문리나 기초의 취지에 의하면 숙려기간은 상속재산의 인식에 의하여 좌우되어서는 안 되고, 위 大審院 1926(大正 15). 8. 3. 판결(註 24)의 기준 정도가 그 틀 안의 해석이지만, 상속재산의 인식 필요설이 들고 있는 사정[32)]에 덧붙여서, 일본 민법 제915조 제1항의 3개월의 기간은 조사 및 숙려를 위한 것이기는 하

헌의 소개는 中田裕康(註 22), 1884면 참조.

30) 伊藤昌司, "民法九一五條一項の熟慮期間の起算點", 法律時報 제53권 12호, 1981, 146면; 同, "熟慮期間の起算點", 判例タイムズ No. 493(季刊·民事法硏究 2), 1983, 145-146면.

31) 遠藤賢治 당시 最高裁判所 調査官의 解說(ジュリスト No. 819, 99) 외에도 中田裕康(註 22), 1890면; 太田武男(註 22), 108-109면; 泉 久雄, "民法九一五條一項の熟慮期間の起算點", ジュリスト 臨時增刊 昭和59年度重要判例解說, 100면; 淺見公子, "「相續開始を知った時」の意義", ジュリスト No. 817, 61면 등.

32) 이러한 사정으로서는 다음과 같은 것들이 열거된다. 우선 상속인의 사정으로서는 ① 채무만이 있을 뿐 적극재산은 전혀 없는 상속재산에 관하여 상속인의 적극적인 채무승계의 의사의 표명이 없는 경우에까지 채무를 승계시키는 것은 개인의 존엄을 기조로 하는 현행민법과 상용하지 않고, ② 상속인이 상속재산이 전혀 존재하지 않는다고 인식하고 있는 경우에는 재산상속이 일어나지 않는다고 생각하는 것이 당연하며, 그 경우에도 상속포기를 할 것을 요구하고, 그것이 없으면 후에 발각된 유산이 채무만인 경우에도 승계하여야 한다고 하는 것은 상속인에게 가혹하다는 등의 사정이 있고, 상속채권자의 사정으로서는 ① 상속채권자는 원래 피상속인의 일반재산을 담보로 하여 그 채권의 이행을 강제할 수 있는 데 지나지 않고, 이를 넘어서서 상속인 자신의 재산으로부터 만족을 받는다고 하는 것은 우발적인 것으로서 그러한 기대는 보호할 필요가 없으며, ② 채권자는 상속개시 후 될 수 있는 한 빠른 기회에 상속인에게 상속채무의 존부를 통지할 수 있고, 또 그렇게 하여야 하며, 숙려기간 경과를 기다려서 돌연 상속채무의 지급을 구한다고 하는 교묘한 수단을 쓰는 채권자를 보호할 것은 아니라고 한다. 그리고 제도론으로서는 단순승인원칙론은 비교법적으로도 타당하지 않고, 한정승인을 원칙으로 하여야 하며, 숙려기간의 신장제도가 있기는 하지만, 상속재산이 전혀 없다고 생각하고 있는 경우에까지도 기간신장의 신청을 하게 하는 것은 상속인에게 가혹하므로 이를 이유로 인식불요설을 택할 것은 아니라고 한다.

지만, 이는 적극·소극재산이 많이 존재하여 조사하지 않으면 그 전모가 판명되지 않는 경우를 상정한 것으로서, 채무의 전부 또는 대부분이 채무만인 경우에는 위의 3개월의 기간은 숙려기간이라기보다는 失權期間이라고 하는 것이 실태에 맞는데, 채무의 조사는 실제로는 상당히 곤란하고, 집단적 채무정리를 목적으로 하는 諸制度에 있어서는 알려진 채권자와 알려지지 않은 채권자를 구분하여, 알려지지 않은 채권자에 대하여는 스스로 일정기간 내에 신고할 것을 요구하고 그렇지 않으면 불이익을 부과하고 있는데, 상속에 있어서는 알려지지 않은 채권에 관하여도 기간도과=부지의 불이익을 전면적으로 상속인에게 과하는 것으로서, 이러한 상속인의 불이익은 공평을 결한 것이고 이를 시정하는 방향으로 해석하여야 하며, 또한 오늘날은 입법 당시와 비교하여 무자산자가 다액의 채무를 지는 기회가 증가한 것도 고려하여야 한다고 한다.

그리하여 결국 상속재산 인식 필요설은 일본 민법 제915조의 문리 및 기초자의 생각에 반하고, 숙려기간은 상속인의 조사 및 판단을 위한 것이며, 그 신장제도도 있고, 상속재산의 인식을 항상 요건으로 하는 것은 상속의 확정에 관하여 불안정성을 크게 한다고 하는 비판이 정당하므로 원칙적으로는 상속재산의 인식은 숙려기간 개시의 요건이 아니지만, 인식필요설이 들고 있는 제사정 등을 고려하면 일정한 경우에는 예외적으로 상속인을 보호하여야 하고, 일체 예외를 인정하지 않는 인식불요설도 무리이므로 원칙으로는 상속재산의 인식을 필요로 하지 않지만, 한정된 경우에 예외를 인정하는 절충설이 정당하다고 하여 위 최고재판소 판결을 지지한다.[33)]

그러나 여전히 상속재산의 존부·상황 등 각지시설의 견지에서 위 최고재판소 판결을 비판하는 견해[34)]도 있다. 반면 이전에는 위 최고재판소 판례와 같은 절충설을 지지하였던 학자[35)]가 위 판결 선고 후에 오히려 태도를 바꾸어 이를 비판하는 경우도 찾아볼 수 있다. 즉 상속개시의 인식과 상속인이라는 것의 인식이 있다면 숙려기간이 진행한다고 하면 객관적 기준에 의하여 포기신고 등의 수리·불수리를 판정할 수 있는데, 위 최고재판소 판결의 다수의견의

33) 中田裕康(註 22), 1886면 이하.

34) 西原道雄, "民法九一五條一項の「自己のために相續の開始が知った時」の意義", 家族法判例百選(第五版), 別冊ジュリスト No. 132, 1995, 205면은 채무의 인식 없이는 숙려기간을 진행하지 않게 하는 것은 문리해석으로서도 충분히 성립가능하고, 또 그로써도 많은 경우에 구체적으로 타당한 결론을 도출할 수 있다고 한다.

35) 伊藤昌司(註 30).

정식에 따르면 이는 지나치게 유연하여 법관에게 사실인정과 평가의 중한 부담을 항상 부과하는 것이 되며, (상속포기나 한정승인의 수리절차와 같은) 비송절차에서는 감당하기 어렵고, 따라서 가정재판소에서는 언제라도 누구나 포기를 할 수가 있는 반면, 그 절차의 효력이 소송절차에서는 빈번하게 다투어질 수도 있다는 우스운 결과가 된다고 한다. 문제는 알려지지 않은 상속채무로 인하여 불의의 타격을 받는 상속인의 구제에 있으므로, 그러한 방책을 세울 수가 있다면 숙려기간의 기산점 자체를 주관화할 필요는 없고 가능한 한 객관적으로 정하여야 한다고 한다. 그리하여 보증채무의 상속에 있어서 상속인이 단순승인을 한 후에 상속채권자가 상속인에게 이행을 청구하는 경우에는 상속인이 채권자에 대하여 동액의 손해배상청구를 할 수 있다고 하는 프랑스 破棄院의 판례[36]를 소개하면서, 이는 일본의 實務에서도 사용될 수 있는 구성이라고 한다.[37]

3. 獨逸의 論議

독일에서도 이 문제에 관하여는 견해가 대립한다. 비교적 다수의 견해는 일반론으로서는 독일 민법 제1944조가 규정하고 있는 상속포기기간의 기산점인 상속인이 상속재산의 이전(Anfall)을 안 때란, 그 이전의 근거가 되는 사실(피상속인의 사망이나 실종선고, 피상속인과의 친족관계나 부부관계 등)을 안 때라고 하면서도, 법률에 대한 전문가가 아닌 일반인이 상속재산이 채무 초과이거나 적어도 적극재산이 없다고 믿었다면 이는 독일 민법 제1944조의 상속포기기간의 진행에 장애가 될 수 있다고 한다.[38]

36) Cass. civ. 1re, 17 oct 1979, D. 1980. IR. 198; Cass. com. 29 juin 1982. D. 1983. 360, note C. Mouly, obs. REMY Rev. trim. dr. civ. 1983. 354.

37) 伊藤昌司, "民法九一五條一項所定の熟慮期間について相續人が相續財産の全部若しくは一部の存在を認識した時又は通常認識しうべかりし時から起算するのが相當であるとされる場合", 民商法雜誌 제115권 6호, 1997, 1003면 이하. 그는 또한 피상속인의 사망 당시에 피상속인 명의의 부동산이 존재하는 것은 인식하고 있었으나, 피상속인의 생전부터, 피상속인 명의의 부동산 일체를 장남이 취득하는 것으로 합의하고 있던 상속인들도 피상속인 명의의 부동산을 자신도 상속한다는 인식이 없었다고 하여 상속개시로부터 1년 9월 후의 상속포기도 유효한 것으로 수리하여야 한다고 판시한 仙台高等裁判所 1995(平成 7). 4. 26. 결정(家裁月報 48권 3호 58면)의 판례평석에서, 제1심과 제2심이 똑같은 위 최고재판소의 定式에 의거하였으면서도 정반대의 결론을 내린 점을 들어 이 定式 자체에 결함이 있다고 주장한다. 伊藤昌司, "民法九一五條一項の熟慮期間の起算點", 民商法雜誌 제115권 6호, 1997, 1021면.

38) Lange/Kuchinke(註 1), §8 Ⅲ 1(Fn. 38); Erman/Schlüter, 8. Aufl., 1989, §1944, Rz. 4; Staudinger/Otte · Marotzke, 12. Aufl., 1979, §1944 Rz. 8; Palandt/Edenhofer, 52. Aufl., 1992, §1944 Rz. 4 등.

바이에른주 최고법원(Bayerisches Oberstes Landesgericht)은 이를 상속포기기간의 기산점에 관한 착오의 문제로 보아 다음과 같이 판시하고 있다. 즉 상속포기기간의 기산점에 관하여 사실상이나 법률상의 착오가 있었으면 포기기간은 진행하지 않는데, 일반론으로서는 법률에 대한 문외한은 적극재산이 존재하지 않을 때에도 자신이 상속인으로 다루어진다는 데 대한 지식을 기대할 수 없다고는 말할 수 없지만, 상속인이 상속재산의 이전에 관하여 알았는가, 알았다면 언제 알았는가의 문제는 개별 사례의 전체적 사정, 특히 상속인의 인격에 따라 판단하여야 하는데, 특히 적극재산이 없거나 또는 없다고 상정하는 것은 법률에 대한 문외한에게 있어서는 개별 사례의 특수한 상황에 따라서는 상속재산의 이전에 대한 지식을 배제할 수 있다는 것이다.[39)]

반면 이에 반대하는 견해도 있다. 즉 상속재산의 상태(Nachlaßbestand)는 상속재산의 이전과는 관계가 없고, 상속인이 적극재산이 존재하지 않는다고 믿었더라도 이는 상속포기기간의 진행에 장애가 되지 않는다는 것이다. 상속인이 이러한 경우에는 상속포기를 할 필요가 없다고 믿었다면 그는 위 상속재산의 이전에 관하여 착오를 일으킨 것이 아니고, 다만 상속포기기간의 의미에 관하여 착오를 일으킨 것이므로, 그는 상속포기기간의 경과로 인한 상속의 승인을 취소할 수 있을 뿐이라고 한다.[40)]

4. 小　　結

생각건대 우리 민법 제1019조 제 1 항의 원래의 취지는 상속인은 상속개시가 있음을 안 때에는, 그때로부터 3월의 기간 내에 피상속인의 재산상태를 조사하여 상속을 포기할 것인지 여부를 결정하라는 것이라고 생각된다. 이 점은 동조 제 2 항이 상속인은 상속의 승인이나 포기를 하기 전에 상속재산을 조사

---

39) FamRZ 1994, 264. 이 사건의 사실관계는 다음과 같다. 이 사건의 피상속인은 1992. 3. 3. 사망하였고 그의 법정상속인으로는 처와 3명의 자녀가 있었으며, 적극재산의 존재는 확정되지 않았다. 그런데 피상속인의 채권자인 은행이 1992. 8. 14.에 상속인들에게 피상속인이 자기에게 대여채무를 부담하고 있다고 통지하고, 같은 해 10. 14.에 법원에 상속재산목록의 작성을 위한 기간을 설정하여 줄 것을 신청하였다. 이에 대하여 상속인들은 1992. 11. 23.에 상속포기신고를 하면서, 자신들은 같은 해 11. 3.에야 변호사와의 상담을 통하여 상속재산의 이전과 상속인으로 지정된 사유 및 상속재산의 채무 초과사실을 알았다고 주장하였다. 제 1 심(사법보좌관, Rechtspfleger)은 상속인들의 상속포기가 유효하다고 보아 은행의 신청을 기각하였고, 항고심도 항고를 기각하였다.

40) MünchKomm/Leipold, 2. Aufl., 1989, §1944 Rdnr. 11.

할 수 있다고 규정하고, 제 1 항 단서가 가정법원이 위 3월의 기간을 신청에 의하여 연장할 수 있다고 규정하고 있는 점에서 쉽게 알 수 있다. 다른 말로 표현한다면, 민법은 상속인에게 일종의 상속재산 조사의무[41]를 부여하고, 고려기간 내에 그 의무를 제대로 이행하지 아니하여 포기 여부를 명백히 하지 않은 때에는 상속을 승인한 것으로 간주하는 일종의 제재를 부과하고 있다고 이해할 수 있는 것이다.

이렇게 본다면 위 제1019조 제 1 항이 규정하고 있는 포기의 고려기간(숙려기간)의 기산점이 되는 "상속개시 있음을 안 날"이란, 우리 판례가 판시하고 있는 것처럼 상속개시의 원인되는 사실의 발생을 알고 또 이로써 자기가 상속인이 되었음을 안 날을 의미하는 것이고, 상속재산 또는 상속채무 있음을 안 날이라고 말할 수는 없는 것이다. 앞에서 소개한 것처럼 일본의 현재의 판례를 지지하고 있는 학설도, 우리 민법 제1019조 제 1 항과 거의 같은 취지인 일본 민법 제915조의 문리나 기초의 취지에 의하면 숙려기간은 상속재산의 인식에 의하여 좌우되어서는 안 되고, 위 大審院 1926(大正 15). 8. 3. 판결(註 24)의 기준 정도가 그 틀 안의 해석이라고 하고 있는 것[42]도 대체로 이러한 취지라고 생각된다. 그러므로 고려기간이 진행되기 위하여는 상속재산의 존재를 인식하여야 한다고 하는 것은 현행법의 해석으로서는 받아들이기 어려운 견해이다.

이에 대하여 상속재산의 존재를 인식하여야 한다는 설에서는 그러한 해석이 법률의 해석의 범위를 넘어서는 것이 아니라고 하면서, 입법자의 입법정신에 배치되지 않는 한, 그리고 법률의 명문규정에 저촉되지 않는 한 법원은 재량에 의한 법률해석으로 입법의 미비를 보완할 수 있다고 하나,[43] 과연 위와 같은 해석이 입법자의 입법정신에 배치되지 않으며 법률의 명문규정에 저촉되지 않는 것이라고 할 수 있는지 의문이다.

구체적인 타당성 면에서도 대부분의 경우에는 상속인들이 상속개시가 있음을 알았을 당시에는 구체적으로 상속재산에 대하여 알지 못하였더라도 어느 정도만 조사하면 쉽게 상속재산에 대하여 알아낼 수 있고, 또 대체로 상속인들은 그와 같이 행동한다고 하여도 과언이 아니다. 그러므로 상속인의 보호를 고려하더라도, 모든 경우에 고려기간이 진행되기 위하여는 상속인이 상속재산의

41) 물론 이는 엄밀한 의미에서의 타인에 대한 의무(Pflicht)라고 하기는 어렵고, 이를 이행하지 아니하면 자신에게 불이익이 돌아간다는, 이른바 책무(Obliegenheit)라고 할 수 있을 것이다.
42) 위 註 33)의 本文 참조.
43) 孫智烈(註 20), 237면.

존재를 알아야 한다고 해석할 필요도 없다.

다만 문제가 되는 것은 상속인으로서는 피상속인에게 아무런 상속재산이 없다고 알고 있었고, 또 상속인의 처지에서는 그와 같이 생각하더라도 무리가 아니라고 판단되는 경우에까지 자신이 상속인으로 되었음을 알기만 하면 상속포기의 고려기간이 진행한다고 할 것인가 하는 점이다. 이러한 경우에는 어떤 방법으로든 상속인을 보호할 필요가 있다는 점에는 이론이 없을 것이다. 위와 같은 경우에는 예외적으로 상속인이 상속재산, 특히 상속채무의 존재를 안 때부터 고려기간이 진행한다고 보아야 한다는 설은 이러한 점에서 설득력이 전혀 없는 것은 아니다.

그러나 문제는 과연 우리 민법 제1019조 제 1 항의 해석상 고려기간의 기산점을 이처럼 경우에 따라 달리 해석할 수 있는가 하는 점이다. 위 조항이 규정하는 "상속개시 있음을 안 날"이란 어느 한 가지만을 의미할 수 있을 뿐이지, 상속인의 처지에 따라 자기가 상속인이 되었음을 안 날일 수도 있고 상속재산의 존재를 안 날일 수도 있다고 해석하는 것은 논리의 일관성이 없는 것이다.[44)]

그렇다고 하여 이처럼 민법이 고려기간의 기산점에 관하여 경우를 나누고 있지 않은 것을 법률의 흠결(Gesetzeslücke)이라고 보아, 법원이 그 흠결을 보충할 수 있다고 하기도 어려울 것이다. 다시 말하여 민법이 상속인이 상속채무의 존재를 알지 못하였고 또 알 수도 없었던 경우를 특별히 고려하고 있지 않은 것은 입법론적으로는 비판받을 요소가 있지만, 앞에서도 설명한 것처럼 입법자로서는 상속인의 상속재산 조사의무를 전제로 하고 있으므로, 이러한 의무부과 자체가 부당한 것인가는 별론으로 하더라도, 민법 자체에 흠결이 있다고 하기는 어렵다.

그러므로 상속채무가 있음을 알지 못하였던 상속인을 보호한다고 하더라도, 이를 위하여 고려기간의 기산점을 판례와 달리 해석하는 것보다는 다른 방법에 의하여 이러한 상속인을 보호할 방법을 모색하는 것이 문제 해결의 정도라고 생각된다.

그리고 이와 관련하여 한 가지 언급할 것은 고려기간의 기산점과 착오의 문제이다. 독일의 학설은 일반적으로 사실의 착오(Tatsachenirrtum)뿐만 아니라

44) 西原道雄(註 34), 205면이 위 日本 最高裁判所 1984. 4. 27. 판결(註 27)이 이론적으로는 一步 후퇴한 感이 있다고 비판하는 것은 이러한 취지라고 생각된다.

법률의 착오(Rechtsirrtum)로 인하여 상속재산의 이전을 모른 경우에도 독일 민법 제1944조의 포기기간은 진행하지 않는다고 하고 있으며,[45] 상속인이 상속재산의 존재를 알지 못한 경우도 이러한 법률의 착오의 문제로서 다루기도 한다. 국내의 학설도 상속인이 법률의 부지로 자기가 상속인임을 몰랐다면 고려기간은 진행하지 않는다고 한다.[46] 그러나 고려기간의 기산점이 진행되기 위하여 상속인이 알아야 할 것이 상속개시의 사실 및 자기가 상속인으로 된 사실뿐이라면, 상속재산이나 상속채무의 존재 내지 그로 인하여 자신이 상속의 포기를 할 필요가 있다는 점을 몰랐다는 사정은 고려기간의 기산점에 영향을 줄 수 있는 법률의 착오에 해당할 수 있는 것은 아니고, 이는 승인 내지 법정승인을 착오를 이유로 취소할 수 있는가 하는 관점에서 다루어질 성질의 문제일 뿐이다.[47] 대법원 1988. 8. 25.자 86스10・11・12・13 決定(註 18)이 민법 제1019조 제1항의 상속개시 있음을 안 날이 상속포기제도 있음을 안 날을 의미하는 것은 아니라고 하는 것도 이러한 의미로 이해될 수 있다.[48]

Ⅳ. 채무의 상속이 위헌인지 여부

1. 부산지방법원의 위헌제청결정과 그 문제점

가. 부산지방법원의 위헌제청결정

그런데 최근에는 이러한 상속인의 채무상속 문제를 단순한 민법해석의 측면이 아니라 헌법적인 관점에서 접근하려는 시도가 있다. 즉 부산지방법원

45) Lange/Kuchinke(註 1), §8 Ⅲ 1. b); Staudinger/Otte・Marotzke, §1944 Rz. 11 등. 다만 당사자가 주관적으로는 법률관계에 대하여 의문을 가졌더라도 객관적으로는 법률관계가 완전히 명확한 경우에는 법률의 착오가 있다고 볼 수 없다고 한다. MünchKomm/Leipold, §1944 Rdnr. 12.

46) 郭潤直(註 2), 297면; 金疇洙(註 16), 568면 등.

47) 위 註 40) 참조.

48) 다만 위 사건의 구체적인 내용에 있어서는 의문이 없지 않다. 위 사건에서 당사자들은, 피상속인이 유언으로 모든 재산을 장남에게 상속하여 주겠다고 유언하였으므로 그 유언의 효력에 의하여 자신들에게는 상속이 개시되지 않은 것으로 믿었다고 주장하였는데, 위 주장대로라면 당사자들이 자신이 상속인으로 된 것을 몰랐다고 볼 여지가 있다. 다만 위 대법원의 결정만으로는 실제로 그러한 유언이 있었는지, 그 유언의 효력이 인정되지 않는 것인지 등을 알 수 없으므로 위 결정의 당부에 대하여 확실한 판단을 내리기는 어렵다.

1996. 12. 26.자 96카기3213 결정[49]은 상속인이 민법 제1019조 제1항의 고려기간 내에 한정승인 또는 포기를 하지 아니한 때에 단순승인을 한 것으로 의제하는 민법 제1026조 제2호의 위헌 여부에 대하여 헌법재판소에 위헌제청을 하였다.

위 결정문에 나타난 위 사건의 사실관계는 다음과 같다. 즉 위 사건의 신청인들인 피고 Y_1, Y_2의 아들인 A가 1995. 10. 22. 오토바이를 타고 가다가 중앙선을 넘어 맞은편에서 오던 원고 X의 오토바이와 충돌하여 A는 사망하였고, 그로 인하여 부상을 입은 위 X 및 X의 가족들이 Y_1, Y_2를 상대로 하여 손해배상청구소송을 제기하였는데, Y_1, Y_2는 고려기간 내에 따로 한정승인이나 포기를 하지 않았다. Y_1, Y_2는 위 민법 제1026조 제2호에 대하여 위헌제청신청을 하였고, 수소법원인 부산지방법원은 위 신청을 받아들여 헌법재판소에 위헌제청을 하였다.

위 결정은 위헌제청의 이유에 관하여 매우 상세하게 설시하고 있는데, 우선 재판의 전제성에 관하여는 다음과 같이 판시하였다. 즉 위 법률조항이 위헌이 아니라면 위 망인의 상속인인 Y_1, Y_2는 단순승인을 한 것으로 의제되어 A의 채무를 모두 상속하지만, 이와 반대로 위 법률조항이 위헌이라면 Y_1, Y_2에 대한 손해배상청구는 전부 또는 일부기각될 수 있으므로 위 법률조항은 위 손해배상청구사건의 재판의 전제가 된다고 한다.

그리고 위 법률조항이 위헌인지 여부에 관하여는 상속인과 상속채권자의 입장을 나누어 살피고 있는데, 먼저 상속인의 입장에 관하여는 다음과 같은 점을 들고 있다. 오늘날 상속인이 피상속인의 사망 및 이로써 자기가 상속인이 되었음을 확지한 날 현재 상속이 개시되는 피상속인의 주거지에서 멀리 거주하거나 체재할 경우가 적지 않을 것인데, 상속인이 곧바로 자신의 생활은 접어두고 피상속인의 적극재산 및 소극재산 등 그 상속재산 일체를 고려기간 안에 조사하고 관리하면서 그 상속의 승인이나 포기의 의사표시를 하지 아니하였다는 것만으로, 훗날 적극재산을 넘어서는 소극재산이 드러난 경우에 스스로의 고유재산으로 피상속인의 채무를 갚아야 한다는 것은 가혹하다고 한다. 그리고 상속채권자의 입장에 대하여는, 상속채권자로서는 피상속인을 신뢰하고 그 적극재산을 일반담보로 보아 거래하였거나 채권회수를 기대하였을 것이며, 상속인이 자신의 재산으로 피상속인의 채무를 갚으리라고는 기대하지 아니하였을

49) 法律新聞 2574호(1997. 2. 13.자), 11면.

것인데, 채권채무관계에 전혀 관계하지 않은 상속인에게 고려기간을 그대로 넘겨버린 허물만으로 피상속인의 적극재산을 초과하는 상속채무를 고유재산으로 해소하도록 하는 것은 상속인으로 하여금 불측의 특별한 희생을 부담하게 강요하는 반면, 상속채권자에게는 명분이 없는 이익을 부여하는 것이고, 또한 상속인을 신뢰한 상속인의 채권자로서는 피상속인이 사망하고 고려기간이 도과되었다는 우연한 사정 하나만으로 자신의 상속인에 대한 신뢰의 물적 범위를 상속채권자의 몫만큼 제한하여야 한다는 것이 되어 상속채권자와 상속인의 채권자 양자를 차별하는 것이 된다고 한다.

또한 본인의 의사나 그 귀책사유 없이 채무를 부담시킬 수 없는 것이 근대사법의 대원칙인데, 민법이 고려기간이 도과된 효과를 단순승인으로 의제한 것은 상속재산이 소극재산만이거나 소극재산이 적극재산을 초과하는 경우에는 상속인에게 비난가능성이나 귀책사유가 없기 때문에 불합리하고, 고려기간을 도과한 상속인에게 한정승인이 아닌 단순승인의 의사를 의제함으로써 상속채권자를 두텁게 후대하는 만큼 상속인이나 상속인에 대한 채권자를 부당하게 홀대하면서까지 꾀하여야 할 법적 안정성이란 무엇인지, 그 무엇이 있더라도 비례의 원칙 내지 최소침해의 원칙에 반하는 것이 아닌가 하는 의심이 든다고 한다.

그리하여 위 고려기간 도과의 효과를 단순승인으로 의제하는 민법 제1026조 제2호는, 단지 상속인이라는 지위만으로 상속된 소극재산이 적극재산을 초과하는 경우에도 자신의 의사나 귀책사유 없이 고유재산으로 상속인의 채무를 변제하도록 하는 부담을 지워 커다란 고통을 안겨주고 있다는 점에서 헌법 제23조 제1항 소정의 재산권과 헌법 제10조의 행복추구권을, 상속채권자의 배려에만 치우친 나머지 상속인이나 그 상속인의 채권자 개개인의 경제상의 자유와 창의를 도외시한다는 점에서는 헌법 제119조 제1항 소정 경제질서의 기본원리와 헌법 제11조 제1항 소정 평등권을 각 침해하고, 위 모든 점을 통틀어 헌법 제37조 제2항 소정의 과잉금지 원칙에 위배되는 것이 아닌가 하는 의문을 지우기 힘들다고 한다.

나. 위 결정의 문제점

그러나 위 결정에 대하여는 우선 민법 제1026조 제2호가 위 손해배상청구사건의 재판의 전제가 될 수 있는가 하는 의문이 제기될 수 있다. 위 결정은 위 조항이 위헌으로 결정되면 상속채권자들의 상속인에 대한 손해배상청구가 일부 또는 전부 기각될 수 있다고 하였으나, 과연 어떤 근거에서 일부 또는 전부 기각될 수 있는지가 불분명하다.

원래 상속인이 피상속인의 채무를 승계하는 것은 상속인이 상속을 승인하였기 때문은 아니다. 앞에서 본 것처럼 상속이 개시되면 상속인은 당연히 피상속인의 권리와 의무를 승계하고(민법 제1005조), 다만 상속인이 제1019조 제1항의 기간 내에 상속을 포기하면 상속채무를 면하게 되며, 상속의 한정승인을 하게 되면 상속재산을 한도로 하는 유한책임을 지게 되지만, 민법 제1019조 제1항의 기간이 경과하여 버리면 상속인은 더 이상 상속의 한정승인이나 포기를 할 수 없게 되어 상속채무를 면할 수 없게 되는 것이다. 그러므로 상속인의 단순승인은 그 자체가 채무의 승계라는 법률효과를 가져오는 것이라기보다는, 다만 더 이상 포기나 한정승인을 할 수 없게 된다는 의미를 가질 뿐이다.[50] 민법 제1025조가 "상속인이 단순승인을 한 때에는 제한없이 피상속인의 권리의무를 승계한다"고 규정하고 있는 것도, 제1005조와 대비하여 볼 때에는 결국 한정승인이나 포기의 가능성이 있어서 잠정적이었던 상속의 효과가 확정적으로 된다는 의미라고 해석된다.

그렇다면 상속인이 상속채무를 확정적으로 승계하게 되는 것은 민법 제1019조 제1항에 의하여 상속의 포기 내지 한정승인을 할 수 있는 기간이 경과하여 버린 때문이지, 민법 제1026조 제2호에 의하여 단순승인을 한 것으로 의제되는 때문이라고는 할 수 없다. 또 제1026조 제2호가 없다고 하더라도 프랑스의 판례와 같이 상속인이 고려기간을 도과하여 버리면 상속을 포기한 것이라고 볼 수도 없다. 상속의 포기나 한정승인은 가정법원에 대하여 하는 요식행위이기 때문이다. 그러므로 민법 제1026조 제2호가 위헌으로 결정된다고 하여도, 고려기간이 경과함으로써 채무를 확정적으로 승계하게 된 상속인의 지위에는 어떤 변화가 있을 수 없는 것이다. 이렇게 본다면 위 제1026조 제2호가 위헌인지의 여부는 상속채권자가 상속인을 상대로 하여 상속채무의 이행을 구하는 소송에서 재판의 전제가 될 여지가 별로 없다.

그러면 민법 제1026조 제2호가 고려기간의 도과를 단순승인으로 의제하는 것은 어떤 의미를 가지는가? 이제까지 살펴본 바에 의하면 이는 특별한 의미가 없는 조항이라고 생각될 수 있으나,[51] 사견으로서는 이는 단순승인의 취소와

---

50) MünchKomm/Leipold, §1943 Rdnr. 8; Staudinger/Otte · Marotzke, §1943 Rz. 1.

51) 金疇洙, 註釋相續法(上), 1995, 470면은 제1026조 제2호가 민법이 단순승인을 상속의 원칙

관련하여 의미를 가질 수 있다고 생각한다. 이에 관하여는 뒤에서 살펴본다.

2. 相續債務의 존재를 몰랐던 相續人의 相續債務 承繼가 違憲인지 여부

이처럼 민법 제1026조 제2호 자체의 위헌 여부를 따지는 것은 별로 의미가 없으나, 위 부산지방법원의 위헌제청결정이 제기하고 있는 기본적인 문제점 자체는 숙고하여 볼 가치가 있다. 위 결정의 바탕에 깔려 있는 생각은 상속재산 가운데 소극재산인 상속채무가 적극재산을 초과하는데도, 상속인이 상속채무가 존재하는 사실을 몰랐고 또 알 수도 없어 3월이라는 짧은 고려기간 내에 한정승인이나 포기를 하지 못한 경우에도 상속인으로 하여금 상속채무를 면하거나 적어도 유한책임만을 부담할 수 있게 하는 방법을 제공하지 않고 있는 것은, 상속인에게 자기의 책임으로 인하여 발생한 것이 아닌 채무를 부과하는 것이어서 가혹한 반면, 상속채권자에게는 전혀 기대하지 않았던 望外의 이익을 부여하는 것이고, 이는 헌법에 위반될 소지가 있다는 것이다.[52] 이를 개별 법조문과 관련시켜 표현한다면, 민법 제1019조 제1항이 고려기간의 기산점을 상속인이 상속재산의 존재를 알게 된 때로 하지 않고 자신이 상속인으로 되었음을 알게 된 때로 하는 것이나, 그 고려기간이 원칙적으로 3월로서 지나치게 짧은 것은, 위와 같은 특별한 경우에는 위헌이라고 할 여지가 있는 것이다.

그리고 위와 같은 경우에 상속인들의 어떠한 헌법상 기본권이 침해되게 되는지도 반드시 명백하지 않으나, 헌법 제10조 소정의 행복추구권이 침해된다고 볼 수는 있을 것이고, 이보다는 덜 분명하지만 헌법 제23조 소정의 재산권도 침해된다고 볼 여지도 있다.

과연 위의 민법 규정이 위헌인지는 관계 당사자들의 이익 등 여러 가지의 사정을 고려하여 신중히 판단하여야 할 문제로서, 쉽게 결론을 내리기는 어렵다. 경우에 따라서는 상속인이 자신의 전재산을 가지고도 변제하기에 부족한

으로 인정한 당연한 결과라고 하며, 郭潤直(註 2), 310면도 상속인이 고려기간 내에 한정승인이나 포기를 하지 않는다면 일단 부동적으로 생겼던 상속의 효과를 그대로 확정시키는 단순승인을 한 것으로 간주 내지 의제하는 수밖에 없다고 한다.

52) 그러나 위 위헌제청결정의 사안이 반드시 이러한 경우인지는 의문이 있다. 위 사건에서는 피상속인의 사망사유인 교통사고가 바로 피상속인의 채무부담사유였으므로, 피상속인의 사망을 알게 된 상속인으로서는 다른 특별한 사정이 없는 한 피상속인이 교통사고로 인한 채무도 부담하게 되었다는 점 또한 알 수 있었을 것이라고 여겨진다.

막대한 액의 채무를 상속하게 되어 그 생존 자체에 위협을 받는 경우도 있을 수 있고, 이러한 경우를 염두에 둔다면 위헌론도 상당히 설득력이 있는 것처럼 생각된다.

그러나 개인적인 생각으로서는 위 규정이 입법론적으로 재고할 필요가 있음은 별론으로 하고, 다른 법률의 규정과 비교하여 볼 때 위 민법 규정이 지나치게 불합리한 것이라고 하기는 어렵다고 생각된다. 위 민법 제1019조 제 1 항의 규정은 제척기간인데, 일반적으로 제척기간 아닌 소멸시효의 기산점인 '권리를 행사할 수 있을 때'(민법 제166조 제 1 항)도 권리의 행사에 법률상의 장애가 없는 때를 의미하고, 권리자가 권리의 존재를 몰랐다거나 의무자를 몰랐다는 등의 사정은 사실상의 장애에 불과하므로 소멸시효의 진행을 방해하지 않는다고 이해되고 있다.[53] 그에 비하면 제척기간인 제1019조 제 1 항에 관하여 그 기산점을 상속인이 상속개시의 원인사실 및 이로써 자신이 상속인이 된 사실을 안 때로 본다고 하는 것이 반드시 불합리하다고 생각되지는 않는다. 더구나 앞에서도 언급한 것처럼 민법은 원칙적으로 상속인에게 상속재산의 조사의무가 있다는 전제에 서 있는 것이다. 이러한 조사의무의 존재를 전제로 한다면, 상속인이 이를 게을리하였을 때에는 이로 인하여 어느 정도의 불이익을 받는 것은 감수하여야 할 것이다.

물론 이에 대하여는 위 제1019조 제 1 항이 원칙적인 고려기간을 3월로 하고 있어 통상적인 소멸시효의 기간에 비하면 아주 짧다는 반론이 있을 수 있다. 그러나 위 조항 자체가 상속인의 신청에 의한 기간의 연장을 허용하고 있을 뿐만 아니라, 상속채무인 경우에는 상속인이 위 처음의 3월이 경과하도록 상속채무의 존재를 몰랐다면, 다른 특별한 계기가 없는 한 고려기간이 더 장기간이라고 하더라도 그 기간 내에 상속채무의 존재를 알 수 있게 될 가능성이 그다지 많아지는 것은 아닐 것이다.[54]

다른 한편으로 위 제1019조 제 1 항이 위헌인지 여부를 따짐에 있어서는 그

53) 尹眞秀, 民法注解 Ⅲ(總則 3), 1992, 461면 참조.

54) 헌법재판소 1997. 3. 27. 선고 95헌가14, 96헌가7(병합) 결정(헌법재판소공보 21, 297)은 민법 제847조 제 1 항 중 친생부인의 소의 제척기간을 "그 출생을 안 날로부터 1년"이라고 규정한 부분이 지나치게 단기간이어서 위헌이라고 한 바 있다. 그러나 위 결정이 제1019조 제 1 항에 바로 원용되기는 어렵다. 왜냐하면 친생부인의 경우에는 친생부인의 소의 원고가, 자신의 처가 출산한 자녀가 실제로는 자신의 자녀가 아니라고 의심한다는 것은 보통 생각하기 어려운 일인 데 반하여, 상속에 있어서는 상속인에게 상속재산 조사의무를 부과하는 것이 불합리하다고는 할 수 없기 때문이다.

자체만을 놓고 판단할 수는 없고, 다른 법규정과의 유기적인 관계도 아울러 고찰하여야 한다. 다시 말하여 상속인이 고려기간의 도과로 인하여 상속의 한정승인이나 포기를 할 수 없게 된다고 하더라도, 상속인에게 다른 구제수단이 있다면 굳이 위 민법규정의 위헌 여부를 따져볼 필요는 없는 것이다. 독일 민법의 상속포기기간에 관한 규정이 대체로 우리 민법과 같음에도 불구하고 그곳에서는 별달리 위헌 여부가 논의되고 있지 않은 것은, 앞에서 본 것처럼 상속인이 상속포기를 할 수 없게 된 후에도 상속재산관리나 상속재산파산을 신청하여 상속채무에 대한 무한책임을 지지 않을 수 있기 때문이 아닌가 생각된다.

V. 錯誤를 원인으로 하는 法定單純承認의 取消

1. 문제의 소재

개인적인 견해로서는 이처럼 상속인이 상속재산 중 적극재산을 초과하는 상속채무가 있음을 알지 못하여 고려기간 내에 상속의 포기 등을 하지 못하였고, 그로 인하여 민법 제1026조 제 2 호에 의하여 법정단순승인의 효과가 발생한 후에 뒤늦게 상속채무가 있음을 알게 된 때에는, 착오를 이유로 위 법정단순승인을 취소하고, 상속의 한정승인이나 포기를 함으로써 자기의 고유재산으로 상속채무를 변제하는 부담을 벗어날 수 있다고 보는 것이, 현행법상 허용되는 상속인에 대한 최대한의 구제라고 생각된다.

이러한 법정단순승인의 취소를 논함에 있어서는 우선 상속의 단순승인의 법적 성질을 명확하게 할 필요가 있다. 상속의 단순승인이 과연 의사표시인가 여부에 관하여는 논란이 있을 수 있는데, 일본에서는 단순승인은 의사표시가 아니라 일정한 조건이 갖추어지면 당연히 발생하는 법정효과라고 하는 학설도 주장되고 있다. 즉 민법은 단순승인을 상속의 본래적 형태로서 생각하고 있고, 한정승인과 포기를 특례로서 구성하고 있는 이상, 단순승인은 상속인의 의사에 관계없이 법률의 규정에 의하여 당연히 발생하는 것이며, 이른바 법정단순승인만이 단순승인에 해당한다고 한다.[55] 이처럼 상속의 단순승인이 의사표시가 아

55) 森泉 章, "法定單純承認", 家族法大系 Ⅶ, 1960, 62면. 川井 健, 新版 注釋民法 27, 1989, 476면 및 그 곳에 인용된 문헌도 참조할 것.

니라고 보는 설은 단순승인 그 자체의 취소가능성을 부정한다.[56] 그러나 우리나라에서는 적극적으로 단순승인이 의사표시가 아니라고 주장하는 견해는 없는 것 같고,[57] 민법의 규정체제로 보더라도 일반적인 단순승인과 법정단순승인을 구별하고 있는 점에서 법정단순승인만이 단순승인이라고 하기는 어려우며, 법정단순승인 이외의 명시적 또는 묵시적인 의사표시에 의한 단순승인을 부정할 이유는 없다고 생각된다.[58] 따라서 단순승인에 취소사유가 있을 때에는 일반적인 원칙에 따라 취소가 가능하다고 할 것이며, 민법 제1024조 제 2 항이 규정하는 승인과 포기의 취소에 있어서 단순승인의 취소를 제외할 이유도 없다고 생각된다.

그러나 고려기간의 도과로 인한 법정단순승인의 경우에 상속채무의 존재를 몰랐다고 하여 착오를 이유로 법정단순승인을 취소할 수 있는가 하는 점은 또 다른 문제이다. 우선 법정단순승인의 경우에는 상속인이 아무런 적극적인 의사표시를 한 바 없고 다만 법률이 단순승인의 의사표시를 한 것으로 의제하는 것뿐인데, 그럼에도 불구하고 법정단순승인을 단순승인의 의사표시가 있는 것과 마찬가지로 보아 취소를 인정할 수 있는가 하는 점에 대하여 의문을 제기할 수 있다. 그리고 법정단순승인의 취소가능성을 인정한다고 하더라도, 상속채무의 존재를 알지 못하였다는 것이 과연 취소사유에 해당한다고 볼 것인가, 나아가 취소사유에 해당한다면 그 요건과 방식은 어떤 것인가도 문제로 된다. 이하 차례로 살펴본다.

2. 考慮期間의 徒過에 의한 法定單純承認의 取消可能性[59]

우리나라에서는 이 점에 관하여 명시적으로 논하고 있는 자료를 찾기 어렵고, 다만 의제된 의사표시 일반에 관하여 그 취소가능성을 논하고 있는 것만이 있다. 그러므로 우선 독일과 일본에서 법정단순승인을 취소할 수 있는 것인

56) 川井 健(註 55), 476면; 森泉 章(註 55), 67-68면 등.

57) 郭潤直(註 2), 306-307면 참조.

58) 독일에서는 상속의 승인(Annahme)을 의사표시로 보는 것이 일반적이고, 다만 상대방 있는 의사표시인가 아니면 상대방 없는 의사표시인가에 관하여만 논란이 있을 뿐인데, 뒤의 설이 통설이다. MünchKomm/Leipold, §1943 Rdnr. 9 참조. 프랑스에서도 프랑스 민법 제778조가 규정하는 명시적인 承認(L'acceptation expresse)은 상속인의 실재적인 의사(volonté réelle de l'heritier)에 의하여 행하여지는 것으로 본다. Mazeaud/Breton(註 2), n° 1089.

59) 여기서는 제1026조 제 1 호 및 제 3 호의 법정단순승인을 제외한, 동조 제 2 호 소정의 고려기간 도과로 인한 법정단순승인이 취소할 수 있는가만을 다룬다.

지에 관한 논의를 살펴본 다음, 우리 민법의 해석론으로서는 어떻게 보아야 할 것인지를 의제된 의사표시 일반과 관련하여 살펴보기로 한다.

가. 獨　逸

독일 민법 제1943조는 상속의 포기를 위하여 규정된 기간이 경과하면 상속을 승인한 것으로 보고 있고, 제1954조는 상속의 승인 및 포기의 취소기간에 관하여 규정하고 있는데,60) 제1956조는, 취소기간의 도과(Versämung der Ausschlagungsfrist)는 상속의 승인과 마찬가지의 방식으로 취소될 수 있다고 규정한다.

이 조문이 제정되기까지는 다소 우여곡절이 있었다.61) 원래 독일 민법 제 1 초안에는 이에 해당하는 규정이 없었고, 그 이유서에서는, 포기기간이 경과하면 강박이나 기망에 의하여 승인에 이르게 된 자에 대하여도 보호를 하지 않으려고 한다는 점을 명백히 하였다.62)

제 2 초안에서는 현재와 같이 포기기간의 경과로 인한 승인의 취소를 인정하는 조문을 추가하게 되었는데, 심의과정에서는 주로 강박이나 기망에 대하여 보호가 인정되지 않으면 불충분하다는 점이 주로 논의되었다. 착오를 이유로 하는 승인의 의사표시의 취소는 제 1 초안에서는 전혀 규정되지 않았으나,63) 제 2 초안은 총칙이 착오에 기한 의사표시를 취소할 수 있는 것으로 규정함에 따라(제119조) 착오에 기한 상속의 승인도 취소사유로 인정하였으나, 심의과정에서 포기기간의 도과로 인한 승인의 효과도 착오를 이유로 취소할 수 있다는 점을 인식하였는지는 반드시 명백하지 않다고 한다.

60) 승인 또는 포기의 취소는 강박으로 인한 취소의 경우에는 강박상태가 종료한 때로부터, 기타의 경우에는 취소권자가 취소사유를 알게 된 때부터 6주(피상속인의 최종주소가 외국이었거나 취소기간의 개시 당시 상속인이 외국에 있을 때에는 6월) 내에 이루어져야 하며, 승인 또는 포기가 있은 때로부터 30년이 경과하면 취소할 수 없다.

61) 이하의 서술은 MünchKomm/Leipold, §1956 Rdnr. 2에 의거하였다.

62) 그런데 제 1 초안이 이와 같이 보게 된 것은 (포기기간의 경과에 따른 승인의 간주가 아니라) 명시적 또는 묵시적인 승인의 의사표시가 있었고 그에 취소사유가 있다고 하더라도, 포기기간이 경과하면 취소는 의미가 없다고 본 때문이었다. 그러나 제 2 초안의 심의과정에서는 이러한 견해에 따른다면 상속승인의 취소는 실질적으로 포기기간 내에만 이루어져야 한다는 것이 되나, 이는 잘못이고 형식적이라고 여겨지게 되었다. 그리하여 제 2 초안에서는 취소기간을 규정함으로써 법이 그러한 견해를 채택하지 않는다는 것을 명백히 하였다. 승인이 유효하게 취소되면, 그때까지 이미 포기기간이 경과하였다 하더라도 이는 이미 승인이 있은 후의 일이기 때문에 포기기간의 경과로 인하여 승인이 있었던 것으로 간주될 수는 없고, 또 승인이 있었던 것으로 간주한다면 승인의 취소가 시간적으로 제한되게 되어 취소기간을 규정한 법의 목적에 어긋나게 되기 때문이다.

63) 독일 민법 제 1 초안 제98조는 착오에 기한 의사표시를 무효라고 규정하였다.

오늘날은 착오를 이유로 하는 취소가 당사자가 의식적으로 포기기간을 도과한 경우뿐만 아니라, 당사자가 자신이 포기기간 내에 포기를 하지 않으면 승인으로 간주된다는 것을 모른 경우에도 인정된다는 데 이견이 없다.[64]

위와 같은 제1956조의 규정은 형평의 근거(Billigkeitsgründen)에 기하여 만들어진 것으로서,[65] 독일의 주석서는 이는 독일 민법 내에서 이례적인 규정이라고 설명하고 있다. 왜냐하면 독일 민법은 이 경우 외에는 의사표시만을 취소의 대상으로 삼고 있을 뿐 부작위나 기간의 도과를 취소의 대상으로 인정하고 있지 않기 때문이라고 한다.[66] 그러나 이와는 달리 이처럼 의제된 의사표시(fingierte Willenserklärung) 일반에 관하여 취소를 인정하려는 견해도 있다(후술 다. 참조).

나. 日　本

일본에서는 이 문제에 관하여 찬반의 견해가 대립한다. 판례 가운데에는 상속인이 우리 민법 제1026조 제 2 호와 같은 내용인 개정 전의 일본 민법 제1024조 제 2 호(현행 제921조 제 2 호)에 의하여 단순승인을 한 것으로 간주되는 경우에도 그 자가 미성년자이고, 그 후견인이 위 단순승인에 관하여 친족회의 동의를 얻지 않은 때에는 단순승인을 취소할 수 있다고 한 것이 있다.[67] 그러나 이에 대하여 많은 학설은 위 단순승인 의제의 효과는 시의 경과라고 하는 사실에 일정한 효과를 부여하는 것으로서 법률행위의 존재를 의제하는 것에 지나지 않으므로 취소라고 하는 문제는 생기지 않는다거나, 그러한 의사표시는 부작위이므로 부작위에 부수되는 법률효과를 취소한다고 하는 이론은 정당하지 않다고 하고, 또 법정단순승인을 법률행위로 보지 않는 견해에서는 취소라고 하는 문제는 생기지 않는다고 한다.[68]

---

64) Staudinger/Otte · Marotzke, §1956 Rz. 3; MünchKomm/Leipold, §1956 Rdnr. 8 등. 제국대법원(Reichsgericht)의 초기 판례는 상속인이 포기기간의 도과가 승인으로 된다는 것을 알면서 포기기간을 도과한 경우에만 취소를 인정하였으나(RGZ 58, 81), 후에는 상속인이 이를 모른 경우에도 취소를 인정하였다(RGZ 143, 419).

65) MünchKomm/Leipold, §1956 Rdnr. 1; Staudinger/Otte · Marotzke, §1956 Rz. 1.

66) MünchKomm/Leipold, §1956 Rdnr. 1. 위 법조문을 일반원칙의 표현으로 보아, 기간의 도과를 의사표시로 간주하는 다른 경우에도 취소를 인정하여야 한다는 Wendt의 제안(AcP 92, 1902, 1, 255)은 받아들여지지 않았다고 한다.

67) 日本大審院 1922(大正 10). 8. 3. 판결(民錄 27輯 1765).

68) 森泉 章(註 55), 69-70면 및 그 곳의 문헌소개 참조. 川井 健(註 55), 486면도 기간의 경과는 법률행위가 아니므로, 그 기간중에 사기 · 강박 등에 해당하는 장해가 있다고 하여도 기간의 경과에 의한 단순승인의 효과를 저지할 수 있는 법률상의 근거는 없다고 한다.

반면 자기가 상속인이라는 지위를 안 때부터 진행하는 숙려기간 내에 본인이나 법정대리인이 자유의사에 의하여 한정승인 또는 포기를 하는 것을 방해받은 경우, 즉 사기·강박·착오에 의하여 포기를 하지 못한 경우라든가, 다액의 채무를 부담하는 피상속인의 상속개시를 알면서 보좌인과 상담하지 않고 기간을 도과한 준금치산자의 경우 등에는 상속인에게 단순승인의 효과를 면하게 하는 방법이 인정되어야 하므로, 일본 민법 제921조 제2호의 경우에도 의사의 하자·흠결·무능력에 의한 취소를 인정하여야 한다고 하는 설도 있다.[69]

다. 擬制된 意思表示의 取消可能性

앞에서도 언급한 것처럼 국내의 문헌 가운데에는 제1026조 제2호의 법정승인을 취소할 수 있는가 하는 점에 관하여 직접 언급한 것이 눈에 뜨이지 않는다. 그러므로 여기서는 논의를 보다 일반화하여, 이처럼 법률이 일정한 기간이 경과하면 당사자의 침묵 내지 부작위를 의사표시를 한 것으로 보는, 이른바 의제된 의사표시(fingierte Willenserklärung)의 경우에 이를 착오나 사기 등을 이유로 취소할 수 있는가에 대하여 살펴보고자 한다.

이 점에 관하여 언급하고 있는 국내의 학설도 많지는 않다. 1설은 법률이 침묵을 거절로 의제하는 경우와 승낙으로 의제하는 경우를 나누어 보아야 한다고 한다. 예컨대 무권대리행위의 상대방의 최고에 대하여 본인이 침묵하면 추인의 거절로 되는데(민법 제131조 후단), 이처럼 침묵이 추인거절로 의제되는 경우에는 법률관계는 발생하지 않고, 이는 의사표시가 없는 경우의 일반적 효과와 부합하는 것이므로 가령 행위자가 법률상·사실상의 이유로 당시 확답을 할 수 없었다고 하여도 이를 고려할 것이 아니지만, 침묵이 추인 또는 갱신이 있는 것으로 의제되어 법률관계가 발생하는 경우(민법 제15조, 제639조 등)에는 의사표시의 규정을 유추적용할 것이라고 한다. 원래 민법 제15조, 제639조의 의제는 의사표시를 할 자가 이러한 의사표시를 할 수 있음에도 불구하고 침묵하였다는 것을 전제로 하고 있으므로 사실상·법률상의 사유로 인하여 이러한 의사표시를 할 수 없었던 경우에는 의사표시의 규정을 유추적용하여 타당한 규율을 꾀하지 않으면 안 되고, 이때에는 의사무능력·행위무능력·착오 기타의 의사 하자의 사유가 있었던 경우에는 추인·갱신의 무효 또는 취소를 주장

69) 谷口知平, 新版 注釋民法 27, 1989, 439-440면. 같은 책 460-461면도 참조할 것.

할 수 있다고 한다.[70)]

반면 위와 같은 해석은 법률관계를 획일적·안정적으로 처리하려고 하는 간주규정의 취지에 부합하지 않으며, 의제된 의사표시는 가령 착오를 이유로 취소할 수 없다고 하는 견해도 있다.[71)]

이 점에 관한 독일의 상황은 어떠한가? 독일법에서도 이처럼 당사자의 침묵을 의사표시로 의제하는 규정은 여러 군데 찾아볼 수 있으나,[72)] 그러한 경우에 앞에서 본, 상속의 승인 의제의 취소를 인정하고 있는 독일 민법 제1956조의 경우 외에는 의사표시에 관한 규정이 어느 정도로 적용될 수 있는가에 대하여 법률이 명문의 규정을 두지 않고 있고, 학설상도 반드시 명백하지 않다.

1설은 법률이 침묵을 확정적인 법률효과를 위하여 의사표시로 의제하거나 아니면 번복할 수 없는 추정을 부여하는 경우에는 확정적인 법률효과를 위하여 침묵하는 당사자의 의사가 추상화되는 것이므로, 의사의 하자를 이유로 하는 취소는 필연적으로 배제된다고 한다.[73)] 그리고 독일 상속법의 주석서도 포기기간의 도과를 취소할 수 있다고 하는 독일 민법 제1956조의 규정이 예외적인 존재라고 하는 것은 앞에서 보았다(위 가. 참조).

그러나 상당수의 학설은 착오와 같은 의사표시에 관한 규정들도 반드시 그 적용 내지 준용이 배제되는 것은 아니라고 한다. 우선 플루메는 경우를 나누어, 의사표시의 부작위가 법률관계가 발생하지 않는다는 소극적인 의미만을

---

70) 李英俊, 民法總則, 全訂版, 1995, 124-125면.

71) 宋德洙, 民法注解 Ⅱ(總則 2), 150-151면. 여기서는 Hübner(아래 註 73)를 전거로서 인용하고 있다.

72) MünchKomm/Kramer, 3. Aufl., 1993, §119 Rdnr. 60(Fn. 133)은 그 예로서 독일 민법 제108조 제2항, 제177조 제2항, 제415조 제2항, 제496조, 제516조 제2항, 제568조, 제1448조 제2항, 제1943조 후단, 제2256조, 독일 상법 제377조 제2·3항을 들고 있다.

73) Hübner, Allgemeiner Teil des Bürgerlichen Gesetzbuches, 1984, Rdn. 384. Larenz, Allgemeiner Teil des Bürgerlichen Rechts, 7. Aufl., S. 362도 법률행위에 의한 책임의 영역 내에서는 착오로 인한 취소라는 교정장치(Korrektiv)가 인정되지만, 이러한 교정장치가 인정되지 않는 "의사표시에 갈음하는 침묵(Schweigen an Erklärungs Statt)" 또는 "규범화된 침묵(Normiertes Schweigen)"에 있어서는 법률행위의 영역을 넘어서는 신뢰보호가 문제된다고 한다. 그러나 라렌쯔도 독일 상법 제362조(타인을 위한 업무의 처리에 관한 영업을 하는 상인이, 그 영업부류에 속하는 청약을 거래관계에 있는 자로부터 받은 때에는 지체 없이 답변하지 않는 한 청약이 성립한 것으로 본다는 규정)나, 상사거래에 있어서의 내용확인서(Bestätigungsbeschreiben), 즉 구두로 체결되었거나 또는 체결하려고 하는 계약의 서면에 의한 요약을 받고, 즉시 이의를 제기하지 않는 한 그 내용이 합의와 다르더라도 관습법상 그 확인서의 내용을 계약의 내용으로 승낙한 것으로 보는 경우에는, 그가 청약이나 확인서의 내용을 오해하였을 때에는 취소할 수 있다고 하면서, 이러한 사례들은 법률행위론의 영역 내에서의 신뢰보호와, 법률행위에 의한 책임을 보충하는 권리외관책임(Rechtsscheinhaftung)의 경계에 있다고 한다. Larenz, 위 책, S. 649 f.

가지는 경우[74]에는, 의사표시의 부작위는 그 자체로 효력을 가지며, 이는 법률이 법률행위에 의한 법률관계 형성의 흠결을 보충하는 경우[75]에도 마찬가지이지만, 부작위의 법률효과로서 법률관계가 형성될 때에는, 부작위자에게 그에 상반되는 의사표시를 할 수 있는 가능성이 없었으면 그에 대하여 법률관계의 변동을 강요할 수는 없다고 한다. 따라서 부작위자가 행위능력을 가지지 않았고, 법정대리인도 없거나, 의식이 없었던 경우와 같은 때에는 의사표시의 부작위가 법률이 규정하는 효과를 가지지 않으며, 마찬가지로 부작위자가 강박이나 기망에 의하여 부작위에 이르게 된 때에는 이를 취소할 수 있다고 한다. 이는 착오의 경우에도 마찬가지인데, 부작위자가 부작위의 법률효과에 관한 법적 규율에 관하여 착오가 있었다고 하는 사정은 취소사유로서 고려될 수 없지만,[76] 의사표시의 부작위가 법률행위에 대한 동의로 취급되는 경우에는 부작위자가 실제로 동의의 의사표시를 한 경우와 마찬가지로 착오를 이유로 하는 취소가 허용되어야 한다고 한다. 따라서 그가 문제되는 법률행위를 잘못 이해하여 그에 대하여 이의가 없었기 때문에 의사표시를 하지 않은 경우에는 그는 착오를 이유로 취소할 수 있다고 한다.[77]

딜허도, 의제된 의사표시에 관하여 착오로 인한 취소를 완전히 배제할 아무런 근거가 없고, 그 의제의 효과가 의사표시의 상대방의 이익을 위하여 법률관계를 명확하게 하는 데 이바지하는 것인가 여부를 기준으로 하여야 한다고 하면서, 거절하는 내용의 의제에 있어서는 취소가 배제되지만, 동의하는 내용의 의제(Fiktion mit zustimmendem Inhalt)에 있어서는 그러한 의제가 귀속되는 사람이 자신의 의사의 하자를 취소의 방법에 의하여 주장하는 것을 막아서는 안 되며, 이는 기망이나 강박의 경우에도 마찬가지라고 한다.[78]

메디쿠스는 당사자의 합의에 의하여 침묵(Schweigen)이 의사표시로 되는 경우뿐만 아니라, 법률에 의하여 침묵이 의사표시의 의미를 가지는 경우에는

74) 예컨대 미성년자와 계약을 체결한 상대방이 미성년자의 법정대리인에게 그 추인 여부를 최고하였으나 2주 내에 확답을 발하지 아니한 때에는 추인을 거절한 것으로 본다는 독일 민법 제108조 제2항 등.

75) Flume는 그 예로서, 위임의 급부가 상황에 따르면 대가를 받고서만 행해질 것으로 예상될 때에는 그 대가가 묵시적으로 합의된 것으로 본다는 독일 민법 제612조 제1항을 들고 있다. 이 경우에는 위임계약 자체는 대가의 합의 없이도 성립하지만, 위임계약은 대가의 합의에 의하여 완전하게 되며, 따라서 이는 임의법규 이외에 다른 아무 것도 아니라고 한다.

76) 이는 "法律의 錯誤는 害가 된다(error juris nocet)"라는 명제가 적용되는 경우라고 한다.

77) Flume, Allgemeiner Teil des Bürgerlichen Rechts, 2. Band, Das Rechtsgeschäfts, 3. Aufl., 1979, S. 118 f.

78) Staudinger/Hermann Dilcher, Vorbem zu §§116 Rz. 79.

의사표시에 관한 규율이 적용된다고 한다. 따라서 행위무능력자의 침묵은 의미를 가지지 않고, 행위능력이 제한된 자의 침묵은 법정대리인의 동의를 필요로 하며, 의사표시의 하자 등을 이유로 하는 침묵의 취소도 원칙적으로 허용되고, 상속포기기간의 도과를 취소할 수 있도록 하고 있는 독일 민법 제1956조는 이 점을 명백히 하고 있다고 한다. 다만 침묵을 한 자가 침묵에 대하여 법률이 부과하는 의미를 몰랐다는 이유로 취소할 수는 없는데, 이 경우에는 법률에 의한 부과가 당사자의 의사를 대신하기 때문이라고 한다.[79)]

그리고 크라머는 이처럼 법률이 부작위에 대하여 의사표시를 의제하는 경우에도, 법률이 — 비록 의제된 것이기는 하지만 — 의사표시의 요건 및 그 배후에 존재하는 법률행위적인 의사와 결부시킨다는 점을 부정할 수는 없으므로, 행위능력에 관한 규정이 유추적용되어야 할 뿐만 아니라, 의사표시의 하자, 특히 취소에 관한 규정이 유추적용되어야 한다고 하면서,[80)] 의사표시의 하자, 특히 착오로 인한 취소가능성의 부정 또는 제한된 취소가능성은 구체적으로 특별히 제고된 신뢰보호 내지 거래보호의 필요성이 입증된 경우에만 인정되어야 하고, 간계나 강박에 의하여 의사표시의 부작위에 이르게 된 때에는 그 자의 보호필요성이 높기 때문에 이러한 취소의 제한은 인정될 수 없다고 한다.[81)]

생각건대 이처럼 의제된 의사표시에 관하여 일률적으로 그 취소가능성을 부정할 이유는 없다고 생각된다. 우선 실제적인 견지에서 보더라도 이러한 의제된 의사표시는 언제나 취소할 수 없다고 한다면, 이는 의사표시가 의제되는 자를 실제로 그러한 의사표시를 한 자보다도 더 불리한 처지에 놓이게 하는 것이다. 예컨대 고려기간 내에 현실적으로 단순승인의 의사표시(명시적이건 묵시적이건 간에)를 한 자는 그 의사표시의 하자를 이유로 취소할 수 있는 반면, 현실적으로 그러한 단순승인의 의사표시를 한 것이 아니라 고려기간을 도과하였기 때문에 법률에 의하여 단순승인의 의제를 받는 자는 이를 취소할 수 없다고 한다면, 그는 이중으로 불이익을 받는 것이 된다. 즉 우선 그는 자기의 실제적인 의사에 관계없이 법률효과를 강제당할 뿐만 아니라, 이를 번복할 수 있는 방법이 전혀 없게 되는 것이다.[82)] 가령 상속인이 고려기간을 도과한 것이

79) Medicus, Allgemeiner Teil des BGB, 2. Aufl., 1985, Rz. 352.

80) MünchKomm/Kramer, Vor §116 Rdnr. 31.

81) MünchKomm/Kramer, §119 Rdnr. 60 f.

82) Staudinger/Otte · Marotzke, §1996 Rz. 1은 포기기간의 경과에 의하여 상속의 승인의 효과를

타인의 기망 또는 강박으로 인한 것인 경우에도 취소할 수 없다고 하는 것은 매우 부당하다고 하지 않을 수 없다.

다만 의제된 의사표시의 취소를 인정하는 것은 그 취소의 대상이 현실로 존재하지도 않으므로 이론상으로 불가능한 것이 아닌가 하는 반론이 있을 수 있다. 그러나 이 또한 근거가 없는 것이다. 의사표시의 취소에 있어서 그 취소의 대상이 되는 것은 엄밀하게 말하면 의사표시 그 자체라기보다는 그 의사표시에 의하여 발생한 효과인 것이다. 다시 말하여 취소의 목적은 의사표시 자체를 없는 것으로 하려는 것이라기보다는, 그 의사표시에 의하여 발생한 효과를 발생하지 않은 것으로 하려는 데 있는 것이다. 무효인 법률행위도 취소할 수 있다는 이른바 二重效(Doppelwirkung)의 법리[83]도 이러한 관점에서 이해할 수 있다.[84]

그러므로 의제된 의사표시의 취소가능성은 일반적으로 인정될 수 있다고 할 것이며, 또 이를 인정한다고 하여 언제나 의사표시의 의제를 인정하는 법률의 목적에 어긋나는 것이라고는 할 수 없다. 물론 독일의 학설이 지적하는 것처럼, 자신의 침묵이 의사표시로 의제된다는 사실을 몰랐다고 하여 착오를 이유로 그 의제되는 의사표시를 취소할 수 있다고 한다면 이는 의사표시의 의제를 인정하는 법률의 목적에 어긋나므로 허용되어서는 안 될 것이다. 그러나 그 이외의 경우에는 크라머가 지적하듯이, 예외적으로 그 취소를 인정하는 것이 법률의 목적에 어긋날 때에만 취소를 부정하거나, 문제되는 사유에 따라 제한적으로 취소를 인정하면 그로써 충분한 것이다.

그러면 고려기간의 경과에 의한 법정단순승인의 경우에는 그 취소를 인정하는 것이 법률의 목적에 어긋난다고 할 수 있는가? 이 경우에도 특별히 취소를 인정하여서는 안 될 사유가 있다고는 여겨지지 않는다. 이 점은 아래에서 상속채무의 존재를 몰랐다는 것이 법정단순승인의 취소사유가 되는가 하는 점

귀속시키는 것은 부작위자에게 현실적인 의사표시를 한 자와 마찬가지의 보호수단을 인정할 때에만 감수할 수 있고 또 기대할 수 있는 것이며, 기간의 경과에 의하여 승인이 의제되는 자는 현실적으로 승인을 한 자보다 더 불리한 처지에 놓여서는 안 된다고 지적한다.

83) 이에 대하여는 高翔龍, "民法上 이른바 「二重效」의 意味", 小峰金容漢教授華甲記念 民事法學의 諸問題, 1990, 1면 이하; 李英俊(註 70) 등 참조. 대법원 1991. 8. 27. 선고 91다11308 판결(公 1991하, 2422)은 매도인이 매수인의 중도금지급채무 불이행을 이유로 매매계약을 적법하게 해제하였다 하더라도 매수인으로서는 매도인이 한 계약해제의 효과로서 발생하는 손해배상책임을 지거나 매매계약에 따른 계약금의 반환을 받을 수 없는 불이익을 면하기 위해 착오를 이유로 한 취소권을 행사하여 매매계약 전체를 무효로 돌리게 할 수 있다고 한다.

84) 李英俊(註 70), 683면은 법률행위의 무효는 단지 당사자가 의욕한 대로의 효과가 발생하지 않을 뿐 그 이외에 있어서는 여전히 유효하게 존재하는 것이므로 그 취소를 시인한다 하더라도 모순되는 것은 아니라고 한다.

과 관련하여 다시 검토한다.

3. 相續債務를 몰랐음을 이유로 하는 法定單純承認의 取消

이처럼 의제된 의사표시, 구체적으로는 민법 제1026조 제2호에 의한 법정단순승인도 취소될 수 있다고 한다면, 다음의 문제는 상속인이 고려기간이 경과하기까지 상속채무가 있음을 몰랐다고 하는 것이 과연 법정단순승인의 취소사유가 될 수 있겠는가 하는 점이다.

가. 相續債務의 存在와 錯誤

이를 논하기 위하여는 먼저 상속채무의 존재를 몰랐다고 하는 사정이 법정단순승인뿐만 아니라 단순승인의 의사표시에 관하여도 취소사유에 해당하는 착오가 될 수 있는가 하는 점을 명백히 하여야 한다.

이 점에 관하여도 국내에서는 특별히 언급한 자료를 찾아보기 어려우므로, 독일과 일본에서의 논의를 우선 살펴보기로 한다.

독일에서는 상속재산 그 자체의 가치에 대하여 잘못된 관념을 가졌기 때문에 포기 또는 승인을 한 경우(상속재산의 구성요소를 알고 있었으나 그 가치에 대하여는 잘못 판단한 경우)에는 이는 취소할 수 없는 동기의 착오에 불과하지만, 상속재산의 가치를 결정하는 요소(Wertbildender Faktor)에 대하여 착오가 있는 경우, 특히 상속재산에 채무가 포함되어 있다는 사실을 알지 못하여 소극재산이 적극재산보다 많음을 모르고 승인을 하였다거나, 반대로 상속재산에 채무가 포함되어 있는 것으로 잘못 알고 포기를 한 경우에는 이는 독일 민법 제119조 제2항의 거래상 본질적인 성질에 관한 착오(Eigenschaftsirrtum)[85]에 해당한다고 하여 그 취소를 긍정한다.[86] 독일의 판례는 처음에는 채무의 초과가 성질에 관한 착오가 아니라 가치판단이라고 하여 취소를 부정하였으나[87] 후에는 태도를

85) 獨逸 民法 제119조 제2항은 다음과 같이 규정하고 있다. "거래상 본질적인 것으로 여겨지는 사람 또는 물건의 성질에 관한 착오는 의사표시의 내용에 관한 착오로 본다(Als Irrtum über den Inhalt der Erklärung gilt auch der Irrtum über solche Eigenschaften der Person oder der Sache, die im Verkehr als wesentlich angesehen werden)."

86) RGZ 158, 50; Lange/Kuchinke(註 1), §8 Ⅶ 2. f); MünchKomm/Leipold, §1954 Rdnr. 7; Staudinger/Otte · Marotzke, §1954 Rz. 5; Pohl, "Mängel bei der Erbschaftsannahme und- ausschlagung", AcP 177(1977), S. 77 ff. 등. 오늘날에는 異說이 없다고 생각된다.

87) RGZ 103, 21.

바꾸어 이 또한 취소사유인 성질에 관한 착오가 된다고 하였다.[88)]

이 점에 관한 바이에른주 최고법원의 판례[89)]를 본다. 이 사건에서는 피상속인이 1980. 2. 5. 사망하였는데, 당시 적극재산은 없었다. 그런데 그의 피상속인의 남편은, 1981. 1. 28.에, 자신은 피상속인의 채무 가운데 약 600 DM 정도는 변제하려고 하였는데, 바로 지난 주에야 피상속인에게 약 4,000 DM의 채무가 더 있음을 알고 자신 및 자신이 법정대리인인 미성년 자녀들을 위하여 상속포기기간의 경과로 인한 승인을 취소한다고 하였다. 이에 대하여 바이에른주 최고법원은 상속재산의 채무 초과는 독일 민법 제119조 제2항의 거래상 중요한 성질에 해당하고, 따라서 상속인은 명시적 또는 의제된 상속승인의 의사표시를 취소할 수 있다고 하였다.

일본에서는 이에 관하여 논의하고 있는 것이 별로 없는 것 같고,[90)] 다만 위와 같은 독일의 논의를 소개하면서, 일본에서도 대체로 마찬가지로 해석할 수 있을 것이라고 하는 정도의 언급이 있다.[91)]

그러면 우리법상의 해석론으로서는 과연 상속인이 상속의 고려기간 경과 후에 뒤늦게 상속채무의 존재를 알았다고 하여 착오를 이유로 상속의 승인 내지 그 승인의 의제를 취소할 수 있을 것인가? 우선 상속채무의 존재가 독일 민법 제119조 제2항에서 말하는 "거래상 중요한 성질"에 해당한다고 하는 데에는 큰 의문이 없다고 생각된다. 문제는 독일 민법 제119조 제2항과 같은 규정이 없는 우리나라에서 이러한 착오를 어떻게 취급하여야 할 것인가 하는 점이다. 이는 이른바 동기의 착오에 해당할 것인데, 일반적으로 동기의 착오가 우리 민법상 취소사유에 해당하는지에 대하여는 잘 알려져 있는 것처럼 여러

88) RGZ 158, 50; BGH NJW 1989, 2885. 후자의 판결에서는 피상속인이 생전에 상속재산을 제3자에게 증여하여 상속재산이 부담을 받게 되었고 그로 인하여 상속인의 유류분이 침해되게 되었으나, 상속인은 위 증여의 효력에 대하여 잘 몰랐던 때에도 상속의 승인을 취소할 수 있다고 하였다.

89) BayObLG FamRZ 1983, 834.

90) 다만 日本 民法 제정과정에서는 프랑스 민법 제783조의 영향으로, 단순승인자가 승인 당시 존재하였음을 알지 못하였던 상속채무 또는 유증 때문에 파산의 선고를 받아야 할 때에는 그 승인을 취소할 수 있다는 규정이 제안되었으나(原案 제1012조 제1항), 파산의 선고를 받아야 할 때라는 요건이 불명확하고 입증상의 난점도 있으며, 의사표시만에 의한 취소의 절차는 부당하고, 오랜 세월을 경과한 뒤의 취소를 인정하는 제도는 채권자를 해하며, 한정승인 제도가 인정되고 숙려기간의 연장제도도 인정되므로 이러한 것들을 선택하지 않은 이상 불이익은 감수하여야 한다고 하는 반대의견이 나와서 결국 원안은 삭제되었다고 한다. 中田裕康(註 22), 1885-1886면 참조.

91) 谷口知平(註 1), 466면.

가지의 견해가 대립한다.

우리나라의 다수설은 동기의 착오도 취소사유에 해당한다고 하나, 어떤 경우에 동기의 착오를 이유로 취소할 수 있는 것인가에 관하여는, 동기가 표시되었을 경우에는 취소할 수 있다고 하는 견해,[92] 그것이 표시되었는지 여부에 관계없이 일반요건에 따라서 민법 제109조가 적용되어야 할 것이라는 견해[93] 등으로 나누어진다. 반면 동기의 착오는 동기가 표시되어 상대방이 알고 있다고 하더라도 취소사유가 되지 않는다는 견해도 있고,[94] 법률행위의 내용으로 되지 않는 동기의 착오는 취소사유가 아니지만, 독일 민법 제119조 제2항이 규정하는 바와 같은 「거래에 있어서 중요한 사람 또는 물건의 성질에 관한 착오」는 민법 제109조를 유추적용하여 취소할 수 있다는 견해[95]도 있다.

여기에서 이와 같은 여러 학설 중 어느 것이 타당한지에 관하여 상세하게 언급할 수는 없다.[96] 그러나 적어도 상속의 승인에 관한 한, 상속채무의 존재에 관한 착오는 취소사유에 해당한다고 보아야 할 것이다. 그와 같이 보아야 하는 근거는 다음과 같다.

우선 일반적으로 착오를 이유로 하는 의사표시의 취소를 제한하려고 하는 이유는, 그것이 거래의 안전 내지 상대방의 신뢰를 해치기 때문이라고 할 수 있다. 그러나 이러한 명제가 타당한 것은 계약, 그 중에서도 쌍방이 급부의무를 부담하는 유상계약의 경우이지, 그 외의 경우에는 반드시 그렇다고 할 수 없다. 그 외의 경우에는 보호하여야 할 상대방의 신뢰라고 하는 것이 원칙적으로 존재하지 않거나, 존재한다 하더라도 별로 보호할 가치가 있다고 할 수 없는 것이다.[97]

---

92) 郭潤直, 民法總則, 新訂版, 1989, 413-414면 등.

93) 高翔龍, 民法總則, 1990, 476면; 李銀榮, 民法總則, 1996, 512면 등. 金相容, 民法總則, 改訂版, 1994, 542면은 동기는 의사표시 그 자체는 아니므로 법률행위의 내용이 아니지만, 동기의 착오에 관하여는 민법 제109조를 유추적용하여야 할 것이라고 하여 결과에 있어서는 마찬가지이다.

94) 宋德洙(註 71), 435면.

95) 李英俊(註 70), 366-367면.

96) 사견으로서도 우리 민법상 동기의 착오를 전혀 고려하지 않을 수는 없다고 생각한다. 판례도 대체로 그러한 취지인 것으로 생각된다. 李銀榮(註 93), 517-518면 참조.

97) 동기의 착오는 원칙적으로 고려되지 않는다고 주장하는 논자도 이러한 취지에서 증여의 경우에는 동기의 착오가 특별히 취급되어야 하고, 동기의 착오에 빠진 증여자로 하여금 계약의 구속을 받게 하는 것이 부당하다고 하면서, 그 근거로서 증여의 경우 수증자는 노력 없이 이득을 얻게 되고, 따라서 그에게는 계약을 소급적으로 무효화하는 것이 부당한 요구가 아니라고 하는 점을 들고 있다. 宋德洙(註 71), 435-436면.

이러한 이치는 상속의 승인의 취소에 관하여도 그대로 타당하다고 할 것이다. 일반적으로 상속채권자로서는 피상속인에 대하여 채권을 가지게 되었을 때, 상속인의 존재까지 고려하는 것은 아니다. 그러므로 상속인이 상속채무를 승계하여 자신의 재산으로 상속채무를 변제한다고 하는 것은 상속채권자로서는 기대하지 않았던 이익을 얻는 셈이 된다. 비록 민법이 법정취득의 원칙을 채택한 결과 원칙적으로는 상속채권자가 상속인의 상속채무 변제를 기대할 수는 있지만, 이는 어디까지나 상속인이 상속의 포기 또는 한정승인을 하지 않는 것을 조건으로 하는 부동적인 것에 지나지 않는다. 그러므로 상속의 단순승인 또는 고려기간의 경과에 의한 단순승인의 의제로 인하여 그러한 기대가 일단 확정적이 되었다고 하더라도, 상속채권자의 이같은 기대가 가령 유상계약의 당사자가 그 계약의 존속에 대하여 가지는 신뢰와 같은 정도로 보호를 받아야 할 성질의 것이라고는 할 수 없다.

다른 한편 상속채무가 상속재산 중 적극재산을 초과한다는 사정은 전형적인 상속의 포기 또는 한정승인의 사유이고, 상속인이 이러한 사정을 알면서도 상속의 단순승인을 한다는 것은 오히려 이례적인 일이라 할 수 있다. 바꾸어 말한다면 상속채권자의 견지에서도 상속인이 상속채무가 적극재산을 초과한다는 사정을 알았을 때에는 상속인이 상속을 포기하거나 또는 한정승인을 할 것이라고 예상하는 것이 당연하고, 이러한 경우에도 상속인이 상속의 단순승인을 할 것으로 기대하기는 어려운 것이다.

그러므로 상속인이 상속개시 당시에는 상속채무의 존재 사실을 몰라서 상속의 포기나 한정승인을 하지 못하였다가 나중에서야 이를 알게 되었다면, 상속채권자로서도 상속인이 다른 민법상 취소의 요건을 갖춘 한 단순승인 내지 그 의제를 취소하는 것을 받아들여야 할 것이고, 상속인이 고려기간 내에 상속의 포기나 한정승인을 하지 않았다는 이유만으로 상속인이 상속채무에 대하여 무한책임을 질 것을 고집한다는 것은 부당하다고 하지 않을 수 없다.

나. 法定單純承認 取消의 要件과 方式

이처럼 상속인이 상속채무의 존재를 뒤늦게 알게 되었다는 것이 착오를 이유로 하는 취소의 사유가 된다고 하더라도, 그러한 취소를 무제한으로 허용할 수는 없고, 민법 제109조가 규정하고 있는 취소의 요건에 부합하여야 할 것이다.

우선 상속채무를 뒤늦게 발견하였음을 이유로 상속의 법정단순승인을 취소하려면 그러한 사유가 중요부분에 관한 것이어야 한다. 일반적으로 착오가 취소사유로 되기 위하여는 그 착오가 법률행위의 내용의 중요부분에 관한 것이어야 하는데(민법 제109조 제1항 본문), 학설상은 이를 첫째, 표의자가 그러한 착오가 없었더라면 그 의사표시를 하지 않았으리라고 생각될 정도로 중요한 것이어야 하고(주관적 요건), 둘째, 보통 일반인도 표의자의 입장에 섰더라면 그러한 의사표시를 하지 않았으리라고 생각될 정도로 중요한 것이어야 한다(객관적 요건)고 이해한다.[98] 그러므로 상속채무를 뒤늦게 발견하였음을 이유로 상속의 법정단순승인을 취소하려면, 첫째, 상속인의 견지에서는 그러한 상속채무가 있음을 알았더라면 상속을 포기하거나 한정승인을 하였을 것이라야 하고, 둘째, 일반인도 상속인의 처지에 섰더라면 상속을 단순승인하지는 않았을 정도라야 할 것이다.

개별 사례에서 어느 경우가 이에 해당하는지는 뒤늦게 발견된 상속채무의 액수라든지 상속인이 알고 있었던 기존의 상속재산의 가액 등을 비교하여 판단할 문제이다. 예컨대 상속인으로서는 적극재산이 소극재산보다 많다고 믿었는데 그 후 뒤늦게 상당한 액의 상속채무가 발견되어 결과적으로 소극재산이 적극재산을 상당한 정도로 초과하게 된 경우라든지, 또는 상속재산이 전혀 없다고 믿었는데 상당한 액의 상속채무가 발견된 경우에는 중요부분에 관한 것이라고 인정될 수 있을 것이다. 반면 상속인이 상속채무가 적극재산을 초과한다는 사실을 알면서도 상속채무를 변제할 의사로 상속의 포기 등을 하지 않고 있었는데, 뒤늦게 약간의 상속채무가 추가로 발견된 정도라면 중요부분에 관한 착오가 있다고 하기는 어려울 것이다. 그리고 단순한 상속재산과 상속채무의 가액만으로 결정할 수 없는 경우도 있을 수 있는데, 상속인과 피상속인과의 관계, 상속인의 자력 등에 따라서는 비록 상속인이 상당한 정도로 상속채무가 적극재산을 초과하였음을 알았다 하더라도 상속을 승인하는 경우도 있을 것이기 때문이다.[99]

---

98) 宋德洙(註 71), 444면 참조. 李銀榮(註 93), 520-521면은 이러한 二重基準說에 반대하여 중요성에 대한 판단은 법률행위의 여러 사정을 참작하여 객관적으로 하여야 한다고 주장하나, 실제적인 차이가 있는지는 의문이다.

99) Staudinger/Otte · Marotzke, §1954 Rz. 7은 경험에 비추어 보면 채무 초과의 상속재산일 때에도 가족관계를 고려하여 상속을 승인하는 일이 자주 있으므로, 상속인이 피상속인과의 관계나 책임제한의 가능성을 고려하여 상속을 포기하였을 것인지를 따져 보아야 한다고 주장한다.

여기서 한 가지 생각해 볼 것은 상속인이 상속채무가 있다는 사실을 몰랐지만, 알았다 하더라도 상속의 포기와 같은 제도가 있음을 몰라서 상속의 포기나 한정승인은 하지 않았을 것이라고 여겨지는 경우에는 착오를 이유로 하는 취소가 인정될 수 없을 것인가 하는 점이다. 그러나 이러한 이유로 취소권을 부정한다면 이는 결과적으로 상속채권자가 상속인의 법률적 무지를 이용하는 셈이 되어 불합리하고 따라서 이러한 점을 들어 취소를 배제할 수는 없다고 봄이 상당하다.

다른 한편 착오가 표의자의 중대한 과실로 인한 때에는 의사표시를 취소하지 못하는데(민법 제109조 제1항 단서), 이는 법정단순승인의 취소에 있어서는 상당히 중요한 의미를 가진다고 생각된다. 앞에서 살펴본 것처럼, 민법은 상속인에게 일종의 상속재산 조사의무를 부여하여, 고려기간 내에 상속재산을 조사할 수 있도록 하고 있으며, 필요한 경우에는 그 고려기간의 연장도 신청할 수 있는데, 이러한 점에 비추어 본다면 상속인이 고려기간 내에 상속채무의 존재를 쉽게 알 수 있었던 경우에도 단지 알지 못하였다는 이유만으로 제한 없이 단순승인의 취소를 허용하는 것은 바람직하지 않다.[100] 그러므로 상속인과 피상속인의 평소 관계, 특히 피상속인 사망 당시에 상속인과 동거하였는지 여부, 그리고 상속채무의 종류 등에 따라서, 상속인이 상속채무의 존재를 쉽게 알 수 있었을 경우라면 이를 모른 데 중대한 과실이 있다고 보아서 취소를 부정하여야 할 것이다.

앞에서 본 것처럼 일본 최고재판소 1984. 4. 27. 판결(註 27)은 숙려기간은 원칙으로는 상속인이 상속개시의 원인인 사실 및 이에 의하여 자기가 법률상 상속인으로 된 사실을 안 때로부터 기산하여야 한다고 하면서도, 상속인이 위 각 사실을 안 때로부터 3개월 이내에 한정승인 또는 상속포기를 하지 않은 것이 피상속인에게 상속재산이 전혀 존재하지 않는다고 믿은 때문이고, 또한 당해 상속인에 대하여 상속재산의 유무의 조사를 기대하는 것이 현저히 곤란한 사정이 있고, 상속인에게 위와 같이 믿는 데 상당한 이유가 있다고 인정되는 때에는, 숙려기간은 상속인이 상속재산의 전부 또는 일부의 존재를 인식한 때 또는 통상 이를 인식할 수 있었을 때부터 기산하여야 한다고 해석하고 있는데,

100) Staudinger/Otte · Marotzke, §1954 Rz. 10도 표의자가 그에게 기대되는 주의를 가지고 상속재산의 상태를 조사하였음이 증명된 경우에만 착오를 이유로 하는 취소를 인정하는 것이 바람직하다고 주장한다.

이 또한 기본적으로는 상속인이 상속채무의 존재를 알지 못한 데 어느 정도의 과실이 있는가 하는 점을 고려하여야 한다는 전제에서 출발하고 있는 것이다. 다만 이러한 사고를 상속기간의 기산점 문제로 다루는 것은 앞에서도 지적한 것처럼 법문상의 근거가 박약하고, 따라서 이러한 상속인의 과실은 일단 효과가 발생한 법정단순승인의 취소를 허용할 것인가의 문제에서 고려하는 것이 민법의 체계에 더 잘 부합할 것이다.

이처럼 법정단순승인의 취소가 있으면 상속인은 고려기간이 경과한 뒤라도 유효하게 한정승인 또는 포기를 할 수 있게 된다. 한편 민법은 착오로 인한 의사표시의 취소는 선의의 제3자에게 대항하지 못한다고 규정하나(제109조 제2항), 여기서 말하는 제3자란 착오에 의한 의사표시로 생긴 법률관계에 기하여 새로운 이해관계를 맺은 자를 가리키는데,[101] 상속의 승인의 경우에는 이러한 제3자를 상정하기가 어렵다. 예컨대 상속채권자를 가리켜 새로운 이해관계를 맺은 자라고 할 수는 없는 것이다.

이처럼 상속채무의 뒤늦은 발견을 이유로 상속의 법정단순승인을 취소할 수 있다고 한다면, 그 취소는 어떠한 방식으로 이루어져야 하는가? 가사소송법은 한정승인 또는 포기신고의 취소신고의 수리를 라류 가사비송사건으로 규정하고 있으나(제2조 제1항 나. (1). 28.), 단순승인의 취소의 방식에 관하여는 법률상 아무런 규정이 없다. 그리하여 학설은 단순승인의 의사를 특정의 이해관계인에게 표시하였다면 그 취소도 그 이해관계인에게 하면 된다고 보고 있다.[102] 그러나 제1026조 제2호에 의한 법정단순승인의 경우에는 특정인에 대하여 현실적으로 단순승인의 의사표시를 하는 것이 아니므로, 결국 법정단순승인 취소의 상대방이 될 수 있는 사람은 존재하지 않는 것이 된다.

그런데 단순승인의 취소 그 자체는 다시 상속의 포기나 한정승인을 할 수 있다는 것 외에는 별다른 법률효과를 발생시키지 않으므로, 상속의 포기나 한정승인과 결부되지 않는 법정단순승인의 취소 자체만으로는 별다른 의미가 없다. 그러므로 사견으로서는 제1026조 제2호에 의한 법정단순승인의 취소와 상속의 한정승인 또는 포기를 별도로 하도록 요구할 것이 아니고, 가정법원에 상속의 한정승인 또는 포기의 신고를 함으로써 법정단순승인을 취소할 수 있다고 해석함이 옳다고 생각한다. 다만 이때에는 그 신고서에서 고려기간을 도과

101) 宋德洙(註 71), 507면 참조.
102) 金疇洙(註 16), 572면.

한 데 착오가 있어 이를 취소한다는 취지를 명백히 밝혀야 할 것이다.

다. 法定單純承認의 取消期間

이러한 해석론에 의할 때에는 종래 상속인의 보호를 둘러싸고 제기되었던 여러 가지 문제점은 대체로 만족스럽게 해결된다. 그러나 이러한 방법에도 문제가 없는 것은 아닌데, 이는 그 취소기간에 관한 것이다.

민법 제1024조 제2항은 상속의 승인, 포기의 취소권은 추인할 수 있는 날로부터 3월, 승인 또는 포기한 날로부터 1년의 소멸시효[103]에 걸리는 것으로 하여, 추인할 수 있는 날로부터 3년, 법률행위를 한 날로부터 10년인 일반적인 취소권의 제척기간에 비하여 이를 단축하였다. 여기서 추인할 수 있는 날로부터 3월의 기간은 그다지 문제되지 않으나, 승인 또는 포기한 날로부터 1년의 기간은 상속인이 취소권을 행사하여 보호를 받기에는 다소 불충분하다고 생각된다. 그러므로 가령 상속채권자가 상속인이 상속개시 있음을 안 날로부터 3월이 경과하여 법정단순승인의 효과가 발생한 후 1년이 지나서 상속인에게 상속채무의 이행청구를 하였다면, 상속인은 그때 비로소 상속채무 있음을 알았다고 하더라도 더 이상 취소할 수 없다는 결과가 된다. 실제로는 종래 상속채권자로서는 피상속인의 사망 후 상속인의 고려기간으로 정하여진 3월의 기간 내에는 상속인에 대하여 전혀 상속채무가 존재한다는 사실을 알리지 않다가, 고려기간이 경과하기를 기다려 갑자기 상속인에 대하여 상속채무의 지급을 구한다고 하는 교묘한 수단을 쓰는 예가 많다고 하는데,[104] 앞으로 상속인이 1년 이내에는 법정단순승인을 취소할 수 있다고 하는 해석이 확립되면 상속채권자로서는 그 1년의 기간이 지나기를 기다렸다가 청구를 하는 일이 있을 것이라고 예상된다.

이러한 경우에 어떻게 처리하여야 할 것인가는 어려운 문제이다. 일본에서는 앞에서 본 것처럼 상속채권자가 상속인의 고려기간 도과를 노려 상속채권을 청구하는 경우에, 제척기간의 주장이 신의칙에 어긋날 때에는 이를 주장할 수 없다고 하는, 이른바 「제척기간의 주장 남용」의 법리[105]에 의하여 해결하려

103) 다만 다수설은 "시효로 인하여 소멸한다"는 법문에도 불구하고 이 기간을 제척기간으로 본다.
104) 大阪高等裁判所 1979. 3. 22. 결정(註 25); 中田裕康(註 22), 1887면 등 참조.
105) 이에 대하여는 尹眞秀, "消滅時效의 濫用에 관한 考察"(1984년 서울대 석사논문), 42-43면; 渡邊博之, "除斥期間と信義則・權利の濫用をめぐる適用關係論", 判例時報 1473호(判例評論 419호), 1994, 164면 이하 참조.

고 하는 설이 제기되고 있다고 하는데,[106] 상속채권자가 상속인의 취소기간이 경과하기를 기다려 상속채권을 청구하는 것을 과연 신의칙에 어긋난다고 할 것인지는 더 연구가 필요한 문제이나,[107] 긍정적으로 검토할 필요가 있다고 생각된다.

Ⅵ. 結 論

여기서는 이제까지의 논의를 요약하여 본다.

상속채무가 있음을 뒤늦게 알게 된 상속인의 보호를 위한 종래의 논의는 주로 상속의 승인・포기를 위한 고려기간의 기산점을 둘러싸고 이루어졌다. 종래의 판례와 통설은 상속인이 상속개시의 원인된 사실 및 그에 의하여 자기가 상속인으로 된 사실을 알면 고려기간은 진행하고, 상속재산이 있음을 알았는지 여부는 문제로 되지 않는다고 하였다. 그러나 근래 일본의 판례와 학설은, 원칙적으로 또는 예외적으로 상속인이 상속재산, 특히 상속채무의 존재를 안 때에야 고려기간이 진행한다고 보려는 태도를 취하고 있고, 국내의 학설 가운데에도 이러한 견해를 지지하는 설이 있기는 하다. 그러나 우리 민법의 규정체제로 볼 때에는, 민법은 상속인이 상속개시의 원인된 사실 및 그에 의하여 자기가 상속인으로 된 사실을 알면 상속인은 고려기간 내에 상속재산을 조사하여야 할 의무가 있다는 전제에 서 있고, 따라서 고려기간의 기산점을 결정함에

106) 大木康, "判例における「相續の開始」の時期", 慶応院法研論集 27. 伊藤昌司(註 37), 民商法雜誌 제115권 6호, 1003면에서 재인용.

107) 상속의 승인의 취소권의 행사기간을 소멸시효기간으로 본다면, 이는 소멸시효 주장의 남용의 문제로 될 것이다. 소멸시효 기간 완성 후의 소멸시효 주장이 신의칙에 반할 때에는 배척될 수 있다는 점에 대하여는 尹眞秀(註 53), 409면 이하; 李銀榮(註 93), 752-753면; 韓杠鉉, "消滅時效의 主張이 權利濫用에 해당하는가", 民事裁判의 諸問題 9, 1997, 205면 이하 참조. 대법원 1994. 12. 9. 선고 93다27604 판결(公 1995상, 434)도, 채무자의 소멸시효제도에 기한 항변권의 행사는 우리 민법의 대원칙인 신의성실의 원칙과 권리남용금지의 원칙의 지배를 받아야 함이 당연한 것이고, 채무자가 시효완성 전에 채권자의 권리행사나 시효중단을 불가능 또는 현저히 곤란하게 하거나 그러한 조치가 불필요하다고 믿게 하는 행동을 하였거나, 객관적으로 채권자인 원고가 권리를 행사할 수 없는 장애사유가 있었거나, 또는 일단 시효완성 후에 채무자인 국가가 시효를 원용하지 않을 것 같은 태도를 보여 권리자인 원고로 하여금 그와 같이 신뢰하게 하였거나, 채권자 보호의 필요성이 크고 같은 조건의 다른 채권자가 채무의 변제를 수령하는 등의 사정이 있어 채무이행의 거절을 인정함이 현저히 부당하거나 불공평하게 되는 등의 특별한 사정이 있는 경우에 한하여 채무자가 소멸시효의 완성을 주장하는 것이 신의성실의 원칙에 반하여 권리남용으로서 허용될 수 없다고 한다.

있어서 상속인이 상속재산의 존재를 알았는지 여부는 문제삼을 것이 아니라고 하겠다. 그렇다고 하여 우리 민법이 고려기간을 3월로 정한 것이나, 또는 한정승인 아닌 단순승인을 원칙으로 정한 것 자체가 헌법에 위반된다고 단정하기도 어려울 것이다.

그러므로 이 문제의 해결을 위하여는, 일단 고려기간이 경과하여 단순승인이 있었던 것으로 의제하는 효과가 발생한 후에 상속인이 상속채무의 존재를 발견한 때에는 이는 착오에 의한 것으로 보아 법정단순승인을 취소할 수 있게 하는 것이 해석론상 가장 무리가 없다고 생각된다. 다만 이 경우에도 상속인이 고려기간 내에 상속채무의 존재를 쉽게 알 수 있었던 경우에는 상속인에게 중대한 과실이 있었다고 보아 그 취소를 허용하지 않아야 할 것이다.

〈서울대학교 法學 제38권 제3·4호(통권 105호), 1997〉

〈追記〉

1. 이 글이 발표된 후의 판례 및 법률의 변화에 대하여는 이 책에 실린 "相續의 單純承認 擬制規定에 대한 憲法不合致決定의 문제점", "相續의 單純承認 擬制規定에 대한 憲法不合致決定의 遡及效가 미치는 範圍" 및 "特別限定承認의 規定이 遡及適用되어야 하는 範圍" 각 참조.

2. 헌법재판소 2004. 10. 28. 선고 2003헌가13 결정(헌법재판소판례집 제16권 2집 하, 76면)은 상속의 효과로서 포괄·당연승계주의를 채택하고 있는 민법 제1005조가 헌법에 위반되지 않는다고 하였다.

相續의 單純承認 擬制規定에 대한 憲法不合致決定의 문제점

－특히 憲法不合致決定의 主文과 관련하여－

Ⅰ. 序　　論

헌법재판소 1998. 8. 27. 선고 96헌가22, 97헌가2・3・9, 96헌바81, 98헌바24・25 결정[1])은 상속인이 민법 제1019조 제1항의 기간 내에 한정승인 또는 포기를 하지 아니한 때에는 상속인이 단순승인을 한 것으로 본다고 규정하고 있는 민법 제1026조 제2호에 대하여, 상속인이 귀책사유 없이 상속채무가 적극재산을 초과하는 사실을 알지 못하여 위의 기간 내에 한정승인 또는 포기를 하지 못한 경우에도 위 조항이 단순승인을 한 것으로 본 것은 기본권제한의 입법한계를 일탈한 것으로 재산권을 보장한 헌법 제23조 제1항, 사적자치권을 보장한 헌법 제10조 제1항에 위반된다고 하면서, 위 법률조항은 입법자가 1999. 12. 31.까지 개정하지 아니하면 2000. 1. 1.부터 그 효력을 상실하며, 법원 기타 국가기관 및 지방자치단체는 입법자가 개정할 때까지 위 법률조항의 적용을 중지하여야 한다는 이른바 헌법불합치결정을 선고하였다.

이 결정이 있기 전까지는 상속재산 중 적극재산을 초과하는 액수의 상속채무가 있다는 사실을 알지 못하여 민법 제1019조 제1항의 이른바 考慮期間 내에 아무런 조치를 취하지 않고 있다가 뒤늦게서야 이를 알게 된 경우에, 그러한 상속인을 어떻게 보호할 것인가 하는 점에 관하여 주로 민법 해석론의

1) 헌판집 10-2, 339.

차원에서 여러 논의가 있었다.[2] 그런데 위 결정이 선고됨으로써 이 문제는 이제 새로운 양상을 보이게 되었다.

얼핏 생각하기에는 위 결정이 선고됨으로써 이 문제에 대한 논란은 종료되었고 더 이상의 논의는 필요없는 것으로 여겨질 수도 있다. 그러나 자세히 살펴보면 위 결정은 이 문제를 해결한 것이라기보다는 또 다른 새로운 쟁점을 제기하는 결과를 가져왔다. 우선 위 결정은 종래의 제1026조 제2호를 대체하는 새로운 입법을 할 의무를 입법자에게 부과하였는데, 과연 입법자가 어떠한 내용의 입법을 하여야 하는 것인가가 문제된다. 이는 뒤에서 보는 것처럼 위 결정이 그 심판 대상을 제1026조 제2호로 잡은 것이 적절한가 하는 문제와 관련이 있다. 나아가 그러한 새로운 내용의 법률이 제정되면 그 입법은 예컨대 위헌결정을 가져오게 한 사건 등 위 입법이 있기 전에 상속이 개시된 사건에도 소급 적용될 수 있는가 하는 점도 문제로 된다.

다른 한편으로 위 결정은 위 법률조항은 입법자가 1999. 12. 31.까지 개정하지 아니하면 2000. 1. 1.부터 그 효력을 상실한다고 하였는데, 위 기간이 경과한 현재까지도 그러한 개정은 이루어지지 않고 있다. 그러므로 지금 현재의 법률관계는 어떻게 되는 것인가 하는 점도 문제로 된다.

보다 근본적으로는 위 결정에서 헌법재판소가 통상적인 단순위헌결정이 아니라 헌법불합치결정을 선고한 것은 과연 타당한 것인가, 헌법불합치결정에는 어떠한 효력이 인정되는가 하는 점을 살펴보아야 할 것이다. 위 결정 자체에도 헌법불합치결정은 우리나라에서는 허용되지 않는다는 반대의견이 있으므로, 과연 우리나라에서 헌법불합치결정은 가능한 것인가, 가능하다면 어느 경우에 인정될 수 있는가 하는 점을 따져 보아야 한다. 또한 위의 문제들 중 상당 부분은 헌법재판소가 헌법불합치결정을 선고하였기 때문에 생긴 것이므로, 일반적으로 헌법불합치결정의 효력을 논하지 않을 수 없다.

이하에서는 위 결정에 이르게 된 배경을 살펴보고, 이어서 위 결정이 심판대상을 민법 제1026조 제2호로 잡은 것이 과연 적절하였는가 하는 점에 관하여 언급한다. 그리고 헌법재판소가 위 조항을 위헌으로 본 이유를 고찰하여 본 다음, 이 사건에서 헌법재판소가 불합치결정을 선고한 것이 타당한 것인가, 그리고 위 불합치결정에 따른 개선입법은 과연 소급적용되어야 할 것인가를 살

2) 이에 대하여는 尹眞秀, "相續債務를 뒤늦게 발견한 相續人의 保護", 서울대학교 法學 제38권 3·4호, 1997, 185면 이하 참조.

펴본다.

Ⅱ. 이 사건 決定에 이르게 된 背景

민법 제1019조는 상속인이 상속개시 있음을 안 날로부터 3월 내에 단순승인이나 한정승인 또는 포기를 할 수 있고(제 1 항), 가정법원은 이해관계인이나 검사의 신청에 의하여 그 기간을 연장할 수 있도록 하고 있다(제 2 항). 그런데 위 3월의 考慮期間 내지 熟慮期間의 기산점인 상속개시 있음을 안 날의 의미에 관하여, 종래의 대법원 판례는 일관하여 이는 상속개시의 원인되는 사실의 발생을 알고 또 이로써 자기가 상속인이 되었음을 안 날을 말하고, 상속재산 또는 상속채무 있음을 안 날 또는 상속포기제도를 안 날을 의미하는 것은 아니라고 한다.[3] 따라서 자신이 상속인이 되었음은 알았으나 피상속인에게 적극재산을 초과하는 채무가 있음은 알지 못하여 상속의 한정승인이나 포기 등의 조치를 취하지 않고서 위 고려기간을 경과하여 버린 사람은, 나중에 상속채무가 있음을 알게 된 때에도 상속채권자에 대하여 그 채무의 이행을 거부할 수 없게 된다. 그리하여 극단적인 경우에는 상속인이 자신의 재산 전부를 가지고서도 상속채무를 이행하기에 부족하게 되는 사례도 생길 수 있다.

그리하여 해석론으로서 이러한 문제점을 해결하기 위한 주장이 여러 가지로 제기되었다. 그 하나는, 상속승인 또는 포기를 위한 고려기간은 상속인이 상속개시사실과 자기가 상속인인 사실을 아는 외에 적극재산 또는 소극재산의 존재를 안 때로부터 기산한다고 해석하여야 한다는 견해이다.[4]

---

3) 대법원 1969. 4. 22. 선고 69다232 판결(集 17권 2집 민54); 1984. 8. 23.자 84스17-25 결정(公 1984, 1723); 1986. 4. 22.자 86스10 결정(公 1986, 872); 1988. 8. 25.자 86스10 · 11 · 12 · 13 결정(公 1988, 1240); 1991. 6. 11.자 91스1 결정(公 1991, 1925) 등.

4) 孫智烈, "民法 第1019條 1項의 考慮期間의 起算點", 民事判例硏究 Ⅹ, 1988, 237면. 이 견해는 그 근거로서, 우리나라의 일반국민의 법의식에 비추어 볼 때 피상속인의 사망 당시 적극재산도 채무도 없는 것으로 인식되는 상황에서 장차 채권자가 나타날 경우에 대비하여 미리 한정승인이나 포기의 신고를 할 것을 기대하기는 대단히 어렵고, 상속인이 상속재산은 없다고 믿고 있는 동안에는 승인 · 포기를 위한 고려를 한다는 것 자체가 무의미하기 때문이라고 하는 점을 들고 있다. 그리고 위와 같은 해석이 상속인을 보호하기 위한 것인 이상, 상속재산의 존재를 안다는 것은 엄격하게 해석할 것이며, 재산의 존재를 추측하는 정도로는 부족하고 그 존재를 확인하는 정도의 인식이 필요하고, 또 상속재산의 사소한 일부(예컨대 衣服이나 身邊雜物)의 존재를 안 것으로는 부족하고 적어도 승인 · 포기를 위한 고려를 필요하게 하는 정도의 적극 · 소극재산의 존재를 안 때에 비로소 고려기간이 기산되는 것으로 보아야 한

이 문제에 관하여 필자가 주장한 견해는, 상속인이 상속재산 중 적극재산을 초과하는 상속채무가 있음을 알지 못하여 고려기간 내에 상속의 포기 등을 하지 못하였고, 그로 인하여 민법 제1026조 제2호에 의하여 법정단순승인의 효과가 발생한 후에 뒤늦게 상속채무가 있음을 알게 된 때에는, 착오를 이유로 위 법정단순승인을 취소하고, 상속의 한정승인이나 포기를 할 수 있고, 그렇게 함으로써 자기의 고유재산으로 상속채무를 변제하는 부담을 벗어날 수 있다고 보아야 한다는 것이었다.[5]

그러나 이러한 견해는 아직 일반적으로 받아들여지지는 못한 상태에 있었다. 이러한 상황에서 상속채권자가 상속인에 대하여 상속채무의 이행을 청구한 사건에서 각급 법원이 위 민법 제1026조 제2호가 헌법에 위반된다고 하여 헌법재판소에 위헌제청신청을 하였거나, 또는 당사자가 법원에 위헌제청신청을 하였다가 기각되자 헌법재판소에 헌법소원을 제기하였고,[6] 그에 대하여 헌법재판소가 위와 같이 위 조항에 대하여 헌법불합치결정을 한 것이다.

Ⅲ. 審判의 對象에 대한 疑問

위 결정에서 위헌제청을 한 각급 법원이나 헌법소원을 제기한 청구인들은 모두 민법 제1026조 제2호를 그 대상으로 하였고, 헌법재판소도 바로 위 조항이 위헌이라고 하였다. 그러나 위 조항이 바로 심판의 대상으로 될 수 있는가 하는 점에는 의문이 있다.

다른 말로 한다면 상속채권자가 상속인을 상대로 하여 상속채무의 이행을 청구하는 소송에서 위 조항의 위헌 여부는 재판의 전제[7]가 될 수 없는 것이다. 즉 고려기간을 도과한 상속인이 상속채무를 이행하여야 하는 것은 위 조항 때문이 아니라 민법 제1019조 제1항 때문이다. 따라서 문제는 위 제1019조 제1항이 상속의 포기나 한정승인을 할 수 있는 기간을 지나치게 짧게 잡은 것이 아닌가 하는 점에 있는 것이지, 제1026조 제2호가 위 고려기간에 아무

다고 한다. 이를 지지하는 것으로는 郭潤直, 相續法, 1997, 298면 등이 있다. 이러한 견해에 영향을 준 것으로 보이는 일본의 판례와 학설에 대하여는 尹眞秀(註 2), 194면 이하 참조.

5) 尹眞秀(註 2), 210면 이하 참조.

6) 위 사건에서는 4개의 법원이 위헌제청을 하였고, 3개의 법원은 위헌제청신청을 기각하여 당사자들이 헌법소원을 제기하였다.

7) 헌법 제107조 제1항, 헌법재판소법 제41조 제1항.

런 조치를 취하지 않은 당사자에 대하여 단순승인을 한 것으로 의제한 것 자체에 문제가 있는 것은 아니다.

원래 상속인이 피상속인의 채무를 승계하는 것은 상속인이 상속을 승인하였기 때문은 아니다. 상속이 개시되면 상속인은 당연히 피상속인의 권리와 의무를 승계하고(민법 제1005조), 다만 상속인이 제1019조 제1항의 기간 내에 상속을 포기하면 상속채무를 면하게 되며, 상속의 한정승인을 하게 되면 상속재산을 한도로 하는 유한책임을 지게 되지만, 민법 제1019조 제1항의 기간이 경과하여 버리면 상속인은 더 이상 상속의 한정승인이나 포기를 할 수 없게 되어 상속채무를 면할 수 없게 되는 것이다. 그러므로 상속인의 단순승인은 그 자체가 채무의 승계라는 법률효과를 가져오는 것이라기보다는, 다만 더 이상 포기나 한정승인을 할 수 없게 된다는 의미를 가질 뿐이다.[8] 민법 제1025조가, "相續人이 單純承認을 한 때에는 制限없이 被相續人의 權利義務를 承繼한다"고 규정하고 있는 것도, 제1005조와 대비하여 볼 때에는 결국 한정승인이나 포기의 가능성이 있어서 잠정적이었던 상속의 효과가 확정적으로 된다는 의미라고 해석된다.

그렇다면 상속인이 상속채무를 확정적으로 승계하게 되는 것은 민법 제1019조 제1항에 의하여 상속의 포기 내지 한정승인을 할 수 있는 기간이 경과하여 버린 때문이지, 민법 제1026조 제2호에 의하여 단순승인을 한 것으로 의제되는 때문이라고는 할 수 없다. 그러므로 민법 제1026조 제2호가 위헌으로 결정된다고 하여도, 고려기간이 경과함으로써 채무를 확정적으로 승계하게 된 상속인의 지위에는 어떤 변화가 있을 수 없는 것이다. 이렇게 본다면 위 제1026조 제2호가 위헌인지의 여부는 상속채권자가 상속인을 상대로 하여 상속채무의 이행을 구하는 소송에서 재판의 전제가 될 여지가 없다.[9]

다른 말로 설명한다면 상속인 보호의 문제는 상속인이 상속재산 중 상속채무가 적극재산을 초과하는 사실을 알지 못하였고, 또 알 수도 없었는데 고려기간이 경과하여 더 이상 한정승인이나 포기를 할 수 없게 되는 데서 기인한 것이고, 만일 고려기간이 상속인의 주관적 사정을 고려하여 규정되었다면 제1026조 제2호와 같이 그러한 고려기간 경과에 대하여 단순승인 의제의 효과를 부여하는 것 자체가 부당하다고는 할 수 없는 것이다.

이 사건 결정은 위 제1026조 제2호가 상속인이 아무런 귀책사유 없이 고

8) MünchKomm/Leipold, §1943 Rdnr. 8; Staudinger/Otte · Marotzke, §1943 Rz. 1.

9) 이 사건 결정이 있기 전에 尹眞秀(註 2), 206면 이하에서 이 사건에 관한 부산지방법원 1996. 12. 26.자 96카기3213 결정에 대하여 이 점을 지적한 바 있다.

려기간 내에 한정승인이나 포기를 하지 못한 경우에 구제받을 수 있는 아무런 수단도 마련하지 아니한 채 고려기간 내에 한정승인이나 포기를 하지 아니하면 그 이유여하를 묻지 않고 일률적으로 단순승인을 한 것으로 보아 그 의사와 관계없이 상속채무를 전부 부담하게 한 것은 적정한 기본권제한의 방법이라고 볼 수 없다고 하고 있다.[10] 이 표현 자체로 볼 때에는 헌법재판소는 제1026조 제2호 자체에 위헌의 소지가 있다고 파악하고 있는 것으로 보이지만, 상속인이 고려기간 내에 한정승인이나 포기를 하지 못한 데 대하여 귀책사유가 없는 경우를 상정하고 있는 점에 비추어 보면 결국 문제는 제1019조의 고려기간을 어떻게 규정하는가 하는 점에 있다는 것을 알 수 있다.[11]

이 점은 다음과 같은 점을 생각해 보면 쉽게 이해할 수 있다. 즉 이 사건 결정은 위 제1026조 제2호는 입법자가 1999. 12. 31.까지 개정하지 아니하면 2000. 1. 1.부터 그 효력을 상실한다고 선고하였는데, 입법자가 1999. 12. 31.까지 위 조항을 개정하지 않았으므로 효력을 상실하게 되었다. 그러면 그 효력상실 전과 후 사이에 어떠한 법률적인 변화가 있었는가? 다시 말하여 1999. 12. 31. 이전에 위 조항에 의하여 상속을 단순승인한 것으로 의제되었던 사람의 법적 지위에 변화가 생겨서, 더 이상 상속채권자에 대하여 자신의 재산으로 채무를 이행하지 않아도 될 수 있는 길이 열렸는가 하는 점인데, 전혀 그렇지 못한 것이다. 상속인이 자기의 재산으로 상속채무를 이행하지 않을 수 있게 되려면 별도로 한정승인이나 포기를 할 수 있어야 할 것인데, 제1019조가 한정승인이나 취소를 할 수 있는 기간을 고려기간 내로 제한하고 있으므로, 제1026조 제2호가 실효된 것만으로 새로이 한정승인이나 포기를 할 수 있게 된 것은 아니다. 실제로 현재 법원에 위와 같은 상속채무의 승계가 문제된 사건들이 많이 계속되어 있는데, 위 헌법재판소의 결정 때문에 2000. 1. 1. 이후에도 법원이 어떻게 재판을 하여야 할지를 알 수 없어서 재판이 진행되지 않고 있다고 한다.

다른 한편으로 법무부가 마련한 개정안과 대조하여 보아도 이 점은 분명

10) 이유 3. 다. (2) (나).

11) 이 사건 결정은 다른 곳에서는 이러한 문제는 대법원 판례와 같이 제1019조 제1항의 고려기간의 기산점인 '상속개시 있음을 안 날'의 의미를 상속인이 상속개시의 원인이 된 사실의 발생(피상속인의 사망)을 알고 이로써 자기가 상속인이 되었음을 안 날을 말하고 상속재산의 유무를 안 날을 뜻하는 것이 아니라고 해석하는 것을 전제로 하여서만 생기는 것으로 설시하고 있어서{이유 3. 나. (2) 및 (3)}, 위헌의 소지가 제1026조 제2호 자체에 있다는 것인지, 아니면 제1019조 제1항에 있다는 것인지 분명하지 않다.

하게 드러난다. 법무부가 2000. 10. 16. 국회에 제출한 민법중개정법률안[12][13]은 이 사건 결정을 고려한 것으로서 말하자면 이 사건 결정이 명한 개선입법에 해당하는데, 여기서는 제1026조 제2호 자체는 전혀 개정하지 않고, 다만 제1019조에 제3항을 신설하여, 상속인이 상속되는 채무가 그 재산을 초과하는 사실을 중대한 과실없이 제1항의 숙려기간 내에 알지 못하고 단순승인(제1026조 제1호 및 제2호에 의하여 단순승인한 것으로 의제되는 경우 포함)한 경우에는 그 안 날로부터 3월 내에 한정승인을 할 수 있다고 규정하고 있다. 다시 말하여 이 개정안에 따르면 헌법재판소가 위헌이라고 한 제1026조 제2호는 그대로 존치하고, 제1019조 제3항을 신설함으로써 실질적으로 제1019조 제1항을 개정한 것이다. 만일 제1026조 제2호 자체가 위헌이라면 이러한 개정안은 허용될 수 없고, 그 자체가 위헌의 문제를 내포하고 있다고 볼 수 있으나, 이것이 불합리하다는 것은 명백하다.

결국 이 사건에서는 법원이 위헌제청을 함에 있어서 그 대상을 제1026조 제2호로 할 것이 아니라 제1019조 제1항으로 하였어야 할 것이다. 따라서 헌법재판소로서는 각 병합사건 중 위헌제청된 사건에 있어서는 각 제청법원에 이 점을 지적하여, 종전의 제청결정을 취소하고 제1019조 제1항에 대하여 새로이 위헌제청결정을 하도록 유도하였어야 할 것이다.[14]

그렇다면 헌법소원 사건의 경우에는 어떻게 하여야 할 것인가? 이 점에 관하여는 헌법재판소 1998. 3. 26. 선고 93헌바12 결정[15]이 참고가 된다. 이 사건에서는 등기부상 청구인들의 소유로 등기되어 있는 토지가 하천의 堤外地에 해당한다고 하여 국유화된 데 대하여, 청구인들이 국가 등을 상대로 하여 소유권확인청구 소송을 제기하고 제외지를 하천구역에 편입시키고 있는 하천법 제2조 제1항 제2호 다목이 위헌이라고 하여 위헌심판제청신청을 하였으나 법원이 이를 기각하자, 헌법재판소법 제68조 제2항에 의하여 위 하천법 조항에 대하여 헌법소원을 제기하였다. 그런데 헌법재판소는 위 사건의 재판에 보다 직접적으로 관련을 맺고 있는, 다시 말해서 그 위헌 여부에 따라 법원이 다른

---

12) 이는 대한민국 국회 홈페이지의 입법자료 정보실에서 찾아볼 수 있다. (http://na6500.asembly.go.kr/cgi-bin/sublist?BILL No=160214 최종방문일 2000. 11. 23).

13) 이는 법무부가 1998. 11. 13. 국회에 제출하였던 민법중개정법률안이 2000. 5. 29. 第15代 國會 임기만료로 폐기됨에 따라 새로이 마련된 것으로서 종전의 개정안과 큰 차이는 없다.

14) Ulsamer in: Maunz/Schmidt-Bleibtreu/Klein/Ulsamer, Bundesverfassungsgerichtsgesetz, §80 Rdnr. 325(8. Lieferung, 1985) 참조.

15) 헌판집 10-1, 226 이하.

내용의 재판을 하게 되는 법률조항은 위 하천법 제2조 제1항 제2호 다목이라기보다 오히려 하천구역을 포함하여 하천을 국유로 한다고 규정함으로써 직접 제외지의 소유권귀속을 정하고 있는 동법 제3조이므로 청구인들의 심판청구이유, 위 91카105256 위헌여부심판제청신청사건의 경과, 당해사건재판과의 관련성의 정도, 이해관계기관의 의견 등 여러 가지 사정을 종합하여 직권으로 이 사건 심판의 대상을 위 하천법 제2조 제1항 제2호 다목에서 동법 제3조로 변경하기로 한다고 판시하여 위 제3조에 대하여만 합헌 여부를 판단하였다. 위와 같은 판례는 이 사건에도 대체로 적용될 수 있다고 생각된다.

이처럼 이 사건 결정은 원초적으로 그 심판의 대상을 잘못 잡았다고 하지 않을 수 없다. 그리고 이러한 관점을 밀고 나간다면, 결국 이 사건 결정 자체가 별다른 의미가 없는 것이고, 그 효력에 대한 더 이상의 논의도 불필요한 것이라고 할 수도 있다.

그러나 이 사건 결정의 진의는 뒤에서 보는 것처럼, 상속인이 귀책사유 없이 고려기간을 도과한 경우에도 상속의 단순승인을 한 것으로 간주되어 상속채무로부터 벗어나지 못하게 되는 것은 헌법에 위반된다고 하는 데 있다고 보여지고, 이는 이 사건 결정을 뒷받침하는 주된 이유(tragende Gründe)에 해당한다고 하겠다. 우리 법상 헌법재판소 결정의 주문 이외에 이러한 주된 이유에 대하여도 기속력을 인정할 수 있는가에 대하여는 논란이 없지 않으나, 이 사건과 같은 경우를 고려한다면 위와 같은 결정의 주된 이유에 대하여도 의미를 부여하지 않으면 안 된다고 생각된다. 이하에서는 이를 전제로 하여 논의를 진행하기로 한다.

Ⅳ. 違憲決定 理由의 分析

1. 憲法裁判所의 違憲決定 理由 要旨

헌법재판소가 제1026조 제2호가 헌법에 위반된다고 본 근거는 대체로 다음과 같다.

가. 제1019조 제1항의 고려기간의 기산점인 '상속인이 상속개시 있음을 안 날'을 대법원 판례와 같이 상속인이 상속개시의 원인이 된 사실의 발생(피상속인의 사망)을 알고 이로써 자기가 상속인이 되었음을 안 날을 말하고 상속

재산의 유무를 안 날을 뜻하는 것이 아니라고 해석한다면, 상속인이 아무런 귀책사유 없이 상속재산 중 소극재산이 적극재산을 초과하는 사실을 알지 못하여 고려기간 내에 한정승인이나 포기를 하지 아니한 경우에도 제1026조 제2호에 의하여 상속인이 단순승인을 한 것으로 보아 상속인의 의사와 관계없이 무조건 피상속인의 채무를 전부 부담하게 된다는 점에서, 이 사건 법률조항은 헌법의 기본원리인 사적 자치의 원칙과 과실책임의 원칙에 대한 예외적 규정으로서 헌법상 보장된 상속인의 재산권과 사적 자치권 등을 제한하고 있다. 그러므로 이러한 제한이 헌법 제37조 제2항에서 요구하고 있는 입법목적의 정당성과 그 목적달성을 위한 방법의 적정성, 피해의 최소성, 그리고 그 입법에 의해 보호하려는 공공의 필요와 침해되는 기본권 사이의 균형성을 모두 갖추지 못하였으면 위 조항은 헌법에 위반되게 된다.

나. 이 사건 법률조항은 상속으로 인한 법률관계를 신속히 확정하여 상속에 관한 이해관계인, 특히 상속채권자를 보호하기 위한 것으로서 그 입법목적은 이를 수긍할 수 있다.

다. 그러나 상속인이 피상속인의 사망 당시 상속채무가 적극재산을 초과하는 사실을 알지 못하여 아무런 귀책사유없이 고려기간 내에 한정승인이나 포기를 하지 못한 경우도 얼마든지 있을 수 있는데, 위 조항이 상속인이 아무런 귀책사유없이 고려기간 내에 한정승인이나 포기를 하지 못한 경우에 구제받을 수 있는 아무런 수단도 마련하지 아니한 채 고려기간 내에 한정승인이나 포기를 하지 아니하면 그 이유 여하를 묻지 않고 일률적으로 단순승인을 한 것으로 보아 그 의사와 관계없이 상속채무를 전부 부담하게 한 것은 적정한 기본권제한의 방법이라고 볼 수 없다.

라. 그리고 상속재산 중 소극재산이 적극재산을 초과하는 경우에는 위 조항으로 인하여 상속채권자는 이익을 얻는 반면 상속인만 불이익을 받게 되는데, 상속채권자는 일반적으로 피상속인을 신뢰하여 그의 일반재산을 담보로 보고서 거래한 것이지, 그의 사망 후 상속인이 채무를 승계할 것까지를 기대하고서 거래한 것으로 볼 수는 없다. 따라서 상속인이 귀책사유 없이 상속채무가 적극재산을 초과하는 사실을 알지 못하여 고려기간 내에 한정승인이나 포기를 하지 못한 경우에도 이 사건 법률조항이 상속인으로 하여금 피상속인의 채무를 전부 부담하게 하여 상속채권자만을 보호한 것은 입법목적 달성에 필요한 정도 이상으로 상속인의 기본권을 제한한 것으로서 기본권제한의 입법한계인

피해의 최소성, 공공필요와 침해되는 상속인의 기본권 사이의 균형성을 갖추었다고 볼 수 없다.

마. 그러므로 상속인이 귀책사유없이 상속채무가 적극재산을 초과하는 사실을 알지 못하여 고려기간 내에 한정승인 또는 포기를 하지 못한 경우에도 이 사건 법률조항이 단순승인을 한 것으로 본 것은 기본권제한의 입법한계를 일탈한 것으로 재산권을 보장한 헌법 제23조 제 1 항, 사적 자치권을 보장한 헌법 제10조 제 1 항에 위반된다.

2. 문제되는 基本權

이 사건 결정은 별다른 설명 없이 위 제1026조 제 2 항에 의하여 상속인의 헌법 제23조 제 1 항의 재산권 및 헌법 제10조 제 1 항의 사적 자치권이 제한된다고 보았다. 그런데 이 점은 반드시 명백한 것은 아니다.

가. 財 産 權

우선 재산권이 제한되었는가에 관하여 살펴본다. 상속권도 헌법 제23조 제 1 항에 의하여 보장되는 재산권의 일종임은 물론이다.[16] 그러나 여기서는 본래의 의미의 상속권 제한이 문제되는 것은 아니다. 상속인은 상속에 의하여 피상속인의 권리와 의무를 포괄적으로 승계하였기 때문이다.[17] 문제는 상속인이 피상속인의 채무를 아무런 제한 없이 승계하게 됨으로써 상속인이 상속과는 관계없이 가지고 있던 자신의 재산을 상실할 위험이 있다는 점에 있다. 이처럼 과다한 급부의무를 부과함으로써 상속인이 상속인 자신의 재산을 잃을 위험에 처하게 된 것을 그러한 상속인 자신의 재산 자체에 대한 제한이라고 볼 수 있는가? 이는 이른바 재산권에 의한 재산 자체의 보호문제로서 논해지는 것으로서, 특히 독일에서는 재산에 대한 조세의 부과가 어느 정도까지 허용되는가와 관련하여 논란이 있다.[18]

독일연방헌법재판소는 전체로서의 재산 그 자체는 원칙적으로 재산권의

16) 丁泰鎬, "民法 제1026조 제 2 호에 대한 憲法不合致決定에 대한 評釋 및 위 法律規定의 改正方向", 人權과 正義 1998. 11, 107면; 尹眞秀, "相續制度의 憲法的 根據", 憲法論叢 제10집, 1999, 173면 이하.

17) 丁泰鎬(註 16), 107-108면 참조.

18) 丁泰鎬(註 16), 108면 이하 참조.

보호 대상은 아니지만, 조세의 부과가 과중하여 사실상 재산을 몰수하는 것이 되거나,[19] 납세의무자의 재산관계를 근본적으로 침해하는 경우[20]에는 조세의 부과가 재산권을 침해하는 것으로서 위헌이라고 하였으나, 실제로는 세율이 높다는 이유로 위헌이라고 한 예는 거의 없었다. 그러나 근래의 독일연방헌법재판소 판례[21]는, 재산세의 경우에 그 재산세가 재산으로부터 얻는 수익의 50% 정도에 머물러야 한다고 판시하였고,[22] 상속세에 관하여는 일정한 비율에 의하여 한정하지 않고, 상속인이 누구인가에 따라 상속세의 부과가 달라져야 한다고 보고 있다.[23]

그러나 전체로서의 재산은 원칙적으로는 재산권의 내용이 아니지만 예외적으로 그 내용이 될 수 있다는 것이 반드시 설득력이 있는지는 의심스럽다.[24]

나. 幸福追求權

따라서 이 사건에서 헌법재판소로서는 구태여 재산권의 침해를 문제삼을 필요 없이 바로 헌법 제10조 소정의 행복추구권이 침해되었는지만을 따지는 것이 보다 적절하였다고 생각된다. 이 사건 결정은 헌법 제10조가 사적 자치권을 보장하고 있고, 민법 제1026조 제 2 호는 이를 제한하는 것이라고 보았다.

그런데 헌법 제10조가 사적 자치권을 보장하는 것인가에 대하여는 헌법재판소의 판례가 반드시 일관되어 있지 않다. 이 사건 결정 이후에 선고된 헌법재판소 1999. 7. 22. 선고 98헌가3 결정[25]에서의 재판관 5인의 의견은, 헌법 제119조 제 1 항은 사유재산제도와 사적 자치의 원칙 및 과실책임의 원칙을 기초로 하는 자유시장경제질서를 기본으로 하고 있음을 선언하고, 헌법 제10조는 국민의 행복추구권과 여기서 파생된 일반적 행동자유권 및 사적 자치권을 보장하고 있다고 하면서 이 사건 결정을 인용하고 있다.

반면 헌법재판소 1999. 4. 29. 선고 96헌바55 결정[26]은 사유재산제도 및 사적 자치의 원칙은 헌법 제23조 제 1 항 및 제119조 제 1 항에 근거한 것이라

---

19) BVerfGE 23, 288 등.
20) 이른바 絞殺的 효과(Erdrosselungswirkung). BVerfGE 30, 250 등.
21) BVerfGE 93, 121 ff.
22) 이에 대하여는 매우 논란이 많다. 예컨대 H. P. Bull, "Vom Eigentumsschutz zum Vermögensschutz－ein Irrweg", NJW 1996, 281 ff. 등.
23) BVerfGE 93, 165, 174. 이에 대하여는 尹眞秀(註 16), 206면 참조.
24) 丁泰鎬(註 16), 110면. 다만 111면에서는 결론에 있어서 이 사건 결정을 지지하고 있다.
25) 헌판집 11-2, 1 이하.
26) 헌판집 11-1, 468.

고 하면서, 사유재산제도 및 사적 자치의 원칙은 헌법상 보장된 주관적 권리가 아니라 제도보장의 일종으로서 입법자의 형성의 자유가 광범위하게 인정되는 분야이므로, 그 위헌 여부의 판단에 있어서는 입법의 한계를 일탈하였는지 여부가 문제된다고 하고 있다. 이 밖에도 사적 자치의 원칙에 대하여 언급하면서 그 근거를 헌법 제119조 제1항에서 찾고 있는 판례들이 여러 개 있다.[27]

이처럼 판례에 혼선이 있으나, 한편으로 헌법재판소의 판례가 헌법 제10조가 보장하고 있는 행복추구권 속에는 일반적 행동자유권이 들어 있고, 이 일반적 행동자유권으로부터 계약의 자유가 파생된다고 하고 있는 점[28]에 비추어 볼 때, 계약의 자유를 포괄하는 개념인 사적 자치의 원칙 또한 헌법 제10조의 행복추구권에서 도출된다고 보아도 무리는 없다고 생각된다.[29]

나아가 민법 제1019조 제1항은 역시 사적 자치의 발현인 단독행위로서의 상속의 승인이나 포기를 할 수 있는 기간을 제한하고 있고, 제1026조 제2호는 제1019조 제1항의 고려기간이 도과된 때에는 단순승인을 한 것으로 의제하고 있으므로, 이러한 규정들은 헌법상 보장된 사적 자치의 권리를 제한하고 있다고 보아도 좋을 것이다. 위 규정들에 의하여 자신의 의사와는 관계없이 피상속인의 채무를 승계하는 것이 되기 때문이다.

다. 기타의 기본권

다른 한편 이 사건 결정에 대한 평석 가운데에는, 위 제1026조 제2항은 상속인의 평등권을 침해하고, 또 무능력자의 일반적 인격권도 침해한다고 주장하는 것이 있다.[30] 그러나 이 점은 다소 수긍하기 어렵다.

우선 위 조항이 평등권을 침해한다는 것은 위 조항에 의하여 상속을 단순승인한 것으로 의제된 상속인은, 고려기간 동안에 승인 여부의 적극적인 의사표시를 한 상속인이 그 의사표시에 하자가 있었던 경우에는 이를 일정 기간 내에 취소할 수 있는 것(민법 제1024조 제2항)과는 달리 위 단순승인의 법적 효

27) 헌법재판소 1989. 12. 22. 선고 88헌가13 결정(헌판집 1, 357 이하, 368, 369); 1997. 8. 21. 선고 94헌바19, 95헌바34, 97헌가11 결정(헌판집 9-2, 243 이하, 258-259); 1998. 5. 28. 선고 96헌가4, 97헌가6·7, 95헌바58 결정(헌판집 10-1, 522 이하, 533-534).

28) 헌법재판소 1991. 6. 3. 선고 89헌마204 결정(헌판집 3, 268 이하, 276-277); 1998. 5. 28. 선고 96헌가5 결정(헌판집 10-1, 541 이하, 549면); 1998. 10. 29. 선고 97헌마345 결정(헌판집 10-2, 621 이하, 633); 1999. 5. 27. 선고 97헌바66, 98헌바11·48 결정(헌판집 11-1, 589 이하, 602); 1999. 7. 22. 선고 98헌가3 결정(헌판집 11-2, 1 이하) 등.

29) 같은 취지, 丁泰鎬(註 16), 111면.

30) 丁泰鎬(註 16), 112-113면.

과를 여하한 경우에도 번복할 수 없고, 이처럼 상속승인 여부에 관한 적극적 의사표시를 한 상속인과 이를 하지 아니한 채 고려기간을 지난 상속인을 차별 취급하는 것은 헌법적으로 정당화될 수 없다는 것이다. 이 주장은 민법 제1026조 제2호에 의한 단순승인 의제의 효과가 발생하면 이를 뒤집을 수 있는 아무런 방법이 없음을 전제로 하고 있다. 이 사건 결정도 "이 사건 법률조항이 상속인이 아무런 귀책사유없이 고려기간 내에 한정승인이나 포기를 하지 못한 경우에 구제받을 수 있는 아무런 수단도 마련하지 아니한 채 고려기간 내에 한정승인이나 포기를 하지 아니하면 그 이유 여하를 묻지 않고 일률적으로 단순승인을 한 것으로 보아 그 의사와 관계없이 상속채무를 전부 부담하게 한 것은 적정한 기본권제한의 방법이라고 볼 수 없다"고 하여[31] 같은 취지이다.

그러나 제1026조 제2호에 의한 단순승인 의제의 효과를 뒤집을 수 있는 아무런 방법이 없다고 단정할 수 있는지는 의심스럽다. 실제로 필자는 제1026조 제2호에 의하여 단순승인 의제의 효과가 발생한 경우에도, 상속인은 착오를 이유로 이를 취소할 수 있다고 주장한 바 있으며,[32] 이것이 해석론으로서 불가능하다고 단정할 수는 없는 것이다. 대법원의 판례도 아직까지는 이에 대하여 어떠한 견해를 밝힌 바가 없다. 오히려 위의 견해가 지적하는 평등권 침해의 점은 이러한 착오를 이유로 하는 단순승인 의제의 취소가 허용되어야 한다는 헌법합치적 해석의 근거가 될 수 있는 것이다.[33]

그리고 무능력자의 일반적 인격권을 침해한다는 것은 민법 제1026조 제2호가 무능력자에 대한 예외를 인정하지 않고 법정대리인이 고려기간을 경과하면 그 이유를 막론하고 모두 단순승인으로 의제하여, 결과적으로 본인인 무능력자의 삶의 기초가 되는 물질적 생존조건을 파괴한다는 것이다. 이 점이 문제되는 것은 법정대리인에게는 고려기간을 도과한 데 귀책사유가 있으나 무능력자 본인에게는 그러한 귀책사유가 없는 경우일 것인데,[34] 이는 제1026조 자체 내지 제1019조 제1항의 문제는 아니고, 상속인이 무능력자인 때에는 제1019조 제1항의 기간은 그 법정대리인이 상속개시 있음을 안 날로부터 기산한다는 제1020조의 문제라고 하여야 할 것이다.

---

31) 헌판집 10-2, 358.

32) 尹眞秀(註 2), 210면 이하. 위 註 5)의 본문 참조.

33) 尹眞秀(註 2), 216-217면의 설명 참조.

34) 법정대리인에게 귀책사유가 없는 경우에는 상속인 자신이 능력자인 경우와 다를 것이 없다.

3. 比例의 原則 위반 여부

이 사건 결정은 제1026조 제2호는 상속으로 인한 법률관계를 신속히 확정하여 상속에 관한 이해관계인, 특히 상속채권자를 보호하기 위한 것으로서 그 입법목적은 수긍할 수 있지만, 상속인이 피상속인의 사망 당시 상속채무가 적극재산을 초과하는 사실을 알지 못하여 아무런 귀책사유 없이 고려기간 내에 한정승인이나 포기를 하지 못한 경우도 얼마든지 있을 수 있는데, 위 조항이 상속인이 아무런 귀책사유 없이 고려기간 내에 한정승인이나 포기를 하지 못한 경우에 구제받을 수 있는 아무런 수단도 마련하지 아니한 채 고려기간 내에 한정승인이나 포기를 하지 아니하면 그 이유 여하를 묻지 않고 일률적으로 단순승인을 한 것으로 보아 그 의사와 관계없이 상속채무를 전부 부담하게 한 것은 적정한 기본권제한의 방법이라고 볼 수 없다고 한다. 또 상속채권자는 일반적으로 피상속인을 신뢰하여 그의 일반재산을 담보로 보고서 거래한 것이지, 그의 사망 후 상속인이 채무를 승계할 것까지를 기대하고서 거래한 것으로 볼 수는 없으므로 상속인이 귀책사유 없이 상속채무가 적극재산을 초과하는 사실을 알지 못하여 고려기간 내에 한정승인이나 포기를 하지 못한 경우에도 상속인으로 하여금 피상속인의 채무를 전부 부담하게 하여 상속채권자만을 보호한 것은 입법목적 달성에 필요한 정도 이상으로 상속인의 기본권을 제한한 것으로서 피해의 최소성, 공공필요와 침해되는 상속인의 기본권 사이의 균형성을 갖추었다고 볼 수 없다고 한다.

일견하여서는 이러한 설시가 상당한 설득력이 있는 것처럼 생각된다.[35] 그러나 자세히 살펴보면 이러한 설시 내용에도 문제점이 없다고 할 수 없다.

우선 이 사건 결정은 상속인이 아무런 귀책사유 없이 고려기간 내에 한정승인이나 포기를 하지 못한 경우에 구제받을 수 있는 아무런 수단도 없음을 전제로 하고 있다. 그러나 앞에서도 살펴본 것처럼 그와 같이 단정하기는 어렵다. 이론상 상속인이 그와 같은 단순승인 의제의 효과를 착오를 이유로 취소할 수 있는 가능성을 배제할 수는 없기 때문이다.

물론 이러한 주장은 종래 거의 제기된 바 없었기 때문에,[36] 헌법재판소로

35) 尹眞秀(註 2), 208면 참조.

36) 尹眞秀(註 2) 외에 金疇洙, 親族·相續法, 第5全訂版, 1998, 582면 註 125)가 이를 지지하고 있는 정도이다.

서는 이러한 착오 취소의 가능성을 고려하기가 어려웠을 것으로 보이기는 한다. 그렇지만 헌법재판소가 적극적으로 그러한 가능성을 부정한 것도 또한 반드시 적절하다고 보기는 어렵다.

다른 한편으로 이 사건 결정은 상속인이 고려기간 내에 한정승인이나 포기를 하지 못한 데 아무런 귀책사유가 없는 경우에까지 단순승인으로 의제된다는 점을 강조하고 있을 뿐, 그 고려기간이 어느 정도나 되는가에 대하여는 아무런 주의를 기울이지 않고 있다. 그러나 실제로는 이처럼 위헌 문제까지 대두되게 된 것은 민법 제1019조 제 1 항의 고려기간이 원칙적으로 3개월이라는 단기간이라는 사정이 중요하게 작용한 것이라고 생각된다. 3개월이라는 기간은, 특히 상속인이 피상속인의 채무가 존재한다는 사실을 알지 못하고 있었던 경우에는 상속인이 피상속인의 채무 존재를 확인하고 상속의 승인이나 포기 여부를 결정하기에는 지나치게 단기간이라고 하지 않을 수 없기 때문이다. 만일 위 고려기간이 그보다 더 장기, 예컨대 1년 또는 2년[37]이라고 하는 경우에도 이를 위헌이라고 할 수 있을지는 더 생각해 볼 문제이다.[38] 그럼에도 불구하고 이 사건 결정은 이러한 고려기간의 길이에 대하여는 전혀 고려하지 않고 있다.[39]

V. 不合致決定의 當否

1. 문제의 소재

헌법재판소가 어느 법률 또는 법률의 규정이 헌법에 위반된다고 판단되면 헌법재판소는 이를 위헌으로 선고하여야 하고, 이때에는 그 법률 또는 법률조항은 그 위헌결정이 있는 날로부터 효력을 상실한다.[40] 그런데 헌법재판소는

37) 단순승인 의제의 효과를 착오를 이유로 취소할 수 있게 한다면 이는 사실상 고려기간을 1년 3개월로 하는 것과 마찬가지가 된다. 이 경우에 생기는 문제점에 관하여는 尹眞秀(註 2), 224-225면 참조.

38) 헌법재판소 1997. 3. 27. 선고 95헌가 14, 96헌가7(병합) 결정(헌법재판소공보 21, 297)은 민법 제847조 제 1 항 중 親生否認의 訴의 제척기간을 "그 출생을 안 날로부터 1년"이라고 규정한 부분이 지나치게 단기간이어서 위헌이라고 하면서도, 다른 한편으로는 출생 후 5년이 경과한 경우에는 친생부인의 소를 제기하지 못하게 하는 것은 자의 이익을 위하여 신분관계의 조기확정을 도모하고 있는 것으로서 허용된다는 취지로 설시하고 있다.

39) 이 점에 대하여 확정적으로 말하기는 어렵다. 尹眞秀(註 2), 209면 참조.

40) 헌법재판소법 제47조 제 2 항.

법률 또는 법률조항이 헌법에 위반된다고 하는 경우에 반드시 이러한 단순위헌결정만을 선고하는 것이 아니라, 이 사건에 있어서처럼 이른바 헌법불합치결정을 선고하기도 한다. 이러한 헌법불합치결정이 있으면 그 대상 법률 또는 법률의 조항은 단순위헌결정의 경우와는 달리 그대로 존속하고 효력을 상실하지 않는다. 그러나 그러한 법률이 계속 적용될 수 있는가는 경우에 따라 다르다. 원칙적으로는 국가기관 등은 이처럼 존속하는 법률 또는 법률 조항을 적용하여서는 안 되지만, 때로는 헌법재판소가 그 법률 또는 법률조항을 계속 적용할 것을 명하기도 한다.

그런데 이 사건 결정에서 조승형 재판관의 반대의견은 헌법재판소는 헌법불합치결정을 할 수는 없고 언제나 단순위헌선언을 하여야 한다고 주장하였다. 그 이유는 대체로 다음과 같다.

첫째, 헌법불합치결정은 헌법 제111조 제1항 제1호 및 제5호, 헌법재판소법 제45조, 제47조 제2항의 각 명문규정에 반한다.

둘째, 헌법불합치결정을 인정하는 판례는 독일헌법재판소의 판례를 수용하여 헌법불합치결정의 판례를 정립하려 하나, 독일과 우리의 법제는 서로 다르므로 이를 그대로 수용할 수는 없다. 특히 독일은 헌법재판소의 결정에 따른 법률 또는 법률조항의 실효에 대하여 원칙적으로 소급효를 인정하고 특정의 경우에만 그 예외를 인정하고 있으므로, 법률의 무효선언으로 인하여 법률이 실효될 때에 올 수 있는 법규범의 공백상태가 우리의 경우보다는 훨씬 심각한데 반하여, 우리나라에서는 법률 또는 법률조항의 실효가 장래효에 그치므로 독일의 판례를 수용할 필요가 전혀 없다.

셋째, 독일의 판례확립과정과 입법과정을 보면 판례가 헌법이나 헌법재판소법의 명문규정에 반함이 없고, 헌법재판소의 결정이 원칙적으로 소급효를 가지고 있음으로 인하여 발생하는 심각한 법규범의 공백상태를 해소하기 위한 방편으로 위와 같은 판례가 확립되고 그 후에 입법적으로 해결하였는데, 헌법 또는 헌법재판소법 기타 법률상 근거를 찾을 수 없고 위와 같은 과정을 거칠 사정이 없는 우리의 경우는 독일의 경우와는 판이하다.

넷째, 우리의 헌법재판소법 제45조, 제47조의 입법취지는 과거 권위주의시대의 위헌법률 또는 법률조항의 잠정적 적용으로 인하여 권위주의를 정당화시키는 어떠한 결정도 배제하고자 하는 뜻에서 헌법재판소가 "위헌"이면 위헌, "합헌"이면 합헌의 심판만을 할 수 있으며 그 이외의 여하한 결정도 할 수 없게 하는 데 그 취지가 있었고, 법규범의 공백상태로 인하여 오히려 헌법상의 각 원칙과 원리에 반하는 결과가 초래하는 등의 충격을 완화하기 위하여 독일의 경우와는 반대로 실효된 법률 또는 법률조항의 장래효만을 규정하였으므로 이와 같은 입법취지에 비추어 보면 헌법불합치라는 변형결정은 결코 허용될 수 없다.

이러한 조승형 재판관의 반대의견은 새로운 것은 아니고, 그 반대의견에서 언급하고 있는 것처럼 이전의 결정에서도 이미 주장되었던 것이다.[41] 나아가 이러한 반대의견은 이전에 변정수 재판관에 의하여도 주장된 바 있었다.[42]

2. 獨逸에서의 不合致決定

이러한 불합치결정이라는 주문 형태는 반대의견에서도 지적하고 있는 것처럼 독일연방헌법재판소 판례의 영향을 많이 받은 것이므로 독일에서의 논의를 살펴본다.[43]

가. 독일연방헌법재판소의 판례

독일연방헌법재판소가 불합치선언을 하는 이유는 여러 가지가 있으나,[44]

---

41) 헌법재판소 1995. 9. 28. 선고 92헌가11, 93헌가8・9・10 결정(헌판집 7-2, 264 이하, 287-296); 1995. 11. 30. 선고 91헌바1・2・3・4, 92헌바17・37, 94헌바34・44・45・48, 95헌바12・17 결정(헌판집 7-2, 562 이하, 595); 1997. 3. 27. 선고 95헌가14, 96헌가7(병합) 결정(헌판집 9-1, 193 이하, 212-218)에서의 조승형 재판관의 반대의견 참조. 뿐만 아니라 조승형 재판관은 이 사건 결정 이후에도 계속하여 불합치결정의 주문에 대하여 반대의견을 내고 있다. 헌법재판소 1998. 12. 24. 선고 89헌마214, 90헌바16, 97헌바78 결정(헌판집 10-2, 927 이하, 961-964); 1999. 10. 21. 선고 97헌바26 결정(判例月報 1999. 12, 79 이하, 91-93).

42) 헌법재판소 1989. 9. 8. 선고 88헌가6 결정(헌판집 1, 199 이하, 265-269); 1991. 3. 11. 선고 91헌마21 결정(헌판집 3, 91 이하, 117-122); 1993. 3. 11. 선고 88헌마5 결정(헌판집 5-1, 59 이하, 85-91).

43) 이에 대하여는 J. Ipsen, Rechtsfolgen der Verfassungswidrigkeit von Norm und Einzelakt, 1980, S. 107 ff.; P. Hein, Die Unvereinbarerklärung verfassungswidriger Gesetze durch das Bundesverfassungsgericht, 1988; R. Seer, Die Unvereinbarkeitserklärung des BVerfG am Beispiel seiner Rechtsprechung zum Abgabenrecht, NJW 1996, S. 285 ff.; 尹眞秀, "違憲法律의 效力", 憲法論叢 제 1 집, 1990, 298-300면; 全光錫, "憲法裁判에 있어서의 決定主文의 類型과 效力", 憲法裁判研究 제 2 권, 1991, 148면 이하; 南福鉉, "法律의 違憲決定의 效力에 관한 研究", 한양대학교 법학박사 학위논문, 1994, 139면 이하; 韓秀雄, "憲法不合致決定의 憲法的 根據와 效力", 憲法論叢 제 6 집, 1995, 486면 이하; 全元培, "憲法不合致決定의 意義와 效力", 立法調査研究 1997. 12, 187면 이하 등 참조.

44) 상세한 것은 C. Pestalozza, ""Noch verfassungsmässige" und "bloss verfassungswidrige" Rechtslagen", in: Bundesverfassungsgericht und Grundgesetz, Bd. 1, 1976, S. 519 ff. 참조.

그 중 다음의 몇 가지 경우가 특히 중요하다.

그 첫째는 법률이 평등원칙에 위반하여 특정인에게 이익을 부여하는 경우이다. 즉 어느 법률이 특정인에게 이익을 부여하는 그 자체는 문제가 없으나, 그러한 이익을 받지 못하게 된 제 3 자와의 관계에서는 평등원칙에 위반되는 경우에 입법자가 평등원칙을 준수하기 위하여는 두 가지의 선택 가능성이 있다. 그 하나는 그러한 제 3 자에게도 이익을 부여하는 것이고, 다른 하나는 아무에게도 이익을 부여하지 않는 것이다.

예컨대 소득세법이 공휴일 및 야간근무에 대한 법률상 및 단체협약상의 수당만을 비과세대상으로 하는 것은 다른 개별계약에 의한 수당을 비과세대상에서 제외하는 점에서 평등원칙에 어긋난다.[45] 이 경우 불평등을 제거하기 위하여는 다른 모든 수당을 비과세대상으로 하거나, 아니면 반대로 모든 수당을 비과세대상에서 제외하여야 한다. 그 선택은 권력분립의 원칙상 입법자에게 맡겨져야 하고, 연방헌법재판소가 무효선언을 통하여 그 중 한 가지 방법을 택하는 것은 입법자의 형성의 자유(Gestaltungsfreiheit)를 침해하는 것으로서 허용되어서는 아니 되므로, 연방헌법재판소로서는 소득세법이 헌법에 불합치한다는 선언에 그쳐야 한다는 것이다.[46]

두 번째는 이러한 평등원칙 위반이 아닌 자유권과 같은 다른 기본권 침해의 경우에도 입법자의 형성의 자유(Gestaltungsfreiheit)를 근거로 하여 불합치선언을 하는 것이다. 예컨대 독일연방헌법재판소는, 인쇄물의 출판업자의 납본의무를 명한 법규정은 많은 제작비용이 소요되고 발행부수가 작은 경우에도 비용상환을 인정하지 않는 한에서는 재산권을 침해하는 것으로서 위헌이라고 하면서도, 이 경우에 입법자로서는 납본제도를 어떻게 규율할 것인가에 관하여 여러 가지의 가능성을 가지므로, 헌법재판소로서는 문제의 법규정을 전부 또는 부분적으로 무효로 선언할 수는 없고, 단지 그 위헌성을 확인하는 데 그친다고 하였다.[47]

세 번째는 무효선언으로 말미암아 법률의 공백 내지 혼란이 일어나는 경우이다. 가령 공무원의 봉급에 관한 법률(Beamtenbesoldungsgesetz)이 직업공무원제도에 관한 기본법 제33조 제 5 항에 위배되는 때에도 연방헌법재판소는 무효

45) BVerfGE 25, 101 참조.

46) 그 밖의 예로서는 BVerfGE 8, 28; 31, 1; 37, 154; 52, 369 등.

47) BVerfGE 58, 137, 149 ff.

선언을 회피하였는데, 왜냐하면 위 조항 자체가 공무원의 봉급에 관한 사항은 법률로 규율될 것을 요구하고 있으므로 종래의 법률의 무효선언은 그러한 법률을 전혀 존재하지 않게 하여 헌법합치적인 질서에 더욱 부합하지 않는 상태를 초래할 것이기 때문이다.[48]

또 다른 사례로는 함부르크 대학법(hamburgisches Universitätsgesetz)에 관한 1972. 7. 18.의 判決[49]을 들 수 있다. 이 판결에서 연방헌법재판소는, 대학입학의 허가에 관한 규정을 대학의 위원회(akademischer Senat)에서 결정하도록 한 위법 제17조는 법률에 의하여야 할 사항을 포괄적으로 위임한 것으로서 위헌이라고 하면서도, 이를 무효로 선언하면 대학이 아무런 법적 근거 없이 입학허가를 처리하여야 할 긴급권한(Notkompetenz)을 가져야 하게 되어 종래의 입학규정이 헌법합치적으로 적용될 수 있는 현재의 상태보다 더욱 헌법합치적인 질서에서 멀어지게 되므로, 입법자에게 위헌상태의 제거를 위하여 상당한 기간을 부여하여야 한다고 하여 "…대학법 제17조는 기본법과 합치되지 아니한다… 그렇지만 이 규정은 새로운 법률적 규율이 있을 때까지, 늦어도 1973년 여름학기가 시작할 때까지 적용될 수 있다"라고 선고하였다.

그리고 헌법불합치로 선고된 법률 또는 법률의 조항은 원칙적으로 더 이상 적용될 수 없는 것(적용차단, Anwendungssperre)이 원칙이다. 그러나 연방헌법재판소는 경우에 따라서는 위와 같은 법률조항의 계속 적용을 명하기도 한다.[50]

나. 학설상의 논의

판례가 들고 있는 위와 같은 불합치선언의 근거 가운데 첫째의 점은 대체로 학설상으로도 받아들여지고 있으나, 둘째와 셋째의 점에 대하여는 학설상 비판이 많다. 우선 입법자의 형성의 자유를 근거로 드는 것에 대하여는, 입법자에 의한 자유권의 침해는 평등의 원칙의 경우와 같이 상대적인 것이 아니라 절대적인 것이므로, 이는 무효선언에 의하여만 제거될 수밖에 없다는 것이다.[51] 그리고 무효선언으로 말미암아 법적 공백 내지 혼란이 생긴다고 하는 점

48) BVerfGE 8, 1, 19 f.
49) BVerfGE 33, 303.
50) BVerFGE 37, 217 ff.; 61, 319 ff.; 87, 153 ff. 특히 마지막 것은 불합치결정의 소급효를 배제하고 있다. 이에 대하여는 Seer(註 43) 참조.
51) Hein(註 43), S. 114 ff. 참조. 또한 Ipsen(註 43), S. 215 ff.도 참조할 것.

에 대하여는, 위헌인 법률은 그 자체 무효이므로 무효선언에 의하여 법적 공백 내지 혼란이 생기는 것은 아니며, 법률이 위헌으로서 무효이면 그 이전의 법이 계속 적용되므로 혼란은 막을 수 있다는 것이다.[52)]

3. 우리나라에서의 논의

가. 판 례

우리 헌법재판소는 그 창립 이래 2000. 7. 20.까지 사건 결정을 포함하여 모두 16번에 걸쳐 단순위헌 아닌 헌법불합치결정을 하였다.[53)] 그런데 그와 같이 불합치결정을 하는 이유로서 특정인에게 이익을 부여하는 것이 평등원칙에 위반되는 것이라고 한 경우는 없었고, 주로 입법자의 형성의 자유를 존중하여야 한다는 점을 근거로 한 경우가 많았으며, 그 이외에 근래에는 법적 혼란 내지 공백을 막아야 한다는 점[54)] 내지 위헌결정으로 인한 충격과 혼란의 방지[55)]도 아울러 들고 있는 경우가 있다. 또한 특히 세법의 경우에는 과세의 근거법률에 대하여 바로 단순위헌결정을 선고한다면, 그 효력이 미치게 되는 이른바 당해사건(當該事件) 관계자들과 세금을 전부 납부하고도 아무런 이의를 제기하

52) Hein(註 43), S. 117 ff. 참조.

53) 이 사건 결정 이외에 헌법재판소 1989. 9. 8. 선고 88헌가6 결정(헌판집 1, 199 이하); 1991. 3. 11. 선고 91헌마21 결정(헌판집 3, 91 이하); 1993. 3. 11. 선고 88헌마5 결정(헌판집 5-1, 59 이하); 1994. 7. 29. 선고 92헌바49, 52 결정(헌판집 6-2, 64 이하); 1995. 9. 28. 선고 92헌가11, 93헌가8·9·10 결정(헌판집 7-2, 264 이하); 1995. 11. 30. 선고 91헌바1·2·3·4, 92헌바17·37, 94헌바34·44·45·48, 95헌바12·17 결정(헌판집 7-2, 562 이하); 1997. 3. 27. 선고 95헌가14, 96헌가7 결정(헌판집 9-1, 193 이하); 1997. 7. 16. 선고 95헌가6 내지 13 결정(헌판집 9-2, 1 이하); 1997. 8. 21. 선고 94헌바19, 95헌바34, 97헌가11 결정(헌판집 9-2, 243 이하); 1998. 12. 24. 선고 89헌마214, 90헌바16, 97헌바78 결정(헌판집 10-2, 927 이하); 1999. 5. 27. 선고 98헌바70 결정(헌판집 11-1, 633 이하); 1999. 10. 21. 선고 97헌바26 결정(判例月報 1999. 12, 79 이하); 1999. 12. 23. 선고 99헌가2 결정(헌판집 11-2, 686 이하); 2000. 1. 27. 선고 96헌바95, 97헌바1·36·64 결정(헌법재판소공보 42, 123 이하); 2000. 7. 20. 선고 99헌가7 결정(헌법재판소공보 48, 643 이하).

54) 헌법재판소 1994. 7. 29. 선고 92헌바49·52 결정(헌판집 6-2, 264 이하, 118-122); 1995. 11. 30. 선고 91헌바1·2·3·4, 92헌바17·37, 94헌바34·44·45·48, 95헌바12·17 결정(헌판집 7-2, 562 이하, 595); 1997. 3. 27. 선고 95헌가14, 96헌가7 결정(헌판집 9-1, 193 이하, 205-206면); 1999. 10. 21. 선고 97헌바26 결정(判例月報 1999. 12, 79 이하, 90-91); 1999. 12. 23. 선고 99헌가2 결정(判例月報 2000. 2, 82 이하, 88); 2000. 1. 27. 선고 96헌바95, 97헌바1·36·64 결정(헌법재판소공보 42, 123 이하, 129); 2000. 7. 20. 선고 99헌가7 결정(헌법재판소공보 48, 643 이하, 648) 등. 이 사건 결정도 마찬가지이다. 그리고 헌법재판소 1999. 5. 27. 선고 98헌바70 결정(헌판집 11-1, 633 이하, 647 이하)도 같은 취지라고 여겨진다.

55) 헌법재판소 1995. 9. 28. 선고 92헌가11, 93헌가8·9·10 결정(헌판집 7-2, 264 이하, 283-287).

지 아니한 다수의 납세자에 대한 관계에 있어서 형평의 문제를 심화시키는 결과를 초래한다는 점을 들기도 한다.[56]

그리고 헌법재판소는 입법자가 법률을 개정할 시한을 명시하지 않은 경우도 있으나, 때로는 입법자가 법률을 개정할 시한을 명시하고 그때까지만 헌법불합치로 선고된 법률이 효력을 지속한다고 선언하기도 한다.[57]

나아가 헌법재판소는 경우에 따라서는 이처럼 헌법불합치로 선고된 법률 또는 법률조항의 계속 적용을 명하기도 하였다.[58]

나. 학　　설

학설상으로는 우리나라에서 헌법불합치결정은 전혀 인정될 수 없다고 하는 견해는 찾아보기 어렵고, 대체로 이를 인정하는 견해가 지배적이다. 그러나 이를 인정할 수 있는 근거로서 헌법재판소가 입법자의 형성의 자유를 내세우는 데에는 비판적이다.[59]

4. 私　　見

가. 違憲法律의 效力과 憲法不合致決定

우리나라에서 헌법불합치결정이 허용되는가 하는 점을 살펴보기 위하여는

56) 헌법재판소 1994. 7. 29. 선고 92헌바49 · 52 결정(헌판집 6-2, 264 이하, 120); 1995. 11. 30. 선고 91헌바1 · 2 · 3 · 4, 92헌바17 · 37, 94헌바34 · 44 · 45 · 48, 95헌바12 · 17 결정(헌판집 7-2, 562 이하, 595); 1999. 12. 23. 선고 99헌가2 결정(判例月報 2000. 2, 80 이하, 88); 2000. 1. 27. 선고 96헌바95, 97헌바1 · 36 · 64 결정(헌법재판소공보 42, 123 이하, 129).

57) 이 사건 결정을 비롯하여 헌법재판소 1989. 9. 8. 선고 88헌가6 결정(헌판집 1, 199 이하); 1991. 3. 11. 선고 91헌마21 결정(헌판집 3, 91 이하); 1993. 3. 11. 선고 88헌마5 결정(헌판집 5-1, 59 이하); 1997. 7. 16. 선고 95헌가6 내지 13 결정(헌판집 9-2, 1 이하); 1997. 8. 21. 선고 94헌바19, 95헌바34, 97헌가11 결정(헌판집 9-2, 243 이하); 1999. 5. 27. 선고 98헌바70 결정(헌판집 11-1, 633 이하); 1999. 10. 21. 선고 97헌바26 결정(헌판집 11-2, 383 이하); 1999. 12. 23. 선고 99헌가2 결정(헌판집 11-2, 686 이하).

58) 헌법재판소 1995. 9. 28. 선고 92헌가11, 93헌가8 · 9 · 10 결정(헌판집 7-2, 264 이하); 1999. 10. 21. 선고 97헌바26 결정(헌판집 11-2, 383 이하); 2000. 7. 20. 선고 99헌가7 결정(헌법재판소공보 48, 643 이하). 위 각 결정은 주문에서 불합치된 조항의 계속 적용을 명한 데 반하여, 헌법재판소 1989. 9. 8. 선고 88헌가6 결정(헌판집 1, 199 이하)에서는 그 이유에서만 불합치된 조항이 계속 적용된다고 밝히고 있다. 한편 金學成, "憲法 不合致決定에 관한 研究", 憲法規範과 憲法現實(權寧星 敎授 停年記念論文集), 1999, 476-477면은 불합치선언된 법률은 행정청이나 법원에서 계속 적용되어야 한다고 주장한다.

59) 全光錫, "不合致決定에 대한 憲法裁判所 決定 分析", 司法行政 1992. 7, 48면 이하; 韓秀雄(註 43), 504면 이하 등.

우선 위헌인 법률이 당연무효인가, 아니면 위헌인 법률이라도 당연무효는 아니고 다만 헌법재판소의 위헌결정에 의하여 비로소 효력을 상실하게 되는 것인가 하는 점을 명확히 하여 둘 필요가 있다. 이 점을 어떻게 보는가에 따라 헌법불합치결정이 인정될 수 있는 범위가 달라지기 때문이다.

위헌인 법률은 당연무효라고 보는 독일의 학자들은, 헌법불합치의 주문은 평등원칙에 반하는 이익부여의 경우에만 인정될 수 있을 뿐,[60] 법적 공백 내지 혼란의 방지를 위하여 헌법불합치를 선고할 수는 없다고 한다. 왜냐하면 위헌인 법률은 무효이므로, 법적 공백은 헌법재판소의 위헌결정에 의하여 비로소 생기는 것이 아니라는 것이다.[61]

그러나 우리 헌법의 해석상 위헌인 법률이라고 하여 당연히 무효라고 보아야 할 필연적인 이유는 존재하지 않는다. 이 문제를 여기서 상세하게 논하기는 어렵고,[62] 다만 이 글의 주제인 헌법불합치결정의 당부와 관련하여 설명한다면 다음과 같다.

즉 위헌인 법률이 당연무효인가 아닌가 하는 점은 단순히 헌법의 개별 조문의 해석에 의하여서는 결정될 수 없는 문제이고, 이는 어떤 견해가 헌법 전체와 더 잘 조화되는가 하는 관점에서 결정하여야 한다고 생각한다. 그런데 이른바 헌법불합치결정, 즉 법률이 위헌임은 확인하면서도 바로 그 효력을 상실시키지는 않는 결정의 근거를 위헌법률은 당연무효라고 하는 이른바 당연무효설로서는 충분히 설명하기 어렵고, 위헌법률도 당연무효는 아니고 헌법재판소의 위헌결정에 의하여 비로소 효력을 상실한다고 하는 이른바 취소설에 의하여서만 무리없는 설명이 가능하다. 헌법불합치결정이 허용될 수 있는 근거의 하나는, 법률이 위헌이라 하여도 그 효력을 잠정적으로 유지함으로써 위헌적인 상태를 감수하는 것이, 그 법률의 효력을 상실시킴으로써 법적 공백 내지 혼란이 생기는 것보다는 더 헌법에 가깝다고 하는 데 있다는 점은 앞에서 본 바와 같다.[63]

그런데 당연무효설에 따른다면 왜 법률이 위헌인데도 당연무효가 아니고

60) J. Ipsen(註 43), S. 213 f.는 이러한 경우에는 規範 그 자체가 아니라 規範들의 關係(Normenrelation)가 違憲이라는 점에서 법이 예정하고 있는 다른 경우와는 구별된다고 한다.

61) Hein(註 43), S. 120 f. 또한 Ipsen(註 43), S. 214 ff.도 참조할 것.

62) 尹眞秀, "憲法裁判所 違憲決定의 遡及效", 憲法問題와 裁判(上), 裁判資料 제75집, 1997, 665면 이하 참조. 또한 丁泰鎬, "法律에 대한 違憲決定의 遡及效問題에 대한 비판적 고찰", 法律行政論叢 제19집, 1999, 211면 이하도 비슷한 취지이다.

63) 위 2. 가. 참조.

그 효력이 존속되며, 나아가 경우에 따라서는 그 법률의 계속 적용이 허용되는가를 설명하기가 어렵다. 이를 다른 말로 표현한다면, 위헌법률은 당연무효라는 명제를 관철할 때에는 헌법적으로 용인할 수 없는 상태가 일어날 수 있으므로, 헌법적으로도 위헌법률은 당연무효라고 보아서는 안 된다는 것이다.[64] 독일의 취소설이 당연무효설은 법률이 개별 헌법규범에 위반된다는 점에만 집착할 뿐 헌법이 하나의 체계라는 점은 간과하고 있고, 법률이 헌법의 한 조문에 위배되면 당연히 무효라고 하는 것은 오히려 헌법의 다른 규정과의 관계에서 더 헌법에 합치하지 않는 결과를 가져올 수 있으므로, 위헌인 법률도 연방헌법재판소의 위헌판결이 있기까지는 유효하고 위헌판결에 의하여 비로소 효력을 상실하며, 법률의 효력을 상실시키는 것이 법적 혼란을 가져오거나 헌법적인 제도를 위태하게 할 때와 같은 경우에는 비록 위헌이라 하더라도 법률의 효력을 상실시켜서는 안 된다고 하는 것[65]은 바로 이러한 의미인 것이다.

나. 憲法不合致決定이 허용될 수 있는 범위

이러한 설명으로부터 헌법불합치결정이 어느 경우에 허용될 수 있는지도 어느 정도 뚜렷해졌다고 생각된다. 즉 독일에서 일반적으로 인정되고 있는 평등원칙에 반하는 이익부여의 경우 외에, 위헌결정을 통하여 법률조항을 법질서에서 제거하는 것이 법적 공백이나 혼란을 초래할 우려가 있는 경우에는 위헌조항의 잠정적 적용을 명하는 헌법불합치결정을 할 수 있다고 보아야 할 것이다.[66]

---

64) 이 점에 관하여 위헌법률은 당연무효라고 주장하는 南福鉉 교수는 헌법재판소가 법률에 관해 헌법불합치로 결정하였다 할지라도 그것은 당해 법률을 위헌으로 결정한 것이 아니고, 단지 그 법률에 위헌성이 내재해 있음을 확인하고 그 위헌성을 입법권자로 하여금 개선토록 조치하는 것이며, 불합치선언된 법률의 법적 성격은 위헌이지만 유효한 법률도 아니고, 처음부터 당연무효인 법률도 아니어서 위헌성이 내재하여 있지만 위헌으로 확인되지는 아니한 법률이라고 설명한다(憲法裁判所 決定의 效力에 관한 爭點 및 解決方案, 憲法裁判所決定의 效力에 관한 研究(憲法裁判所, 憲法裁判研究 제 7 권), 1996, 362-363면). 그러나 이러한 주장은 받아들이기 어렵다. 헌법불합치결정은 헌법재판소 자신이 판시하고 있듯이(헌법재판소 1994. 7. 29. 선고 92헌바49 · 52 결정, 헌판집 6-2, 64 이하, 118 등) 위헌결정임에 다름 아닌 것이다. 위와 같은 주장은 위헌인 법률과 합헌인 법률 이외에, 위헌성이 내재되어 있지만 위헌으로 확인되지 아니한 법률이라는 또 다른 범주를 인정할 수 있다는 것에 귀착되지만, 논리적으로는 법률은 위헌 아니면 합헌인 것이고, 위헌성이 내재되어 있지만 헌법재판소가 위헌으로 확인하지 않은 법률이라는 제 3 의 존재론적인 범주는 있을 수 없는 것이다.

65) Moench, Verfassunswidriges Gesetz und Normenkontrolle, 1976, S. 160 ff. 참조.

66) 헌법재판소 1999. 10. 21. 선고 97헌바26 결정(判例月報 1999. 12, 79 이하, 91)은, 위헌적인 법률조항을 잠정적으로 적용하는 위헌적인 상태가 위헌결정으로 말미암아 발생하는 법이 없

다만 문제는 입법자의 형성의 자유가 일반적으로 불합치결정의 근거가 될 수 있는가 하는 점인데, 이는 의문이라고 여겨진다. 법률이 위헌인 상태를 입법자가 제거함에 있어서는 여러 가지의 방법이 있을 수 있고, 오히려 이것이 보통이라고 할 것이다. 그런데 이러한 형성의 자유를 강조한다면 헌법재판소로서는 거의 대부분의 경우에 단순위헌결정이 아닌 헌법불합치결정을 선고하여야 한다는 결과가 될 것이나, 이는 헌법이나 헌법재판소법이 예정한 상황은 아닌 것이다. 헌법재판소로서는 단순위헌결정에 의하여 법적인 혼란이 오지 않는 한 위헌결정에 의하여 위헌인 법률조항만을 제거하면 충분하고, 그 이외에 입법적으로 여러 가지 방법이 있다는 등의 사정은 특별히 고려할 필요가 없다고 생각된다.

그리고 헌법재판소가 세법의 경우에는 과세의 근거법률에 대하여 바로 단순위헌결정을 선고한다면 그 효력이 미치게 되는 이른바 당해사건(當該事件) 관계자들과 세금을 전부 납부하고도 아무런 이의를 제기하지 아니한 다수의 납세자에 대한 관계에 있어서 형평의 문제를 심화시키는 결과를 초래한다는 점을 들고 있는 점은 받아들이기 어렵다. 이러한 형평의 문제는 헌법불합치결정이건 단순위헌결정이건 차이가 없기 때문이다.67)

다. 기타의 반론에 대하여

이 외에 과거의 변정수 재판관이나 이 사건에서의 조승형 재판관은, 헌법불합치결정은 헌법이나 헌법재판소법에 아무런 근거가 없으므로 허용될 수 없다고 하나, 이는 그다지 설득력이 없다. 헌법재판소법이 헌법불합치결정이 필요한 경우를 미리 예견하지 못하여 그에 관한 규정을 두지 않은 것은 사실이나, 이러한 입법적인 공백은 헌법재판소가 자신의 판례를 통하여 창조적으로 메울 수 있는 것이다.

또 다른 반론은 독일에서는 헌법재판소의 위헌재판이 소급효를 가지므로 심각한 법규범의 공백상태가 생길 수 있어 헌법불합치선언을 이용할 필요가

어 규율없는 합헌적인 상태보다 오히려 헌법적으로 더욱 바람직하다고 판단되는 경우에는, 헌법재판소는 법적 안정성의 관점에서 법치국가적으로 용인하기 어려운 법적 공백과 그로 인한 혼란을 방지하기 위하여 입법자가 합헌적인 방향으로 법률을 개선할 때까지 일정 기간 동안 위헌적인 법규정을 존속케 하고 또한 잠정적으로 적용하게 할 필요가 있다고 설시하고 있다.

67) 南福鉉, "法律에 관한 變形決定의 類型과 效力", 憲法論叢 제9집, 1998, 860면 참조.

있지만, 우리나라는 장래효가 원칙이므로 헌법불합치결정을 인정할 필요가 없다는 것이다. 그러나 이 또한 적절하다고 할 수 없다. 우선 우리나라에서도 위헌결정은 원칙적으로 소급효를 가진다고 보아야 할 뿐만 아니라,[68] 설사 장래효 원칙을 채택한다고 하여 헌법불합치 결정의 필요성이 전혀 없다고는 볼 수 없다. 물론 위헌결정의 원칙적 소급효를 인정하지 않는다면 헌법불합치결정을 이용할 필요성이 감소될 것은 분명하다. 그러나 그렇다고 하더라도 위헌결정이 있은 즉시 입법부에서 개선입법을 할 수는 없으므로 위헌결정으로 인하여 법규범의 공백상태가 생긴다는 점은 장래효 원칙하에서도 배제할 수는 없는 것이다.

5. 이 사건에서의 不合致決定의 당부

그러면 이 사건에서 헌법재판소가 불합치결정을 선고한 것은 타당한가? 이는 의문이다.

헌법재판소는 헌법불합치결정을 선고하는 이유로서 다음의 두 가지를 들고 있다. 첫째, 단순위헌결정을 하여 당장 그 효력을 상실시킬 경우에는 고려기간 내에 승인이나 포기를 하지 아니한 경우 상속으로 인한 법률관계를 확정할 수 있는 법률근거가 없어지는 법적 공백상태가 되고, 이로 말미암아 특히 상속채무가 적극재산을 초과하지 아니하는 경우나 상속인이 그 귀책사유로 인하여 고려기간을 도과한 경우에도 상속으로 인한 법률관계를 확정할 수 없게 되는 법적 혼란을 초래할 우려가 있다.

둘째, 이 사건 법률조항의 위헌성을 어떤 방법으로 제거하여 새로운 입법을 할 것인가에 관하여는 여러 가지 방안이 있을 수 있고, 그 중에서 어떤 방안을 채택할 것인가는 입법자가 우리의 상속제도, 상속인과 상속채권자 등 이해관계인들의 이익, 법적 안정성 등 여러 가지 사정을 고려하여 입법정책적으로 결정할 사항이다.

우선 첫째의 이유에 대하여 본다면, 위헌결정으로 인하여 헌법재판소가 우려하는 바와 같이 상속채무가 적극재산을 초과하지 않거나 상속인이 귀책사유로 인하여 고려기간을 도과한 경우에도 상속으로 인한 법률관계를 확정할 수 없게 되는 법적 혼란이 초래되어서는 안 될 것임은 당연하다. 그러나 그러한

---

68) 이에 대하여는 아래 Ⅵ. 4. 참조.

문제는 반드시 헌법불합치선언에 의하여만 해결될 수 있는 것은 아니다. 오히려 이 경우에는 이른바 限定違憲 내지 質的 一部違憲의 주문형태를 활용함으로써 그러한 문제를 방지하는 것이 좋았을 것이다. 즉 헌법재판소로서는 민법 제1019조 제1항이 고려기간을 상속개시 있음을 안 날로부터 3개월로 정하고 있는 것은 상속인이 아무런 귀책사유없이 상속재산 중 소극재산이 적극재산을 초과하는 사실을 알지 못한 경우에는 헌법에 어긋난다고 하는 형식의 주문을 선고하였어야 할 것이다.[69] 헌법재판소가 이처럼 선고하였다면 위와 같은 법적 혼란의 문제는 생기지 않으며, 또 뒤에서 보는 바와 같이 개선입법에 소급효를 인정할 것인가 하는 논란도 피할 수 있었을 것이다.

그런데 헌법재판소는 왜 이러한 주문을 택하지 않았을까? 우선 헌법재판소가 이 사건 심판의 대상을 민법 제1019조 제1항이 아니라 제1026조 제2호로 삼은 것이 기본적인 원인이지만, 그 외에도 다음과 같은 이유가 작용한 것이 아닌가 추측된다. 첫째, 대법원은 이러한 헌법재판소의 한정위헌결정에는 기속력이 없다고 하였는데,[70] 헌법재판소는 이러한 대법원 판결이 국민의 권리를 침해한다고 하여 이를 취소하기는 하였으나,[71] 이러한 대법원의 태도 때문에 헌법재판소로서는 한정위헌결정을 하기에 주저를 느꼈을 수도 있다.

둘째, 헌법재판소가 이 사건 결정을 하기 전에 이미 법무부에서는 1998. 7. 20. 민법중 개정법률안에 대하여 입법예고를 하였는데,[72] 여기서는 민법 제1019조에 제3항을 신설하여, 상속인이 상속되는 채무가 그 재산을 초과하는 사실을 중대한 과실없이 제1항의 숙려기간 내에 알지 못하고 단순승인(제1026조 제1호 및 제2호에 의하여 단순승인한 것으로 의제되는 경우 포함)한 경우에는 그 안 날로부터 3월 내에 한정승인을 할 수 있다고 하였다. 헌법재판소는 이러한 법무부의 개정안을 염두에 두고,[73] 그와 같이 민법이 개정되면 이것이 헌법불합치결정에서 명하는 개선입법이 될 수 있다고 보아 헌법불합치결정의 주문

69) 다만 이 경우에는 그 고려기간이 언제부터 진행하는가 하는 점이 문제로 남게 되나, 이는 당사자가 이를 알거나 알 수 있었을 때로 보아야 할 것이다.

70) 대법원 1996. 4. 9. 선고 95누11405 판결(公 1996상, 1442).

71) 헌법재판소 1997. 12. 24. 선고 96헌마172 · 173 결정(헌판집 9-2, 842 이하).

72) 法律新聞 제2713호(1998. 7. 27.자), 15면. 이에 대하여는 尹眞秀, "相續法 改正案의 課題와 問題點", 人權과 正義 1998. 9, 5면 이하 참조.

73) 헌법재판소는 이 사건 결정에서 입법자가 고려할 수 있는 방안의 한 예로서 상속인이 상속채무가 적극재산을 초과하는 사실을 알지 못하여 고려기간을 도과한 때에는 상속인이 그 사실을 안 날로부터 일정한 기간 내에 다시 상속의 승인이나 포기, 또는 한정승인을 할 수 있도록 하는 방안을 들고 있다. 헌판집 10-2, 359.

을 택한 것이 아닌가 추측된다.

그러나 이와 같은 사정들이 한정위헌의 결정을 하기에 결정적인 장애라고는 할 수 없으므로, 이러한 사정들을 고려하여 한정위헌 아닌 헌법불합치결정을 하였다면 문제라고 하지 않을 수 없다.

그리고 헌법재판소가 들고 있는 두 번째의 사유, 즉 입법자의 형성의 자유라는 것도 설득력이 없다. 헌법재판소는 이 사건 법률조항의 위헌성을 어떤 방법으로 제거하여 새로운 입법을 할 것인가에 관하여는 여러 가지 방안[74]이 있을 수 있고, 그 중에서 어떤 방안을 채택할 것인가는 입법자가 우리의 상속제도, 상속인과 상속채권자 등 이해관계인들의 이익, 법적 안정성 등 여러 가지 사정을 고려하여 입법정책적으로 결정할 사항이라고 하고 있으나, 그처럼 여러 가지 방안이 있다는 것이 위헌결정을 하여서는 안 될 사유는 될 수 없는 것이다.

Ⅵ. 이 사건 不合致決定의 遡及效

1. 문제의 소재

헌법재판소가 이처럼 헌법불합치결정을 하였고 그에 따라 입법자가 개선입법을 하였다면, 이 사건 결정 이전에 상속이 개시되어 제1019조 제1항의 3월의 고려기간이 이미 경과한 사람도 위 개선입법에 의한 혜택을 받을 수 있는가? 이는 헌법불합치결정에 소급효가 인정되는가 하는 문제이다. 좀더 구체적으로 살펴보면 다음과 같다. 즉 헌법불합치결정에 따른 개선입법 자체에서 소급효를 인정하고 있으면 당사자들이 소급적으로 구제를 받을 수 있다. 그러나 이때에는 소급입법의 금지에 어긋나지 않는가 하는 의문이 생긴다. 반면 개선입법에서 소급효를 인정하고 있지 않거나, 또는 이에 대하여 침묵을 지키고 있으면 어떻게 되는가? 이때에는 당연히 개선입법이 소급적용될 수 있는가, 아

74) 고려기간의 도과에 관하여 상속인이 책임질 사유가 없는 때에는 단순승인이 아닌 한정승인을 한 것으로 보는 방안, 스위스 민법 第566조 제2항의 규정과 같이 상속재산 중 소극재산이 적극재산을 초과함이 객관적으로 명백한 때에는 고려기간의 도과로써 상속을 포기한 것으로 추정하는 방안, 상속인이 상속채무가 적극재산을 초과하는 사실을 알지 못하여 고려기간을 도과한 때에는 상속인이 그 사실을 안 날로부터 일정한 기간 내에 다시 상속의 승인이나 포기 또는 한정승인을 할 수 있도록 하는 방안 등을 나열하고 있다.

니면 소급효를 인정하고 있지 않은 개선입법이 위헌으로 되어 또다시 위헌법률심사의 대상이 되는가 하는 문제가 생긴다.

2. 憲法裁判所의 判例

헌법재판소는 이러한 헌법불합치결정에는 당연히 소급효가 인정되어, 개선입법이 이에 대하여 특별히 규정을 두지 않더라도 개선입법은 당연히 소급적용된다고 보고 있다.

가. 헌법재판소 1995. 7. 27. 선고 93헌바1・3・8・13・15・19・22・37・38・39・52・53 결정[75)]

위 결정에서는, 다음과 같은 점이 문제로 되었다. 즉 헌법재판소 1994. 7. 29. 선고 92헌바49・52 결정[76)]에서는 당시의 토지초과이득세법 전체가 헌법에 합치되지 않는다고 선고하였다. 그러자 국회는 1994. 12. 22. 법률 제4807호로 위 토지초과이득세법을 개정하면서 구 토지초과이득세법 조항들 가운데 위 사건의 결정이유에서 위헌성이 있음이 구체적으로 지적된 조항들을 모두 개정하였다. 그러나 위 개정법률은 그 부칙에서 개정법률 시행 전에 종료하는 과세기간의 토지초과세이득분에 대하여는 개정법률의 적용을 배제하고 있다. 그리하여 위 개정법률 시행 전에 종료하는 과세기간의 토지초과이득세분에 대하여는 개정 전 법률이 적용될 것인가, 아니면 개정된 법률이 적용될 것인가가 문제되었다.

이에 대하여 헌법재판소의 다수의견은 다음과 같이 설시하여, 이 경우에는 개정된 법률이 적용되어야 한다는 이유로 개정 전 법률조항에 대한 헌법소원청구를 각하하였다. 즉 헌법재판소가 위 사건의 주문으로서 그 각 개별조항에 대한 결정이유에서 밝힌 바대로 단순위헌선언 또는 개정입법촉구 등을 선고하지 아니하고, 굳이 헌법불합치라는 변형결정주문을 선택하여 위헌적 요소가 있는 조항들을 합헌적으로 개정 혹은 폐지하는 임무를 입법자의 형성재량에 맡긴 이상, 그 당연한 논리적 결과로 위 결정의 효력이 소급적으로 미치게 되는 소위 "당해 사건" 또는 "병행 사건"에 관하여는 위 결정 이후 입법자에 의하

75) 헌판집 7-2, 221 이하.
76) 헌판집 6-2, 64 이하.

여 개정된 법률조항이 적용되어야 할 것인바, 이는 헌법불합치결정이 의도하는 효력의 본질적인 부분의 하나이기도 한데, 왜냐하면 헌법불합치결정은 그 결정에 따라 구법 조항들 중 무효로 될 부분의 구체적인 범위의 획정을 입법자의 형성의 자유에 맡겨 두는 결과, 입법자가 당재판소의 결정취지에 맞추어 해당 조항을 개정할 때에야 비로소 그 결정에 의하여 무효로 될 부분을 구체적으로 확정할 수 있는 것이므로, 소위 “당해 사건” 등에 관하여는 구법 조항들 중의 위헌부분이 제거된 것으로 보아야 할 개정법률조항들을 적용할 수밖에 없기 때문이라는 것이다.[77)]

나. 헌법재판소 1995. 11. 30. 선고 91헌바1 · 2 · 3 · 4, 92헌바17 · 37, 94헌바34 · 44 · 45 · 48, 95헌바12 · 17 결정[78)]

위 결정에서는 구 소득세법 제60조(1978. 12. 5. 법률 제3098호로 개정된 후 1994. 12. 22. 법률 제4803호로 개정되기 전의 것)는 양도소득세의 과세표준 산정의 기준이 되는 기준시가의 결정을 대통령령에 위임한 것이 조세법률주의 및 위임입법의 한계를 규정한 헌법의 취지에 반한다고 하여 헌법불합치결정을 하면서, 이 사건의 경우에는 1994. 12. 22. 법률 제4803호로 헌법에 합치하는 내용의 개정입법이 이미 행하여져 위헌조항이 합헌적으로 개정되어 시행되고 있으므로 헌법재판소는 단순위헌결정을 하지 아니하고 이 사건 위임조항을 적용하여 행한 양도소득세 부과처분 중 확정되지 아니한 모든 사건과 앞으로 향할 양도소득세 부과처분 모두에 대하여 위 개정법률을 적용할 것을 내용으로 하는 헌법불합치결정을 하기로 한다고 판시하여, 헌법불합치결정을 하면서 동시에 이미 개정된 법률을 소급적용하도록 하였다.

그러나 대법원 1997. 3. 28. 선고 96누15602 판결[79)] 등 일련의 대법원 판결은, 헌법재판소의 위 결정 이유 전단에서는 종래의 법령의 계속 적용이 가능하다고 하면서도 후단에서는 개정법률이 위헌성이 제거되었다는 이유로 이를 당해 사건 등에 소급하여 적용할 것을 설시하고 있으나, 이를 소급적용할 법리

77) 헌판집 7-2, 246-247. 반면 김진우, 김문희, 황도연, 이재화 4인의 별개의견 및 반대의견은 헌법불합치결정에는 소급효가 인정되므로, 구 토지초과이득세법 중 헌법재판소가 구체적으로 위헌성을 지적한 부분뿐만 아니라, 그렇지 않은 부분도 개정된 부분은 전체적으로 개정된 조항이 적용되고 따라서 개정되기 전 조문 전체에 대한 헌법소원심판청구를 모두 각하하여야 한다고 주장하였다.

78) 헌판집 7-2, 562 이하.

79) 公 1997상, 1282.

상 근거도 없을 뿐만 아니라 개별공시지가 시행 이전에 이미 양도가 이루어진 사건에 있어서는 위 개정법률은 양도 당시의 과세시가표준액 등에 의한 기준시가를 위 개정법률이 정하고 있는 개별공시지가로 환산하는 규정을 결하고 있으므로, 위와 같은 사례에 있어서는 그 처분이 전부 취소될 수밖에 없어 위 결정 이유 전단에서 헌법불합치결정을 채택하는 근거로 내세운 법적 공백의 회피, 국가의 재정차질 방지 및 납세자 사이의 형평 유지에 정면으로 모순되는 결과가 발생하게 되고, 그렇다면 결국 이 사건 헌법불합치결정은 당해 조항의 위헌성이 제거된 개정법률이 시행되기 이전까지는 종전 구 소득세법 제60조를 그대로 잠정 적용하는 것을 허용하는 취지의 결정이라고 이해할 수밖에 없다고 하여, 종전의 헌법불합치로 선언된 법률을 적용한 과세처분의 효력을 인정하였다.

이러한 판례들에 대하여 당사자들이 헌법소원을 제기하였으나, 헌법재판소 1999. 10. 21. 선고 96헌마61, 97헌마154 결정[80]의 다수의견은 위 결정의 취지는 기준시가에 의하여 양도가액이나 취득가액을 산정함에 있어서 원칙적으로 구 소득세법 제60조의 위헌적 요소를 제거한 개정 소득세법 제99조를 적용하여야 할 것이나, 다만 개정 소득세법 제99조를 적용하여서는 기준시가에 의하여 양도가액이나 취득가액을 산정할 수 없어 그 양도차익의 산정이 불가능하게 되는 예외적인 사정이 있는 경우에는 구 소득세법 제60조의 위헌적 요소를 제거하는 개정법률이 시행되기 전까지는 위 법률조항의 잠정적인 적용을 허용하는 취지라고 하여, 결과적으로 헌법소원심판청구를 받아들이지 않았다.

다. 헌법재판소 2000. 1. 27. 선고 96헌바95, 97헌바1 · 36 · 64 결정[81]

이 결정은 구 법인세법(1978. 12. 5. 법률 제3099호로 개정되어 1990. 12. 31. 법률 제4282호로 개정되기 전의 것) 제59조의 2 제1항과 구 법인세법(1990. 12. 31. 법률 제4282호로 개정되어 1998. 12. 28. 법률 제5581호로 전문개정되기 전의 것) 제59조의 2 제1항이 과세대상이 되는 토지 등의 범위를 대통령령이 정하도록 위임하고 있는 것은 헌법에 합치되지 아니한다고 하여 불합치결정을 하면서, 그 이유에서 헌법재판소가 헌법불합치라는 변형결정주문을 선택하여 위헌적 요소가 있는 조항들을 합헌적으로 개정 혹은 폐지하는 임무를 입법자의 형성재량에 맡긴 경우에는, 이 결정의 효력이 소급적으로 미치게 되는 모든 사건이나

80) 判例月報 1999. 12, 105 이하.
81) 헌법재판소공보 42, 123 이하.

앞으로 위 법률조항을 적용하여 행할 부과처분에 대하여는 법리상 이 결정 이후 입법자에 의하여 위헌성이 제거된 새로운 법률조항을 적용하여야 한다고 밝히고 있다.

3. 學　說

학설상으로는 이 문제가 그다지 많이 논의되지는 않고 있으나, 헌법재판소의 결정과 같이 불합치결정에는 당연히 소급효가 인정된다고 하는 견해가 있다.[82] 이 견해는 그 근거를 다음과 같이 설명하고 있다.

즉 불합치결정과 위헌결정의 가장 본질적인 차이는 위헌법률의 잠정적 적용에 있는 것이 아니라 바로 적용금지로 인한 절차의 정지에 있고, 이는 입법자가 최종적으로 적용할 수 있는 합헌적인 법률을 만들거나, 또는 법을 폐지할 때까지 법원의 결정이 보류되어야 하며, 법원이 개정법률에 따라 판단을 함으로써 당사자가 개정법률의 결과에 따라 혜택을 받을 수 있도록 그때까지 기회를 열어 놓아야 한다는 것을 의미한다고 한다. 위헌결정에 있어서는 헌법재판소가 법원에게 최종적이고 확정적인 판단근거를 제공하지만, 불합치결정의 경우에는 헌법재판소 스스로가 위헌적 상태의 제거에 대한 최종적 결정을 입법자에게 미루고 있기 때문에 법원은 당연히 입법자의 최종 결정을 기다려 그에 따라 판단을 하여야 하는 것이므로, 개정법률의 소급효력은 이러한 불합치결정에 내재되어 있는 본질적인 요소라는 것이다.

또 다른 견해는 헌법불합치결정의 경우에는 입법자는 위헌법률을 조속히 개정할 입법개선의무를 지며, 원칙적으로 헌법재판소가 위헌으로 확인한 시점까지 합헌적인 개정법률을 소급적용할 경과규정을 두어야 한다고 하면서, 위헌법률의 적용금지와 절차의 정지를 명하는 경우에 헌법재판소는 법적 명확성을 위하여 법적용기관에 대하여 주문이나 이유에서 독자적인 경과규정(Übergangsregelung)을 제시할 수 있다고 한다. 그리하여 위 헌법재판소 1995. 11. 30. 결정(위 2. 나.)이 개정법률의 소급적용을 명한 것은 독자적 경과규정으로 볼 수 있다고 한다.[83]

---

82) 韓秀雄(註 43), 524-525면.

83) 方勝柱, "구 소득세법 제60조에 대한 헌법불합치결정의 법적 성격과 그 효력", 人權과 正義 2000. 3, 162면 이하. 한편 이 견해는 韓秀雄(註 43), 525면 등이 개정법률의 소급적용이 헌법불합치결정의 "본질적인 요소"라고 하는 데 대하여는 개정법률의 소급적용이 제한되어야 할 예외적인 경우가 있을 수 있다는 이유로 비판하고 있다. 위 글 163면 註 9) 참조.

4. 私 見

사견으로는 단순위헌결정에 소급효가 인정되어야 하는 것과 마찬가지로, 헌법불합치결정에도 원칙적으로 소급효가 인정되어야 하지만, 이는 입법자에게 그러한 소급입법을 하여야 할 의무를 부과하는 것일 뿐, 입법자가 개선입법을 하기는 하였으나 그러한 소급입법을 하고 있지 않을 때에도 당연히 개선입법이 소급적용되거나, 또는 헌법재판소가 개선입법의 소급적용을 명할 수는 없다고 생각한다.[84]

가. 違憲決定의 원칙적인 遡及效

위헌결정은 소급효를 가져야 한다는 것은 헌법의 해석에서 당연히 도출된다.[85] 그 근거로서는 법관은 헌법과 법률에 의하여 재판하도록 규정하고 있는 헌법 제103조, "모든 국민은 헌법과 법률이 정한 법관에 의하여 법률에 의한 재판을 받을 권리를 가진다"라고 규정하고 있는 헌법 제27조 제 1 항, "국가는 개인이 가지는 불가침의 인권을 확인하고 이를 보장할 의무를 가진다"라고 규정하고 있는 헌법 제10조 후단, 헌법상 평등의 원칙을 규정하는 헌법 제11조 제 1 항 등을 들 수 있다.

헌법재판소 1999. 10. 21. 선고 96헌마61, 97헌마154 · 171 결정의 다수의견이 헌법불합치결정의 소급효 문제와 관련하여, 위헌법률의 적용금지는 법치국가적 요청의 당연한 귀결로서, 헌법재판소가 어떠한 결정유형으로 규범의 위헌성을 확인하였든 간에 그와 관계없이 모든 국가기관은 위헌적 법률의 적용과 집행을 통하여 스스로 위헌적인 국가행위를 하여서는 안된다고 한 것[86]도, 이와 같은 취지라고 여겨진다.

그러므로 법원이 위헌으로 결정된 법률을 적용하여서는 안 된다는 것은 헌법상의 요청이고, 이와 달리 위헌결정된 법률에 대하여 소급효를 부정하여

---

84) 이 점에 대하여는 尹眞秀(註 62), 673면 이하, 특히 不合致決定의 遡及效에 관하여는 676-679면 참조.

85) 이에 대하여는 尹眞秀(註 43), 312면 이하; 尹眞秀(註 62), 673면 이하 외에 尹眞秀, "交通事故處理特例法 제 4 조 제 1 항 및 그에 근거한 不起訴處分에 대한 憲法訴願의 適法性", 判例月報 2000. 1, 11면 이하 참조.

86) 判例月報 1999. 12, 105 이하, 114. 재판관 김용준, 신창언의 반대의견(117면)도 이 점에 관하여는 같은 취지이다.

위헌결정 이전의 법률관계에 대하여는 계속 적용하도록 하기 위하여는 헌법에 그와 같은 근거가 있어야 하며, 그러한 헌법상의 근거가 없는 이상 위헌결정의 소급효가 원칙적으로 인정된다고 보는 것이 헌법상 당연한 해석이다.

뿐만 아니라 오늘날 헌법이 법률보다 상위에 있는 법규범으로서 헌법과 법률이 충돌할 때에는 헌법이 우선한다고 하는 憲法의 優位(Vorrang der Verfassung)에 대하여는 아무도 의문을 제기하는 사람이 없다. 違憲法律審査制度라는 것도 기본적으로는 이러한 헌법의 우위를 확보하기 위한 제도적 장치라고 이해될 수 있으며, 앞에서 살펴본 헌법 제103조 제1항, 제27조 제1항, 제10조 후단 등도 이와 같은 헌법의 우위라는 원칙을 나타내고 있는 것이라고 할 수 있다.

이러한 관점에서 볼 때, 어느 법률이 헌법재판소의 위헌결정에 의하여 위헌이라고 확정되었다면 법원으로서는 위헌으로 확정된 법률을 더 이상 적용하여서는 안 된다는 것은 헌법의 우위라는 명제에서 나오는 논리적인 결론이라고 하지 않을 수 없다. 그러므로 앞에서 열거한 헌법의 개별조문이 존재하지 않는다 하더라도, 위헌결정의 소급효는 이를 부정하는 명백한 헌법상의 근거가 없는 한 원칙적으로 인정되어야 한다.

다만 이처럼 위헌결정의 소급효를 원칙적으로 인정한다고 하더라도 그로 인하여 법적 안정성이 지나치게 희생되는 것은 막아야 할 것이다. 법적 안정성 자체도 법치국가의 원리에 근거를 둔 것으로서 헌법적 근거를 가지기 때문이다.[87] 그러나 이러한 법적 안정성의 추구라는 목적을 위헌결정의 소급효 그 자체를 부정함으로써 달성하려고 하는 것은 그 방법에 있어서 바람직하지 않다. 위와 같이 획일적인 기준에 의하여 위헌결정의 소급효 여부를 결정하는 것은 법적 안정성의 이름 아래 구체적 타당성을 희생시키는 것으로서, 위헌결정의 소급효를 인정함으로써 구체적 타당성을 추구하면서도 아울러 법적 안정성을 고려할 수 있는 방법이 있다면 그러한 방법을 모색하여야 하는 것이다. 그러면 과연 구체적 타당성과 법적 안정성을 아울러 고려할 수 있는 방법은 어떤 것이 있겠는가? 이는, 위헌인 법률에 근거하여 이루어진 법률관계에 대하여 어떠한 법률효과를 인정할 것인가 하는 문제로 바꾸어 생각하면 된다. 다시 말하여 위헌결정의 소급효로 인한 법적 안정성의 침해의 문제는 法律의 變更(change of law)이라는 관점에서 소급효를 부정함으로써 해결할 것이 아니라, 救濟의 틀(remedial framework)의 문맥에서 검토하여야 적절한 결과를 얻을 수 있는 것이

87) 尹眞秀(註 43, 317면 및 그 곳의 註 57)에서 인용하고 있는 문헌 참조.

다.[88)]

다시 말하여 위헌인 법률에 의하여 권리를 침해당한 자의 권리를 보호함에 있어서는 그 구제수단이 단지 명목적인 것이어서는 안 되지만, 그렇다고 하여 권리침해를 받은 자에게 무제한적인 권리구제가 주어져야 한다는 것이 반드시 헌법상의 요청이라고는 할 수 없고, 그에게 법적 안정성을 고려하여 실효적인 권리구제의 수단이 인정되기만 하면 그로써 충분하다고 보아야 할 것이다. 구체적으로는 확정판결의 기판력이라든지, 행정처분의 확정력, 또는 민법상의 신의성실의 원칙 등의 적용 등에 의하여 이러한 법적 안정성은 충분히 고려될 수 있다.[89)]

그런데 이에 반대하는 견해는 헌법으로부터는 직접 위헌결정의 소급효 원칙은 도출될 수 없으며, 이 문제는 입법자가 입법형성의 여지의 범위 내에서 결정하여야 할 입법정책적 결정의 문제라고 한다.[90)] 그러나 이 견해는 받아들이기 어렵다. 예컨대 이 견해는 재판청구권이나 국가의 기본권 보장의무 모두 절대적인 것은 아니며, 헌법 제37조 제2항의 법률유보하에 있음은 의문의 여지가 없으므로 이러한 것들이 원칙적 소급효의 근거가 될 수 없다고 한다.[91)]

그러나 이러한 견해는 매우 불합리하다. 우선 헌법 제37조 제2항에 의하여 재판청구권 등이 제약되려면, 개별 사례에 있어서 그러한 재판청구권 등이 제약되지 않으면 안 될 충분한 사유가 존재하지 않으면 안 된다. 그런데 헌법재판소법 제47조 제2항이 헌법 제37조 제2항에서 규정하는 법률유보에 해당한다면, 이는 개별 사례에서 그와 같은 충분한 사유가 있는지 여부에 관계없이 재판청구권 등을 제약할 수 있는 포괄적인 유보라고 하지 않을 수 없다. 법적 안정성이라는 것이 국민의 기본권을 제한하기 위하여 언제나 동원될 수 있는 만능의 공식은 아닌 것이다. 이 견해에서도 구체적 타당성의 요청은 큰 반면 위헌결정의 소급효를 인정하더라도 법적 안정성이 크게 흔들리지 않는 경우에 한하여 소급효를 인정할 수 있다(이른바 선택적 소급효론)고 한다.[92)] 그러나 기본

88) R. H. Fallon, Jr. and D. J. Meltzer, "New Law, Non-Retroactivity, and Constitutional Remedies", 104 Harvard Law Review, 1991, 1764 ff. 또한 American Trucking Associations, Inc. v. Smith, 496 US 167, 110 L Ed 2d 148, 110 S Ct 2323(1990)에서의 Stevens 대법관의 별개의견도 이러한 취지이다. 尹眞秀, "美國法上 判例의 遡及效", 저스티스 제28권 1호, 1995, 119면 참조.

89) 좀더 자세한 것은 尹眞秀(註 62), 693면 이하 참조.

90) 丁泰鎬(註 62), 224면 이하, 특히 227면 이하.

91) 丁泰鎬(註 62), 238면.

92) 丁泰鎬(註 62), 234-235면.

권 보호의 측면에서는 이는 본말이 전도된 이론이다. 국민의 기본권은 원칙적으로 보호되어야 하고, 다만 이를 제한하여야 할 충분한 사유가 있는 경우에 한하여 제한할 수 있는 것이기 때문이다. 국민의 기본권은 예외적으로만 보호될 수 있는 시혜적인 권리가 아닌 것이다.[93)]

뿐만 아니라 그러한 논리를 받아들이더라도 불합리한 결론은 피할 수 없다. 가령 어떤 법률이 기본권을 침해하는 것으로서 위헌이라고 한다면, 이는 그러한 법률이 헌법 제37조 제2항에서 요구하는 비례의 원칙을 충족시키지 못하였기 때문이라는 의미를 동시에 내포하고 있는 것이다. 그런데 일단 어떤 법률이 위헌이라고 하고서, 그럼에도 불구하고 이러한 법률을 다시 적용할 수 있는 근거를 헌법 제37조 제2항에서 찾는다면 이는 앞뒤가 맞지 않는 것이다. 백보를 양보하더라도 이는 헌법 제37조 제2항의 차별적 적용을 인정하지 않는 한 성립할 수 없는 논리이다. 즉 동일한 위헌법률에 의하여 다 같이 기본권을 침해당한 사람들 가운데 특정한 사람들에 대하여는 헌법 제37조 제2항이 문제됨이 없이 위헌결정에 의하여 구제를 받을 수 있는 반면, 그 이외의 사람들은 위헌결정에도 불구하고 헌법 제37조 제2항 때문에 기본권이 실현될 수 없기 때문이다. 바꾸어 말한다면 위헌법률에 의하여 기본권을 침해당한 사람이 구제받는 과정에서 어떤 사람은 한 단계, 즉 그 법률이 위헌인지 여부의 판단 단계에서만 헌법 제37조 제2항의 적용을 받는 반면, 그 외의 다른 사람에 대한 관계에 있어서는 다시 그 위헌결정이 소급적으로 적용될 것인가를 심사하는 단계에서 또다시 헌법 제37조 제2항의 적용 여부가 문제되는 것이다.

나. 憲法不合致決定의 原則的 遡及效

그러므로 헌법불합치결정도 그것이 위헌결정의 일종인 한에서는 원칙적으로 소급효가 인정되어야 하고, 다만 그러한 소급효를 인정하는 것이 공익의 중

93) 미국에서 이러한 선택적 소급효 내지 선택적 장래효(selective prospectivity)의 이론이 연방대법원의 판례상 극복되는 과정에 대하여는 尹眞秀(註 88), 91면 이하 참조. 현재 미국에서는 위헌판결의 소급효는 원칙적으로 인정되어야 한다는 점에 대하여는 의견의 합치가 존재하고, 다만 예외적으로 순수한 장래효(pure prospectivity)가 인정될 수 있을 것인가, 인정된다면 어느 경우에 인정될 수 있을 것인가 하는 점에 관하여 논의의 초점이 모아지고 있는 것으로 보인다. 이에 대한 최근의 논의에 관하여는 Fallon and Meltzer(註 88) 이외에 Jill E. Fisch, “Retroactivity and Legal Change: an Equilibrium Approach”, 110 Harv. L. Rev., 1055 ff.(1997); Pamela J. Stephens, “The New Retroactivity Doctrine: Equality, Reliance and Stare Decisis”, 48 Syracuse Law Review 1515 ff.(1998); Kermit Roosevelt Ⅲ, “A Little Theory is a Dangerous Thing: The Myth of Adjudicative Retroactivity”, 31 Connecticut Law Review 1075 ff.(1999) 등 참조.

대한 침해를 가져오는 경우에만 예외적으로 소급효가 제한되어야 할 것이다.[94] 다만 단순위헌결정은 그 자체로서 소급효를 가지므로 따로 입법자의 개선입법을 기다릴 필요가 없으나, 헌법불합치결정은 그 자체로서 소급효가 있다기보다는 입법자에게 개선입법이 소급적으로 이루어지도록 하는 의무를 부과하는 점에서 특성이 있을 뿐이다.

반대로 헌법재판소의 위헌결정에 원칙적인 소급효를 인정하지 않는다면, 헌법불합치결정에 대하여 원칙적으로 소급효를 인정할 수 있는지 이론적으로 설명하기가 어렵다. 즉 위헌결정의 소급효가 법적 안정성을 고려하여 원칙적으로 인정되어서는 안 된다면, 왜 법적 안정성이 더욱 중시되어 단순위헌결정이 아닌 헌법불합치결정이 선고된 때에는 역으로 더 넓은 범위에서 소급효가 인정되는지를 이해하기 어려운 것이다.[95]

그런데 헌법불합치결정의 원칙적인 소급효, 즉 개선입법의 원칙적인 소급효를 인정한다면 이것이 헌법상의 소급입법 금지에 저촉되는 것은 아닌가 하는 의문이 있을 수 있으나, 소급입법의 금지는 반드시 절대적인 것은 아니며, 보호할 가치가 있는 신뢰가 존재하지 않거나, 보호할 가치가 있는 신뢰가 존재하더라도 긴급한 공공의 이익을 위하여 양보하여야 하는 경우에는 소급입법이 인정될 수 있다. 그리고 이처럼 보호할 가치가 있는 신뢰가 존재하지 않는 경우의 한 예로서, 법률관계가 불분명하고 착종된 경우에는 어떤 것이 타당한지를 알 수 없으므로 보호할 가치가 있는 신뢰가 존재하지 않아 소급입법이 허용된다고 한다. 따라서 법률이 부당하여 소급적으로 제거되고 다른 법률로 대체되는 경우에는 소급입법이 허용되며, 따라서 법률의 헌법불합치결정에 의하여 법률의 흠이 밝혀진 경우에 그 흠을 제거하는 새로운 입법은 허용될 수 있는 것이다.[96]

그런데 입법자가 개선입법을 하기는 하였으나 그것이 소급한다는 규정을 두지 않은 경우에는 헌법재판소의 견해와 같이 당연히 그러한 개선입법이 소급적용될 것인가? 그와 같이 볼 수는 없다. 헌법불합치결정은 입법자에 대하여 소급효가 있는 개선입법의 의무를 부담시키는 것일 뿐이며, 만일 입법자가 이

94) 그러나 Seer(註 43), S. 289 ff.는 헌법불합치결정에 의하여 장래효만을 인정하려고 하는 것은 헌법우위의 원칙을 무시하고, 주관적 권리보호를 경시한다고 비판한다.

95) 尹眞秀(註 62), 679면 참조.

96) H. Maurer, Kontinuitätsgewähr und Vertrauensschutz, in: Handbuch des Staatsrechts, Bd. 3, 1988, S. 228 ff. 또한 黃祐呂, "遡及立法", 考試硏究 1989. 11, 92면 이하 참조.

러한 소급적인 개선입법의 의무를 이행하지 아니하였으면 위 개선입법 자체가 위헌성을 띠게 되어 위헌으로 선언되어야 하거나,[97] 경우에 따라서는 舊法이 소급적으로 폐지된 것으로 이해할 수는 있을지언정 헌법재판소의 결정이 입법을 대신할 수 있는 것은 아니기 때문이다.[98]

5. 法務部의 親族相續法 改正案에 대하여

가. 제 1 차 改正案 및 그 문제점

법무부가 1998. 11. 13. 국회에 제출하였던 민법중 개정법률안은, 앞에서도 언급하였던 것처럼 제1019조에 제 3 항을 신설하여, 상속인이 상속되는 채무가 그 재산을 초과하는 사실을 중대한 과실없이 제 1 항의 숙려기간 내에 알지 못하고 단순승인(제1026조 제 1 호 및 제 2 호에 의하여 단순승인한 것으로 의제되는 경우 포함)한 경우에는 그 안 날로부터 3월 내에 한정승인을 할 수 있다고 하면서, 그 부칙에서는 위 제1019조 제 3 항이 소급적용될 수 있다는 경과규정을 두지 않고, 오히려 제 1 조 본문이 "이 법은 1999년 1월 1일부터 시행한다"고 규정하고, 제 2 조는 "이 법은 종전의 규정에 의하여 생긴 효력에 영향을 미치

97) 이를 명시한 것으로 독일연방헌법재판소 1980. 10. 8. 결정(BVerfGE 55, 100 f.)이 있다. 이 사건의 내용은 다음과 같다. 즉 독일연방헌법재판소는 이 사건 이전인 1975. 5. 6. 결정(BVerfGE 39, 316 ff.)에서, 共濟組合 年金法이 피부양아동이 있는 연금수급권자에 대하여는 그 아동에 대한 추가지급(Kinderzuschuß)을 인정하면서도, 연금수급권자의 孫子에 대한 추가지급은, 그 손자가 보험사고(즉 연금청구권의 발생) 이전에 부양자의 가계에 편입된 경우에 한한다고 규정한 것은, 보험사고 전에 손자가 가계에 편입된 祖父母를 실질적인 이유 없이 보험사고 후에 편입된 조부모와 달리 취급하는 것이어서 평등원칙에 위반된다고 하면서 불합치선언을 하였다. 그러자 입법자는 1976. 6. 3. 위 법률을 개정하면서 아예 손자에 대하여는 추가지급을 인정하지 않는 것으로 하고, 이 법률은 1976. 7. 1.부터 시행한다고 하였고, 그 결과 1976. 6. 30.까지는 종전의 상태가 그대로 유지되게 되었다. 그러자 각 법원에서 위 신법이 위 신법시행 전의 사건에 대하여는 종전과 마찬가지로 처리하도록 한 것이 위헌이라는 이유로 위헌제청을 하였다. 연방헌법재판소는, 그 주문에서 위 개정법률은 1976. 6. 30.까지는 보험사고 전에 가계에 편입되어야 한다는 결과를 가져오는 한 헌법에 위반되어 무효라고 선언하였다. 그리고 그 이유에서는, 연방헌법재판소의 불합치선언이 있으면 무효선언과 마찬가지로 법원과 행정부가 불합치선언된 법규범을 더 이상 적용할 수 없게 되는 효과를 가져오고, 입법자로서는 헌법에 부합하는 법률상태를 만들 의무를 부과하는 것인데, 그 불합치선언이 평등권 위반이라고 하는 경우에는 입법자는 그 불합치선언 전의 기간에 대하여도 이러한 평등권에 합치하여야 한다는 요구를 충족하여야 한다고 하면서, 위 개정법률은 1976. 6. 30. 이전의 기간에 관한 한 위 불합치선언된 조항과 마찬가지로 평등권에 위반되고, 이 사건에 있어서는 불합치선언을 할 이유도 없다고 하여 그 부분에 한하여 무효선언을 하였다.

98) Hein(註 43), S. 176 ff.; 南福鉉, "憲法裁判所 決定의 效力에 관한 爭點 및 解決方案", 憲法裁判所決定의 效力에 관한 研究(憲法裁判所, 憲法裁判研究 제 7 권), 1996, 362-363면 참조.

지 아니한다"고 규정함으로써 개정법률이 소급하지 않는다는 不遡及의 원칙을 명문으로 규정하고 있었다.

이처럼 개정안의 소급적용을 인정하지 않은 이유는 소급적용할 경우 상속인은 보호가 될 것이나, 기존의 법률에 의하여 이미 상속채무의 상속인 승계가 확정된 상속채권자의 경우에도 변제를 받을 수 없게 될 뿐만 아니라 이미 변제를 받은 경우에도 부당이득으로 반환의 여지가 남게 되는 등 법적 안정성을 심히 해칠 우려가 있는데, 이는 소급입법에 의하여 상속채권자의 권리를 해하게 되므로 "모든 국민은 소급입법에 의하여 참정권의 제한을 받거나 재산권을 박탈당하지 아니한다"는 헌법 제13조 제 2 항에 정면으로 위배되고, 일부 변제가 된 경우에도 이미 변제된 채무나 변제되지 않은 나머지 채무를 어떻게 처리할 것이냐라는 문제가 생기게 되므로 법적 안정성을 해칠 우려가 있으며, 소급적용을 한다고 하더라도 소급효 인정의 적용 범위와 대상을 정할 기준이 없으며 적용기준을 어떻게 잡든 여기서 제외되는 사람은 형평성 문제를 제기할 수 있고 이는 다시 위헌적인 입법이 될 소지가 있으므로, 개정안에 경과규정을 두어 소급적용을 하는 것보다는 개개의 재판을 통하여 구체적 타당성을 살려 구제해 주는 것이 바람직하다는 것이다.[99]

그러나 이에 대하여는 소급효를 인정하는 경과규정을 두어야 한다는 반대 의견이 많았다.[100]

나. 제2차 改正案 및 그 문제점

법무부가 2000. 10. 16. 국회에 제출한 민법중 개정법률안에서는 이와 같은 비판을 고려하여서, 부칙 제 4 조에서, "1998年 5月 27日부터 이 法 施行前까지 相續開始가 있음을 안 者 중 相續債務가 相續財産을 초과하는 사실을 중대한 過失없이 第1019條 第 1 項의 기간 내에 알지 못하다가 이 法 施行 전에 그 사실을 알고도 한정승인 신고를 하지 않은 자는 이 法 施行日로부터 3月 내에 第1019條 第 3 項의 改正規定에 의한 限定承認을 할 수 있다"고 규정하여,

99) 1999. 3. 12. 국회법제사법위원회 주최 민법중개정법률안에 대한 공청회에서의 秋昊卿 당시 법무부 법무심의관의 발언. 第202回國會 法制司法委員會會議錄 第 2 號, 國會事務處, 7-8면 참조.

100) 위 공청회에서의 鄭長吾, 朴相勳, 韓琫熙 각 발언 참조. 위 會議錄(註 99), 11-15, 16-20, 28면 등 또한 丁泰鎬(註 16), 115면; 尹眞秀, "特別限定承認制度의 遡及適用에 관한 小考", 법률신문 1999. 2. 18.자(제2766호), 14면; 황도수, "민법 제1026조 제 2 호에 대한 헌법불합치결정의 효력", 법률신문 1999. 12. 16.자(제2845호), 15면도 같은 취지이다.

이 사건 결정이 있은 1998. 8. 27.부터 제1019조의 3월의 고려기간을 소급하여 상속개시가 있음을 안 자에 대하여는 개정 조항이 소급적용되는 것으로 하였다.[101]

위 제2차 개정안이 어느 정도 소급적용을 인정하려는 것은 긍정적이라고 할 수 있으나, 구체적으로는 이러한 개정안 또한 문제가 많다. 우선 그 소급범위를 이 사건 결정 선고일로부터 3개월 전으로 한정할 근거가 없다. 아마도 이처럼 한정하려는 근거는 채무 초과의 사실을 뒤늦게 안 상속인들이 모두 한정승인을 할 수 있게 됨으로써 법적 안정성을 해칠 우려가 있다는 데 있는 것으로 보인다. 그러나 그러한 우려는 그다지 크지 않다.[102]

즉 상속인이 이미 상속채무가 상속재산을 초과하는 사실을 알거나 또는 중대한 과실로 알지 못한 채 3월을 경과함으로써 단순 승인을 한 것으로 간주되는 경우는 당연히 위 개정법의 적용대상에서 제외되고, 상속채무에 관해서 이미 법원의 확정 판결이 있다면 판결의 기판력에 의해서 더 이상 다툴 수 없게 되며, 상속채무에 관해서 소멸시효가 완성된 경우에도 아무런 문제가 없다.

다만 변제나 강제집행에 의해서 상속채무의 전부 또는 일부가 소멸한 경우 부당이득 반환의 문제가 제기될 수 있다. 그러나 한정승인이라고 하는 것은 상속인의 채무 자체를 제한하는 것이 아니라 채무는 그대로 승계하고 책임만을 제한한다는 것이고 채무 자체를 승계한다는 것은 민법 제1005조의 원칙규정에 의한 것이므로 부당이득 반환은 문제되지 않을 것이다.

다만 상속인이 상속채무의 일부를 변제하거나 기타 상속재산을 처분한 경우에는 어떠한가 하는 문제가 있는데, 이 경우에도 한정승인을 할 수 있다고 보는 것은 상속채권자들 사이의 불평등을 조장하는 것이 되므로 원칙적으로는 인정되지 않아야 할 것이다.[103]

또 다른 문제점은 이 사건 결정은 상속인이 귀책사유 없이 상속재산 중 채무가 적극재산을 초과하는 경우만을 헌법적으로 문제삼고 있는데, 위 개정안은 중대한 과실없이 상속채무가 상속재산을 초과하는 것을 모른 경우까지 소

---

101) 이는 실제로는 국회법제사법위원회에서 제1차 개정을 심의하여 본회의에 심사보고하였던 내용을 그대로 받아들인 것이다. 법원행정처에서도 그와 같은 제안을 하였다고 한다. 金鍾斗, "憲法裁判所의 憲法不合致決定의 遡及效國會의 立法審査事例", 立法學 研究 創刊號, 2000, 245면 이하 참조.

102) 會議錄(註 99), 18-19면에서의 朴相勳 발언 참조.

103) 尹眞秀(註 100) 참조.

급적용을 인정하고 있다는 점이다.[104) 이 사건 결정도 이 점에 관하여는 다소 불분명하다. 즉 한편에 있어서는 상속인에게 아무런 귀책사유가 없었던 경우에만 단순승인으로 의제하는 것이 위헌인 것처럼 설시하면서도, 다른 한편으로는 위 결정은 헌법불합치결정이 있을 경우에 입법자가 위헌성을 어떤 방법으로 제거하여 새로운 입법을 할 것인가에 관하여는 여러 가지 방안이 있을 수 있다고 하면서, 상속재산 중 소극재산이 적극재산을 초과함이 객관적으로 명백한 때에는 고려기간의 도과로서 상속을 포기한 것으로 추정하는 방안, 상속인이 상속채무가 적극재산을 초과하는 사실을 알지 못하여 고려기간을 도과한 때에는 상속인이 그 사실을 안 날로부터 일정한 기간 내에 다시 상속의 승인이나 포기, 또는 한정승인을 할 수 있도록 하는 방안 등을 제시하고 있어, 개정안과 같이 상속인에게 귀책사유가 있는 경우에도 중대한 과실이 없는 때에는 다시 한정승인을 할 수 있도록 하는 것도 예정하고 있는 것으로 보인다.

결국 이 문제는, 과실 있는 채무자의 이익을 어느 정도 보호하여야 할 것인가 하는 점에 귀착되는데, 그러한 채무자의 이익을 보호하는 것이 입법자의 形成裁量에 속한다고 할 수는 있어도, 그것이 헌법상 당연히 요청되는 것까지는 아니라고 본다면, 이 경우에까지 소급적용을 명할 것은 아니라고 생각된다.

Ⅶ. 結　　論

종래에는 민법과 같은 私法 분야는 헌법과 그다지 관련이 없는 것으로 생각되었고, 현재에도 이러한 관념이 아직 완전히 불식된 것 같지는 않다. 그러나 민법도 헌법을 정점으로 하는 국가 법질서의 일부로서, 그 내용도 헌법에 부합하여야 함은 두말할 필요가 없다. 이 사건 결정은 민법 중 상속법 분야에 관한 최초의 위헌결정으로서 그 의의가 매우 크다고 하겠다.[105) 그러나 다른 한편으로는 헌법재판소도 이러한 상속법과 같은 사법 규정에 대한 판단의 경

104) 尹眞秀(註 100) 참조.

105) 한편 상속법에 대한 또 다른 사건으로서 2000. 8. 현재 헌법재판소에 상속회복청구권의 제척기간을 규정한 민법 제999조에 대하여 헌법소원이 제기되어 있고, 개정 전 민법 제999조가 준용하는 제982조 제2항에 대하여 위헌제청이 제기되어 있는데(헌법재판소에 계속중인 사건은 헌법재판소 홈페이지(www.ccourt.go.kr)의 새소식란을 통하여 검색할 수 있다), 이에 대하여 헌법재판소가 어떠한 판단을 보일지 주목된다.

험이 많지 않아서인지 그 결정 내용이 반드시 만족스럽지 못하다. 세부적으로는 이 사건 결정은 그 심판의 대상을 잘못 잡았고, 주문 형식도 불합치결정이어서 또 다른 실제상의 문제를 야기하였다.

이와 같은 실제적인 문제의 해결도 큰 의미를 가지지만, 헌법재판소의 위헌결정은 국민들에게 매우 큰 영향을 주는 중요한 문제인 만큼 보다 신중하게 치밀한 검토를 거쳐서 결론이 내려지기를 기대한다.

〈追 記〉

이 원고가 탈고된 후인 2000. 8. 31. 헌법재판소는 국적법(1997. 12. 13 법률 제5431호로 전문개정된 것) 부칙 제1항 중 "…10년 동안에" 부분에 대하여 헌법불합치결정을 하면서 그 계속 적용을 명하였다(97헌가12 결정, 헌법재판소공보 49, 720 이하). 이 결정은 직접적으로 개정 법률의 소급 적용에 관한 것이지만, 다른 한편으로는 이 글에서 다루고 있는 위헌결정의 소급효 내지 헌법불합치결정의 소급효에 관하여도 참고가 될 수 있다.

위 결정에서는, 구 국적법 제2조 제1항이 이른바 父系血統主義에 따라 출생한 당시에 父가 대한민국 국민이어야 子가 대한민국의 국적을 취득할 수 있도록 규정하고 있었던 것과는 달리 개정 국적법은 兩系血統主義를 채택하여, 출생한 당시에 父 또는 母가 대한민국의 국민인 자가 대한민국의 국적을 취득한다고 바꾸면서도, 그 부칙 제7조에서는 이 법 시행 전 10년 동안에 대한민국의 국민을 母로 하여 출생한 자에 한하여 소급 적용하도록 규정하고 있는 것이 위헌인가가 문제되었다.

헌법재판소는 위 결정에서 먼저, 부계혈통주의 원칙을 채택한 구법조항은 부계혈통주의를 채택함으로써 헌법 제11조 제1항의 평등원칙과 헌법 제36조 제1항의 가족생활에 있어서의 양성의 평등원칙에 위배되는 조항이고, 그와 같은 차별로 인하여 그 자녀의 기본권에 중대한 제한을 초래한 것이므로 헌법에 위반되는 규정이라고 보았다.

그런데 입법자는 1997. 12. 13. 법률 제5431호로 구법을 전문개정하면서 출생에 의한 국적취득에 있어 부계혈통주의를 부모양계혈통주의로 바꾸었고, 이로써 구법조항의 위헌성은 제거되었으나 부칙조항은 신법 시행 전 10년 동안에 출생한 자녀에게는 대한민국 국적을 부여한 반면, 신법 시행 10년 이전에 출생한 자에게는 국적을 부여하지 아니하였는데, 그 적용범위를 구법조항의 모든 피해자에게 확대하는 것은 소급입법으로 인한 법적 안정성을 해칠 우려가 있는 것도 아니고, 구법조항의 위헌적인 차별로 인하여 불이익을 받은 자를 구제하는 데 신법 시행 당시의 연령이 10세가 되는지 여부는 헌법상 적정한 기준이 아닌 또 다른 차별취급이므로 부칙조항은 헌법 제11조 제1항의 평등원칙에 위배된다고 하여 위 부칙조항에 대하여 헌법불합치결정을 하였다.

요컨대 위 결정의 취지는, 입법자가 위헌적인 법률상태를 개정하여 합헌적인 상태로 바꾸면서 그 소급효를 제한하는 것은 원칙적으로 허용되지 않는다는 것으로 이해할 수 있다.

그렇다면 이와 같은 논리는 입법자의 입법이 아닌 헌법재판소의 위헌결정 내지 헌법불합치결정에 의하여 위헌적인 법률상태가 해소된 경우에도 그대로 적용되어야 할 것이다.

〈헌법논총 제11집, 헌법재판소, 2000〉

〈追記〉

헌법재판소 2008. 9. 25. 선고 2006헌바108 결정(헌판집 20-2상, 488)에서도 또다시 위헌결정의 소급효를 인정하지 않고 있는 헌법재판소법 제47조 제2항의 합헌 여부가 문제되었으나, 다수의견은 종래의 선례를 인용하여 위 규정이 합헌이라고 하였다. 그러나 조대현 재판관의 반대의견은, 헌법의 최고규범력을 보장하기 위해서는 법률의 위헌성이 생긴 때부터 위헌법률의 효력을 부정함이 마땅하므로, 위헌결정의 소급효를 제한하는 것은 위헌법률에 따른 법률관계가 확정되고 완결되어 그 법적 안정성을 보호할 필요성이 헌법의 최고규범력을 확보할 필요성보다 더 중대한 경우로 제한되어야 한다고 하여, 위 조항에 대하여 헌법불합치결정을 선고하여야 한다고 주장하였다.

相續의 單純承認 擬制規定에 대한 憲法不合致決定의 遡及效가 미치는 範圍*

Ⅰ. 序 論

헌법재판소는 1998. 8. 27. 선고 96헌가22, 97헌가2·3·9, 96헌바81, 98헌바24·25 결정[1])에서, 상속인이 민법 제1019조 제1항의 기간 내에 한정승인 또는 포기를 하지 아니한 때에는 상속인이 단순승인을 한 것으로 본다고 규정하고 있는 민법 제1026조 제2호에 대하여 헌법불합치결정을 선고하면서, 위 법률조항은 입법자가 1999. 12. 31.까지 개정하지 아니하면 2000. 1. 1.부터 그 효력을 상실하며, 법원 기타 국가기관 및 지방자치단체는 입법자가 개정할 때까지 위 법률조항의 적용을 중지하여야 한다고 명하였다. 그리하여 2002. 1. 14. 개정된 민법은 위 헌법불합치로 선언된 제1026조 제2호를 다시 되살림과 동시에 제1019조 제3항을 신설하여, 제1019조 제1항의 기간이 경과한 후에도 상속인이 상속채무가 상속재산을 초과하는 사실을 중대한 과실없이 알지 못하고 단순승인을 한 경우(제1026조 제1호 및 제2호의 규정에 의하여 단순승인을 한 것으로 보는 경우 포함)에는 그 사실을 안 날부터 3월 내에 한정승인을 할 수 있다고 규정하였다.

이 개정에 의하여 창설된 새로운 한정승인제도[2])가 앞으로 운영됨에 있어

---

* 이 글은 2002. 11. 29. 서울가정법원에서 개최되었던 한국가족법학회와 서울가정법원 합동 연구발표회에서 발표하였던 것을 수정 보완한 것이다. 수정 과정에서 도움을 주신 서울시립 대학교 정병호 교수님께 감사의 뜻을 표한다.

1) 헌법재판소 판례집(이하 헌판집이라고만 한다) 10-2, 339.

2) 이를 가리켜 보통의 한정승인과는 구별되는 "特別限定承認"이라고 부를 수 있다. 尹眞秀,

서 어떠한 문제점을 낳을 것인가 하는 점은 좀더 두고 볼 문제이다.[3] 그런데 현재 쟁점으로 떠오른 것은 신설된 제1019조 제3항이 어느 범위에서 소급적용될 수 있는가 하는 점이다. 위 개정민법은 부칙에서 원칙적으로 소급적용되지 않는 것으로 하면서도(제2항), 제1019조 제3항의 규정은 1998. 5. 27.[4]부터 개정법 시행 전까지 상속개시가 있음을 안 자에 대하여도 소급적용될 수 있도록 하였다(제3항).

그런데 대법원 2002. 4. 2. 선고 99다3358 판결[5]은 위 개정민법 부칙 제3항에 해당되지 않더라도, 다시 말하여 1998. 5. 27. 전에 상속이 개시되었음을 알았다 하더라도, 위 헌법불합치결정을 하게 된 당해사건 및 위 헌법불합치결정 당시에 개정 전 민법 제1026조 제2호의 위헌 여부가 쟁점이 되어 법원에 계속중인 사건(이른바 병행사건)에 대하여는 개정민법의 경과규정이 적용되어 상속채무가 상속재산을 초과하는 사실을 중대한 과실없이 민법 제1019조 제1항의 기간 내에 알지 못한 경우에는 개정민법 시행일부터 3월 내에 민법 제1019조 제3항의 개정 규정에 의한 한정승인신고를 할 수 있다고 하였다. 그리고 서울지방법원 제6민사부 2002. 9. 26.자 2001나22948 위헌제청결정[6]은 위 개정민법의 소급적용을 제한하고 있는 부칙 제3항의 규정이 헌법에 위반된다고 하여 헌법재판소에 위헌제청을 하였다. 이처럼 이 문제는 아직 완결된 것이 아니다.

이 글에서는 위 헌법불합치결정 내지 그에 따른 개정민법의 규정이 어느 범위에까지 소급적용되어야 할 것인가를 따져보려고 한다. 이를 위하여는 위 헌법재판소 결정이 나오게 된 경위와 위 헌법재판소 결정 자체에 대하여 살펴보지 않을 수 없다. 그리고 위 대법원의 판결과 서울지방법원의 위헌제청결정

"特別限定承認制度의 遡及適用에 관한 小考", 法律新聞 1999. 2. 18, 14면 참조.

3) 그러나 우선 정부의 개정안에서는 특별한정승인제도의 신설에 수반하여 제1030조, 제1034조, 제1038조 등 여러 조문을 개정하려고 하였는데 국회에서는 제1019조 제3항만을 신설하고, 그에 따른 후속조치를 하지 않았다는 것이 문제로 지적되고 있다. 李凞培, "상속회복청구제도의 개선과 특별한정승인제도의 신설", 法律新聞 2002. 1. 21; 국회법제사법위원회, 민법중개정법률안에관한공청회 자료집(2002. 3. 7), 127면(윤진수 진술); 金相瑢, "개정 한정승인제도의 문제점", 法律新聞 2002. 3. 14, 14면 참조. 또한 李憲郁, "한정승인에 관한 개정민법의 적용범위", 法律新聞 2002. 4. 15, 15면은 상속인이 상속개시 있음을 안 날로부터 2월이나 2월 15일이 지난 후에 상속채무 초과사실을 안 경우에는 숙려기간이 1월이나 15일 정도밖에 되지 않는 문제점이 있다고 한다. 이 외에 특별한정승인제도에 관한 문헌으로는 朴東涉, "改正民法과 相續의 限定承認·抛棄", 法曹 2002. 4, 5면 이하가 있다.

4) 위 헌법재판소의 헌법불합치결정이 있기 3개월 전.

5) 公 2002상, 1059.

6) 法律新聞 2002. 10. 14, 11면 이하.

에 대하여도 언급하고 본인의 의견을 밝히고자 한다.

Ⅱ. 헌법재판소 1998. 8. 27. 결정까지의 경과

1. 決定의 背景

민법 제1019조는 상속인이 상속개시 있음을 안 날로부터 3월 내에 단순승인이나 한정승인 또는 포기를 할 수 있고(제1항), 가정법원은 이해관계인이나 검사의 신청에 의하여 그 기간을 연장할 수 있도록 하고 있다(제2항). 그리고 종전의 제1026조 제2호는 위 기간 내에 한정승인이나 포기를 하지 않으면 상속을 단순승인한 것으로 의제하고 있었다. 그런데 위 3월의 考慮期間 내지 熟慮期間의 기산점인, 상속개시 있음을 안 날의 의미에 관하여, 종래의 대법원 판례는 일관하여, 이는 상속개시의 원인되는 사실의 발생을 알고 또 이로써 자기가 상속인이 되었음을 안 날을 말하고, 상속재산 또는 상속채무 있음을 안 날 또는 상속포기제도를 안 날을 의미하는 것은 아니라고 하고 있었다.[7] 따라서 자신이 상속인이 되었음은 알았으나 피상속인에게 적극재산을 초과하는 채무가 있음은 알지 못하여 상속의 한정승인이나 포기 등의 조치를 취하지 않고서 위 고려기간을 경과하여 버린 사람은, 나중에 상속채무가 있음을 알게 된 때에도, 상속채권자에 대하여 그 채무의 이행을 거부할 수 없게 된다. 그리하여 극단적인 경우에는 상속인이 자신의 재산 전부를 가지고서도 상속채무를 이행하기에 부족하게 되는 사례도 생길 수 있다.

그리하여 해석론으로서 이러한 문제점을 해결하기 위한 주장이 몇 가지로 제기되었다. 그 하나는, 상속승인 또는 포기를 위한 고려기간은 상속인이 상속개시사실과 자기가 상속인인 사실을 아는 외에 적극재산 또는 소극재산의 존재를 안 때로부터 기산한다고 해석하여야 한다는 견해이다.[8]

---

7) 대법원 1969. 4. 22. 선고 69다232 판결(集 17권 2집 민54); 1984. 8. 23.자 84스17-25 결정(公 1984, 1723); 1986. 4. 22.자 86스10 결정(公 1986, 872); 1988. 8. 25.자 86스10・11・12・13 결정(公 1988, 1240); 1991. 6. 11.자 91스1 결정(公 1991, 1925) 등. 상세한 판례에 대하여는 尹眞秀, "相續債務를 뒤늦게 발견한 相續人의 保護", 서울대학교 法學 제38권 3・4호, 1997, 192면 이하 참조.

8) 孫智烈, "民法 第1019條 1項의 考慮期間의 起算點", 民事判例硏究 Ⅹ, 1988, 237면. 이를 지지하는 것으로는 郭潤直, 相續法, 1997, 298면 등이 있다.

다른 또 하나의 견해는 상속인이 상속재산 중 적극재산을 초과하는 상속채무가 있음을 알지 못하여 고려기간 내에 상속의 포기 등을 하지 못하였고, 그로 인하여 민법 제1026조 제2호에 의하여 법정단순승인의 효과가 발생한 후에 뒤늦게 상속채무가 있음을 알게 된 때에는, 착오를 이유로 위 법정단순승인을 취소하고, 상속의 한정승인이나 포기를 할 수 있고, 그렇게 함으로써 자기의 고유재산으로 상속채무를 변제하는 부담을 벗어날 수 있다고 보아야 한다는 것이었다.[9)]

2. 憲法裁判所의 憲法不合致決定

이러한 상황에서 상속채권자가 상속인에 대하여 상속채무의 이행을 청구한 사건에서 각급 법원이 위 민법 제1026조 제2호가 헌법에 위반된다고 하여 헌법재판소에 위헌제청신청을 하였거나, 또는 당사자가 법원에 위헌제청신청을 하였다가 기각되자 헌법재판소에 헌법소원을 제기하였고, 그에 대하여 헌법재판소가 제1026조 제2호에 대하여 헌법불합치결정을 하였다.

그 이유의 요지는 다음과 같다. 즉 상속권은 재산권의 일종이므로 상속제도나 상속권의 내용은 입법자가 입법정책적으로 결정하여야 할 사항으로서 원칙적으로 입법자의 입법형성의 자유에 속한다고 할 것이지만, 입법자가 상속제도와 상속권의 내용을 정함에 있어서 입법형성권을 자의적으로 행사하여 헌법 제37조 제2항이 규정하는 기본권제한의 입법한계를 일탈하는 경우에는 그 법률조항은 헌법에 위반된다. 그런데 상속인이 피상속인의 사망 당시 상속채무가 적극재산을 초과하는 사실을 알지 못하여 아무런 귀책사유 없이 고려기간 내에 한정승인이나 포기를 하지 못한 경우도 얼마든지 있을 수 있는데, 위 조항이 이 사건 법률조항이 상속인이 아무런 귀책사유 없이 고려기간 내에 한정승인이나 포기를 하지 못한 경우에 구제받을 수 있는 아무런 수단도 마련하지 아니한 채 고려기간 내에 한정승인이나 포기를 하지 아니하면 그 이유 여하를 묻지 않고 일률적으로 단순승인을 한 것으로 보아 그 의사와 관계없이 상속채무를 전

9) 尹眞秀(註 7), 210면 이하 참조. 이에 대하여 金疇洙, 親族·相續法, 第5全訂版, 1998, 582-583면은 타당한 해석이라고 생각되지만 법무부의 민법개정안이 개정법으로 확정되면 굳이 위와 같은 해석을 할 필요가 없다고 하고, 同, 親族·相續法, 第6全訂版, 2002, 617면은 2002년의 민법일부개정에 의하여 제1019조 제3항이 신설되었으므로 굳이 위와 같은 해석을 할 필요가 없다고 한다.

부 부담하게 한 것은 적정한 기본권제한의 방법이라고 볼 수 없다. 그리고 상속채권자는 일반적으로 피상속인을 신뢰하여 그의 일반재산을 담보로 보고서 거래한 것이지, 그의 사망 후 상속인이 채무를 승계할 것까지를 기대하고서 거래한 것으로 볼 수는 없으므로 상속인이 귀책사유 없이 상속채무가 적극재산을 초과하는 사실을 알지 못하여 고려기간 내에 한정승인이나 포기를 하지 못한 경우에도 이 사건 법률조항이 상속인으로 하여금 피상속인의 채무를 전부 부담하게 하여 상속채권자만을 보호한 것은 입법목적달성에 필요한 정도 이상으로 상속인의 기본권을 제한한 것으로서 기본권제한의 입법한계인 피해의 최소성, 공공필요와 침해되는 상속인의 기본권 사이의 균형성을 갖추었다고 볼 수 없다. 따라서 상속인이 귀책사유 없이 상속채무가 적극재산을 초과하는 사실을 알지 못하여 고려기간 내에 한정승인 또는 포기를 하지 못한 경우에도 위 조항이 단순승인을 한 것으로 본 것은 재산권을 보장한 헌법 제23조 제1항, 사적자치권을 보장한 헌법 제10조에 위반된다.

다만 헌법재판소는 위 조항에 대하여 즉시 그 효력을 상실시키는 단순위헌을 선고하지 않고, 법적 공백상태의 방지, 법적 혼란의 회피 등을 이유로 하여 헌법불합치결정을 선고하면서, 입법자가 이 사건 법률조항을 1999. 12. 31.까지 개정하지 아니하면 2000. 1. 1.부터 그 효력을 상실한다고 하였다.

3. 위 決定의 問題點

그런데 위 결정에는 여러 가지의 문제점이 있다.[10] 위 결정이 현행 상속포기 내지 한정승인 기간에 문제점이 있다고 인식한 것은 그런대로 수긍할 수 있지만, 그 근거를 재산권의 침해에서 찾은 데에는 의문이 있다. 상속권 자체는 헌법상 보장되는 재산권이라고 할 수 있지만, 상속인이 피상속인의 채무를 승계하게 되는 것이 상속인이 가지고 있던 기존의 재산권 자체를 침해하는 것이라고는 보기 어렵기 때문이다.[11]

또한 위 결정의 가장 큰 문제는 제1026조 제2호에 대하여만 헌법불합치결정을 하고, 제1019조 제1항에 대하여는 침묵을 지킨 점이다. 다른 말로 한

10) 상세한 것은 尹眞秀, "相續의 單純承認 擬制規定에 대한 憲法不合致 決定의 문제점", 憲法論叢 제11집, 2000, 183면 이하 참조.

11) 尹眞秀(註 10), 185면 이하; 丁泰鎬, "民法 제1026조 제2호에 대한 憲法不合致決定에 대한 評釋 및 위 法律規定의 改正方向", 人權과 正義 1998. 11, 107면 이하 참조.

다면 헌법재판소가 심판의 대상을 잘못 잡은 것이 아닌가 하는 점이다. 원래 고려기간을 도과한 상속인이 상속채무를 이행하여야 하는 것은 제1026조 제 2 호 때문이라기보다는 민법 제1019조 제 1 항 때문이고, 따라서 문제는 위 제1019조 제 1 항이 상속의 포기나 한정승인을 할 수 있는 기간을 지나치게 짧게 잡은 것이 아닌가 하는 점에 있는 것이지, 제1026조 제 2 호가 위 고려기간에 아무런 조치를 취하지 않은 당사자에 대하여 단순승인을 한 것으로 의제한 것 자체에 문제가 있는 것은 아니기 때문이다.[12]

좀더 설명하자면 원래 상속인이 피상속인의 채무를 승계하는 것은, 상속인이 상속을 승인하였기 때문은 아니다. 상속이 개시되면 상속인은 당연히 피상속인의 권리와 의무를 승계하고(민법 제1005조), 다만 상속인이 제1019조 제 1 항의 기간 내에 상속을 포기하면 상속채무를 면하게 되며, 상속의 한정승인을 하게 되면 상속재산을 한도로 하는 유한책임을 지게 되지만, 민법 제1019조 제 1 항의 기간이 경과하여 버리면 상속인은 더 이상 상속의 한정승인이나 포기를 할 수 없게 되어 상속채무를 면할 수 없게 되는 것이다. 그러므로 상속인의 단순승인은 그 자체가 채무의 승계라는 법률효과를 가져오는 것이라기보다는 다만 더 이상 포기나 한정승인을 할 수 없게 된다는 의미를 가질 뿐이다.[13] 민법 제1025조가 "相續人이 單純承認을 한 때에는 制限없이 被相續人의 權利義務를 承繼한다"고 규정하고 있는 것도, 제1005조와 대비하여 볼 때에는 결국 한정승인이나 포기의 가능성이 있어서 잠정적이었던 상속의 효과가 확정적으로 된다는 의미라고 해석된다.

그렇다면 상속인이 상속채무를 확정적으로 승계하게 되는 것은 민법 제1019조 제 1 항에 의하여 상속의 포기 내지 한정승인을 할 수 있는 기간이 경과하여 버린 때문이지, 민법 제1026조 제 2 호에 의하여 단순승인을 한 것으로 의제되는 때문이라고는 할 수 없다. 그러므로 민법 제1026조 제 2 호가 위헌으로 결정된다고 하여도, 고려기간이 경과함으로써 채무를 확정적으로 승계하게 된 상속인의 지위에는 어떤 변화가 있을 수 없는 것이다.

그리고 앞에서도 언급하였지만 국회는 위 헌법불합치결정에 따라서 민법을 개정하면서 헌법재판소가 위헌이라고 한 제1026조 제 2 호를 되살리고, 제

12) 같은 취지, 郭宗勳, "法定單純承認 規定 憲法不合致決定의 問題點", 法律新聞 2001. 6. 25, 12면.

13) Lange/Kuchinke, Erbrecht, 5. Aufl., 2001, S. 194 f.; MünchKomm/Leipold, 3. Aufl., 1997, §1943 Rdnr. 8 등.

1019조 제3항을 신설하였다. 그러나 형식적으로만 본다면 국회가 위헌이라고 한 제1026조 제2호를 되살린 것 자체가 위헌이라는 의문이 제기될 수 있는 것이다.[14)]

Ⅲ. 憲法不合致決定 선고 후 2002. 1. 14.의 民法改正時까지의 狀況

헌법재판소는 위 헌법불합치결정을 하면서 입법자가 위 법률조항을 1999. 12. 31.까지 개정하지 아니하면 2000. 1. 1.부터 그 효력을 상실한다고 판시하였다. 그런데 위 1999. 12. 31.까지 위 조항은 개정되지 아니하였다. 그리하여 법원이 상속채무의 이행을 청구하는 사건을 어떻게 처리하여야 할 것인가가 문제되었다. 대부분의 법원은 재판을 처리하지 않은 채 법개정시까지 미루어 두었다.[15)] 그러나 일부 법원들은 상속채무의 이행을 청구하는 사건에서 원고의 청구를 기각하거나 인용하기도 하였다.

예컨대 서울지방법원 2000. 11. 21. 선고 2000가합33206 판결[16)]은 1998. 12. 5. 상속이 개시된 후 피상속인의 채권자가 상속인들에게 채무의 이행을 청구한 사건에서, 위 헌법재판소 결정이 제1026조 제2호는 2000. 1. 1.부터 효력을 상실한다고 하였고, 상속인인 피고들이 피상속인으로부터 상속받은 적극재산이 전혀 없고 피상속인의 채무만 남아있다고 주장하고 있어서 피고들이 피상속인의 채무를 상속하였음에 대한 법률규정이 현재로서는 없으며, 더군다나 피고들의 상속채무가 적극재산을 초과하고 있지 않다거나, 초과하고 있더라도 위 피고들이 그러한 사정까지 알고서 3월 내에 한정승인이나 포기를 하지 않았다는 점을 인정할 아무런 증거가 없다는 이유로 청구를 기각하였다.

반면 서울지방법원 2001. 2. 16. 선고 99가합32573 판결(未公刊)은 1990. 4. 21. 상속이 개시된 사건에서 피고인 상속인들이 원고인 상속채권자의 채무이행청구에 대하여 위 민법 제1026조가 실효되었음을 이유로 청구에 응할 수 없다고 다툰 데 대하여, 이 사건 소는 위 헌법불합치결정의 계기가 된 당해 사건이나 위 헌법불합치결정 당시 법원 또는 헌법재판소에 위헌제청신청을 하거나

14) 尹眞秀(註 10), 182-183면 참조.

15) 法律新聞 2000. 3. 7. 기사 "국회 민법개정안 처리안해 각종 재판 지연" 참조.

16) 法律新聞 2000. 12. 4, 12면.

또는 법률 또는 법률조항의 위헌이 전제가 되어 법원에 계속중인 병행 사건이 아니어서, 헌법재판소가 민법 제1026조 제2호에 대하여 헌법불합치결정을 한 이후에 제기된 일반 사건에 해당하는데, 피상속인의 사망에 따라 재산상속이 이루어진 시기가 1990. 4. 21.로서 헌법재판소가 민법 제1026조 제2호에 대하여 헌법불합치결정을 한 1998. 8. 27.보다 훨씬 앞서는 점, 1994.경 피상속인의 상속재산에 대하여 강제경매가 진행되었음에도 위 피고들이 2000. 12.경에야 한정승인신고를 한 점, 민법 제1026조 제2호 제정 이후 민법 제1026조에 의하여 단순승인을 한 것으로 의제되어 상속인들이 피상속인으로부터 채권, 채무를 상속한 후 그에 따라 상속채권을 변제받거나 상속채무를 변제함으로써 상속받은 채권채무관계를 종료한 것이 다수인 것이 경험칙상 명백한 점 등에 비추어 위 헌법불합치결정을 이 사건에 소급적으로 적용할 경우 법적 안정성을 침해할 우려가 많기 때문에 위 헌법불합치결정은 이 사건에 소급적으로 효력을 미치지는 아니한다는 이유로 피고들의 주장을 배척하고 원고의 청구를 받아들였다.

위 2000가합33206 판결에 대하여는 앞에서도 언급한 것처럼 상속인들이 상속채무를 승계하는 것은 민법 제1026조 제2호 때문은 아니므로 채무상속에 관한 법률규정이 없다고 본 것은 잘못이라는 비판을 가할 수 있다.[17] 그러므로 위와 같은 경우에는 법원으로서는 여전히 법률의 개정을 기다렸어야 한다고 생각된다.[18] 반면 위 99가합32573 판결은 위 헌법불합치결정에 따라 민법이 개정되더라도 그러한 사건에 관하여까지는 소급적용될 수 없을 것이라고 판단하여 청구를 받아들인 것으로 보인다.

17) 같은 취지, 金相瑢, “상속채무가 적극재산을 초과하는 경우 고려기간 내에 限定承認 또는 포기를 하지 않은 상속인의 책임”, 家族法硏究 Ⅰ, 2002, 381면 이하(= 法律新聞 2001. 4. 5, 14-15면).

18) 그러나 郭宗勳(註 12), 13면은 우리의 관습은 고래로 상속에 있어서 父債子還의 원칙, 즉 단순승인의 원칙을 취하여 왔고, 민법 제1005조 본문도 이러한 원칙을 따르고 있으므로 제1026조 제2호의 규정이 없다고 하더라도 고려기간이 경과함으로써 상속인이 피상속인의 채무를 확정적으로 승계하는 것으로 해석할 수밖에 없다고 한다. 반면 金相瑢(註 17), 383면은 피상속인의 사망으로 개시된 상속관계가 아직까지 확정되지 않았다는 이유를 들어 청구를 기각하는 편이 보다 설득력이 있었을 것으로 생각된다고 한다.

Ⅳ. 特別限定承認規定의 遡及適用에 관한 論議

1. 改正民法 附則의 규정

위 헌법재판소의 헌법불합치결정이 있은 후 정부는 1998. 11. 13. 국회에 민법중개정법률안을 제출하였다. 여기서는 현재 개정된 민법과 같이 제1019조 제3항을 신설하기로 하였는데, 그 부칙에서는 위 제1019조 제3항이 소급적용될 수 있다는 경과규정을 두지 않고, 오히려 제1조 본문이 "이 법은 1999년 1월 1일부터 시행한다"고 규정하고, 제2조는 "이 법은 종전의 규정에 의하여 생긴 효력에 영향을 미치지 아니한다"고 규정함으로써 개정법률이 소급하지 않는다는 不遡及의 원칙을 명문으로 규정하고 있었다. 그러나 이에 대하여는 소급효를 인정하는 경과규정을 두어야 한다는 반대의견이 많았다.[19]

위 민법개정안은 2000. 5. 29. 제15대 국회의 임기만료로 폐기되었다. 그러자 정부는 2000. 10. 16. 국회에 새로운 민법중개정법률안을 제출하였는데, 여기서는 이와 같은 비판을 고려하여서, 부칙 제4조에서, "1998年 5月 27日부터 이 法 施行前까지 相續開始가 있음을 안 者 중 相續債務가 相續財産을 초과하는 사실을 중대한 過失없이 第1019條 第1項의 기간 내에 알지 못하다가 이 法 施行 전에 그 사실을 알고도 한정승인신고를 하지 않은 자는 이 法 施行日로부터 3月 내에 第1019條 第3項의 改正規定에 의한 限定承認을 할 수 있다"고 규정하여, 이 사건 결정이 있은 1998. 8. 27.부터 제1019조의 3월의 고려기간을 소급하여 상속개시가 있음을 안 자에 대하여는 개정 조항이 소급적용되는 것으로 하였다.[20]

국회는 2001. 12. 20. 위 민법개정안 중 한정승인에 관한 부분을 받아들여 제1019조 제3항을 신설하고 제1026조 제2호를 부활시키기로 의결하였고, 이

19) 다만 그 구체적인 내용에 있어서는 다소 차이가 있었다. 1999. 3. 12. 국회법제사법위원회 주최 민법중개정법률안에 대한 공청회에서의 鄭長吾, 朴相勳, 韓琫熙 각 발언 참조. 第202回 國會 法制司法委員會會議錄 第2號, 國會事務處, 11-15, 16-20, 28면 등. 좀더 상세한 것은 金鍾斗, "憲法裁判所의 憲法不合致決定의 遡及效와 國會의 立法審査事例", 立法學 硏究 創刊號, 2000, 248면 이하 참조. 또한 丁泰鎬(註 11), 115면; 尹眞秀(註 2), 14면; 황도수, "민법 제1026조 제2호에 대한 헌법불합치결정의 효력", 法律新聞 1999. 12. 16, 15면도 소급효를 인정하는 경과규정이 필요하다고 주장하였다.

20) 이는 실제로는 제15대 국회의 법제사법위원회에서 제1차 개정을 심의하여 본회의에 심사보고하였던 내용을 그대로 받아들인 것이다. 金鍾斗(註 19), 245면 이하 참조.

법은 2002. 1. 14. 공포되었다. 위 법 부칙 제1항에서는 이 법은 공포한 날부터 시행한다고 하면서, 제3항에서는 1998. 5. 27.부터 이 법 시행 전까지 상속개시가 있음을 안 자 중 상속채무가 상속재산을 초과하는 사실을 중대한 과실없이 제1019조 제1항의 기간 내에 알지 못하다가 이 법 시행 전에 그 사실을 알고도 한정승인신고를 하지 아니한 자는 이 법 시행일부터 3월 내에 제1019조 제3항의 개정규정에 의한 한정승인을 할 수 있다고 하여 제한된 범위 내에서 소급적용을 인정하였다.

2. 特別限定承認制度의 遡及適用에 관한 大法院 判例

위 개정민법이 2002. 1. 14. 시행되면서 바로 위 제1019조 제3항의 소급적용 범위가 판례상 논란이 되었다.

우선 대법원 2002. 1. 15.자 2001스38 결정[21]은 재항고인인 상속인들이 1999. 5. 25. 피상속인이 사망한 무렵에 상속개시가 있음을 안 후 2001. 2. 19.에 이르러서야 이 사건 상속포기 신고를 한 데 대하여, 이 상속포기 신고는 민법 제1019조 제1항에서 정한 상속개시 있음을 안 날로부터 3개월의 기간 내에 이루어진 것이 아니므로, 재항고인들이 개정민법 부칙 제3항의 규정에 따라 그에 정한 기간 내에 한정승인신고를 할 수 있음은 별론으로 하고, 이 사건 상속포기 신고는 부적법하다고 하였다.

이어서 대법원 2002. 1. 17.자 2001스16 결정[22]은 1998. 5. 27.부터 개정민법 시행 전까지 상속개시가 있음을 안 자 중 상속채무가 상속재산을 초과하는 사실을 중대한 과실없이 민법 제1019조 제1항의 기간 내에 알지 못하다가 개정민법 시행 전에 그 사실을 알고 한정승인신고를 한 자는 부칙 제3항에 따른 한정승인을 한 것으로 보아야 할 것인바, 기록에 의하면 청구인들은 1998. 8. 22. 피상속인의 사망 무렵 상속개시 있음을 안 후 1999. 3. 9.경 이 사건 한정승인신고를 한 사실을 인정할 수 있으므로, 청구인들이 상속개시 있음을 안 날로부터 3월 내에 상속채무가 상속재산을 초과한다는 사실을 알았거나 알지 못한 데에 중대한 과실이 없는 한, 법원은 청구인들이 개정민법 부칙 제3항의 경과 규정에 따른 한정승인을 한 것으로 보아 위 한정승인신고를 수리하는 결

21) 公 2002상, 577.

22) 公 2002상, 579.

정을 하여야 할 것이라고 판시하였다.

다음으로 대법원 2002. 2. 8. 선고 98다44499 판결[23])은 민법 제1019조 제3항이 신설되었으나 그 조항은 부칙 제1항, 제2항에 따라 소급적용되지 않고 개정민법의 시행일인 2002. 1. 14.부터 적용되며, 다만 개정민법 부칙 제3항에서 1998. 5. 27.부터 개정민법 시행 전까지 상속개시가 있음을 안 자 중 상속채무가 상속재산을 초과하는 사실을 중대한 과실없이 민법 제1019조 제1항의 기간 내에 알지 못하다가 개정민법 시행 전에 그 사실을 알고도 한정승인신고를 하지 아니한 자는 개정민법 시행일부터 3월 내에 민법 제1019조 제3항의 개정 규정에 의한 한정승인을 할 수 있다는 경과조치가 규정됨으로써 개정민법 시행 이전에 상속개시가 있음을 안 자 중 위의 요건에 해당하는 일부 상속인들은 보호받을 수 있게 되었다고 하여, 이 사건에서 피고 등은 1992. 8. 5. 상속인의 사망 무렵 상속개시 있음을 안 사실을 알 수 있으니, 피고 등은 개정민법 부칙 제3항의 경과조치에 의하여 보호받을 수 있는 상속인들에 해당한다고 볼 수 없으며, 개정민법 제1019조 제3항은 피고 등에게 소급적용될 여지가 없다고 판시하였다. 이 판결에 의하면 개정민법의 소급적용은 부칙 제3항에 정한 경우로 한정되는 것처럼 보인다.

그러나 대법원 2002. 4. 2. 선고 99다3358 판결[24])은 다음과 같이 판시하여 개정민법조항의 소급적용 범위를 넓혔다.

> "어떠한 법률조항에 대하여 헌법재판소가 헌법불합치결정을 하여 입법자에게 그 법률조항을 합헌적으로 개정 또는 폐지하는 임무를 입법자의 형성 재량에 맡긴 이상 그 개선입법의 소급적용 여부와 소급적용의 범위는 원칙적으로 입법자의 재량에 달린 것이기는 하지만, 개정 전 민법 제1026조 제2호에 대한 위 헌법불합치결정의 취지나 위헌심판에서의 구체적 규범통제의 실효성 보장이라는 측면을 고려할 때 적어도 위 헌법불합치결정을 하게 된 당해사건 및 위 헌법불합치결정 당시에 개정 전 민법 제1026조 제2호의 위헌 여부가 쟁점이 되어 법원에 계속중인 사건에 대하여는 위 헌법불합치결정의 소급효가 미친다고 하여야 할 것이므로 비록 개정민법 부칙 제3항의 경과조치의 적용 범위에 이들 사건이 포함되어 있지 않더라도 이들 사건에 관하여는 종전의 법률조항을 그대로 적용할 수는 없고, 위헌성이 제거된 개정민법의 규정이 적용되는 것으로 보아야 할 것이다.
>
> 3. 기록에 의하면, 망 정○○은 원고에게 약속어음을 발행한 후 1996. 1. 15. 사망

23) 未公刊.

24) 公 2002상, 1059.

하였고, 피고들은 망 정○○의 상속인으로서 원고가 제기한 이 사건 약속어음금 청구소송의 제1심에서 패소한 후 이에 항소하여 이 사건이 원심에 계속중이던 1997. 10. 21. 원심법원에 개정 전 민법 제1026조 제2호에 대한 위헌심판제청신청을 하였다가, 헌법재판소의 위 헌법불합치결정이 있자 그 신청을 취하한 사실을 인정할 수 있는바, 그렇다면 이 사건은 위에서 말한 위 헌법불합치결정의 소급효가 미치는 경우에 해당한다고 할 것이므로 피고들은 개정민법의 경과규정의 적용을 받아 상속채무가 상속재산을 초과하는 사실을 중대한 과실없이 민법 제1019조 제1항의 기간 내에 알지 못한 경우에는 개정민법 시행일부터 3월 내에 민법 제1019조 제3항의 개정 규정에 의한 한정승인신고를 할 수 있다고 보아야 할 것이다."

위 판결에 따르면 위 헌법불합치결정을 하게 된 당해사건뿐만 아니라 위 헌법불합치결정 당시에 개정 전 민법 제1026조 제2호의 위헌 여부가 쟁점이 되어 법원에 계속중인 사건에 대하여는 부칙 제3항에 해당하지 않는 경우에도 제1019조 제3항이 소급적용될 수 있다는 것이 된다.[25]

그리고 대법원 2002. 8. 1.자 2002스37 결정[26]은 이러한 대법원의 태도를 다시 한 번 분명히 하였다. 이 사건에서는 피상속인은 1997. 6. 28. 사망하여 재항고인들이 공동상속인이 되었는데, 재항고인들은 상속개시 있음을 안 날로부터 3개월이 지난 2001. 5. 10. 한정승인신고를 한 경우 그 한정승인신고의 적법성 여부가 문제가 되었다. 대법원은 "이 사건은 위 헌법불합치결정을 하게 된 당해 사건이나 헌법불합치결정 당시에 개정 전 민법 제1026조 제2호의 위헌 여부가 쟁점이 되어 법원에 계속중인 사건에도 해당하지 아니하므로, 재항고인들로서는 개정민법 제1019조 제3항이나 그 부칙 제3항에 의한 한정승인을 할 수 없고, 결국 이 사건 한정승인신고는 상속개시 있음을 안 날로부터 3개월의 기간 내에 이루어진 것이 아니므로 부적법하다"라고 판시하여 재항고인의 재항고를 기각하였다.

25) 이후에도 대법원 2002. 5. 14. 선고 2000다62476 판결(公 2002하, 1389)은 같은 태도를 유지하면서, 그 사건은 위 헌법불합치결정을 하게 된 당해 사건이 아닐 뿐 아니라 1999. 4. 15. 소송이 제기되었으므로 1998. 8. 27. 위 헌법불합치결정 당시에 개정 전 민법 제1026조 제2호의 위헌 여부가 쟁점이 되어 법원에 계속중인 사건도 아니라고 할 것이어서 위 헌법불합치결정의 소급효가 미친다고 할 수도 없다고 판시하였다.

26) 未公刊. 이 결정을 보내주신 대법원 선임재판연구관 김능환 부장판사님께 감사의 뜻을 표한다.

3. 遡及適用 여부에 관한 學說上의 論議

민법개정 과정에서 소급적용을 인정하여야 한다는 주장이 많았음은 앞에서 본 바이지만,[27] 구체적으로 개정법률이 제한적으로만 소급적용을 인정하는 것에 대하여는 다음과 같은 몇 개의 주장을 찾아볼 수 있다.

그 하나는 개정법률 부칙의 규정만으로 충분하고 더 이상 소급적용의 범위를 확대할 필요가 없다는 주장이다. 즉 헌법에 위반된 법률은 원칙적으로 무효이지만 그 무효는 일반적 무효는 아니므로, 위헌결정의 기속력 역시 그 미치는 범위가 무한정일 수는 없고 법적 안정성의 유지나 당사자의 신뢰보호를 위하여 불가피한 경우와 같이 다른 법리에 의하여 그 소급효를 제한하는 것이 오히려 법치주의의 원칙상 요청된다면 당해 법률을 유효로 보아 이를 적용할 수 있는데, 상속관계는 법적 안정성의 유지나 당사자의 신뢰보호를 위하여 조속히 확정함으로써 그로 인한 법적 불안이 장기간 계속되는 것을 막아야 하는 점에 비추어 볼 때, 위 헌법불합치결정의 기속력은 동 결정의 선고시를 기준으로 하여 민법 제1019조 제1항 소정의 고려기간이 미처 경과하지 아니한 사건에 한하여 미치는 것으로 그 소급효를 제한함이 상당하고, 정부가 2000. 10. 16.자로 제안하여 당시 국회에 계류중이었던 민법중개정법률안의 부칙은 이러한 취지라고 보인다고 한다.[28]

반면 헌법불합치결정에 따른 입법자의 입법개선의무의 범위에는 헌법불합치로 선고된 법률이 발생시킨 과거의 위헌적인 법률관계에 대하여도 소급적으로 개선하는 것이 포함되어 있고, 입법부가 그러한 입법의무를 위반하여 입법을 하는 경우에는 그것은 위헌으로 인정될 수 있으므로 개정된 민법조항에 대하여 다시 한번 위헌법률심판제청을 신청하는 것을 고려하여 보아야 한다고 하는 견해도 있다.[29]

그리고 위헌적인 법률상태의 제거를 위하여 합헌적인 개정법률의 소급효를 인정하는 것은 헌법불합치결정 자체에 이미 내재하고 있는 논리이고, 이러

27) 註 19)에서 소개한 각 문헌 참조.

28) 郭宗勳(註 12).

29) 황도수(註 19), 15면. 다만 이 견해는 소급적용에 관하여 아무런 규정을 두지 않고 있던 제15대 국회에서의 정부의 개정안에 관한 것으로서, 제한된 범위 내에서는 소급적용을 인정하고 있는 현재의 법에 대하여도 그대로 해당되는 설명인지는 반드시 명백하지 않다.

한 소급효의 인정은 구체적인 규범통제를 전제로 한 우리의 헌법재판에서는 당연한 것이므로, 위 대법원 99다3358 판결(註 24)은 헌법불합치결정 이후에 개정전 민법 제1026조 제2호가 재판의 전제가 되어 제소된 일반사건에 대하여는 명확한 언급을 하고 있지 아니하나, 위헌결정의 소급효가 인정되는 범위에 비추어 볼 때 일반사건의 경우, 즉 상속인이 1998. 5. 27. 이전에 상속개시 있음을 안 경우에도 상속채무가 상속재산을 초과하는 사실을 중대한 과실없이 상속개시 있음을 안 날로부터 3개월 이내에 알지 못하였다면, 상속채무가 상속재산을 초과하는 사실을 개정민법 시행 전에 안 경우에는 2002. 4. 15.까지, 그 사실을 개정민법 시행 후에 안 경우에는 그 사실을 안 날로부터 3월 내에 개정민법 제1019조 제3항에 의한 한정승인을 할 수 있다고 보아야 하며, 다만 일반사건의 경우에는 소급효를 무한정 인정하게 되면 법적 안정성을 해할 우려가 있으므로 그 인정 범위를 적절하게 제한하여야 하고, 그 제한에 관하여는 위헌결정에 대한 대법원 1994. 10. 25. 선고 93다42740 판결[30]의 견해[31]가 그대로 적용되어도 좋을 것이라고 하는 견해가 있다.[32]

4. 서울지방법원의 違憲提請決定

이러한 상황에서 서울지방법원 2002. 9. 26.자 2001나22948 위헌제청결정[33]은 위 개정민법의 소급적용을 제한하고 있는 부칙 제3항의 규정이 헌법에 위반된다고 하여 헌법재판소에 위헌제청을 하였다.

이 사건의 사실관계는 다음과 같다. 즉 이 사건의 피상속인은 1994. 6. 3. 18 : 40경 다른 사람 소유의 승용차를 운전하고 가다가 맞은편에서 오던 자동차와 충돌하여 피상속인은 그 자리에서 사망하였고, 맞은편에서 오던 자동차에 탑승하였던 사람들은 부상을 입었다. 그러자 원고 회사는 맞은편 자동차 소유자의 책임보험자로서 부상자들에 대하여 보험금을 지급한 다음, 피상속인의 상

30) 公 1994하, 3077.

31) 이 사건에서 대법원은 위헌결정의 효력은 그 미치는 범위가 무한정일 수는 없고 법원이 위헌으로 결정된 법률 또는 법률의 조항을 적용하지는 않더라도 다른 법리에 의하여 그 소급효를 제한하는 것까지 부정되는 것은 아니라 할 것이며, 법적 안정성의 유지나 당사자의 신뢰보호를 위하여 불가피한 경우에 위헌결정의 소급효를 제한하는 것은 오히려 법치주의의 원칙상 요청되는 바라 할 것이라고 판시하였다.

32) 李憲郁(註 3), 15면.

33) 註 6) 참조.

속인들인 피고들에 대하여 1998. 10. 10. 구상금으로 위 보험금상당액의 지급을 구하는 이 사건 소를 제기하였다. 그러자 피고들은 이 사건 제1심 소장 부본을 송달받은 후 1998. 12.경 가정법원에 상속포기신고를 하였다가 2002. 2. 6. 한정승인신고로 신청취지를 변경하였으며, 2002. 5. 17. 위 한정승인신고가 수리되었다.

제청법원은 개정민법 부칙 제3항 중 '1998년 5월 27일부터'라는 부분의 위헌 여부에 따라 이 사건 구상금 청구 사건에 대한 판결의 주문이 달라지고, 따라서 이 사건 법률규정은 헌법재판소법 제41조 제1항 소정의 '재판의 전제성'을 갖추었다고 보고, 이어서 헌법불합치결정은 원칙적으로 소급효를 가져야 한다고 보았다. 즉 어느 법률이 헌법재판소의 위헌결정에 의하여 위헌이라고 확정되었다면 법원으로서는 위헌으로 확정된 법률을 더 이상 적용하여서는 안 되고 이에 따라 위헌결정의 소급효가 인정되는 것은 헌법의 우위라는 명제에서 나오는 논리적인 결론이라고 하지 않을 수 없으며, 그 외에 헌법 제103조, 제27조 제1항, 제10조 후단, 제11조 제1항 등 구체적인 헌법규정에 비추어 보아서도 그러하다고 한다. 그리고 헌법불합치결정도 그것이 위헌결정의 일종인 한에서는 원칙적으로 소급효가 인정되어야 하고, 다만 그러한 소급효를 인정하는 것이 법적 안정성 등 공익의 중대한 침해를 가져오는 경우에만 예외적으로 소급효가 제한되어야 하며, 단순위헌결정은 그 자체로서 소급효를 가지므로 따로 입법자의 개선입법을 기다릴 필요가 없으나, 헌법불합치결정은 그 자체로서 소급효가 있다기보다는 입법자에게 개선입법이 소급적으로 이루어지도록 하는 의무를 부과하는 점에서 특성이 있을 뿐이라고 하면서 헌법재판소의 종래의 판례를 인용하였다.

그리고 개정민법 부칙 제3항에 관한 대법원 2002. 4. 2. 선고 99다3358 판결[34] 등 일련의 판례에 따라 「개정민법 시행 이전에 1998. 5. 27. 이후 상속개시가 있음을 안 자 중 위 부칙 제3항에 명문으로 정한 요건에 해당하는 일부 상속인들」과 「1998. 5. 26. 이전에 상속개시가 있음을 안 자라 하더라도 위 당해사건이나 헌법불합치결정 당시 법원에 계속중인 사건의 상속인들」에 한정하여 제한적으로만 소급효를 인정하고, 그 외에 「이러한 당해사건이나 헌법불합치결정 당시 법원에 계속중인 사건이 아닌 사건으로서 피상속인이 1998. 5. 26. 이전에 사망한 사건의 경우에는 위 부칙 제3항이 적용되거나 유추 적용될

34) 註 5) 참조.

수도 없다」는 것으로 이해할 수 있다면, 위 부칙 제3항 중 '1998년 5월 27일부터'라는 부분은 기본권 제한의 입법한계를 일탈한 것으로 재산권을 보장한 헌법 제23조 제1항, 평등권을 보장한 헌법 제11조 제1항에 위배된다고 하는 상당한 의심이 있다고 한다.

우선 개정민법 부칙 제3항이 1998. 5. 27. 이후에 상속개시를 안 상속인들만을 구분하여 이들에 대하여서만 소급효를 인정하고 그 전에 상속개시를 안 상속인들에 대하여는 원칙적으로 소급효를 인정하지 않음으로써 개정민법 규정의 소급적용을 제한하는 것이 법적 안정성의 요청 등 헌법적 관점에서 합리적인 차별로서 허용될 수 있을 것인가가 문제되는데, 개정민법 부칙 제3항이 이와 같이 소급효를 제한한 것이 그와 같이 제한하지 않을 경우 채무 초과의 사실을 뒤늦게 안 상속인들이 모두 한정승인을 할 수 있게 됨으로써 채권자의 법적 지위에 혼란이 생길 염려가 있다는 점을 그 이유로 삼고 있다고 하더라도, 그와 같은 사정만을 들어 소급효를 제한하는 것은 사실상 소급효를 부정하는 결과를 낳는 것과 다를 바 없고 아울러 법적 안정성의 측면과 관련해서도 정당한 합헌적 근거로 삼기는 어렵다고 한다. 즉 개정민법 부칙 제3항에 따르면 상속인이 이미 채무 초과사실을 알았거나 중대한 과실로 알지 못한 채 위 3월을 경과함으로써 단순승인을 한 것으로 간주되는 경우나 그렇지 아니한 경우에도 개정민법 시행일부터 3월 내에 위 한정승인을 하지 아니한 경우에는 개정민법 규정의 적용대상에서 제외될 것이므로, 개정민법 규정의 적용 범위는 위 부칙 제3항 규정 그 자체에 의해서도 상당한 범위에서 제약을 하고 있는 셈이고, 또한 상속채무에 관하여 이미 법원의 확정판결이 있다면 판결의 기판력의 작용에 의하여 더 이상 다툴 수 없게 되고, 상속채무에 관하여 소멸시효가 완성된 경우에도 개정민법 규정의 적용이 문제될 수는 없을 것이며, 이러한 제한은 법적 안정성이라는 측면에서 당연히 인정되어야 할 것이므로, 1998. 5. 26. 이전에 상속개시를 안 상속인들의 경우에까지 개정민법 규정의 소급효를 인정한다고 하더라도 법적 안정성을 해칠 우려가 그다지 많지 않고, 그 반면에 달리 개정민법 부칙 제3항과 같이 특별히 1998. 5. 27.이라는 시점을 가지고 개정민법 규정의 적용 여부를 구분하여 차별하는 것이 법적 안정성 등 다른 헌법적 관점에서 어떠한 합리적인 근거를 갖는다고 볼 수도 없는 이상, 위 헌법불합치결정에 따라 당사자가 권리구제를 받을 수 있는 구체적 타당성의 요청에 의해 개정민법 규정의 소급효를 1998. 5. 26. 이전에 상속개시를 안 상속인들의 경우까지 제한 없이 인정하여야 할 것이라고 한다.

그리고 대법원 판례에 따라 개정민법 규정의 소급적용 범위가 일정 부분 확장된 것으로 해석된다고 하더라도, 제청사건의 사안과 같이 위 헌법불합치결정 이후에 법원에 제소된 이른바 일반사건의 상속인들의 경우에는 개정민법 규정의 소급적용이 인정되지 않게 되는데, 1998. 5. 26. 이전에 상속개시를 안 상속인들에 대하여 위와 같이 구분하여 개정민법 규정의 소급적용 여부에 차별을 두고 있는 것 역시 합리적인 헌법적 근거를 찾아 볼 수 없기는 마찬가지라고 한다. 왜냐하면 대개의 경우 상속인들은 상속채권자가 피상속인에 대한 채권을 주장하면서 상속인들을 상대로 소를 제기해 온 뒤에야 피상속인이 어떠한 채무를 부담하고 있었는지를 구체적으로 알게 되고, 그제야 위 개정 전 민법 제1026조 제2호 규정의 위헌성에 대한 주장을 하게 될 것인데, 만일 위 헌법불합치결정 당시 위 개정 전 민법 규정의 위헌 여부가 쟁점이 되어 법원에 계속 중인 사건에 대하여만 개정민법을 적용한다고 한다면 '상속채권자가 소를 제기한 시점'이라고 하는 상속인들의 의사와 무관한 우연한 사정에 의하여 상속인들이 개정민법에 의한 보호를 받을 수 있는지 여부가 결정되게 되고, 이러한 사정은 위 헌법불합치결정에 의한 당사자의 권리구제에 차등을 설정할 만한 합리적 기준이라고는 볼 수 없음이 분명하다 할 것이기 때문이라는 것이다.

Ⅴ. 違憲決定 및 憲法不合致決定의 遡及效

이 문제는 직접적으로는 위 개정민법 규정의 소급적용에 관한 문제인데, 위 개정민법은 위 헌법재판소의 헌법불합치결정에 따른 개선입법이라는 점에서 이는 기본적으로 이러한 개선입법은 어느 범위 내에서 소급효를 가지는가, 헌법불합치결정은 과연 소급효를 가지는가 하는 문제로 바꾸어 말할 수 있다. 그리고 헌법불합치결정의 소급효를 다루기 위하여는 먼저 헌법재판소의 단순위헌결정에는 소급효가 인정되어야 하는지의 문제를 살펴보아야 한다. 필자는 이전에 이러한 위헌결정의 소급효 및 헌법불합치결정의 소급효 문제에 관하여 여러 차례 다룬 바 있고,[35] 헌법재판소의 위 1998. 8. 27.자 헌법불합치결정에

35) 尹眞秀, "違憲法律의 效力", 憲法論叢 제1집, 1990, 273면 이하, 특히 306면 이하; 同, "憲法裁判所 違憲決定의 遡及效", 裁判資料 제75집 憲法問題와 裁判(上), 1997, 621면 이하, 특히

대하여도 논평한 바 있으나,[36] 개정민법조항의 소급적용에 대한 대법원의 판례 및 서울지방법원의 위헌제청결정을 계기로 하여 좀더 구체적으로 검토한다.

1. 違憲決定의 遡及效

가. 違憲決定의 原則的 遡及效

헌법재판소법 제47조 제2항 본문은 "違憲으로 決定된 法律 또는 法律의 條項은 그 決定이 있는 날로부터 效力을 喪失한다"고 규정하고 있다. 그리하여 일반적으로는 헌법재판소의 위헌결정에는 소급효가 없는 것이 원칙이라고 보고 있다. 그러나 사견으로는 헌법재판소의 위헌결정에는 소급효가 있는 것이 원칙이라고 보아야 한다고 생각한다.

여기서 먼저 명백히 하여 둘 필요가 있는 것은 위헌결정의 소급효를 인정할 것인가 여부는 명백한 헌법문제로서, 헌법보다 하위의 법률에서 임의로 결정할 수 있는 성질의 문제는 아니라는 것이다. 헌법재판소의 위헌결정의 소급효에 관한 논의 가운데에는 우리 헌법은 위헌결정의 소급효에 관하여 아무런 규정을 두지 않았으므로, 위헌결정의 소급효를 인정할 것인가 하는 점은 결국 법률에 위임되어 있는, 입법정책의 문제라고 하는 주장이 많다. 그러나 위헌결정의 소급효에 관하여 헌법에 명문의 규정이 없는 것은 사실이지만, 그것만으로 바로 이는 법률에 위임되어 있는 문제라고 단정할 수는 없다. 다시 말하여 헌법에 직접적인 규정은 없더라도 우선 헌법의 개별 규정의 해석 내지 헌법의 전체체계에 비추어 헌법에서 위헌결정의 소급효에 관하여 어떤 해답을 찾을 수 있는지를 살펴보고, 정말 헌법으로부터는 아무런 해답을 얻을 수 없을 때에만 이는 법률에 위임되어 있는 문제라고 할 수 있는 것이다. 뿐만 아니라 위헌결정의 소급효 문제는 결국 상위의 법규범인 헌법과, 하위의 법규범인 법률이 충돌하는 경우에 어느 것이 우선하는가 하는 문제라고 할 수 있는데, 이 문제를 충돌하는 하위의 법규범과 동일한 차원의 법규범인 법률이 결정할 수 있는 것이라고 한다면, 결국 상위의 법규범의 적용 범위를 하위의 법규범이 결정하는 것이 되나, 이는 헌법상의 근거가 없는 한 불가능하다.

665면 이하; 同, "交通事故處理特例法 제4조 제1항 및 그에 근거한 不起訴處分에 대한 憲法訴願의 適法性: 違憲決定의 遡及效 문제를 중심으로", 憲法實務硏究 제1권, 2000, 119면 이하, 특히 123면 이하.

36) 尹眞秀(註 10) 참조.

그런데 우리 헌법의 해석에 의하면 위헌결정은 소급효를 가져야 한다는 점은 헌법상의 명제라고 하지 않을 수 없다. 그 근거는 다음과 같다.

첫째, 헌법 제103조는 법관은 헌법과 법률에 의하여 재판하도록 규정하고 있어 법관이 헌법과 법률에 구속됨을 명언하고 있어서 법률이 헌법에 위반되는 때에는 어느 것을 따라야 하는가가 문제되는데, 헌법이 법률에 우선한다는 점을 인정한다면 당연히 법관으로서는 헌법에 위반되는 법률을 적용하여서는 안 된다는 결론이 나온다. 만일 위헌결정에 소급효가 없다면 법관으로서는 위헌결정 이후에도 그 이전에 성립한 법률관계에 대하여는 여전히 위헌인 법률을 적용하여야 하고 이는 헌법 제103조와 모순된다.

둘째, 헌법 제27조 제1항은 "모든 국민은 헌법과 법률이 정한 법관에 의하여 법률에 의한 재판을 받을 권리를 가진다"라고 규정하고 있는데, 여기서 말하는 법률에 의한 재판이라 함은 그 재판의 절차와 내용이 법률에 의하여야 하고, 나아가 이러한 법률은 합헌적인 법률만을 의미하며, 국민으로서는 재판청구권에 기하여 위헌인 법률의 적용을 거부할 헌법적인 권리가 있다고 보아야 하고, 위헌법률심사제도 자체가 국민의 재판청구권을 보장하기 위한 수단이라고 말할 수 있는데, 위헌결정의 소급효를 부정하는 것은 이러한 재판청구권을 부인하는 결과가 된다.

셋째, 헌법 제10조 후단은 "국가는 개인이 가지는 불가침의 인권을 확인하고 이를 보장할 의무를 가진다"라고 규정하고 있는데, 법률이 기본권을 침해하여 위헌인 경우에 위헌결정의 소급효를 제한하여 위헌인 법률의 계속 적용을 인정하는 것은 이러한 국가의 기본권 보장의무에 정면으로 위반된다.

넷째, 위헌결정의 소급효가 인정되는 범위를 당해사건 또는 위헌결정 당시 법원에 계속중인 사건 등으로 한정하는 경우에는 이는 헌법상의 평등의 원칙에 어긋난다.

그러므로 법원이 위헌으로 결정된 법률을 적용하여서는 안 된다는 것은 헌법상의 요청이고, 이와 달리 위헌결정된 법률에 대하여 소급효를 부정하여 위헌결정 이전의 법률관계에 대하여는 계속 적용하도록 하기 위하여는 헌법에 그와 같은 근거가 있어야 하며, 그러한 헌법상의 근거가 없는 이상 위헌결정의 소급효가 원칙적으로 인정된다고 보는 것이 헌법상 당연한 해석이다.

뿐만 아니라 이러한 개별 조문을 떠나서라도 헌법과 법률은 어떠한 관계에 있는가 하는 점을 생각하여 보면 소급효 문제에 대한 해답을 얻는 것은 그리

어렵지 않다. 오늘날 헌법이 법률보다 상위에 있는 법규범으로서 헌법과 법률이 충돌할 때에는 헌법이 우선한다고 하는 憲法의 優位(Vorrang der Verfassung)에 대하여는 아무도 의문을 제기하는 사람이 없다. 違憲法律審査制度라는 것도 기본적으로는 이러한 헌법의 우위를 확보하기 위한 제도적 장치라고 이해될 수 있으며,[37] 앞에서 살펴본 헌법 제103조 제1항, 제27조 제1항, 제10조 후단 등도 이와 같은 헌법의 우위라는 원칙을 나타내고 있는 것이라고 할 수 있다.

이러한 관점에서 볼 때, 어느 법률이 헌법재판소의 위헌결정에 의하여 위헌이라고 확정되었다면 법원으로서는 위헌으로 확정된 법률을 더 이상 적용하여서는 안 된다는 것은 헌법의 우위라는 명제에서 나오는 논리적인 결론이라고 하지 않을 수 없다. 그러므로 앞에서 열거한 헌법의 개별조문이 존재하지 않는다 하더라도, 위헌결정의 소급효는 이를 부정하는 명백한 헌법상의 근거가 없는 한 원칙적으로 인정되어야 한다.[38]

다만 위헌결정의 소급효가 헌법상의 요청이라 하더라도 그로 인하여 법적 안정성에 중대한 침해가 생긴다면 이는 방지되어야 할 것이다. 법적 안정성 자체도 법치국가의 원리에 근거를 둔 것으로서 헌법적 근거를 가진 것이기 때문이다. 구체적으로는 기판력의 법리, 행정처분의 공정력의 법리, 형사법상 위법성의 착오의 법리(형법 제16조), 민법상 過失의 부정 등 여러 가지의 법리에 의하여 이러한 법적 안정성을 달성할 수 있다.[39]

나. 大法院과 憲法裁判所의 판례

이 점에 관하여 대법원과 헌법재판소의 판례는 어떠한 태도를 취하고 있는가? 우선 대법원은 처음에는 위헌결정을 위한 계기를 부여한 이른바 당해사건에 미친다고 하였다가, 이어서 위헌결정 당시 법원에 계속중인 사건에도 미친다고 하였고, 드디어는 그 이외의 모든 사건에 소급효가 미친다고 하였다.[40] 그러나 다른 한편 대법원은 확정판결이 내려진 사건은 위헌결정의 소급효에

---

37) 미국 연방헌법에는 위헌법률심사제도에 관한 아무런 규정이 없음에도 불구하고 1803년의 Marbury v. Madison 판결에서 John Marshall 연방대법원장이 이러한 헌법의 우위라는 이론에 입각하여 위헌법률심사제도(judicial review)를 정립한 것은 잘 알려진 사실이다.

38) 위 서울지방법원의 위헌제청결정 이유는 이러한 필자의 견해를 많이 참조한 것으로 생각된다.

39) 상세한 것은 尹眞秀, 裁判資料(註 35), 693면 이하 참조.

40) 모든 사건에 관하여 소급효가 미친다고 한 최초의 두 판결은 대법원 1993. 1. 15. 선고 92다12377 판결(公 1993, 698); 1993. 1. 15. 선고 91누5747 판결(公 1993, 735)이다.

영향을 받지 않고,[41] 위헌결정의 소급효도 이미 확정된 행정처분에는 미치지 않는다[42]고 하여 위헌결정의 소급효가 미치는 범위를 법적 안정성을 위하여 제한하고 있다. 그리고 대법원 1994. 10. 25. 선고 93다42740 판결[43]은, 위헌결정의 소급효는 위헌결정 이후에 제소된 일반사건에도 미친다고 하면서도, "그 미치는 범위가 무한정일 수는 없고 법원이 위헌으로 결정된 법률 또는 법률의 조항을 적용하지는 않더라도 다른 법리에 의하여 그 소급효를 제한하는 것까지 부정되는 것은 아니라 할 것이며, 법적 안정성의 유지나 당사자의 신뢰보호를 위하여 불가피한 경우에 위헌결정의 소급효를 제한하는 것은 오히려 법치주의의 원칙상 요구되는 바라 할 것이다"라고 판시하였다.[44]

반면 헌법재판소의 판례는 위헌결정은 원칙적으로 소급효를 가지지 않지만 예외적으로 소급효가 인정될 수 있다는 태도를 고수하고 있다. 즉 헌법재판소 1993. 5. 13. 선고 92헌가10, 91헌바7, 92헌바24·50(병합) 결정[45]은, 우리나라 헌법은 헌법재판소에서 위헌으로 선고된 법률 또는 법률의 조항의 시적 효력범위에 아무런 규정을 두지 아니하고 하위법규에 맡겨놓고 있는바, 그렇다면 헌법재판소에 의하여 위헌으로 선고된 법률 또는 법률의 조항이 제정 당시로 소급하여 효력을 상실하는가 아니면 장래에 향하여 효력을 상실하는가의 문제는 헌법적합성의 문제라기보다는 입법정책의 문제이고, 위헌법률의 효력상실시기에 관한 명문의 규정이 없는 우리 헌법상 자유민주적 기본질서를 규정한 헌법 전문과 헌법 제10조, 제11조 제1항, 제13조 제2항, 제23조, 제27조 제1항, 제37조 제2항, 제103조 등을 근거로 위헌법률이 일률적으로 소급하여 효력을 상실한다는 헌법상의 명제를 도출할 수 없다고 한다. 다만 헌법재판소에 법률의 위헌결정을 위한 계기를 부여한 당해 사건, 위헌결정이 있기 전에 이와 동종의 위헌 여부에 관하여 헌법재판소에 위헌제청을 하였거나 법원에 위헌제청신청을 한 경우의 당해 사건, 그리고 따로 위헌제청신청을 아니하였지만 당해 법률 또는 법률의 조항이 재판의 전제가 되어 법원에 계속중인 사건에 대하여는 소급효를 인정하여야 하고, 또 당사자의 권리구제를 위한 구체적 타당성의 요청이 현저한 반면에 소급효를 인정하여도 법적 안정성을 침해할 우려

41) 대법원 1993. 4. 27. 선고 92누9777 판결(集 41권 1집 617) 등.
42) 대법원 1994. 10. 28. 선고 92누9463 판결(公 1993, 3139) 등.
43) 公 1993, 3076.
44) 상세한 것은 尹眞秀, 裁判資料(註 35), 635면 이하 참조.
45) 헌판집 5-1, 226 이하.

가 없고 구법에 의하여 형성된 기득권자의 이익이 해쳐질 사안이 아닌 경우로서 소급효의 부인이 오히려 정의와 형평 등 헌법적 이념에 심히 배치되는 때에는 소급효를 인정할 수 있다고 한다. 그리고 헌법재판소는 이후의 판례[46]에서도 이러한 태도를 고수하고 있다.

그러나 헌법재판소의 결정례 가운데 위헌결정이 원칙적으로 소급효가 있음을 시사하는 것이 없는 것은 아니다. 예컨대 헌법재판소 1999. 10. 21. 선고 96헌마61, 97헌마154 결정[47]은 "위헌법률의 적용금지는 법치국가적 요청의 당연한 귀결로서, 헌법재판소가 어떠한 결정유형으로 규범의 위헌성을 확인하였든 간에 그와 관계없이 모든 국가기관은 위헌적 법률의 적용과 집행을 통하여 스스로 위헌적인 국가행위를 하여서는 아니된다는 것을 의미한다"고 판시하고 있다.

그리고 헌법재판소 2000. 8. 31. 선고 97헌가12 결정[48]에서는 구 국적법 제2조 제1항이 이른바 父系血統主義에 따라 출생한 당시에 부가 대한민국의 국민인 자를 대한민국의 국민으로 하는 이른바 부계혈통주의를 택하고 있었는데, 그 후 국적법을 개정하여 출생한 당시에 부 또는 모가 대한민국의 국민이면 대한민국의 국적을 취득하는 이른바 양계혈통주의를 택하면서도 그 부칙에서 이 법 시행 전 10년 동안에 대한민국의 국민을 모로 하여 출생한 자에 한하여 소급적용하도록 규정하고 있는 것이 위헌인가가 문제되었다. 헌법재판소는 먼저 부계혈통주의 원칙을 채택한 구법 조항은 위헌이라고 하면서, 입법자가 양계혈통주의로 바꿈으로써 구법 조항의 위헌성은 제거되었으나 부칙조항이 그 적용범위를 신법 시행 전 10년 동안에 출생한 자녀에게로 한정하는 것은 헌법상 적정한 기준이 아닌 또 다른 차별취급이므로 부칙조항은 헌법 제11조 제1항의 평등원칙에 위배된다고 하여 위 부칙조항에 대하여 헌법불합치결정을 하였다. 요컨대 위 결정의 취지는 입법자가 위헌적인 법률상태를 개정하여 합헌적인 상태로 바꾸면서 그 소급효를 제한하는 것은 원칙적으로 허용되지 않는다는 것으로 이해할 수 있다. 그렇다면 이와 같은 논리는 입법자의 입법이 아닌 헌법재판소의 위헌결정에 의하여 위헌상태가 제거된 경우에도 적용

46) 헌법재판소 2000. 8. 31. 선고 2000헌바6 결정; 2001. 12. 20. 선고 2001헌바7·14(병합) 결정(헌판집 13-2, 854 이하) 등. 이들 두 판례는 모두 택지소유상한에관한법률이 위헌으로 되자 위 법률에 근거하여 부과된 택지초과소유부담금의 반환을 청구한 것이 문제되었는데, 위헌결정의 일반적인 소급효를 인정하고 있는 대법원의 판례에 의하더라도 이들 사건에서는 행정처분의 공정력의 법리에 따라서 반환청구는 인정될 수 없었을 것이다.

47) 헌판집 11-2, 461 이하, 특히 480.

48) 헌판집 12-2, 167 이하.

되어 원칙적으로 위헌결정은 소급적용되어야 한다는 근거로도 제시될 수 있을 것이다.[49)]

2. 憲法不合致決定의 遡及效

그러면 단순위헌결정이 아닌 헌법불합치결정에도 소급효가 인정될 수 있는가? 헌법재판소의 판례는 헌법불합치결정의 경우에도 당해사건 내지 병행사건 등의 경우에는 소급효를 인정하고 있을 뿐만 아니라, 헌법불합치결정에 따른 개선입법이 이에 대하여 특별히 규정을 두지 않더라도 개선입법은 당연히 소급적용된다고 보고 있다.[50)]

가령 헌법재판소 1995. 7. 27. 선고 93헌바1·3·8·13·15·19·22·37·38·39·52·53 결정[51)]에서는 헌법재판소가 헌법불합치결정을 선고하여 위헌적 요소가 있는 조항들을 합헌적으로 개정 혹은 폐지하는 임무를 입법자의 형성재량에 맡긴 이상 그 당연한 논리적 결과로, 위 결정의 효력이 소급적으로 미치게 되는 소위 "당해 사건" 또는 "병행 사건"에 관하여는 위 결정 이후 입법자에 의하여 개정된 법률조항이 적용되어야 할 것인바, 이는 헌법불합치결정이 의도하는 효력의 본질적인 부분의 하나라고 한다. 왜냐하면 헌법불합치결정은 그 결정에 따라 구법 조항들 중 무효로 될 부분의 구체적인 범위의 획정을 입법자의 형성의 자유에 맡겨 두는 결과, 입법자가 헌법재판소의 결정취지에 맞추어 해당 조항을 개정할 때에야 비로소 그 결정에 의하여 무효로 될 부분을 구체적으로 확정할 수 있는 것이므로, 소위 "당해 사건" 등에 관하여는 구

49) 尹眞秀(註 10), 207면 참조. 서울지방법원의 위 위헌제청결정에서도 이 결정을 위헌이라는 이유의 한 근거로서 제시하고 있다. 재미있는 것은 국적법 부칙에 관한 위 헌법재판소 97헌가12 결정이 헌법재판소법 제47조 제2항이 위헌이 아니라는 2000헌바6 결정(註 46)과 같은 날 선고되었는데, 헌법재판소는 양 결정 사이에 어떠한 모순이 있다고는 생각하지 않은 듯하다는 점이다. 물론 위 2000헌바6 결정에 따르더라도 국적법 부칙에 관한 97헌가12 결정은 개정 국적법 규정을 소급적용하더라도 법적 안정성을 해칠 염려가 없는 경우라고 본다면 양자 사이에 모순이 있는 것은 아니라고 설명할 수 있고, 실제로 97헌가12 결정에 법적 안정성에 관한 언급이 있기는 하다. 그러나 위 결정에서는 단순히 신법의 적용범위를 구법조항의 모든 피해자에게 확대하는 것은 소급입법으로 인한 법적 안정성을 해칠 우려가 있다는 법무부장관의 주장에 더 무게를 둘 필요는 없다고만 설시하고 있을 뿐 이 점에 관하여 구체적인 논증은 하고 있지 않다.

50) 상세한 것은 尹眞秀(註 10), 197면 이하 및 崔完柱, "憲法不合致決定", 裁判資料 제92집 憲法裁判의 理解, 2001, 394면 이하 참조.

51) 헌판집 7-2, 221 이하.

법 조항들 중의 위헌부분이 제거된 것으로 보아야 할 개정법률조항들을 적용할 수밖에 없기 때문이라는 것이다.[52]

이러한 헌법재판소의 판례에 따르는 경우에 헌법불합치결정의 소급효가 어느 범위에까지 미치는가, 이른바 일반 사건의 경우에까지 미치는가 여부는 명확하지 않으나, 적어도 당해사건이나 병행사건에 관하여는 소급효가 미치는 것이 헌법불합치결정의 효력의 본질적인 부분이라는 것이다.

그러나 헌법재판소의 기본적인 입장은 위헌결정의 장래효가 원칙이고 예외적으로 당해사건 또는 병행사건 등에는 소급효가 인정된다는 것인데,[53] 당해사건 또는 병행 사건에 관하여는 소급효가 인정되어야 하는 것이 헌법불합치결정이 의도하는 효력의 본질적인 부분이라고 하는 것이 이처럼 예외적으로만 소급효를 인정하고 있는 기본 입장과 조화될 수 있는 것인지 의문이다.

사견으로는 헌법불합치결정도 그것이 위헌결정의 일종인 한에서는 원칙적으로 소급효가 인정되어야 하고, 그러한 소급효를 인정하는 것이 공익의 중대한 침해를 가져오는 경우에만 예외적으로 소급효가 제한되어야 할 것이다. 다만 단순위헌결정은 그 자체로서 소급효를 가지므로 따로 입법자의 개선입법을 기다릴 필요가 없으나, 헌법불합치결정은 그 자체로서 소급적용되는 것이라기보다는 입법자에게 개선입법이 소급적으로 이루어지도록 하는 의무를 부과하는 점에서 특성이 있을 뿐이다. 따라서 헌법불합치결정에 따른 개선입법에 있어서는 원칙적으로 소급효가 인정되어야 하고, 다만 일반적으로 소급효를 인정하는 것이 법적 안정성을 크게 해칠 때에는 개선입법이 법적 안정성을 보호하기 위하여 어느 정도 소급효를 제한하는 것도 용인될 수 있을 것이다.

그런데 헌법불합치결정의 원칙적인 소급효, 즉 개선입법의 원칙적인 소급효를 인정한다면 이것이 헌법상의 소급입법 금지에 저촉되는 것은 아닌가 하는 의문이 있을 수 있으나, 소급입법의 금지는 반드시 절대적인 것은 아니며, 보호할 가치가 있는 신뢰가 존재하지 않거나, 보호할 가치가 있는 신뢰가 존재하더라도 긴급한 공공의 이익을 위하여 양보하여야 하는 경우에는 소급입법이 인정될 수 있다. 그리고 이처럼 보호할 가치가 있는 신뢰가 존재하지 않는 경우의 한 예로서, 법률관계가 불분명하고 착종된 경우에는 어떤 것이 타당한지

52) 같은 취지, 헌법재판소 2000. 1. 27. 선고 96헌바95, 97헌바1・36・64 결정(헌판집 12-1, 16 이하, 39).

53) 위 헌법재판소 1993. 5. 13. 선고 92헌가10, 91헌바7, 92헌바24・50(병합) 결정(註 45)(헌판집 5-1, 249).

를 알 수 없으므로 보호할 가치가 있는 신뢰가 존재하지 않아 소급입법이 허용된다. 따라서 법률이 부당하여 소급적으로 제거되고 다른 법률로 대체되는 경우에는 소급입법이 허용되며, 따라서 법률의 헌법불합치결정에 의하여 법률의 흠이 밝혀진 경우에 그 흠을 제거하는 새로운 입법은 허용될 수 있는 것이다.[54)]

그런데 입법자가 개선입법을 하기는 하였으나 그것이 소급한다는 규정을 두지 않은 경우에는 헌법재판소의 견해와 같이 당연히 그러한 개선입법이 소급적용될 수 있을까? 그와 같이 보기는 어렵다.[55)] 헌법불합치결정은 입법자에 대하여 소급효가 있는 개선입법의 의무를 부담시키는 것일 뿐이며, 만일 입법자가 이러한 소급적인 개선입법의 의무를 이행하지 아니하였으면 위 개선입법 자체가 위헌성을 띠게 되어 위헌으로 선언되어야 하거나,[56)] 경우에 따라서는 舊法이 소급적으로 폐지된 것으로 이해할 수는 있을지언정 헌법재판소의 결정이 입법을 대신할 수 있는 것은 아니기 때문이다.

Ⅵ. 改正民法 제1019조 제 3 항의 遡及適用 여부

1. 改正民法 제1019조 제 3 항의 原則的인 遡及適用

앞에서 설명한 바에 따른다면 위 헌법재판소의 1998. 8. 27.자 헌법불합치 결정에는 일반적으로 소급효가 인정되므로, 개정민법 제1019조 제 3 항은 부칙 제 3 항이 규정하고 있는 것처럼 1998. 5. 27. 이후에 상속이 개시되었음을 안 경우뿐만 아니라 그 전에 상속이 개시되었음을 안 경우에까지도 소급적용되어

54) H. Maurer, “Kontinuitätsgewähr und Vertrauensschutz”, in: Handbuch des Staatsrechts, Bd. 3, 1988, S. 228 ff. 또한 黃祐呂, “遡及立法”, 考試硏究 1989. 11, 92면 이하 참조.

55) 尹眞秀, 裁判資料(註 35), 678면 註 124 참조. 같은 취지, 崔完柱(註 50), 397면 이하; 鄭宗燮, 憲法訴訟法, 2002, 332면 등. 黃道洙, “憲法不合致決定에 대한 새로운 體系의 試圖”, 法曹 2002. 8, 95면은 개정 신법을 해석한 결과 신법에서 경과규정을 두고 있지는 아니하지만 신법을 소급적용하여야 한다고 해석되는 경우에는 개정 신법이 소급적용되지만, 개정 신법이 소급적용되는 것으로 해석되기 어려운 경우에는 입법자가 입법개선의무를 일부 해태하고 있는 것으로서 이에 대하여는 입법부작위에 대한 위헌확인을 구하는 헌법소원심판을 청구하여 입법을 재차 강제하거나 국가배상을 청구하는 방법으로 구제를 받아야 한다고 주장한다.

56) 독일연방헌법재판소 1980. 10. 8. 결정(BVerfGE 55, 100 f.)은 헌법불합치결정에 따른 개선입법이 소급적용을 인정하지 않은 것은 위헌이라고 하였다. 이 결정에 대하여 상세한 것은 尹眞秀(註 10), 204면 註 98; 崔完柱(註 50), 395면 이하 참조.

야 함이 원칙일 것이다. 따라서 상속인이 1998. 5. 27. 전에 상속이 개시되었음을 알았고, 그 상속 개시를 안 날로부터 3개월 이내에 한정승인이나 포기를 하지 못한 경우라도, 상속채무가 상속재산을 초과하는 사실을 중대한 과실없이 알지 못하였다면 그 사실을 안 날부터 3월 내에 한정승인을 할 수 있다고 보아야 할 것이다.[57] 이러한 소급적용을 부정 또는 제한하려면 그와 같이 소급적용을 인정하는 것이 법적 안정성을 중대하게 해친다는 것이 논증되어야 할 것이다.

그러면 이러한 소급적용이 법적 안정성을 중대하게 해치는가? 그와 같이 보기는 어렵다. 여기서 구체적으로 문제되는 법적 안정성의 침해란 결국 상속인이 상속 개시를 안 날로부터 3개월 이내에 한정승인이나 포기를 하지 않아서 상속인이 단순승인을 한 것으로 보게 되어, 상속인이 한정승인의 가능성 없이 상속채무를 확정적으로 승계하게 되었다고 상속채권자가 믿은 신뢰가 깨어지게 된다는 것을 의미하게 된다. 그런데 상속채권자는 일반적으로 피상속인을 신뢰하여 그의 일반재산을 담보로 보고서 거래한 것이지, 그의 사망 후 상속인이 자신의 재산을 가지고 상속채무를 변제할 것까지를 기대하고서 거래한 것으로 볼 수는 없다.[58] 헌법재판소가 민법 제1026조 제2호에 대하여 헌법불합치결정을 내린 데에는 이러한 점도 고려된 것이다.[59] 따라서 그러한 상속채권자의 신뢰는 위 조항의 소급적용을 부정할 정도로 강력하게 보호받아야 할 성질의 것은 아니다. 물론 구체적으로는 가령 상속채권자가 상속인이 한정승인의 가능성 없이 채무를 확정적으로 승계한 것으로 믿고 위 헌법불합치결정이 있기 전에 소송을 제기하였다가 위 개정민법조항이 소급적용됨으로 인하여 패소판결을 받게 되어 소송비용 등의 손실을 입는 등의 사태가 발생할 수도 있으나, 이는 그 소급효를 부정함으로써 상속인이 채무 승계를 강요당하는 불합리에 비하면 그다지 중요한 것은 아니라고 할 것이다.

다른 한편 개정민법조항의 소급적용에 주저하게 되는 이유 중의 하나는 오래 전에 상속이 개시되었고, 그동안 이러한 채무 초과사실을 잘 알고 있으면서도 별다른 행동을 취하지 않고 있던 상속인들이 위 헌법불합치결정을 계기로 하여 채무의 승계를 다투는 일이 벌어지지 않을까 하는 우려 때문으로 여

57) 다만 1998. 5. 27. 이후 개정민법 시행시까지 사이에 채무 초과를 안 상속인에 대하여는 아래 3. 나. 참조.

58) 尹眞秀(註 7), 220-221면 참조.

59) 위 헌법재판소 1998. 8. 27. 결정(註 1), 헌판집 10-2, 358 참조.

겨진다.[60] 다른 말로 한다면 이른바 무임승차자(free rider)의 문제를 어떻게 해결할 것인가 하는 점이다.[61] 그러나 이러한 우려는 그다지 근거가 없다. 위 개정민법조항에 의하더라도 상속인으로서는 상속채무가 상속재산을 초과하는 사실을 안 날부터 3월 내에 한정승인과 같이 채무의 승계를 다투는 조치를 하였어야 하기 때문이다.

한 가지 첨언할 것은 개정민법 제1019조 제3항은 헌법재판소의 위 헌법불합치결정이 직접 심판의 대상으로 삼았던 제1026조 제2호의 고려기간 경과에 의한 단순승인 의제의 경우 외에도 제1026조 제1호, 즉 상속재산에 대한 처분행위를 함으로 인한 단순승인 의제의 경우 및 그 외에 적극적으로 단순승인을 한 경우에도 특별한정승인을 할 수 있게 하였는데, 이러한 규정도 소급적용될 수 있는가가 문제될 수 있다. 이 점에 관하여 논란의 여지가 있을 수 있으나,[62] 위헌의 문제가 기본적으로 제1019조 제1항의 고려기간의 기산점이 너무 짧다는 점에 기인한 것이라고 본다면 헌법재판소의 위 헌법불합치결정의 이유가 이러한 경우에도 타당할 수 있다고 보아야 할 것이다. 따라서 이러한 경우에는 위헌적인 법률상태를 개선하기 위한 법률은 소급적용될 수 있을 것이다.[63]

2. 대법원 2002. 4. 2. 선고 99다3358 판결에 대하여

그런데 대법원 2002. 4. 2. 선고 99다3358 판결(註 5)은 위 개정민법 부칙 제3항에 해당되지 않더라도, 다시 말하여 1998. 5. 27. 전에 상속이 개시되었음을 알았다 하더라도, 위 헌법불합치결정을 하게 된 당해사건 및 위 헌법불합치결정 당시에 개정 전 민법 제1026조 제2호의 위헌 여부가 쟁점이 되어 법원에 계속중인 사건에 대하여는 개정민법의 경과규정이 적용되어 상속채무가 상속재산을 초과하는 사실을 중대한 과실없이 민법 제1019조 제1항의 기간 내에 알지 못한 경우에는 개정민법 시행일부터 3월 내에 민법 제1019조 제3

60) 위 서울지방법원 99가합32573 판결(위 Ⅲ.)이 그러한 예로 보인다.

61) 위헌결정의 소급효로 인한 無賃乘車의 문제에 관하여는 尹眞秀, "美國法上 判例의 遡及效", 저스티스 제28권 제1호, 1995, 113면에 소개되어 있는 미국연방대법원의 James B. Beam Distilling Co. v. Georgia 판결(1991)에서의 Souter 대법관의 지적 참조.

62) 필자는 과거에는 이 점에 대하여 부정적인 견해를 밝힌 바 있다. 尹眞秀(註 2), 14면 참조.

63) 개정 국적법 부칙 조항의 소급적용에 관한 위 헌법재판소 2000. 8. 31. 선고 97헌가12 결정(註 48) 참조.

항의 개정 규정에 의한 한정승인신고를 할 수 있다고 하였다. 이는 말하자면 위와 같은 무임승차자의 문제를 해결하기 위하여 위 헌법불합치결정 당시에 개정 전 민법 제1026조 제2호의 위헌 여부가 쟁점이 되어 법원에 계속중이었는가 여부를 기준으로 삼아, 이러한 사건에 대하여는 개정민법 부칙 제3항의 규정이 유추 적용되어 개정민법 시행일로부터 3개월 내에 제1019조 제3항에 따른 한정승인을 할 수 있고, 그렇지 않은 사건에 대하여는 한정승인을 할 수 없다고 한 것이다.[64)]

그러나 대법원의 이와 같은 판단에는 문제가 있다. 즉 위 헌법불합치결정 당시에 개정 전 민법 제1026조 제2호의 위헌 여부가 쟁점이 되어 법원에 계속중이었는가 여부는 개정민법조항의 소급적용을 결정하는 기준으로는 부적절하다. 예컨대 상속이 1998. 5. 27. 전에 개시되었고 상속인이 그 당시에 이를 알았지만 채무 초과의 사실을 알게 된 것은 위 헌법불합치결정 이후라고 하는 경우를 생각하여 보자. 위 대법원 판례에 따른다면 이러한 경우에는 상속인이 한정승인을 할 수 없게 된다. 그러나 이러한 상속인을 무임승차자로 볼 수는 없으므로 이러한 상속인이 헌법불합치결정 당시에 개정 전 민법 제1026조 제2호의 위헌 여부가 쟁점이 되어 법원에 계속중이었던 사건의 상속인보다 특별히 보호되지 않아야 할 이유는 없다. 또한 위 판례에 따를 때에는 위 헌법불합치 결정 당시에 개정 전 민법 제1026조 제2호의 위헌 여부가 쟁점이 되어 법원에 계속중이었으면 되고, 상속인이 채무 초과사실을 언제 알았는가 여부는 전혀 고려대상이 아니다. 실제로 위 대법원 2002. 4. 2. 선고 99다3358 판결(註 5)이나 대법원 2002. 8. 1. 결정 (註 26)에서는 상속인이 채무 초과사실을 언제 알았는가에 대하여는 전혀 언급을 하지 않고 있다.

이러한 문제점은 기본적으로 위 헌법불합치결정 당시에 개정 전 민법 제1026조 제2호의 위헌 여부가 쟁점이 되어 법원에 계속중이었는가 하는 기준이 恣意的이기 때문에 그러하다. 다시 말하여 이는 '상속채권자가 소를 제기한 시점'이라고 하는 상속인들의 의사와 무관한 우연한 사정에 의하여 상속인들이 개정민법에 의한 보호를 받을 수 있는지 여부가 결정되게 되고, 이러한 사정은 위 헌법불합치결정에 의한 당사자의 권리구제에 차등을 설정할 만한 합리적 기준이라고는 볼 수 없는 것이다.[65)]

64) 위 대법원 2002. 5. 14. 판결(註 25) 및 대법원 2002. 8. 1. 결정(註 26) 참조.
65) 위 서울지방법원의 위헌제청결정 이유(註 6) 참조.

원래 이처럼 위헌결정 내지 헌법불합치결정 당시에 사건이 법원에 계속중이었는가 하는 점을 고려하는 것(이른바 병행사건인지 여부)은 헌법규정상 위헌결정의 장래효를 원칙으로 하는 오스트리아에서 그 소급효의 범위를 넓히기 위하여 이용되었던 것으로서,[66] 위헌결정의 소급효를 원칙으로 하는 경우에는 적절한 기준이 될 수 없는 것이다.

따라서 위 헌법불합치결정 당시에 개정 전 민법 제1026조 제2호의 위헌여부가 쟁점이 되어 법원에 계속중이었는가 하는 대법원이 채택한 기준은 소급적용 여부를 가리는 적절한 기준이 될 수 없다.

3. 限定承認을 할 수 있는 시기

이처럼 개정민법조항이 1998. 5. 27. 전에 상속이 개시되었음을 안 경우에도 소급적용될 수 있다고 하더라도, 그러한 경우의 한정승인을 언제까지 할 수 있는가 하는 것은 경우를 나누어 보아야 한다. 즉 그러한 상속인이 상속채무가 상속재산을 초과하는 사실을 언제 알게 되었는가에 따라 달라질 수 있는 것이다.

앞에서는 상속채무가 상속재산을 초과하는 사실을 중대한 과실없이 알지 못하였다면 그 사실을 안 날부터 3월 내에 한정승인을 할 수 있다고 설명하였다. 그러나 이는 1998. 5. 27. 전 또는 개정민법 시행 후에 상속인이 그러한 사실을 알게 된 경우에 적용될 수 있고, 1998. 5. 27. 이후부터 개정민법 시행 당시까지 사이에 상속인이 그러한 사실을 알게 된 경우에는 달리 보아야 한다. 즉 이러한 경우에는 부칙 제3항과 같이 개정민법이 시행된 날부터 3월 이내

66) 오스트리아 헌법재판소 1986. 12. 10.의 판결(Vfslg. 11190)은 부동산취득세법의 일부 조항을 헌법에 위배된다고 하여 폐지하고 그 폐지의 시한을 1987. 11. 30.로 정하면서도, 주문에서 위 폐지된 규정은 1986. 11. 22.(위 사건의 구두변론의 공고가 있은 날)까지 前審節次로서의 抗告節次(Berufungsverfahren)에 계류중인 사건 및 1986. 12. 5. 10 : 30(구두변론이 개시된 시간)까지 행정법원에 抗告訴訟을 제기한 사건에는 더 이상 적용되어서는 안 된다고 판시하였다. 이 판결은 그 이유로서, 전심절차에 계속중인 사건에 대하여 행정청이 위 당해사건의 결과를 기다리기 위하여 결정을 미루고 있어 당사자가 당해사건으로서의 혜택을 입을 수 없게 되었을 뿐만 아니라 행정법원에도 위 문제된 조항의 위헌제청신청이 4건이나 접수되어 있는데, 이 사건을 병합심리하는 것은 소송의 진행상태에 비추어 불가능하므로 이와 같이 앞에서 열거한 사건들에 대하여는 위 폐지된 법률조항을 더 이상 적용할 수 없다고 선고하는 것이라고 판시하고, 구두변론 개시시에 이미 헌법재판소에 계속중인 사건을 당해사건과 동일하게 취급하여야 한다는 것은 판례로서 확립되어 있으므로 따로 선고할 필요가 없다고 하였다. 尹眞秀, 裁判資料(註 35), 652면 이하 참조.

에 한정승인신고를 하면 되는 것이다.

이하에서 자세히 살펴본다.

가. 상속인이 채무 초과사실을 1998. 5. 27. 전에 알았던 경우

위 대법원 2002. 4. 2. 선고 99다3358 판결(註 5)은 1998. 5. 27. 전에 상속이 개시된 경우에도 위 헌법불합치결정 당시에 개정 전 민법 제1026조 제2호의 위헌 여부가 쟁점이 되어 법원에 계속중이었다면 개정민법 시행일부터 3개월 내에는 한정승인을 할 수 있다고 보고 있다. 이러한 경우에는 대부분 상속인이 채무 초과의 사실을 알게 된 것이 1998. 5. 27. 전일 것이다. 그러나 그러한 상속인에게 그와 같이 한정승인을 할 수 있는 시기를 유예하여 주는 혜택을 베풀 이유가 없다.

이러한 경우에는 상속채권자로서는 제1019조 제1항의 기간이 경과함으로써 일단 상속인이 상속을 단순승인한 것으로 보게 되고, 상속인은 자신의 재산을 가지고서라도 상속채무를 변제하여야 한다고 신뢰하게 된다. 따라서 상속인으로서는 개정된 제1019조 제3항의 규정에 따라 채무 초과사실을 안 때부터 3개월 내에 한정승인이나 포기 등 단순승인의 효과를 다투는 조치[67]를 취하였어야 하고, 법원이 이를 받아들이지 않을 때에는 이에 대하여 상소나 경우에 따라서는 위헌제청신청 등의 방법으로 다투었어야 할 것이다. 물론 개정민법조항의 소급적용이 인정되는 한에서는 이러한 상속채권자의 신뢰도 깨어진다고 할 수 있지만, 그렇다고 하여 그러한 채권자에게 개정민법이 적용되는 이상의 불이익을 줄 수는 없다. 만일 이러한 경우에도 개정민법 시행 후 3개월 내에는 한정승인을 할 수 있다면 상속채권자의 신뢰는 전혀 고려하지 않는 것이고, 그의 입장에서 본다면 이는 그야말로 소급입법이라고 하지 않을 수 없다.

이 점은 일본의 판례에 비추어 보아도 어느 정도 뒷받침된다. 일본의 판

---

67) 반드시 한정승인에 국한될 이유는 없고, 그 기간 내에 상속을 포기하였더라도 보호를 받아야 할 것이다. 상속의 포기는 한정승인보다 더 강력하게 채무를 승계하지 않겠다는 의사표시를 한 것이기 때문이다. 위 서울지방법원이 위헌제청을 한 사건(註 6)에서는 상속채권자가 1998. 10. 10. 상속인들을 상대로 소를 제기하였고, 상속인들은 그 소장 부본을 송달받은 후 1998. 12.경 가정법원에 상속포기신고를 하였다가 2002. 2. 6. 한정승인신고로 신청취지를 변경하였는데, 이러한 경우라면 처음에 한정승인신고가 아니라 상속포기신고를 하였더라도 그 구제수단을 한정승인으로 한정한 개정민법 시행 후에는 한정승인으로 변경할 수 있는 기회를 주어야 할 것이다. 실제로 위 사건에서는 가정법원이 변경된 한정승인신고를 수리하였다. 다만 위 대법원 2002. 1. 15.자 2001스38 결정(註 21)은 위와 같은 경우의 상속포기신고가 부적법하다고 하였다.

례[68]는 상속인이 상속의 포기나 한정승인을 할 수 있는 熟慮期間의 기산점에 관하여 원칙과 예외를 구분하여, 원칙적으로는 상속인이 상속개시사실 및 그에 의하여 자기가 상속인으로 된 사실을 안 때에 熟慮期間은 진행하지만, 예외적으로는 상속인이 피상속인에게 상속재산이 전혀 존재하지 않는다고 믿었고 또 그와 같이 믿은 데 상당한 이유가 있는 때에는 상속인이 상속재산의 전부 또는 일부의 존재를 인식한 때 또는 통상 이를 인식할 수 있었을 때부터 熟慮期間이 진행한다고 보고 있는데, 이들의 판례는 모두 상속의 포기나 한정승인의 효력 유무가 다투어진 사안에 관한 것이고,[69] 상속인이 상속의 포기나 한정승인을 하지 않은 채로 바로 단순승인의 효과를 다툰 경우에도 상속인을 구제한 것은 아니다.[70]

이와 같이 보지 않고 대법원과 같이 개정민법 시행 후 3월 내에는 한정승인을 할 수 있다고 본다면 무임승차의 문제는 제대로 해결되기 어렵다. 즉 오래 전에 상속이 개시되었고, 그동안 이러한 채무 초과사실을 잘 알고 있으면서도 별다른 행동을 취하지 않고 있던 상속인이 상속채권자가 소를 제기하자 비로소 채무승계의 사실을 다투면서 헌법재판소의 헌법불합치결정 전에 개정 전 민법 제1026조 제 2 호가 위헌이라고 주장하기만 하였으면 그 상속인은 개정민법 부칙에 따른 혜택을 입게 되나, 이러한 사람으로서는 자신의 권익을 보호하기 위하여 충분한 조치를 취하였다고 보기 어려운 것이다.

이러한 관점에서 볼 때 위 서울지방법원 99가합32573 판결[71]이 1994.경 피상속인의 상속재산에 대하여 강제경매가 진행되었음에도 위 피고들이 2000. 12.경에야 한정승인신고를 한 점 등을 들어 상속인의 주장을 배척한 것은 그 결론에 있어서는 수긍할 수 있다.

나. 1998. 5. 27. 이후 개정민법 시행 당시까지 채무 초과사실을 알게 된 경우

이러한 경우의 상속인은 개정민법 부칙 제 3 항이 규정하고 있는 것과 마

---

68) 日本 最高裁判所 1984(昭和 59). 4. 27. 판결(民集 38-6, 689).

69) 상세한 것은 尹眞秀(註 7), 194면 이하 참조.

70) 이러한 관점에서 본다면 위 헌법불합치결정에 이르게 된 법원의 위헌제청은 이러한 한정승인이나 상속 포기의 효력을 다투는 것이 아니었기 때문에 재판의 전제성에 있어서 문제가 있다.

71) 위 Ⅲ.

찬가지로 개정민법 시행일부터 3월 내에 한정승인을 할 수 있다고 봄이 타당하다. 이 점에 관하여는 왜 개정민법 부칙 제3항이 그와 같이 규정하였는가를 먼저 따져 볼 필요가 있다.

개정민법 부칙 제3항이 1998. 5. 27. 이후에 상속이 개시되었음을 안 경우에는 개정민법 시행일부터 3개월 내에 한정승인을 할 수 있게 한 데에는 나름대로 합리적인 이유가 있다. 왜냐하면 위 헌법불합치결정이 선고됨으로 말미암아 상속채무가 재산을 초과한 경우의 법률관계가 매우 불명확하게 되었기 때문이다. 위 헌법재판소 결정에서는 개정 전 민법 제1026조 제2호에 대하여 헌법불합치결정을 하면서, 다음과 같이 설시하였다.

> "위헌적인 규정을 합헌적으로 조정하는 임무는 원칙적으로 입법자의 형성재량에 속하는 사항이라고 할 것인데, 이 사건 법률조항의 위헌성을 어떤 방법으로 제거하여 새로운 입법을 할 것인가에 관하여는 여러 가지 방안(고려기간의 도과에 관하여 상속인이 책임질 사유가 없는 때에는 단순승인이 아닌 한정승인을 한 것으로 보는 방안, 스위스 민법 제566조 제2항의 규정과 같이 상속재산 중 소극재산이 적극재산을 초과함이 객관적으로 명백한 때에는 고려기간의 도과로써 상속을 포기한 것으로 추정하는 방안, 상속인이 상속채무가 적극재산을 초과하는 사실을 알지 못하여 고려기간을 도과한 때에는 상속인이 그 사실을 안 날로부터 일정한 기간 내에 다시 상속의 승인이나 포기, 또는 한정승인을 할 수 있도록 하는 방안 등)이 있을 수 있고, 그 중에서 어떤 방안을 채택할 것인가는 입법자가 우리의 상속제도, 상속인과 상속채권자 등 이해관계인들의 이익, 법적 안정성 등 여러 가지 사정을 고려하여 입법정책적으로 결정할 사항이라고 할 것이므로, 이 사건 법률조항에 대하여 단순위헌결정을 할 것이 아니라 헌법불합치결정을 선고하여야 할 것이다."[72]

다시 말하여 헌법재판소는 개선입법의 내용으로서 개정민법처럼 특별한정승인을 하는 것 외에도 당연히 한정승인 또는 상속의 포기를 한 것으로 간주하는 방안도 거론하고 있고, 그에 따라 당사자들은 과연 특별히 한정승인 등의 신고를 하지 않더라도 보호를 받을 수도 있다는 기대를 가지게 된 것이다. 이러한 상황에서 상속인에 대하여 상속의 한정승인이나 포기를 하도록 기대하는 것이 불가능하였다고까지 말할 수는 없겠지만, 그러한 사람에게 반드시 이를 요구하였어야 하는가는 의문이다. 그런데 이러한 사정은 1998. 5. 27. 전에 상

72) 헌판집 1002, 359 이하.

속이 개시되었음을 알았지만 채무 초과사실은 그 이후에 안 상속인의 경우에도 마찬가지이다. 이러한 상속인들이 위와 같이 불명확한 상태에서 한정승인이나 포기 등을 하도록 기대하기가 어려움은 위 날짜 이후에 상속이 개시되었음을 안 경우와 다를 바가 없기 때문이다.[73)]

따라서 이처럼 상속인이 1998. 5. 27. 이후 개정민법 시행 전까지 채무 초과사실을 안 경우에는 상속개시를 안 것은 위 날짜 전이라 하더라도 부칙 제3항과 같이 개정민법 시행 후 3월 내에 한정승인을 할 수 있다고 보아야 할 것이다.

다. 개정민법 시행 후에 채무 초과사실을 안 경우

개정민법 시행 후에 상속인이 채무 초과사실을 안 경우에는 그대로 민법 제1019조 제3항을 적용하면 되고, 별다른 문제가 없다.[74)]

Ⅶ. 結　　論

이처럼 개정민법 제1019조 제3항은 상속인이 상속 개시 사실을 1998. 5. 27. 이전에 안 경우에도 소급하여 적용되어야 한다. 다만 상속인이 채무 초과사실을 안 것이 위 날짜 전인가 후인가에 따라 한정승인을 할 수 있는 기간에는 차이가 있을 수 있다.

문제는 이러한 결론에 도달하기 위하여 어떠한 방법이 있을까 하는 점이다. 그 하나는 대법원이 판례를 변경하는 것이다. 그러나 과연 대법원이 판례를 변경할 것인가 하는 점에도 의문이 있을 뿐만 아니라, 그러한 해석은 개정민법 부칙 제3항의 문언의 범위를 넘는 것이다. 제15대 국회에서의 가족법 개정안 심의 당시에 위 특별한정승인 제도의 소급적용 여부에 관하여 헌법재판소는 상속 개시를 언제 알았는가에 관계없이 소급적용을 인정하자는 의견을 제시하였고,[75)] 법원행정처 및 정장오 판사는 1998. 5. 27.부터 개정안 시행일

73) 제15대 국회에서 민법개정안이 심의될 당시에 법원행정처에서 낸 의견이나 상속법에 관한 공청회에서 의견을 진술한 정장오 판사도 이러한 취지였다. 金鍾斗(註 19), 251-253면; 國會法制司法委員會會議錄(註 19), 13-15면(정장오 발언) 참조.

74) 같은 취지, 李憲郁(註 3), 15면.

75) 金鍾斗(註 19), 254면 참조.

전일까지 사이에 채무 초과사실을 알게 된 상속인의 경우에 이 법 시행일로부터 일정 기간 내에 한정승인을 할 수 있도록 하자는 의견을 제시하였으나,[76] 이러한 의견들은 결국 받아들여지지 않았다. 이러한 점에 비추어 보면 위와 같은 해석은 법의 가능한 문언의 범위를 넘는다고 하지 않을 수 없다.

그렇다면 결국 가능한 방법은 헌법재판소가 위 개정민법 부칙 제3항에 대하여 위헌선언을 하는 방법밖에 없다. 헌법재판소가 위 개정민법 부칙 제3항에 대하여 위헌선언을 한다면, 결국 국회는 헌법불합치결정에 따른 개선입법 의무를 제대로 이행하지 않은 것이 되어 소급효를 인정하는 새로운 입법을 하여야 할 것이다. 그리고 헌법재판소가 이처럼 위 조항을 위헌이라고 하려면 위헌결정의 소급효를 인정하지 않고 있는 헌법재판소법 제47조 제2항의 합헌성 여부도 재검토할 필요가 있다.[77]

〈家族法研究 제16권 제2호, 2002〉

76) 金鍾斗(註 19), 251-253면; 國會 法制司法委員會會議錄(註 19), 13-14면(정장오 발언) 참조.
77) 尹眞秀, 憲法論叢(註 35), 315면 이하 참조.

特別限定承認의 規定이 遡及適用되어야 하는 範圍*

— 헌법재판소 2004. 1. 29. 선고 2002헌가22, 2002헌바40, 2003헌바19 · 46(병합) 결정** —

[사건의 개요]

헌법재판소 1998. 8. 27. 선고 96헌가22, 97헌가2 · 3 · 9, 96헌바81, 98헌바24 · 25(병합) 결정[1]은 당시의 민법 제1026조 제 2 호[2]에 대하여 헌법불합치결정을 선고하였다. 그러자 2002. 1. 14. 법률 제6591호로 개정된 민법은 제1026조 제 2 호에 대하여는 동일한 규정을 되살리고, 제1019조 제 3 항을 신설하여 이른바 특별한정승인제도[3]를 창설하였으나, 부칙 제 3 항은 위 법 시행 전에 상속의 개시가 있는 상속인 중 특별한정승인신고를 소급하여 할 수 있는 자를 1998년 5월 27일부터 이 법 시행(2002. 1. 14) 전까지 상속개시가 있음을 안 자로 제한하였다. 관련 조문은 다음과 같다.

---

* 이 글은 2004. 7. 19. 민사판례연구회에서 발표하였던 내용을 다소 수정한 것이다.

** 헌법재판소공보 제89호(2004. 2. 20) 221면 이하.

1) 헌판집 10-2, 339 이하.

2) 민법 제1026조(법정단순승인) 다음 각 호의 사유가 있는 경우에는 상속인이 단순승인을 한 것으로 본다.

1. (생략)

2. 상속인이 제1019조 제 1 항의 기간 내에 한정승인 또는 포기를 하지 아니한 때.

3) 일반적으로 제1019조 제 3 항이 규정하고 있는 한정승인을 특별한정승인이라고 부르고 있으며, 이 사건 결정이나 헌법재판소 2003. 12. 18. 선고 2002헌바91 결정도 특별한정승인이라고 하고 있다. 그러나 추가한정승인이라는 용어를 사용하는 논자도 있다. 李祥源, "상속포기와 한정승인에 있어 신고기간(고려기간)의 기산점", 家庭法院事件의 諸問題(下), 裁判資料 제102집, 2003, 98면.

민법 제1019조(승인, 포기의 기간) ① 상속인은 상속개시 있음을 안 날로부터 3월 내에 단순승인이나 한정승인 또는 포기를 할 수 있다. 그러나 그 기간은 이해관계인 또는 검사의 청구에 의하여 가정법원이 이를 연장할 수 있다.
② (생략)
③ 제 1 항의 규정에 불구하고 상속인은 상속채무가 상속재산을 초과하는 사실을 중대한 과실 없이 제 1 항의 기간 내에 알지 못하고 단순승인(제1026조 제 1 호 및 제 2 호의 규정에 의하여 단순승인한 것으로 보는 경우를 포함한다)을 한 경우에는 그 사실을 안 날부터 3월 내에 한정승인을 할 수 있다(2002. 1. 14. 신설).

민법 제1026조(법정단순승인) 다음 각호의 사유가 있는 경우에는 상속인이 단순승인을 한 것으로 본다.
2. 상속인이 제1019조 제 1 항의 기간 내에 한정승인 또는 포기를 하지 아니한 때 (2002. 1. 14. 신설)

부칙(2002. 1. 14) ③ (한정승인에 관한 경과조치) 1998년 5월 27일부터 이 법 시행 전까지 상속개시가 있음을 안 자 중 상속채무가 상속재산을 초과하는 사실을 중대한 과실 없이 제1019조 제 1 항의 기간 내에 알지 못하다가 이 법 시행 전에 그 사실을 알고도 한정승인신고를 하지 아니한 자는 이 법 시행일부터 3월 내에 제1019조 제 3 항의 개정규정에 의한 한정승인을 할 수 있다. 다만, 당해 기간 내에 한정승인을 하지 아니한 경우에는 단순승인을 한 것으로 본다.

이 사건 결정은 1건의 법원의 위헌제청 및 3건의 헌법재판소법 제68조 제 2 항에 의한 헌법소원이 병합된 사건에 대한 것이다. 각 사건의 구체적인 사실관계는 다소 차이가 있으나, 공통된 사항은 다음과 같다. 각 사건의 당해사건인 민사사건은 모두 채권자인 원고가 피고들의 피상속인이 부담하는 채무를 상속인인 피고들이 이행할 것을 청구하는 것이었는데, 각 사건에서 피고들의 피상속인이 사망한 것은 1998. 5. 27. 전이었으나 피상속인의 채무(상속채무)가 상속재산을 초과한다는 사실을 피고들이 알게 된 것은 그 이후였기 때문에 부칙 제 3 항에 의한 특별한정승인신고를 할 수 없는 경우였다.

[헌법재판소의 결정]

1. 多數意見

헌법재판소의 다수의견은 1998. 5. 27. 전에 상속개시 있음을 알고 위 일자 이후 상속채무 초과사실을 안 상속인에 관하여 위 부칙 제 3 항이 소급적용을 제한한 것은 헌법에 어긋난다고 하였으나, 이 일자 전에 상속채무 초과사실을 안 상속인에 대하여 소급적용을 제한한 것은 헌법에 어긋나지 않는다고 하였다. 그리하여 개정민법 부칙 제3항 본문 중 “1998년 5월 27일부터 이 법 시행 전까지 상속개시가 있음을 안 자 중” 부분은 헌법에 합치되지 아니한다고 선언하였다.

그 이유의 요지는 다음과 같다.

가. 헌법재판소는 1998. 8. 27.에 상속개시 있음을 안 날로부터 3월의 기간이 경과하면 상속을 단순승인한 것으로 본다고 규정한 구 민법 제1026조 제2호에 대하여 헌법불합치결정을 선고하였고, 입법자는 2002. 1. 14. 구 민법을 개정하여 상속인이 중대한 과실 없이 상속개시 있음을 안 날로부터 3월 내에 상속채무 초과사실을 알지 못하여 단순승인 또는 단순승인 의제된 경우에는 그 사실을 안 날로부터 3월 내에 한정승인신고를 할 수 있도록 하는 조항을 신설하고, 이렇게 신설한 조항의 효력은 개정민법 시행일부터 발생하고 소급적용되지 않음을 명확히 밝히면서, 위 결정시부터 개정민법 시행 사이의 한정승인에 관한 법적 규율의 공백에 대하여 부칙 제3항을 두었다.

나. 위 부칙 제3항은 위와 같은 법적 공백을 규율할 필요성에 따른 특별한정승인의 경과조치이므로, 위와 같은 법의 공백시기의 상속법률관계에 관하여 개정민법 시행 후와 동일한 요건에 대하여는 동등하게 규율되도록 규정되어야 할 것이다. 또한 이와 같이 경과규정을 둔다 하더라도 그 적용범위는 상속채권자 등 이해관계인의 이익과 법적 안정성 등을 고려하여, 위 결정 당시 이미 상속법률관계가 상속인의 의사에 의하여, 또는 기간 도과 등 상속인에게 그 책임을 돌릴 수 있는 사유로 확정되었는가의 여부를 기준으로 판단할 수 있다 할 것이다. 따라서 위 결정 이후 개정민법 시행 전까지 특별한정승인의 요건을 갖추었으나 위와 같은 법적 공백에 직면하게 된 상속인뿐만 아니라, 위 결정 당시 이미 구 민법규정에 의하여 단순승인이 의제되었지만 중대한 과실 없이 고려기간 내에 상속채무 초과사실을 알지 못하여 상속채무 초과사실을 안 날로부터 개정민법 시행 후와 동일하게 3월이 경과하지 않은 상속인까지 위 경과규정에 포함되어야 할 것이다.

다. 우선 ‘상속개시 있음을 안 날’을 기준으로 삼는 것이 합리적인가 보면, 특별한정승인의 소급적용의 범위를 결정함에 있어서는 상속채무 초과사실을 알지 못하여 상속의 단순승인으로 의제된 것에 상속인의 귀책사유가 존재하는가의 여부, 상속채무 초과사실을 알게 된 이후에도 기간 해태의 책임이 존재하는가의 여부 등이 중요한 문제인 것이지, 상속개시 있음을 언제 알았는지의 여부 그 자체는 아무런 합리적 기준이 되지 못하고, 상속인의 귀책사유 없이 단순승인 의제된 경우에 구제수단을 제공한다고 하면서 위 결정 전에 이미 단순승인 의제되었다는 이유만으로 그 적용범위에서 제외하는 것이 되어 특별한정승인의 입법취지에도 어긋난다.

다음으로 '1998. 5. 27.부터' 상속개시 있음을 안 날을 기준으로 한 것이 합리적인가 보면, 청구인들과 같이 위 5. 27. 전에 상속개시 있음을 알았으나 위 일자 이후 상속채무 초과사실을 안 상속인과 이 사건 법률조항이 정하는 상속인은, 상속개시 있음을 안 날의 차이로 인하여 위 결정 당시 구 민법규정에 의하여 이미 단순승인 의제되었는지의 여부를 달리 한다 하더라도, 위 결정 당시 상속법률관계가 상속인의 귀책사유로 또는 그 의사에 의하여 확정된 것이 아닌 상태에서 한정승인에 관한 법적 규율의 공백을 맞게 되었다는 점에서 동일하다.

그렇다면 이 사건 법률조항이 청구인들과 같은 상속인을 특별한정승인의 소급적용의 범위에서 제외한 것은, 합리적이지 않은 기준으로 서로 동일한 대상을 달리 취급하는 것으로써 평등의 원칙에 위반된다.

라. 이 사건 법률조항이 위와 같이 평등원칙에 위반되게 위 상속인을 제외함으로써, 위 상속인은 단순승인 의제의 효과를 받게 되어 자신의 귀책사유 없이 또는 그 의사와 무관하게 상속채무에 대한 무한책임을 부담하게 된다. 그런데 위 결정은 "상속인이 아무런 귀책사유 없이 상속채무가 적극재산을 초과하는 사실을 알지 못하여 고려기간 내에 한정승인이나 포기를 하지 못한 경우에도 단순승인을 한 것으로 본 것은 상속채권자만을 보호하여 상속인의 기본권을 제한하는 것으로 기본권제한의 입법한계를 일탈하여 헌법에 위반된다"는 것이고, 이 사건에서 위 결정과 달리 판단할 필요성이 인정되지 않으므로, 이 사건 법률조항이 위 상속인을 제외한 것은 그 상속인의 재산권, 사적자치권을 침해한다.

마. 1998. 5. 27. 전에 상속채무 초과사실까지 알고도 구 민법규정에 의한 단순승인 의제에 대하여 다투지 않은 상속인의 경우에는 상속인의 의사에 의하여 또는 기간 도과 등 상속인에게 그 책임을 돌릴 수 있는 사유로 위 결정 당시 이미 단순승인의 법률관계가 확정되어 있다 할 것이고, 소급적으로 특별한정승인을 할 수 없게 되어 구 민법규정에 의한 단순승인 의제의 효과를 받

는다 하더라도 이것이 상속인의 귀책사유 없이 또는 그 의사와 무관하게 이루어지는 것과 동일하게 평가되어야 하는 것은 아니다. 그러므로 이러한 상속인에 대하여까지 개정민법 시행 후 3월 내에 소급적으로 특별한정승인을 할 수 있는 기회가 제공되어야 한다고 보는 것은, 개정민법에 의하여 인정되는 특별한정승인의 범위보다 더 넓은 범위에서 소급적으로 특별한정승인을 인정함으로써 형평에 맞지 않게 되고, 이미 종결된 과거의 사실 또는 법률관계에 사후적으로 작용하여 상속채권자의 재산권을 진정소급입법으로써 박탈한다는 위험을 발생시킬 수 있다. 또한 헌법불합치결정은 위헌결정과 달리 입법개선을 기다려 개선된 입법을 소급적으로 적용함으로써 합헌적 상태를 회복할 수 있으나, 헌법불합치결정도 위헌결정의 일종이므로 그 결정의 효력은 결정이 있는 날로부터 발생하고, 위헌결정의 경우와 같은 범위에서 소급효가 인정된다. 따라서 헌법불합치결정에 따른 개선입법이 소급적용되는 범위도 위헌결정에서 소급효가 인정되는 범위와 같으므로, 특별한 사정이 없는 한 헌법불합치결정 당시의 시점까지 소급되는 것이 원칙이라 할 것이다.

바. 이 사건 법률조항으로써 소급적으로 특별한정승인을 허용하는 것 자체는 원칙적으로 합헌적이고, 위 조항의 위헌성은 특별한정승인의 소급적용의 범위에 1998. 5. 27. 전에 상속개시 있음을 알았으나 위 일자 이후에 상속채무 초과사실을 안 상속인을 포함하지 않은 차별의 점에 있다. 따라서 헌법재판소가 위헌결정을 통하여 이 사건 법률조항을 법질서에서 제거함으로써 스스로 합헌적 상태를 실현할 수 없고, 입법자가 이 사건 법률조항을 헌법에 적합하게 개정하는 입법개선을 통하여서만 합헌적 상태를 실현할 수 있으므로, 입법자가 개정할 때까지 이 사건 법률조항의 형식적 존속을 유지하기 위하여 헌법불합치결정을 할 필요가 있고, 입법자가 개선할 때까지 그 적용을 중지하도록 한다. 입법자는 위 5. 27. 전에 상속개시 있음을 알았으나 위 일자 이후에 상속채무 초과사실을 안 상속인도 소급적으로 특별한정승인을 할 수 있는 범위에 포함시켜 위헌적 상태를 제거할 의무가 있으며, 법적용기관은 개선입법이 있을 때까지 계속된 절차를 중지하고 입법자의 입법개선을 기다려 개정된 법률을 적용하여야 한다.

2. 김영일 재판관의 反對意見

김영일 재판관의 반대의견은 두 가지 점에 관한 것이다.

그 하나는 1998. 5. 27. 이후에 상속채무 초과사실을 안 상속인뿐만 아니라 그 전에 이를 안 상속인에 대하여도 구 민법조항에 의하여 과도하게 재산권 및 사적 자치권을 침해받은 위헌적 상태를 제거할 기회를 주지 아니한 것은 종전 불합치결정에 따른 입법개선의무를 제대로 이행하지 아니하였을 뿐만 아니라 헌법상 적정하지 아니한 기준으로 차별 취급하였으므로 헌법 제11조 제 1 항의 평등원칙에 위반되어 헌법에 위배된다는 것이다.

다른 하나는 주문의 표시방법에 관한 것으로서, 다수의견과 같이 헌법불합치결정을 선고할 것이 아니라, 다수의견이 헌법불합치결정의 대상으로 삼은 '1998년 5월 27일부터 이법 시행 전까지 상속개시있음을 안 자 중' 부분은 헌법에 위반되지 아니한다고 선언하고, 그 외에 1998. 5. 27. 전에 상속개시 있음을 안 자 중 중대한 과실없이 민법 제1019조 제 1 항의 기간 내에 상속채무 초과사실을 알지 못하여 한정승인 등을 하지 못한 상속인에 대하여 민법 제1019조 제 3 항의 소급적용에 관한 경과규정을 두지 아니한 입법부작위는 위헌임을 확인한다고 선언하여야 한다는 것이다.

[研　　究]

I. 序　　論

상속재산 가운데 채무가 과다한 경우에 상속인을 어떻게 보호할 것인가에 관하여는 종래 상당한 논쟁이 있었다. 그런데 이 문제는 헌법재판소 1998. 8. 27. 결정[4]이 민법 제1026조 제 2 호에 대하여 헌법불합치결정을 선고함으로써 새로운 국면에 들어서게 되었다. 당시 법무부가 준비하고 있던 민법개정안은 현행 제1019조 제 3 항을 신설하여 특별한정승인제도를 창설함으로써 이 문제를 해결하려고 하였는데, 그 이후의 논의는 주로 이러한 특별한정승인제도가

4) 위 註 1) 참조.

어느 범위 내에서 소급적용되어야 할 것인가에 집중되었다. 그러한 상황에서 2002. 1. 14. 위 민법 제1019조 제3항이 신설되었으나, 부칙 제3항은 그 소급적용되는 범위를 제한하였고, 이 사건 결정은 이 부칙 제3항이 위헌이라고 하여 헌법불합치결정을 선고한 것이다.

필자는 이 결정이 선고되기 전에 이 결정과 같은 취지의 견해를 밝힌 바 있다.[5] 그러나 이 사건 다수의견은 그 이유에 있어서는 필자의 견해와는 다소 차이가 있다. 그리하여 이 사건 결정을 평석의 대상으로 삼아 음미하여 보고자 한다.

Ⅱ. 從來의 論議

1. 憲法不合致決定 이전의 논의[6]

민법 제1019조는 상속인이 상속개시 있음을 안 날로부터 3월 내에 단순승인이나 한정승인 또는 포기를 할 수 있고(제1항), 가정법원은 이해관계인이나 검사의 신청에 의하여 그 기간을 연장할 수 있도록 하고 있다(제2항). 그리고 당시의 제1026조 제2호는 위 기간 내에 한정승인이나 포기를 하지 않으면 상속을 단순승인한 것으로 의제하고 있었다. 그런데 위 3월의 考慮期間 내지 熟慮期間의 기산점인 '상속개시 있음을 안 날'의 의미에 관하여, 종래의 대법원 판례는 일관하여 이는 상속개시의 원인되는 사실의 발생을 알고 또 이로써 자기가 상속인이 되었음을 안 날을 말하고, 상속재산 또는 상속채무 있음을 안 날 또는 상속포기제도를 안 날을 의미하는 것은 아니라고 하고 있었다.[7] 따라서 자신이 상속인이 되었음은 알았으나 피상속인에게 적극재산을 초과하는 채무가 있음은 알지 못하여 상속의 한정승인이나 포기 등의 조치를 취하지 않고

5) 尹眞秀, "相續의 單純承認 擬制規定에 대한 憲法不合致 決定의 遡及效가 미치는 範圍", 家族法硏究 제16권 2호, 2002, 261면 이하.

6) 이에 대하여 좀더 상세한 것은 尹眞秀, "相續債務를 뒤늦게 발견한 相續人의 保護", 서울대학교 法學 제38권 3·4호, 1997, 192면 이하 참조.

7) 대법원 1969. 4. 22. 선고 69다232 판결(集 17권 2집 민54); 1984. 8. 23.자 84스17-25 결정(公 1984, 1723); 1986. 4. 22.자 86스10 결정(公 1986, 872); 1988. 8. 25.자 86스10·11·12·13 결정(公 1988, 1240); 1991. 6. 11.자 91스1 결정(公 1991, 1925) 등. 상세한 판례에 대하여는 尹眞秀(註 6), 192면 이하 참조.

서 위 고려기간을 경과하여 버린 사람은, 나중에 상속채무가 있음을 알게 된 때에도 상속채권자에 대하여 그 채무의 이행을 거부할 수 없게 된다. 그리하여 극단적인 경우에는 상속인이 자신의 재산 전부를 가지고서도 상속채무를 이행하기에 부족하게 되는 사례도 생길 수 있다.

그리하여 해석론으로서 이러한 문제점을 해결하기 위한 주장이 여러 가지로 제기되었다. 그 하나는, 상속승인 또는 포기를 위한 고려기간은 상속인이 상속개시사실과 자기가 상속인인 사실을 아는 외에 적극재산 또는 소극재산의 존재를 안 때로부터 기산한다고 해석하여야 한다는 견해이다.[8] 다른 또 하나의 견해는 상속인이 상속재산 중 적극재산을 초과하는 상속채무가 있음을 알지 못하여 고려기간 내에 상속의 포기 등을 하지 못하였고, 그로 인하여 민법 제1026조 제 2 호에 의하여 법정단순승인의 효과가 발생한 후에 뒤늦게 상속채무가 있음을 알게 된 때에는, 錯誤를 이유로 위 법정단순승인을 취소하고, 상속의 한정승인이나 포기를 할 수 있고, 그렇게 함으로써 자기의 고유재산으로 상속채무를 변제하는 부담을 벗어날 수 있다고 보아야 한다는 것이었다.[9] 그러나 이러한 주장은 판례에 의하여 받아들여지지는 못하고 있었다.

다른 한편 입법론으로서는 개인적 사유재산의 승계라는 근대적 상속제도 아래에서는 한정승인이 가장 합리적인 상속형태이며, 이를 상속의 원칙적인 것으로 하는 것(이른바 限定承認本則論)이 바람직하다는 견해도 주장되고 있다.[10]

2. 憲法不合致決定

이러한 상황에서 상속채권자가 상속인에 대하여 상속채무의 이행을 청구한 사건에서 각급 법원이 위 민법 제1026조 제 2 호가 헌법에 위반된다고 하여 헌법재판소에 위헌제청신청을 하였거나, 또는 당사자가 법원에 위헌제청신청을 하였다가 기각되자 헌법재판소에 헌법소원을 제기하였고, 그에 대하여 헌법재판소가 제1026조 제 2 호에 대하여 헌법불합치결정을 하였다.[11]

그 이유의 요지는 다음과 같다. 즉 상속권은 재산권의 일종이므로 상속제

8) 孫智烈, "民法 第1019條 1項의 考慮期間의 起算點", 民事判例硏究 Ⅹ, 1988, 237면. 이를 지지하는 것으로는 郭潤直, 相續法, 1997, 298면 등이 있다.

9) 尹眞秀(註 6), 210면 이하 참조.

10) 郭潤直(註 8), 315면; 金疇洙, 親族·相續法, 第 5 全訂版, 1998, 574면 등.

11) 위 註 1).

도나 상속권의 내용은 입법자가 입법정책적으로 결정하여야 할 사항으로서 원칙적으로 입법자의 입법형성의 자유에 속하지만, 입법자가 상속제도와 상속권의 내용을 정함에 있어서 입법형성권을 자의적으로 행사하여 헌법 제37조 제2항이 규정하는 기본권제한의 입법한계를 일탈하는 경우에는 그 법률조항은 헌법에 위반된다. 그런데 상속인이 피상속인의 사망 당시 상속채무가 적극재산을 초과하는 사실을 알지 못하여 아무런 귀책사유 없이 고려기간 내에 한정승인이나 포기를 하지 못한 경우도 얼마든지 있을 수 있는데, 이 사건 법률조항이 상속인이 아무런 귀책사유 없이 고려기간 내에 한정승인이나 포기를 하지 못한 경우에 구제받을 수 있는 아무런 수단도 마련하지 아니한 채 고려기간 내에 한정승인이나 포기를 하지 아니하면 그 이유 여하를 묻지 않고 일률적으로 단순승인을 한 것으로 보아 그 의사와 관계없이 상속채무를 전부 부담하게 한 것은 적정한 기본권제한의 방법이라고 볼 수 없다. 그리고 상속채권자는 일반적으로 피상속인을 신뢰하여 그의 일반재산을 담보로 보고서 거래한 것이지, 그의 사망 후 상속인이 채무를 승계할 것까지를 기대하고서 거래한 것으로 볼 수는 없으므로, 상속인이 귀책사유 없이 상속채무가 적극재산을 초과하는 사실을 알지 못하여 고려기간 내에 한정승인이나 포기를 하지 못한 경우에도 이 사건 법률조항이 상속인으로 하여금 피상속인의 채무를 전부 부담하게 하여 상속채권자만을 보호한 것은, 입법목적달성에 필요한 정도 이상으로 상속인의 기본권을 제한한 것으로서 기본권제한의 입법한계인 피해의 최소성, 공공필요와 침해되는 상속인의 기본권 사이의 균형성을 갖추었다고 볼 수 없다. 따라서 상속인이 귀책사유 없이 상속채무가 적극재산을 초과하는 사실을 알지 못하여 고려기간 내에 한정승인 또는 포기를 하지 못한 경우에도 위 조항이 단순승인을 한 것으로 본 것은 재산권을 보장한 헌법 제23조 제1항, 사적자치권을 보장한 헌법 제10조에 위반된다.

다만 헌법재판소는 위 조항에 대하여 즉시 그 효력을 상실시키는 단순위헌을 선고하지 않고, 법적 공백상태의 방지, 법적 혼란의 회피 등을 이유로 하여 헌법불합치결정을 선고하면서, 입법자가 이 사건 법률조항을 1999. 12. 31.까지 개정하지 아니하면 2000. 1. 1.부터 그 효력을 상실한다고 하였다.

그런데 위 결정에는 몇 가지의 문제점이 있다.[12] 그 중에서도 가장 큰 문

12) 상세한 것은 尹眞秀, "相續의 單純承認 擬制規定에 대한 憲法不合致決定의 문제점", 憲法論叢 제11집, 2000, 183면 이하 참조.

제는 제1026조 제2호에 대하여만 헌법불합치결정을 하고, 제1019조 제1항에 대하여는 침묵을 지킨 점이다. 다른 말로 한다면 헌법재판소가 심판의 대상을 잘못 잡은 것이 아닌가 하는 점이다. 원래 고려기간을 도과한 상속인이 상속채무를 이행하여야 하는 것은 제1026조 제2호 때문이라기보다는 민법 제1019조 제1항 때문이고, 따라서 문제는 위 제1019조 제1항이 상속의 포기나 한정승인을 할 수 있는 기간을 지나치게 짧게 잡은 것이 아닌가 하는 점에 있는 것이지, 제1026조 제2호가 위 고려기간에 아무런 조치를 취하지 않은 당사자에 대하여 단순승인을 한 것으로 의제한 것 자체에 문제가 있는 것은 아니기 때문이다.[13)]

좀더 설명하자면 원래 상속인이 피상속인의 채무를 승계하는 것은, 상속인이 상속을 승인하였기 때문은 아니다. 상속이 개시되면 상속인은 당연히 피상속인의 권리와 의무를 승계하고(민법 제1005조), 다만 상속인이 제1019조 제1항의 기간 내에 상속을 포기하면 상속채무를 면하게 되며, 상속의 한정승인을 하게 되면 상속재산을 한도로 하는 유한책임을 지게 되지만, 민법 제1019조 제1항의 기간이 경과하여 버리면 상속인은 더 이상 상속의 한정승인이나 포기를 할 수 없게 되어 상속채무를 면할 수 없게 되는 것이다. 그러므로 상속인의 단순승인은 그 자체가 채무의 승계라는 법률효과를 가져오는 것이라기보다는, 다만 더 이상 포기나 한정승인을 할 수 없게 된다는 의미를 가질 뿐이다.[14)] 따라서 상속인이 상속채무를 확정적으로 승계하게 되는 것은 민법 제1019조 제1항에 의하여 상속의 포기 내지 한정승인을 할 수 있는 기간이 경과하여 버린 때문이지, 민법 제1026조 제2호에 의하여 단순승인을 한 것으로 의제되는 때문이라고는 할 수 없다. 그러므로 민법 제1026조 제2호가 위헌으로 결정된다고 하여도, 고려기간이 경과함으로써 채무를 확정적으로 승계하게 된 상속인의 지위에는 큰 변화가 있을 수 없는 것이다.

3. 憲法不合致決定 선고 후 民法改正時까지의 狀況

헌법재판소는 위 헌법불합치결정을 하면서 입법자가 위 법률조항을 1999.

13) 같은 취지, 郭宗勳, “法定單純承認 規定 憲法不合致決定의 問題點”, 法律新聞 2001. 6. 25, 12면 참조.

14) Lange/Kuchinke, Erbrecht, 5. Aufl., 2001, S. 194 f.; MünchKomm/Leipold, 3. Aufl., 1997, §1943 Rdnr. 8 등.

12. 31.까지 개정하지 아니하면 2000. 1. 1.부터 그 효력을 상실한다고 판시하였다. 그런데 위 1999. 12. 31.까지 위 조항은 개정되지 아니하였다. 그리하여 법원이 상속채무의 이행을 청구하는 사건을 어떻게 처리하여야 할 것인가가 문제되었다. 대부분의 법원은 재판을 처리하지 않은 채 법개정시까지 미루어 두었다.[15] 그러나 일부 하급심 법원들은 상속채무의 이행을 청구하는 사건에서 원고의 청구를 기각하거나 인용하기도 하였다.[16]

4. 民法의 改正

위 헌법재판소의 헌법불합치결정이 있은 후 정부는 1998. 11. 13. 국회에 민법중개정법률안을 제출하였다. 여기서는 현재 개정된 민법과 같이 제1019조 제3항을 신설하기로 하였는데, 그 부칙에서는 위 제1019조 제3항이 소급적용될 수 있다는 경과규정을 두지 않고, 오히려 제1조 본문이 "이 법은 1999년 1월 1일부터 시행한다"고 규정하고, 제2조는 "이 법은 종전의 규정에 의하여 생긴 효력에 영향을 미치지 아니한다"고 규정함으로써 개정법률이 소급하지 않는다는 不遡及의 원칙을 명문으로 규정하고 있었다. 그러나 이에 대하여는 소급효를 인정하는 경과규정을 두어야 한다는 반대의견이 많았다.[17]

위 민법개정안은 2000. 5. 29. 제15대 국회의 임기만료로 폐기되었다. 그러자 정부는 2000. 10. 16. 국회에 새로운 민법개정안을 제출하였는데, 여기서는 이와 같은 비판을 고려하여, 부칙 제4조에서, "1998年 5月 27日부터 이 法 施行前까지 相續開始가 있음을 안 者 중 相續債務가 相續財産을 초과하는 사실을 중대한 過失없이 第1019條 第1項의 기간 내에 알지 못하다가 이 法 施行전에 그 사실을 알고도 한정승인신고를 하지 않은 자는 이 法 施行日로부터 3月 내에 第1019條 第3項의 改正規定에 의한 限定承認을 할 수 있다"고 규정

15) 法律新聞 2000. 3. 7. 기사 "국회 민법개정안 처리 안해 각종 재판 지연" 참조.

16) 상세한 것은 尹眞秀(註 5), 269면 이하 참조.

17) 1999. 3. 12. 국회법제사법위원회 주최 민법중개정법률안에 대한 공청회에서의 鄭長吾, 朴相勳, 韓琫熙 각 발언 참조. 第202回 國會 法制司法委員會會議錄 第2號, 國會事務處, 11-15, 16-20, 28면 등. 좀더 상세한 것은 金鍾斗, "憲法裁判所의 憲法不合致決定의 遡及效와 國會의 立法審査事例", 立法學 硏究 創刊號, 2000, 248면 이하 참조. 또한 丁泰鎬, "民法 제1026조 제2호에 대한 憲法不合致決定에 대한 評釋 및 위 法律規定의 改正方向", 人權과 正義 1998. 11, 115면; 尹眞秀, "特別限定承認制度의 遡及適用에 관한 小考", 法律新聞 1999. 2. 18, 14면; 황도수, "민법 제1026조 제2호에 대한 헌법불합치결정의 효력", 法律新聞 1999. 12. 16, 15면도 같은 취지이다.

하여, 이 사건 결정이 있은 1998. 8. 27.부터 제1019조의 3월의 고려기간을 소급하여 상속개시가 있음을 안 자에 대하여는 개정 조항이 소급적용되는 것으로 하였다.[18)]

국회는 2001. 12. 20. 위 민법개정안 중 한정승인에 관한 부분을 받아들여 제1019조 제3항을 신설하고,[19)] 제1026조 제2호를 부활시키기로 의결하였다. 이 법은 2002. 1. 14. 공포되었는데, 그 부칙 제1항에서는 이 법은 공포한 날부터 시행한다고 하면서 제3항에서는 1998. 5. 27.부터 이 법 시행 전까지 상속개시가 있음을 안 자 중 상속채무가 상속재산을 초과하는 사실을 중대한 과실없이 제1019조 제1항의 기간 내에 알지 못하다가 이 법 시행 전에 그 사실을 알고도 한정승인신고를 하지 아니한 자는 이 법 시행일부터 3월 내에 제1019조 제3항의 개정규정에 의한 한정승인을 할 수 있다고 하여 제한된 범위 내에서 소급적용을 인정하였다.[20)]

5. 判例의 動向

위 부칙 제3항과 관련하여 제1019조 제3항이 어느 정도로 소급적용될 수 있는가에 관하여 대법원은 헌법재판소의 위헌결정이 선고되기 전에 몇 차례 견해를 밝힌 바 있다. 그 중 대표적인 것으로서는 대법원 2002. 4. 2. 선고 99다3358 판결[21)]을 들 수 있다. 이 판결은 다음과 같이 판시하였다.

---

18) 위 부칙 개정안은 실제로는 제15대 국회의 법제사법위원회에서 제1차 개정을 심의하여 본회의에 심사보고하였던 내용을 그대로 받아들인 것이다. 金鍾斗(註 18), 245면 이하 참조.

19) 이러한 특별한정승인제도의 이론적 근거는 결국 상속의 단순승인이 착오로 인한 것이었다 하여 취소되어야 한다는 점에서 찾을 수밖에 없을 것이다. 尹眞秀, "相續法 改正案의 課題와 問題點" 人權과 正義 1998. 9, 11면. 같은 취지, 李祥源(註 3), 134면. 그러나 丁相奎, "民法 제1019조 제3항(特別限定承認)의 解釋 및 그 適用範圍에 관한 實務上 爭點", 法曹 2003. 5, 142면은 특별한정승인은 단순승인 또는 단순승인 의제를 취소하는 것이 아니라고 한다.

20) 金鍾斗(註 17), 257면은 "소급효 인정의 문제는 그 사안의 다양성이나 판례변경의 가능성을 고려할 때 법원의 재판에서 판례로 해결되는 부분이 많을 것이므로 이에 대한 언급을 하지 아니하는 대신 헌법불합치결정일을 기점으로 하여 동 개정법률안의 시행일까지의 기간의 법률관계는 법률적용의 명확성을 위하여 입법적 고려가 필요할 것이라는 법원과 헌법재판소의 해당 검토의견이나 관계자들의 진술을 각각 참고하고 있다"고 서술하고 있다. 이에 따르면 입법자의 의도는 1998. 5. 27. 전에 상속이 개시된 것을 안 상속인에 대하여 특별한정승인의 기회를 부여할 것인가 하는 점은 판례에 위임한 것으로 볼 수도 있다. 2001년의 민법 개정 당시 입법에 관여하였던 이백규 변호사(당시 법원행정처 근무)도 2004. 7. 19. 민사판례연구회에서 이를 확인하여 주었다.

21) 公 2002상, 1059.

"어떠한 법률조항에 대하여 헌법재판소가 헌법불합치결정을 하여 입법자에게 그 법률조항을 합헌적으로 개정 또는 폐지하는 임무를 입법자의 형성 재량에 맡긴 이상 그 개선입법의 소급적용 여부와 소급적용의 범위는 원칙적으로 입법자의 재량에 달린 것이기는 하지만, 개정 전 민법 제1026조 제 2 호에 대한 위 헌법불합치결정의 취지나 위헌심판에서의 구체적 규범통제의 실효성 보장이라는 측면을 고려할 때 적어도 위 헌법불합치결정을 하게 된 당해사건 및 위 헌법불합치결정 당시에 개정 전 민법 제1026조 제 2 호의 위헌 여부가 쟁점이 되어 법원에 계속중인 사건에 대하여는 위 헌법불합치결정의 소급효가 미친다고 하여야 할 것이므로 비록 개정민법 부칙 제 3 항의 경과조치의 적용 범위에 이들 사건이 포함되어 있지 않더라도 이들 사건에 관하여는 종전의 법률조항을 그대로 적용할 수는 없고, 위헌성이 제거된 개정민법의 규정이 적용되는 것으로 보아야 할 것이다."

위 판결에 따르면 위 헌법불합치결정을 하게 된 당해사건뿐만 아니라 위 헌법불합치결정 당시에 개정 전 민법 제1026조 제 2 호의 위헌 여부가 쟁점이 되어 법원에 계속중인 사건에 대하여는 부칙 제 3 항에 해당하지 않는 경우에도 제1019조 제 3 항이 소급적용될 수 있다는 것이 된다.[22]

그런데 이와는 달리 서울지방법원 2002. 9. 26.자 2001나22948 위헌제청결정[23]은 위 개정민법의 소급적용을 제한하고 있는 부칙 제 3 항의 규정이 헌법에 위반된다고 하여 헌법재판소에 위헌제청을 하였다.

이 결정은 헌법불합치결정은 원칙적으로 소급효를 가져야 한다고 보고, 개정민법 부칙 제 3 항이 1998. 5. 27. 이후에 상속개시를 안 상속인들만을 구분하여 이들에 대하여서만 소급효를 인정하고 그 전에 상속개시를 안 상속인들에 대하여는 원칙적으로 소급효를 인정하지 않는 것은 사실상 소급효를 부정하는 결과를 낳는 것과 다를 바 없고 아울러 법적 안정성의 측면과 관련해서도 정당한 합헌적 근거로 삼기는 어렵다고 한다. 즉 1998. 5. 26. 이전에 상속개시를 안 상속인들의 경우에까지 개정민법 규정의 소급효를 인정한다고 하더라도 법적 안정성을 해칠 우려가 그다지 많지 않고, 그 반면에 달리 개정민법 부칙 제 3 항과 같이 특별히 1998. 5. 27.이라는 시점을 가지고 개정민법 규정의 적용 여부를 구분하여 차별하는 것이 법적 안정성 등 다른 헌법적 관점에서 어떠한 합리적인 근거를 갖는다고 볼 수도 없는 이상, 위 헌법불합치결정에

22) 같은 취지, 대법원 2002. 5. 14. 선고 2000다62476 판결(公 2002하, 1389); 2002. 11. 8. 선고 2002다21882 판결(公 2003, 29); 2002. 8. 1.자 2002스37 결정(未公刊) 등.

23) 法律新聞 2002. 10. 14, 11면 이하.

따라 당사자가 권리구제를 받을 수 있는 구체적 타당성의 요청에 의해 개정민법 규정의 소급효를 1998. 5. 26. 이전에 상속개시를 안 상속인들의 경우까지 제한 없이 인정하여야 할 것이라고 한다.

Ⅲ. 學說上의 論議

1. 改正民法 시행 전의 논의

개정민법 시행 전에도 개정민법안에 의한 특별한정승인의 규정이 소급적용되어야 할 것인가에 관한 논의가 있었다. 대부분의 논자는 소급적용을 인정하여야 한다는 것이었으나,[24] 구체적으로 어느 범위에서 소급적용을 하여야 하는가에 대하여는 반드시 명확하지 않았다.[25]

그러나 위와 같은 개정안 부칙의 규정이 타당하다는 주장도 있었다. 즉 헌법에 위반된 법률은 원칙적으로 무효라고 할 것이지만 그 무효는 일반적 무효는 아니므로, 위헌결정의 기속력 역시 그 미치는 범위가 무한정일 수는 없고 법적 안정성의 유지나 당사자의 신뢰보호를 위하여 불가피한 경우와 같이 다른 법리에 의하여 그 소급효를 제한하는 것이 오히려 법치주의의 원칙상 요청된다면 당해 법률을 유효로 보아 이를 적용할 수 있는데, 상속관계는 법적 안정성의 유지나 당사자의 신뢰보호를 위하여 조속히 확정함으로써 그로 인한 법적 불안이 장기간 계속되는 것을 막아야 하는 점에 비추어 볼 때, 위 헌법불합치결정의 기속력은 동 결정의 선고시를 기준으로 하여 민법 제1019조 제1항 소정의 고려기간이 미처 경과하지 아니한 사건에 한하여 미치는 것으로 그 소급효를 제한함이 상당하고, 정부가 2000. 10. 16.자로 제안하여 당시 국회에 계류중

24) 위 註 17) 참조.

25) 다만 鄭長吾(註 17), 11-13면은 구체적으로 다음과 같이 제안하고 있다.

「제6조(한정승인에 관한 경과조치) ① 상속인이 상속채무가 상속재산을 초과하는 사실을 중대한 과실없이 제1019조 제1항의 기간 내에 알지 못하다가 1998년 5월 27일부터 이 법 시행 전까지 사이에 이러한 사실을 알고도 한정승인신고를 하지 않은 상속인은 이 법 시행일로부터 1월 내에 이를 할 수 있다.

② 제1항의 규정에 의하여 한정승인을 하는 경우 및 1998년 8월 27일 이후 한정승인신고를 하여 이 법 제1019조 제3항의 규정에 의한 요건을 충족하는 경우에도 이 법의 규정을 적용한다.」

이는 결과적으로 이 사건 결정과 같은 취지이다.

이었던 민법중 개정법률안의 부칙은 이러한 취지라고 보인다고 한다.[26)]

2. 改正民法 시행 후의 논의

가. 解釋에 의한 遡及效 認定說

반면 개정안이 2002. 1. 14. 시행된 후에는 이에 관하여 좀더 구체적인 논의가 이루어졌다. 한 견해는 위헌적인 법률상태의 제거를 위하여 합헌적인 개정법률의 소급효를 인정하는 것은 헌법불합치결정 자체에 이미 내재하고 있는 논리라고 볼 것이고, 이러한 소급효의 인정은 구체적인 규범통제를 전제로 한 우리의 헌법재판에서는 당연한 것이라고 한다. 위 대법원 99다3358 판결(註 21)은 헌법불합치결정 이후에 개정 전 민법 제1026조 제2호가 재판의 전제가 되어 제소된 일반사건에 대하여는 명확한 언급을 하고 있지 아니하나, 위헌결정의 소급효가 인정되는 범위에 비추어 볼 때 일반사건의 경우, 즉 상속인이 1998. 5. 27. 이전에 상속개시 있음을 안 경우에도 상속채무가 상속재산을 초과하는 사실을 중대한 과실없이 상속개시 있음을 안 날로부터 3개월 이내에 알지 못하였다면, 상속채무가 상속재산을 초과하는 사실을 개정민법 시행 전에 안 경우에는 2002. 4. 15.까지, 그 사실을 개정민법 시행 후에 안 경우에는 그 사실을 안 날로부터 3월 내에 개정민법 제1019조 제3항에 의한 한정승인을 할 수 있다고 보아야 하고, 다만 일반사건의 경우에는 소급효를 무한정 인정하게 되면 법적 안정성을 해할 우려가 있으므로 그 인정 범위를 적절하게 제한하여야 하며, 그 제한에 관하여는 위헌결정에 대한 대법원 1994. 10. 25. 선고 93다42740 판결[27)]의 견해[28)]가 그대로 적용되어도 좋을 것이라고 한다.[29)]

---

26) 郭宗勳(註 14).

27) 公 1994하, 3077.

28) 이 사건에서 대법원은 위헌결정의 효력은 그 미치는 범위가 무한정일 수는 없고 법원이 위헌으로 결정된 법률 또는 법률의 조항을 적용하지는 않더라도 다른 법리에 의하여 그 소급효를 제한하는 것까지 부정되는 것은 아니라 할 것이며, 법적 안정성의 유지나 당사자의 신뢰보호를 위하여 불가피한 경우에 위헌결정의 소급효를 제한하는 것은 오히려 법치주의의 원칙상 요청되는 바라 할 것이라고 판시하였다.

29) 李憲郁, "한정승인에 관한 개정민법의 적용범위", 法律新聞 2002. 4. 15, 15면. 또한 丁相奎(註 19), 151면 이하는 1998. 5. 26. 이전에 상속개시가 있음을 안 상속인의 경우에도 부칙 제3항과 제1019조 제3항에 따라 2002. 4. 15.까지 한정승인신고를 할 수 있다고 주장하는 김선흠, "상속한정승인의 문제점"이라는 미발표 원고를 소개하고 있다.

나. 違 憲 說

필자는 위 개정민법 부칙 제3항의 규정이 위헌이라고 주장하였다. 즉 우리 헌법의 해석에 의하면 위헌결정이나 헌법불합치결정이 소급효를 가져야 한다는 점은 평등의 원칙을 규정한 헌법 제11조 제1항뿐만 아니라 법관은 헌법과 법률에 의하여 심판한다는 헌법 제103조, 모든 국민은 법률에 의한 재판을 받을 권리를 가진다는 헌법 제27조 제1항, 국가의 기본권 보장의무를 규정하고 있는 헌법 제10조 등에서 도출되는 결론이다. 따라서 헌법재판소의 위 1998. 8. 27.자 헌법불합치결정에는 일반적으로 소급효가 인정되므로 위 불합치결정에 따른 개선입법인 개정민법 제1019조 제3항은 부칙 제3항이 규정하고 있는 것처럼 1998. 5. 27. 이후에 상속이 개시되었음을 안 경우뿐만 아니라 그 전에 상속이 개시되었음을 안 경우에까지도 소급적용되어야 함이 원칙이고, 따라서 이러한 경우에는 특별한정승인의 신고를 할 수 없도록 한 민법 부칙 제3항의 규정은 위헌이다. 그러나 상속인이 채무 초과사실을 1998. 5. 27. 전에 알았으면서도 위 헌법불합치결정이 내려질 때까지 당시의 민법 제1026조 제2호에 의한 단순승인 의제의 효력을 다투지 않았던 경우에까지 개정민법에 의한 특별승인규정의 소급적용을 인정할 필요는 없다는 것이다.[30)]

다. 合 憲 說

반면 위 부칙 제3항의 규정이 위헌이 아니라는 견해도 있었다. 즉 헌법재판소가 헌법재판소 위헌결정의 소급효를 제한하고 있는 헌법재판소법 제47조 제2항은 합헌이라고 하고 있는 점, 종래 대법원이 일반사건에 대하여도 위헌결정의 소급효를 인정한 사안은 국가 대 사인의 권리충돌이 문제된 것인 반면 위 제1026조 제2호에 대한 헌법불합치결정은 사인 대 사인의 권리충돌이 문제된 것으로서 일반적인 소급효를 인정하는 것은 상속채권자가 구법에 의하여 상속인들에 대하여 가지는 재산권이 침해되는 결과가 될 수 있는 점, 헌법상 상속제도는 제도보장으로서의 성질을 갖고, 입법자는 제도의 본질적 내용을

30) 尹眞秀(註 5), 291면 이하. 또한 아래 V. 2. 나. 참조. 朴淳成, "債務의 相續", 民事判例硏究 XXV, 2003, 688면도 개정민법 부칙 제3항에 대하여 다시 위헌논란이 일 소지가 있다고 생각된다고 한다. 金由美, "개정한정승인제도에 관한 소고", 亞細亞女性法學 제6호, 2003, 117면 이하; 田慶根, "相續의 承認과 抛棄", 家族法硏究 제18권 1호, 2004, 175면 등도 소급적용의 제한은 부당하다는 취지이나, 위 부칙 제3항의 규정이 위헌이라는 것인지는 명백하지 않다.

훼손하지 않는 범위 안에서 법률로써 그 제도를 자유로이 형성할 수 있는 점에 비추어 개정 민법 부칙 제3항이 그 일반적 소급효를 제한하였다 하더라도 헌법에 위반한다고 보기는 곤란하다는 것이다.[31)]

이 밖에 다른 논자들은 이러한 문제에 대하여 언급을 하면서도 위헌 여부에 관하여는 확실한 견해를 밝히지 않고 있었다.[32)]

Ⅳ. 特別限定承認制度에 대한 헌법재판소의 판단

헌법재판소 2003. 12. 18. 선고 2002헌바91 결정은 제1019조 제3항이 규정하고 있는 특별한정승인의 제도 자체는 헌법에 합치한다고 하였다. 그 사건에서 주로 문제된 것은 제1019조 제3항이 상속인의 구제방법으로서 한정승인만을 규정하고 상속의 포기는 규정하고 있지 않은 것이 평등원칙에 어긋나는 것인가 하는 점이었다. 그러나 헌법재판소는 '한정승인제도'와 '상속포기제도'는 그 방식 및 법률효과 등 여러 가지 측면에서 본질적으로 상이한 제도이므로 본질적으로 동일한 것을 상이하게 자의적으로 취급한 것은 아니라고 하여 평등원칙 위반의 주장을 배척하였다.

Ⅴ. 이 사건 決定 이유의 分析

이 사건 결정이 언급하고 있는 논점은 여러 가지가 있으나, 여기서는 평등원칙 위반의 점에 대한 심사기준은 무엇인가 하는 점과, 1998. 5. 27. 전에 상속개시뿐만 아니라 상속채무 초과사실도 안 상속인에 대하여 특별한정승인규정의 소급적용을 인정하지 않은 것은 합헌인가 하는 점을 중점적으로 다루고자 한다.

31) 丁相奎(註 19), 154-156면. 다만 이 견해도 1998. 5. 27.을 기준으로 상속인들이 특별한정승인을 통하여 상속채권자들로부터 보호받는지 여부가 결정되는 것은 법이론상으로는 불가피한 측면이 있다고 하더라도, 사실상 상속인들 사이의 형평 측면에서 일응 문제가 있다는 점은 명확하다고 한다. 위 논문 157면.

32) 최진섭, "特別限定承認제도에 관한 연구", 家族法硏究 제17권 1호, 2003, 207면; 李祥源(註 3), 100-101면 등. 金時哲, "親族相續法에 관련된 憲法裁判所 決定評釋(1997-1998)", 裁判資料 제102집, 2003, 558면 이하는 이 문제에 대하여 가능한 여러 가지의 견해를 소개하면서도 구체적인 사건에 관하여 직접 언급하는 것은 부적절하다고 한다.

1. 平等原則 위반의 점에 대하여

가. 多數意見의 판시

이 사건 다수의견은 1998. 5. 27. 전에 상속개시 있음을 알았으나 위 일자 이후 상속채무 초과사실을 안 상속인과, 위 일자 전에 상속개시뿐만 아니라 상속채무 초과사실도 안 상속인을 나누어, 전자의 상속인에 관하여는 위 민법 부칙 제3항이 제1019조 제3항의 소급적용을 허용하지 않는 것은 헌법에 합치되지 아니하지만, 후자의 상속인에 관하여는 소급적용을 허용하지 않는 것이 합헌이라고 하였다.[33] 헌법재판소는 위헌 여부의 판단 근거로서 헌법상의 평등원칙 위반 및 재산권과 사적자치권의 침해라는 점을 들고 있다. 이 중 흥미를 끄는 것은 평등원칙 위반의 점에 관한 판시이다.

다수의견은 민법부칙 제3항이 상속인들이 1998. 5. 27. 전에 상속개시 있음을 알았는지 여부에 따라 1998. 5. 27. 전에 상속개시 있음을 알았으나 위 일자 이후 상속채무 초과사실을 안 상속인[34]들은 특별한정승인을 할 수 없게 한 것은 합리적인 근거가 없고, 따라서 평등원칙에 위반된다고 한다. 즉 특별한정승인의 소급적용의 범위를 결정함에 있어서는 상속채무 초과사실을 알지 못하여 상속의 단순승인으로 의제된 것에 상속인의 귀책사유가 존재하는가의 여부, 상속채무 초과사실을 알게 된 이후에도 기간 해태의 책임이 존재하는가의 여부 등이 중요한 문제인 것이지, 상속개시 있음을 언제 알았는지의 여부 그 자체는 아무런 합리적 기준이 되지 못한다고 한다. 1998. 5. 27. 전에 상속개시 있음을 안 상속인이 종전 민법규정에 의하여 단순승인을 한 것으로 의제되었다 하여도, 위 5. 27. 전에 상속개시 있음을 알았으나 위 일자 이후에 상속채무 초과사실을 안 상속인은 위 결정 당시 상속채무 초과사실을 알게 된 날로부터 3월이 경과하지 않은 시점에서 위 결정으로 인한 법적 공백에 직면하게 된 것인데, 이러한 경우 상속채무 초과사실을 알게 된 날로부터 3월의 기간이 보장되지 않은 상태에서 구 민법규정에 의하여 단순승인 의제되어 있다는 것만으로 소급적으로 특별한정승인을 할 수 있는 범위에서 제외하는 것은

33) 이하에서는 상속채무를 안 날을 기준으로 하여 전자의 상속인을 '5. 27. 후의 상속인', 후자의 상속인을 '5. 27. 전의 상속인'이라고 부르기로 한다.

34) 다만 이러한 상속인 가운데 상속채무 초과사실을 알지 못한 데 중대한 과실이 있는 상속인은 배제되어야 할 것이다. 결정이유 Ⅳ. 4. 부분 참조.

합리적인 고려기간을 허여하여 상속인의 선택의 자유를 충실히 보장하려는 우리 민법의 상속제도에 관한 규율의 취지에 어긋나는 것이고, 개정민법에 따른 특별한정승인의 경우에 상속채무 초과사실을 안 날로부터 3월의 신고기간을 부여하고 있는 것과도 형평에 맞지 않는다고 하였다.[35]

반면 5. 27. 전의 상속인에 대하여는 그들은 구 민법규정에 따른 단순승인 의제에 대하여 다툼으로써 자신의 의사에 반하여 단순승인 의제되는 것을 저지할 수 있었고, 우리 민법이 채택해 온 상속의 단순승인 의제제도를 부정하지 않는 한 상속채무 초과사실을 알고 3월의 기간이 도과된 경우에는 단순승인의 법률관계가 확정된 것으로 보는 것을 비합리적이라고 할 수 없으며, 이러한 상속인에 대하여까지 개정민법에 의하여 인정되는 특별한정승인의 범위보다 더 넓은 범위에서 소급적으로 특별한정승인을 인정함으로써 형평에 맞지 않게 되고, 이미 종결된 과거의 사실 또는 법률관계에 사후적으로 작용하여 상속채권자의 재산권을 진정소급입법으로써 박탈한다는 위험을 발생시킬 수 있다고 한다.

이러한 다수의견은 다른 말로 표현한다면 소급하여 특별한정승인을 할 수 있는지 여부의 판단기준으로서 민법 부칙이 채택한 "1998. 5. 27. 이후에 상속개시가 있음을 알았는가" 하는 점은 합리적인 기준이 아니고, 그 기준은 "1998. 5. 27. 이후에 상속채무의 초과사실을 알았는가"라는 점이 되어야 한다는 것이라고 할 수 있다.

나. 檢 討

이러한 다수의견의 결론은 그 자체로는 수긍할 수 있다.[36] 다른 말로 한다면 헌법재판소가 구 민법 제1026조 제2호가 위헌이라고 판단한 것은 요컨대 상속의 한정승인이나 포기를 할 수 있는 기간의 기산점을 상속채무의 초과사실을 안 날이 아니라 상속개시의 사실을 안 날로 하고 있는 것이 잘못되었다는 것인데, 개정민법 부칙 제3항이 위와 같은 헌법재판소의 헌법불합치결정에 따른 개선입법을 함에 있어서 그 소급적용 여부의 기준일을 여전히 상속채무의 초과사실을 안 날이 아니라 상속개시의 사실을 안 날로 하고 있는 것은 합리적이라고 할 수는 없는 것이다.

다만 여기서 유의할 점은 다수의견이 이 사건에서 평등원칙 위반의 심사

35) 김영일 재판관의 반대의견도 이 점에 대하여는 반대하지 않고 있다.
36) 위 Ⅲ. 2. 나. 참조.

기준으로서 엄격한 심사기준인 비례의 원칙이 아니라 완화된 심사기준인 恣意禁止의 원칙을 적용하고 있는 점이다. 즉 다수의견은 평등위반 여부를 심사함에 있어, 헌법에서 특별히 평등을 요구하고 있는 경우와 차별적 취급으로 인하여 관련 기본권에 대한 중대한 제한을 초래하게 되는 경우에는 차별취급의 목적과 수단 간에 비례관계가 성립하는지를 검토하는 엄격한 심사척도를 적용하고, 그렇지 않은 경우에는 차별을 정당화하는 합리적인 이유가 있는지, 즉 恣意的인 차별이 존재하는지를 검토하는 완화된 심사척도를 적용한다고 하면서,[37] 이 사건 법률조항에 관하여는 헌법에서 특별히 평등을 요구하고 있거나 차별적 취급으로 인하여 관련 기본권에 대한 중대한 제한을 초래하게 되는 경우가 아니므로 자의금지 원칙을 적용하여 차별의 합리적 이유가 있는지 여부를 살펴보아야 한다고 하였다. 헌법재판소가 이와 같이 판단한 것은 기본적으로 헌법재판소의 위헌결정 내지 헌법불합치결정은 원칙적으로 장래효만이 인정되고, 다만 예외적으로 부분적인 소급효만이 인정될 수 있다고 보고 있는 것과 관련이 있다고 추측된다.[38][39]

그러나 헌법불합치결정에 따른 개선입법의 소급적용을 제한하는 것이 평등원칙 위반인지 여부를 따짐에 있어서 이처럼 완화된 기준인 자의금지의 원

37) 헌법재판소는 과거에는 평등권 위반의 심사기준으로서 주로 恣意禁止(Willkürverbot)의 원칙을 적용하였고, 때로는 비례의 원칙을 적용하였으나, 양자의 관계는 명확하지 않았다. 그러나 공무원 채용에 있어서 제대군인에게 가산점을 부여하는 것이 위헌이라고 한 헌법재판소 1999. 11. 23. 선고 98헌마363 결정(헌판집 11-2, 770 이하) 이래로 양자의 적용영역을 구별하고 있다. 이러한 헌법재판소의 판례는 주로 독일 연방헌법재판소 제1재판부 판례의 이른바 最新의 公式(die neueste Formel)을 다소 수정하여 받아들인 것으로 보인다. 독일의 판례에 대하여는 方勝柱, "獨逸 聯邦憲法裁判所의 立法者에 대한 統制의 範圍와 强度", 憲法論叢 제7집, 1996, 320면 이하; 韓秀雄, "平等權의 構造와 審査基準", 憲法論叢 제9집, 1998, 41, 52면 이하 등 참조. 헌법재판소 판례가 독일 헌법재판소의 판례를 받아들였다는 점에 대하여는 金周換, "立法者의 平等에의 拘束과 그에 대한 통제", 憲法論叢 제11집, 2000, 463면 이하 참조.

38) 결정이유 4. 마. (2) (나) 부분(헌법재판소공보 89, 234면)에서 다수의견은 헌법재판소는 위헌결정에 원칙적으로 장래효만을 인정하고 있는 헌법재판소법 제47조 제2항이 위헌이 아니고 다만 예외적으로 부분적인 소급효를 인정할 수 있다고 하는 과거의 헌법재판소 판례(헌법재판소 1993. 5. 13. 선고 92헌가10등, 헌판집 5-251)를 인용하면서, 헌법불합치결정에 따른 개선입법이 소급적용되는 범위도 헌법불합치결정 당시의 시점까지 소급되는 것이 원칙이라고 하였다.

39) 그러나 다른 한편 다수의견은 위 부칙 조항이 재산권 및 사적자치권도 침해하여 위헌이라고 하면서 그 이유로서 이 사건에서도 개정 전 민법 제1026조 제2호가 재산권 및 사적자치권을 보장한 헌법에 위반된다고 한 위 헌법재판소 1998. 8. 27. 결정(註 1)과 달리 판단할 사정의 변경이나 필요성이 있다고 인정되지 않는다고 하였다. 이는 위헌결정의 원칙적 장래효와는 조화되지 않고, 오히려 원칙적 소급효를 전제로 하여서만 나올 수 있는 판시가 아닌가 하는 의문이 있다.

칙에 의하여야 할 것인지는 의심스럽다. 이러한 소급효의 제한은 헌법재판소 자신의 판례에 의하더라도 관련 기본권에 대한 중대한 제한을 의미하게 되기 때문이다. 다시 말하여 헌법재판소가 과거에 민법 제1026조 제2호에 대하여 헌법불합치를 선언한 것은 그것이 재산권 및 사적자치권이라는 헌법상 기본권을 침해한 것이라는 이유에서였다. 그런데 개정민법 부칙이 특별한정승인 규정의 소급적용을 제한하는 것은 마찬가지로 재산권 및 사적자치권이라는 헌법상 기본권을 침해하는 것으로서 역시 관련 기본권에 대한 중대한 제한이라고 하지 않을 수 없고, 따라서 이 경우에는 차별취급의 목적과 수단 간에 비례관계가 성립하는지를 검토하는 엄격한 심사척도가 적용되어야 할 것이다. 다수의견도 위헌의 이유로서 평등원칙 위반 외에 재산권 및 사적자치권의 침해라는 점을 들고 있다.

보다 근본적으로는 위헌결정 내지 헌법불합치결정에 따른 개선입법에 원칙적으로 소급효가 인정되어야 하는 것은 하나의 헌법상의 명제이고, 따라서 이러한 소급효를 제한하기 위하여는 그럴 만한 충분한 이유가 있어야 하는 것이다.[40] 다시 말하여 헌법불합치결정에 따른 개선입법이 소급적용되어야 하는 근거로서 헌법의 여러 규정들이 그 근거가 되는 것이므로, 이를 평등원칙 위반의 관점에서 논할 때에도 엄격한 심사 기준인 비례의 원칙에 의하여야 하는 것은 명백하다.

그리고 헌법불합치결정도 그것이 위헌결정의 일종인 한에서는 원칙적으로 소급효가 인정되어야 하고, 다만 그러한 소급효를 인정하는 것이 공익의 중대한 침해를 가져오는 경우에만 예외적으로 소급효가 제한되어야 할 것이다. 다만 단순위헌결정은 그 자체로서 소급효를 가지므로 따로 입법자의 개선입법을 기다릴 필요가 없으나, 헌법불합치결정은 그 자체로서 소급효가 있다기보다는 입법자에게 개선입법이 소급적으로 이루어지도록 하는 의무를 부과하는 점에서 특성이 있을 뿐이다.

따라서 이처럼 위헌결정 내지 헌법불합치결정의 소급효가 헌법상 원칙이라면 소급효를 제한하는 입법의 위헌 여부 심사에 있어서는 그 소급효 제한을 정당화할 만한 법적 안정성의 필요가 있는가 하는 엄격한 기준에 따라야 할 것이다.[41]

---

40) 尹眞秀(註 12), 218면 이하 참조.

41) 그러나 丁泰鎬, "法律에 대한 違憲決定의 遡及效問題에 대한 비판적 고찰", 法律行政論叢

다만 이 사건에서 과연 恣意禁止의 원칙에 따르는가 아니면 비례의 원칙을 따르는가가 실제에 있어서 차이를 가져오는 것인지는 다시 살펴볼 문제이다.[42] 나아가 과연 다수의견이 적용하고 있는 것이 실제로 자의금지의 원칙인가에 관하여도 의문이 없지 않다.[43]

2. 5. 27. 전의 相續人에 대하여

가. 다수의견과 반대의견

다수의견이 5. 27. 전의 상속인에 대하여 특별한정승인규정의 소급적용을 인정하지 않은 것이 합헌이라고 판시한 것은 앞에서 본 바와 같다. 다수의견은 그러한 소급적용의 배제에 합리적인 이유가 있다고 하고 있으므로 그 표현상으로는 자의금지의 원칙을 적용한 것으로 보인다.

반면 김영일 재판관의 반대의견은 상속채무 초과사실을 안 시점을 기준으로 개정민법 제1019조 제3항의 소급적용범위에서 제외한 차별취급에 대한 위헌 여부의 판단을 달리하는 것이 차별과 이로 인한 재산권 및 사적 자치권에 대한 제한을 헌법적으로 정당화할 수 있는 이유, 즉 이러한 기본권 제한을 상쇄할 만한 헌법적 보호법익이 있는지의 점에서 검토되어야 한다고 하고 있어 평등원칙 위반의 점에 관한 한 자의금지의 원칙보다는 비례의 원칙에 가까운 심사기준을 채택하고 있는 것으로 보인다.

다수의견은 1998. 5. 27. 전에 상속채무 초과사실을 안 상속인에 대하여 위 구 민법조항에 의한 단순승인의제의 효과를 다투는 법적 조치를 취할 기대가능성이 있다는 묵시적인 전제하에서 위 상속인과 그 상대방인 상속채권자의 법익을 비교형량하고 있지만, 개정민법 제1019조 제3항이 신설되기 전에는 같

제19집, 1999, 226면 이하, 235면 이하 등은 위헌결정의 효력범위에 관한 문제는 입법자가 입법형성의 여지의 범위 내에서 결정하여야 할 입법정책적 결정의 문제이고, 입법자에게 주어진 형성의 여지의 폭은 넓으며, 당해사건 이외의 사건에 대해서는 법익형량을 통하여 위헌결정의 소급효를 선택적으로 인정할 수 있도록 여지를 부여하고 있는 선택적 소급효론은 합리적인 이유가 있는 것으로 차별은 정당화된다고 한다. 또한 憲法實務研究 제1권, 2000, 154면에서의 丁泰鎬 발언 참조(이는 尹眞秀, "交通事故處理特例法 제4조 제1항 및 그에 근거한 不起訴處分에 대한 憲法訴願의 適法性"에 대한 토론이다). 이에 대한 비판은 尹眞秀(註 12), 221면 이하; 헌법실무연구 제1권, 154면 이하에서의 尹眞秀 발언 등 참조.

42) 韓秀雄(註 37), 65면에 의하면 '새로운 공식'에 의하여 심사를 한 독일 연방헌법재판소의 판례 가운데 종래의 자의금지 원칙에 의하여 심사하였다면 다른 결과가 나왔으리라고 판단되는 결정을 찾아볼 수 없다고 한다.

43) 아래 2. 나. 참조.

은 조 제1항의 기간 경과 후에 이루어진 한정승인신고가 법원에 의하여 적법하게 수리될 수 없어 위 구 민법조항에 의한 단순승인의제의 효과에서 벗어날 수 있는 아무런 법적 구제수단이 없던 상황에서 위 구 민법조항에 의한 효과를 다툴 법적 조치를 취할 것을 기대할 수 없으므로 이러한 법적 조치를 취하지 않았다는 사정을 들어 상속인에게 책임을 돌릴 수 없다고 비판한다.

그리고 5. 27. 전의 상속인의 기본권과 상속채권자의 위헌인 위 구 민법조항에 대한 신뢰를 비교형량하여 보면, 1998. 5. 27. 전에 상속채무 초과사실을 알고 3월 내에 재판절차에서 위 구 민법조항에 의한 단순승인의제의 효과를 다투고 있지 않았다고 하여도 이를 가리켜 상속인의 의사에 의하여 단순승인이 확정되었다고 볼 수는 없고, 개정민법 제1019조 제3항이 신설되기 전에는 같은 조 제1항의 기간 경과 후에 이루어진 한정승인신고가 법원에 의하여 적법하게 수리될 수 없어 위 구 민법조항에 의한 단순승인의제의 효과에서 벗어날 수 있는 아무런 법적 구제수단이 없던 상황에서 위 단순승인의제의 효과를 다툴 법적 조치를 취할 것을 기대할 수 없으므로, 1998. 5. 27. 전에 상속채무 초과사실을 알고도 이러한 법적 조치를 취하지 않고 3월의 기간을 도과하였다는 사정은 상속인에게 그 책임을 돌릴 수 없다고 한다.

반면 상속인이 1998. 5. 27. 전에 상속채무 초과사실을 알고도 위 구 민법조항에 의한 단순승인의제의 효과를 다투지 않은 경우 그 상속채권자의 신뢰가 5. 27. 전의 상속인을 위 개정민법조항의 소급적용범위에서 제외한 차별취급을 정당화할 정도로 높다고 할 수 없으며, 다만 이러한 상속채권자의 신뢰가 위 구 민법조항에 기하여 새로운 법률관계가 형성되어 그것이 취소할 수 없는 경우 예컨대, 확정판결이 있는 경우 등에 한하여 위 개정민법조항의 소급적용을 부정할 정도로 높은 법적 안정성의 요청이 있어 해당 상속인에 대하여 위 개정민법조항의 소급적용범위에서 제외한 차별취급을 정당화할 정도로 높다고 한다.

따라서 입법자가 5. 27. 전의 상속인에 대하여도 개정민법 제1019조 제3항의 소급적용에 관한 경과규정을 두지 않은 것은 헌법 제11조 제1항의 평등원칙에 위반된다고 한다.

나. 檢 討

얼핏 생각하면 위 다수의견과 반대의견의 대립에서 보이는 것처럼 5. 27. 전의 상속인에 대하여 특별한정승인규정의 소급적용을 배제한 것이 자의금지

원칙에 따를 때에는 합헌인 반면, 비례의 원칙을 적용하면 위헌인 것처럼 보인다. 그러나 좀더 따져본다면 문제는 그와 같이 단순하지 않다.

우선 다수의견은 과연 자의금지의 원칙을 적용하고 있는 것인가 하는 점이다. 다수의견은 합헌의 근거로서 5. 27. 전의 상속인의 지위와 상속채권자의 신뢰를 비교하고 있는데, 이는 비례의 원칙의 한 내용인 법익의 균형성의 문제이다.[44)]

다른 한편 비례의 원칙의 기준을 채택한다면 반대의견과 같이 5. 27. 전의 상속인 부분도 위헌이라고 하여야 하는가 하는 점도 명백하지 않다. 다수의견과 반대의견의 기본적인 차이는 심사기준의 차이에 있다기보다는 5. 27. 전의 상속인에게 과연 종전의 제1026조 제2호에 의한 단순승인 의제의 효과를 다툴 것을 기대할 수 있었는가, 이러한 상속인의 보호 필요성과 상속채권자의 신뢰 보호 필요성 가운데 어느 것이 더 우선하는가 하는 점에 있다고 보아야 할 것이다. 이에 관하여 다수의견은 5. 27. 전의 상속인들도 위 1998. 8. 27.의 헌법불합치결정이 있을 때까지 당시 법원에 재판이 계속 중이던 많은 상속인들처럼 단순승인 의제에 대하여 다툴 수 있었고, 이들이 다투지 않았다면 상속으로 인한 적극재산과 채무 전부의 승계를 받아들인 것이며, 아니더라도 상속인이 상속채무 초과사실을 알게 된 후 적정한 기간이 경과되도록 다투지 않은 경우에 상속법률관계가 무한정 미확정인 채로 남아있다고 볼 수는 없다고 설명한다.

반면 반대의견은 개정민법 제1019조 제3항이 신설되기 전에는 같은 조 제1항의 기간 경과 후에 이루어진 한정승인신고가 법원에 의하여 적법하게 수리될 수 없어 위 구 민법조항에 의한 단순승인의제의 효과에서 벗어날 수 있는 아무런 법적 구제수단이 없던 상황에서 위 구 민법조항에 의한 효과를 다툴 법적 조치를 취할 것을 기대할 수 없으므로, 이러한 법적 조치를 취하지 않았다는 사정을 들어 상속인에게 책임을 돌릴 수 없다고 한다. 그리고 이를 전제로 하여 5. 27. 전의 상속인의 보호 필요성이 상속채권자의 신뢰 보호 필요성보다 더 크다고 한다.

필자의 생각으로도 이 문제의 관건은 제1차적으로는 5. 27. 전의 상속인

---

44) 韓秀雄(註 37), 74-75면 참조. 비례의 원칙의 한 내용으로서의 법익의 균형성에 대하여는 尹眞秀, "相續回復請求權의 消滅時效에 관한 舊慣習의 違憲 與否 및 判例의 遡及效", 比較私法 제11권 2호, 2004, 305면 이하 참조.

들에게 단순승인 의제의 효과를 다툴 것을 기대할 수 있었는가 하는 점에 있다고 여겨진다. 5. 27. 전의 상속인들이 이를 다툴 수 있었다면 그들에게 소급하여 특별한정승인의 기회를 주지 않더라도 반드시 부당한 것은 아니라고 볼 중요한 근거가 될 수 있기 때문이다.[45)]

우선 5. 27. 전의 상속인들이 단순승인 의제의 효과를 다툴 수 있었을까? 일견하여서는 반대의견의 주장이 설득력이 있는 것처럼 보인다. 즉 당시에는 법률적으로는 단순승인 의제의 효과를 다툴 수 있는 방법이 없었기 때문에,[46)] 1998. 5. 27. 전에 상속채무 초과사실을 알았다는 것만으로 특별한정승인의 소급적용을 부정하는 것은 가혹한 것처럼 생각될 여지도 있다.

이러한 견해를 뒷받침할 만한 것으로는 위헌인 법률의 존재가 소멸시효의 진행을 막는 법률상 장애에 해당하는가 하는 점에 관한 대법원의 판례를 들 수 있다. 대법원 1996. 7. 12. 선고 94다52195 판결[47)]은 헌법재판소에 의하여 면직처분의 근거가 된 법률 규정이 위헌으로 결정되어 위헌결정의 소급효로 인하여 면직처분이 당연무효가 되고 그 면직처분이 불법행위에 해당되는 경우라도, 그 손해배상청구권은 위헌결정이 있기 전까지는 법률 규정의 존재라는 법률상 장애로 인하여 행사할 수 없었다고 보아야 할 것이므로 소멸시효의 기산점은 위헌결정일로부터 진행된다고 하였다. 이러한 판례를 밀고 나간다면 헌법재판소의 구 민법 제1026조 제2호에 대한 헌법불합치결정 이전에는 상속인들이 단순승인 의제의 효력을 다투는 데 법적인 장애가 있었다고 볼 수 있을 것이다.[48)]

---

45) 평등원칙 위반 여부의 심사기준에 관한 이른바 '최신의 공식'을 처음으로 표방한 독일 연방헌법재판소 1993. 1. 26. 결정(BVerfGE 88, 87 ff.)에서도 평등의 원칙 위반을 심사함에 있어서 비례의 원칙을 적용할 것인가 아니면 자의금지의 원칙을 적용할 것인가 하는 점에 대한 고려요소의 하나로서, (인적 집단에 따른 차별이 아닌) 단순한 행위관련적 구별인 경우에는 입법자의 평등원칙에 대한 구속의 정도는 어느 정도로 관계자들이 그들의 행위에 의하여 자신들이 구별되는 표지의 현실화에 영향을 줄 수 있는가 하는 점에 달려 있다고 한다.

46) 이 경우에도 단순승인 의제의 효과를 다툴 수 있었다는 해석론은 받아들여지지 않고 있었다. 위 Ⅱ. 1. 참조.

47) 公 1996하, 2462. 이 판결에 대하여는 尹眞秀, "違憲인 法律에 근거한 公務員 免職處分이 不法行爲로 되는 경우 그로 인한 損害賠償請求權 消滅時效의 起算點", 서울대학교 법학 제38권 1호, 1997, 170면 이하 참조.

48) 또한 독일연방헌법재판소의 1980. 1. 16.자 결정(BVerfGE 53, 115 ff.) 참조. 이 결정에서 연방헌법재판소는, 법치국가의 원리에는 실효적인 권리보호와 신뢰보호의 원칙이 포함되어 있는데, 어떤 법률이 개인의 공권력에 대한 급부청구권을 부당하게 박탈하여 위헌으로 선고되었다면 그 후에 실체적 청구권을 뒤늦게 관철하는 것을 절차상의 장애로 어렵게 하는 것은 실효적인 권리보호의 요청과는 부합되지 아니하고, 법률이 합헌이라고 신뢰한

그러나 다른 한편 대법원의 판례는 "어느 법률에 근거하여 행정처분이 발하여진 후에 헌법재판소가 그 법률을 위헌으로 결정하였다면 결과적으로 위 행정처분은 법률의 근거가 없이 행하여진 것과 마찬가지가 되어 하자가 있는 것이 된다고 할 것이다. 그러나 하자 있는 행정처분이 당연무효가 되기 위하여는 그 하자가 중대할 뿐만 아니라 명백한 것이어야 하는데, 일반적으로 법률이 헌법에 위반된다는 사정이 헌법재판소의 위헌결정이 있기 전에도 객관적으로 명백한 것이라고 할 수는 없으므로 당사자가 위와 같은 행정처분에 대하여 취소소송을 제기하는 것이 법률상 불가능하였다는 등의 특별한 사정이 없는 한 이러한 하자는 위 행정처분의 취소사유에 해당할 뿐 당연무효사유는 아니라고 봄이 상당하다"고 하여 그러한 행정처분의 효력은 행정처분 취소소송으로 다투어야 한다는 태도를 보이고 있고,[49] 헌법재판소의 판례도 이러한 대법원의 판례를 받아들이고 있다.[50] 이러한 판례는 비록 행정처분의 근거가 되는 법률이 위헌이라고 하여도 그 행정처분의 효력을 행정처분 취소소송에 의하여 다투는 것은 가능하고 당사자에게 기대된다는 것을 전제로 하고 있다.

이 사건의 경우에는 이러한 두 가지의 관점 가운데 어느 것에 따라야 할

자는 보호받아야 한다고 하면서, 위헌인 법률 때문에 권리구제절차를 밟을 수 없었으므로 위헌적인 권리박탈에 불복하지 아니하고 있었다고 하여 기한도과의 결과를 수인하여야 하는 것도 아니고 일반국민이 법률이 위헌임을 믿을 것을 요구하는 것은 法治國家의 원리에 부합하지 아니하며, 오히려 일반국민은 법률이 헌법에 합치한다고 신뢰하여야 하고 이는 그 법률이 사후에 위헌으로 밝혀졌어도 마찬가지이며, 확정된 재판이나 행정처분이 있는 경우나 완전히 종결된 법률관계의 경우에만 위헌결정의 효력이 미치지 않는 것이라고 하였다. 자세한 것은 尹眞秀(註 47), 183면 이하 참조.

49) 대법원 1994. 10. 28. 선고 92누9463 판결(公 1994하, 3139). 이 판결의 해설로는 尹眞秀, "違憲인 法律에 根據한 行政處分의 當然無效 여부", 대법원판례해설 1994년 하반기(통권 제22호), 447면 이하 참조. 같은 취지의 대법원 판례로는 대법원 1994. 10. 28. 선고 93다41860 판결(公 1994하, 3109); 1995. 3. 3. 선고 92다55770 판결(公 1995상, 1550); 1995. 9. 26. 선고 94다54160 판결(公 1995하, 3519) 등. 최근의 판례로는 대법원 2002. 11. 8. 선고 2001두3181 판결(公 2003상, 75)이 있다.

50) 헌법재판소 1999. 9. 16. 선고 92헌바9 결정(헌판집 11-2, 262); 2001. 9. 27. 선고 2001헌바38 결정; 2004. 1. 29. 선고 2002헌바73 결정(헌재공보 89, 256). 다만 위 2001헌바38 결정이나 헌법재판소 1994. 6. 30. 선고 92헌바23 결정(헌판집 6-1, 592)은 행정처분 자체의 효력이 쟁송기간 경과 후에도 존속 중인 경우, 특히 그 처분이 위헌법률에 근거하여 내려진 것이고 그 행정처분의 목적달성을 위하여서는 후행(後行) 행정처분이 필요한데 후행(後行) 행정처분은 아직 이루어지지 않은 경우, 그 행정처분을 무효로 하더라도 법적 안정성을 크게 해치지 않는 반면에 그 하자가 중대하여 그 구제가 필요한 경우에 대하여서는 그 예외를 인정하여 이를 당연무효사유로 보아서 쟁송기간 경과 후에라도 무효확인을 구할 수 있는 것이라고 보아야 한다고 판시하고 있다. 이 점에 대한 비판으로서는 尹眞秀(註 50), 468면 이하; 李 源, "違憲法律에 根據한 行政處分의 效力과 그 執行力의 認定與否", 법제연구총서 5, 2000, 34면 등 참조.

것인가? 사견으로서는 후자의 관점이 이 사건의 경우에는 더 타당하다고 여겨진다. 이 사건 다수의견이 5. 27. 전의 상속인에 대하여 소급적용을 인정하지 않는 것이 합헌이라고 한 것의 바닥에 깔려 있는 생각은 기본적으로 무임승차자(free rider)를 배제하여야 한다는 것이라고 볼 수 있다. 즉 상속채무 초과사실을 잘 알고 있으면서도 이를 받아들여 별다른 행동을 취하지 않고 있던 상속인이 헌법불합치결정이 나자 이에 편승하여 상속채무의 승계를 뒤늦게 다투는 것은 허용되어서는 안 된다는 것이다. 반면 전자, 즉 소멸시효 기산점의 문제의 경우에는 이러한 무임승차자의 문제는 그다지 중요하다고는 생각되지 않는다.

그러나 이처럼 5. 27. 전의 상속인이 단순승인 의제의 효과를 다투는 것이 이론적으로는 가능하였다고 하더라도, 그것만으로 그들이 소급하여 특별한정승인의 신고를 하는 것을 허용하여서는 안 될 것인가? 이 점은 결국 이러한 상속인들의 권리와 이들의 권리를 제한할 필요성, 구체적으로는 상속채권자의 이익 사이의 형량 문제로 돌아간다.

이러한 상속채권자의 이익에 관하여 위 헌법재판소 1998. 8. 27. 결정[51]은 상속채권자는 일반적으로 피상속인을 신뢰하여 그의 일반재산을 담보로 보고서 거래한 것이지, 그의 사망 후 상속인이 채무를 승계할 것까지를 기대하고서 거래한 것으로 볼 수는 없다고 하였다. 이 사건 결정의 다수의견도 위 결정을 인용하면서, 1998. 5. 27. 전에 상속개시 있음을 알았으나 위 일자 이후에 상속채무 초과사실을 알게 된 상속인의 상속채권자가 위 결정 당시 구 민법규정에 의한 단순승인 의제의 효과를 신뢰하였다 하더라도 상속인이 중대한 과실 없이 상속채무 초과사실을 알지 못하여 단순승인 의제된 경우의 상속채권자의 신뢰는, 상속인의 일방적인 불이익을 전제로 하는 신뢰일 뿐이라고 하고 있다.

이 사건 반대의견은 이 점을 강조하여, 5. 27. 전의 상속인에 대한 상속채권자의 위 구 민법조항에 대한 신뢰는 상속인이 귀책사유 없이 상속채무 초과사실을 알지 못하여 민법 제1019조 제 1 항의 기간 내에 한정승인 등을 하지 못하였다가 1998. 5. 27. 전에 상속채무 초과사실을 알게 된 상속인에게 위 개정민법조항에 의한 특별한정승인을 허용하지 아니함으로써 종전 불합치결정이 선고된 위 구 민법조항에 의하여 상속인의 의사와 관계없이 상속재산은 물론 상속인의 고유재산까지 책임재산으로 하여 상속채무에 대한 무한책임을 부담

51) 위 註 1).

하게 하는 기본권침해상태를 정당화할 정도의 헌법적 보호법익이라고 할 수 없다고 하고 있다.

생각건대 이러한 상속채권자의 이익이 채무초과의 재산을 상속하여야 하는 상속인의 이익보다 일반적으로 우월하다고는 할 수 없을 것이다. 따라서 상속인이 뒤늦게라도 상속재산이 채무초과인 사실을 알게 되었다면 상속인이 한정승인과 같은 방법으로 채무의 부담을 벗어날 수 있는 길을 열어주어야 하는 것은 위 헌법재판소 판례들이 논하는 바와 같다. 그러나 그렇다고 하여 이러한 상속채권자의 이익은 전혀 고려될 필요가 없는 것은 아니다. 위 헌법재판소 1998. 8. 27. 결정[52]도 개정 전 민법 제1026조 제2호가 상속으로 인한 법률관계를 신속히 확정하여 상속에 관한 이해관계인, 특히 상속채권자를 보호하기 위한 것으로서 그 입법목적은 이를 수긍할 수 있다고 보고 있다.

그러므로 문제는 양자의 이익을 어떻게 조화시킬 것인가 하는 점으로 귀착된다. 이 사건에서 다수의견은 위 헌법불합치결정 당시에 상속인이 상속채무의 초과사실을 안 지 3개월이 지났는가 여부를 기준으로 하여 3개월이 지난 경우에는 그러한 상속인은 보호할 필요가 없고, 이때에는 상속채권자를 보호하여야 한다는 것인 반면, 반대의견은 그러한 경우에도 상속인 보호의 필요성이 상속채권자 보호의 필요성보다 높다는 것으로 요약된다.

필자는 대상결정이 선고되기 전에 다수의견과 같은 주장을 편 바 있다. 즉 상속인이 채무 초과사실을 1998. 5. 27. 전에 알았던 경우에는 상속채권자로서는 제1019조 제1항의 기간이 경과함으로써 일단 상속인이 상속을 단순승인한 것으로 보게 되고, 상속인은 자신의 재산을 가지고서라도 상속채무를 변제하여야 한다고 신뢰하게 된다. 따라서 상속인으로서는 개정된 제1019조 제3항의 규정에 따라 채무 초과사실을 안 때부터 3개월 내에 한정승인이나 포기 등 단순승인의 효과를 다투는 조치를 취하였어야 하고, 법원이 이를 받아들이지 않을 때에는 이에 대하여 상소나 경우에 따라서는 위헌제청신청 등의 방법으로 다투었어야 할 것이다. 물론 개정민법조항의 소급적용이 인정되는 한에서는 이러한 상속채권자의 신뢰도 깨어진다고 할 수 있지만, 그렇다고 하여 그러한 채권자에게 개정민법이 적용되는 이상의 불이익을 줄 수는 없다. 만일 이러한 경우에도 개정민법 시행 후 3개월 내에는 한정승인을 할 수 있다면 상속채권자의 신뢰는 전혀 고려하지 않는 것이고, 그의 입장에서 본다면 이는 그야말로

52) 위 註 1).

소급입법이라고 하지 않을 수 없다는 것이다.[53)]

이 사건 결정의 다수의견은 이러한 필자의 견해를 받아들인 것으로 보인다. 다수의견을 다른 말로 바꾸어 표현한다면 무임승차자는 막아야 한다는 것이고, 그러한 무임승차자를 가려내는 적절한 기준은 1998. 5. 27. 전에 상속채무의 초과사실을 알았는지 여부라는 것이다.

그러나 이러한 견해에 대하여는 김영일 재판관의 반대의견에서 보는 바와 같은 비판이 있을 수 있다. 우선 그러한 기준이 과연 무임승차자를 가려내는 적절한 기준인가에 대하여도 반론이 있을 수 있다. 뿐만 아니라 과연 무임승차자를 가려내야 한다는 것이 그토록 중요한 문제인가 하는 점에 관하여도 의견이 갈릴 수 있다.[54)]

그렇지만 다수의견의 결론은 정당화될 수 있다고 생각된다. 앞에서도 언급한 것처럼 위 헌법재판소의 1998. 8. 27.자 결정[55)]이 개정 전 민법 제1026조 제2호에 대하여 헌법불합치결정을 한 것은 잘못이고, 헌법재판소로서는 민법 제1019조 제1항이 고려기간을 상속개시 있음을 안 날로부터 3개월로 정하고 있는 것은 상속인이 아무런 귀책사유없이 상속재산 중 소극재산이 적극재산을 초과하는 사실을 알지 못한 경우에는 헌법에 어긋난다고 하는 형식의 주문을 선고하였어야 할 것이다.[56)] 헌법재판소가 이와 같이 선고하였다면 그 숙려기간의 기산점은 원칙적으로 상속인이 상속채무 초과사실을 안 때부터로 되었을 것이고, 따라서 5. 27. 전의 상속인에 대하여는 특별한정승인의 소급적용 여부는 별달리 문제로 되지 않았을 것이다.[57)]

---

53) 尹眞秀(註 5), 296면 이하.

54) 미국연방대법원의 James B. Beam Distilling Co., v. Georgia, 115 L 2d 481(1991) 판결에서 Souter 대법관은 새로운 민사판례의 소급적용은 기판력(res judicata)이나 기간제한법(statute of limitation)에 의하여 제한되어야 한다고 하면서, 이러한 제한에 관하여도 이는 恣意的이라는 비난이 있을 수가 있는데, 왜냐하면 새로운 원칙의 덕을 보려고 하는 사람은 새로운 원칙을 받아내기 위하여 노력한 사람에게 무임승차하려는 것이기 때문이지만, 공공의 정책상 소송에는 끝이 있어야 하고, 어떤 쟁점을 주장한 사람은 그 주장의 결과에 기속되어야 하며, 한 번 재판이 있었으면 이는 당사자들 사이에서는 영구히 완결된 것으로 보아야 한다는 점에서 확정성의 원칙이 평등의 원칙의 한계를 정하는 것으로 보아야 하며, 뒤따라 소송을 제기하는 사람의 문제에 관하여는 이는 법원이 그들의 것이라고 선언한 권리를 주장하는 것일 뿐이므로 그들을 무임승차자라고 단정할 수는 없다고 한다. 尹眞秀, "미국법상 판례의 소급효", 저스티스 제28권 1호, 1995, 113면 이하 참조.

55) 註 1).

56) 尹眞秀(註 12), 210면 참조.

57) 이 점은 일본의 판례에 비추어 보아도 어느 정도 뒷받침된다. 일본의 판례(최고재판소 1984(昭和 59). 4. 27. 판결(民集 38-6, 689) 등)는 상속인이 상속의 포기나 한정승인을 할 수

Ⅵ. 民法改正案

이 사건 결정에 따라 민법부칙 제3항에 대한 개선입법이 요구되게 되었다. 지난 2004. 7. 16. 법무부 산하의 가족법개정특별위원회[58]는 다음과 같은 개정안을 마련하였다.

> ① 1998년 5월 27일 전에 상속 개시가 있음을 알았으나 상속채무가 상속재산을 초과하는 사실을 중대한 과실 없이 제1019조 제1항의 기간 내에 알지 못하다가 1998년 5월 27일부터 이 법 시행 전까지 그 사실을 알고도 한정승인신고를 하지 아니한 자는 이 법 시행일부터 3월 내에 제1019조 제3항의 규정에 의한 한정승인을 할 수 있다. 당해 기간 내에 한정승인을 하지 아니한 경우에는 단순승인을 한 것으로 본다.
> ② 민법(2002. 1. 14. 법률 제6591호) 부칙 제3항에 의하여 한 한정승인의 신고는 그 효력을 유지한다.

심의과정에서 주로 문제되었던 것은 다음의 두 가지였다.

첫째, 상속인이 상속 개시가 있은 사실은 1998. 5. 27. 전에 알았으나 상속채무 초과 사실을 안 것은 위 개정안 시행 이후인 경우에도 안 날로부터 3월 내에 특별한정승인을 할 수 있다는 규정을 둘 것인가 하는 점이었다. 이 점에 대하여 위원회는 그러한 규정을 두지 않더라도 해석상 그러한 상속인도 특별한정승인을 할 수 있다고 볼 수 있으므로 그러한 규정을 둘 필요가 없는 것으로 결론을 내렸다.[59]

있는 熟慮期間의 기산점에 관하여 원칙과 예외를 구분하여, 원칙적으로는 상속인이 상속개시 사실 및 그에 의하여 자기가 상속인으로 된 사실을 안 때에 熟慮期間은 진행하지만, 예외적으로는 상속인이 피상속인에게 상속재산이 전혀 존재하지 않는다고 믿었고 또 그와 같이 믿은 데 상당한 이유가 있는 때에는 상속인이 상속재산의 전부 또는 일부의 존재를 인식한 때 또는 통상 이를 인식할 수 있었을 때부터 熟慮期間이 진행한다고 보고 있는데, 이들의 판례는 모두 상속의 포기나 한정승인의 효력 유무가 다투어진 사안에 관한 것이고, 상속인이 상속의 포기나 한정승인을 하지 않은 채로 바로 단순승인의 효과를 다툰 경우에도 상속인을 구제한 것은 아니다. 상세한 것은 尹眞秀(註 6), 194면 이하 참조.

58) 필자도 그 위원으로 참여하고 있다.

59) 종전의 민법 부칙 제3항의 경우에도 1998. 5. 27.부터 개정 민법 시행일인 2002. 1. 14. 전까지 상속 개시 사실은 알았으나 상속채무 초과사실은 2002. 1. 14. 이후에 안 상속인이 제1019조 제3항에 의한 특별한정승인을 할 수 있는가가 문제가 된다. 丁相奎(註 19), 146면 이하는 긍정설에는 문리해석상 다소 난점이 있지만, 부칙 규정의 헌법합치적 해석의 관점 및

둘째, 대법원 2002. 4. 2. 선고 99다3358 판결[60)]은 위 1998. 8. 27.의 헌법불합치결정을 하게 된 당해사건 및 위 헌법불합치결정 당시에 개정 전 민법 제1026조 제2호의 위헌 여부가 쟁점이 되어 법원에 계속중인 사건에 대하여는 위 헌법불합치결정의 소급효가 미친다고 하고 있고, 이 사건 결정은 종전 불합치결정 당시 법원에 재판이 계속중인 경우에는 종전 불합치결정의 효력으로 인하여 개선입법이 적용되어 특별한정승인으로 구제될 수 있다고 하고 있는데, 이러한 경우에 대하여도 규정을 둘 것인가 하는 점이 논의되었으나 위원회는 판례상 인정되고 있는 이상 구태여 규정을 둘 필요가 없다고 보았다.

그 후 법무부는 2004. 9. 국회 법제사법위원회의 요청에 따라 다음과 같은 특례법안을 제안하였으나, 위 특례법의 제정은 2005. 1. 현재까지 이루어지지 않고 있다.

민법 제1019조 제3항의 규정에 의한 한정승인에 관한 특례법안

제1조(한정승인에 관한 특례) 1998년 5월 27일 전에 상속 개시가 있음을 알았거나 상속채무가 상속재산을 초과하는 사실을 중대한 과실없이 민법 제1019조 제1항의 기간 내에 알지 못하다가 1998년 5월 27일부터 그 사실을 안 자는 다음의 구분에 따라 민법 제1019조 제3항의 규정에 의한 한정승인을 할 수 있다. 다만, 당해 기간내에 한정승인을 하지 아니한 경우에는 단순승인을 한 것으로 본다.

1. 이 법 시행 전에 그 사실을 알고도 한정승인을 하지 아니한 자는 이 법 시행일부터 3월 내
2. 이 법 시행 이후 그 사실을 알게 된 자는 그 사실을 안 날부터 3월 내

제2조(종전규정에 의한 한정승인의 효력) 법률 제6591호 민법중개정법률 부칙 제3항의 규정에 의하여 행한 한정승인은 그 효력을 가진다.

부칙

① (시행일) 이 법은 공포한 날부터 시행한다.

부칙 제3항과의 균형상 이러한 경우에도 특별한정승인을 할 수 있다고 하고, 李憲郁(註 27)도 긍정설을 지지하고 있으며, 부정설은 없는 것 같다. 서울가정법원 2002. 10. 24.자 2002브98 결정은 피상속인이 2001. 8. 13. 사망하였고, 상속인들이 채무초과사실을 2002. 4. 15. 알고서 2002. 4. 30. 한정승인신고한 사건에 관하여 신고를 수리하였다고 한다. 丁相奎(註 19), 148면에서 재인용.

60) 註 21).

Ⅶ. 餘 論

이하에서는 여기서 다루는 주된 쟁점에 관한 것은 아니지만 관련이 있는 몇 가지 점에 대하여 언급한다.

1. 5. 27. 이후의 상속인의 특별한정승인 신고기간이 연장된 근거

다수의견의 논리대로라면 5. 27. 이후의 상속인도 채무 초과사실을 안 날로부터 3월 내에 단순승인 의제의 사실을 다투어야 하지, 개정민법 부칙에 의하여 특별한정승인의 신고를 할 수 있는 기간이 개정민법이 시행된 2002. 1. 12.부터 3월까지로 연장될 근거가 없다고 하는 의문이 제기될 수 있다.

그러나 개정민법 부칙 제3항이 1998. 5. 27. 이후에 상속이 개시되었음을 안 경우에는 개정민법 시행일부터 3개월 내에 한정승인을 할 수 있게 한 데에는 나름대로 합리적인 이유가 있다. 왜냐하면 위 헌법불합치결정이 선고됨으로 말미암아 상속채무가 재산을 초과한 경우의 법률관계가 매우 불명확하게 되었기 때문이다. 위 헌법재판소 결정에서는 개정 전 민법 제1026조 제2호에 대하여 헌법불합치결정을 하면서, 다음과 같이 설시하였다.

> "위헌적인 규정을 합헌적으로 조정하는 임무는 원칙적으로 입법자의 형성재량에 속하는 사항이라고 할 것인데, 이 사건 법률조항의 위헌성을 어떤 방법으로 제거하여 새로운 입법을 할 것인가에 관하여는 여러 가지 방안(고려기간의 도과에 관하여 상속인이 책임질 사유가 없는 때에는 단순승인이 아닌 한정승인을 한 것으로 보는 방안, 스위스 민법 제566조 제2항의 규정과 같이 상속재산 중 소극재산이 적극재산을 초과함이 객관적으로 명백한 때에는 고려기간의 도과로써 상속을 포기한 것으로 추정하는 방안, 상속인이 상속채무가 적극재산을 초과하는 사실을 알지 못하여 고려기간을 도과한 때에는 상속인이 그 사실을 안 날로부터 일정한 기간 내에 다시 상속의 승인이나 포기, 또는 한정승인을 할 수 있도록 하는 방안 등)이 있을 수 있고, 그 중에서 어떤 방안을 채택할 것인가는 입법자가 우리의 상속제도, 상속인과 상속채권자 등 이해관계인들의 이익, 법적 안정성 등 여러 가지 사정을 고려하여 입법정책적으로 결정할 사항이라고 할 것이므로, 이 사건 법률조항에 대하여 단순위헌결정을 할 것이 아니라 헌법불합치결정을 선고하여야 할 것

이다.”[61]

다시 말하여 헌법재판소는 개선입법의 내용으로서 개정민법처럼 특별한정승인을 하는 것 외에도 당연히 한정승인 또는 상속의 포기를 한 것으로 간주하는 방안도 거론하고 있고, 그에 따라 당사자들은 과연 특별히 한정승인 등의 신고를 하지 않더라도 보호를 받을 수도 있다는 기대를 가지게 된 것이다. 이러한 상황에서 상속인에 대하여 상속의 한정승인이나 포기를 하도록 기대하는 것이 불가능하였다고까지 말할 수는 없겠지만, 그러한 상속인에게 반드시 이를 요구하였어야 하는가는 의문이다. 그런데 이러한 사정은 1998. 5. 27. 전에 상속이 개시되었음을 알았지만 채무 초과사실은 그 이후에 안 상속인의 경우에도 마찬가지이다. 이러한 상속인들이 위와 같이 불명확한 상태에서 한정승인이나 포기 등을 하도록 기대하기가 어려움은 위 날짜 이후에 상속이 개시되었음을 안 경우와 다를 바가 없기 때문이다.[62]

이 사건 다수의견이나 반대의견이 위 헌법불합치결정으로 인하여 생긴 법적 공백을 강조하면서 위 민법 부칙의 규정 자체는 합헌적이라고 하는 것도 같은 취지로 이해된다.

2. 민법 제1005조의 위헌 논의

보다 근본적으로는 상속재산 중 소극재산이 적극재산을 초과하는 경우에도 민법 제1005조가 상속개시에 의하여 당연히 상속재산을 승계하도록 하는 것은 위헌이 아닌가 하는 논의가 있다. 즉 인천지방법원 2003. 6. 16.자, 2002가단73226 결정[63]은 민법 제1005조의 “포괄적 권리의무를 승계한다”에 소극재산이 적극재산을 초과하는 경우를 포함시키는 것은 재산권 보장에 관한 헌법 제23조 제 1 항, 평등원칙을 규정한 헌법 제11조 제 1 항, 인간의 존엄을 보장한 헌법 제10조 등에 어긋난다고 하여 헌법재판소에 위헌제청을 하였다.[64]

---

61) 헌판집 10-2, 359 이하.

62) 尹眞秀(註 5), 298면 이하. 제15대 국회에서 민법개정안이 심의될 당시에 법원행정처에서 낸 의견이나 상속법에 관한 공청회에서 의견을 진술한 정장오 부장판사도 이러한 취지였다. 金鍾斗(註 17), 251-253면; 1999. 3. 12. 국회법제사법위원회 주최 민법중개정법률안에 대한 공청회에서의 鄭長吾 발언 등(第202回 國會 法制司法委員會會議錄 第 2 號, 國會事務處, 13-15면).

63) 법률신문 2003. 6. 30.자, 13면.

64) 최진섭(註 32), 205면은 이와 같은 위헌제청결정 이유에 상당한 설득력이 있다고 한다. 이

그러나 이러한 위헌의 주장에는 상당한 의문이 있다. 기본적으로 상속제도를 어떻게 규정할 것인가 하는 것은 입법자의 형성의 자유에 속하는 것으로서, 상속재산 중 소극재산이 적극재산을 초과하는 경우에 상속인에게는 그 상속을 단순승인할 것인가, 아니면 한정승인 또는 포기를 할 것인가의 선택권만을 보장해 주면 그로써 충분한 것이지, 상속채무의 승계 그 자체를 부인하는 것만이 헌법적으로 요청되는 것은 아닐 것이다.[65)]

위와 같은 주장은 재산상속이 개시되는 경우에 한정승인을 원칙으로 하여야 한다는 생각[66)]이 바탕에 깔려 있는 것으로 생각된다. 그러나 상속인이 상속을 받는 것이 대부분이고 상속인이 상속을 받지 않겠다고 하는 것은 예외일 뿐만 아니라, 한정승인과 같은 경우에는 법원과 같은 제 3 자가 상속재산의 처리에 개입하게 되는데 그로 인한 비용 등을 고려한다면 입법론적으로도 상속인이 상속개시에 의하여 당연히 피상속인의 권리의무를 승계하는 현행법과 같은 이른바 법정상속 내지 당연승계의 원칙(Grundsatz des ipso-iure Erwerbs, Vonselbsterwerbs)이 더 우수하다고 볼 수도 있다.[67)]

위 헌법재판소 1998. 8. 27. 결정[68)]도 상속재산 중 소극재산이 적극재산을 초과하는 경우에 관하여, "위헌적인 규정을 합헌적으로 조정하는 임무는 원칙적으로 입법자의 형성재량에 속하는 사항이라고 할 것인데, 이 사건 법률조항의 위헌성[69)]을 어떤 방법으로 제거하여 새로운 입법을 할 것인가에 관하여는 여러 가지 방안(고려기간의 도과에 관하여 상속인이 책임질 사유가 없는 때에는 단순승인이 아닌 한정승인을 한 것으로 보는 방안, 스위스 민법 제566조 제 2 항의 규정과 같이 상속재산 중 소극재산이 적극재산을 초과함이 객관적으로 명백한 때에는 고려기간의 도과로써 상속을 포기한 것으로 추정하는 방안, 상속인이 상속채무가 적극재산을 초과하는 사실을 알지 못하여 고려기간을 도과한 때에는 상속인이 그 사실을 안 날로부터 일정한 기간 내에 다시 상속의 승인이나 포기, 또는 한정승인을 할 수 있도록 하는 방안 등)이 있을 수 있고, 그 중에서 어떤 방안을 채택할 것인가는 입법자가 우리의 상속제도, 상속인과 상속채권자 등 이해관계인들의 이익, 법적 안정성 등 여러 가지

사건은 아직 헌법재판소에 계속중이다. 헌법재판소 2003헌가13 사건.

65) 뿐만 아니라 위헌의 근거로 들고 있는 재산권 보장, 평등 원칙, 인간의 존엄성 등은 당해 사안과는 거리가 있는 규정들이라고 생각된다.

66) 위 註 10)의 본문 참조.

67) Lange/Kuchinke, Erbrecht(註 14), S. 193 f.

68) 註 1).

69) 단순승인 의제에 관한 개정 전 민법 제1026조 제 2 호.

사정을 고려하여 입법정책적으로 결정할 사항"이라고 밝히고 있다. 그리고 헌법재판소 2003. 12. 18. 선고 2002헌바91 결정은 제1019조 제3항이 규정하고 있는 특별한정승인의 제도 자체는 헌법에 합치한다고 하였다.[70] 이러한 점에 비추어 보면 제1005조 자체의 위헌 주장이 받아들여지기는 어려울 것이다.

3. 이 사건 결정의 主文 형식에 관하여

이 사건에서 김영일 재판관은 다수의견이 헌법불합치를 선고한 것에 반대하여, 다수의견이 헌법불합치결정의 대상으로 삼은 '1998년 5월 27일부터 이 법 시행 전까지 상속개시 있음을 안 자 중' 부분은 헌법에 위반되지 아니한다고 선언하고, 그 외에 1998. 5. 27. 전에 상속개시 있음을 안 자 중 중대한 과실없이 민법 제1019조 제1항의 기간 내에 상속채무 초과사실을 알지 못하여 한정승인 등을 하지 못한 상속인에 대하여 민법 제1019조 제3항의 소급적용에 관한 경과규정을 두지 아니한 立法不作爲는 위헌임을 확인한다고 선언하여야 한다고 주장한다. 그 이유는 헌법불합치결정을 선고하게 되면 민법 부칙 제3항 중 합헌적인 '1998. 5. 27.부터 2002. 1. 13.까지 상속개시 있음을 안 상속인'에 대하여까지 위 조항이 적용중지되어 불필요하게 소송절차가 지연되는 부당한 결과가 초래되고, 이 사건 법률조항의 위헌성이 1998. 5. 27. 전에 상속개시 있음을 알았으나 위 일자 이후에 상속채무 초과사실을 안 상속인을 특별한정승인의 허용 범위에 포함하지 않은 점에 있다는 이유로 앞서 본 바와 같이 그 적용영역에서 헌법합치적인 이 사건 법률조항 자체가 위헌이라고 보는 것은 그 실질에 맞지 않으며, 오히려 위 상속인에 대하여 종전 불합치결정에 따른 개선입법인 개정민법 제1019조 제3항의 소급적용의 경과규정을 두지 아니한 입법부작위가 위헌이라고 보는 것이 그 실질에 맞는다는 것이다. 김영일 재판관은 같은 취지인 종전의 다른 사건에서의 자신의 반대의견[71]을 인용하고 있는데, 이 중 헌법재판소 2003. 7. 24. 선고 2000헌바28 결정에서의 반대의견은 그 근거로서 독일 연방헌법재판소의 판례[72] 및 독일의 문헌[73] 등을 인용하

70) 위 Ⅳ. 참조.

71) 헌법재판소 2003. 7. 24. 선고 2000헌바28 결정 재판관 김영일의 반대의견; 헌법재판소 2003. 12. 18. 선고 2002헌바14 결정 등 같은 재판관의 별개 및 반대의견.

72) BVerfGE 68, 155; BVerfGE 68, 272; BVerfGE 79, 256(274).

73) Klaus Schlaich, 독일연방헌법재판소, 헌법재판소 1999년 번역판, 295-297면, 특히 Rn.(단락

고 있다.

이 점은 실체법의 문제라기보다는 헌법소송법상의 문제로서 여기서 상세히 다루기에는 적절하지 않다. 다만 김영일 재판관의 지적처럼 다수의견에 의하면 개정민법 부칙 제3항 중 합헌적인 부분까지 적용이 중지되게 되는 문제점이 있는 것은 분명하다.[74)]

Ⅷ. 結 論

종래 민법을 포함한 私法은 헌법과는 다소 거리가 있다고 여겨져서 헌법과 민법의 관계는 상대적으로 많은 관심의 대상이 아니었다. 그런데 헌법재판소가 생긴 이래로 헌법재판소가 민법의 규정에 대하여도 여러 건의 위헌 내지 헌법불합치결정을 선고함으로써 양자의 관계는 현실적으로도 중요한 문제로 부각되었다. 그럼에도 불구하고 이 문제에 대하여 관심을 가지는 사람은 아직 많지 않다. 또한 이 사건의 경우에는 헌법재판소가 종전의 규정에 대하여도 헌법불합치결정을 선고하였는데, 위헌결정 내지 헌법불합치결정의 소급효 문제는 아직까지 이론적으로 확립되었다고는 할 수 없다. 이 사건 결정의 심판 대상이

번호) 373-374.

74) 이 점에 대하여 다수의견은 이 사건 법률조항이 정하는 상속인의 경우에도 이 사건 부칙조항에 따라 이 사건 결정 전인 2002. 4. 15.까지 특별한정승인의 신고를 하여야 하므로 대부분의 경우 더 이상 이 사건 부칙조항의 적용을 받을 여지가 없고, 설령 특별한정승인신고의 효력에 관한 다툼이 법원에 계속중인 경우에도 이 사건 결정이 미치는 영향은 상속채무의 책임부담에 관한 확인이 입법개선 시까지 미루어지는 것으로서 이 사건 법률조항이 정하는 상속인의 권리구제의 배제가 아니라 권리구제의 지연에 그치는 정도여서 그러나 이 사건 법률조항이 정하는 상속인의 경우에도 이 사건 부칙조항에 따라 이 사건 결정 전인 2002. 4. 15.까지 특별한정승인의 신고를 하여야 하므로 대부분의 경우 더 이상 이 사건 부칙조항의 적용을 받을 여지가 없고, 설령 특별한정승인신고의 효력에 관한 다툼이 법원에 계속중인 경우에도 이 사건 결정이 미치는 영향은 상속채무의 책임부담에 관한 확인이 입법개선 시까지 미루어지는 것으로서 이 사건 법률조항이 정하는 상속인의 권리구제의 배제가 아니라 권리구제의 지연에 그치는 정도이고, 위와 같은 지연적 효과는 헌법불합치결정에 내재하는 부수적 효과를 넘는 것이라고 보기 어려우며, 위와 같은 지연적 효과를 차단하기 위하여 이 사건 법률조항을 잠정적용하게 되면 이 사건 청구인들과 같은 상속인의 경우에는 이 사건 법률조항의 규범력이 미치는 결과 확정적으로 권리구제가 배제될 수 있는 문제점 및 이 사건 법률조항은 그 내용의 일부분에 대한 위헌성이 확인되는 경우나 그 내용 안에 위헌적 부분과 합헌적 부분을 포함하는 경우가 아니라 오로지 위 조항이 포함하지 않은 일정 범위의 상속인과의 관계에서 위헌성이 나타나는 것이어서, 이 사건 법률조항이 정하는 상속인 부분만을 분리하여 잠정적용을 명하는 것도 적절치 아니하다는 이유로 불합치결정에 의하여 적용 중지를 명하고 있다.

었던 민법부칙 제3항이 결국 위헌이라고 선고되게 된 것도 이러한 종전 연구의 부족 내지 관심의 부족에 기인하는 면이 크다고 할 수 있다.

다른 한편으로는 이 결정은 위헌결정의 소급효 문제에 관하여도 이론적으로 중요한 의미를 함축하고 있다. 이 사건 결정에서 헌법재판소는 위헌결정의 소급효에 관한 종래의 입장과 궤를 같이하여 헌법불합치결정에 따른 개선입법이 소급적용되는 범위는 헌법불합치결정 선고시까지만 소급하는 것이 원칙이라고 하면서도, 구체적으로는 헌법상 평등의 원칙 등을 도구로 하여 헌법불합치결정 선고 전의 시점까지 소급효를 인정하지 않으면 위헌이라고 한 것이다. 이 점에서 위헌결정이나 헌법불합치결정의 소급효는 원칙적으로 인정되어야 하고, 다만 법적 안정성 등을 이유로 예외적으로 제한될 수 있다고 하는 필자의 견해와 결과에 있어서는 큰 차이가 없게 되었다. 과연 헌법재판소가 이러한 위헌결정의 장래효가 원칙이라는 명제를 고수할 것인지 향후의 판례를 주목할 필요가 있다.

〈追 記〉

1. 위 Ⅵ.에서 언급한 문제점, 즉 상속 개시가 있은 사실은 1998. 5. 27. 전에 알았으나 상속채무 초과사실을 안 것은 개정법 시행 이후인 상속인도 상속채무 초과사실을 안 날로부터 3월 내에 특별한정승인을 할 수 있다는 규정을 둘 것인가 하는 점과 관련하여 뒤늦게 헌법재판소 2004. 7. 15. 선고 2003헌바103 결정(헌법재판소공보 95, 763 이하)에 접하게 되었다. 이 사건의 헌법소원 청구인들의 피상속인은 1996. 5. 21. 사망하였고, 피상속인의 채권자가 2002. 11. 20.에 청구인들을 상대로 소송을 제기하자 청구인들은 2003. 3. 17. 법원에 한정승인신고를 하였으며, 청구인들은 위 소송 계속중 민법 부칙 제3항 중 “1998년 5월 27일부터” 부분에 대하여 위헌법률심판제청신청을 하였으나 기각되자 2003. 12. 3. 이 소원을 제기하였다.

헌법재판소는 위 소원에 대하여 “1998년 5월 27일부터” 부분이 재판의 전제가 되지 않는다고 하여 이를 각하하였으나, 개정 민법 시행 전에 이미 개정 전 민법에 의하여 단순승인의 효력이 발생한 상속인들이 그 시행일 이후에 상속채무 초과사실을 알게 된 경우에 특별한정승인의 신고를 할 수 있는가에 관하여는 다음과 같이 설명하고 있다.

즉 민법 부칙 제3항은 개정민법 시행일 전에 상속채무 초과사실을 알게 된 상속인을 일정 범위에서 보호하는 경과규정을 두면서도 개정민법 시행일 이후 상속채무 초과사실을 알게 된 상속인의 보호에 대하여는 전혀 침묵하고 있는데, 만일 이 경우에 민법 제1019조 제 3 항이 적용될 수 없다고 본다면 이는 보다 보호의 필요성이 큰 상속인을 보호대상에서 배제하여 불합리하다고 볼 수도 있고, 위와 같은 경우에 대하여 민법 제1019조 제 3 항의 소급적용을 일률적으로 배제하는 것은, 상속인이 귀책사유 없이 상속채무 초과사실을 알지 못하여 상속에 관한 의사결정을 할 수 없었던 상태에서 상속채무에 관한 책임을 부담하는 것은 헌법에 위반된다는 취지의 헌법재판소 1998. 8. 27. 선고 96헌가22 등 결정의 내용에 부합되지 아니하므로, 민법 부칙 제 2 항의 적용범위를 합리적으로 해석하여 개정민법 시행 이후 상속채무 초과사실을 알게 된 상속인에 대하여는 개정민법 시행 전에 이미 단순승인의 효력이 발생하였다 하더라도 민법 제1019조 제 3 항을 적용하여 상속채무 초과사실을 안 날부터 3월 내에 한정승인을 할 수 있다고 해석할 수도 있으며, 청구인들이 한 한정승인이 적법한 것인지 여부가 주문에 영향을 미치는 한 요소가 되는 당해사건에서, 한정승인의 적법 여부는 결국 민법 제1019조 제 3 항과 민법 부칙 제 2 항의 관계를 위에서 예시한 바와 같이 법원이 해석하는가 또는 다른 내용으로 해석하는가 여하에 달려있다고 하였다.

2. 헌법재판소 2004. 10. 28. 선고 2003헌가13 결정(헌법재판소공보 98, 1134)은 민법 제1005조가 위헌이 아니라고 하였다. 위 Ⅶ. 2. 참조.

〈民事判例硏究 제27권, 2005〉

〈追記〉

1. 대상 결정에 대하여는 헌법재판소 헌법연구관의 해설이 있다. 이은애, "민법부칙 제 3 항 위헌제청 및 위헌소원", 헌법재판소결정해설집, 2005, 1면 이하.

2. 위 민법 부칙은 2005. 12. 29. 다음과 같이 개정되었다.

③ (한정승인에 관한 경과조치) 1998년 5월 27일부터 이 법 시행 전까지 상속개시가 있음을 안 자 중 상속채무가 상속재산을 초과하는 사실을 중대한 과실 없이 제1019조 제 1 항의 기간 내에 알지 못하다가 이 법 시행 전에 그 사실을 알고도 한정승인신고를 하지 아니한 자는 이 법 시행일부터 3월 내에

제1019조 제3항의 개정규정에 의한 한정승인을 할 수 있다. 다만, 당해 기간 내에 한정승인을 하지 아니한 경우에는 단순승인을 한 것으로 본다.

[2005. 12. 29 법률 제7765호에 의하여 2004. 1. 29 헌법재판소에서 헌법불합치결정된 제3항을 개정함.]

④ (한정승인에 관한 특례) 1998년 5월 27일 전에 상속 개시가 있음을 알았으나 상속채무가 상속재산을 초과하는 사실(이하 "상속채무 초과사실"이라 한다)을 중대한 과실 없이 제1019조 제1항의 기간 이내에 알지 못하다가 1998년 5월 27일 이후 상속채무 초과사실을 안 자는 다음 각 호의 구분에 따라 제1019조 제3항의 규정에 의한 한정승인을 할 수 있다. 다만, 각 호의 기간 이내에 한정승인을 하지 아니한 경우에는 단순승인을 한 것으로 본다. 〈신설 2005. 12. 29〉

1. 법률 제7765호 민법 일부개정법률(이하 "개정법률"이라 한다) 시행 전에 상속채무 초과사실을 알고도 한정승인을 하지 아니한 자는 개정법률 시행일부터 3월 이내
2. 개정법률 시행 이후 상속채무 초과사실을 알게 된 자는 그 사실을 안 날부터 3월 이내

1990년대 親族相續法 判例의 動向*

Ⅰ. 序 論

1990년대에 나온 친족상속법 판례는 질적으로나 양적으로 그 이전에 비하여 매우 풍부한 것이었다고 할 수 있다. 그 원인으로는 다음 몇 가지를 들 수 있다.

첫째, 1990. 1. 13. 친족상속법이 대폭 개정되어 1991. 1. 1.부터 시행되었다. 이는 그 규모에 있어서 1977. 12. 31.의 개정보다도 훨씬 그 개정 범위가 넓었을 뿐만 아니라, 예컨대 이혼에 따른 재산분할청구권 제도나, 상속에 있어서의 기여분 제도와 같은 것을 신설하였기 때문에 이러한 개정법의 운용에 관하여 새로운 판례가 나오게 된 것은 당연한 일이었다.

둘째, 1988년에 헌법재판소가 신설되어 헌법재판이 활성화된 결과 1990년대 후반에는 그 동안 헌법과는 별다른 관련이 없다고 여겨졌던 친족상속법의 규정에 관하여도 여러 개의 위헌결정이 내려진 것도 주목할 필요가 있다.

셋째로는 이처럼 구체적인 계기에 의한 것은 아니라 하여도, 근년에 이르러 우리 사회의 변화에 따라 가족관계에도 큰 변화가 일어나게 되었고, 그에 따라 친족상속법에 대한 수요도 늘어나게 되었다는 점을 들 수 있다. 가령 종래에는 가족 내부의 분쟁은 가족 내에서 해결하려고 하던 것이 점차 법률 내지 법원에 의한 재판에 의하여 해결하려고 하는 경향이 늘어나고 있으며, 또

---

* 이 글은 원래 "1990년대 親族相續法 判例의 動向"이라는 제목으로 서울대학교 법학 제40권 3호, 1999, 283면 이하에 발표하였던 것을 수정·보완한 것이다. 그리고 대상 판결 중 하나 [判例 36]은 좀더 적절한 것으로 교체하였다.

경제의 성장에 따라 상속재산의 규모가 커지면서 재산상속에 따른 분쟁도 늘어나고 있는 것이다.

이하에서는 1990년대의 친족상속법에 관한 대법원 및 헌법재판소의 판례를 중심으로 하여 살펴보고자 한다. 구체적으로는 기본적으로 민법전의 편별에 따라 중요한 판례의 요지를 소개하고, 그에 대한 간단한 논평을 덧붙이는 방식을 취하였으며, 가능한 한 많은 양의 정보를 전달하기 위하여 판례평석 내지 학설상의 논의도 간략하게나마 소개하고자 한다.

Ⅱ. 親族編에 관한 판례

1. 親族法 一般

[判例 1]

대법원 1996. 6. 11. 선고 96도791 판결(公 1996하, 2264): 性轉換 手術에 의한 性의 변경 여부

(要旨) 피해자가 어릴 때부터 정신적으로 여성에의 성귀속감을 느껴 왔고 성전환 수술로 인하여 남성으로서의 내·외부성기의 특징을 더 이상 보이지 않게 되었으며 남성으로서의 성격도 대부분 상실하여 외견상 여성으로서의 체형을 갖추고 성격도 여성화되어 개인적으로 여성으로서의 생활을 영위해 가고 있다 할지라도, 기본적인 요소인 성염색체의 구성이나 본래의 내·외부성기의 구조, 정상적인 남자로서 생활한 기간, 성전환 수술을 한 경위, 시기 및 수술 후에도 여성으로서의 생식능력은 없는 점, 그리고 이에 대한 사회 일반인의 평가와 태도 등 여러 요소를 종합적으로 고려하여 보면 사회통념상 여자로 볼 수는 없다.

(論評) 이 판결은 직접적으로는 친족법에 관한 사례는 아니지만,[1] 男女의 性 구별은 친족관계에서의 기본적인 요건이라는 점에서 소개할 가치가 있다고 생각된다. 성전환 수술에 의하여 원래의 생물학적인 性이 변경될 수 있는가 하는 점에 관하여 외국에서는 이를 긍정적으로 보는 견해가 많으나,[2] 위 판례는

1) 남자가 성전환 수술을 받은 경우에 강간죄의 객체가 되는가 하는 점에 관하여 이를 부정한 사례이다.

2) 洪春義, "性轉換과 戶籍訂正", 判例月報 1996. 5, 14면 이하; 曺喜大, "性轉換手術을 받은 者가 强姦罪의 婦女에 해당하는가", 대법원판례해설 제25호, 1996, 631면 이하; 尹眞秀, "婚姻의

원칙적으로 그러한 性의 變更을 부정하는 태도를 취하고 있다.[3]

2. 親族의 範圍

[判例 2]

대법원 1997. 11. 28. 선고 96다5421 판결(公 1998상, 32): 同腹異父의 형제자매가 상속인이 될 수 있는지 여부

(要旨) 민법 제1000조 제1항 제3호 소정의 '피상속인의 형제자매'라 함은 민법 개정시 친족의 범위에서 부계와 모계의 차별을 없애고, 상속의 순위나 상속분에 관하여도 남녀 간 또는 부계와 모계 간의 차별을 없앤 점 등에 비추어 볼 때, 부계 및 모계의 형제자매를 모두 포함하는 것으로 해석하는 것이 상당하다.

(論評) 1990년 개정민법 이전의 판례[4]는 민법 제1000조 제1항 제3호의 피상속인의 형제자매는 피상속인의 父系傍系血族을 의미한다고 하여, 母系의 兄弟姉妹(동복이부의 형제자매)는 친족이 아니라고 하여 상속권을 부인하였으나, 이에 대하여는 많은 비판이 있었다.[5] 대상판결은 민법 개정시 친족의 범위에서 부계와 모계의 차별을 없애고, 상속의 순위나 상속분에 관하여도 남녀 간 또는 부계와 모계 간의 차별을 없앤 점 등을 근거로 하여, 개정민법 시행 후에는 모계의 형제자매도 친족으로서 상속인이 될 수 있다고 한 것이다.[6]

自由", 제1회 韓國法學者大會 論文集(Ⅱ), 한국법학교수회, 1998, 74면 등 참조.

3) 위 판결에 대한 해설로는 曺喜大(註 2)가 있다.

4) 대법원 1975. 1. 14. 선고 74다1503 판결(公 1975, 8292).

5) 朴秉濠, "同母異父兄弟姉妹의 財産相續權", 家族法論集, 1996, 442면 이하(初出: 法律新聞 1977. 8. 1.자); 金疇洙, "親族의 概念과 그 範圍", 韓國家族法과 課題, 1993, 728면 이하(初出: 法律新聞 1982. 5. 3.자) 등.

6) 사안은 개정민법 시행 후인 1991. 6. 19. 연금보험계약을 체결한 계약자가 본인 사망시의 보험수익자를 그 상속인으로 정하고, 1994. 12. 24. 상속할 배우자나 직계비속, 직계존속 없이 사망한 경우에, 異姓同腹의 형제자매가 보험수익자가 될 수 있는가 하는 점에 관한 것이었다.

3. 婚姻의 成立

가. 同姓同本禁婚

[判例 3]

헌법재판소 1997. 7. 16. 선고 95헌가6 내지 13 결정(憲判集 9-2, 1 이하): 同姓同本禁婚規定의 違憲 여부

(要旨) 동성동본금혼을 규정한 민법 제809조 제1항은 사회적 타당성 내지 합리성을 상실하고 있음과 아울러 "인간으로서의 존엄과 가치 및 행복추구권"을 규정한 헌법이념 및 "개인의 존엄과 양성의 평등"에 기초한 혼인과 가족생활의 성립·유지라는 헌법규정에 정면으로 배치될 뿐 아니라 남계혈족에만 한정하여 성별에 의한 차별을 함으로써 헌법상의 평등의 원칙에도 위반되며, 또한 그 입법목적이 이제는 혼인에 관한 국민의 자유와 권리를 제한할 "사회질서"나 "공공복리"에 해당될 수 없다는 점에서 헌법 제37조 제2항에도 위반된다 할 것이다(헌법불합치결정, 반대의견 있음).

(論評) 대상결정은 친족상속법에 관한 1990년대의 판례 가운데 가장 중요한 것이라고 할 수 있다. 위 결정이 종래 입법자가 해결하지 못하였던 문제를 헌법의 이름으로 해결하였다는 점에서 획기적인 의의를 가지는 것은 두말할 필요가 없을 것이다. 뿐만 아니라 위 결정은 혼인의 자유가 헌법상 기본권의 하나로 보장된다고 한 점에서, 동성동본 혼인의 문제뿐만 아니라 혼인제도 전반에 관하여 중요한 의미를 가지는 판례라고 하지 않을 수 없다.[7]

그러나 대상결정에서는 단순위헌 의견이 위헌결정의 정족수인 6인에 미달하는 5인밖에 되지 않아서, 헌법재판소는 재판관 2인의 의견에 따라 민법 제809조 제1항이 헌법에 위반되지만, 1998. 12. 31.까지는 존속된다는 이른바

7) 위 결정에 대한 평석 내지 논평으로는 李凞培, "婚姻·家族政策理念과 違憲 與否 決定(下)", 判例月報 1997. 12, 35면 이하; 同, "同姓同本婚姻禁止規定의 憲法不合致決定과 今後의 課題", 判例月報 1998. 6, 8면 이하; 高貞明, "同姓同本 禁婚 憲法不合致決定에 대한 評釋", 考試界 1997. 10, 65면 이하; 金俊源, "同姓同本不婚의 範圍에 관한 考察(上)", 司法行政 1998. 8, 8면 이하; 全光錫, "同姓同本禁婚制度의 憲法問題: 憲法裁判所의 決定을 中心으로", 경원대 法學論叢 5호, 1998, 221면 이하; 金池洙, "헌법재판소의 동성동본금혼규정에 대한 헌법불합치결정의 논거에 커다란 의문이 있다", 司法行政 1998. 6, 48면 이하; 尹眞秀(註 2), 75면 이하; 尹容燮, "同姓同本禁婚制度의 違憲 與否", 金容俊 華甲紀念 裁判의 한 길, 1998, 208면 이하 등이 있다. 이 중 金池洙의 글을 제외하고는 대체로 동성동본금혼의 규정이 위헌이라는 것을 지지하고 있다.

헌법불합치결정을 선고할 수밖에 없었다. 그러나 그와 같이 헌법불합치를 선언하여야 할 이론적인 근거가 박약할 뿐만 아니라, 위와 같이 혼인신고를 금지하는 규정에 대하여 헌법불합치결정을 하면서 법원 기타 국가기관 및 지방자치단체는 입법자가 개정할 때까지 위 법률조항의 적용을 중지하여야 한다고 한다면, 이는 사실상 단순위헌결정과 아무런 차이가 없게 되어,[8] 결국 민법 제809조 제1항이 1998. 12. 31.까지는 존속된다는 것은 단순한 修辭에 불과하다.[9]

나. 婚姻의 意思

[判例 4]

대법원 1996. 11. 22. 선고 96도2049 판결(公 1997상, 142): 외국인이 국내취업을 위하여 형식적으로 혼인신고를 한 것이 公正證書原本不實記載罪에 해당하는지 여부

(要旨) 민법 제815조 제1호가 규정하는 혼인무효사유인 '당사자 간에 혼인의 합의가 없는 때'란 당사자 간에 사회관념상 부부라고 인정되는 정신적, 육체적 결합을 생기게 할 의사를 갖고 있지 않은 경우를 가리킨다고 해석할 것이므로, 당사자 사이에 비록 혼인의 계출 자체에 관하여 의사의 합치가 있어 일응 법률상의 부부라는 신분관계를 설정할 의사는 있었다고 인정되는 경우라도 그것이 단지 다른 목적을 달성하기 위한 방편에 불과한 것으로서 그들 간에 참다운 부부관계의 설정을 바라는 효과의사가 없을 때에는 그 혼인은 민법 제815조 제1호의 규정에 따라 그 효력이 없다고 해석하여야 하고, 따라서 피고인들이 중국 국적의 조선족 여자들과 참다운 부부관계를 설정할 의사 없이 단지 위 여자들의 국내·취업을 위한 입국을 가능하게 할 목적으로 형식상 혼인하기로 한 것이라면, 이는 공정증서원본불실기재 및 동행사죄에 해당한다.

(論評) 혼인성립요건으로서 요구되는 혼인의 의사가 무엇을 의미하는가에

---

8) 실제로 위 헌법재판소 결정이 있은 후에 제정된 1997. 7. 30. 대법원 호적예규 제535호 동성동본인 혈족 사이의 혼인신고에 관한 예규 제2조는 민법 제809조 제1항에 불구하고 동성동본인 동일남계혈족 사이의 혼인신고도 이를 수리하여야 한다고 규정하고 있다.

9) 尹眞秀(註 2), 76면; 尹容燮(註 7), 219면 등 참조. 그러나 高貞明(註 7), 71면; 許營, 韓國憲法論, 新訂9版, 1998, 168면 註 1) 등은 헌법재판소의 헌법불합치결정이 타당한 것이라는 취지이다.

관하여는 혼인신고의 의사만 있으면 충분하다는 이른바 형식적 의사설과, 당사자 간에 사회관념상 부부라고 인정되는 정신적, 육체적 결합을 생기게 할 의사를 요한다는 이른바 실질적 의사설 및 민법상 혼인의 효과로서 법정되어 있는 법률효과의 발생을 지향하는 의사를 요한다는 法的 意思說 등이 대립하는데,[10] 판례는 종래부터 실질적 의사설을 지지하고 있었고, 따라서 실질적 의사가 없이 혼인신고를 하면 공정증서원본불실기재죄가 성립한다고 보고 있었다.[11] 그런데 이 사건 원심판결은 협의이혼의 성립에 관하여 이혼신고가 있으면 당사자 사이에 일시적이나마 이혼에 관한 의사의 합치가 있었다고 보는 종래의 판례를 혼인의 성립에 관하여까지 확대 적용함으로써 판례의 변경을 꾀하려고 하였으나, 대상판결은 그러한 확대적용을 부정하고 종래의 판례를 유지한 것이다.[12]

[判例 5]

대법원 1994. 5. 10. 선고 93므935 판결(公 1994상, 1690): 當事者 一方에 의한 婚姻申告의 效力

(要旨) 원고가 별거중인 처인 피고에 의한 혼인신고 이후 얼마 지나지 아니하여 그 혼인신고가 된 사실을 알게 되었으면서도 그로부터 24년여가 경과한 제소시까지 혼인신고에 대하여 아무런 이의도 제기하지 아니하였을 뿐 아니라, 오히려 위 혼인신고에 의하여 원, 피고가 부부로 된 호적에 소외인과의 사이에 낳은 아이들을 모두 혼인외 출생자로 출생신고를 하는 한편, 족보를 편찬함에 있어서도 피고를 원고의 처로 등재한 사실 등에 비추어 보면, 비록 원고가 피고와 잦은 부부싸움을 한 끝에 서로 별거를 하게 되고, 별거 후 1년도 채 못되어 다른 여자와 동거생활을 하여 오면서 그 사이에 자녀까지 출산하였으며, 피고와는 별거하는 상태가 계속되어 왔다고 하더라도, 이러한 사정만으로는 원고가 피고와의 혼인의사를 철회하였다고 단정할 수 없고, 위 혼인신고는 당사자 사이의 혼인의 합의에 기초하는 것으로서 유효하다고 보아야 한다.

(論評) 대법원의 주류적인 판례는, 당사자 간에 사실혼관계가 있는 때에는 혼인신고 자체는 일방적으로 행하여졌어도 당사자 간에 혼인의 의사가 존재하

10) 상세한 것은 曺美卿, “婚姻申告와 意思”, 家族法研究 제10호, 1996, 59면 이하 참조.

11) 대법원 1985. 9. 10. 선고 85도1481 판결(公 1985, 1376) 등.

12) 대상판결의 해설로는 朴基東, “假裝 婚姻申告가 公正證書原本不失記載罪에 해당하는지 여부”, 人權과 正義 1997. 4, 104면 이하가 있다.

였다고 보아 무효가 아니라고 하며,[13] 유력한 학설도 이를 지지한다.[14] 대상 판결도 이러한 판례의 연장선상에 있다고 볼 수 있다. 그러나 이 사건의 사실 관계에서는 원고가 피고와 별거 후 다른 여자와 동거하면서 자녀까지 출산한 후에 피고에 의한 혼인신고가 이루어졌음에도[15] 이 경우에까지 혼인의사가 철회되지 않았다고 보는 것은 지나친 것이라고 생각된다. 이 사건에서 대법원은 원심의 사실인정과는 달리, 원고가 피고에게 혼인신고할 것을 요구한 것으로 볼 수 있다고도 판시하고 있다. 그러나 설사 그러한 사정이 있다고 하더라도, 그것만으로 당연히 위 혼인신고가 유효한 것으로 된다고는 볼 수 없다. 대법원 1975. 5. 27. 선고 74므23 판결은, "청구인의 호적상 혼인외의 자인 소외 박○○의 혼담이 청구인과 피청구인 간의 혼인외의 자로 알려지면 그 혼담이 깨어질까 염려되어 오로지 호적상 청구인과 피청구인이 부부가 되는 것만을 가장하기 위한 방법으로 이 건 혼인신고를 한 것이라는 사실을 인정할 수 있는 바, 그렇다면 이 건 혼인신고는 소위 가장결혼에 불과한 것이며 이는 민법상 당사자 간에 혼인할 의사가 없는 것에 해당한다"고 판시하고 있기 때문이다. 그러므로 이러한 경우에는 원칙적으로 혼인은 무효이고, 다만 상대방이 그 사실을 알면서 별다른 이의를 제기하지 않은 경우에는 그 무효인 혼인을 추인하였다고 보는 것[16]이 형식혼주의를 택한 민법의 태도에 부합하는 것이라고 생각된다. 다만 이 사건과 같은 경우에는 추인의 대상이 될 수 있는 혼인생활의 실체가 존재하지 않았으므로 추인의 법리에 의하여도 유효한 혼인으로 될 수 없다고 여겨진다.[17]

---

13) 대법원 1980. 4. 22. 선고 79므77 판결(公 1980, 12828); 1984. 10. 10. 선고 84므71 판결(公 1984, 1797).

14) 金疇洙, 親族·相續法, 第5全訂版, 1998, 90면 등.

15) 원고는 1963. 2. 17. 피고와 결혼식을 올리고, 같은 해 8. 30.경부터 서로 별거를 하다가 원고는 1964. 6.경 다른 여자를 알게 되어 동거하면서 자녀를 출산하였으며, 피고와는 교통을 거의 두절한 채 별거상태를 계속하여 왔고, 피고가 일방적으로 혼인신고를 한 것은 1967. 3. 27.의 일이었다.

16) 예컨대 대법원 1965. 12. 28. 선고 65므61 판결(集 13권 2집 민307) 등. 대법원 1995. 11. 21. 선고 95므731 판결(公 1996상, 56)은, 일단 협의이혼하였던 원고와 피고가 다시 동거하고 있던 중에 처인 피고가 일방적으로 혼인신고를 한 사례에 대하여, 위 혼인신고 당시 원고에게도 피고와 혼인할 의사가 있었다고 할 것이고, 가사 그렇지 않다고 하더라도 원고가 위 혼인신고 사실을 알고서도 위와 같이 피고와 혼인생활을 계속함으로써 무효인 혼인을 추인하였다고 판단한 원심판결을 정당하다고 하였다.

17) 무효인 입양의 추인에 관한 [判例 25] 참조.

다. 婚姻의 取消

[判例 6]

대법원 1993. 8. 24. 선고 92므907 판결(公 1993하, 2629): 重婚의 取消 請求가 權利濫用에 해당하는지 여부

(要旨) 甲男이 乙女와 혼인하였다가 사실상 이혼상태에 들어간 후, 丙女(피고)와 혼인신고를 하였다가, 甲男이 먼저 사망하고 이어서 乙女도 사망한 경우에, 乙女의 이복동생이 피고를 상대로 혼인 취소의 청구를 한 경우, 민법의 관계규정에 의하면 민법 소정의 혼인취소사유 중 중혼과 연령미달 혼인에 대하여만은 권리소멸에 관한 사유를 규정하지 아니하고 있는바, 이는 중혼 등의 반사회성, 반윤리성이 다른 혼인취소사유에 비하여 일층 무겁다고 본 입법자의 의사를 반영한 것으로 보이고, 그렇다면 중혼의 취소청구권에 관하여 장기간의 권리불행사 등 사정만으로 가볍게 그 권리소멸을 인정하여서는 아니 될 것이어서 혼인취소청구권이 失效의 법리에 따라 소멸된 것은 아니지만, 만일 이 사건 혼인이 취소된다면 피고는 甲男과의 혼인관계가 해소됨과 동시에 甲男의 호적에서 이탈하여야 하고 위 甲男과의 사이에서 출생한 자녀는 혼인외 출생자로 되고 마는 등 신분상 및 사회생활상 큰 불편과 불이익을 입어야 하는 점, 이에 비하여 원고는 이 사건 혼인이 존속하든지 취소되든지 간에 경제적으로나 사회생활상으로 아무런 이해관계를 가지지 아니하며 신분상으로도 별다른 불이익을 입을 것으로 보이지는 아니하는 점, 乙女는 생존하는 동안 피고와 甲男 사이의 혼인에 대하여 아무런 이의를 제기한 일이 없으며 현재 생존하고 있는 乙女 소생의 딸도 다른 친척들과 마찬가지로 피고와 甲男 사이의 혼인을 인정하고 있는 점, 그리고 甲男과 乙女가 이미 사망한 지금에 와서 구태여 피고와 甲男 사이의 혼인을 취소하여야 할 공익상의 필요도 없는 점 등을 종합적으로 참작한다면, 원고의 이 사건 혼인취소청구는 권리 본래의 사회적 목적을 벗어난 것으로서 권리의 남용에 해당한다.

(論評) 혼인의 취소사유가 있는 경우라도 그 혼인의 취소 청구가 권리남용에 해당하여 허용되지 않을 수 있음은 학설상 일반적으로 인정되고 있다. 판례도 과거에 혼인무효확인청구가 권리남용에 해당한다는 이유로 이를 배척한 사례가 있는데,[18] 대상판결은 혼인 취소에 관하여도 같은 법리를 선언한 것이다.

18) 대법원 1983. 4. 12. 선고 82므64 판결(公 1983, 815); 1987. 4. 28. 선고 86므130 판결(公

다만 이 판결이 혼인 취소에 의하여 취소된 혼인 사이에서 태어난 자녀가 혼인외의 출생자로 된다고 한 것은 명백한 잘못이다. 혼인 취소의 효과에는 소급효가 없기 때문이다.[19]

[判例 7]

대법원 1996. 12. 23. 선고 95다48308 판결(公 1997, 498): 배우자 일방 사망 후 혼인이 취소된 경우 취소된 혼인의 배우자가 상속인의 자격을 상실하는지 여부

(要旨) 민법 제824조는 "혼인의 취소의 효력은 기왕에 소급하지 아니한다"고 규정하고 있을 뿐 재산상속 등에 관해 소급효를 인정할 별도의 규정이 없는바, 혼인 중에 부부 일방이 사망하여 상대방이 배우자로서 망인의 재산을 상속받은 후에 그 혼인이 취소되었다는 사정만으로 그 전에 이루어진 상속관계가 소급하여 무효라거나 또는 그 상속재산이 법률상 원인 없이 취득한 것이라고는 볼 수 없다.

(論評) 이 사건에서는 재일교포인 소외 甲이 원고와 일본에서 일본법에 따라 혼인신고를 마침으로써 유효한 혼인이 성립한 다음, 다시 피고와 중혼을 하고 1989. 8. 9. 사망하자, 원고가 피고를 상대로 중혼임을 이유로 혼인 취소의 청구를 하여 승소판결을 받았는데, 이때 피고가 甲의 재산을 상속한 것이 유효한가 하는 점이 쟁점이 되었다. 대상판결은 민법이 혼인 취소의 소급효를 인정하지 않고 있음을 근거로 하여, 중혼의 취소가 피고의 상속에 영향을 주지 않는다고 한 것이다. 학설로서는 판례와 마찬가지로 혼인의 취소가 생존배우자의 상속에 영향을 미치지 않는다고 하는 견해[20]와, 영향을 미친다는 견해[21]가 있다. 그런데 이러한 경우에 판례와 마찬가지로 혼인 취소의 소급효가 전혀 인정되지 않는다고 한다면, 배우자 일방이 사망한 후에 이루어진 혼인 취소에는 그 혼인의 해소라는 혼인 취소의 기본적인 효과가 인정되지 않는 셈이 되므로,[22] 이

1987상, 891).

19) 金疇洙(註 14), 126면도 대상판결에 대하여 이 점을 지적하고 있다.

20) 南孝淳, "婚姻(重婚)取消의 遡及效와 財産上의 法律關係", 民事判例硏究 XX, 1998, 377면 이하(대상판결에 대한 평석임); 朴秉濠, 家族法, 韓國放送通信大學校 出版部, 1994, 332면.

21) 金疇洙(註 14), 497면; 郭潤直, 相續法, 1997, 116면 등. 이들 학설은 부부의 일방이 사망한 후에 혼인이 취소된 경우에는, 그 사망한 때에 혼인이 소멸한 것으로 보아야 하기 때문에 생존배우자는 상속권을 잃는다고 한다.

22) 위 배우자들의 혼인은 사망에 의하여 해소된 것이지 혼인 취소에 의하여 해소된 것이 아니게 된다. 南孝淳(註 20)은 사망 이후의 혼인관계는 사망에 의하여 소멸하고, 사망 이전의

경우에 혼인의 취소를 인정하는 것[23]이 무슨 의미를 가지는 것인지 알 수 없다. 이 사건에 있어서 원고의 피고에 대한 중혼 취소를 인정한 대법원 판결[24]은, 중혼자가 사망한 후에라도 그 사망에 의하여 중혼으로 인하여 형성된 신분관계가 소멸하는 것은 아니므로 전혼의 배우자는 생존한 중혼의 일방당사자를 상대로 중혼의 취소를 구할 이익이 있다고 하나, 판례의 태도대로라면 중혼이 취소되어도 중혼으로 인하여 형성된 신분관계가 소멸하는 것은 아니므로 과연 어떠한 이익이 있는지 알 수 없다. 따라서 배우자 일방 사망 후에 혼인이 취소된 때에는, 그 혼인 취소의 효과가 적어도 후혼의 배우자 중 일방이 사망한 때로 소급하여, 그 후혼은 사망이 아니라 혼인 취소에 의하여 해소되었다고 보는 것[25]이, 배우자 일방 사망 후에도 혼인 취소를 인정하는 법률의 규정과 조화를 이루는 해석이라고 생각된다.

4. 裁判上 離婚

가. 離婚事由

[判例 8]

대법원 1995. 5. 26. 선고 95므90 판결(公 1995하, 2266): 배우자의 정신병을 이유로 이혼청구를 하기 위한 요건

(要旨) 가정은 단순히 부부만의 공동체에 지나지 않는 것이 아니고 그 자녀 등 이에 관계된 모든 구성원의 공동생활을 보호하는 기능을 가진 것으로서, 부부 중 일방이 불치의 정신병에 이환되었고, 그 질환이 단순히 애정과 정성으로 간호되거나 예후가 예측될 수 있는 것이 아니고 그 가정의 구성원 전체에게 끊임없는 정신적, 육체적 희생을 요구하는 것이며 경제적 형편에 비추어 많은 재정적 지출을 요하고 그로 인한 다른 가족들의 고통이 언제 끝날지 모르는 상태에 이르렀다면, 온 가족이 헤어날 수 없는 고통을 받더라도 상대방 배우자는 배우자 간의 애정에 터잡은 의무에 따라 한정없이 이를 참고 살아 가라고 강요할 수는 없는 것이므로, 이러한 경우는 민법 제840조 제6호 소정의 재판상 이혼사유에 해당한다고 할 것이지만, 현재 부부의 일방이 정신병적인

혼인관계만 혼인 취소의 소급효에 의하여 소멸한다고 하나, 무슨 의미인지 불명확하다.

23) 가사소송법 제24조 제2, 3항 참조.

24) 대법원 1991. 12. 10. 선고 91므535 판결(公 1992, 515).

25) 我妻榮, 親族法, 法律學全集 23, 1961, 67면.

증세를 보여 혼인관계를 유지하는 데 어려움이 있다고 하더라도 그 증상이 가벼운 정도에 그치는 경우라던가, 회복이 가능한 경우인 때에는 그 상대방 배우자는 사랑과 희생으로 그 병의 치료를 위하여 진력을 다하여야 할 의무가 있는 것이고, 이러한 노력도 하여 보지 않고 정신병증세로 인하여 혼인관계를 계속하기 어렵다고 주장하여 곧 이혼청구를 할 수는 없다.

(論評) 배우자의 정신병은 그것이 중대한 것일 때에는 원칙적으로 이혼사유가 된다.[26] 그러나 다른 한편으로는 배우자의 정신병이 경미한 것이거나 치료가 가능한 것일 때에도 이를 이유로 이혼을 허용하는 것은 곤란할 것이다. 대상판결은 그와 같은 점에 관하여 정당하게 판시하고 있으나, 실제에 있어서는 양자 사이의 구분을 짓는 일이 쉽지 않다.[27]

[判例 9]

대법원 1996. 11. 15. 선고 96므851 판결(公 1997상, 81): 宗教上의 事由를 이유로 이혼을 청구하기 위한 요건

(要旨) 신앙의 자유는 부부라고 하더라도 이를 침해할 수 없는 것이지만, 부부 사이에는 서로 협력하여 원만한 부부생활을 유지하여야 할 의무가 있으므로 그 신앙의 자유에는 일정한 한계가 있다 할 것인바, 처가 신앙생활에만 전념하면서 가사와 육아를 소홀히 한 탓에 혼인이 파탄에 이르게 되었다면 그 파탄의 주된 책임은 처에게 있으므로 부의 이혼청구는 인용되어야 한다.

(論評) 대법원 판례에서 문제되고 있는 종교상의 이유로 하는 이혼청구는 대부분 '여호와의 증인'이라는 종교로 인한 것이다. 종교의 자유는 헌법상 보

---

26) 대법원 1991. 1. 15. 선고 90므446 판결(公 1991, 748): 이 판결은 대체로 대상판결과 같이 원칙적으로 배우자의 심한 정신병은 이혼사유가 된다고 하면서, 혼인 관계가 해소되는 경우 불치의 질환에 이환된 일방이 배우자로부터의 원조가 제한되게 됨에 따라 극심한 경제적 고통을 받게 되고, 보호를 받을 수 없게 되는 사정이 있더라도 이는 이혼 당사자 간의 재산분할청구 등 개인 간 또는 사회적인 부양의 문제로 어느 정도의 지원을 기대할 수 있을 뿐이라고 한다. 또한 尹榮美, "精神病者를 상대로 한 離婚訴訟", 裁判資料 제62집 家庭法院事件의 諸問題, 1993, 483면 이하 등 참조.

27) 대상판결 이후의 대법원 1995. 12. 22. 선고 95므861 판결(公 1996, 544)은, 배우자의 우울증이 이혼사유가 되는가 하는 점에 관하여, 혼인생활 중 일방이 질병에 걸렸다면 상대방은 그 일방을 보호하고 애정과 정성을 다하여야 할 것이고, 가사 피고가 다시 시댁에 들어가 시부모를 모시고 살 경우 피고의 우울증이 재발할 가능성이 있다면 원고로서는 피고를 시댁에 들어가게 하는 대신 원·피고가 시부모의 집 근처에 살면서 부모를 돌보게 하거나 누이들로 하여금 부모를 모시게 하는 등의 다른 방법을 찾는 등 애정을 가지고 재발방지를 위한 노력을 다하여야 할 입장에 있는 것이어서, 그러한 사유도 피고와의 이혼사유가 될 수 없다고 판시하였다.

장되는 기본권으로서, 부부 사이에도 존중되어야 할 것이므로, 단순한 신앙의 차이를 이유로 하여 이혼을 청구할 수는 없다.[28] 그러나 그 종교활동으로 인하여 부부생활 자체가 파탄에 이르게 된 경우에까지 종교의 자유를 이유로 하여 부부관계의 유지를 강요할 수는 없을 것이다.[29]

[判例 10]

대법원 1993. 11. 26. 선고 91므177·184 판결(公 1994, 202): 有責配偶者의 離婚請求가 인용되기 위한 요건

(要旨) 혼인생활의 파탄에 대하여 주된 책임이 있는 배우자는 그 파탄을 사유로 하여 이혼을 청구할 수는 없는 것이 원칙이고, 다만 상대방도 그 파탄 이후 혼인을 계속할 의사가 없음이 객관적으로 명백하고 다만 오기나 보복적 감정에서 이혼에 응하지 않고 있을 뿐이라는 등의 특별한 사정이 있는 경우에만 예외적으로 유책배우자의 이혼청구권이 인정되는데, 간통사건의 제1심 판결 선고 전까지 간통죄의 고소가 취소되지 않아 유죄판결이 선고된 경우에 고소한 배우자의 의사에 관계없이 간통하여 혼인생활을 파탄에 빠지게 한 유책배우자의 이혼청구가 곧 인용되어야 한다는 해석을 할 수는 없으며, 이 사건 부부의 혼인생활의 파탄이 주로 청구인의 간통행위에 의한 것이라면 청구인이 이혼심판청구를 취하한 것이 다만 피청구인을 괴롭히기 위한 수단에 불과할 뿐 실제로는 청구인도 혼인을 계속할 의사가 없는 것이라고 볼 특별한 사정이 있는지 여부를 아울러 살펴보기 전에는 단지 청구인의 고소로 피청구인이 간통죄의 유죄판결을 받았다는 사유만을 들어 유책배우자인 피청구인의 이혼청구를 인용할 수는 없다.

(論評) 혼인관계가 회복할 수 없을 정도로 파탄된 경우에도 그 파탄에 책임이 있는 배우자가 이를 이유로 이혼을 청구할 수 있는가에 관하여, 판례는 대법원 1987. 4. 14. 선고 86므28 판결(公 1987, 810) 이래로, 유책배우자의 이혼

28) 대법원 1981. 7. 14. 선고 81므26 판결(公 1981, 14209)은, 신앙생활과 가정생활이 양립할 수 없는 객관적 상황이 아님에도 불구하고 상대방이 부당하게 양자택일을 강요하기 때문에 부득이 신앙생활을 택한 것이라면 그 혼인관계 파탄의 주된 책임은 양자택일을 강요한 상대방 배우자에게 있으므로 그 배우자의 이혼청구는 허용될 수 없다고 한다.

29) 유사한 취지의 선례로서 대법원 1989. 9. 12. 선고 89므51 판결(公 1989, 1472)이 있다. 대상판결의 해설로서 吉基鳳, "信仰生活과 婚姻을 繼續하기 어려운 重大한 事由", 대법원판례해설 제26호, 1997, 146면 이하가 있고, 판례를 지지하는 평석으로 崔幸植, "離婚事由로서의 過度한 宗敎生活", 家族法硏究 제13호, 1999, 215면 이하가 있다.

청구는 원칙적으로 인정될 수 없지만, 예외적으로 상대배우자도 이혼의 반소를 제기하고 있는 경우 혹은 오로지 오기나 보복적 감정에서 표면적으로는 이혼에 불응하고 있기는 하나 실제에 있어서는 혼인의 계속과는 도저히 양립할 수 없는 행위를 하는 등 그 이혼의 의사가 객관적으로 명백한 경우에는, 비록 혼인의 파탄에 관하여 전적인 책임이 있는 배우자의 이혼청구라 할지라도 이를 인용함이 상당하다고 판시하고 있고, 이는 대체로 학설의 지지를 받고 있다.

문제는 구체적으로 어떤 사정이 있어야 예외적으로 유책배우자의 이혼청구가 인용될 수 있는가 하는 점인데, 대상판결에서는 청구인이 피청구인을 간통죄로 고소하여 피청구인이 집행유예의 확정판결을 받았는데, 위 판결 선고 전에 청구인이 이혼심판청구를 취하하였으나 피청구인이 이에 부동의하고 이혼의 반심판 청구를 한 사안에서, 청구인의 고소로 피청구인이 간통죄의 유죄판결을 받았다는 사유만을 들어 유책배우자인 피청구인의 이혼청구를 인용할 수는 없다고 한 것이다.[30] 이 점에서 판례는 유책배우자의 이혼청구가 인정되는 범위를 상당히 좁게 보고 있다고 할 수 있다. 그러나 간통죄로 유죄의 확정판결을 받게 한 것은 혼인의 계속과는 양립될 수 없는 것이고, 따라서 이 사건에서도 유책배우자의 이혼청구를 인용하는 것이 타당하지 않았을까 하는 의문이 있다.[31][32]

---

30) 유책배우자의 이혼청구를 인용한 리딩 케이스라고 할 수 있는 위 대법원 1987. 4. 14. 선고 86므28 판결에서는, 군의관인 청구인이 간통하자 피청구인이 청구인을 간통죄로 고소하여 징역형을 살게 되어 의사의 면허까지 취소되었으나 피청구인이 청구인을 상대로 청구한 이혼심판청구는 주소미보정으로 각하된 사례에서, 유책배우자인 청구인의 이혼청구를 인용하여야 한다고 하면서, 그 근거의 하나로서 피청구인이 청구인을 상대로 하여 제기한 이혼심판청구가 피청구인의 의사에 의하여 취하된 것이 아니라 주소보정이 되지 않았음을 이유로 각하되었음을 들고 있다.

31) 金疇洙(註 14), 195면 참조. 吳昌洙, "有責配偶者의 離婚請求와 離婚意思", 判例月報 1994. 4, 25면 이하는 일반적으로 간통죄로 상대배우자를 고소하고 이혼소송을 제기하는 경우에 상대배우자와 정상적인 혼인관계를 계속 유지할 의사가 있다고 보기는 어렵고, 대상판결과 같은 경우에 유책배우자의 이혼청구를 배척하는 것은 상대배우자가 유책배우자를 私的으로 보복하는 것을 도와주는 것에 다름 아니며, 이혼소송이 주소미보정 등으로 각하된 경우와 원고에 의한 취하의 경우를 달리 취급할 합리적 근거도 없다고 하여 대상판결을 비판한다. 같은 취지, 李和淑, "姦通罪告訴 配偶者의 離婚取下와 有責配偶者의 離婚請求", 家族法硏究 제 9 호, 1995, 149 이하.

32) 대상판결 이후의 판결로서 유책배우자의 이혼청구를 인용한 예로서는 대법원 1996. 6. 25. 선고 94므741 판결(公 1996하, 2371)이 있다. 이 사건에서 법원은, 남편이 처를 무고 및 절도죄로 고소하여 유죄판결을 받았고, 재판과정에서도 처를 엄벌해 달라고 하였을 뿐만 아니라 남편의 소송대리인이 처와의 부부관계를 유지할 생각은 없으나, 처가 다른 사람과 결혼하지 못하게 하기 위하여 이혼할 수 없다고 하였다면 남편이 오기나 보복적 감정에서 표면상으로만 그 이혼을 거부하고 있는 것이라고 하였다. 이에 대한 평석으로서 李凞培, "有責配偶者의

나. 離婚의 節次

[判例 11]

대법원 1992. 5. 26. 선고 90므1135 판결(公 1992, 2019): 이혼판결에 대한 재심청구 도중 재심피고가 사망한 경우의 처리

(要旨) 이혼의 심판이 확정된 경우에 그 심판에 재심사유가 있다면 그 확정판결에 의하여 형성된 신분관계(정당한 부부관계의 해소)는 위법한 것으로서 재심에 의하여 그 확정판결을 취소하여 그 효력을 소멸시키는 것이 공익상 합당하다고 할 것이므로, 그 재심피청구인이 될 청구인이 사망한 경우에는 검사를 상대로 재심의 소를 제기할 수 있다고 해석함이 합리적이라고 할 것이고, 같은 이치에서 재심소송의 계속중 본래 소송의 청구인이며 재심피청구인이었던 당사자가 사망한 경우에는 검사로 하여금 그 소송을 수계하게 함이 합당하다고 할 것이며, 심리한 결과 재심사유가 있다고 밝혀진다면 재심대상심판을 취소하여야 하며, 이 단계에서는 이미 혼인한 부부 중 일방의 사망으로 소송이 그 목적물을 잃어버렸기 때문에 이를 이유로 소송이 종료되었음을 선언하였어야 한다.

(論評) 재판상의 이혼청구권은 부부의 일신전속의 권리이므로 이혼소송 계속중 배우자의 일방이 사망한 때에는 이혼 소송은 당연히 종료된다.[33] 그런데 문제는 일단 이혼 판결이 확정된 후 그 판결에 재심사유가 있다고 하여 원래의 이혼사건의 피고가 재심을 청구한 후, 그 상대방인 이혼사건의 원고가 사망한 경우에도 마찬가지로 재심소송은 당연히 종료되는가 하는 점이다. 대상판결의 원심은 그러한 태도를 취하였으나, 대법원은 이 경우에는 민법 제849조, 제864조, 제865조 등의 규정을 유추적용하여 검사를 상대방으로 할 수 있고, 심리 결과 재심사유가 있다고 판단될 때에는 재심 대상인 이혼판결을 취소하고 원래의 이혼청구에 대하여는 소송종료선언을 하여야 한다고 판시한 것이다.[34]

離婚請求 許容法理와 展望", 判例月報 356(2000. 5), 16면 이하가 있다.

33) 아래 [判例 15] 참조.

34) 대상판결을 지지하는 평석으로서 徐廷友, "離婚訴訟再審中 當事者의 死亡과 受繼", 民事判例研究 XV, 1993, 347면 이하가 있다.

다. 離婚의 效果

(1) 財産分割請求權

재산분할청구권제도에 관하여는 상당수의 판례가 집적되어 있다.

[判例 12]

헌법재판소 1997. 10. 30. 선고 96헌바14 결정(憲判集 9-2, 454): 財産分割에 대한 贈與稅 부과의 違憲 여부

(要旨) 이혼시의 재산분할제도는 본질적으로 혼인 중 쌍방의 협력으로 형성된 공동재산의 청산이라는 성격에, 경제적으로 곤궁한 상대방에 대한 부양적 성격이 보충적으로 가미된 제도라 할 것이어서, 이에 대하여 재산의 무상취득을 과세원인으로 하는 증여세를 부과할 여지가 없으며, 설령 증여세나 상속세를 면탈할 목적으로 위장이혼하는 것과 같은 경우에 증여와 동일하게 취급할 조세정책적 필요성이 있다 할지라도, 그러한 경우와 진정한 재산분할을 가리려는 입법적 노력 없이 반증의 기회를 부여하지도 않은 채 상속세 인적공제액을 초과하는 재산을 취득하기만 하면 그 초과부분에 대하여 증여세를 부과한다는 것은 입법목적과 그 수단 간의 적정한 비례관계를 벗어난 것이며 비민주적 조세관의 표현이다. 그러므로 이혼시 재산분할을 청구하여 상속세 인적공제액을 초과하는 재산을 취득한 경우, 그 초과부분에 대하여 증여세를 부과하는 것은 증여세제의 본질에 반하여 증여라는 과세원인 없음에도 불구하고 증여세를 부과하는 것이어서 현저히 불합리하고 자의적이며, 재산권보장의 헌법이념에 부합하지 않으므로 실질적 조세법률주의에 위배된다(반대의견 있음).

(論評) 재산분할청구권제도의 성격에 대하여는 학설상 청산적 요소와 부양적 요소가 다 포함되어 있는 것이라고 보는 것이 통설이나, 대법원 판례는 이 점에 대하여 명백한 태도를 밝히고 있는 것이 없는데, 대상결정은 재산분할청구권제도를 통설과 같이 보고 있다. 나아가 재산분할에 의하여 취득한 재산에 대해 증여세를 부과할 수 있는가 하는 점은 재산분할청구권제도가 시행될 당시부터 논란의 대상이 되었는데,[35] 대상판결은 그것이 위헌이라고 함으로써 이러한 논란을 해결하였다.[36] 그러나 배우자의 상속에 대하여는 상속세를 부과하

35) 예컨대 李陽子, "改正 家族法과 稅法上의 問題", 家族法硏究 제 4 호, 1990, 263-264면 등.

36) 대상판결을 지지하는 평석으로서 李和淑, "離婚時 財産分割 및 配偶者 相續分에 관한 民法

는 것과의 불균형은 여전히 문제로 남게 되는데, 이에 대하여도 검토가 필요하다고 하겠다.

[判例 13]

대법원 1999. 4. 9. 선고 98다58016 판결(公 1999상, 851): 財産分割請求權이 債權者代位權의 被保全權利가 될 수 있는지 여부

(要旨) 이혼으로 인한 재산분할청구권은 협의 또는 심판에 의하여 그 구체적 내용이 형성되기까지는 그 범위 및 내용이 불명확·불확정하기 때문에 구체적으로 권리가 발생하였다고 할 수 없으므로 이를 보전하기 위하여 채권자대위권을 행사할 수 없다.

(論評) 재산분할청구권이 채권자대위권이나 채권자취소권의 피보전권리가 될 수 있는가에 관하여는 논란이 있으나,[37] 대상판결은 일본 판례의 태도[38]와 마찬가지로 협의 또는 심판에 의하여 구체적으로 확정되기 전의 추상적인 재산분할청구권은 채권자대위권의 피보전권리가 될 수 없다고 하였다. 우리나라의 통설도 대체로 이와 같다.

[判例 14]

대법원 1993. 5. 25. 선고 92므501 판결(公 1993, 1881): 財産分割의 對象

(要旨) 민법 제843조, 제839조의 2의 규정에 의한 재산분할의 경우 부부 일방의 특유 재산은 원칙적으로 분할대상이 되지 아니하나, 특유재산일지라도 다른 일방이 적극적으로 특유재산의 유지에 협력하여 감소를 방지하였거나 증식에 협력하였다고 인정되는 경우에는 분할대상이 될 수 있고, 또 부부 일방이 혼인 중 제 3 자에게 부담한 채무는 일상가사에 관한 것 이외에는 원칙적으로 개인 채무로서 청산 대상이 되지 않으나, 공동재산의 형성에 수반하여 부담한 채무인 경우에는 청산 대상이 된다.

(論評) 대상판결은 1991. 1. 1.부터 재산분할청구권제도가 시행된 이후에 재산분할청구권제도의 구체적 내용에 관하여 비교적 자세하게 판시한 최초의

과 稅法의 評價", 家族法硏究 제12호, 1998, 297면 이하; 金敎昌, "離婚時의 財産分割에 대한 贈與稅", 金容俊 華甲紀念(註 7), 246면 이하가 있다.

37) 金淑子, "財産分割請求權", 家族法硏究 제 5 호, 1990, 124면 이하; 金永甲, "財産分割請求權", 司法論集 제22집, 1991, 246면 이하 등 참조.

38) 日本 最高裁判所 1980(昭 55). 7. 11(民集 34-4, 628).

판결이다.[39][40] 대상판결은 우선 부부 일방의 특유재산이라도 일정한 경우에는 재산분할의 대상이 된다는 점을 밝히고,[41] 또 부부 일방이 혼인 중 제3자에 부담한 채무도 공동재산의 형성에 수반하여 부담한 것인 때에는 청산 대상이 된다고 한다.[42] 이 이외에 재산분할청구권의 대상재산에 관한 판례를 간단히 소개하면 다음과 같다.

제3자에게 명의신탁된 것도 재산분할의 대상이 되고,[43] 나아가 제3자 명의의 재산이라도 부부의 일방이 실질적으로 지배하고 있는 재산으로서 부부 쌍방의 협력에 의하여 형성된 것이거나 부부 쌍방의 협력에 의하여 형성된 유형, 무형의 자원에 기한 것이라면 그와 같은 사정도 참작하여야 한다는 의미에서 재산분할의 대상이 된다.[44]

또 학설상으로는 변호사의 자격이나 의사의 자격과 같이, 혼인 중 일방이 상대방의 도움으로 장래 고액의 소득을 얻게 하는 능력이나 전문적인 자격을 취득하였지만 아직 현실적으로 별다른 수입을 얻지 못한 경우에는 이를 일종의 무형재산으로 보아 분할의 대상으로 삼을 수 있는가 하는 점에 관하여 논란이 있는데,[45] 학설상 긍정설도 있으나, 대법원 1998. 6. 12. 선고 98므213 판결(公 1998하, 1888)은 박사학위를 소지한 경제학교수로서의 재산취득능력도 청산의 대상이 되는 재산에 포함시킬 수 없고, 기타 사정으로 참작하면 충분하다고 한다.

---

39) 이 판결 직전에 선고된 대법원 1993. 5. 11.자 93스6 결정(公 1993상, 1400)이 재산분할청구권에 관한 최초의 대법원 판례라고 할 수 있으나, 여기서는 처가 가사노동을 분담하는 등으로 내조를 함으로써 부의 재산의 유지 또는 증가에 기여하였다면 그와 같이 쌍방의 협력으로 이룩된 재산은 재산분할의 대상이 된다고 판시하는 정도에 그쳤다.

40) 대상판결에 대한 해설 내지 평석으로는 李尙勳, "離婚에 따른 財産分割의 對象과 方法", 대법원판례해설 제19-1호, 1993, 383면; 許樠, "夫婦間의 名義信託解止請求와 財産分割請求의 관계", 民事判例硏究 XVII, 1995, 184면 이하가 있다.

41) 이는 그 후의 판례에서도 그대로 답습되고 있다. 대법원 1994. 5. 13. 선고 93므1020 판결(公 1994, 1698); 1994. 12. 13. 선고 94므598 판결(公 1995, 492); 1995. 10. 12. 선고 95므175·182 판결(公 1995하, 3780); 1996. 2. 9. 선고 94므635·642 판결(公 1996상, 952) 등. 그 근거를 재산분할청구권의 부양적 요소에서 찾으려는 근거가 있는 반면(李和淑, 위 註 36, 310면 이하), 판례에 비판적인 견해도 있다(具會根, "이혼시 부부 일방의 特有財産이 財産分割의 대상이 되는지 여부", 法曹 1997. 4, 174면 이하; 許樠, 위 註 40), 201면 이하 등).

42) 따라서 공동 재산의 형성에 수반하여 부담하게 된 채무를 총 재산가액에서 공제하면 남는 금액이 없는 경우에는 재산분할청구는 받아들여질 수 없다. 대법원 1997. 9. 26. 선고 97므933 판결(公 1997하, 3288).

43) 대법원 1993. 6. 11. 선고 92므1054 판결(公 1004하, 2020).

44) 대법원 1998. 4. 10. 선고 96므1434 판결(公 1998상, 1356).

45) 韓琫熙, "專門職資格證과 財産分割청구권", 家族法硏究 제8호, 1994, 325면 이하 참조.

한편 장래의 퇴직금, 연금 등도 재산분할의 대상이 된다는 설이 있으나, 판례는, 부부 중 일방이 직장에서 일하다가 이혼 당시에 이미 퇴직금 등의 금원을 수령하여 소지하고 있는 경우에는 이를 청산의 대상으로 삼을 수 있지만,[46] 부부 일방이 아직 퇴직하지 아니한 채 직장에 근무하고 있을 경우 그의 퇴직일과 수령할 퇴직금이 확정되었다는 등의 특별한 사정이 없다면, 그가 장차 퇴직금을 받을 개연성이 있다는 사정만으로 그 장래의 퇴직금을 청산의 대상이 되는 재산에 포함시킬 수 없고, 다만 기타 사정으로 참작하면 족하다고 한다.[47]

[判例 15]

대법원 1994. 10. 28. 선고 94므246 · 253 판결(公 1994, 3126): 財産分割請求 도중 당사자가 사망한 경우의 法律關係

(要旨) 이혼소송과 재산분할청구가 병합된 경우, 재판상의 이혼청구권은 부부의 일신전속의 권리이므로 이혼소송계속중 배우자의 일방이 사망한 때에는 상속인이 그 절차를 수계할 수 없음은 물론이고, 또 그러한 경우에 검사가 이를 수계할 수 있는 특별한 규정도 없으므로 이혼소송은 종료되고, 이에 따라 이혼의 성립을 전제로 하여 이혼소송에 부대한 재산분할청구 역시 이를 유지할 이익이 상실되어 이혼소송의 종료와 동시에 종료한다.

(論評) 이혼소송 계속중 배우자 일방이 사망한 때에는 이혼소송은 당연 종료된다는 것은 종래에도 판례가 인정하고 있었는데,[48] 대상판결은 이혼소송에 부대한 재산분할청구 역시 당연히 종료된다고 한다. 다만 이 판결이 재산분할청구권 자체의 상속성을 부정한 것은 아니고,[49] 재산분할의 전제가 되는 이혼이 불가능하게 되었으므로 재산분할청구권 자체가 발생할 수 없기 때문이다.[50]

46) 대법원 1995. 3. 28. 선고 93므584 판결(公 1995상, 991).

47) 대법원 1995. 5. 23. 선고 94므1713 · 1720 판결(公 1995하, 2265); 1998. 6. 12. 선고 98므213 판결(公 1998하, 1888) 등.

48) 대법원 1985. 9. 10. 선고 85므 27 판결(公 1985, 1333) 등.

49) 그 상속성은 학설상 인정되고 있으나, 그 범위에 관하여는 다툼이 있다.

50) 이 판결에 대한 해설로는 金弘燁, "이혼소송 및 재산분할청구의 계속중 당사자 일방의 사망과 소송상 처리", 대법원판례해설 제22호, 1995, 238면 이하가 있다.

(2) 損害賠償請求權

[判例 16]

대법원 1993. 5. 27. 선고 92므143 판결(公 1993하, 1882): 離婚으로 인한 損害賠償請求訴訟의 受繼

(要旨) 민법 제806조 제3항은 약혼해제로 인한 손해배상청구권에 관하여 정신상 고통에 대한 손해배상청구권은 양도 또는 승계하지 못하지만 당사자간에 배상에 관한 계약이 성립되거나 소를 제기한 후에는 그러하지 아니한다고 규정하고, 같은 법 제843조가 위 규정을 재판상 이혼의 경우에 준용하고 있으므로 이혼위자료청구권은 원칙적으로 일신전속적 권리로서 양도나 상속 등 승계가 되지 아니하나 이는 행사상 일신전속권이고 귀속상 일신전속권은 아니라 할 것인바, 그 청구권자가 위자료의 지급을 구하는 소송을 제기함으로써 청구권을 행사할 의사가 외부적 객관적으로 명백하게 된 이상 양도나 상속 등 승계가 가능하다.

(論評) 이 사건은 妻가 夫를 상대로 이혼 및 위자료 소송을 제기한 후 그 소송계속 도중에 사망하자, 처의 부모가 상속인으로서 소송을 수계할 수 있는가가 문제된 것이다. 대법원은 이혼소송은 처의 사망으로 당연히 종료하지만, 위자료 청구 부분은 민법 제806조 제3항, 제843조에 의하여 양도, 상속이 가능하므로 부모가 수계할 수 있다고 한 것이다.[51)]

5. 事 實 婚

[判例 17]

대법원 1996. 9. 20. 선고 96므530 판결(公 1996하, 3190): 重婚的 事實婚의 保護

(要旨) 법률상의 혼인을 한 부부의 어느 한 쪽이 집을 나가 장기간 돌아오지 아니하고 있는 상태에서 부부의 다른 한 쪽이 제3자와 혼인의 의사로 실질적인 혼인생활을 하고 있다고 하더라도, 특별한 사정이 없는 한 이를 사실혼으로 인정하여 법률혼에 준하는 보호를 허여할 수는 없으므로, 사실혼관계 해

---

51) 이에 비판적인 견해로는 閔裕淑, "離婚과 관련된 財産上 請求의 管轄과 離婚訴訟의 繫屬中 當事者 死亡의 效果", 無等春秋 4, 1996, 77면 이하; 同, "離婚等 訴訟의 繫屬中 當事者死亡의 效果", 法律新聞 1996. 9. 12, 14면이 있다.

소에 따른 손해배상 청구나 재산분할 청구는 허용될 수 없다.

(論評) 사실혼이 해소된 경우에도 그 해소에 책임있는 자에 대하여는 손해배상을 청구할 수 있고, 나아가 법률혼에 준하여 재산분할청구권도 인정된다는 것[52]에 대하여는 판례나 학설상 별다른 異論이 없다. 문제는 이른바 重婚的 事實婚, 즉 법률상 배우자가 있는 자가 다른 사람과 사실혼 관계를 맺은 경우에도 이를 통상의 사실혼과 마찬가지로 취급할 것인가 하는 점이다. 이 점에 관하여 주로 일본에서는 무효설, 유효설, 상대설(상대적 유효설/상대적 무효설)[53] 등 여러 가지의 견해가 있으나,[54] 우리나라에서는 법률혼이 사실상 이혼상태에 있는 경우에는 사실혼을 보호하여야 한다는 견해가 많다.[55] 좀더 구체적으로 법률혼이 이미 파탄되어 그 실체가 없어진 경우에는 법률혼 당사자 사이에 이혼의 합의가 없더라도 사실혼을 보호하여야 하며, 이때에는 사실혼 배우자의 선의 여부는 그다지 중요하지 않다는 견해도 있다.[56]

대상판결은 종래의 판례[57]와 마찬가지로 중혼적 사실혼의 경우에는 특별한 사정이 있는 경우가 아니면 재산분할청구나 손해배상청구가 인정되지 않는다는 태도를 취하고 있다. 대상판결이 중혼적 사실혼을 일률적으로 무효로 보는 것 같지는 않으나, 대상판결과 같은 경우에도 중혼적 사실혼이 보호를 받지 못한다면[58] 중혼적 사실혼이 보호받을 수 있는 경우는 거의 없을 것이다.[59]

다른 한편으로 재산분할청구권제도의 존재의의가 부부가 공동으로 형성한 재산에 대한 청산에 있다고 한다면, 중혼적 사실혼 그 자체는 적법한 것이 아

---

52) 대법원 1995. 3. 28. 선고 94므1584 판결(公 1995상, 1752). 해설: 李羲榮, "사실혼관계해소의 경우와 재산분할", 대법원판례해설 제23호, 1995, 104면 이하.

53) 이 상대설도 다시 사실혼의 상대방이 선의인 경우에는 유효하다는 설, 법률혼이 파탄된 경우에는 유효하다는 설, 법률혼이 파탄되었을 뿐만 아니라 명시적인 이혼의 합의와 공동생활의 폐지가 있어야 한다는 설 등 여러 가지로 갈라진다.

54) 金尙遵, "婚外家族의 法律問題", 民事判例硏究 XVIII, 1996, 546면 이하; 崔震甲, "重婚的 事實婚 配偶者의 財産分割請求權", 판례연구 제8집, 부산판례연구회, 1998, 463면 이하 참조.

55) 金疇洙(註 14), 221면.

56) 崔幸植, "事實婚關係의 成立 與否와 그 解消에 따른 保護", 判例月報 1997. 10, 25면 이하.

57) 대법원 1995. 7. 3.자 94스30 결정(公 1995하, 999). 대법원 1995. 9. 26. 선고 94므1638 판결(公 1995하, 3531)도 같은 태도이지만, 여기서는 重婚的 事實婚이라도 법률혼이 이혼에 의하여 해소된 후에는 법률상 보호를 받을 수 있는 사실혼관계로 되었다고 하여 재산분할청구를 인용하였다.

58) 대상판결에서는 법률상 배우자가 가출하여 행방불명인 상태에서 중혼적 사실혼이 20년 가까이 지속되어 왔다.

59) 대상판결에 대하여 발표된 평석은 모두 판례의 태도에 반대한다. 崔震甲(註 54), 479면 이하; 林成根, "事實婚의 保護와 그 限界", 판례연구 제8집, 부산판례연구회, 1998, 508면 이하; 崔幸植(註 56), 25면 이하.

니라 하여도, 중혼적 사실혼관계에서 형성한 재산의 청산 그 자체를 부정할 이유는 없지 않을까?[60)]

[判例 18]

대법원 1995. 3. 28. 선고 94므1447 판결(公 1995상, 1751): 檢事를 상대로 한 事實上婚姻關係存否確認請求

(要旨) 과거의 법률관계는 확인의 소의 대상이 될 수 없는 것이나, 그것을 전제로 하여 수많은 법률관계가 발생하고 그에 관하여 일일이 개별적으로 확인을 구하는 번잡한 절차를 반복하는 것보다 과거의 법률관계 그 자체의 확인을 구하는 편이 관련된 분쟁을 일거에 해결하는 유효 적절한 수단일 수 있는 경우에는 예외적으로 확인의 이익이 인정되는데, 사실혼관계는 여러 가지 법률관계의 전제가 되어 있고, 그 존부확인청구는 그 법률관계들과 관련된 분쟁을 일거에 해결하는 유효 적절한 수단일 수 있으므로, 사실혼관계에 있던 당사자 일방이 사망하였더라도, 현재적 또는 잠재적 법적 분쟁을 일거에 해결하는 유효 적절한 수단이 될 수 있는 한, 그 사실혼관계존부확인청구에는 확인의 이익이 인정되는 것이고, 이러한 경우 친생자관계존부확인청구에 관한 민법 제865조와 인지청구에 관한 민법 제863조의 규정을 유추적용하여, 생존 당사자는 그 사망을 안 날로부터 1년 내에 검사를 상대로 과거의 사실혼관계에 대한 존부확인청구를 할 수 있다.

(論評) 과거의 사실혼관계에 대하여도 사실혼관계존재확인청구를 할 수 있는가에 관하여, 판례는 당사자 일방에 의하여 사실혼관계가 해소된 경우에는 사실혼관계존재확인의 청구를 할 수 없지만,[61)] 사실혼관계에 있던 당사자 일방이 사망한 후 과거의 사실혼관계존부확인청구를 하는 경우에는 동 청구가 신분관계 존부확인청구의 일종이라는 점에서 친생자관계존부확인청구에 관한 민법 제865조와 인지청구에 관한 민법 제863조의 규정을 유추해석하여야 하므로

60) 崔震甲(註 54), 476면 이하는 잠재적인 공유지분의 환취, 명의신탁된 재산의 반환, 부당이득의 반환 등과 같은, 종래 재산분할청구권제도의 근거로서 제시되었던 재산법상의 구제법리를 모색하여야 한다고 주장하고, 朴徹, "事實婚의 成立要件", 民事判例研究 XIX, 1997, 352면 이하는 사회적 정당성이 없어 사실혼으로 인정받지 못하는 婚外同居關係에도 혼인에 관한 규정을 유추하여 재산분할청구권을 인정할 수 있다고 주장한다. 다른 한편 曺圭昌, " 同居女의 財産分割請求權", 論理와 直觀, 1998, 529면 이하는 사실혼관계에 해당하지 않는 동거관계에 있어서도 민법상 組合의 일종인 이른바 生計組合이 성립하고, 따라서 동거가 종료할 때에는 조합에 관한 민법 제719조의 규정에 따라 재산분할청구권이 발생한다고 한다.

61) 대법원 1977. 3. 22. 선고 75므28 판결(集 25권 1집 행23).

그러한 소제기의 제척기간에 관한 규정도 유추적용되어야 한다고 보고 있었다.[62] 다만 종전의 판례는 검사를 상대로 한 사실혼관계존부확인청구의 제척기간이 경과하였다는 이유로 각하하였을 뿐 이를 인용한 사례는 없었는데, 이 판결은 확인의 이익이 있을 것을 요건으로 하여,[63] 정면으로 이를 인용한 것이다.[64][65] 그러나 과거의 사실혼관계는 이를 전제로 하여 한두 가지의 법률관계가 발생할 수 있을 뿐, 수많은 법률관계가 발생하는 것은 아니므로, 과연 확인의 이익이 있다고 할 수 있는지 의문이다.[66]

6. 親 生 子

가. 親生否認의 訴

[判例 19]

헌법재판소 1997. 3. 27. 선고 95헌가14, 96헌가7 결정(憲判集 9-1, 193): 親生否認의 訴의 提訴期間 규정의 違憲性

(要旨) 친생부인의 소에 대한 제소기간을 어느 정도로 할 것인가는 원칙적으로 입법재량에 속하지만, 그 제소기간 자체가 지나치게 단기간이거나 불합리하여 父가 子의 친생자 여부에 대한 확신을 가지기도 전에 그 제척기간이 경과하여 버림으로써 친생을 부인하고자 하는 부로 하여금 제소를 현저히 곤란하게 하거나 사실상 불가능하게 하여 진실한 혈연관계에 반하는 친자관계를 부인할 수 있는 기회를 극단적으로 제한하는 것이라면 이는 입법재량의 한계를 넘어서는 것으로서 위헌이고, 민법 제847조 제1항이 친생부인의 소의 제소기간과 그 기산점을 '그 출생을 안 날로부터 1년내'라고 규정하고 있는 것은 인간의 존엄과 가치, 행복추구권을 보장한 헌법 제10조, 혼인과 가족생활의 권리침해금지를 보장한 헌법 제36조 제1항에 위반된다(憲法不合致決定).

---

62) 대법원 1983. 3. 8. 선고 81므76 판결(公 1983, 657).

63) 이 사건은 사실혼 배우자에게도 지급되는 산업재해보상보험법상의 유족급여의 수급권을 둘러싸고 분쟁이 생긴 경우였다.

64) 대상판결의 해설로는 夫龜旭, "당사자 일방이 사망한 경우의 사실혼관계존재확인청구", 대법원판례해설 제23호, 1995, 315면 이하가 있다.

65) 대법원 1995. 11. 14. 선고 95므694 판결(公 1996상, 54)은 사실혼 배우자의 일방이 사망한 경우 생존하는 당사자가 혼인신고를 하기 위한 목적으로서는 사망자와의 과거의 사실혼관계 존재확인을 구할 소의 이익이 있다고는 할 수 없다고 한다.

66) 尹眞秀, "檢事를 相對로 하는 事實上 婚姻關係存否確認請求", 大韓辯護士協會誌 1986. 4, 61면 이하 참조.

(論評) 친생부인의 소의 제소기간에 관한 민법 제847조 제1항은 대상 결정이 설시하고 있는 것처럼 지나치게 단기여서 문제가 많았다. 그리하여 대법원 1983. 7. 12. 선고 82므59 전원합의체 판결(公 1983, 1259)은 부부의 한쪽이 장기간에 걸쳐 해외에 나가 있거나 사실상의 이혼으로 부부가 별거하고 있는 경우 등 同棲의 결여로 처가 부의 자를 포태할 수 없는 것이 외관상 명백한 경우에는 친생자의 추정이 미치지 않으며, 따라서 이러한 경우에는 친생부인의 소가 아닌 친자관계부존재확인소송을 제기할 수 있다고 하였다. 그러나 이 판례에 의하더라도 친생추정이 미치지 않는 범위가 소위 외관상 명백한 경우에 국한되기 때문에, 친생부인의 소가 받아들여질 수 있는 경우는 매우 제한되었다. 이러한 상황에서 헌법재판소는 위 민법 제847조 제1항이 위헌이라고 판시한 것이다.[67)]

한편 위 결정의 다수의견은 스위스 가족법과 같이 친생부인의 소는 부가 자와의 사이에 친생자관계가 존재하지 아니함을 알게 된 때로부터 1년 내에 이를 제기할 수 있고 다만 그 경우에도 자의 출생 후 5년이 경과하면 특별한 사정이 없는 한 이를 제기할 수 없다고 규정하면 위헌이 아닐 것으로 설시하고 있는 반면, 김진우 재판관의 별개의견은, 자의 출생 후 일정 기간이 지나면, 친생부인의 소를 특별한 사정이 없는 한 제기할 수 없도록 규정하는 법률은 위헌이라고 하였다.[68)] 그러나 법무부가 1998. 7. 20. 마련한 친족상속법 개정안은 다수의견과 같이 친생부인의 소의 제척기간을 그 사유 있음을 안 날부터 1년 내, 출생을 안 날부터 5년 내로 규정하고 있다.

나아가 대상결정을 계기로 하여 친생부인의 소의 제소권자를 夫로 한정할 것이 아니고, 妻나 子로 확대하여야 한다는 논의도 있다.[69)] 그러나 법무부의 개정안은 제소권자를 妻로만 확대하고, 子에게까지 인정하지는 않고 있다.[70)]

---

67) 이 결정에 대한 평석으로는 金容徹, "親生否認의 訴에서 提訴期間과 그 起算點", 家族法研究 제12호, 1997, 133면 이하; 李完植, "民法 제847조 제1항 親生否認의 訴에 관한 規定 중 提訴期間 制限에 관한 부분의 違憲 與否"(上)(下), 判例月報 1998. 1, 10면 이하, 1998. 2, 8면 이하가 있다. 또한 韓秀雄, "基本權과 效率的인 權利保護", 判例月報 1999. 9, 8면 이하 참조.

68) 曺美卿, "親生否認의 訴에 관한 比較法的 考察", 家族法研究 제11호, 1997, 195면 이하는 이러한 김진우 재판관의 별개의견을 지지한다.

69) 曺美卿(註 68), 372면 이하 참조.

70) 이에 찬성하는 견해로는 金相瑢, "子의 親生否認權: 民法 改正案 중 親生否認制度의 개선과 관련하여", 考試研究 1998. 10, 93면 이하; 金疇洙, "民法(家族法) 改正案에 관한 검토", 東亞法學 제24호, 1998, 580면 등.

나. 認 知

[判例 20]

대법원 1993. 3. 12. 선고 92다48512 판결(公 1993상, 1165): 認知의 遡及效와 後順位相續人

(要旨) 민법 제860조는 인지의 소급효는 제 3 자가 이미 취득한 권리에 의하여 제한받는다는 취지를 규정하면서, 다시 민법 제1014조에서 상속개시 후의 인지 또는 재판의 확정에 의하여 공동상속인이 된 자가 그 상속분에 상응한 가액의 지급을 청구할 권리가 있다고 규정하여 위 제860조 소정의 제 3 자의 범위를 제한하고 있는 취지에 비추어 볼 때, 혼인외의 출생자가 부(父)의 사망 후에 인지의 소에 의하여 그 친생자로 인지받은 경우, 피인지자보다 후순위 상속인인 피상속인의 직계존속 또는 형제자매 등은 피인지자의 출현과 함께 자신이 취득한 상속권을 소급하여 잃게 되는 것으로 보아야 하고, 그것이 민법 제860조 단서의 규정에 따라 인지의 소급효 제한에 의하여 보호받게 되는 제 3 자의 기득권에 포함된다고는 볼 수 없고, 다만 피상속인의 채무자가 인지 전에 후순위상속인에 대하여 한 변제는 채권의 준점유자에 대한 변제로서 효력이 있을 수 있다.

(論評) 인지의 소급효 제한에 관한 민법 제860조 단서의 해석에 관하여, 종전의 판례[71]는 대상판결과 마찬가지로 피인지자보다 후순위 상속인이 취득한 상속권은 민법 제860조 단서의 제 3 자의 취득한 권리에 포함시켜 해석할 수 없다고 하여 피상속인의 채무자가 인지심판 확정 전에 후순위상속인에게 변제하였어도 다시 피인지자에게 변제하여야 한다고 판시하였다. 학설로서는 이 경우에도 민법 제1014조가 유추적용되어야 한다는 견해가 많으나, 대상판결은 제860조 단서의 해석에 관하여는 종전의 판례와 마찬가지의 태도를 취하면서도 이 경우에는 민법 제470조에 의한 채권의 준점유자에 대한 변제가 성립할 수 있다고 한 것이다.[72][73] 그러나 인지의 판결이 확정되기까지는 후순위상

71) 대법원 1974. 2. 26. 선고 72다1739 판결(公 1974, 7759).

72) 해설: 金龍均, "死後認知받은 婚姻外의 子보다 後順位相續人이 被相續人의 損害賠償에 관하여 한 合意의 效力", 대법원판례해설 제19-1호, 1993, 418면 이하.

73) 대법원 1995. 1. 24. 선고 93다32200 판결(公 1995상, 1122)도 같은 취지로서, 가해자의 후순위 상속인에 대한 변제 당시 혼인외의 자가 인지청구의 소를 제기하고 가해자에 대하여도 손해배상청구소송을 제기하였는데, 원심은 가해자의 변제에 과실이 있다고 보아 변제의 효력을 부정하였으나, 대법원은 이러한 경우에도 적법한 변제가 된다고 보았다.

속인은 피상속인의 채무자에 대한 관계에서는 채권의 준점유자가 아니라 적법한 채권자이므로, 이 경우에 민법 제470조를 끌어들인 것은 의문이다. 오히려 이때에는 후순위상속인은 민법 제860조 단서의 제 3 자가 아니지만, 그러한 후순위상속인과 이해관계를 맺은 자는 위 규정에서 말하는 제 3 자라고 보는 것이 타당하지 않을까?[74]

다. 親生子關係不存在確認의 訴

[判例 21]

대법원 1992. 7. 24. 선고 91므566 판결(公 1992, 2560): 親生子關係不存在確認의 訴와 親生否認의 訴의 관계

(要旨) 민법 제844조 제 1 항에 의하여 친생자로 추정되는 상태에서는 위 추정과 달리 다른 남자의 친생자라고 주장하여 인지를 청구할 수 없고, 이와 같은 추정을 번복하기 위하여서는 부(夫)측에서 민법 제846조, 제847조가 규정하는 친생부인의 소를 제기하여 그 확정판결을 받아야 하며, 친생부인의 소의 방법이 아닌 민법 제865조 소정의 친생자관계부존재확인의 소의 방법에 의하여 그 친생자관계의 부존재확인을 소구하는 것은 부적법하지만, 이와 같은 부적법한 청구라도 법원이 그 잘못을 간과하고 청구를 받아들여 청구인들과 호적상 父 사이의 친생자관계가 존재하지 않는다는 확인의 심판을 선고하고 그 심판이 확정된 이상 이 심판이 당연무효라고 할 수는 없는 것이며, 구 인사소송법 제35조, 제32조에 의하여 위 확정심판의 기판력은 제 3 자에게도 미치고, 따라서 위 심판의 확정으로 누구도 소송상으로나 소송외에서 子가 夫의 친생자임을 주장할 수 없게 되었다고 할 것이므로, 이제와서는 위 확정심판의 기판력과 충돌되는 子에 대한 夫의 친생자로서의 추정의 효력은 사라져 버렸으니 子의 제 3 자에 대한 인지청구는 위 친생추정과 서로 모순된다고 할 수 없게 되었다.

(論評) 이는 일단 친생자관계부존재확인판결의 기판력에 관한 소송법 이론의 문제라고 보이지만,[75] 재판실무상으로는 친생추정이 미치는 자녀에 대하여도 친생자관계부존재확인판결을 허용함으로써 엄격한 친생추정을 잠탈할 소지

74) 橋本昇二, 注解法律學全集 民法 Ⅹ[相續], 1995, 272-273면 참조.

75) 평석: 徐廷友, “親生子關係不存在確認判決의 旣判力과 親生推定의 衝突”, 家庭法院事件의 諸問題, 裁判資料 제62집, 1993, 651면 이하. 또한 洪春義, “親生의 推定과 否認制度”, 家族法研究 제 9 호, 1995, 196-197면 참조.

가 있다.[76)]

[判例 22]

대법원 1995. 4. 13.자 95스5 결정(公 1995상, 1977): 實在하지 않은 子가 출생한 것으로 기재된 戶籍의 訂正方法

(要旨) 호적법은 제120조에서 가정법원의 허가에 의한 호적기재의 정정신청에 관하여 규정하는 한편, 제123조에서는 확정판결에 의한 호적정정의 신청에 관하여 규정하고 있는데, 법원의 허가에 의한 호적기재의 정정은 그 절차의 간이성에 비추어 정정할 사항이 경미한 경우에 한하여 허용되는 것이므로 친족법상 또는 상속법상 중대한 영향을 미칠 수 있는 사항에 대하여는 호적법 제123조에 따라 확정판결에 의하여만 호적정정의 신청을 할 수 있다고 보아야 할 것인바, 정정하려고 하는 호적기재사항이 친족법상 또는 상속법상 중대한 영향을 미치는 것인지의 여부는 정정하려고 하는 호적기재사항과 관련된 신분관계의 존부에 관하여 직접적인 쟁송방법이 가사소송법 제 2 조에 규정되어 있는지의 여부를 기준으로 하여, 위 법조에 규정되어 있는 가사소송사건으로 판결을 받게 되어 있는 사항은 친족법상 또는 상속법상 중대한 영향을 미치는 것으로 보아 그와 같은 사항에 관하여는 호적법 제123조에 따라 확정판결에 의하여서만 호적정정의 신청을 할 수 있고, 가사소송법 제 2 조에 의하여 판결을 받을 수 없는 사항에 관한 호적기재의 정정은 호적법 제120조에 따라 법원의 허가를 얻어 정정을 신청할 수 있다고 보는 것이 상당하다 할 것인데(당원 1993. 5. 22.자 93스14 · 15 · 16 결정 참조), 실재하지 아니한 자(子)의 출생신고를 수리하여 호적기재를 한 후 그 호적을 정리하는 것에 관하여는 직접적인 쟁송방법이 가사소송법은 물론 다른 법률이나 대법원규칙에도 정하여진 바가 없을 뿐더러 허무인을 상대로 소를 제기하거나 허무인이 소를 제기할 수는 없는 노릇이므로, 이와 같은 사항에 관한 호적기재의 정정은 호적법 제120조에 따라서 처리할 수밖에 없다.

(論評) 호적정정의 절차에 관하여, 호적법 제120조에 의할 것인가, 제123조에 의할 것인가에 관하여는 대상결정이 선례로서 인용하고 있는 대법원 1993. 5. 22.자 93스14 · 15 · 16(公 1993, 1402) 전원합의체 결정이 있고, 대상결

76) 金善惠, "親生子關係不存在確認의 訴訟實務上 몇 가지 問題點", 家庭法院事件의 諸問題, 裁判資料 제62집, 1993, 627면 참조.

정은 이 선례에 따라 虛無人이 호적상 子로 기재되어 있는 경우에는 호적법 제120조에 따라서 처리할 수밖에 없다고 한다.77)

7. 養　　子

[判例 23]

대법원 1990. 3. 9. 선고 89므389 판결(公 1990, 886): 요건을 흠결한 親生子出生申告에 의한 入養의 效力

(要旨) 입양의 의사로 친생자출생신고를 한 경우, 입양에 생모의 동의가 없었더라도 이는 입양취소의 원인이 되는 데 지나지 않으므로 생모가 입양에 동의를 하였는지의 여부는 양친자관계의 존부에 아무런 영향도 미칠 수 없고, 양자가 될 자가 15세 미만인데 법정대리인의 입양승낙이 없었다 하여도, 그가 15세가 된 후 양모와 자신 사이에 친생관계가 없는 등의 사유로 입양이 무효임을 알면서도 양모가 사망할 때까지 아무런 이의도 하지 않았다면, 적어도 묵시적으로라도 입양을 추인한 것으로 보는 것이 상당하다.

(論評) 대법원 1977. 7. 26. 선고 77다492 전원합의체 판결(集 25권 2집 민 211)은 종래의 엇갈린 판례를 통일하여, 당사자 사이에 양친자관계를 창설하려는 명백한 의사가 있고 나아가 기타 입양의 성립요건이 모두 구비된 경우에 입양신고 대신 친생자출생신고가 있다면 형식에 다소 잘못이 있더라도 입양의 효력이 있다고 해석함이 타당하다고 판시하였다. 그 후 대법원 1988. 2. 23. 선고 85므86 판결(公 1988, 593) 등은 이와 같이 진실에 부합하지 않는 친생자출생신고의 호적기재가 법률상의 친자관계인 양친자관계를 공시하는 것으로 그 효력을 인정하는 이상 파양에 의하여 양친자관계를 해소할 필요가 있는 등 특별한 사정이 없는 한 그 호적기재 자체를 말소하여 법률상 친자관계의 존재를 부정하게 되는 친생자관계부존재확인청구는 확인의 이익이 없어서 부적법하다고 보고 있다. 그리하여 실무상으로는 구체적으로 어떠한 경우에 친생자 출생신고에 의하여도 입양의 효력이 발생하는가 하는 점이 주로 문제로 되었다. 여기서 논란이 되는 것은 입양의 다른 모든 실체적 요건이 완전하게 갖추어져야

77) 다만 金善惠(註 76), 633면은 원칙적으로는 호적법 제120조에 의하여 호적을 정정하여야 하지만, 허무인과의 사이에 친생자관계부존재확인을 구하거나, 호적상의 부모를 허무인이라고 주장하며 실제상의 부모와의 사이에 친생자관계존재확인을 구하는 경우에도 소의 이익을 인정하여야 할 것이라고 한다.

만 하는가, 예컨대 입양의 취소사유에 불과한 미성년자에 대한 입양 동의권자의 동의가 없는 경우에는 입양의 효력이 인정될 수 없는가 하는 점인데, 대상판결은 입양의 취소사유에 해당하는 경우에는 친생자 출생신고에 의하여서도 입양의 효력은 발생하고 다만 취소할 수 있을 뿐이라고 판시하고 있다.[78)]

그리고 입양의 무효사유에 해당하는 경우에는 물론 입양의 효력이 발생할 수 없으나, 대상판결은 15세 미만의 자를 양자로 함에 있어서 대락권자의 승낙이 없어서 무효라고 하더라도, 그 양자가 15세가 된 후에, 입양이 무효임을 알면서 아무런 이의도 하지 않았다면 묵시적으로라도 입양을 추인한 것으로 보는 것이 상당하다고 한다.[79)][80)]

[判例 24]

대법원 1995. 1. 24. 선고 93므1242 판결(公 1995상, 1159): 自身과 內緣關係에 있는 男子로 하여금 그의 戶籍에 자신을 生母로 하는 婚姻外의 子로 出生申告를 하게 한 경우의 法律關係

(要旨) 호적상 모로 기재되어 있는 자가 자신의 호적에 호적상의 자를 친생자로 출생신고를 한 것이 아니라, 자신과 내연관계에 있는 남자로 하여금 그의 호적에 자신을 생모로 하는 혼인외의 자로 출생신고를 하게 한 때에는, 설사 호적상의 모와 호적상의 자 사이에 다른 입양의 실질적 요건이 구비되었다 하더라도 이로써 호적상의 모와 호적상의 자 사이에 양친자관계가 성립된 것이라고는 볼 수 없고, 다만 호적상의 모와 호적상의 자 사이에는 양친자관계를 창설하려는 의사가 있었고 다른 입양의 실질적 요건도 갖추어졌으며, 그 외에 호적상의 모로서는 그 사망 당시에 호적상의 자로 하여금 자신의 재산을 상속하게 하려는 의사를 가지고 있었다는 등의 사정이 있고, 이를 잘 알고 있는 제3자가 호적상의 모의 상속재산을 탐내어 그 상속재산에 관한 권리를 주장함으로써 분쟁이 생긴 경우에는, 구체적 상황에 따라 그 제3자의 재산상의 권리주장을 신의칙에 어긋나거나 권리남용에 해당한다고 하여 배척할 수 있는 여지가 있다.

78) 같은 취지, 대법원 1991. 12. 13. 선고 91므153 판결(公 1992, 517).

79) 같은 취지, 대법원 1997. 7. 11. 선고 96므1151 판결(公 1997하, 2513) 등.

80) 이러한 판례에 대하여 상세한 것은 尹眞秀, "虛僞의 親生子 出生申告에 의한 入養에 관한 몇 가지 問題", 朴秉濠敎授還甲紀念 家族法學論叢, 1991, 445면 이하; 金善惠(註 76), 641면 이하 참조.

(論評) 대상판결과 같은 사례의 경우에 모와 자 사이에 양친자관계를 인정할 수 없다는 점에 대하여는 이미 선례가 있다.[81] 다만 대상판결에서 특이한 점은 이처럼 양친자관계의 성립을 인정할 수 없는 경우에 친생자관계부존재확인청구를 권리남용이라고 하여 배척할 수는 없지만, 재산에 관한 사항에 관하여는 권리남용이라고 인정될 여지가 있다고 설시한 점이다.[82]

[判例 25]

대법원 1991. 12. 27. 선고 91므30 판결(公 1992, 782): 無效인 入養을 追認하기 위한 要件

(要旨) 민법 제139조 본문이 무효인 법률행위는 추인하여도 그 효력이 생기지 않는다고 규정하고 있음에도 불구하고 혼인, 입양 등의 신분행위에 관하여는 이 규정을 적용하지 않고 추인에 의하여 소급적 효력을 인정하는 것은, 신분행위는 신분관계를 형성하는 것을 목적으로 하는 법률행위로서 신분관계의 형성이 그 본질적인 내용이고 신고등 절차는 그 신분행위의 창설을 외형적으로 확정짓는 부차적인 요건일 뿐인데, 무효인 신분행위가 있은 후에 그 내용에 맞는 신분관계가 실질적으로 형성되어 쌍방당사자가 아무런 이의없이 그 신분관계를 계속하여 왔다면, 그 신고가 부적법하다는 이유로 이미 형성되어 있는 신분관계의 효력을 부인하는 것은 당사자의 의사에 반하고 그 이익을 해칠 뿐 아니라, 그 실질적 신분관계의 외형과 호적의 기재를 믿은 제 3 자의 이익도 침해할 우려가 있기 때문에 추인에 의하여 소급적으로 신분행위의 효력을 인정함으로써 신분관계의 본질적 요소를 보호하는 것이 타당하다는 데에 그 근거가 있다고 할 것이므로, 당사자 간에 무효인 신고행위에 상응하는 신분관계가 실질적으로 형성되어 있지도 아니하고 또 앞으로도 그럴 가망이 없다고 하는 경우에는 무효의 신분행위에 대한 추인의 의사표시만으로 그 무효행

81) 대법원 1984. 11. 27. 선고 84다458 판결(公 1985, 73).

82) 韓相鎬, "여자가 사실상의 養子를 내연관계에 있는 남자의 혼인외의 자로 出生申告하게 한 경우 養親子關係의 성립 여부", 民事判例硏究 XVIII, 1996, 424면 이하. 판례반대: 尹富讚, "入養의 要件과 無效行爲의 轉換", 司法行政 436號(1997. 4) 12면 이하; 裵慶淑·崔錦淑, 親族相續法講義, 2000, 255면. 또한 대법원 1993. 9. 28. 선고 93다26007 판결(公 1993, 2967)은 피상속인의 처인 원고가 가출하여 다른 남자와 동거하면서 원적지의 호적이 제적되지 않았음을 이용하여 그 남자와 혼인신고를 하고, 그 후 원고가 피상속인의 처로서 그의 호주상속인으로 기재된 호적을 말소하라는 호적정정신청을 하여 그 결정을 받아 이를 말소하였다면, 원고는 피상속인과의 신분관계를 사실상 해소하거나 단절하고 나아가 포기한 것으로서, 그러한 원고가 지금에 와서 상속인임을 주장하는 것은 신의성실의 원칙상 허용될 수 없다고 판시한다.

위의 효력을 인정할 수는 없으며, 따라서 입양의 당사자 사이에 실질적 신분관계를 형성하겠다는 합의만 있었을 뿐 현실적으로는 정상적인 입양의 실체라는 것이 존재하지 않았고, 추인의 합의 이후에도 입양의 실체가 전혀 이루어지지 않은 상황에서는 당사자 간에 추인의 합의가 있었다는 사정만으로는 무효인 입양신고가 소급하여 유효하게 된다고는 할 수 없다.

(論評) 대상판결은 무효인 신분행위 추인의 법리에 관하여 자세히 설시하고 있으므로 특별히 덧붙일 것은 없다.[83]

[判例 26]

대법원 1998. 5. 26. 선고 97므25 판결(公 1998하, 1760): 夫婦共同入養 違反의 효과

(要旨) 입양이 개인 간의 법률행위임에 비추어 보면 부부의 공동입양이라고 하여도 부부 각자에 대하여 별개의 입양행위가 존재하여 부부 각자와 양자 사이에 각각 양친자관계가 성립한다고 할 것이므로, 부부의 공동입양에 있어서도 부부 각자가 양자와의 사이에 민법이 규정한 입양의 일반 요건을 갖추는 외에 나아가 위와 같은 부부 공동입양의 요건을 갖추어야 하는 것으로 풀이함이 상당하고, 따라서 처가 있는 자가 입양을 함에 있어서 혼자만의 의사로 부부 쌍방 명의의 입양신고를 하여 수리된 경우, 처의 부재 기타 사유로 인하여 공동으로 할 수 없는 때에 해당하는 경우를 제외하고는, 처와 양자가 될 자 사이에서는 입양의 일반요건 중 하나인 당사자 간의 입양합의가 없으므로 입양이 무효가 되고(민법 제883조 제1호), 한편 처가 있는 자와 양자가 될 자 사이에서는 입양의 일반 요건을 모두 갖추었어도 부부 공동입양의 요건을 갖추지 못하였으므로 처가 그 입양의 취소를 청구할 수 있으나, 그 취소가 이루어지지 않는 한 그들 사이의 입양은 유효하게 존속한다.

(論評) 부부공동입양의 원칙에 위반한 경우 그 효력을 따지기 위하여는, 우선 부부공동입양을 일체로 파악할 것인가, 아니면 각각 별개로 파악할 것인가가 문제된다. 즉 부부 중 일방에 대하여 무효 또는 취소사유가 있는 경우에 입양이 부부에 대하여 다같이 무효로 되는가, 아니면 무효 또는 취소사유 있는

83) 대상판결에 대한 평석으로서 金疇洙, "入養無效의 追認의 法理", 法律新聞 1992. 9. 14, 15면(同, 韓國家族法과 課題, 1993, 721면 이하에 재수록)이 있다. 또한 邊鎭長, "身分行爲의 無效와 取消", 司法論集 제25집, 1994, 32면 이하 참조. 대법원 2000. 6. 9. 선고 99므1633·1640 판결(公 2000하, 1654)도 같은 취지이다.

당사자에 대하여만 무효 또는 취소로 되고, 다른 당사자에 대하여는 영향이 없는가 하는 점이다. 대상판결의 원심이나 국내의 유력설은 부부 일방에 무효 또는 취소사유가 있으면 다른 일방에 대하여도 무효 또는 취소사유가 되는 것으로 보고 있다.[84] 그러나 대상판결은 이러한 경우 입양의 효력은 부부 각각에 대하여 별개로 따져야 함을 전제로 하고 있다. 그리하여 대상판결과 같은 사안에서는 입양의 의사가 있는 夫에 대하여는 취소사유이지만, 입양의 의사가 없었던 妻에 대하여는 입양 자체가 무효로 되는 것으로 보고 있다.[85]

[判例 27]

대법원 1993. 7. 16. 선고 92므372 판결(公 1993하, 2295): 養親子關係存在確認의 訴의 허용 여부

(要旨) 실정법상 소송유형이 규정되어 있는 경우에 한하여 신분관계존부확인에 관한 소송을 제기할 수 있는 것으로 볼 것은 아니며, 소송유형이 따로 규정되어 있지 아니하더라도 법률관계인 신분관계의 존부를 즉시확정할 이익이 있는 경우라면 일반 소송법의 법리에 따라 그 신분관계존부확인의 소송을 제기할 수 있는 것으로 보아야 하므로, 원고가 구 조선민사령의 공포시행 전에 당시의 관습에 따라 양자연조 절차를 밟음으로써 합법적으로 양자로 되었으나 제 3 자가 이를 부인하는 등으로 인하여 그 지위에 법적 불안이 발생하고 있다면, 비록 양친자관계존부확인소송이 민법이나 가사소송법 등에 규정된 바가 없다고 하더라도, 스스로 원고가 되어 양친자관계존재확인의 소를 제기할 수 있다 할 것이지만, 양친자관계존재확인의 소에 있어 민법 제864조, 제865조 제 2 항의 유추적용에 의하여 검사를 상대로 하는 소제기를 허용하는 경우에도 그 각 법조가 정하는 출소기간의 적용을 받는 것으로 해석하여야 한다.

---

84) 金疇洙(註 14), 289면 등.

85) 이는 日本 最高裁判所 1973(昭和 48). 4. 12(民集 27-3, 500)의 영향을 받은 것으로 추측된다. 여기서는 부부공동입양(夫婦共同緣組)의 경우도 부부 각자에 대하여 각각 별개의 입양행위가 있다고 하여, 각 당사자 각자와 상대방과의 사이에 親子關係가 성립하고, 夫가 妻의 명의를 冒用하여 공동입양의 신고를 한 때에는 원칙적으로 부부 모두에 대하여 입양이 무효로 되지만, 특별한 사정이 있는 때에는 입양의 의사 있는 일방에 대하여는 입양이 유효하게 성립한다고 하였다. 金疇洙, "夫婦共同入養의 成立과 解消", 韓國家族法과 課題, 1993, 667면은 이러한 경우에 처에 대하여도 취소사유에 불과하다고 한다면 6개월 내지 1년이 지남으로써 취소권이 소멸하는 때에는 부당하게 억압된 妻의 의사는 구제의 길이 없으므로 공동입양원칙에 위반된 입양신고는 의사의 흠결로 하여 일반원칙에 따라서 무효로 하는 것이 타당할 것이라고 한다.

(要旨) 대상판결은 타당한 것으로 생각된다.[86] 반면 우리 법제에 비추어 볼 때 養親子關係存否確認의 訴는 인정될 수 없다는 반대의 견해도 있으나,[87] 수긍하기 어렵다. 다만 문제는 양친자관계존부확인의 소가 가사소송인가 민사소송인가 하는 점인데,[88] 대상판결의 취지는 반드시 명백하지 않으나, 실정법상 소송유형이 규정되어 있는 경우에 한하여 신분관계존부확인에 관한 소송을 제기할 수 있는 것으로 볼 것은 아니라는 점 및 확인의 이익이 있으면 일반소송법의 법리에 따라 양친자관계존부확인의 소를 제기할 수 있다는 점을 설시하고 있음에 비추어 볼 때 대법원은 養親子關係存否確認의 訴를 민사소송으로 보는 것이 아닌가 여겨진다.[89]

[判例 28]

대법원 1994. 5. 24. 선고 93므119 판결(公 1994, 1827): 民法 施行 前 異姓養子의 허용 여부

(要旨) 1. 조선민사령 제11조의 2가 1939. 11. 10. 신설되어 1940. 2. 11.부터 시행된 뒤부터는 死後養子가 아닌 한 이성의 자도 양자로 할 수 있게 되었다고 할 것이다(判例 變更).

2. 민법 시행 전에 남자자손이 있는 자가 양자가 될 자의 부모와 호주의 동의를 얻지 않은 채로 입양을 하였다면 이는 당시의 관습법상 무효이지만, 1960. 1. 1.부터 시행된 민법 부칙 제2조, 제18조에 의하면 입양의 요건이나 입양의 무효와 취소의 사유에 관한 민법의 규정에는 소급효가 인정되어 민법 시행일 전에 신고된 입양에 무효나 취소의 원인이 되는 사유가 있는지의 여부는 원칙적으로 민법의 규정에 의하여 판단하되, 다만 이미 구법에 의하여 입양의 효력이 생긴 경우에는 부칙 제2조 단서에 따라 그 효력에 영향을 미치지

---

86) 대상판결 전에도 養親子關係存在確認의 訴를 인정하여야 한다는 견해가 이미 주장된 바 있다. 韓相鎬, "입양의 효력이 있는 虛僞親生子出生申告와 親生子關係不存在確認請求", 大韓辯護士協會誌 1988. 9, 85-86면; 尹眞秀(註 80), 451면; 金善惠(註 76), 627면 이하; 서울고등법원 1989. 7. 4. 선고 88르1028 판결(下集 1989 2권 622) 등.

87) 金演, "養親子關係存否確認의 訴의 適否", 家族法硏究 제9호, 1995, 213면 이하.

88) 金善惠(註 76), 629면은 이는 準家事事件으로서 가사소송에 의하여야 할 것이라고 주장한다.

89) 改正增補 法院實務提要 家事, 1994, 29면 참조. 대상판결의 사안은 가사소송법 시행 전인 1990. 10. 15. 제소된 것인데, 가사소송법 시행 전에는 판례가 가사소송사건을 가정법원의 전속관할은 아닌 것으로 보고 있었기 때문에 대상판결에서 이 점을 따로 문제삼지 않은 것으로 추측된다. 그러나 金演(註 87)은 대상판결이 양친자관계존부확인의 소를 가사사건으로 본 것으로 전제하고 있다.

아니하는 것으로 해석되고, 따라서 민법시행일 전에 신고된 입양에 관하여 그 당시의 구법에 의하면 무효의 원인이 되는 사유가 있었더라도 민법의 규정에 의하면 그것이 무효의 원인이 되지 아니할 경우에는, 적어도 민법시행일까지 입양에 따르는 친자적 공동생활관계가 유지되고 있었다면 무효인 그 입양이 소급하여 효력을 가진 것으로 전환되고, 다만 민법에 의하여 취소의 원인이 되는 사유가 있는 때에는 민법의 규정에 의하여 이를 취소할 수 있을 뿐이나 그 취소기간은 민법시행일로부터 기산할 따름이다.

(論評) 이 사건 원심판결은 이 사건 판결이 변경하고 있는 종래의 판례에 따라서, 1960년 민법 시행 전에는 우리의 관습상 이성양자가 인정되지 않았다고 하였다. 그러나 종래의 학설은 이에 반대하여, 制令 제19호(1939. 11. 20)에 의하여 조선민사령의 개정으로 민사령 제11조의 2가 추가되어 1940. 2. 11.부터 우리나라에도 이성양자가 명문상 허용되게 되었다고 주장하고 있다.[90)]

일제시대의 民事에 관한 제 1 차적인 法源이었던 朝鮮民事令(1912. 3. 18. 제령 제 7 호) 제11조는 친족, 상속에 관한 일본법의 규정은 조선인에게는 적용하지 아니하고 관습에 의한다고 규정하고 있었는데, 당시의 조선고등법원 판례나 실무례는 모두 이성양자는 관습상 허용하지 않는 것으로 보아 당연무효라고 하였다. 그런데 1939. 11. 10. 制令 제19호로 개정되어 1940. 2. 11.부터 시행된 朝鮮民事令은 제11조의 2를 신설하였고, 동조 제 1 항은 "朝鮮人의 養子緣組에 있어서 養子는 養親과 姓을 같이할 것을 요하지 않는다. 단 死後養子의 경우에는 그러하지 아니하다"라고 규정하여 조선인의 입양에 있어서는 死後養子가 아닌 한 이성양자를 허용함을 분명히 하였다.

그런데 광복 후의 우리의 실무례와 판례는 이와는 달리 보고 있다. 가령 우선 미군정 당시인 1947. 11. 18.의 司法部長 通牒[91)]은, "異姓養子緣組는 朝鮮慣習上의 異姓不養及 朝鮮姓名復舊令 立法趣旨에 鑑하여 妥當치 아니함으로 同件에 關하여는 受理할 수 없으며 貴管下 戶籍吏에게 周知徹底를 期하시기 玆而通牒함"이라고 하였다. 그리고 대법원 1949. 3. 26. 선고 4281민상348 판결[92)]은, 위 개정 조선민사령 제11조의 2 제 2 항에 기하여 1942. 4. 1. 신고한 壻養子緣組가 무효라고 하면서, 그 근거로서 "이러한 蠻夷的 壻養子制度는 倭

90) 金疇洙, 註釋親族相續法 제 2 전정판, 1993, 966면 이하; 尹天熙, 法律新聞 제725호(1967. 5. 22), 5면; 鄭光鉉, 法律新聞 제726호(1967. 6. 5), 6면.

91) 韓國 戶籍 및 寄留例規全集, 83면.

92) 法曹協會雜誌 제 1 권 3호 95-100면 및 4호 93-95면에 실려 있다.

政退却과 同時에 自然消滅되었음은 毋論이어니와 이에 의하여 成立된 壻養子關係는 上來 敍述과 같이 公序良俗에 違反되므로 그 成立當初부터 無效되는 바이다"라고 판시하였다. 그리하여 1952. 5. 10. 대법원장 통첩[93]도 이성양자 및 서양자제도는 대법원판례에 의하여 기히 무효로 되었다고 하였다.

그러나 해방 후인 1945. 11. 2. 발표된 미군정청 법령 제21호는 "모든 법률 또는 조선 구정부가 발표하고 법률적 효력을 가진 규칙, 명령, 고시 기타 문서로서 1945년 8월 9일 시행중인 것은 기간에 폐지된 것을 제외하고 조선군정청에서 특수명령으로 폐지될 때까지 그 효력이 계속된다"고 하였고, 1948년에 공포된 제헌헌법 제100조는 "현행법령은 이 헌법에 저촉되지 않는 한 효력을 가진다"고 규정하고 있는데, 과연 위에서 들고 있는 근거만으로 위 이성양자제도를 규정한 조선민사령이 당연히, 그것도 소급하여 효력을 상실한다고 볼 수 있는가 하는 점은 의문이다.

이성양자제도가 유교적인 전통관습에 어긋나는 면이 있는 것은 사실이지만, 이성양자를 허용할 것인가는 입법정책의 문제이므로 이성양자를 허용한 조선민사령의 효력이 당연히 부정될 수는 없는 것이고, 나아가 이를 가리켜 공서양속에 어긋난다고 할 수는 없을 것이다. 뿐만 아니라 위 조선민사령에도 법률로서의 효력이 인정된다면, 그것이 헌법에 반하지 않는 한 공서양속에 어긋난다는 이유로 무효라고 할 수 없음은 물론이다.[94] 그리고 朝鮮姓名復舊令(1946. 10. 23. 美軍政法令 제122호)에 어긋난다고 하나,[95] 이 令은 일정시대의 창씨가 무효임을 선언하고 창씨한 일본식 이름을 조선성명으로 복구할 것을 규정하였을 뿐 서양자제도나 이성양자제도와는 직접 관계가 없는 것이다. 그러므로 위 개정 조선민사령의 규정이 왜정퇴각과 동시에 당연히 효력을 잃는다고 단정할 아무런 근거가 없고, 위 조선민사령이 효력을 잃게 된 것은 1960. 1. 1. 민법의

93) 韓國 戶籍 및 寄留例規全集, 173면.

94) 그런데 梁彰洙, "憲法制定 후 日政法令의 效力", 民法散考, 1998, 46면은 위 대법원 1949. 3. 26. 판결이 조선민사령 중 壻養子에 관한 규정이 제헌헌법의 규정에 저촉된 것이라고 판단한 것이라고 이해될 여지가 있다고 주장하나, 이는 수긍할 수 없다. 우선 위 판결은, 위 조선민사령의 서양자에 관한 규정이 왜정퇴각과 동시에 자연소멸되었고, 그에 의하여 성립된 壻養子關係는 그 성립당초부터 무효라고 하고 있어, 제헌헌법이 시행된 1948. 8. 15.에 비로소 무효로 된 것이라고는 설시하고 있지 않다. 뿐만 아니라 위 조선민사령의 규정이 과연 헌법의 어느 조문에 어긋난 것인가도 알 수 없다.

95) 이러한 이유로 이 판결을 비판하는 것으로는 정인섭, "大韓民國의 수립과 舊法令의 승계－制憲憲法 제100조 관련 판례의 분석", 國際判例硏究 제1권, 1999, 288-297면이 있다. 또한 梁彰洙, "우리나라 最初의 憲法裁判論議", 서울대학교 법학 제40권 2호, 1999, 150면도 참조.

시행과 동시의 일이라고 보아야 할 것이다.

그러므로 위 개정 조선민사령 이후에도 이성양자가 허용되지 않았다고 한 위의 각 판례들은 모두 잘못된 것이라고 하겠고, 따라서 이 사건 대법원판결이 전원합의체에서 위의 판례들을 모두 변경하고, 1940. 2. 11. 이후에는 이성양자가 허용되었음을 밝힌 것은 비록 뒤늦기는 하였으나 올바른 것이라고 하겠다.

8. 親　　權

[判例 29]

대법원 1994. 4. 29. 선고 94다1302 판결(公 1994상, 1618면): 離婚 후 親權者인 父가 사망한 경우 母가 親權者가 되는지 여부

(要旨) 1991. 1. 1.부터 개정된 민법이 시행되면서 이혼한 모의 친권제한에 관한 민법 제909조 제5항이 삭제되고, 부칙 제9조에서 "구법에 의하여 개시된 친권에 관하여도 이 법 시행일부터 이 법의 규정을 적용한다"고 규정됨으로써, 이혼으로 인하여 모가 친권을 상실하고 후견이 개시된 경우라도 위 개정된 민법의 시행일부터는 모의 친권이 부활되어 모가 전혼인 중의 자에 대하여 친권자로 되고 후견인의 임무는 종료된다.

(論評) 이 사건 자체는 1990. 1. 13. 개정 전의 민법 시행 당시에 부모가 이혼하여 그 자녀에 대하여는 父가 친권자로 되었다가, 부가 사망하자 후견이 개시된 후, 1990. 1. 13. 이혼한 모의 친권을 제한하고 있던 민법 제909조 제5항이 삭제된 경우에, 이혼한 모가 다시 친권을 회복하고, 후견은 종료하는가 하는 과도적인 문제를 다루고 있다. 그러나 이 결정은 개정민법의 해석과 관련하여서도 의미를 가진다. 즉 이혼 등으로 인하여 부모 중 일방이 그 자녀에 대한 친권행사자로 지정되었는데, 그 후 친권행사자가 사망하면 다른 생존 부 또는 모가 친권을 회복하는가, 아니면 친권이 당연히 회복되지는 않고 후견이 개시되는가 하는 점이다. 대상판결은 민법개정 전에 친권자인 부가 사망하였으나 이혼한 모는 친권을 행사할 수 없어서 후견이 개시된 경우라도, 개정민법 시행 후에는 모의 친권이 당연히 부활한다고 하였으므로, 개정민법 시행 후라면 판례는 친권행사자가 아니어서 친권을 행사할 수 없었던 다른 부 또는 모는, 친권행사자가 사망함으로써 당연히 친권을 회복한다는 견해를 취할 것으로 추측

된다.[96)]

그러나 학설상으로는 이러한 친권 회복설[97)] 이외에, 친권행사자가 친권을 행사할 수 없게 되면 후견이 개시된다는 후견개시설[98)]이 주장되고 있다.[99)]

[判例 30]

대법원 1991. 11. 26. 선고 91다32466 판결(公 1992, 297): 親權者의 利害相反行爲 및 代理權 濫用

(要旨) 미성년자의 친권자인 모가 자기 오빠의 제3자에 대한 채무의 담보로 미성년자 소유의 부동산에 근저당권을 설정하는 행위가 채무자를 위한 것으로서 미성년자에게는 불이익만을 주는 것이라고 하더라도, 민법 제921조 제1항에 규정된 '법정대리인인 친권자와 그 자 사이에 이해상반되는 행위'라고 볼 수는 없고, 근저당권을 취득하는 지위에 있는 피고도 그와 같은 사정을 잘 알고 있었다고 하더라도, 그와 같은 사실만으로 원고의 모의 근저당권 설정행위가 바로 친권을 남용한 경우에 해당한다고는 볼 수 없다.

(論評) 민법 제921조가 규정하는 미성년자와 친권자의 이해상반행위의 의의에 대하여는 당해 법률행위의 동기나 실질적인 결과 여하와는 관계없이 그 법률행위 자체 내지 법률행위의 외형으로 보아 미성년자에게 불이익이 되는지 여부를 판단하여야 하는 견해(形式的·客觀的 判斷說 내지 抽象的 判斷說)[100)]와, 행위의 형식 여하를 불문하고 동기·연유, 결과 등을 고려하여 실질적으로 이해

---

96) 서울고등법원 1996. 7. 16.자 95브8 결정(法律新聞 1996. 8. 22, 11면)은 이러한 견해를 전제로 하여, 繼母의 청구에 의하여 生母의 친권을 상실시켰다.

97) 朴相宣·黃德南, "親權에 관한 諸問題", 裁判資料 제62집, 1993, 579면; 尹容燮, "親權과 後見", 民事判例硏究 XVIII, 1996, 582-583면; 梁壽山, "親權者와 親權行使者", 家族法硏究 제10호, 1996, 332면 이하, 특히 340면 이하; 李凞培, "單獨親權行使者가 死亡한 경우, 生存親의 親權行使權能의 復活與否와 親權喪失의 事由", 家族法硏究 제10호, 1996, 351면 이하, 특히 368면 이하 참조. 대법원의 戶籍例規 제449-1호 제10조도 이에 따르고 있다.

98) 우리나라의 후견개시설은 대체로, 일단 생존하고 있는 부 또는 모가 후견인이 되지만, 법원은 후견인을 親權者로 변경할 수 있다고 주장한다.

99) 金相瑢, "소위「親權行使者論」에 대한 비판적 고찰", 家族法硏究 제11호, 1997, 253면 이하; 金疇洙(註 14), 307면 이하 등.

100) 金疇洙(註 14), 323면. 다만 이러한 형식적 판단설의 입장에 서면서도, 친권자와 子가 동시에 물상보증인이 되어 나중에 친권자의 자 사이의 구상관계가 생기는 경우처럼 그 행위의 실질관계를 객관적으로 고려할 때 비교적 용이하게 이해상반성이 예측될 경우에는 이해상반행위라고 보는 견해도 있다. 李均龍, "第三者의 債務를 擔保하기 위한 物上保證行爲와 利害相反行爲 등", 民事判例硏究 XVI, 1994, 267면 이하(대상판결의 평석임); 尹容燮(註 97), 577면 등. 이는 대체로 일본 판례의 태도와 같다. 日本 最高裁判所 1968(昭和 43). 10. 8(民集 22-10, 2172) 등.

상반여부를 판단하여야 한다는 견해(實質的 判斷說 내지 具體的 判斷說)[101]가 대립하고 있으나, 판례는 대체로 형식적 판단설에 따르고 있고, 대상판결 또한 마찬가지이다.[102]

그러나 다른 한편 형식적 판단설에 의하게 되면 미성년자의 이익을 소홀히 하게 될 우려가 있으므로, 이러한 경우에는 親權者의 代理權 濫用 이론에 의하여 이를 보완할 필요가 있다.[103] 그런데 대상판결은 미성년자의 친권자인 모가 자기 오빠의 제3자에 대한 채무의 담보로 미성년자 소유의 부동산에 근저당권을 설정하는 행위가, 채무자를 위한 것으로서 미성년자에게는 불이익만을 주는 것이며, 그 상대방도 그와 같은 사정을 잘 알고 있었다고 하더라도, 그와 같은 사실만으로 원고의 모의 근저당권 설정행위가 바로 친권을 남용한 경우에 해당한다고는 볼 수 없다고 하였으나, 대상판결과 같은 경우는 대리행위가 대리권 남용으로서 무효에 해당하는 전형적인 경우에 해당하는 것이라고 생각된다.[104]

[判例 31]

대법원 1993. 3. 4.자 93스3 결정(公 1993상, 1172): 親權의 喪失事由

(要旨) 친권은 미성년인 자의 양육과 감호 및 재산관리를 적절히 함으로써

101) 金由美, "民法 第921條의 利害相反行爲에 관한 몇 가지 문제", 朴秉濠敎授還甲紀念 家族法學論叢, 1991, 517면 등.

102) 대법원 1996. 11. 22. 선고 96다10270 판결(公 1997상, 22)도, 친권자가 자신이 대표이사인 회사의 채무를 담보하기 위하여 자신과 미성년자의 공유인 부동산에 관하여 근저당권설정계약을 체결하는 행위가 이해상반행위가 아니라고 하였다.

103) 尹容燮(註 97), 577면; 李均龍(註 100), 273면 이하 등.

104) 대상판결보다 뒤에 선고된 日本 最高裁判所 1992(平成 4). 12. 10(民集 46-9, 272)은 대상판결과 유사한 사실관계에 관하여, 친권자가 子를 대리하는 법률행위는 친권자와 子 사이의 이익상반행위에 해당하지 않는 한, 이를 할 것인가 아닌가는 子를 위하여 친권을 행사하는 친권자가 子를 둘러싼 제반의 사정을 고려하여 하는 광범한 재량에 맡겨져 있고, 친권자가 子를 대리하여 子가 소유하는 부동산을 제3자의 담보에 제공하는 행위는, 이해상반행위에 해당하지 않기 때문에, 이것이 子의 이익을 무시하고 자신 또는 제3자의 이익을 도모하는 것을 목적으로 하는 등, 친권자에게 子를 대리하는 권한을 수여한 법의 취지에 현저히 반한다고 인정되는 특단의 사정이 존재하지 않는 한, 친권자에 의한 대리권의 남용에 해당한다고 해석할 수는 없다고 하였다. 그러나 미성년자의 친권자에게 미성년자의 법정대리권을 인정하는 취지가 친권자 자신이 아니라 미성년자의 이익을 보호하려는 데 있다면, 위와 같은 행위는 원칙적으로 무권대리행위에 해당하고, 그 행위의 유효를 주장하는 당사자가 대리권의 남용에 해당하지 않는다는 특별한 사정을 주장・입증하여야 한다고 보아야 할 것이다. 일본의 학설 가운데에도 위 판례에 비판적인 것이 있다. 吉田邦彦, 위 판례평석, 判例時報 1464호, 201면 이하, 특히 205면; 福永札治, 위 판례평석, ジュリスト No. 1048, 98면 이하, 특히 101면 이하 등.

그의 복리를 확보하도록 하기 위한 부모의 권리이자 의무의 성격을 갖는 것으로서, 민법 제924조에 의한 친권상실선고사유의 해당여부를 판단함에 있어서도 이와 같이 친권의 목적이 결국 자녀의 복리보호에 있다는 점이 판단의 기초가 되어야 할 것이고, 따라서 설사 친권자에게 간통 등 어떠한 비행이 있어 그것이 자녀들의 정서나 교육 등에 악영향을 줄 여지가 있다 하더라도, 친권의 대상인 자녀의 나이나 건강상태를 비롯하여 관계인들이 처해 있는 여러 구체적 사정을 고려하여 비행을 저지른 친권자를 대신하여 다른 사람으로 하여금 친권을 행사하거나 후견을 하게 하는 것이 자녀의 복리를 위하여 보다 낫다고 인정되는 경우가 아니라면 섣불리 친권상실을 인정하여서는 안 된다.

(論評) 이 사건의 내용은 미성년자의 친권자인 母가 제3자와 간통을 하였고, 그 相姦者가 방화를 함으로써 배우자인 父가 사망하게 된 사건에서, 미성년자의 조모가 모에 대하여 친권상실청구를 한 사건인데, 원심은 친권상실청구를 인용하였으나, 대법원은 위와 같이 판시하여 원심결정을 파기환송한 것이다. 대상결정은 친권제도 내지 친권상실제도의 존재이유가 제1차적으로 자녀의 복리보호에 있다는 점을 강조하여, 친권자의 非行만을 이유로 친권을 박탈할 수 없다고 본 점에서 타당한 결정이라고 생각된다.[105)]

9. 扶 養

[判例 32]

대법원 1994. 5. 13.자 92스21 전원합의체 결정(公 1994상, 1698): 過去의 扶養料 求償

(要旨) 부모는 그 소생의 자녀를 공동으로 양육할 책임이 있고, 그 양육에 소요되는 비용도 원칙적으로 부모가 공동으로 부담하여야 하는 것이며, 이는 부모 중 누가 친권을 행사하는 자인지 또 누가 양육권자이고 현실로 양육하고 있는 자인지를 물을 것 없이 친자관계의 본질로부터 발생하는 의무라고 할 것이다.

그러므로 어떠한 사정으로 인하여 부모 중 어느 한쪽만이 자녀를 양육하게 된 경우에, 그와 같은 일방에 의한 양육이 그 양육자의 일방적이고 이기적인 목

105) 이 결정에 대하여는 權貞姬, "親權의 喪失宣告", 家族法研究 제9호, 1995, 279면 이하, 특히 292면 이하 참조.

적이나 동기에서 비롯한 것이라거나 자녀의 이익을 위하여 도움이 되지 아니하거나 그 양육비를 상대방에게 부담시키는 것이 오히려 형평에 어긋나게 되는 등 특별한 사정이 있는 경우를 제외하고는, 양육하는 일방은 상대방에 대하여 현재 및 장래에 있어서의 양육비 중 적정 금액의 분담을 청구할 수 있음은 물론이고, 부모의 자녀양육의무는 특별한 사정이 없는 한 자녀의 출생과 동시에 발생하는 것이므로 과거의 양육비에 대하여도 상대방이 분담함이 상당하다고 인정되는 경우에는 그 비용의 상환을 청구할 수 있다고 보아야 할 것이다.

다만 한쪽의 양육자가 양육비를 청구하기 이전의 과거의 양육비 모두를 상대방에게 부담시키게 되면 상대방은 예상하지 못하였던 양육비를 일시에 부담하게 되어 지나치고 가혹하며 신의성실의 원칙이나 형평의 원칙에 어긋날 수도 있으므로, 이와 같은 경우에는 반드시 이행청구 이후의 양육비와 동일한 기준에서 정할 필요는 없고, 부모 중 한쪽이 자녀를 양육하게 된 경위와 그에 소요된 비용의 액수, 그 상대방이 부양의무를 인식한 것인지 여부와 그 시기, 그것이 양육에 소요된 통상의 생활비인지 아니면 이례적이고 불가피하게 소요된 다액의 특별한 비용(치료비 등)인지 여부와 당사자들의 재산 상황이나 경제적 능력과 부담의 형평성 등 여러 사정을 고려하여 적절하다고 인정되는 분담의 범위를 정할 수 있다고 볼 것이다(判例變更)(반대의견 및 보충의견 있음).

(論評) 대상결정이 변경한 종래의 판례는 당사자 사이의 특약이 없는 한 과거의 양육비 내지 그 구상을 부정하고 있어서 학설상 많은 비판을 받았는데, 대상결정은 이러한 판례를 변경하고 양육의무자 일방이 양육비를 지출한 후 다른 양육의무자에게 이를 구상하는 것을 허용한 것이다. 다만 대상결정은 이행청구 이전의 양육비는 이행청구 이후의 양육비와 동일한 기준에서 정할 필요는 없고, 이는 여러 가지 사정을 고려하여 적절하다고 인정되는 범위를 정하면 된다고 한다. 또한 대상결정은 이러한 과거의 양육비의 구상은 가사사건으로 청구할 수 있다고 하였다. 대상결정은 학설상으로 대체로 지지를 받고 있다.[106][107]

106) 대상결정에 대한 평석으로는 朴秉濠·金由美, "過去의 養育費 求償", 서울대학교 法學 제35권 3·4호, 1994, 205면 이하; 金疇洙, "過去의 扶養料償還請求", 判例月報 1995. 12, 9면 이하; 朴三奉, "父母의 子女 養育義務와 過去의 養育費 償還請求", 金容俊 華甲紀念(註 7), 456면 이하가 있다. 또한 崔幸植, "子의 養育 및 扶養과 過去의 扶養料", 家族法硏究 제 8 호, 1994, 393면 이하 참조.

107) 대상결정은 미성년자의 양육비 구상에 관한 것이지만, 대법원 1994. 6. 2.자 93스11 결정(公 1994하, 2103)은 성년에 달한 자녀의 치료비를 모가 지출하고 부에게 구상을 한 사건에

[判例 33]

대법원 1998. 6. 12. 선고 96다52670 판결(公 1998하, 1856): 扶養義務者의 扶養權利者에 대한 住宅 退去請求와 權利濫用

(要旨) 외국에 이민을 가 있어 스스로 이 사건 주택에 입주하지 않으면 안 되는 등의 급박한 사정이 있는 것도 아닌, 부양의무 있는 자(子)가 특별한 사정도 없이 또한 부(父)의 주거에 관하여 별다른 조치를 취하지 아니한 채 단지 이 사건 주택의 소유권자임을 내세워 고령과 지병으로 고통을 겪고 있는 상태에서 달리 마땅한 거처도 없는 부(父)에 대하여 이 사건 주택에서의 퇴거를 청구하는 것은 부자(父子) 간의 인륜을 파괴하는 행위로서 권리남용에 해당되고, 위 父를 부양하고 있는 자신의 동생에 대한 명도청구 또한 인륜에 반하는 행위로서 권리남용에 해당된다.

(論評) 우리나라의 학설 가운데에는 자녀가 부모를 상대로 불법행위에 기한 손해배상을 청구하는 행위는 허용되지 않는다고 하는 것이 있으나,[108] 이와 같이 일반적으로 자녀의 부모에 대한 소 제기가 허용되지 않는다고는 할 수 없고, 대상판결과 같이 부양의무자가 부양권리자에 대하여 주택에서의 퇴거청구를 하는 것과 같은 특수한 경우에만 권리남용으로서 허용되지 않는다고 보아야 할 것이다.[109]

Ⅲ. 相續法에 관한 판례

1. 相續回復請求權

[判例 34]

대법원 1991. 12. 24. 선고 90다5740 전원합의체 판결(公 1992상, 635): 共同相續人 사이의 相續回復請求

(要旨) 민법(1990. 1. 13. 법률 제4199호로 개정되기 전의 것, 이하 같다)이 규정하는 상속회복의 소는 호주상속권이나 재산상속권이 참칭호주나 참칭재산상속

서 대상판결을 인용하여 이를 받아들였다.

108) 郭潤直, 民法總則, 新訂版, 1998, 371면 등.

109) 대상판결에 대하여는 傳統法의 관점에서 본 다음의 평석이 있다. 金池洙, "出嫁女子의 親庭父母兄弟에 대한 扶養義務와 孝悌倫理", 人權과 正義 1998. 8, 97면 이하.

인으로 인하여 침해된 때에 진정한 상속권자가 그 회복을 청구하는 소를 가리키는 것이나, 재산상속에 관하여 진정한 상속인임을 전제로 그 상속으로 인한 소유권 또는 지분권 등 재산권의 귀속을 주장하고, 참칭상속인 또는 자기들만이 재산상속을 하였다는 일부 공동상속인들을 상대로 상속재산인 부동산에 관한 등기의 말소 등을 청구하는 경우에도, 그 소유권 또는 지분권이 귀속되었다는 주장이 상속을 원인으로 하는 것인 이상 그 청구원인 여하에 불구하고 이는 민법 제999조 소정의 상속회복청구의 소라고 해석함이 상당하고, 재산상속회복청구의 소인 이상 민법 제999조에 의하여 준용되는 민법 제982조 제2항 소정의 제척기간의 적용이 있다 할 것이며, 상속개시일로부터 10년을 경과한 후에 상속권의 침해가 있는 경우라도 10년의 제척기간 경과로 인하여 상속회복청구권은 소멸되었다(4개의 반대의견 있음).

(論評) 대상판결은 상속회복청구권의 성질을 집합적 권리설로 보고, 공동상속인 사이의 청구도 상속회복청구이며, 상속개시일로부터 10년을 경과한 후에 상속권의 침해가 있는 경우라도 제척기간 경과로 인하여 상속회복청구권은 소멸하였다고 한 점에서 모두 종래의 판례를 재확인한 것이다. 다만 이 판결에는 상속회복청구권을 독립권리설로 보아야 한다는 대법관 3인의 반대의견, 10년의 제척기간의 기산점은 상속권의 침해가 있었을 때부터 기산하는 것으로 해석하여야 한다는 대법관 2인의 반대의견, 상속회복청구의 상대방이 되는 '참칭상속권자'라 함은 상속이 개시될 당시에 정당한 상속권자가 아님에도 불구하고 진정한 상속권자로 믿게 할 만한 외관을 지니고 정당한 상속권자의 상속권을 침해하고 있는 자에 국한된다는 대법관 1인의 반대의견 및 공동상속인 상호간의 지분권 침해를 둘러싼 분쟁에 관하여서는 상속회복청구에 관한 민법 규정의 적용이 없다는 대법관 1인의 반대의견 등이 있어서 눈길을 끈다.

대상판결에 관하여는 많은 논평이 발표되어 있는데, 이에 대하여는 대상판결에 대한 본인의 평석[110]을 참고하기 바란다.

이 밖에도 상속회복청구권에 관하여는 쟁점이 많다. 예컨대 그 상대방이 되는 僭稱相續人은 누구를 말하는가에 관하여도 다양한 판례가 나와 있고,[111] 또 대법원 1994. 3. 25. 선고 93다57155 판결(公 1994상, 1332); 1998. 3. 27. 선

110) 尹眞秀, "相續回復請求權의 性質과 그 除斥期間의 起算點", 金容俊 華甲紀念(註 7), 478면 이하.

111) 이에 대하여는 吳喬斗, "相續回復請求權行使에 관한 判例理論 研究", 法曹 1999. 1, 94면 이하 참조.

고 96다37398 판결(公 1998상, 1158)은 상속회복청구권이 제척기간의 경과로 소멸하게 되면 상속인은 상속인으로서의 지위를 상실하게 되고, 그 반사적 효과로서 참칭상속인의 지위는 확정되어 참칭상속인이 상속개시의 시로부터 소급하여 상속인으로서의 지위를 취득한다고 한다.112)

2. 相續缺格

[判例 35]

대법원 1992. 5. 22. 선고 92다2127 판결(公 924, 1975): 落胎가 相續缺格事由에 해당하는지 여부

(要旨) 태아가 호주상속의 선순위 또는 재산상속의 선순위나 동 순위에 있는 경우에 그를 낙태하면 민법(1990. 1. 13. 법률 제4199호로 개정되기 전의 것. 이하 같다) 제992조 제1호 및 제1004조 제1호 소정의 상속결격사유에 해당하며, 위 민법 규정들 소정의 상속결격사유로서 '살해의 고의' 이외에 '상속에 유리하다는 인식'을 필요로 하는지 여부에 관하여는, (1) 우선 민법 제992조 제1호 및 제1004조 제1호는 그 규정에 정한 자를 고의로 살해하면 상속결격자에 해당한다고만 규정하고 있을 뿐, 더 나아가 '상속에 유리하다는 인식'이 있어야 한다고까지는 규정하고 있지 아니하고 있고, (2) 또한 민법은 '피상속인 또는 호주상속의 선순위자'(제992조 제1호)와 '피상속인 또는 재산상속의 선순위나 동순위에 있는 자'(제1004조 제1호) 이외에 '직계존속'도 피해자에 포함하고 있고, 위 '직계존속'은 가해자보다도 상속순위가 후순위일 경우가 있는바, 민법이 굳이 동인을 살해한 경우에도 그 가해자를 상속결격자에 해당한다고 규정한 이유는, 상속결격요건으로서 '살해의 고의' 이외에 '상속에 유리하다는 인식'을 요구하지 아니한다는 데에 있다고 해석할 수밖에 없으며, (3) 민법 제992조 제2호 및 이를 준용하는 제1004조 제2호는 '고의로 직계존속, 피상속인과 그 배우자에게 상해를 가하여 사망에 이르게 한 자'도 상속결격자로 규정하고 있는데, 이 경우에는 '상해의 고의'만 있으면 되므로, 이 '고의'에 '상속에 유리하다는 인식'이 필요없음은 당연하므로, 이 규정들의 취지에 비추어 보아도 그 각 제1호의 요건으로서 '살해의 고의' 이외에 '상속에 유리하다는 인식'은 필

112) 뒤의 판결에 대하여는 李和淑, "相續回復請求權 除斥期間의 경과와 僭稱相續人의 지위", 저스티스 제32권 제2호, 1999, 103면 이하 참조.

요로 하지 아니한다.

(論評) 1. 상속결격사유에 해당하기 위하여 '상속에 유리하다는 인식'이 요구되는가 하는 점은 상속결격제도의 존재이유와 관련하여 논의된다. 이에 관한 이른바 相續的 協同關係 破壞說은 상속의 근거는 상속인과 피상속인을 연결하는 상속적 협동관계(윤리적 · 경제적 협동관계)에 있는데, 상속결격은 이러한 관계를 파괴 또는 침해한 데 대한 제재로 보고, 따라서 상속결격사유에 해당하기 위하여는 따로 '상속에 유리하다는 인식'은 필요하지 않다고 한다. 반면 이른바 個人法的 財産取得秩序 破壞說은 상속인에 의한 재산취득의 측면을 중시하여서 상속결격은 그 취득질서를 교란시키고 위법하게 이득을 얻으려는 것에 대한 제재라고 보므로, 상속결격에 해당하려면 '상속에 유리하다는 인식'을 필요로 한다고 본다. 그리고 二元說은 결격사유에 따라 상속결격제도의 근거를 달리 설명한다. 즉 피상속인 또는 선순위나 동순위의 상속인에 대한 생명침해(제1004조 제1, 2호)의 경우에는 상속적 협동관계의 파괴에 대한 제재라고 보고, 피상속인의 상속에 대한 유언행위에 대한 위법한 간섭(제1004조 제3, 4, 5호)의 경우에는 상속인이 상속법상 유리하게 되거나 또는 불리하지 않게 되려고 위법하게 간섭하는 행위에 대한 제제라고 한다. 따라서 전자의 경우에는 이와 같은 인식을 필요로 하지 않는 반면, 후자의 경우에는 위와 같은 인식을 필요로 한다고 본다.[113)]

대상판결은 제1004조 제1호의 결격사유에 관한 한 '상속에 유리하다는 인식'은 요구되지 않는다고 보았고, 이는 타당하다고 생각된다.

2. 그러나 낙태가 과연 선순위 또는 동순위 상속인을 '살해'한 것인가 하는 점은 의문이고, 낙태는 여기서 말하는 '살해'에는 해당하지 않는다고 보아야 할 것이다. 우선 상속결격제도는 일종의 민사벌적 성격을 가지므로 그 해석에 있어서는 형법의 해석에 있어서와 마찬가지로 엄격하게 해석하여야 할 것인데, 형법상으로는 태아의 낙태는 완전한 사람을 살해한 경우와는 다르게 취급되므로, 아직 출생하지 않은 태아의 낙태까지 살해에 해당한다고 보아서는 안 된다.[114)]

또한 보다 실질적인 근거로서는 태아가 상속에 관하여 출생한 것으로 본다는 것은 어디까지나 살아서 출생한 것을 전제로 한다는 점을 들 수 있다. 정

113) 吳宗根, "相續缺格事由 - 落胎의 경우", 家族法硏究 제7호, 1993, 284면 참조.
114) 같은 취지: 吳宗根(註 113), 293-295면; 李和淑, 註釋相續法(上), 1996, 144-145면.

지조건설에 의하면 낙태된 경우는 조건이 성취되지 않았으므로 태아가 동순위의 상속인은 되지 않는다. 해제조건설에 의하더라도 낙태에 의하여 해제조건이 성취되었으므로 태아는 소급하여 권리능력 내지 상속능력을 취득하지 못하게 되고, 따라서 태아가 동순위나 선순위의 상속인이 될 수는 없다. 그러므로 여기서의 실질적인 문제는 이처럼 태아가 권리능력을 취득하지 못하게 한 행위에 대하여 어떤 평가를 내릴 것인가 하는 점이다. 민법 제150조는 신의성실의 원칙에 반하여 조건을 성취시키거나 성취를 방해한 때에는 그 조건의 불성취 또는 성취를 의제하고 있는데, 낙태의 문제도 이러한 관점에서 바라보아야 할 것이다.[115)]

3. 相續의 效果

[判例 36]

대법원 1994. 9. 27. 선고 94다20617 판결(公 1994하, 2811)

(要旨) 원고가 피상속인의 실종기간 만료 전에 피상속인의 무권대리인으로 피상속인의 부동산을 매각한 경우에 원고는 민법 제135조 제1항의 규정에 의하여 매수인에게 위 부동산에 대한 소유권이전등기를 이행할 의무가 있다고 할 것이므로, 그러한 지위에 있는 원고가 피상속인으로부터 위 부동산을 상속받아 그 소유자가 되어 위 소유권이전등기이행의무를 이행하는 것이 가능하게 된 시점에서 자신이 소유자라고 하여 자신으로부터 위 각 부동산을 전전매수한 피고들에게 원래 자신의 매매행위가 무권대리행위여서 무효였다는 이유로 피고들 앞으로 경료된 위 각 소유권이전등기가 무효의 등기라고 주장하여 그 등기의 말소를 청구하거나 위 각 부동산의 점유로 인한 부당이득금의 반환을 구하는 것은 금반언의 원칙이나 신의성실의 원칙에 반하여 허용될 수 없다.

(論評) 이 사건과 같이 父가 子의 무권대리인으로서 子의 재산을 매도한 후 子의 사망으로 그를 상속한 경우에, 父는 매수인에 대하여 무권대리인으로서 이행 또는 손해배상의 책임을 져야 하는 한편, 子의 상속인으로서 무권대리행위를 추인하거나 추인을 거절할 수 있는 지위를 동시에 가지게 되므로 이때

---

115) 판례에 반대하는 견해로는 註 113) 외에 朴秉濠, "相續缺格의 諸問題", 家族法論集, 1996, 317면 이하가 있고, 판례를 지지하는 견해로는 李性龍, "相續缺格者에 관한 舊民法 제992조 제1호, 제1004조 제1호 소정의 '故意'에 '相續에 有利하다는 認識'도 필요한지 與否", 法曹 1992. 7, 121면 이하; 金疇洙(註 14), 506-507면 등이 있다.

추인거절권을 행사할 수 있는가가 문제된다.

한 설(당연유효설)은 이 경우에 무권대리행위는 완전히 유효로 된다고 하면서, 그 근거로서 상속인인 무권대리인이 추인을 거절하는 것은 신의칙에 반한다거나, 본인과 무권대리인의 두 자격이 혼동·융합되었다는 점을 들고 있다. 이에 대하여 다른 설(비당연유효설)은, 공동상속의 경우에는 공동상속인 전원의 추인 없이는 무권대리행위는 유효로 되지 않으므로 무권대리행위를 당연히 유효한 것으로 보더라도 법률관계는 복잡하게 될 것이라고 하여 이에 반대하고, 다만 경우에 따라 무권대리인이 본인을 상속한 경우 본인의 자격에서 추인을 거절하는 것이 권리남용이 될 수는 있다고 한다.116)

어느 설에 의하든 간에 단독상속의 경우에는 대체로 결론이 같고, 공동상속의 경우에만 다소 차이를 가져올 수 있다. 대상판결의 경우는 단독상속의 사례여서 판례가 과연 어느 설을 따르고 있는지가 반드시 명백하지 않다.117)

[判例 37]

대법원 1994. 2. 25. 선고 93다39225 판결(公 1994상, 1093): 合有의 相續性

(要旨) 부동산의 합유자 중 일부가 사망한 경우 합유자 사이에 특별한 약정이 없는 한 사망한 합유자의 상속인은 합유자로서의 지위를 승계하는 것이 아니므로 해당 부동산은 잔존합유자가 2인 이상일 경우에는 잔존합유자의 합유로 귀속되고 잔존합유자가 1인인 경우에는 잔존합유자의 단독소유로 귀속된다.

(論評) 대상판결은 조합원의 지위는 원칙적으로 상속되지 않는다는 점을 근거로 한 것으로 보이나, 학설118)은 이에 대하여 비판적이다. 즉 합유의 당사자가 조합관계에 있을 때에는 조합원의 지위는 상속되지 아니하므로 합유지분도 상속되지 않지만, 합유의 당사자가 그러한 조합관계에 있지 않으면 합유지분도 그 상속인에게 상속되는 것으로 보아야 한다는 것이다.

그러나 우리 민법상 조합관계에 있지 않은 합유가 인정될 수 있는지는 좀

---

116) 학설의 상세한 소개는 姜溶鉉, 民法注解 Ⅲ, 1992, 221면 이하.

117) 다른 한편 他人의 權利를 처분한 후 處分者를 所有者가 상속한 경우의 법률관계에 관하여 대법원 1994. 8. 26. 선고 93다20191 판결(公 1994하, 2510)은, 소유자는 신의칙에 반하는 것으로 인정할 특별한 사정이 없는 한 원칙적으로는 處分者의 계약에 따른 의무의 이행을 거절할 수 있다고 하면서도, 당해 사건에서는 그러한 의무 이행의 거절이 신의칙에 반하는 특별한 사정이 있다고 하였다.

118) 金相容, "合有持分의 相續性", 民事判例評釋(Ⅰ), 1994, 219면 이하; 司空永振, "合有持分의 相續性", 裁判과 判例 제 4 집, 1995, 41면 등.

더 생각해 보아야 할 문제이다.

[判例 38]

대법원 1998. 2. 10. 선고 97누5367 판결(公 1998상, 796): 繼續的 保證債務의 相續性

(要旨) 타인 간의 계속되는 거래로 인하여 장래 발생하는 채무를 어떤 금액을 한도로 하여 보증을 하기로 약정한 보증인이 사망한 경우에는 상속인이 그 지위를 승계한다 할 것이고, 이와 같은 계속적 보증채무의 경우에도 상속개시 당시 주채무자가 변제불능의 무자력 상태에 있어서 피상속인인 보증인이 그 채무를 이행하지 않으면 안 되었을 뿐 아니라 주채무자에게 구상권을 행사하더라도 변제받을 가능성이 없었다고 인정되면 그 채무금액을 상속세과세가액에서 공제할 수 있다.

(論評) 계속적 계약관계에 관하여 행하여지는 계속적 보증채무의 경우에는 그 상속성을 부정하는 것이 일반적이나, 이에 반하여 보증한도액의 정함이 있거나 책임범위에 일정한 획정기준이 마련되어 있는 유한보증의 경우라면 상속성을 인정하고, 또 무한보증의 경우에는 보증인의 지위에 일신전속성을 인정하여 상속개시 당시의 잔존채무액을 한도로 한 유한보증으로의 전환을 인정하여야 한다는 설[119] 또는 원칙적으로 상속되고 다만 한도액과 양자 모두에 관하여 아무런 제한이 없는 이른바 무한보증의 경우에는 상속 당시까지 발생한 구체적 보증채무금액을 한도로 한 유한보증으로 전화된다는 견해[120]도 있다.

4. 祭祀用 財産의 承繼

[判例 39]

대법원 1994. 10. 14. 선고 94누4059 판결(公 1994, 3018): 祭祀를 主宰하는 자가 相續人이 아닌 경우 禁養林野의 귀속

(要旨) 상속세법 제 8 조의 2 제 2 항 제 2 호는 상속세과세가액에 산입하지 아니하는 재산으로서 '민법 제1008조의 3에 규정하는 재산'을 들고 있는데,

119) 金云湨, "債務相續", 相續法의 諸問題, 裁判資料 제78집, 679-680면.

120) 朴炳大, 民法注解 Ⅹ, 1995, 401면 등.

위 규정은 일가의 제사를 계속하게 하기 위한 제사용 재산을 승계할 경우에는 이를 일반상속재산과 구별되는 특별재산이라고 보아 상속세과세가액에서 제외시키기 위한 것으로서, 금양임야 등을 소유하던 피상속인이 사망한 후 상속인들이 수인이 있을 경우 금양임야 등의 승계권을 그 금양임야로서 수호하는 분묘의 제사를 주재하는 상속인에게 귀속시키기 위한 규정이라고 보아야 할 것이고, 금양임야 등의 소유자가 사망한 후 상속인과 그 금양임야로서 수호하는 분묘의 제사를 주재하는 자가 다를 경우에는 그 금양임야 등은 상속인들의 일반상속재산으로 돌아간다고 보아야 할 것이며, 상속인이 아닌 제사를 주재하는 자에게 금양임야등의 승계권이 귀속된다고 할 수는 없다.

(論評) 민법 제1008조의 3에서 말하는 제사를 주재하는 자가 누구인가에 관하여는 견해가 나뉜다. 1설은 호주승계인을 말한다고 하고,[121] 다른 설은 실제로 제사를 주재하는 자를 말한다고 한다.[122] 대상판결은 상속인과 그 금양임야로서 수호하는 분묘의 제사를 주재하는 자가 다를 경우에는 그 금양임야등은 상속인들의 일반상속재산으로 돌아간다고 하여, 대체로 후자의 견해에 가까운 것으로 보인다.

5. 特別受益

[判例 40]

대법원 1995. 3. 10. 선고 94다16571 판결(公 1995상, 1576): 特別受益의 算定方法

(要旨) 민법 제1008조의 규정은 공동상속인 중에 피상속인으로부터 재산의 증여 또는 유증을 받은 특별수익자가 있는 경우에 공동상속인들 사이의 공평을 기하기 위하여 그 수증재산을 상속분의 선급으로 다루어 구체적인 상속분을 산정함에 있어 이를 참작하도록 하려는 데 그 취지가 있고, 위 규정의 적용에 따라 공동상속인 중에 특별수익자가 있는 경우의 구체적인 상속분의 산정을 위하여는, 피상속인이 상속개시 당시에 가지고 있던 재산의 가액에 생전 증

121) 朴秉濠, "民法上의 祭祀用財産의 承繼", 家族法論集, 1996, 278면; 申榮鎬, "祭祀用財産의 相續", 朴秉濠敎授還甲紀念 家族法學論叢, 1991, 589면 등.

122) 金疇洙(註 14), 528-529면; 金英蘭, "相續稅法 제 8 조의 2 제 2 항 제 2 호의 '민법 제1008조의3에 규정하는 재산'의 하나인 禁養林野의 意味와 그 承繼", 대법원판례해설 제22호, 1995, 534면(대상판결의 해설임) 등.

여의 가액을 가산한 후, 이 가액에 각 공동상속인별로 법정상속분율을 곱하여 산출된 상속분의 가액으로부터 특별수익자의 수증재산인 증여 또는 유증의 가액을 공제하는 계산방법에 의하여 할 것이고, 여기서 이러한 계산의 기초가 되는 피상속인이 상속 개시 당시에 가지고 있던 재산의 가액은 상속재산 가운데 적극재산의 전액을 가리키는 것으로 보아야 옳다. 그렇지 않고 이를 상속의 대상이 되는 적극재산으로부터 소극재산을 공제한 차액에 해당되는 순재산액이라고 파악하게 되면, 자기의 법정상속분을 초과하여 특별이익을 얻은 초과특별수익자는 상속채무를 전혀 부담하지 않게 되어 다른 공동상속인에 대하여 심히 균형을 잃게 되는 부당한 결과에 이르기 때문에 상속인들은 상속의 대상이 되는 적극재산에 증여재산을 합한 가액을 상속분에 따라 상속하고, 소극재산도 그 비율대로 상속한다고 보아야 한다.

(論評) 대상판결은 특별수익의 산정의 기초가 되는 상속재산의 가액은 상속재산 가운데 적극재산의 전액을 가리키는 것이며, 소극재산은 상속분의 비율대로 상속한다고 하는데, 이는 대체로 통설과 일치한다.

[判例 41]

대법원 1997. 3. 21.자 96스62 결정(公 1997, 1228): 特別受益 算定의 基準時

(要旨) 공동상속인 중에 피상속인으로부터 재산의 증여 또는 유증 등의 특별수익을 받은 자가 있는 경우에는 이러한 특별수익을 고려하여 상속인별로 고유의 법정상속분을 수정하여 구체적인 상속분을 산정하게 되는데, 이러한 구체적 상속분을 산정함에 있어서는 상속개시시를 기준으로 상속재산과 특별수익재산을 평가하여 이를 기초로 하여야 할 것이고, 다만 법원이 실제로 상속재산분할을 함에 있어 분할의 대상이 된 상속재산 중 특정의 재산을 1인 및 수인의 상속인의 소유로 하고 그의 상속분과 그 특정의 재산의 가액과의 차액을 현금으로 정산할 것을 명하는 방법(소위 代償分割의 방법)을 취하는 경우에는, 분할의 대상이 되는 재산을 그 분할시를 기준으로 하여 재평가하여 그 평가액에 의하여 정산을 하여야 할 것이다.

(論評) 이는 대체로 통설과 일치한다. 다만 항상 분할시를 기준으로 하여야 한다는 설[123] 및 상속재산의 평가에 관하여는 상속개시시설을 따르면서도(분할을 위하여는 다시 분할시설을 따른다), 특별수익인 증여가액의 평가시점에 관

123) 朴秉濠(註 20), 1994, 337면.

하여는 이행시설을 주장하는 견해[124] 등도 있다.

6. 寄 與 分

[判例 42]

대법원 1998. 12. 8. 선고 97므513 · 520, 97스12 판결(公 1999상, 123): 扶養으로 인한 寄與分

(要旨) 민법이 친족 사이의 부양에 관하여 그 당사자의 신분관계에 따라 달리 규정하고, 피상속인을 특별히 부양한 자를 기여분을 인정받을 수 있는 자에 포함시키는 제1008조의 2 규정을 신설함과 아울러 재산상속인이 동시에 호주상속을 할 경우에 그 고유의 상속분의 5할을 가산하도록 한 규정(1990. 1. 13. 법률 제4199호로 개정되기 전의 제1009조 제1항 단서)을 삭제한 취지에 비추어 볼 때, 성년(成年)인 자(子)가 부양의무의 존부나 그 순위에 구애됨이 없이 스스로 장기간 그 부모와 동거하면서 생계유지의 수준을 넘는 부양자 자신과 같은 생활수준을 유지하는 부양을 한 경우에는 부양의 시기 · 방법 및 정도의 면에서 각기 특별한 부양이 된다고 보아 각 공동상속인 간의 공평을 도모한다는 측면에서 그 부모의 상속재산에 대하여 기여분을 인정함이 상당하다.

(論評) 민법은 "피상속인을 특별히 부양한 자"를 기여분권리자로 예시하고 있어서 그 해석상 다소 어려움이 있다. 원래 부양은 친족 사이의 의무인 것이고, 부양 그 자체는 원칙적으로는 특별한 기여라고 하기 어려운 것이기 때문이다. 학설로는 상속인 중의 1인의 피상속인에 대한 扶養이 법률상 의무의 이행이든 그렇지 않든 간에 또는 通常의 부양이라 하더라도 피상속인을 부양하여 이로 인하여 상속재산이 유지 또는 증가되면 이를 특별한 기여로 평가하여 상속재산분할에 있어 다른 상속인(부양의무자)과의 관계에서 그 부양분담액을 기여분으로서 일괄하여 청산할 수 있다는 견해[125]가 있는 반면, 夫婦나 親族 간의 신분관계에 기초하여 通常 기대되는 정도를 넘는 扶養이 있는 경우에만 이를 특별한 기여행위로 보아 상속재산분할에 있어 이를 평가하여 寄與分으로서 반영하자는 견해[126]도 있다. 대상판결은 대체로 후자의 견해에 입각한 것으로

---

124) 郭潤直(註 21), 1997, 192-193면.

125) 전면적 인정설. 鄭德興, "寄與分의 決定과 相續分의 修正", 司法論集 제25집, 1994, 58-59면.

126) 제한적 인정설. 李凞培, 註釋相續法(上), 1996, 244면.

보이는데, 특히 생계유지의 수준을 넘는 부양자 자신과 같은 생활수준을 유지하는 부양을 한 경우를 특별한 기여로 본 것이다.[127)]

[判例 43]

대법원 1994. 10. 14. 선고 94다8334 판결(公 1994하, 2971): 遺留分返還請求에 대한 寄與分의 抗辯

(要旨) 공동상속인 중 피상속인의 재산의 유지 또는 증가에 관하여 특별히 기여하거나 피상속인을 특별히 부양한 자가 있는 경우 그 기여분의 산정은 공동상속인들의 협의에 의하여 정하도록 되어 있고, 협의가 되지 않거나 협의할 수 없는 때에는 기여자의 신청에 의하여 가정법원이 심판으로 이를 정하도록 되어 있으므로 위와 같은 방법으로 기여분이 결정되기 전에는 피고가 된 기여상속인은 유류분반환청구소송에서 상속재산 중 자신의 기여분을 공제할 것을 항변으로 주장할 수는 없다.

(論評) 이는 기여분 결정절차는 가사소송법에 의한 비송사건인 반면, 유류분반환청구소송은 민사소송이기 때문에 생기는 문제로서, 학설상으로도 별다른 이견이 없기는 하나, 실제에 있어서는 반드시 공평한 것은 아니다.

7. 相續財産의 分割

[判例 44]

대법원 1993. 8. 24. 선고 93다12 판결(公 1993하, 2591): 민법 제1014조에 의한 價額請求에 있어서 價額의 算定方法

(要旨) 1. 민법 제1014조에 의한 상속분가액청구권은 상속회복청구권의 일종으로서, 이 가액은 피인지자등이 상속분을 청구하는 때의 시가(사실심 변론종결시의 시가)를 의미하는 것으로 볼 것이며, 민법 제1014조는 인지 이전에 다른 공동상속인이 이미 상속재산을 분할 기타의 방법으로 처분한 경우에는 사후의 피인지자는 다른 공동상속인들의 분할 기타 처분의 효력을 부인하지 못하게 하는 대신, 이들에게 그 상속분에 상당한 가액의 지급을 청구할 수 있도

127) 대법원 1996. 7. 10.자 95스30 · 31 결정(公 1996하, 2495)은 처의 기여분에 관하여 처가 피상속인을 간병한 것은 부부 간의 부양의무 이행의 일환일 뿐 망인의 상속재산 취득에 특별히 기여한 것으로 볼 수 없다는 등의 이유로 이를 부정하였다.

록 하여 상속재산의 새로운 분할에 갈음하는 권리를 인정함으로써 피인지자의 이익과 기존의 권리관계를 합리적으로 조정하는 데 그 목적이 있으므로, 그 가액의 범위에 관하여는 부당이득반환의 범위에 관한 민법규정을 유추적용할 수는 없고, 다른 공동상속인들이 분할 기타의 처분시에 피인지자의 존재를 알았는지의 여부에 의하여 그 지급할 가액의 범위가 달라지는 것도 아니다.

2. 상속분에 상당한 가액의 청구권은 원래 피인지자가 상속개시시에 소급하여 취득하였을 상속재산에 대한 권리(상속분)가 변환된 것으로서 그에 상당한 현물과의 등가관계를 전제로 하는 것이라 할 것이므로, 그 가액은 실제로 다른 공동상속인들이 분할 기타 처분에 의하여 얻은 대가를 기준으로 하거나, 그 당시의 시가로 산정할 것이 아니라, 현실의 지급시를 기준으로 하여 산정하여야 할 것이고, 소송으로써 지급을 청구하는 경우에는 그 소송의 사실심 변론종결 당시의 상속재산가액을 기초로 하여 산정하여야 할 것이다.

3. 상속재산의 처분에 수반되는 조세부담은 상속에 따른 비용이라고 할 수 없고, 민법 제1014조에 의한 가액의 지급청구는 상속재산이 분할되지 아니한 상태를 가정하여 피인지자의 상속분에 상당하는 가액을 보장하려는 것이므로, 다른 공동상속인들의 분할 기타의 처분에 의한 조세부담을 피인지자에게 지급할 가액에서 공제할 수는 없고, 다른 상속인들이 피인지자에게 그 금액의 상환을 구할 수도 없다.

(論評) 민법 제1014조의 상속분가액지급청구권의 성질에 관하여 종전의 판례[128]는 이를 상속회복청구권의 일종이라고 보고 있는데, 대상판결은 이를 다시 한 번 확인한 것이며, 다수설도 그와 같다.[129] 문제는 그 가액의 산정을 어느 시점을 기준으로 할 것인가 하는 점인데, 대상판결은 이는 상속분에 상당한 현물을 지급하는 것과 등가관계에 있어야 한다고 하여, 사실심 변론종결시를 기준으로 하여야 한다고 보았다.[130]

128) 대법원 1981. 2. 10. 선고 79다2052 판결(公 1981, 13720) 등.

129) 상속재산분할청구권의 일종이라고 보는 반대설로는 朴秉濠, "相續回復請求權 管見", 家族法論集, 1996, 300-301면; 申榮鎬, "民法 第1014條의 相續分價額支給請求權", 家族法研究 제 9 호, 1995, 382-384면.

130) 申榮鎬(註 129), 390-391면은 상속분가액지급청구는 상속재산분할의 再分割이므로 재분할시 곧 지급시의 시가를 기준으로 하여야 한다고 설명한다.

8. 相續의 承認 및 拋棄

[判例 45]

헌법재판소 1998. 8. 27. 선고 96헌가22, 97헌가2·3·9, 96헌바81, 98헌바 24·25(병합) 결정(憲判集 10-2, 339): 민법 제1026조 제 2 호에 의한 法定單純承認 規定의 違憲性

(要旨) 상속인이 귀책사유없이 상속채무가 적극재산을 초과하는 사실을 알지 못하여 고려기간 내에 한정승인 또는 포기를 하지 못한 경우에도 민법 제1026조 제 2 호가 단순승인을 한 것으로 본 것은 기본권제한의 입법한계를 일탈한 것으로 재산권을 보장한 헌법 제23조 제 1 항, 사적자치권을 보장한 헌법 제10조 제 1 항에 위반된다.

(論評) 민법 제1019조 제 1 항이 규정하고 있는, 상속의 승인 또는 포기를 위한 고려기간의 기산점에 관하여, 대법원의 판례는, 민법 제1019조 제 1 항 소정의 "相續開始 있음을 안 날"이라고 함은 상속개시의 원인되는 사실의 발생을 알고 또 이로써 자기가 상속인이 되었음을 안 날을 말하고, 상속재산 또는 상속채무 있음을 안 날 또는 상속포기제도를 안 날을 의미하는 것은 아니라고 하였다.[131] 종래의 다수설도 판례와 마찬가지이지만, 근래에는 상속승인 또는 포기를 위한 고려기간은 상속인이 상속개시사실과 자기가 상속인인 사실을 아는 외에 적극재산 또는 소극재산의 존재를 안 때로부터 기산한다고 해석하여야 한다는 견해도 주장되고 있다.[132] 어쨌든 종래의 대법원 판례에 의할 때에는 상속이 개시된 후 뒤늦게 상속채무의 존재를 발견한 상속인은 상속을 포기할 수 없게 되어 상속채무를 변제하여야만 하게 된다. 이러한 상황에서 대상결정은 상속승인 또는 포기를 위한 고려기간이 경과하면 상속인이 단순승인을 한 것으로 의제하는 민법 제1026조 제 2 호를 위헌이라고 하여 헌법불합치결정을 함으로써 문제를 해결하려고 하였다.[133]

131) 대법원 1969. 4. 22. 선고 69다232 판결(集 17권 2집 민54); 1984. 8. 23.자 84스17-25 결정(公 1984, 1723); 1986. 4. 22.자 86스10 결정(公 1986, 872); 1988. 8. 25.자 86스10·11·12·13 결정(公 1988, 1240); 1991. 6. 11.자 91스1 결정(公 1991, 1925) 등.

132) 상세한 것은 尹眞秀, "相續債務를 뒤늦게 발견한 相續人의 保護", 서울대학교 法學 제38권 3·4호, 1997, 185면 이하 참조.

133) 대상결정에 대한 해설로는 丁泰鎬, "民法 제1026조 제 2 호에 대한 憲法不合致決定에 대한 評釋 및 위 法律規定의 改正方向", 人權과 正義 1998. 11, 103면 이하가 있다.

그러나 우선 민법 제1026조 제2호가 위헌이라고 하는 것만으로 문제가 바로 해결되는 것은 아니다. 민법 제1026조 제2호가 위헌으로 결정된다고 하여도, 고려기간이 경과함으로써 채무를 확정적으로 승계하게 된 상속인의 지위에는 어떤 변화가 있을 수 없는 것이기 때문이다.[134] 나아가 위헌결정에 의하여 문제를 해결하기에 앞서서, 가령 고려기간이 경과하여 단순승인으로 의제되더라도 그 단순승인을 착오를 이유로 취소할 수 있는가 하는 점을 좀더 따져 보았어야 한다고 생각된다.[135]

법무부의 친족상속법 개정안에 따르면, 민법 제1019조에 제3항을 신설하여, "상속인이 상속되는 채무가 그 재산을 초과하는 사실을 중대한 과실없이 제1항의 숙려기간 내에 알지 못하고 단순승인(제1026조에 의하여 단순승인한 것으로 보는 경우를 포함한다)한 경우에는 그 안 날로부터 3월 내에 한정승인을 할 수 있다"고 하고 있다. 그리고 그에 따라 이러한 한정승인의 신고절차에 관한 규정을 두었으며(제1030조 제2항의 신설), 한정승인을 하였을 때에는 이미 처분한 상속재산의 가액을 합하여 상속채무를 변제하도록 하고(제1034조 제2항의 신설), 한정승인을 한 자가 과실로 일부 채권자에게 변제를 한 경우의 배상책임(제1038조 제1항 단서의 신설) 및 이 경우 변제를 받지 못한 상속채권자나 유증받은 자의 구상권에 관한 규정(제1038조 제2항 단서의 신설)을 두어 다른 한정승인의 경우와 균형을 맞추도록 하였다.

[判例 46]

대법원 1995. 4. 7. 선고 94다11835 판결(公 1995상, 1817): 先順位相續人들이 相續을 포기하였을 경우 相續財産이 次順位相續人에게 歸屬되는지 여부

(要旨) 제1순위 상속권자인 처와 자들이 모두 상속을 포기한 경우에는 손이 직계비속으로서 상속인이 된다.

(論評) 대상판결은 민법 제1042조, 제1044조 및 제1027조를 근거로 하여 이와 같은 결론에 이르게 된 것으로 생각된다.[136] 그러나 이러한 판례에 대하여는, 민법 제1027조와 제1044조는 적극재산이 소극재산보다 더 많은 경우를

134) 尹眞秀(註 132), 206면 이하 참조.

135) 尹眞秀(註 132), 210면 이하 참조.

136) 동지, 대법원 1995. 9. 26. 선고 95다27769 판결(公 1995하, 3530). 郭潤直(註 21), 126면은, 상속인이 될 자 전원이 사망한 경우에 그 직계비속이 대습상속을 하는가 비대습상속을 하는가의 문제와 관련하여, 이 판례가 비대습상속설을 취하고 있는 것으로 이해한다.

상정하여 규정된 것이고, 따라서 피상속인의 소극재산이 적극재산보다 더 많은 채무초과의 경우에는 위 조항들은 적용되지 않는다고 하여 이 경우에는 상속인이 없는 것으로 보아야 한다는 비판이 있으나,137) 현행법의 해석론으로는 무리라고 생각된다.

9. 遺 言

[判例 47]

대법원 1996. 4. 23. 선고 95다34514 판결(公 1996상, 1562): 意思無能力者의 遺言

(要旨) 유언공정증서를 작성할 당시에 유언자가 반혼수상태였으며, 유언공정증서의 취지가 낭독된 후에도 그에 대하여 전혀 응답하는 말을 하지 아니한 채 고개만 끄덕였다면, 유언공정증서를 작성할 당시에 유언자에게는 의사능력이 없었으며 그 공정증서에 의한 유언은 유언자가 유언의 취지를 구수(口授)하고 이에 기하여 공정증서가 작성된 것으로 볼 수 없어서, 민법 제1068조가 정하는 공정증서에 의한 유언의 방식에 위배되어 무효이다.

(論評) 종래의 판례138)는, 半昏睡狀態에 있는 환자가 공증인이 묻는 말에 끄덕거린 정도로는 口授가 있었다고 볼 수 없으므로 그러한 상태에서 작성된 공정증서유언은 무효라고 하였다. 그러나 이에 대하여는 口授에 의하여야 한다는 취지는 촉탁은 유언자가 직접 공증인에게 하여야 하고 대리인을 시키는 것은 불가하다는 취지로 보아야 하며, 언어능력이 없는 사람은 필기문답이나 거동에 의하여 의사를 표시할 수도 있으므로 고개를 끄덕거리는 것만으로는 口授가 아니라고 할 것은 아니고, 다만 이러한 경우에 의사능력이 없다고 하여 무효라고 함은 별개의 문제라고 하는 비판이 있었고,139) 대상판결은 이러한 비판을 고려한 것으로 여겨진다.

---

137) 李永武, "先順位相續人들이 相續을 포기하였을 경우 相續財産이 次順位相續人에게 歸屬되는지 여부", 人權과 正義 1996. 7, 111면 이하. 安榮文, "代襲相續에 관한 몇 가지 問題點", 釜山法曹 15, 1997, 121면도 같은 취지이다.

138) 대법원 1980. 12. 23. 선고 80므18 판결(公 1981, 13583); 1993. 6. 8. 선고 92다8750 판결(公 1993하, 1989) 등.

139) 李在性, "公正證書에 의한 遺言의 方式", 司法行政 1981. 5, 60면 이하. 또한 尹眞秀, "상속제도의 헌법적 근거", 헌법논총 제10집, 1999, 186-187면 참조.

[判例 48]

대법원 1998. 6. 12. 선고 97다38510 판결(公 1998하, 1866): 自筆證書에 의한 遺言의 방식

(要旨) 민법 제1066조에서 규정하는 자필증서에 의한 유언은 유언자가 그 전문과 연월일, 주소 및 성명을 자서(自書)하는 것이 절대적 요건이므로 전자복사기를 이용하여 작성한 복사본은 이에 해당하지 아니함은 소론과 같으나, 그 주소를 쓴 자리가 반드시 유언 전문 및 성명이 기재된 지편이어야 하는 것은 아니고 유언서의 일부로 볼 수 있는 이상 그 전문을 담은 봉투에 기재하더라도 무방하며, 그 날인은 인장 대신에 무인에 의한 경우에도 유효하다.

(論評) 자필증서에 의한 유언의 방식으로서 유언자의 주소의 기재를 요구하는 것은 외국 민법에서는 찾아볼 수 없는, 우리 민법의 독자적인 규정이다. 유언에서 주소가 문제되는 것은 제1차적으로는 유언자의 동일성 확인에 필요하고, 그 외에는 큰 의미를 가지지 않으므로, 유언에 주소가 누락되었더라도 유언자의 동일성 확인에 문제가 없는 한 이를 유효한 것으로 보아야 한다는 견해가 있을 수 있으나, 대상판결은 그러한 견해는 취하지 않고, 다만 그 요건을 완화하여 해석하고 있다.[140] 그리고 拇印도 날인이 있는 것과 같이 볼 것인가에 관하여는 일본에서 논의가 있으나, 일본의 다수설 및 판례[141]는 무인도 날인이 있는 경우와 마찬가지로 유효로 보고 있다.[142]

10. 遺　贈

[判例 49]

대법원 1996. 4. 12. 선고 94다37714·37721 판결(公 1996상, 1491): 遺贈과 死因贈與의 관계

(要旨) 1. 민법 제562조는 사인증여에 관하여는 유증에 관한 규정을 준용하도록 규정하고 있지만, 유증의 방식에 관한 민법 제1065조 내지 제1072조는 그것이 단독행위임을 전제로 하는 것이어서 계약인 사인증여에는 적용되지 아니한다.

---

140) 대법원 1998. 5. 29. 선고 97다38503 판결(公 1998하, 1751)은 동일한 유언에 관하여 대체로 같은 취지로 판시하고 있다.

141) 日本 最高裁判所 1989(平元). 6. 23(判例時報 1318호, 47면) 등.

142) 都築民枝, 注解法律學全集 民法 Ⅹ, 1995, 478면 이하 참조.

2. 민법 제562조가 사인증여에 관하여 유증에 관한 규정을 준용하도록 규정하고 있다고 하여, 이를 근거로 포괄적 유증을 받은 자는 상속인과 동일한 권리의무가 있다고 규정하고 있는 민법 제1078조가 포괄적 사인증여에도 준용된다고 해석하면 포괄적 사인증여에도 상속과 같은 효과가 발생하게 된다. 그러나 포괄적 사인증여는 낙성·불요식의 증여계약의 일종이고, 포괄적 유증은 엄격한 방식을 요하는 단독행위이며, 방식을 위배한 포괄적 유증은 대부분 포괄적 사인증여로 보여질 것인바, 포괄적 사인증여에 민법 제1078조가 준용된다면 양자의 효과는 같게 되므로, 결과적으로 포괄적 유증에 엄격한 방식을 요하는 요식행위로 규정한 조항들은 무의미하게 될 것이다. 따라서 민법 제1078조가 포괄적 사인증여에 준용된다고 하는 것은 사인증여의 성질에 반한다고 할 것이어서 준용되지 아니한다.

(論評) 사인증여의 방식도 통상의 증여와 마찬가지이므로 유증(유언)의 방식에 관한 규정(제1065조 이하)도 준용되지 않는다고 보는 것이 통설이고, 대상판결도 그러한 입장이다. 그러나 이에 대하여는 사인증여에도 유증의 방식을 따르게 하여야 하며, 다만 사인증여자의 증여의 의사표시만 유증의 방식이 있으면 된다고 하는 반대설이 있다.[143] 그리고 포괄적 사인증여에 민법 제1078조가 준용되는가 하는 점에 관하여는 이를 긍정하는 견해도 있으나, 대상판결은 이를 부정하고 있다.[144]

11. 遺 留 分

[判例 50]

대법원 1995. 6. 30. 선고 93다11715 판결(公 1995하, 2533): 共同相續人에 대한 遺留分返還請求權의 행사

(要旨) 1. 유류분반환청구권의 행사는 재판상 또는 재판 외에서 상대방에 대한 의사표시의 방법으로 할 수 있고, 이 경우 그 의사표시는 침해를 받은 유증 또는 증여행위를 지정하여 이에 대한 반환청구의 의사를 표시하면 그것으로 족하고 그로 인하여 생긴 목적물의 이전등기청구권이나 인도청구권 등을

143) 權純漢, "死因贈與의 方式과 效力", 判例月報 1997. 9, 14면 이하(대상판결의 평석임).
144) 상세한 것은 李義榮, "포괄적 사인증여에 포괄유증의 효력에 관한 민법 제1078조가 적용되는지 여부", 대법원판례해설 제26호, 1996, 195면 이하 참조.

행사하는 것과는 달리 그 목적물을 구체적으로 특정하여야 하는 것은 아니라 할 것이고, 민법 제1117조 소정의 소멸시효의 진행도 위 의사표시로 중단된다.

2. 민법 제1113조 제 1 항은 유류분은 피상속인의 상속개시시에 있어서 가진 재산의 가액에 증여재산의 가액을 가산하고 채무의 전액을 공제하여 이를 산정한다고 규정하고 있고, 같은 법 제1115조 제 1 항은 유류분권리자가 피상속인의 제1114조에 규정된 증여 및 유증으로 인하여 그 유류분에 부족이 생긴 때에는 부족한 한도에서 그 재산의 반환을 청구할 수 있다고 규정하고 있고, 그 제 2 항은 제 1 항의 경우에 증여 및 유증을 받은 자가 수인인 때에는 각자가 얻은 유증가액의 비례로 반환하여야 한다고 규정하고 있으므로 유류분권리자가 유류분반환청구를 하는 경우에 증여 또는 유증을 받은 다른 공동상속인이 수인일 때에는 민법이 정한 유류분 제도의 목적과 같은 법 제1115조 제 2 항의 규정취지에 비추어 유류분권리자는 그 다른 공동상속인들 중 증여 또는 유증을 받은 재산의 가액이 자기 고유의 유류분액을 초과하는 상속인을 상대로 하여 그 유류분액을 초과한 금액의 비율에 따라 반환청구를 할 수 있다고 보아야 할 것이다.

3. 민법 제1118조에 의하여 유류분에 준용되는 같은 법 제1008조는 공동상속인 중에 피상속인으로부터 재산의 증여 또는 유증을 받은 자가 있는 경우에 그 수증재산이 자기의 상속분에 달하지 못한 때에는 그 부족한 부분의 한도에서 상속분이 있다고 규정하고 있는바, 이는 공동상속인 중에 피상속인으로부터 재산의 증여 또는 유증을 받은 특별수익자가 있는 경우에 공동상속인들 사이의 공평을 기하기 위하여 그 수증재산을 상속분의 선급으로 다루어 구체적인 상속분을 산정함에 있어 이를 참작하도록 하려는 데 그 취지가 있다고 할 것이므로(당원 1995. 3. 10. 선고 94다16571 판결 참조) 공동상속인 중에 피상속인으로부터 재산의 증여에 의하여 특별수익을 한 자가 있는 경우에는 민법 제1114조의 규정은 그 적용이 배제된다고 할 것이고, 따라서 그 증여는 상속개시 전의 1년 간에 행한 것인지 여부에 관계없이 유류분산정을 위한 기초재산에 산입된다.

(論評) 유류분반환청구권의 법적 성질에 관하여는 형성권설과 청구권설 등이 대립하고 있는데, 대상판결은 이에 대하여 명언하고 있지는 않으나, 유류분반환청구권의 행사를 상대방에 대한 의사표시의 방법으로 할 수 있다고 한 점에 비추어 형성권설에 가깝다고 여겨진다. 그리고 유류분반환청구권의 상대방

이 다수의 공동상속인일 때에는 그 반환청구의 비율을 어떻게 결정할 것인가에 관하여는, 유류분 권리자는 수유자 또는 수유자 중 자신의 유류분액을 넘는 유증 또는 증여를 받은 자에 대하여만 반환청구를 할 수 있고, 이러한 자들이 복수이면 그들 사이의 반환비율은 유류분을 초과하는 부분의 비율에 따라 결정되어야 한다는 견해(유류분기준설) 및 유류분 권리자는 수유자 또는 수유자 중 자신의 상속분액을 넘는 유증 또는 증여를 받은 자에 대하여만 반환청구를 할 수 있고, 이러한 자들이 복수이면 그들 사이의 반환비율은 상속분을 초과하는 부분의 비율에 따라 결정되어야 한다는 견해(상속분기준설) 등이 대립하는데, 대상판결은 유류분기준설을 따랐다.[145][146]

그리고 대법원 1996. 2. 9. 선고 95다17885 판결(公 1996상, 904)은, 공동상속인과 공동상속인이 아닌 제3자가 같이 유류분반환의무자인 경우에는 그 제3자에게는 유류분이라는 것이 없으므로 공동상속인은 자기 고유의 유류분액을 초과한 금액을 기준으로 하여, 제3자는 그 수증가액을 기준으로 하여 각 그 금액의 비율에 따라 반환청구를 할 수 있다고 하여야 한다고 판시하였다.

한편 판례는 공동상속인에 대한 증여는 그것이 특별수익에 해당할 때에는 증여 시기를 불문하고 유류분산정의 기초재산에 산입된다고 한다.[147]

[判例 51]

대법원 1994. 4. 12. 선고 93다52563 판결(公 1994상, 1425): 遺留分返還請求權의 1년의 消滅時效의 起算點

(要旨) 수증자가 피상속인을 상대로 하여 명의신탁 해지를 원인으로 하는 소유권이전등기절차 이행의 소를 제기하여 승소판결을 받자, 피상속인의 상속인인 유류분권리자가 위 판결에 대하여 항소를 제기하였다가 항소가 각하되고 상고도 기각된 경우에, 위 사건 항소심에서 수증자가 증여받았음을 주장하고 그러한 취지의 증언이 있었다 하더라도, 유류분권리자가 이를 부인하였다면 위와 같은 주장과 그에 부합하는 취지의 증언이 있었다는 것만으로 유류분권리

145) 李鎭萬, "遺留分의 算定", 民事判例硏究 XIX, 1997, 381-382면; 李羲榮, "遺留分 算定方法", 대법원판례해설 제25호, 1996, 165면 등도 이를 지지하고 있다.

146) 日本 最高裁判所 1998(平成 10). 2. 26(民集 52-1, 274 이하)도 같은 취지이다. 이에 대하여는 野山宏, "相續人に對する遺贈と民法一0三四條にいう目的の價額", 法曹時報 52권 1호, 2000, 6면 이하 참조.

147) 대상판결 외에 대법원 1996. 2. 9. 선고 95다17885 판결(公 1996상, 904) 등.

자가 증여사실을 알았다고 인정할 수 없고, 위 상고기각의 판결이 있은 때 비로소 이 사건 부동산의 증여사실을 알았다고 봄이 상당하고, 따라서 유류분반환청구권에 대한 1년의 소멸시효도 이때부터 진행한다.

(論評) 민법 제1117조의 1년의 기간의 기산점은 “상속의 개시와 반환하여야 할 증여 또는 유증을 한 사실을 안 때”로 되어 있는데, 여기서 말하는 반환하여야 할 증여 또는 유증을 한 사실을 안 때의 의미에 관하여, 증여 또는 유증이 있음을 알기만 하면 1년의 기간이 진행하는지,[148] 아니면 그에 의하여 유류분이 침해되었음을 알아야 하는지[149]에 관하여 논의가 있다. 일본의 판례[150]는 증여의 사실 및 그것이 반환의 대상이 된다는 것을 안 때부터 시효가 진행한다고 하면서, 다만 유류분권리자가 소송상 유언이나 증여 무효의 주장을 하였다고 한다면 그것이 근거가 없는 경우에도 시효가 진행하지 않는다고 하는 것은 상당하지 않으므로, 피상속인의 재산의 거의 전부가 증여된 경우에는 무효의 주장에 관하여 일단 사실상 및 법률상의 근거가 있어서 유류분권리자가 위 무효를 믿었기 때문에 유류분감쇄청구권을 행사하지 않은 것이 수긍할 만한 특단의 사정이 인정되지 않는 한, 위 증여가 감쇄할 수 있다고 하는 것을 알았다고 추인함이 상당하다고 한다.

한편 대법원 1998. 6. 12. 선고 97다38510 판결(公 1998하, 1866)[151]은 피고가 소송에서 여러 가지 이유를 들어 遺書가 무효라고 주장하였으나 그 주장들이 한결같이 사실상 또는 법률상의 근거 없이 유언을 부인하려는 구실로밖에 보이지 않는 한편 피고가 이 사건 유언이 무효임을 확신하였다는 특단의 사정도 엿볼 수 없으므로 위 망인이 사망한 다음날부터 유류분반환청구권의 단기시효가 진행된다고 하였다.[152]

[判例 52]

대법원 1993. 4. 13. 선고 92다3595 판결(公 1993상, 1370): 민법 제1117조

148) 金疇洙(註 14), 682면; 李庚熙, 註釋相續法(下), 1996, 540-541면 등.

149) 朴秉濠(註 20), 486면. 여기서는 유언무효나 증여무효의 소가 계속중인 동안에는 시효기간은 진행하지 않는다고 한다.

150) 日本 最高裁判所 1982. 11. 12(民集 36-11, 2193).

151) 위 [判例 47].

152) 대법원 1998. 5. 29. 선고 97다38503 판결(公 1998하, 1751)도 동일한 사안에 관한 것으로서, 유류분반환청구권자가 피상속인 사망 전에 유언의 내용을 알게 되었고, 피상속인의 사망사실을 그날 알았을 때에는 그 사망 후 1년이 경과한 이후에 유류분반환청구권을 행사하였다면 유류분반환청구권은 소멸시효가 완성되었다고 한다.

후단의 10년의 期間의 性質

(要旨) 민법 제1117조의 규정 내용 및 형식에 비추어 볼 때 같은 법조 전단의 1년의 기간은 물론 같은 법조 후단의 10년의 기간도 그 성질을 소멸시효기간이라고 보아야 할 것이고, 한편 소멸시효기간 만료에 인한 권리소멸에 관한 것은 소멸시효의 이익을 받는 자가 항변을 하지 아니하면 그 의사에 반하여 재판할 수 없으므로 당사자가 시효소멸의 항변을 하지 않았음에도 불구하고 법원이 직권으로 위 10년의 기간이 도과하였음을 이유로 유류분반환청구권이 소멸하였다고 판단할 수는 없다.

(論評) 위 10년의 기간의 성질에 관하여는 학설상 이를 제척기간이라고 해석하는 견해가 많으나,[153] 법문에 충실하게 소멸시효라고 해석하는 견해도 있다.[154] 대상판결은 법문을 근거로 하여 소멸시효라고 보았다.[155]

〈民事判例研究會 編, 90년대 主要 民事判例評釋, 2001〉

〈追記〉

이 글을 쓴 후에 친족법과 상속법에 관하여는 이루 열거하기 어려울 만큼 수많은 중요한 판례들이 나왔다. 그러나 이하에서는 대상판례들과 관련된 중요 판례만을 소개한다.

1. [判例 1]

대법원 2006. 6. 22.자 2004스42 전원합의체 결정(公 2006하, 1341)은 법원의 허가가 있으면 성전환자의 호적상 성별 정정이 가능하다고 판시하였다. 그리고 대법원 2009. 9. 10. 선고 2009도3580 판결(公 2009하, 1701)은 피해자가 성장기부터 남성에 대한 불일치감과 여성으로의 성귀속감을 나타냈고, 성전환 수술로 인하여 여성으로서의 신체와 외관을 갖추었으며, 수술 이후 30여 년간 개인적·사회적으로 여성으로서의 생활을 영위해 가고 있는 점 등을 고려할

153) 金疇洙(註 14), 682면; 李庚熙, 註釋相續法(下), 1996, 1117면 등.

154) 郭潤直(註 21), 473면; 尹眞秀, 民法注解 Ⅲ, 1992, 404면.

155) 劉承政, "遺留分返還請求權 行使期間의 性質", 대법원판례해설 제19-1호, 1993, 432면 이하가 대상판결에 대한 재판연구관의 해설이다. 그리고 梁彰洙, "1993년 民法 判例 槪觀", 民法研究 3, 1995, 480-481면은 상속회복청구권이 10년의 제척기간에 걸리는데, 유류분반환청구권이 10년의 소멸시효에 걸린다고 하는 것은 균형이 맞지 않는다고 한다.

때, 사회통념상 여성으로 평가되는 성전환자로서 강간죄의 객체인 '부녀'에 해당한다고 하였다. 이들 판례에 대하여는 尹眞秀, "性別訂正 許可가 있기 전의 性轉換者의 法的 地位", 家族法研究 제23권 3호, 2009, 239면 이하; 尹眞秀(金脩仁 譯), "성전환자의 인권 보호에 있어서 법원의 역할", 서울대학교 법학 제52권 1호, 2011, 299면 이하 참조.

2. [判例 10]

대법원 2004. 9. 24. 선고 2004므1033 판결(公 2004하, 1740)의 원심판결은 유책배우자의 이혼청구라도 부부의 별거가 쌍방의 연령 및 동거기간에 비추어 볼 때 상당히 장기간에 이르고 부부간에 어린 자녀가 없는 경우에는, 특별한 사정이 인정되지 않는 한, 유책배우자의 이혼청구라는 이유만으로 당해 청구가 허용되지 않는다고는 하여 유책배우자의 이혼청구를 받아들였다. 그러나 대법원은 유책배우자는 상대방도 그 파탄 이후 혼인을 계속할 의사가 없음이 객관적으로 명백한데도 오기나 보복적 감정에서 이혼에 응하지 아니하고 있을 뿐이라는 등 특별한 사정이 있는 경우에만 예외적으로 유책배우자의 이혼청구가 허용된다고 하여 원심판결을 파기하였다.

반면 대법원 2009. 12. 24. 선고 2009므2130 판결은, 원고의 가출로 인하여 피고와의 혼인관계가 파탄되었으나 원고와 피고가 11년이 넘는 별거생활을 하였고, 원고가 제 3 자와 동거하면서 그 사실혼관계에서 다리가 기형인 딸까지 출산하여 그 딸의 치료와 양육이 절실히 필요한 상황에 처하게 되었다는 등의 사정이 있는 사건에서, 다음과 같은 이유로 유책배우자인 원고의 이혼청구를 받아들였다. 즉 이 사건 혼인의 파탄에는 피고의 책임이 경합하였고, 원고와 피고 사이의 부부공동생활 관계의 해소 상태가 장기화되면서, 현 상황에 이르러 파탄에 이르게 된 데 대한 책임의 경중을 엄밀히 따지는 것의 법적·사회적 의의는 현저히 감쇄되고, 쌍방의 책임의 경중에 관하여 단정적인 판단을 내리는 것 역시 곤란한 상황에 이르렀다고 보이며, 피고의 혼인계속의사에 따라 현재와 같은 파탄 상황을 유지하게 되면 특히 원고에게 참을 수 없는 고통을 계속 주는 결과를 가져올 것으로 보이는 점 등을 종합 참작하여 보면 혼인관계의 파탄에 대한 원고의 유책성이 반드시 원고의 이혼청구를 배척하지 않으면 아니 될 정도로 중한 것이라고 단정할 수 없으므로, 원고와 피고의 혼인에는 민법 제840조 제 6 호 소정의 '혼인을 계속하기 어려운 중대한 사유가 있을 때'라는 이혼원인이 존재한다는 것이다.

3. [判例 17]

대법원 2009. 12. 24. 선고 2009다64161 판결은 비록 중혼적 사실혼관계일지라도 법률혼인 전 혼인이 사실상 이혼상태에 있다는 등의 특별한 사정이 있다면 법률혼에 준하는 보호를 할 필요가 있을 수 있다고 하여, 중혼적 사실혼의 배우자도 자동차보험계약의 부부운전자한정운전 특별약관상의 '사실혼관계에 있는 배우자'에 해당할 수 있다고 하였다.

4. [判例 20]

대법원 2007. 7. 26. 선고 2006므2757, 2764 판결(公 2007하, 1369) 및 [23] 대법원 2007. 7. 26. 선고 2006다83796 판결(公 2007하, 1356)은, 동일한 사실관계에 대한 것인데, 상속개시 후에 인지되어 공동상속인이 된 자가 다른 공동상속인이 분할받은 상속재산으로부터 발생한 과실에 대하여 권리를 가지지 않는다고 판단하였다. 이 판결들은 그 이유에서, 상속개시 후에 인지되거나 재판이 확정되어 공동상속인이 된 자도 그 상속재산이 아직 분할되거나 처분되지 아니한 경우에는 당연히 다른 공동상속인들과 함께 분할에 참여할 수 있을 것이나, 인지 이전에 다른 공동상속인이 이미 상속재산을 분할 내지 처분한 경우에는 인지의 소급효를 제한하는 민법 제860조 단서가 적용되어 사후의 피인지자는 다른 공동상속인들의 분할 기타 처분의 효력을 부인하지 못하게 되는바, 민법 제1014조는 그와 같은 경우에 피인지자가 다른 공동상속인들에 대하여 그의 상속분에 상당한 가액의 지급을 청구할 수 있도록 하여 상속재산의 새로운 분할에 갈음하는 권리를 인정함으로써 피인지자의 이익과 기존의 권리관계를 합리적으로 조정하는 데 그 목적이 있다고 보았다. 이에 대한 비판으로는 尹眞秀, "2007년도 주요 民法 관련 판례 회고", 民事裁判의 諸問題 제17권, 2008, 119면 이하 참조.

5. [判例 30]

대법원 2002. 1. 11. 선고 2001다65960 판결(公 2002상, 473)은 친권자인 모가 제3자(성년인 자)를 위하여 연대보증인이 됨과 동시에 미성년자의 재산에 제3자를 위한 근저당권을 설정한 경우에, 위 채권의 만족을 얻기 위하여 피고

(채권자)가 이 사건 토지 중 원고(원고)의 공유지분에 관한 저당권의 실행을 선택한 때에는, 그 경매대금이 변제에 충당되는 한도에 있어서 친권자의 책임이 경감되고, 또한 피고가 친권자에 대한 연대보증책임의 추구를 선택하여 변제를 받은 때에는, 친권자는 피고를 대위하여 이 사건 토지 중 원고의 공유지분에 대한 저당권을 실행할 수 있는 것으로 되는바, 위와 같이 친권자와 자인 원고 사이에 이해의 충돌이 발생할 수 있는 것이, 친권자가 한 행위 자체의 외형상 객관적으로 당연히 예상되는 것이어서, 친권자가 원고를 대리하여 이 사건 토지 중 원고의 공유지분에 관하여 위 근저당권설정계약을 체결한 행위는 이해상반행위로서 무효라고 판시하여, 실질관계를 고려한 형식적 판단설의 논리를 따르고 있다.

그리고 대법원 2009. 1. 30. 선고 2008다73731 판결(公 2009상, 251)은 친권자가 자(子)를 대리하는 법률행위는 친권자와 자(子) 사이의 이해상반행위에 해당하지 않는 한, 그것을 할 것인가 아닌가는 자(子)를 위하여 친권을 행사하는 친권자가 자(子)를 둘러싼 여러 사정을 고려하여 행할 수 있는 재량에 맡겨진 것으로 보아야 하므로, 이와 같이 친권자가 자(子)를 대리하여 행한 자(子) 소유의 재산에 대한 처분행위에 대해서는 그것이 사실상 자(子)의 이익을 무시하고 친권자 본인 혹은 제3자의 이익을 도모하는 것만을 목적으로 하여 이루어졌다고 하는 등 친권자에게 자(子)를 대리할 권한을 수여한 법의 취지에 현저히 반한다고 인정되는 사정이 존재하지 않는 한 친권자에 의한 대리권의 남용에 해당한다고 쉽게 단정할 수 없다고 하여, 망인 명의의 토지가 명의신탁된 것이었을 가능성이 있다는 점 등을 고려하여, 친권자(망인의 처)가 미성년자인 딸과 공동으로 상속받은 토지를 망인의 형에게 증여한 행위가 친권의 남용에 해당하지 않는다고 하였다. 이 판결은 日本 最高裁判所 1992(平成 4). 12. 10(註 104)을 참고한 것으로 생각된다.

6. [判例 38]

대법원 2001. 6. 12. 선고 2000다47187 판결(集 49권 1집 민442)은 보증기간과 보증한도액의 정함이 없는 계속적 보증계약의 경우에는 보증인이 사망하면 보증인의 지위가 상속인에게 상속된다고 할 수 없고 다만, 기왕에 발생된 보증채무만이 상속된다고 한다.

7. [判例 39]

대법원 2008. 11. 20. 선고 2007다27670 전원합의체 판결(集 56권 2집 민 164; 公 2008하, 1727)은 제사주재자는 우선적으로 망인의 공동상속인들 사이의 협의에 의해 정하되, 협의가 이루어지지 않는 경우에는 제사주재자의 지위를 유지할 수 없는 특별한 사정이 있지 않은 한 망인의 장남(장남이 이미 사망한 경우에는 장손자)이 제사주재자가 되고, 공동상속인들 중 아들이 없는 경우에는 망인의 장녀가 제사주재자가 된다고 하여, 공동상속인 중 종손(嫡長子)이 있다면 그에게 제사를 주재하는 자의 지위를 유지할 수 없는 특별한 사정이 있는 경우를 제외하고는 통상 종손이 제사주재자가 된다고 보았던 종래의 판례를 변경하였다.

8. [判例 45]

이 결정 및 그 후속 판례에 대하여는 이 책에 실려 있는 논문들, 특히 "特別限定承認의 規定이 遡及適用되어야 하는 範圍"(이 책 414면 이하) 참조.

9. [判例 48]

헌법재판소 2008. 12. 26. 선고 2007헌바128 결정(憲判集 20-2하, 648)은 자필증서에 의한 유언에 있어서 '주소의 자서'와 '날인'을 유효요건으로 규정하고 있는 민법 제1066조 제1항 중 '주소' 및 '날인' 부분이 위헌이 아니라고 하였다(반대의견이 있다). 주소에 대하여는 헌법재판소 2008. 3. 27 선고 2006헌바82 결정(憲判集 20-1, 355)이 같은 취지로 판시하였다. 이들 판례에 대하여는 尹眞秀, "法律解釋의 限界와 違憲法律審査", 심헌섭 박사 75세 기념논문집, 법철학의 모색과 탐구, 2011, 503면 이하 참조.

10. [判例 50]

헌법재판소 2010. 4. 29. 선고 2007헌바144 결정(헌법재판소공보 163, 821)은 피상속인의 상속개시시에 있어서 가진 재산의 가액에 증여재산의 가액을 가산하여 유류분을 산정하도록 규정한 민법 제1113조 제1항 중 증여재산의 가액을 가산하는 부분 및 민법 제1118조 중 민법 제1008조를 유류분에 준용하는 부분은 재산권 및 평등권을 침해하는 것이 아니라고 한다(일부 반대의견이 있다). 이 결정을 지지하는 것으로는 정구태, "공동상속인 간의 유류분 반환과 특별수익",

가족법연구 제24권 3호, 2010, 451면 이하가 있다. 그러나 공동상속인 사이에서는 민법 제1114조의 적용이 배제된다고 보는 것은 실제로 대부분의 유류분 반환청구가 공동상속인을 상대방으로 하는 것인 점에 비추어, 민법 제1114조를 거의 무용하게 만드는 것일 뿐만 아니라, 형평에도 맞지 않는다고 생각된다.

저자약력

제18회 사법시험 합격(1976)
서울대학교 법과대학 졸업(1977)
사법연수원 제 9 기 수료(1979)
육군 법무관(1979)
서울민사지방법원 판사(1982)
서울대학교 법학석사(1984)
독일 함부르크 대학교 연수(1987-1988)
헌법재판소 헌법연구관(1990)
대법원 재판연구관(1992)
서울대학교 법학박사(1993)
수원지방법원 부장판사(1995)
서울대학교 법과대학 조교수(1997)
서울대학교 법과대학 부교수(2001)
미국 버지니아 대학교 객원연구원(2003-2004)
서울대학교 법과대학·법학전문대학원 교수(2006)
전 한국법경제학회 회장, 한국비교사법학회 회장, 한국가족법학회 회장
현 한국민사법학회 회장, 민사판례연구회 회장

相續法
民法論攷 V

2011년 6월 20일 초판인쇄
2011년 6월 30일 초판발행

저 자 尹 眞 秀
발행인 安 鍾 萬
발행처 (株) 博 英 社
서울 특별시 종로구 평동 13-31번지
전화 (733)6771 FAX (736)4818
등록 1959. 3. 11. 제300-1959-1호(倫)

www.pakyoungsa.co.kr e-mail: pys@pakyoungsa.co.kr

파본은 바꿔드립니다. 본서의 무단복제행위를 금합니다.

정 가 38,000원

ISBN 978-89-6454-735-9
ISBN 978-89-6454-734-2(세트)